私募股权基金

PRIVATE EQUITY FUND

投资对赌条款及司法案例考察

Investment VAM Terms and Judicial Case Review

李亚 编著

法律出版社 LAW PRESS·CHINA

前言

"对赌"是中国私募股权投资活动中广泛采用的一种权益保障安排。通过公开网络检索，可以轻松找到很多关于股权投资对赌的案例。对赌成功者经常一飞冲天，备受资本市场青睐，从此走上康庄大道。对赌失败者则往往一夜之间陷入困顿，甚至可能会被扫地出门或者被迫走向法庭，更有甚者还可能锒铛入狱，失去人身自由。这种"冰火两重天"的故事性结局使"对赌"拥有了无与伦比的吸引力，进而从私募股权投资领域走向了其他财务投资领域，并最终蔓延至公司发展[1]、电影票房[2]、铁矿石[3]等诸多其他领域。

"对赌"真正被社会各界所广泛关注，应是始于"世恒公司、迪亚公司与海富公司、陆某增资纠纷案"[4]（以下简称"海富与世恒案"）。该案自2009年12月被立案受理，经兰州市中级人民法院一审，甘肃省高级人民法院二审以及最高人民法院再审，至2012年11月方取得终审判决，历时整整3年，而且三级法院判决结果都不一样，上级法院也都在一定程度上推翻了前一审判决的部分内容。这种跌宕的司法故事不仅牢牢牵动了私募股权投资领域各界人士的神经，更被各类媒体

---

1 《董明珠雷军10亿对赌小米5年内能否超过格力》，载新浪科技网：https://tech.sina.com.cn/it/2013-12-12/21239000936.shtml，最后访问日期：2020年3月5日。

2 电影抢先：《〈美人鱼〉33亿天价票房对赌，星爷输给了自己？》，载搜狐号：http://www.sohu.com/a/64555879_145497，最后访问日期：2020年3月5日。

3 李紫宸：《对赌铁矿石》，载经济观察网：http://www.eeo.com.cn/2019/0713/361037.shtml，最后访问日期：2020年3月5日。

4 参见本书第二部分"现金补偿"之优选案例2-1。

从多种角度进行广泛持续报道，可以说是中国司法界对股权投资领域“对赌”实践的第一次真正意义上的考察。同时，最高人民法院的终审判决也给对赌司法审判实践树立了一个典型标杆，以致此后多年被奉为对赌实战圭臬，该案也因此被很多人称为“中国股权投资对赌第一案”。

“海富与世恒案”之所以能在中国引起如此广泛影响，或许还有另外两个方面的原因。首先，私募股权基金使用的投资法律文件具有较大的同质化特征，很多私募股权基金都是基于同一套投资法律文件进行修订以适用于不同项目，有些私募股权基金甚至还会让投资经理直接修订投资法律文件，而没有内部或外部律师参与。由此，一旦某一项目的投资法律文件被司法审判机关否定，通常即意味着该基金其他项目的投资法律文件也有可能被否定。其次，私募股权基金通常采用溢价方式进行股权投资，获取目标公司少许股权往往需要支付巨额投资款，司法审判机关对对赌或投资权益保障条款的任何否定性判决，都可能导致私募股权基金面临巨大投资损失。对私募股权基金而言，这些负面压力带来的显然是一种系统性风险。出于防范风险的目的，私募股权基金也会紧盯对赌案件的相关发展，并根据案件发展情况来修订和提升既有的投资法律文件。事实上，司法审判实践本来就应助益于投资法律文件的撰写，投资法律文件的撰写也不应脱离司法审判实践而“闭门造车”。

在“海富与世恒案”尘埃落定后，股权投资对赌纠纷案件在实践中也不断涌现。虽然后续案件没有引起像“海富与世恒案”那样的轰动效应，但呈现的内容十分丰富，不仅体现了对赌的不同形态，而且展示了司法审判机关对对赌的不同研判思路，其中部分终审判决更是由最高人民法院作出，对指导股权投资对赌实践很有参考价值。在此背景下，梳理、研究和总结“对赌”涉及的相关法律问题或正当其时。遗憾的是，目前，市场上尚未见诸专门研究对赌的法律著述，涉及私募股权投资对赌的文章或书籍大多是重述司法审判机关的裁判观点，没有从司法审判后果角度对私募股权投资对赌实践提出优化建议。之所以如此，一则可能是因为业界尚未对“对赌”形成统一认知，书籍撰写无从下手，二则可能是因为“对赌”所涉领域甚窄，书籍撰写无从展开。本书拟在对“对赌”进行尝试性界定的基础上，对中国目前已经出现的相关股权投资对赌纠纷案例进行梳理和总结，以期向读者全面展示各方当事人及司法审判机关关于对赌纠纷案例的精彩论述，包括在同一案例中所持的不同观点，并根据相关纠纷案例所反映的司法裁判理念就私募股权投资以及投资法律文件和对赌条款的撰写提出优化意见或建议，以助益于股权投资对赌的法律实践以及业界对对赌法律问题的研究。

本书分为两部分。第一部分主要是对"对赌"进行尝试性界定，厘清对赌条款与投资法律文件中的权益保障条款之间的对应关系以及"对赌"在股权投资实践中可能面临的法律障碍。为此目的，第一部分将从商业法律实践角度对私募股权基金、私募股权投资以及投资所需投资法律文件进行分类、归纳和总结，并在此基础上尝试对"对赌"的含义进行界定，对"对赌"的逻辑、动因和内容进行分析和论证。第二部分主要是对股权投资对赌纠纷案件进行梳理和解读，厘清司法审判机关关于"对赌"的审判思路、各方观点以及这些思路和观点对私募股权投资以及撰写投资法律文件或对赌条款所可能产生的影响。为此目的，第二部分从数百司法审判案例中共计筛选了 91 个案例，其中对部分案例采用重点案例的方式进行剖析和解读，以尽量还原案件背景以及诉辩双方和司法审判机关的观点，并在此基础上就私募股权投资以及撰写和优化投资法律文件或对赌条款提出意见或建议，其他相关案例则通过总结案件事实和裁判观点的方式进行归纳和总结，以助益读者对对赌所涉相关法律知识和经验的积累。需要指出的是由于目前市场上可知的对赌案件无法涵盖对赌所涉及的所有法律问题，第二部分所选相关纠纷案例还包括了部分一般公司法案例，以对其对赌涉及的相关法律问题进行诠释和解读。

还需指出的是，本书出版之时正值《民法典》发布之际，对赌涉及的部分法律（如《物权法》《合同法》）亦将因此于 2021 年 1 月 1 日废止。这给对赌研究带来了更大挑战，但也带来了特别的必要性。首先，《民法典》并未废止《公司法》这一对赌涉及的关键法律，也未根本推翻对赌涉及的《物权法》《合同法》等其他法律，而是在适当修订的基础上对大多数原有法律规定进行了承继，很多条款更是对原有规定的原文援用。这使得《物权法》和《合同法》等法律的生命力在立法上得以延续，并可清晰见于《民法典》物权编和合同编等相关编章中。其次，根据不溯及既往的立法原则，《民法典》施行前发生的民事法律行为原则上应适用彼时有效的法律，比如《物权法》《合同法》等法律，而不是《民法典》

物权编或合同编。因此可以想见，在《物权法》《合同法》等法律被废止后，仍可能会在很长一段时间内继续约束《民法典》施行前的对赌协议或对赌行为。这使得《物权法》和《合同法》等法律的生命力在司法实践中得以延续。再次，《民法典》物权编和合同编等编章终究不是对《物权法》《合同法》等原有法律规定的简单归集，而是在承继的基础上对原有法律规定有所修订，包括实质性的和形式上的修订，而实质性的修订更是会对商业实践和司法实践产生深远影响。对对赌而言，这就需要在明晰《民法典》具体承继内容的基础上，对相关修订所带来的内容变化及可能影响进行甄别，从而给对赌商业实践和司法实践中提供参考，因此意义重大且十分必要。然而，囿于《民法典》尚未实施，相关司法解释亦未出台，因此本书将不会对《民法典》在对赌领域的适用进行详尽的或预测性的解读，而是在梳理对赌商业实践和司法实践的基础上，对对赌涉及的现有相关法律规定与《民法典》的相关法律规定进行简要比对，并在必要情况下予以适当提示，以使读者更直观地了解《民法典》对对赌所涉现有法律规定的具体承继或修订内容，更直接地感知相关案例能否在《民法典》语境下获得相同或类似判决。当然，随着后续对赌商业实践和司法实践的发展以及《民法典》相关司法解释的出台，本书亦会据此加以适时修订并对相关内容加以更新和完善。

本书由李亚律师编著，参与撰写的团队成员包括于静、刘晔、王莉、魏旭彤、宋佳兴、费思敏等法律专业人士。李亚律师主持审定了本书的体例、案例及内容，并在撰写本书第一部分内容以及第二部分案例启示等内容的基础上，审阅和修订了本书全部内容。于静律师负责筛选本书采用的案例，参与讨论和确定本书的体例及案例体例，审改了大部分案例内容；刘晔律师负责撰写、修改了本书基金投资方面的基础内容；王莉律师负责撰写或修改了本书基金组建方面的基础内容；除撰写和修改本书的相关内容外，魏旭彤、宋佳兴、费思敏等律师亦为本书的案例撰写和统稿付出了极大努力！向他们一并表示感谢！

此外，本书编委还有杨中锋、王维平、梁海鹏等多名来自基金、财务及法律领域的专业人士，他们对本书相关内容的撰写提供了真挚意见和建议并进行了细致审阅及修订。同时，本书的出版还取得了来自薛晗、肖越、赵明霞等多名出版领域专业人士的大力支持，本书的素材和知识积累更是来源于众多客户和朋友的持续肯定和鞭策！谢谢你们！

本书凝聚了作者的大量心血和努力，但鉴于作者时间、水平和精力有限，错漏和不足之处在所难免，敬请各位读者原谅并加以批评指正，本书将在后续修订版本中加以修改和完善。此外，鉴于私募股权投资及对赌实践的复杂性，本书任何内容在任何情况下均不应视为作者本人或作者所在单位对有关问题的法律意见或建议，建议读者在做出相关商业或法律决策之前征询专业法律人员意见，而非直接根据本书所载内容进行决策，本书作者及作者所在单位不对这种决策产生的后果承担任何责任。如读者对本书有任何意见或建议或者意于寻求相关法律帮助，欢迎通过致信作者工作电子邮箱或 relawbook@out.com 与作者联系。

PREAMBLE

"Valuation Adjustment Mechanism" or "VAM" is an equity interest protection arrangement widely adopted in the private equity investment activities in China, and it is very easy to find lots of cases in this regard on public websites. The winners of VAM can always hit the jackpot and earn very quickly the favor of the capital market and step onto a broad road to the bright future, while the losers thereof are always swamped into hardship overnight and may even lose their companies or fall into series of lawsuits, and the worst may even be imprisoned and lose their freedom. Such kinds of dramatic outcomes make VAM incomparably attractive to market players and eventually adopted not only in the private equity investment but also in other financial investment, and even in areas like corporate development, box office and iron ore.

VAM was not so widely followed by the society until the hearing of the capital increase dispute case of Shiheng Co., Ltd and Diya Co., Ltd vs. Haifu Co, Ltd and LU X (hereinafter as "Haifu v. Shiheng") . This case was filed to the Intermediate People's Court of Lanzhou in December 2009 and was finally adjudicated in November 2012 after being appealed to the High People's Court of Gansu and reheard by the Supreme People's Court of China. This case lasted for 3 years and got 3 different judgements from 3 different courts, of which the higher court always overturned, to some extent, the lower court's judgement. This made it an interesting judicial story and followed closely by market players in the private equity investment area and reported continuously and widely from various perspectives by social and professional media. This case can be taken as the first review of the adoption of VAM in the equity investment area by the Chinese judicial system. The final judgement of this case by the Supreme People's Court of China thus became a benchmark for adjudicating afterwards VAM cases and has been repeatedly referred to for years. Therefore, this case is always taken as "the first VAM case of equity investment in China".

There might be another two reasons why "Haifu v. Shiheng" became so influential in China. First, the investment documents used by many private equity funds are similar in essence and applied, with only certain revision, to different projects. In practice, some funds may even have such documents revised by their investment managers without consulting any of their internal or external attorneys. In this regard, once the investment documents of one project were overruled by the court, other projects may also face the same possible legal risk. Second, private equity funds always invest at a premium price, i.e., paying a large amount of money for a small equity in the target company. In other words, if the court overruled the VAM terms or other equity protection terms, the private equity funds may have to suffer a significant loss and this might in turn cause a systemic risk to them. For the purpose of risk control, the private equity funds need to follow closely the VAM cases so that they may revise and update their investment documents in a timely manner. In fact, investment documents shall be written by referring to related judicial cases, instead of disregarding judicial practices and drafting only with imagination.

After the conclusion of "Haifu v. Shiheng", more cases concerning VAM in the equity investment came forth in practice. Such cases were not so widely followed as "Haifu v. Shiheng", but they were rich in content and reflected not only the different types of VAM but also the different opinions of the courts. Some of them were adjudicated by the Supreme People's Court of China and are of great reference value to the application of VAM in the equity investment practice. This makes it the right time to review, study and summarize the legal issues of VAM in the private equity investment area. However, there are no law books focusing on that up to now, and the books or articles related to VAM are usually repeating the opinions of the courts without enlightening on, from the judicial trial perspective, how to improve the application of VAM in the equity investment area. This situation may be caused by two reasons. One is that the practitioners have not reached consensus on the definition of VAM and have not found the right way to start a book thereof. The other is that VAM is a pretty narrow topic and may be too narrow to suffice a book. Given all these, this book will, by attempting giving VAM a definition, review and summarize the VAM cases publicly available in the equity investment area and thus present to readers, in full range, the remarkable opinions of the courts, the plaintiffs and the defendants, including their changing opinions in one same case. With the summary of the judicial opinions of such different cases, this book will advise the private equity funds on the equity investment and the draft of the investment documents as well as the VAM terms thereof, so as to benefit the legal practice of applying VAM in the equity investment and the researches thereof.

The book is composed of two parts. Part I will, by giving VAM an attempted definition, clarify the relations between the VAM terms and other equity protection terms in the investment documents and point out the legal obstacles encountered by VAM in the equity investment practice. For this purpose, Part I will categorize, analyze and summarize the private equity fund, the fund's equity investment and the investment documents as needed, and then provide an attempted definition to VAM and analyze the logic, motive, and content of VAM. Part II will review and interpret the judicial cases of VAM in the equity investment area and analyze the trial logic of the courts, the opinions of the different parties and the possible impact of such logic and opinions on the upcoming equity investment and the draft of the investment documents and the VAM terms. For this purpose, Part II will select 91 cases out of hundreds of judicial cases, of which some will be analyzed and discussed as core cases, so as to restore as best as possible the background of such cases and the opinions of the different parties and thus advise the equity investment and the draft and improvement of the investment documents and the VAM terms. Other cases will be addressed by summarizing their facts and trial opinions, so as to assist the readers in accumulating the legal knowledge and experience related to VAM. It shall be noticed, since the VAM cases known to the market presently cannot address all legal issues of VAM, Part II will select some general corporate cases to support the analysis and interpretation of relevant legal issues of VAM.

What shall be further noticed is, this book is published closely after the promulgation of the Civil Code and this Code will abolish some laws related to VAM on January 1, 2021, e.g., the Property Law and the Contract Law. This made the research of VAM especailly necessitated, while more challenging. First, the Civil Code did not abolish the Company Law, the law crucial to VAM, nor did it totaly rewrite the Property Law, the Contract Law and other VAM related laws. Rather, it adopted, with proper revision, majority provisions of these laws, while copying their many other provisions. This extended the legislative lifespan of the Property Law, the Contract Law and other VAM related laws and can be seen clearly throughout the Property Volume, the Contract Volume and other volumes of the Civil Code. Second, pursuant to the legislation principle of non-retroactivity, if a civil juristic act is performed prior to the implementation of the Civil Code, the laws valid at that time shall be applied in principle, e.g., the Property Law, the Contract Law and other VAM related laws, rather than the Property Volume or the Contract Volume of the Civil Code. It can be therefore imagined that the Property Law, the Contract Law and other VAM related laws, though abolished, will keep binding, for some a long time, on the VAM agreements or VAM acts concluded prior to the implementation of the Civil Code. This extended the judicial lifespan of the Property Law, the Contract Law and other VAM related laws. Third, the Property Volume, the Contract Volume and other volumes of the Civil Code are, in no way, a simple collection of the provisions of the Property Law, the Contract Law and other laws, but a succession of their provisions with necessary revisions, including substantive and pro forma revisions, of which the substantive revisions will influence the commercial and judicial practices in a profound way. For VAM, this will require for a clear definition of the content succeeded by the Civil Code and, on such basis, an identification of the content changes and the potential impact brought by such revisions, and thus provide a reference to the commercial and judicial VAM practices, and this is pretty important and necessary. Nevertheless, the Civil Code has not been implemented and judicial interpretations related thereto have not been formed yet, and therefore this book will not address, in a detailed or predictive way, the application of the Civil Code on VAM, but on the basis of reviewing the commercial and judicial practices, compare the present VAM related legal provisions with those in the Civil Code in a brief way and with proper reminder when necessary, so that the readers may have an intuitive idea about the succession or revision of the content of the present legal provisions by the Civil Code and have a direct sense on whether the present cases may have the same or similar judgments when the Civil Code was applied. Surely, with the development of the commercial and judicial practices and the promulgation of the judicial interpretations related to the Civil Code, this book will be revised timely and get its content updated and improved correspondingly.

This book is written and compiled by Attorney LI Ya with the help of the editorial board, including Attorney YU Jing, Attorney LIU Ye, Attorney WANG Li, Attorney WEI Xutong, Attorney SONG Jiaxing, Attorney FEI Simin and other legal professionals. Attorney LI Ya conceived and formulated the writing form of, the cases cited by and the content of this book, and reviewed and revised the whole book in addition to drafting the content of Part I and the case enlightenment of Part II. As an editorial board member, Attorney YU Jing selected the cases cited by this book and participated in the discussion and decision of the styles of this book and the cases cited, besides drafting and finalizing most of the cases; Attorney LIU Ye drafted and revised the base content of fund investment in this book; Attorney WANG Li drafted and revised the base content of fund formation in this book; and in addition to drafting and revising related content of this book, Attorney WEI Xutong, Attorney SONG Jiaxing and Attorney FEI Simin also provided great effort in drafting case summaries and comments and finalizing and compiling this book. Appreciation for their significant support!

In addition, the editorial board has also other professionals from fund, financial and legal areas, e.g., Mr. YANG Zhongfeng, Mr. WANG Weiping and Mr. LIANG Haipeng, and they advised, reviewed and revised their concerned parts of the draft of this book. Meanwhile, the publication of this book got also a sound support by publishing professionals like Ms. XUE Han, Ms. XIAO Yue and Ms. ZHAO Mingxia, and the materials and knowledge reflected in this book are more attributed to the years of continuous solid support and encouragement of many clients and friends! Thank you all!

This book reflected the writers' great effort and devotion, but due to the limit of time, skills and energy of the writers, please understand there could be some mistakes, omissions or defects inevitably occurring in this book. The readers are kindly invited to point them out, and this book may correct them in new editions with further revisions and refinements. In addition, considering the complexity of the practice of private equity investment and VAM, no content of this book shall be deemed, under any circumstance, as the legal opinion or advice for any issue as provided by the writers or their law firm. The readers are suggested to make their commercial or legal decisions by consulting their legal professionals rather than by relying solely and directly on this book. The writers and their law firm shall not be required to assume any liabilities for any decisions made in such a way. Despite of the above, if the readers have any comments on or suggesitons for this book or need any related legal assistance, please contact the writers by sending message to their work email addresses or relawbook@outlook.com.

缩略语表

（一）主要部门及简称 / KEY AUTHORITIES & ABBREVATIONS

财政部	中华人民共和国财政部
国资委	国务院国有资产监督管理委员会
发改委	国家发展和改革委员会
商务部	中华人民共和国商务部
市场监管总局	国家市场监督管理总局
原工商总局	原国家工商行政管理总局
银保监会	中国银行保险监督管理委员会
原保监会	原中国保险监督管理委员会
外汇局	国家外汇管理局
税务总局	国家税务总局
海关总署	中华人民共和国海关总署
人民银行	中国人民银行
经信委	经济和信息化委员会
外交部	中华人民共和国外交部
证监会	中国证券监督管理委员会
证监会发审委	中国证券监督管理委员会发行审核委员会
上交所	上海证券交易所
深交所	深圳证券交易所
基金业协会	中国证券投资基金业协会
证券业协会	中国证券业协会
贸仲委	中国国际经济贸易仲裁委员会

（二）主要法规及简称 /KEY REGULATIONS & ABBREVATIONS

《公司法》	《中华人民共和国公司法》
《公司法司法解释（一）》	最高人民法院《关于适用〈中华人民共和国公司法〉若干问题的规定（一）》
《公司法司法解释（二）》	最高人民法院《关于适用〈中华人民共和国公司法〉若干问题的规定（二）》
《公司法司法解释（三）》	最高人民法院《关于适用〈中华人民共和国公司法〉若干问题的规定（三）》
《公司法司法解释（四）》	最高人民法院《关于适用〈中华人民共和国公司法〉若干问题的规定（四）》
《公司法司法解释（五）》	最高人民法院《关于适用〈中华人民共和国公司法〉若干问题的规定（五）》
《合伙企业法》	《中华人民共和国合伙企业法》
《企业法人登记管理条例》	《中华人民共和国企业法人登记管理条例》
《公司登记管理条例》	《中华人民共和国公司登记管理条例》
《会计法》	《中华人民共和国会计法》
《破产法》	《中华人民共和国企业破产法》
《合同法》	《中华人民共和国合同法》
《合同法司法解释（一）》	最高人民法院《关于适用〈中华人民共和国合同法〉若干问题的解释（一）》
《合同法司法解释（二）》	最高人民法院《关于适用〈中华人民共和国合同法〉若干问题的解释（二）》
《侵权责任法》	《中华人民共和国侵权责任法》
《婚姻法》	《中华人民共和国婚姻法》
《婚姻法司法解释（一）》	最高人民法院《关于适用〈中华人民共和国婚姻法〉若干问题的解释（一）》
《婚姻法司法解释（二）》	最高人民法院《关于适用〈中华人民共和国婚姻法〉若干问题的解释（二）》

续表

《婚姻法司法解释（三）》	最高人民法院《关于适用〈中华人民共和国婚姻法〉若干问题的解释（三）》
《夫妻债务司法解释》	最高人民法院《关于审理涉及夫妻债务纠纷案件适用法律有关问题的解释》
《立法法》	《中华人民共和国立法法》
《民法通则》	《中华人民共和国民法通则》
《民法总则》	《中华人民共和国民法总则》
《民法典》	《中华人民共和国民法典》
《民间借贷司法解释》	最高人民法院《关于审理民间借贷案件适用法律若干问题的规定》
《民事诉讼法》	《中华人民共和国民事诉讼法》
《民事诉讼法司法解释》	最高人民法院《关于适用〈中华人民共和国民事诉讼法〉的解释》
《民事诉讼证据规定》	最高人民法院《关于民事诉讼证据的若干规定》
《九民会议纪要》	最高人民法院《关于印发〈全国法院民商事审判工作会议纪要〉的通知》
《企业国有资产法》	《中华人民共和国企业国有资产法》
《企业国有资产监管条例》	《企业国有资产监督管理暂行条例》
《企业国有资产交易监管办法》	国务院国资委、财政部《企业国有资产交易监督管理办法》（国务院国资委、财政部令第 32 号）
《商业银行法》	《中华人民共和国商业银行法》
《外资银行管理条例》	《中华人民共和国外资银行管理条例》
《物权法》	《中华人民共和国物权法》
《担保法》	《中华人民共和国担保法》
《担保法司法解释》	最高人民法院《关于适用〈中华人民共和国担保法〉若干问题的解释》
《信托法》	《中华人民共和国信托法》
《外资保险公司管理条例》	《中华人民共和国外资保险公司管理条例》

续表

《证券法》	《中华人民共和国证券法》
《首发股票上市办法》	中国证券监督管理委员会《首次公开发行股票并上市管理办法》
《证券投资基金法》	《中华人民共和国证券投资基金法》（2015 修正）
《外商投资法》	《中华人民共和国外商投资法》
《外商投资法司法解释》	最高人民法院《关于适用〈中华人民共和国外商投资法〉若干问题的解释》
最高法院《关于联营合同纠纷案件的解答》	最高人民法院《关于印发〈关于审理联营合同纠纷案件若干问题的解答〉的通知》
最高法院《关于外商投资企业纠纷的规定（一）》	最高人民法院《关于审理外商投资企业纠纷案件若干问题的规定（一）》

目录 CONTENTS

第一部分　私募股权投资

第二章 投资法律文件

第三章 投资对赌条款

第二部分 司法案例考察

增益条款 / 第四章

不可抗力及情势变更 / 第五章

附录 主要案例及索引

退出条款 / 第一章

CONTENTS

Part I Private Equity Investment

Investment Documents / 2.

VAM Terms / 3.

PART II JUDICAL CASE STUDY

第一部分

私募股权投资

导 读

私募股权基金本质上是一种集合资金投资工具。通过集合资金，私募股权基金可以实现基金管理人和基金投资人之间的利益连接；通过股权投资，私募股权基金又可实现与目标公司、目标公司原股东等相关方之间的利益连接，并最终在基金管理人、基金投资人、私募股权基金、目标公司、目标公司原股东等众多利益相关方之间形成一个完整的利益链条。这种利益链条以投资权益持有为基础，以追逐权益增值收益为目标，既有整体上的共同利益诉求，又有个体上的利益冲突，任何一点出现问题，都可能引起整个利益链条发生震荡，导致利益传导效应发生。其中，私募股权基金和目标公司又是整个链条上最核心的两个利益连接点，而基金管理人作为私募股权基金的管理者，不仅是促成这两个核心利益连接点得以连接的关键，更是致使整个利益链条具有利益传导效应的关键。

私募股权投资的利益传导效应通常会因为目标公司的价值发生变化而被引发。如果目标公司价值斐然，私募股权基金的投资收益自然会水涨船高，基金投资人收益翻红，基金管理人也会因此赢得基金投资人更多信赖，形成盈利模式上的良性循环，产生正向传导效应；如果目标公司价值惨淡，基金投资自然折戟沉沙，不仅基金投资人无法取得预期投资收益甚至“蚀本”，基金管理人更是容易陷入“四面楚歌”的尴尬境地，既要面对与目标公司及其原股东之间剑拔弩张的投资关系，又要维护与基金投资人等各相关方之间危如累卵的信赖关系，出现负向传导效应，正所谓“一着不慎，满盘皆输”。与目标公司及其原股东等相关方进行“对赌”，正是基金管理人为了防止出现这种负向传导效应而主动采取的一种权益保障安排，而这种安排本身也是利益传导效应的一种表现。考察和理解“对赌”必须以理解这种利益传导效应为前提。

由于私募股权投资整体利益链条所涉利益相关方众多，理解私募股权投资利益传导效应的关键点主要有两个。其一，基金投资人、基金管理人、私募股权基金、目标公司、目标公司原股东等众多利益相关方“求同存异”生成整体利益链条所形成的复杂利益关系和法律关系。其二，各利益相关方在整体利益链条上的不同商业地位和法律地位以及这种“合而不同”对整体利益链条所涉利益关系安排和法律关系安排的影响。换言之，只有理解这些内容，才能理解私募股权投资的利益传导效应以及这种利益传导效应对“对赌”的影响，包括设置“对赌”的动因以及“对赌”对负向传导效应的防范作用。事实上，这也是加剧“对赌”本身复杂性的重要原因。对“对赌”和“对赌条款”的考察，不能脱离这一应用背景。

由此，本部分将以“对赌”应用背景为考察出发点，从分析私募股权基金的基金组建和股权投资入手，以期找出基金投资人、基金管理人、私募股权基金、目标公司、目标公司原股东等各利益相关方在整体利益链条上的真实商业地位和法律地位以及其间形成的真实利益关系和法律关系，并在分析正向传导效应和负向传导效应的基础上，找出私募股权基金实施“对赌”的真实动因，然后再对“对赌”及其所涉相关要素进行分析和界定，对“对赌”所面临的主要法律问题和司法审判难点进行梳理和总结。

第一章

CHAPTER 01

私募股权基金

概念横飞是私募股权基金领域的一大特色。光是基金类型就足以让人眼花缭乱，比如孵化基金、创业基金、并购基金、产业基金、外资基金、基金的基金，等等，更毋庸论及基金投资收益、项目投资收益、年化收益率、门槛收益率、管理人费用、基金运营费用、第三方费用等专业财务概念了。理解私募股权投资及其所涉“对赌”和利益传导效应需以理解私募股权基金的基本含义和运作规律为基础。

第一节 基金的含义

私募股权基金（Private Equity Fund 或 PE），有时亦称“私募股权投资基金”“私募投资基金”或“私募基金”[1]，是指以非公开方式募集资金并以未上市公司股权为主要投资标的的投资基金，通常以一级市场为主要投资方向，以二级市场为主要投资退出渠道。

一、核心要素

资金来源、资金募集方式和投资标的是私募股权基金含义的三个核心构成要素。三者相互关联，相互作用，共同构成了私募股权基金区别于其他基金或投资工具的重要特征。

1 为行文方便，本书有时会将“私募股权基金”简称为“基金”，在投资或持股目标公司场景时，本书有时亦会以“投资者”“投资者股东”“基金投资者”“基金股东”指代私募股权基金。

（一）资金来源

作为投资基金的一种，私募股权基金本质上是一种将集合资金交由基金管理人来运营管理以赚取增值收益的投资工具。私募股权基金的资金不是来自于基金管理人，而是来自于基金管理人或其委聘的募集机构寻找的其他自然人和机构，又称"基金投资人"。集合资金是私募股权基金的本质属性，这种属性使得私募股权基金能够区别于自有资金投资者。自有资金投资者的资金由其自身提供，不存在集合其他自然人和机构资金的概念。因此，在参与主体及主体间法律关系方面，私募股权基金与自有资金投资者存有本质不同。

私募股权基金的核心参与主体主要是基金投资人和基金管理人。其中，基金投资人是指向基金进行投资并持有基金的份额的人，有时也称"基金份额持有人"或"份额持有人"。基金投资人是基金资金的募集对象，也是基金的主要资金来源，其主要职能是按照基金协议的约定向基金提供资金，并对基金管理人经营管理基金的行为进行监督，但通常不会直接参与基金的经营管理。基金管理人是基金的经营管理者，并不必然需要向基金进行投资并成为基金投资人。基金管理人的主要职能是为基金募集资金，并将募集所得资金以基金名义进行股权投资运作，为基金投资人争取最大的投资收益。通过在私募股权基金中承担不同角色和职能，基金管理人和基金投资人即建立了一种以私募股权基金为基础的新型管理法律关系。在这种法律关系中，私募股权基金是基金管理人和基金投资人之间的利益连接点，而基金管理人又是全面经营管理这一利益连接点的主体，是相对主动的一方；基金投资人则是有限参与管理这一利益连接点的主体，是相对被动的一方。基金管理人的经营管理水平通常是决定基金以及基金投资人投资收益好坏的关键。

除基金管理人和基金投资人之外，私募股权基金往往还涉及其他参与主体。比如，为了保障基金资金的安全性，私募股权基金通常都会聘请商业银行等第三方作为基金托管人，由其对基金资金进行单独保管，而不是由基金管理人或基金投资人进行保管。这是另一个层面上的委托法律关系，通常以私募股权基金名义委托，且基金管理人支取基金资金也需要遵守托管协议的约定。这些安排的理念是：通过不同层面委托法律关系的设定以及各参与方之间利益的制衡，以使基金资金能够安全且遵照法律法规及基金协议的约定被使用。此外，私募股权基金在实践中通常还会就基金设立、项目投资、投资退出等事宜聘请律师事务所、会计师事务所、税务师事务所和财务顾问公司等第三方机构提供专业服务，以更加有效地提升经营管理效率、控制经营管理风险。

除前述外，基金资金来源的集合特征也给私募股权基金赋予了金融属性。因此，为保护金融秩序及基金投资人的合法权益，不同国家和地区通常也会对基金管理人以及其他基金服务者设定不同的资质要求。比如，我国即要求基金管理人必须在基金业协会完成登记，否则不得从事私募股权基金管理业务。[1] 违反法律法规和监管政策的基金管理人，还有可能承担行政甚至刑事方面的责任。

（二）募集方式

根据私募股权基金的集合资金属性，设立私募股权基金必然有资金募集过程，即号召和说服基金投资人对私募股权基金进行投资的过程。在此过程中，基金管理人只能采取非公开方式募集资金，且需要遵守关于资金募集的相关规定。[2] 这种非公开募集资金方式与公募基金的公开募集资金方式完全不同，同时也使私募股权基金的资金募集对象具有了局限性和特定性两方面的特征。

私募股权基金的非公开募集资金方式可以从如下方面理解。首先，私募股权基金不能通过在电视、报纸、网站等公开媒介刊登广告的方式公开募集资金，而只能通过私下沟通的方式募集资金。其次，资金的非公开募集方式决定了私募股权基金只能向特定对象募集资金，而无法向不特定对象募集资金。私募股权基金采用公开方式募集资金或者向不特定对象募集资金的，很可能会面临监管部门的处罚。[3] 再次，私募股权基金只能向特定对象募集资金的特征也决定了资金募集对象的局限性，决定了私募股权基金必须努力寻找高质量的基金投资

---

1 比如《证券投资基金法》第 89 条："担任非公开募集基金的基金管理人，应当按照规定向基金行业协会履行登记手续，报送基本情况。"

《证券投资基金法》第 90 条："未经登记，任何单位或者个人不得使用'基金'或者'基金管理'字样或者近似名称进行证券投资活动；但是，法律、行政法规另有规定的除外。"

2 比如基金业协会于 2016 年 4 月 15 日发布并于 2016 年 7 月 15 日起实施的《私募投资基金募集行为管理办法》。

3 比如《行政处罚决定书》，载证监会山西监管局网站：http://www.csrc.gov.cn/pub/zjhpublicofsx/ghbgzj/201607/t20160728_301300.htm?keywords=%E4%B8%AD%E8%9E%8D%E9%87%91%E5%9F%8E，最后访问日期：2020 年 3 月 5 日。

人，特别是那些盈余资金充裕且能够用来进行长期投资的自然人或机构，才可能提高募集资金的效率。实践证明，在投资发生问题时，盈余资金不充裕或风险承担能力较弱的基金投资人往往会给基金管理人施加更多压力，因此基金管理人通常会将已经实现财富自由的自然人以及大型实业公司或者投资公司、保险公司、证券公司、信托公司等资金充沛的专门投资机构作为优选潜在基金投资人或重点资金募集对象。此外，随着养老基金、非盈利基金、产业基金、基金的基金等各类集合资金工具的出现和兴起，这些集合资金工具也开始成为私募股权基金的重点资金募集对象，事实上这些集合资金工具目前也是私募股权基金的重要资金来源。

事物都具有两面性。虽然高质量的基金投资人能够提高募集资金的效率，但高质量的基金投资人往往也对资金使用效率存有更高要求，通常无法容忍资金闲置。为解决这一问题，基金管理人在募集资金时通常不会要求基金投资人一次性完成资金缴付，而是要求基金投资人对投资总额做出承诺，然后再根据基金投资进度依承诺向基金注资，此即所谓资金募集“承诺制”。承诺制有利于解决基金投资人关心的资金闲置问题，同时也存在因基金投资人财务状况恶化而导致基金资金无法按基金投资人此前所作承诺被缴付到位的风险。这种风险又反过来推动基金管理人对基金投资人进行精心筛选，以便将那些财务状况不稳定或资金实力不充足的自然人和机构排除在外。

（三）投资标的

在完成资金募集后，私募股权基金的核心任务便是将募集所得资金用于投资，这也是私募股权基金得以创造价值的前提。在投资标的选择上，私募股权基金选择的投资标的通常仅限于公司股权且是非上市公司股权，实践中有时也称之为“目标股权”或“标的股权”。这种投资标的的特定性使得私募股权基金能够区别于选择其他投资标的的基金，比如证券投资基金、债券投资基金、房地产投资基金、贵金属投资基金，等等。

股权又称“股东权利”或“股东权”，通常是指基于股东资格而对公司享有的权利。作为法律创设的产物，股权具有如下特征：首先，股权是一种复合权利，既包括财产权利，也包括非财产权利，而且每种权利均是由不同权利内容构成。比如：财产权利由公司利润分配请求权、公司剩余财产分配请求权和股权转让收益权等不同权利内容构成，非财产权利由股东会会议参与权及表决权等不同权利内容构成。这些权利的复合性特征使得股权不仅能够被作为具有交易价值和交易可行性的资产对待，甚至能够区分财产权利和非财产权利分别进行交易。其次，股权具有依附性，需以公司为载体而存在，公司消灭，股权亦告消灭。作为拟制的法律主体，公司是股权投资的基础性要素，也是私募股权投资交易的交易内容载体或者交易相对方。因此，承载投资标的的公司，有时也在实践中被称为“目标公司”或“标的公司”。再次，股权具有公示属性。在中国法下，股权的公示方式和内容取决于公司类型。有限责任公司的股权经公司登记机关登记后具有公示和对抗效力，被登记公示的股权主要表现为股东对公司的注册资本出资额，登记公示的内容包括股东姓名或名称、出资方式（货币或非货币财产出资）、认缴出资额（所持公司注册资本的数额）、出资时间等内容；非上市股份有限公司的股权也可在公司登记机关登记公示，但实践中公司登记机关往往只对非上市股份有限公司的发起人股东予以登记，登记公示的事项包括发起人姓名或名称、认购股份数（包括认购股份的类型及数量）、出资时间、出资方式等内容，对非上市股份有限公司设立后发生的股东变更，公司登记机关仅就注册资本金额的变更予以登记，而不再对公司股东具体变更情况予以登记；上市的股份有限公司（以下简称“上市公司”）的股权则需在中国证券登记结算有限公司进行登记，主要表现为股东所持公司股票数量、股票种类等内容。这种针对不同类型公司设定不同股权登记形式的制度安排，在界定投资者股权投资对抗效力方面具有极为重要的意义。

与上市公司股票相比，非上市公司股权通常没有流动性高的优势。首先，非上市公司股权没有一个类似于上市公司股票的公开二级交易市场。不但非上市公司股权没有一个价格公示系统，而且非上市公司股东也无法通过一个标准的、统一的、即时的、公开的二级交易市场出售股权来实现投资退出。其次，非上市公司股东出售股权，只能通过“线下”沟通方式来实现，而且买方通常还会对拟转让的股权以及该等股权所依附的目标公司进行财务、法律、业务等多维度进行尽职调查。股东能否售出股权也会受买方尽职调查效率、调查结果、融资效率、内部流程等诸多因素的制约，无法媲美二级交易市场“一手交钱，一手交货”的“点击式”交易效率。再次，非上市公司股权转变为上市公司股票，通常需要经历一个漫长过程，不仅公司成长为符合上市地法律法规和证券交易所要求的公司需要时间，而且公司上市过程本身也需要时间，需要公司、股东及相关中介机构等各方完成大量繁复工作。事实上，无论上市适用的股票发行制度是核准制还是注册制，公司上市都需要目标公司及中介机构共同完成大量上市准备工作以通过监管部门或交易所的审核。尽管如此，由于公司上市通常能够带来投资收益率大幅度提升，因此目标公司上市后的二级市场退出目前仍是私募股权基金首选的投资退出渠道。由于打通这一渠道需要时间，因此私募股权基金通常也需要对基金投资人的投资资金设定一个比较长的锁定期，如 5 至 7 年不等，甚至更长，使基金投资人在锁定期内不能进行投资赎回，以保障基金投资运作和基金资产的稳定性，这也是私募股权基金不同于可赎回式基金或锁定期较短的证券投资基金的典型特征。

二、盈利模式

作为一种集合资金投资工具，私募股权基金进行股权投资，绝不是为了长期持有目标股权，而是为了能够适时出售目标股权变现并将变现所得向相关利益方进行分配。由此也产生了私募股权基金收益从何而来以及如何分配的问题，即盈利模式问题，而这需要从私募股权基金本身、基金管理人和基金投资人三个维度考察。

（一）基金的盈利模式

私募股权基金及其投资行为本身并不会创造任何价值，私募股权基金的所有价值增值均源于其所投资的目标股权的价值增值。由此，私募股权基金的投资收益也主要体现为目标股权投资成本与变现收入之间的差额。如果将目标股权看作一件简单的货物，那么私募股权基金的投资收益就是货物卖出收入减去货物买入成本之间的差额。

私募股权基金对目标股权的投资成本主要发生在两个方面。其一，私募股权基金为取得目标股权所花费的直接成本，即投资款。投资交易方式不同，投资款的表现形式和支付对象也不同。比如，在“认购增资”交易中，投资款会表现为“增资款”，需要私募股权基金将“增资款”支付给目标公司；在“购买老股”交易中，投资款会表现为“股权转让款”，需要私募股权基金将“股权转让款”支付给转让目标股权的目标公司原股东。然而，无论以何种形式支付给何方，投资款都是私募股权基金为取得目标股权所必须支付的直接对价，否则即无法获取目标股权。其二，私募股权基金为获取目标股权所花费的间接成本，比如私募股权基金为完成投资交易聘请律师事务所和会计师事务所等第三方中介机构所花费的费用。直接成本和间接成本二者相加之和，即为私募股权基金投资目标股权所花费的投资成本，或称之为“项目投资成本”。

在知道项目投资成本的情况下，如果能够确定项目退出收入，即私募股权基金卖出目标股权的收入，那么项目退出收入减去项目投资成本后的余额就是私募股权基金因投资目标股权所产生的投资收益，或称之为“项目投资收益”。其中，在计算项目退出收入时，需要考虑两个方面的基本因素：其一，目标股权售价，即买方为取得目标股权所应支付的直接对价，也是私募股权基金就转让目标股权而应收取的金额；其二，私募股权基金因出售目标股权所花费的间接成本，或称之为“间接退出成本”，比如律师费和审计师费等第三方中介机构收取的费用。目标股权售价减去这些间接成本后的所得额，即为私募股权基金因实现投资退出所取得的项目退出收入。在此情况下，如果私募股权基金没有其他运营成本，那么通过相加所有项目投资收益，即可得出整体投资收益。当然，如果其中的相关项目投资收益为负，相加所得的整体投资收益金额也会下降。

项目投资收益有利于考察私募股权基金的特定项目投资效果，但通过相加项目投资收益来计算基金的整体投资收益却不一定准确，因为私募股权基金通常会投资多个目标公司，需要专业人员的长期持续运营和管理，不存在“没有其他运营成本”的情形。除项目投资成本和间接退出成本之外，私募股权基金运营管理产生的成本也很多。其一，基金的管理费成本，该成本由基金管理人收取，通常无法避免；其二，基金的一般维护成本，比如登记管机关的登记费用和场地租赁费等，金额通常较小，但不可避免；其三，基金的项目维护成本，比如基金因对目标公司实施投后管理所产生的差旅成本、因目标公司或原股东违约所产生的司法救济成本（如律师费、诉讼费、仲裁费、保全费等）、因对目标公司实施审计所产生的审计费成本，这些成本通常并非基金一方自行确定，且金额变量较大。以上成本在计算私募股权基金整体投资收益时都必须予以考量。如果通过相加项目投资收益的方式来计算基金的整体投资收益，那么就需要从项目投资收益相加之和中扣除这些成本，否则不可能得出一个准确的整体投资收益。

基于前述，基本可以判断：只有项目投资收益或整体投资收益为正，私募股权基金才能获取盈利，而其获取盈利的方式就是“低价买入”和“高价卖出”目标股权。由于在实施投资退出时项目投资成本已经明确，因此项目退出收入将是决定项目投资收益或整体投资收益是否为正的关键，而这又主要取决于实施投资退出时目标股权的价值。因此，目标股权的价值变化才是影响私募股权基金能否实现盈利或取得投资收益的核心要素。

（二）基金管理人的盈利模式

基金管理人的盈利模式根植于基金组建这一基础之上。基金组建是指基金管理人设立私募股权基金并使其具有股权投资能力的过程。基金组建既是私募股权基金从事股权投资业务的前提，也是基金管理人和基金投资人确立其间法律关系的过程。

基金组建通常自基金管理人向潜在基金投资人募集资金开始，至私募股权基金以合法形式成立结束。一旦私募股权基金得以合法成立，通常即意味着基金管理人与基金投资人建立了正式的合作法律关系，也意味着基金管理人拥有了收取管理报酬的权利。在实践中，基金管理人的管理报酬主要由管理费和业绩两部分构成。

管理费是基金管理人收取的基础报酬，属于基金管理人和基金投资人之间自由协商确定的范畴，主要用于基金管理人自身的运营管理支出，通常按照基金募集资金金额的一定比例收取。一般而言，基金的募集资金额越低，基金管理人收取的管理费费率越高，基金的募集资金额越高，基金管理人收取的管理费费率越低。在实践中，根据基金管理人和基金投资人之间的协商，管理费一般参照基金募集资金金额2%/年的比例调整适用，可按年收取，也可集中一次或多次收取。为计算投资收益方便，管理费通常先由基金投资人支付至基金并由其支付给基金管理人，而不是由基金投资人直接支付给基金管理人。

业绩分成又称“收益分成”或“业绩提成”，是指在基金投资收益率超过门槛收益率的情况下，由基金管理人针对基金超过门槛收益率的收益（超额收益）所收取的额外报酬。门槛收益率又称“基准年化收益率”，是指基金参与方通过协商预设的关于基金年化投资收益率的最低预期指标，实践中通常以8%/年作为参考值。设置门槛收益率的重要意义在于：首先，门槛收益率是决定基金是否产生超额收益的标尺，因为基金只有在实际投资收益率超过门槛收益率的情况下才会产生超额收益；其次，门槛收益率也是决定基金管理人能否分取业绩分成的标尺，因为基金管理人只能在基金实际投资收益率超过门槛收益率的情况下才能就超额收益分取业绩分成。业绩分成本质上是对基金管理人的"经营绩效奖"，实践中通常是按超额收益的相应比例计算，而不是按固定金额计算，比如以超额收益的20%作为参考标准调整计算业绩分成，或者在此基础上根据超额收益大小设置多档业绩分成比例，以达到更好的激励目的。一般而言，基金的实际年化投资收益率越高或超额收益越大，基金管理人的业绩分取比例也越高。这种安排有利于激励基金管理人为分取更多业绩分成而努力经营管理基金，而不仅仅是以收取管理费或达到门槛收益率为目标。

投资收益率是与计算业绩分成密切相关的另一概念。在实践中，通常亦按年化方式进行计算。依基金管理人与基金投资人的协商，计算业绩分成所采用的投资收益率有可能是项目投资收益率，也有可能是整体投资收益率。如果采用的是项目投资收益率，那么"年化项目投资收益率"将是项目投资收益除以项目投资成本再除以投资年限之后所得的数额[1]。如果采用的是整体投资收益率，那么"年化整体投资收益率"将是基金的所有投资收益之和除以基金的全部投资成本再除以投资年限之后所得的数额。由于这两种投资收益率的计算方式和计算要素不同，在计算基金管理人业绩分成和基金投资人投资收益时所起到的财务效果也不同，因此基金管理人和基金投资人往往会就此进行深入讨论，并在实践中形成了净值法和份额法等多种业绩分成处理方式，包括按单个项目投资收益提取或按整体投资收益提取、按固定时段（季度、半年度或年度）提取或不定期提取、对单一投资人各期投资单独计算投资收益并提取或对单一投资人全部投资整体计算投资收益并提取等方式。

对基金管理人而言，如果说管理报酬中的业绩分成是一种"多劳多得"的

---

1 此种收益率计算方法简单易懂，但没有考虑到货币的时间价值。如考虑到货币时间价值对收益率的影响，则适用"内部收益率（Internal Rate of Return（IRR））"来计算投资收益率更能体现可达到的实际收益率水平，因此IRR也经常被用来评判一家基金的业绩好坏，是一种重要的基金业绩评价指标。

激励收入，那么管理费则可以看成一种“旱涝保收”的保底收入，因为从基金募集资金的宣传角度讲，管理费更像是基金管理人的“保本收入”，是基金管理人为避免无法“回本”所采取的风险控制手段，因此通常不存在不收的可能。然而，如果基金管理人仅以收取管理费作为经营管理基金的主要目标，那么就可能会因为没有“尽心尽力”而导致基金无法实现门槛收益率甚至亏本。在此情况下，如果基金管理人再想邀请这些基金投资人投资设立新的基金，恐怕愿望就会落空，甚至也可能因为市场信誉下降而无法从其他基金投资人处为新的基金募集资金，自然也无从就管理新的基金而收取管理费，更无望分取相关业绩分成了。换言之，基金管理人只有勤勉尽责地经营管理好基金并为基金投资人取得投资收益，才有机会获得基金投资人更多信赖，也才有机会再度成功设立新的基金并再度收取管理费和业绩分成。如果经营管理效果不好，则可能会陷入“一锤子买卖”的尴尬境地，导致未来因为无法设立新的基金而丧失收取管理费和业绩分成的机会。从此角度讲，基金管理人经营管理基金的行为其实是一种服务行为，管理费和业绩分成是其核心收入，但能够持续收取或循环管理费和业绩分成才是其最核心的盈利模式。

除前述外，基金投资人在实践中有时还可能要求基金管理人认购部分基金份额，基金管理人有时也会要求其项目管理团队认购部分基金份额或者随同基金一起对目标公司进行投资。这种“跟投机制”的核心目的在于防范职业道德风险，一是基金管理人的职业道德风险，二是基金管理人的项目管理团队的职业道德风险。在基金未来运作失利时，这种“跟投机制”可以使基金管理人或其项目管理团队与基金投资人共同承担损失；但在基金未来取得投资收益时，基金管理人或其项目管理团队作为“跟投人”亦可取得相应收益。只是，这不属于基金管理人的报酬范畴，更非基金管理人的主要盈利来源。

（三）基金投资人的盈利模式

相对于基金管理人而言，基金投资人在获取收益方面处于相对被动的地位。首先，基金投资人来源于基金的收入相对单一：除了基金投资收益之外，通常不会从基金获取其他性质的收入。其次，基金投资人获取基金投资收益往往在时间上具有滞后性，在未明确基金所有运营成本之前，基金管理人无法计算出基金投资收益，基金投资人自然也就无从取得基金投资收益。当然，在基金投资收益为零或负数的情况下，基金投资人自然也无基金投资收益可分。此外，由于基金投资人通常不负责对基金进行经营管理，亦不会参与基金对目标公司的“投后管理”，因此在认购基金份额之后，基金投资人大多只能寄希望于基金管理人发挥卓越的基金经营管理水平，帮助其实现并最大化投资收益。

对基金投资人而言，如果说基金运营成本可以通过压缩开支等方式进行控制，那么影响基金退出收入的目标股权价值这一核心要素，就只能依赖于目标公司这一载体质量的好坏。目标公司质量好的，基金投资退出时退出收入可能就高，反之则低。由于基金投资人既不负责经营管理私募股权基金，也不负责经营管理目标公司，因此基金投资人能否实现预期投资收益或取得投资收益，实际上将最终取决于基金管理人筛选目标公司以及投后管理水平的高低。

三、传导效应

在私募股权投资实践中，目标公司原股东通常都会向投资者勾勒出一个关于目标公司的美好投资“钱景”，而不会主动披露目标公司本身存在的经营风险以及可能产生的投资风险，但这些风险往往是影响目标公司价值的关键，需要仔细识别和评估。然而，对这些风险的识别和评估在基金组建完成之前和之后可能是两个完全不同的概念，需要从基金管理人的利益驱动角度进一步分析。

在基金组建完成之前，基金管理人的主要利益驱动是尽快完成基金组建并与基金投资人协商确定基金管理报酬，由此很可能会将目标公司原股东向其勾勒的目标公司的投资“钱景”直接呈现给基金投资人，而非向基金投资人详尽剖析及披露目标公司本身存在的经营风险或可能的投资风险。事实上，在这一时点基金管理人也无法做出准确完整的风险披露，因为基金管理人不大可能在此阶段自付费用完成对目标公司的充分调查和评估。换言之，在基金组建完成之前，基金投资人所能获取的关于目标公司的信息并不全面，而这些并不全面的信息却是基金投资人决定是否对基金进行投资并因此与基金管理人实现利益连接的重要决策依据。同时，目标公司的潜在投资价值也使私募股权基金这一利益连接点具有了延伸性，成为连接基金投资人及基金管理人与目标公司及其原股东等利益相关方之间的可能桥梁。在基金投资人完成对基金投资以及基金完成对目标公司投资后，这种可能就会变成现实，并最终在基金管理人、基金投资人、私募股权基金、目标公司及其原股东等利益相关方间形成一个完整的利益链条，而使这一利益链条得以铸就的关键则是基金投资人与基金管理人之间的信赖关系。

在私募股权基金组建完成之后，基金管理人的主要利益驱动本应是让基金完成对目标公司投资并根据投资效果分取业绩分成，但实践却可能因为如下原因出现偏差：在私募股权基金组建完成之后，基金管理人将接管基金，成为基金的经营管理者，负责操作基金完成对目标公司投资，但投资失败所产生的风险却是由私募股权基金承担，而不是直接由基金管理人承担，即投资行为的操作者与相应风险的承担者并非同一主体，两者之间存在错位。事实上，除了所持基金份额价值降低以及潜在业绩分成收入消失，基金对目标公司投资失败通常不会给基金管理人直接造成其他大额损失，[1] 而且基金管理人的管理费这一“旱涝保收”的管理报酬也不会因此受到影响。在此情况下，如果基金管理人不是以获取管理费而是以获取业绩分成作为主要盈利目标，那么就会本着审慎投资的原则，对目标公司进行全面调查和评估，筛选出有价值的目标公司，并在此基础上作出投资决策，从而使目标公司的价值正向传导至私募股权基金以及基金管理人和基金投资人等利益相关方。如果基金管理人是以获取管理费而不是以获取业绩分成作为主要盈利目标，则会产生一个严重问题，即基金管理人很可能放松对目标公司的调查、评估或投后管理，或者无法筛选出真正有投资价值的目标公司，或者无法对目标公司的投资价值进行精准界定，或者在投后管理中未能使目标公司既有投资风险得到有效弥补或纠正，从而使目标公司的风险负向传导至私募股权基金以及基金管理人和基金投资人等利益相关方，并最终可能使各方利益受损。

可见，私募股权基金的价值虽然源于目标公司的价值，但目标公司价值的真正发现者却不是基金本身，而是基金管理人。作为基金所涉整体利益链条的控制者或操盘手，基金管理人不仅在基金投资人、目标公司及其他利益相关方

---

1 基金对目标公司投资失败的，通常会导致基金所持目标公司股权价值降低，但一般不会导致基金承担对外负债。如基金管理人不持有基金份额，则基金对目标公司投资失败不会影响基金管理人的投资权益，基金管理人不会遭受直接投资损失。如基金管理人持有基金份额，且其所持有的份额比例也十分有限，基金管理人因此遭受的直接投资损失亦会十分有限。

之间建立了真实的利益连接关系，而这种利益连接关系又主要表现为权益持有关系，且这种权益持有关系又进一步使整个利益链条具有了利益上的传导效应，而这种利益传导效应的触发点恰恰就是目标公司价值的变化。如果目标公司价值斐然，基金的投资价值自然水涨船高，基金投资人收益翻红，基金管理人也会因为经营管理效果良好而获取组建更多新基金的机会，形成运营和盈利上的良性循环，各方皆大欢喜，出现正向利益传导效应。如果目标公司价值惨淡，基金的投资价值便可能折戟沉沙，不仅基金投资人无法取得预期收益甚至“蚀本”，而且基金管理人更是容易陷入“四面楚歌”的尴尬境地，既要承担与目标公司及其原股东的对抗压力，又要面对基金投资人的“拿钱不办事”的质疑，彻底葬送其与各相关方之间的信赖关系，甚至可能再无翻身的机会，从而出现负向利益传导效应。近期发生的多起基金爆雷事件[1]也恰恰印证了这种传导效应。

为了尽量避免负向利益传导效应的发生，基金管理人就需要在实践中充分履行管理人职责，坚持“以退为进”的投资理念，对目标公司及相关背景进行充分调查和评估，尽可能发现潜在投资风险，从投资退出角度制定有针对性的投资风险解决方案，并通过签署完备的投资法律文件为保障投资权益、实施投后管理以及实现投资退出提供依据，以免因为目标公司价值剧烈下降而导致无法取得预期投资收益，甚至丧失大好“钱程”。

第二节 基金的分类

私募股权基金可按不同标准分为不同类型。比如，以基金的投资对象为标准，可分为先进制造业投资基金、互联网投资基金、房地产投资基金、基础设施投资基金、不良资产投资基金，等等；根据其他标准，又可将该等基

1 比如《暴风集团风暴掀翻多家金融机构，谁为 52 亿资金兜底？》，载第一财经网：https://www.yicai.com/news/100212929.html，最后访问日期：2020 年 3 月 5 日；《诺亚财富的雷越踩越大：辉山乳业乐视网再到承兴国际》，载中国经济网：http://finance.ce.cn/stock/gsgdbd/201907/09/t20190709_32567612.shtml，最后访问日期：2020 年 3 月 5 日。

金分为其他不同类型，凡此种种。基金的类型不同，运作规律也有不同。私募股权基金的不同分类及其不同特性，可从功能定位、资金来源和组织形式三个角度予以解读。

一、以功能定位分类

以功能定位为标准，私募股权基金可以分为项目投资基金和企业投资基金两大类。其中，项目投资基金是指以获取项目投资收益而非企业投资收益为主要收益来源的股权投资基金。虽然项目投资基金有时以股权投资方式来持有特定项目或为特定项目提供融资，但其投资收益并非主要源于目标公司价值的增值，而是源于目标公司所持有或所从事特定项目的增值，典型代表是房地产投资基金和基础设施投资基金。这些基金或是以持有特定房地产或基础设施为投资目的，或是以向房地产或基础设施建设项目提供融资为投资目的。与项目投资基金不同，企业投资基金不是着眼于特定项目，而是着眼于目标公司的整体价值增值。企业投资基金即是通常意义上的私募股权基金，也是本书的分析重点。基于目标公司的不同发展阶段以及基金对投资时点的选择，企业投资基金可以分为早期投资基金、发展期投资基金、Pre-IPO 投资基金几种。

（一）早期投资基金

早期投资基金是指以初创公司为主要投资对象的私募股权基金。这些初创公司通常是一些高科技公司或新兴产业公司，具有产品新颖、市场广阔、成长潜力巨大等特征，但同时也存在轻资产化、资本需求较高、发展路径不确定等问题，一般很难从银行等传统融资渠道获得资金支持。

早期投资基金是解决这些初创公司融资难题的一个重要渠道。通过早期投资基金，这些初创公司有机会以较低的财务成本获得公司发展所需大量资金。通过投资这些初创公司，早期投资基金也有机会因为这些初创公司迅猛发展而获取巨大的投资收益，当然也可能会因为这些初创公司出现发展瓶颈或研发失败而承担巨大的投资风险，这或许也是早期投资基金在实践中有时被称为“风险投资基金”或“风投”的原因。为最大限度减少投资风险，早期投资基金通常会在这些初创公司进行下一轮股权融资时通过出售所持股权的方式实现部分甚至全部投资退出。

在实践中，早期投资基金又常被分为种子基金（Seed Money）和风险投资基金（Venture Capital/VC）两种。其中，风险投资基金的投资对象主要是那些产品相对成熟但仍主要处于研发阶段或至少已经形成主要产品的初创公司；而种子基金的投资时点更早，经常会在初创公司产品尚未成型时甚至创意阶段就对公司展开投资，有时甚至还会参与初创公司的创建及产品创意设计，成为目标公司联合创始股东，因此在实践中有时也被称为“天使基金”或“孵化基金”。

与风险投资基金相比，种子基金具有两大特征。其一，种子基金为获取同样股权比例所需付出的投资对价往往会小于风险投资基金付出的投资对价，因为彼时初创公司的未来发展前景更不明朗，投资风险更大，因此估值更低。其二，种子基金的风险控制要求往往会低于风险投资基金的风险控制要求，因为彼时初创公司尚处于初创阶段，是否对其投资主要取决于种子基金是否看好目标公司所处行业或所研发产品的未来发展前景。风险投资基金则不同，既需要判断初创公司的发展前景，也需要防范因付出大额投资对价所产生的投资风险，因此往往会要求初创公司及原股东等相关方签署更为完备的投资法律文件，包括对赌协议，但种子基金通常不会存在这种要求。

（二）发展期投资基金

市场上的大部分私募股权基金都是发展期投资基金，投资对象主要是处于发展期的公司。发展期公司通常已度过艰难的初创阶段，产品已经相对成熟或已经形成主要产品，市场前景已经相对明朗，公司发展潜力已经得到较好展现，有的甚至已经达到了很好的盈利水平，但仍然需要融取资金以克服产品研发和市场开拓等方面的问题，以实现目标市场的更多占领以及公司价值的迅速爆发。

与早期投资基金相比，发展期投资基金选择的投资时点更晚，但投资风险却未必比早期投资基金更小。首先，处于发展期的公司往往抗压能力较差，风险来源更多，可能存在公司发展定位偏离、生产周期与销售周期不匹配、核心团队稳定性下降等问题，而这些问题都可能影响甚至断送公司的发展前景，导致公司价值发生巨大不利变化，从而给基金投资带来巨大的价值波动风险。其次，由于公司在发展期的估值往往已经超过初创期的估值，发展期投资基金为获取目标公司同样股权比例往往需要付出比早期投资基金更大的投资对价。因此，一旦投资失败，发展期投资基金会面临比早期投资基金更大的投资损失。实践证明，发展期投资基金往往不会因为目标公司处于发展期而放松风险控制，而是对投资风险更为警惕，通常都会要求目标公司及其原股东等相关方签署完备的投资法律文件，包括对赌协议。

（三）Pre-IPO 投资基金

Pre-IPO 投资基金是指以短期内有明确上市预期的公司为主要投资对象的私募股权基金。由于公司在上市过程中需要保持股权结构不变，无法进行股权融资，Pre-IPO 投资基金的投资往往是公司上市前的最后一轮股权融资。

与早期投资基金和发展期投资基金相比，Pre-IPO 投资基金有三大特征。首先，Pre-IPO 投资基金选择的投资时点更晚，通常发生在目标公司经营规模与盈利状况已达到上市水平之时，有的目标公司甚至已经启动上市程序。目标公司的发展路径更为明确、收益更为稳定，Pre-IPO 投资基金的投资风险由此也相对较低。其次，由于 Pre-IPO 投资基金的投资发生在目标公司上市“前夜”，因此 Pre-IPO 投资基金往往能够在目标公司上市之后，通过二级市场出售股票的方式快速实现投资退出。尽管如此，Pre-IPO 投资基金所面临的问题也比较明显，即 Pre-IPO 投资基金的议价能力往往比早期投资基金和发展期投资基金更弱，不仅有时无法按其预期在投资法律文件中设定投资条件，而且往往还会因为目标公司估值更高而付出更大的投资对价，甚至出现“一二级市场估值倒挂”，使投资收益的最终实现不得不依赖于目标公司股票价格在二级市场上的走强表现。再次，Pre-IPO 投资基金作为目标公司上市前的最后一次股权融资，主要是通过目标公司上市后经二级市场出售目标公司股票的方式实现投资退出，可选择的投资退出方式更少，而早期投资基金和发展期投资基金不仅有机会在目标公司上市后通过二级市场出售目标公司股票的方式实现投资退出，也有机会在目标公司上市前通过转让全部或部分目标公司股权的方式实现投资退出，灵活性相对更高。

需要特别指出的是，除前述关于早期投资基金、发展期投资基金和 Pre-IPO 投资基金的分类外，实践中还存在“创业投资基金”和“股权投资基金”的分类，尽管二者在内涵上存在一定重合。其中，创业投资基金一般是指对未上市企业进行股权投资的基金，可视为是一个包含了早期投资基金、发展期投资基金和 Pre-IPO 投资基金的概念，只是在不同的法规政策文件下的具体认定标准有所不同；[1] 股权投资基金则不仅可以投资未上市企业股权，而且可以投资上市企业非公开发行和交易的普通股（含上市公司定向增发、大宗交易、协议转让等）及可转换为普通股的优先股和可转换债。[2] 在实践中，从“股权投资基金”中甄别“创业投资基金”的重要意义在于：创业投资基金有机会享有税收、上市解禁期等方面的众多政策优惠，[3] 而股权投资基金却未必。需要指出的是，自

---

1 比如基金业协会在《有关私募投资基金“基金类型”和“产品类型”的说明》（基金业协会资产管理业务综合报送平台之提示性文件）中将创业投资基金定义为“主要向处于创业各阶段的未上市成长性企业进行股权投资的基金（新三板挂牌企业视为未上市企业）”。证监会在 2014 年 8 月 21 日发布的《私募投资基金监督管理暂行办法》（证监会令第 105 号）第 34 条中将创业投资基金定义为“主要投资于未上市创业企业普通股或者依法可转换为普通股的优先股、可转换债券等权益的股权投资基金”。发改委、人民银行、财政部、银保监会、证监会、外汇局在 2019 年 10 月 19 日发布的《关于进一步明确规范金融机构资产管理产品投资创业投资基金和政府出资产业投资基金有关事项的通知（发改财金规〔2019〕1638 号）》第 1 条中将创业投资基金定义为“向处于创建或重建过程中的未上市成长性创业企业进行股权投资，以期所投资创业企业发育成熟或相对成熟后，主要通过股权转让获取资本增值收益的股权投资基金”，并列出了创业投资基金适用该通知所需满足的条件，即“（一）符合《创业投资企业管理暂行办法》（发展改革委 2005 年第 39 号令）或者《私募投资基金监督管理暂行办法》（证监会 2014 年第 105 号令）关于创业投资基金的有关规定，并按要求完成备案；（二）基金投向符合产业政策、投资政策等国家宏观管理政策；（三）基金投资范围限于未上市企业，但所投资企业上市后基金所持股份的未转让及其配售部分除外；（四）基金运作不涉及债权融资，但依法发行债券提高投资能力的除外；（五）基金存续期限不短于 7 年；对基金份额不得进行结构化安排，但政府出资设立的创业投资引导基金作为优先级的除外；（六）基金名称体现‘创业投资’字样或基金合同和基金招募说明书中体现‘创业投资’策略。”

2 基金业协会在《有关私募投资基金“基金类型”和“产品类型”的说明》（2019 年 1 月版）的“类型说明”中将私募股权投资基金定义为：“投资包括未上市企业和上市企业非公开发行和交易的普通股（含上市公司定向增发、大宗交易、协议转让等），可转换为普通股的优先股和可转换债等的私募基金。”

3 上市解禁期优惠政策包括国务院 2016 年 9 月发布的《关于促进创业投资持续健康发展的若干意见》（国发〔2016〕53 号），证监会 2020 年 3 月 6 日发布的《上市公司创业投资基金股东减持股份的特别规定》（2020 修订）（证监会公告 [2020]17 号），证监会 2017 年 6 月 2 日发布的《发行监管问答——关于首发企业中创业投资基金股东的锁定期安排》；税收优惠政策包括财政部、税务总局 2018 年 5 月 14 日发布的《关于创业投资企业和天使投资个人有关税收政策的通知》（财税〔2018〕55 号）。

2020 年 3 月 31 日后，在基金业协会备案的股权投资基金也有机会在上市解禁期方面参照享受与创业投资基金同等的优惠政策。[1]

（四）其他类型的基金

除早期投资基金、发展期投资基金和 Pre-IPO 投资基金之外，以目标公司整体价值增值为主要投资收益来源的私募股权基金还有并购投资基金（Buyout Fund / M&A Fund）和夹层基金（Mezzanine Fund）等类型。其中，并购投资基金是指以获取目标公司控制权为主要投资目标的私募股权基金。在获取目标公司控制权之后，并购投资基金通常会对目标公司进行相应重组改造，并在其后通过出售目标公司控制权或部分股权的方式实现投资退出，这种操作方式与其他企业投资基金仅持有目标公司少数股权且不寻求控制地位的操作方式完全不同。夹层基金是一种介于股权投资和债权投资（如债券和贷款）之间的基金类型，通常表现为债权投资基础上的股权转换权（如可转换公司债或认股权证），既能受益于目标公司成长所带来的股权收益，也能兼顾债权收益，有利于填补目标公司取得股权资金和普通债权资金后仍然存在的资金缺口。

从功能定位角度对私募股权基金进行分类，有利于从投融资需求角度对私募股权基金和目标公司进行匹配，促进二者之间相互增进了解，包括在合作方式和利益诉求等方面的了解，提高沟通效率，促进投融资方面的合作。

二、以组织形式分类

基金的组织形式不仅涉及私募股权基金的内部运营管理机制，而且涉及各基金参与方的税负承担等财务问题，通常是基金管理人和基金投资人在组建私募股权基金时的重点考量因素。以基金的组织形式为标准，私募股权基金可分为合伙制基金、公司制基金、契约型基金三大基本类型。

（一）合伙制基金

合伙制基金是指采用有限合伙企业这一企业组织形式的私募股权基金。根据《合伙企业法》的规定，有限合伙企业的合伙人由普通合伙人（“General Partner”或“GP”）和有限合伙人（“Limited Partner”或“LP”）构成，其中

1 《上市公司创业投资基金股东减持股份的特别规定》（2020 修订）（证监会公告〔2020〕17 号）第 5 条：“在基金业协会备案的私募股权投资基金，参照本规定执行。”

GP 可以执行事务合伙人的身份经营管理合伙企业，是有限合伙企业经营管理权的享有者，对合伙企业的债务承担无限连带责任；LP 不负责执行合伙事务，不对外代表合伙企业，以其认缴的出资额为限对合伙企业的债务承担责任，并按有限合伙协议的约定承担合伙企业的损失以及享有合伙企业的利润。映射到私募股权基金领域，有限合伙企业即指私募股权基金本身，GP 即指私募股权基金或有限合伙企业的事务执行人，LP 则是私募股权基金或有限合伙企业的投资人。合伙制基金的基础架构可简单图示如图 1-1-1：

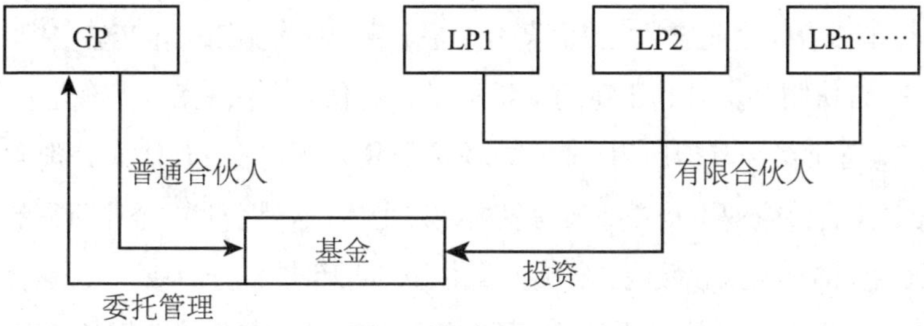

图 1-1-1 合伙制基金的基础架构

与采用其他组织形式的私募股权基金相比，合伙制基金具有如下特征：

其一，合伙制基金的经营管理权安排比较灵活。在实践中，基金管理人通常是由 GP 担任，但在同一基金中 GP 和基金管理人亦可同时并存。首先，《合伙企业法》允许一个有限合伙企业拥有多名 GP，而非限于一名，具体需视基金组建和经营管理需求而定，这也是合伙制基金在实践中存在很多“CO-GP 基金”细分类型的重要原因，基金管理人可从这些 GP 中选择。其次，《合伙企业法》规定有限合伙企业由 GP 执行合伙事务，[1] 但并不禁止 GP 将其拥有的有限合伙企业经营管理权交由第三方行使。换言之，合伙制基金的基金管理人可由 GP 担任，亦可由 GP 指定的第三方担任，但按照基金业协会的规定，这

---

1 《合伙企业法》第 67 条：“有限合伙企业由普通合伙人执行合伙事务。执行事务合伙人可以要求在合伙协议中确定执行事务的报酬及报酬提取方式。”

些第三方需是 GP 的关联方。[1]

其二，合伙制基金的利润分配安排比较灵活。除了"合伙协议不得约定将全部利润分配给部分合伙人或者由部分合伙人承担全部亏损"[2] 这一原则性限制之外，《合伙企业法》允许"合伙企业的利润分配、亏损分担，按照合伙协议的约定办理"[3]。对有限合伙企业而言，《合伙企业法》还允许通过合伙协议约定将全部利润分配给部分合伙人。[4] 这种法律上的便利为合伙制基金设计和实施结构化基金产品提供了基础，比如根据基金投资人的不同投资偏好，分别将其作为基金的优先级投资人或劣后级投资人，甚至是中间级投资人，并进而由此做出相应收益分配安排。因此，有限合伙企业通常也是私募股权基金领域里实施结构化产品安排的首选。

其三，合伙制基金有利于避免双重征税。《合伙企业法》第 6 条规定："合伙企业的生产经营所得和其他所得，按照国家有关税收规定，由合伙人分别缴纳所得税。"换言之，合伙企业不是企业所得税的纳税主体，合伙企业的企业所得的纳税主体是合伙企业的合伙人，而不是合伙企业本身，即所谓"先分后税"。这是合伙制基金有别于公司制基金的核心要素，也是合伙制基金被更多选择适用的重要原因。

（二）公司制基金

公司制基金是指采用公司这一企业组织形式的私募股权基金。根据《公司法》的规定，公司分为有限责任公司和股份有限公司，由公司股东共同注册成立，其中有限责任公司的股东以其认缴的出资额为限对公司承担责任，股份有

---

1 自2018年8月起，基金业协会在资产管理业务综合报送平台当中的产品备案功能中添加了上传"普通合伙人与管理人存在关联关系的证明文件"的模块，并标注"根据《企业会计准则第 36 号——关联方披露》：一方控制、共同控制另一方或对另一方施加重大影响，以及两方或两方以上同受一方控制、共同控制或重大影响的，构成关联方。同时，若普通合伙人系由基金管理人高管团队及其他关键岗位人员出资的情形，同样认定为存在关联关系"。

2 《合伙企业法》第 33 条第 2 款："合伙协议不得约定将全部利润分配给部分合伙人或者由部分合伙人承担全部亏损。"

3 《合伙企业法》第 33 条第 1 款："合伙企业的利润分配、亏损分担，按照合伙协议的约定办理；合伙协议未约定或者约定不明确的，由合伙人协商决定；协商不成的，由合伙人按照实缴出资比例分配、分担；无法确定出资比例的，由合伙人平均分配、分担。"

4 《合伙企业法》第 69 条："有限合伙企业不得将全部利润分配给部分合伙人；但是，合伙协议另有约定的除外。"

限公司的股东以其认购的股份为限对公司承担责任。在私募股权基金采用公司这一企业组织形式的情况下，公司或私募股权基金的经营管理权通常是由公司股东行使。公司制基金的基础架构可简单图 1-1-2 所示：

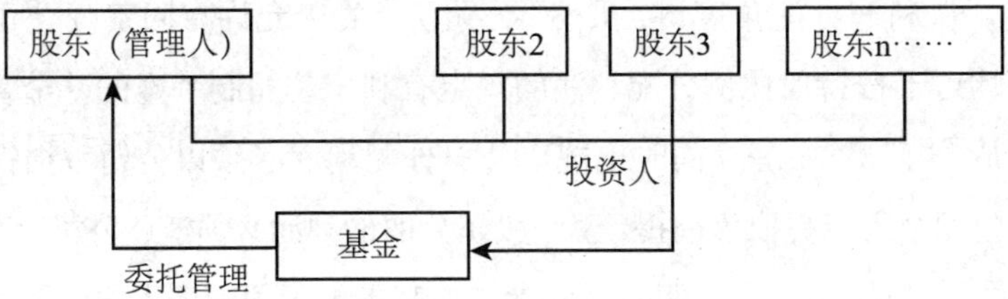

图 1-1-2　公司制基金的基础架构

与合伙制的私募股权基金相比，公司制基金具有如下特征：

其一，公司制基金更能体现基金投资人的法定权利。根据《公司法》的规定，公司是独立的企业法人，公司的经营管理需通过股东会、董事会（或执行董事）、经理等内部治理机构来实现，而不是通过某个或某些投资权益享有者（股东）来实现。这种经营管理权的实现方式既是公司股东“同股同权”地位的要求，也是保障公司股东“同股同权”地位的路径，包括公司利润分配请求权、公司剩余财产分配请求权和股权转让受益权等财产权利以及股东会会议参与权及表决权等非财产权利。换言之，“同股同权”才是《公司法》下关于公司股东权利的常态，个别股东或部分股东享有“特权”是非常态的存在，因此公司制基金更能体现股东作为基金投资人的权利，而这一点与有限合伙企业不同，因为有限合伙企业的经营管理权被《合伙企业法》赋予给了 GP 这一有限合伙企业的投资者，而不是有限合伙企业的相关内部治理机构。

其二，公司制基金在经营管理及相关权利义务安排方面更为复杂。这种权利义务安排的复杂性主要源于《公司法》关于股东“同股同权”的基本理念，主要体现在经营管理权行使、利润分配、责任承担三个方面。从经营管理权行使角度讲，《公司法》规定公司的经营管理需通过股东会、董事会（或执行董事）、经理等内部治理机构来实现，因此在决定将公司经营管理权授予个别或部分股东行使时，这些内部治理机构与获授权股东之间的关系如何平衡即须慎重考量，包括考量该授权是否需要取得其他股东的表决权委托、是否需要取得其他内部治理机构的同意或对其他内部治理机构进行人员调整等，否则获授权股东可能会因为无法顺畅行使其对公司的经营管理权，导致无法达到预期经营管理目标或效果，而这与合伙制基金 GP 基本可以自由安排经营管理权内容的法定授权完全不同。从利润分配角度讲，虽然《公司法》关于允许有限责任公司和股份有限公司均可不按持股比例分配利润的规定有利于公司制基金的基金管理人分取业绩分成，[1] 但《公司法》同时也规定公司分配利润必须以公司亏损得以弥补以及法定公积金得以提取为前提，否则股东分取的利润必须返还公司，[2] 而《合伙企业法》并无类似规定，合伙制基金的参与方基本也无须考虑类似问题。从责任承担角度讲，公司股东在《公司法》下对公司债务承担的责任都是有限责任，不是无限责任，如需公司股东对公司承担无限责任，则需根据《公司法》第 20 条规定[3]"刺破公司面纱"或根据其他相关法律规定另行考量，这一点也与合伙制基金中 GP 应对合伙企业的债务承担无限连带责任的法定责任完全不同。总体而言，

---

1 《公司法》第 34 条："股东按照实缴的出资比例分取红利；公司新增资本时，股东有权优先按照实缴的出资比例认缴出资。但是，全体股东约定不按照出资比例分取红利或者不按照出资比例优先认缴出资的除外。"

《公司法》第 166 条："……公司弥补亏损和提取公积金后所余税后利润，有限责任公司依照本法第三十四条的规定分配；股份有限公司按照股东持有的股份比例分配，但股份有限公司章程规定不按持股比例分配的除外。……"

2 《公司法》第 166 条："公司分配当年税后利润时，应当提取利润的百分之十列入公司法定公积金。公司法定公积金累计额为公司注册资本的百分之五十以上的，可以不再提取。公司的法定公积金不足以弥补以前年度亏损的，在依照前款规定提取法定公积金之前，应当先用当年利润弥补亏损。公司从税后利润中提取法定公积金后，经股东会或者股东大会决议，还可以从税后利润中提取任意公积金。公司弥补亏损和提取公积金后所余税后利润，有限责任公司依照本法第三十四条的规定分配；股份有限公司按照股东持有的股份比例分配，但股份有限公司章程规定不按持股比例分配的除外。股东会、股东大会或者董事会违反前款规定，在公司弥补亏损和提取法定公积金之前向股东分配利润的，股东必须将违反规定分配的利润退还公司。……"

3 《公司法》第 20 条："公司股东应当遵守法律、行政法规和公司章程，依法行使股东权利，不得滥用股东权利损害公司或者其他股东的利益；不得滥用公司法人独立地位和股东有限责任损害公司债权人的利益。公司股东滥用股东权利给公司或者其他股东造成损失的，应当依法承担赔偿责任。公司股东滥用公司法人独立地位和股东有限责任，逃避债务，严重损害公司债权人利益的，应当对公司债务承担连带责任。"

基金管理人组建公司制基金的关键在于：要在遵守《公司法》规定的基础上，尽量提升基金管理人的经营管理权以及利润分配等方面的权利，而《公司法》在这些方面的规定又远较《合伙企业法》更为详尽，因此相关权利义务安排也更为复杂。

其三，公司制基金不利于避免双重征税。根据《公司法》的规定，公司是独立的企业法人，是企业所得税的纳税主体，在缴纳税款、弥补亏损、提取公积金之后方可向其股东进行利润分配，属于“先税后分”，而公司股东亦需就其投资所得缴纳所得税，因此存在就同一笔收入进行双重征税的可能，与合伙制基金“先分后税”的纳税机制完全不同。这也是公司制基金在实践中比合伙制基金更少被选择的重要原因。

（三）契约型基金

契约型基金（Contractual Type Fund）是指没有采用任何企业组织形式而仅仅基于契约关系设立的私募股权基金。基金合同是契约型基金及参与各方的行动章程，一般由基金管理人、基金投资人和托管人共同签署，各相关方根据基金合同以及相关法律法规的规定对基金进行经营管理。契约型基金的基础架构如图 1-1-3 所示：

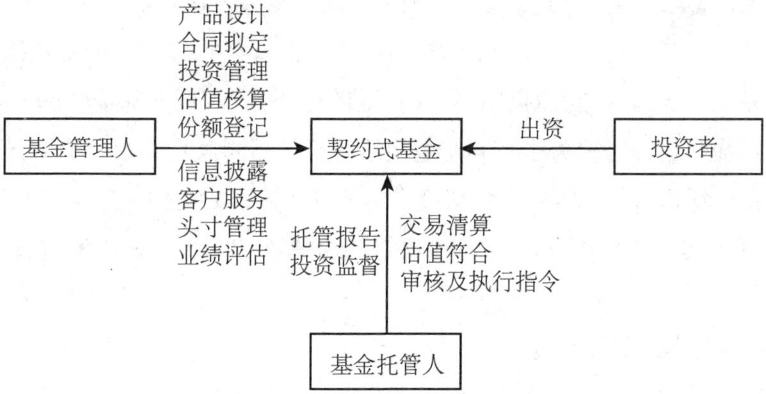

图 1-1-3 契约型基金的基础架构

与合伙制基金和公司制基金相比，契约型基金具有如下特征：

其一，契约型基金没有采用任何企业组织形式，在基金管理人与投资人签订基金合同后即告成立，无需为基金注册专门的公司或合伙企业，没有工商登记等企业设立程序，运作成本相较更低。在经营管理模式上，契约型基金的基金管理人主要负责发行基金份额，募集资金以及根据基金合同和相关法律法规的规定具体经营管理基金；基金托管人主要负责保管基金资产，执行基金管理人的投资指令，办理基金名下资金往来；基金投资人则通过基金合同购买基金份额并享有基金投资权益。

其二，由于契约型基金没有法人资格，因此不属于法律上的纳税主体，通常只需由基金投资人在收益分配环节自行申报并缴纳所得税即可，亦可免于双重征税，与合伙制基金类似，但从基金层面没有像合伙制基金那样对自然人基金投资人代扣代缴所得税的义务。

此外，由于契约型基金和信托都是通过协议方式在投资人和管理人之间建立合作法律关系，且二者在经营管理模式上也有很多相似之处，因此契约型基金有时亦被称为"信托型基金"，但契约型基金与信托仍然存在很大区别。首先，信托通常是由投资人（委托人）直接与管理人（信托公司）签署委托合同（信托合同），并由信托公司一并行使类似于管理人和托管人的角色，而不是签署契约型基金中的三方合同。其次，信托的监管机关为银保监会，法律依据主要是《信托法》等法律法规，而契约型基金的监管机关则是证监会及基金业协会，法律依据主要是《证券法》及《私募投资基金监督管理暂行办法》（证监会令第105号）等法律法规。

从基金组织形式角度对私募股权基金进行分类，有利于基金管理人和基金投资人关注和遵守国家关于不同基金组织结构的不同监管要求，有利于各方在考察基金组织形式、治理结构和税负成本等方面因素的基础上选取更为符合各方利益诉求的基金组建方式，从而便利基金的募资和管理，促进基金管理人和基金投资人之间的合作。

三、以资金来源分类

募集资金来源是一个和资金"身份"息息相关的概念。首先，资金和基金的"居民"身份会影响资金与基金之间的匹配关系。基金注册地不同，基金的募集资金来源往往不同。比如，基于中国关于海外投资的相关规定，[1]中国投资者

---

1 国务院办公厅《转发发改委、商务部、人民银行、外交部〈关于进一步引导和规范境外投资方向指导意见〉》（国办发〔2017〕74号）第4条："限制境内企业开展与国家和平发展外交方针、互利共赢开放战略以及宏观调控政策不符的境外投资，包括：……（三）在境外设立无具体实业项目的股权投资基金或投资平台……"

即很难成为在中国境外所注册基金的募集资金来源。其次，资金和基金的“公私”身份也会影响资金与基金之间的匹配关系。比如，在中国注册的基金，其募集资金来源既可能是国有企业，也可能是自然人或民营企业，如果基金不愿在股权投资交易方面接受国有资产监管法律法规的规制，那么在甄选基金投资人时就可能不会以国有企业作为首选基金投资人。由此，可以资金来源和基金主体性质为标准将私募股权基金分为“国有企业基金”“外资企业基金”和“民营企业基金”，而这有助于从“特别法”角度厘清私募股权基金的法律适用问题以及与此相关的合规问题。

（一）国有企业基金

国有企业基金是指根据法律法规规定应被认定为国有企业的私募股权基金，典型代表是地方政府出资设立的各种引导基金和产业基金，以及以这些引导基金和产业基金为主要基金投资人或以国有企业为主要基金投资人的其他私募股权基金。与非国有企业基金相比，国有企业基金的最大不同在于，国有企业基金不仅需要接受基金监管法律法规在“一般法”方面的规制，而且需要接受企业国有资产监管法律法规在“特别法”方面的规制，而非国有企业基金通常仅需接受基金监管法律法规在“一般法”方面的规制。

从企业国有资产监管法律法规整体来看，企业国有资产监管目前已形成一个庞杂的法律体系，既有国家发布和实施的规定，[1] 也有地方发布和实施的规定，[2] 还有针对中央国有企业、[3] 上市公司、[4] 合伙企业 [5] 以及其他情形的一些特别规

1　比如《企业国有资产法》《企业国有资产监督管理暂行条例》《企业国有资产产权登记管理办法》《企业国有资产交易监督管理办法》《国有资产评估管理办法》。

2　比如《山东省企业国有资产监督管理条例》（山东省人民代表大会常务委员会公告第 101 号）、《湖北省企业国有资产监督管理条例》（国资法规〔2011〕450 号）、《海南经济特区企业国有资产条例》（海南省人民代表大会常务委员会公告第 20 号）、《南京市企业国有资产监督管理条例》（南京市人民代表大会常务委员会公告第 27 号）、《鞍山市国有资产流失查处办法》（2001 年发布）。

3　比如《中央企业投资监督管理办法》（国资委令第 34 号）、《中央企业境外投资监督管理办法》（国资委令第 35 号）、《中央企业违规经营投资责任追究实施办法（试行）》（国资委令第 37 号）。

4　比如《上市公司国有股权监督管理办法》（国资委、财政部、证监会令第 36 号）。

5　比如《合伙企业法》第 3 条：“国有独资公司、国有企业、上市公司以及公益性的事业单位、社会团体不得成为普通合伙人。”

定，而在这些规定中既有法律和行政法规层级的规定，也有部门规章层级的规定，且同一行为所适用的具体规定还可能散见于不同的法律、行政法规或部门规章之中。由于国有资产监管具有很大程度上的行政管理属性，涉及包括审批在内的诸多程序，因此对国有企业基金而言，是否需要、何时需要、如何履行以及履行哪些监管程序即变得十分重要。在此以国有企业基金转让目标公司股权为例进行分析。

根据《企业国有资产法》第2条的规定，企业国有资产是指国家对企业各种形式的出资所形成的权益，由此国有企业基金因投资所持有的目标公司股权应属于国有资产。另根据《企业国有资产法》和《企业国有资产交易监督管理办法》等相关规定，国有企业基金转让其所持目标公司股权的，原则上应完成如下等相关程序：（1）由基金根据章程或内部管理制度予以决议通过[1]或者由履行出资人职责的机构（即中央或地方国有资产管理部门）[2]予以决定批准；[3]（2）对目标公司进行审计；[4]（3）对转让的股权进行评估；[5]（4）在产权交易场所公开转让

1 《企业国有资产交易监督管理办法》第9条："产权转让应当由转让方按照企业章程和企业内部管理制度进行决策，形成书面决议。国有控股和国有实际控制企业中国有股东委派的股东代表，应当按照本办法规定和委派单位的指示发表意见、行使表决权，并将履职情况和结果及时报告委派单位。"

2 《企业国有资产法》第11条："国务院国有资产监督管理机构和地方人民政府按照国务院的规定设立的国有资产监督管理机构，根据本级人民政府的授权，代表本级人民政府对国家出资企业履行出资人职责。

国务院和地方人民政府根据需要，可以授权其他部门、机构代表本级人民政府对国家出资企业履行出资人职责。

代表本级人民政府履行出资人职责的机构、部门，以下统称履行出资人职责的机构。"

3 《企业国有资产法》第53条："国有资产转让由履行出资人职责的机构决定。履行出资人职责的机构决定转让全部国有资产的，或者转让部分国有资产致使国家对该企业不再具有控股地位的，应当报请本级人民政府批准。"

4 《企业国有资产交易监督管理办法》第11条："产权转让事项经批准后，由转让方委托会计师事务所对转让标的企业进行审计。涉及参股权转让不宜单独进行专项审计的，转让方应当取得转让标的企业最近一期年度审计报告。"

5 《企业国有资产法》第55条："国有资产转让应当以依法评估的、经履行出资人职责的机构认可或者由履行出资人职责的机构报经本级人民政府核准的价格为依据，合理确定最低转让价格。"

（可直接协议转让或上市公司股票转让的除外）；[1]（5）注销产权登记。[2]从保护国有资产角度讲，要求履行这些程序无可厚非，但从交易效率角度讲，股权转让交易各方有时却未必愿意等到这些程序履行完毕，毕竟有时项目"不等人"，而这又与这些程序性要求存有冲突。在基金的集合资金属性语境下，这种冲突又产生了另外一个问题，即：如何判断一个含有国有资本成分的基金是否属于国有企业基金？对以国有资本为募集资金对象的基金而言，这一问题将是其在募集资金时不得不重点考虑的问题。

遗憾的是：对如何从法律角度界定国有企业基金，目前似乎还有很大探讨余地，主要是因为国有资产监管法律法规并未从企业组织形式角度对基金予以规制。比如，对公司制基金而言，根据《企业国有资产交易监督管理办法》（国资委、财政部令第32号）第4条[3]的规定，应可以比较清晰地判断其是否属于国有企业基金，但对合伙制基金而言，却无法据此轻易做出判断。从法律规定层面看，《企业国有资产交易监督管理办法》并未没有明确涵盖或排除其对合伙企业的适用，且法律实践对于《企业国有资产交易监督管理办法》应否适用于合伙制基金也存有争议。根据国资委2018年12月29日在线问答关于

---

1 《企业国有资产法》第54条："国有资产转让应当遵循等价有偿和公开、公平、公正的原则。
除按照国家规定可以直接协议转让的以外，国有资产转让应当在依法设立的产权交易场所公开进行。转让方应当如实披露有关信息，征集受让方；征集产生的受让方为两个以上的，转让应当采用公开竞价的交易方式。
转让上市交易的股份依照《中华人民共和国证券法》的规定进行。"

2 《企业国有资产产权登记管理办法》第9条："企业发生下列情形之一的，应当自各该情形发生之日起30日内办理注销产权登记：（一）企业解散、被依法撤销或者被依法宣告破产的；（二）企业转让全部产权或者企业被划转的；（三）有国务院国有资产管理部门规定的其他情形的。"

3 《企业国有资产交易监督管理办法》第4条："本办法所称国有及国有控股企业、国有实际控制企业包括：（一）政府部门、机构、事业单位出资设立的国有独资企业（公司），以及上述单位、企业直接或间接合计持股为100%的国有全资企业；（二）本条第（一）款所列单位、企业单独或共同出资，合计拥有产（股）权比例超过50%，且其中之一为最大股东的企业；（三）本条第（一）、（二）款所列企业对外出资，拥有股权比例超过50%的各级子企业；（四）政府部门、机构、事业单位、单一国有及国有控股企业直接或间接持股比例未超过50%，但为第一大股东，并且通过股东协议、公司章程、董事会决议或者其他协议安排能够对其实际支配的企业。"

“《企业国有资产交易监督管理办法》第4条是针对公司制企业中的国有及国有控股、国有实际控制等情形进行分类，合伙企业中合伙人的权益和义务应以合伙协议中的约定为依据”[1]的回复，以及国资委2019年5月27日在线问答关于“《企业国有资产交易监督管理办法》适用范围是依据《中华人民共和国公司法》设立的公司制企业。国有企业转让有限合伙企业份额的监督管理另行规定”[2]的回复，关于合伙制基金的法律规管仍有待未来通过立法方式再行完善，目前实践中只能在结合基金具体情况的基础上，依据现有国有资产监管法律法规的规定进行个案认定，无法一概而论。值得注意的是：国资委于2020年1月3日发布《有限合伙企业国有权益登记暂行规定》（国资发产权规〔2020〕2号），要求国家出资企业（不含国有资本参股公司）及其拥有实际控制权的各级子企业对有限合伙企业出资所形成的权益及其分布状况进行登记。

（二）外资企业基金

外资企业基金是指根据法律法规规定应被认定为外商投资企业的私募股权基金，典型代表是外国投资者在中国境内设立的外商投资创业投资企业（FIVCE）和外商投资股权投资企业（QFLP）。这两类企业有时又被称为“投资性外商投资企业”[3]。与国有企业基金类似，外资企业基金相比于非外资企业基金的最大不同亦在于需要接受“一般法”和“特别法”的双重规则，即：不仅需要接受基金监管法律法规在“一般法”方面的规制，而且需要接受外商投资企业监管法律法规在“特别法”方面的规制。

基于中国引入外商投资的需求和实践，中国对规管外商投资企业目前也

---

1 《对〈企业国有资产交易监督管理办法〉理解》，载国资委网站：http://www.sasac.gov.cn/n2588040/n2590387/new_wdxd_wz_index.html?MZ=wM0wP7D%2B0lo2psdgxYtRxg%3D%3D，最后访问日期：2020年3月5日。

2 《国有企业转让有限合伙企业财产份额是否适用32号文？》，载国资委网站：http://www.sasac.gov.cn/n2588040/n2590387/n9854167/c11349294/content.html，最后访问日期：2020年3月5日。

3 在议及投资性外商投资企业时，还会包括外商投资的投资性公司。这类公司可作为外国投资者在中国的控股公司对待，但不是传统意义上的私募股权基金。

形成了一个庞杂的法律体系，在法律法规构成上，亦既有国家发布和实施的规定，[1]也有地方发布和实施的规定，[2]还有针对上市公司[3]、合伙企业[4]、控股企业[5]、金融企业[6]以及其他行业或情形的一些特别规定，而在这些规定中亦既有法律和行政法规层级的规定，也有部门规章层级的规定，且同一行为所适用的具体规定还可能散见于不同的法律、行政法规或部门规章之中。由于中国在历史上对外商投资企业的设立、变更、外国投资者对外转让股权以及外商投资企业从事境内再投资等诸多环节均设置了各种类型的审批或备案程序，而完成这些审批或备案程序同样需要时间，同样可能无法满足交易各方在交易效率上的诉求。除这种程序上的问题外，外国投资者在中国从事股权投资活动还面临外汇管制限制和行业准入限制等方面的问题。对历史上以在中国境内证券交易所上市为目标的公司而言，这也是不太希望自外资企业基金融取资金的一个重要原因。

需要指出的是：中国近期进一步加大了对外开放力度，不仅对外资开放了更多行业领域，提高了外资相关持股比例，建立了外商投资准入负面清单制度，而且还公布《外商投资法》并已于 2020 年 1 月 1 日生效和取代了原“三资企业法”[7]，给予外国投资者准入前国民待遇，更是于 2019 年 10 月 23 日发布了外汇局《关于进一步促进跨境贸易投资便利化的通知》（汇发〔2019〕28 号），取消了对

1 比如《外商投资法》《外商投资法实施条例》。

2 比如《贵州省鼓励外商和华侨港澳台同胞投资条例》（2004 修正）（贵州省第十届人民代表大会常务委员会公告第 3 号）、《上海市外商投资企业土地使用管理办法》（2018 修正）（上海市人民政府令第 7 号）。

3 比如商务部办公厅《关于认真做好外商投资上市公司股权分置改革有关工作的通知》（商办资函〔2006〕第 63 号）、《外国投资者对上市公司战略投资管理办法》（2015 修正）（商务部、证监会、税务总局、工商总局、外汇局令 2005 年第 28 号，商务部令 2015 年第 2 号修正）。

4 比如《外商投资合伙企业登记管理规定》（2019 修订）（市场监管总局令第 14 号）。

5 比如商务部《关于外商投资举办投资性公司的规定》（2015 修正）（商务部令 2015 年第 2 号）。

6 比如《外商投资证券公司管理办法》（证监会令第 140 号）、《外资保险公司管理条例》《外资银行管理条例》。

7 《中外合资经营企业法》《外资企业法》和《中外合作经营企业法》。

非投资性外商投资企业以资本金在境内从事股权投资活动的限制。[1]与《外商投资法》相比，前述外汇限制取消举措可能会对外国投资者更具实践意义，甚至可以使外国投资者直接利用其在中国境内投资的外商投资企业开展股权投资活动，而在历史上这种限制曾致使外国投资者在中国境内从事基金投资活动只能借助于FIVCE、QFLP和外商投资的投资性公司三种股权投资工具，而这三种投资工具又各有问题：关于FIVCE设立的法规要求相对苛刻，[2]实践中一般不常被采用；关于QFLP的规定则主要由地方政府发布和实施，[3]并没有适用于全国的统一标准；外商投资的投资性公司则主要由大型实业型外国投资者举办，不适用于意在中国设立私募股权基金的外国投资者。

基于前述，有3个问题需要特别指出。首先，尽管前述外汇限制取消举措有利于外国投资者以其投资的外商投资企业在中国境内开展股权投资活动，但如果该外商投资企业以股权投资为主营业务，则可能会被视为私募股权基金，从而被要求在基金业协会完成基金备案，或能够转化成为外商投资的投资性公司。其次，外商投资负面清单制度会与《外商投资法》一并实施，外国投资者或外资企业基金投资负面清单内的产业时，相关审批程序仍应不可避免。[4]再次，尽管"三资企业法"

---

1 外汇局《关于进一步促进跨境贸易投资便利化的通知》（汇发〔2019〕28号）："二、取消非投资性外商投资企业资本金境内股权投资限制。

在投资性外商投资企业（包括外商投资性公司、外商投资创业投资企业和外商投资股权投资企业）可依法依规以资本金开展境内股权投资的基础上，允许非投资性外商投资企业在不违反现行外商投资准入特别管理措施（负面清单）且境内所投项目真实、合规的前提下，依法以资本金进行境内股权投资。非投资性外商投资企业以资本金原币划转开展境内股权投资的，被投资主体应按规定办理接收境内再投资登记并开立资本金账户接收资金，无须办理货币出资入账登记；非投资性外商投资企业以资本金结汇开展境内股权投资的，被投资主体应按规定办理接收境内再投资登记并开立'资本项目—结汇待支付账户'接收相应资金。"

2 比如《外商投资创业投资企业管理规定》（商务部令2015年第2号）第4条："……采取非法人制组织形式的创投企业（以下简称非法人制创投企业）的投资者对创投企业的债务承担连带责任。非法人制创投企业的投资者也可以在创投企业合同中约定在非法人制创投企业资产不足以清偿该债务时由第七条所述的必备投资者承担连带责任，其他投资者以其认缴的出资额为限承担责任。"

3 比如《深圳市外商投资股权投资企业试点办法》（深金规〔2017〕1号）、《关于本市开展外商投资股权投资企业试点工作的实施办法》（沪金融办通〔2010〕38号）。

4 《外商投资准入特别管理措施（负面清单）》（2019年版）："六、《外商投资准入负面清单》中未列出的文化、金融等领域与行政审批、资质条件、国家安全等相关措施，按照现行规定执行。"

被废止，但与其配套的《关于外商投资企业境内投资的暂行规定》（2015 修正）（对外贸易经济合作部、工商总局令 2000 年第 6 号，商务部令 2015 年第 2 号修正）等规定仍然有效，即使外国投资者或外资企业基金投资负面清单外的产业，相关资格要求和审批程序亦尚未完全取消，还有待出台新的规定来协调新旧法规之间的配套问题。

（三）民营企业基金

民营企业基金是指所募集资金全部或大部分来自民营企业或自然人的私募股权基金。与国有企业基金和外资企业基金相比，民营企业基金不适用关于国有企业基金和外资企业基金的特别监管，无需在基金设立和从事股权投资活动时履行国有资产监管和外商投资企业监管方面的程序，通常在达成对外交易合意并对内完成审批程序的情况下即可推进和完成股权投资交易，操作相对更加灵活，在交易效率方面也更符合市场需求。因此，在基金募集资金时，如果潜在基金投资人是国有企业或外国投资者，基金管理人通常都希望通过募集资金匹配以及管理权分配等方式，降低“国资”或“外资”色彩，以使基金能够被视为普通民营企业或者民营企业基金，从而避免因被视为国有企业基金和外资企业基金而不得不面对审批程序等方面问题。

综上可知，以资金来源和基金主体性质对私募股权基金进行分类，有利于基金和基金管理人关注和遵守国家关于不同属性基金的监管要求，也有利于目标公司等融资方从融资需求角度与私募股权基金进行匹配，促进各方之间相互增进了解，包括在股权投资操作程序和监管要求等方面了解，从而提高沟通效率，促进投融资方面的合作。

第三节 基金的投资

基金的投资是指私募股权基金对目标公司的股权投资（Equity Investment），有时亦被称“私募股权投资”、“私募基金投资”或“基金投资”。股权投资是私募股权基金的主营业务，也是基金管理人为基金创造投资收益的前提和关键。与其他股权投资类似，私募股权投资亦需经历目标公司筛选、初步考察、尽职调查、投资决策、投资交割、投后管理等一系列阶段。不同之处在于，私募股权投资在投资之初通常就带有强烈的投资退出需求并需要明确投资退出路径，同时在投资筹备和投资方式方面也有其自身的鲜明特征。

一、投资筹备

投资筹备是指私募股权基金在对目标公司进行股权投资之前所做的各项准备工作，包括组建私募股权基金以及对目标公司进行前期考察，等等。其中，组建私募股权基金是所有投资筹备工作的核心，是最终实施股权投资的前提。

组建私募股权基金在本质上是为了确定基金的投资资金来源，一般自基金管理人向资金募集对象募集资金开始，至私募股权基金以法律认可的形式完成设立结束。一旦私募股权基金得以合法成立，即意味着私募股权基金的投资主体创设行为结束，开展股权投资活动所需的基本要素亦已准备完毕，这主要表现在如下几个方面。其一，私募股权基金的投资定位已经确定，包括拟投资行业、投资技术指标、投资财务指标、投资预期，等等，从而为筛选目标公司打下基础。其二，私募股权基金的投资资金已经确定，即基金投资人已承诺对基金进行投资。与其他股权投资者可能会使用银行等第三方贷款资金展开投资不同，私募股权基金进行股权投资通常不会使用第三方贷款，且一经基金投资人向私募股权基金出资，基金投资人缴付的出资款实际上即会转化为私募股权基金的“自有资金”，私募股权基金的股权投资通常是“自有资金”投资。其三，私募股权基金的投资决策人员已经确定。与其他股权投资者的投资决策职能通常归属于股东会或董事会（或执行董事）或相应经营管理层不同，私募股权基金的投资决策职能通常归属于投资决策委员会这一特设机构，投资决策委员会的成员人选及议事程序通常也会在私募股权基金组建过程中通过签署基金协议的方式予以明确。虽然投资决策委员会的成员构成及议事程序等内容可能会受到基金投资人要求等多方面因素影响，但组建投资决策委员会的主导权却通常掌握在基金管理人手中。

除前述外，在私募股权基金组建过程中，基金管理人通常也会牵头完成一系列其他筹备工作，包括谈判和签署基金协议，制定基金经营管理制度、风险控制制度等管理制度文件，选聘投资经理、财务经理等人选，完成基金主管登记机关登记以及基金业协会备案等，其中最为基础和重要的工作莫过于谈判和签署基金协议。以有限合伙制私募股权基金为例，基金协议（有限合伙协议）的主要内容可简单归纳如表 1-1-1 所示：

表 1-1-1 基金协议（有限合伙协议）的主要内容

主要条款	基本内容
承诺及声明条款	主要明确：（1）基金管理人声明其已在基金业协会登记为私募基金管理人，且已揭示基金投资风险并已了解基金投资人的风险偏好；（2）基金投资人声明其为合格投资者，已理解基金协议的含义和基金风险收益特征，并愿意承担投资风险等。
签约方条款	主要明确：基金协议的签约方及其基本信息，包括签约方的名称、身份及各自认缴出资额等。
基金基本信息条款	主要明确：拟设基金的基本信息，包括基金的名称、住所地、出资额总额、存续期限（包括投资期、退出期、可能的延期）、经营范围及基金备案等。
合伙人出资条款	主要明确：合伙人的出资方式、认缴出资额的缴付流程（如一次性实缴或分期缴付）、[1] 投资冷静期与回访制度 [2] 等。
合伙人权利与义务条款	主要明确：（1）合伙人的权利与义务，包括普通合伙人执行基金事务的权利与义务、基金管理人的权利与义务、有限合伙人的权利与义务（包括特定情况下更换普通合伙人或基金管理人的权利与义务）；（2）基金合伙人的入伙、退伙、除名、份额转让的条件与流程等。
合伙人大会条款	主要明确：合伙人大会的职责、会议召开条件、表决机制（按合伙人人数或合伙份额比例表决）等。 基金的重大事项通常会纳入合伙人大会的表决范围，包括变更基金管理人或托管人、修改基金存续期限等，并对不同事项设定特定表决机制，比如经合伙人人数的过半数表决通过或经代表实缴出资额二分之一以上的合伙人表决通过等。

1 根据目前基金业协会关于基金备案的要求，每个投资人的首次实缴出资额不得低于 100 万元人民币。

2 根据目前基金业协会的要求，基金投资人自签署基金协议且缴付认购款项后均享有 24 小时的投资冷静期，冷静期内基金投资人可反悔不再向基金投资并取回其已经缴付的款项，冷静期届满后基金管理人应对基金投资人进行回访以确认投资意愿。

续表

主要条款	基本内容
投资决策条款	主要明确：基金的投资决策机构、人员组成及投资决策机制等。 有限合伙人在实践中有时也会要求指派部分委员，但需要在此情况下注意防范被视为执行合伙事务从而承担无限责任的风险。
管理费等费用承担条款	主要明确：（1）基金的日常运营维护费用，包括托管费用、注册登记费用、审计费用、银行相关费用等；（2）管理费，包括计算和支付方式等。根据协商结果，基金退出期内的管理费一般可做酌减处理。
托管条款	主要明确：基金的托管事项，包括托管人的资质、托管费、支付方式等。如不托管，需在基金协议中明确保障基金财产安全的制度措施和纠纷解决机制。
收益分配条款	主要明确：基金的投资收益分配事宜，包括门槛收益率、业绩分成比例、按项目投资收益分配或按整体投资收益分配等。
解散与清算条款	主要明确：基金解散与清算的条件、流程和剩余财产分配方案等。
陈述与保证条款	主要明确：合伙人就基金设立及运营相关事项所需做出的承诺，包括取得签署基金协议的授权、按时支付认缴出资、保证资金来源合法等。
信息披露条款	主要明确：基金管理人应向基金投资人披露的基金信息的范围、频率、披露方式等。
协议常规条款	主要包括如下条款及相应内容：保密条款，主要明确：保密的信息范围、承担保密义务的人员或主体范围、承担保密义务的起止日期以及保密期限届满时的处理方式等。 通知条款，主要明确：各方间所能采取的通讯方式、通讯结果认定方式、联系人员及联系人员的联系方式，包括地址、电话和电子邮件等。协议效力条款，主要明确：（1）基金协议的生效条件；（2）基金协议在被补充、修改或变更时的生效条件；（3）基金协议的解除条件及解除后果等。 违约责任条款，主要明确：（1）构成违约的情形，比如违反基金协议或基金协议项下的承诺和保证；（2）发生违约情形时，违约方所应承担的赔偿及相关责任等。 不可抗力条款，主要明确：（1）构成不可抗力的情形；（2）在发

续表

主要条款	基本内容
协议常规条款	生不可抗力事件后的补救程序、举证责任和免责处理等。 争议解决条款，主要明确：（1）基金协议应适用的法律；（2）在各方因基金协议发生争议或发生与基金协议相关的争议时，应采用何种司法程序（如诉讼或仲裁）来处理该等争议等。 其他条款，主要明确：前述条款中未能明确的相关事宜，比如基金协议是否取代在先协议或意向书，基金协议部分条款无效时如何处理，基金协议中外语言版本如何处理，基金协议备案版本和实际版本如有差异如何认定效力，基金协议的签署份数及各方持有份数、用途等。
协议附件	主要明确：基金协议的附件及其内容，包括有限合伙人名单、各签约方主体资格证明等。

二、投资实施

投资实施是指私募股权基金通过支付对价取得目标股权的过程，涵盖了私募股权基金投资理念的应用、投资交易方式的选择、投资价款的确定及支付等内容。与实体经济领域中的公司并购等控股式股权投资不同，私募股权基金通常是以财务投资人身份开展股权投资活动，对目标公司进行参股式投资，而不会谋求对目标公司的控制权，由此在投资理念、投资定价方式、投资交易方式等方面具有自身的鲜明特征。

（一）投资理念

作为一种集合资金投资工具，基金存续期限是所有私募股权基金都无法规避的问题，而且基金存续期限在实践中也无法无限期延长。换言之，基金存续期限届满之时也是基金投资人预期投资收益得以实现之时，基金管理人需要在基金存续期届满时清算基金并将基金财产分配给基金投资人，以使基金投资人的这一期待能够实现，否则即可能破坏基金管理人与基金投资人之间建立起来的信赖关系，进而使基金管理人的盈利模式无以为继。由此，基金管理人就必须采取和实行“以退为进”的基金投资理念，除了需要在有限时间内为基金投资人谋求最大化的资本增值之外，还必须在对目标公司进行投资时充分考虑未来的投资退出方式以及可能的退出时间。

“以退为进”的投资理念是私募股权投资区别于其他股权投资的主要因素。首先，私募股权基金的投资理念使其不宜谋求对目标公司的控制权，一则私募股权基金并非实业经营者，其专业能力更多地表现为资本和资源之间的匹配和转换，而不是对实体经济主体进行市场开拓或日常管理；二则在私募股权基金取得目标公司控股权的情况下，其投资和退出都会导致目标公司实际控制人乃至经营管理层发生变化，这些变化不利于目标公司的业务稳定发展和资本正常运作，除非私募股权基金决定拥有但不行使对目标公司的控股权，但这又不符合正常的心理预期和市场惯例，因此私募股权基金一般都是通过参股目标公司来达到分享目标公司发展红利的目的。其次，私募股权基金的投资理念使其更多采用便利目标公司未来发展的投资交易方式，比如通过增资方式将投资款直接支付给目标公司用于业务发展，而不是将投资款项支付给目标公司原股东并由其套现离场，这也是私募股权基金在股权投资实践中更多采用“认购增资”而非“购买老股”这种交易方式的主要原因。再次，作为目标公司小股东，而且是阶段性的持股股东，私募股权基金的投后管理也不可能切入目标公司经营管理的方方面面，而只能有所侧重、抓大放小，在保障自身投资权益的同时，又不阻碍目标公司的发展。理解私募股权基金“以退为进”的投资理念，有助于更好地理解私募股权基金的投资交易方式和投资退出方式等相关内容。

（二）投资估值

由于私募股权基金的投资标的是非上市公司股权，而且非上市公司和非上市公司股权都没有一个类似于证券交易所的公开定价系统，因此目标公司和目标股权的价值没有“市值”的说法，具体价值只能通过评估实现，只有一个“估值”的概念。从此角度讲，私募股权投资也可以看成一种“估值”式投资。

从理论层面讲，估值方法都是建立在一定的假设和预期之上的，其本质都是对未来价值的折现。基于关键估值变量的不同选择，估值模型大致可以归类为红利贴现模型、贴现现金流模型和剩余收入模型三种基本估值模型。

红利贴现模型认为投资者预期分得的现金股利构成股权价值的源泉，股权价值等于估值时点之后无限多次股利分配的现时价值，属于一种最为传统的估值模型。因其认为投资者能够分得的红利才是投资者能够直接支配的经济利益，因此红利贴现模型中的唯一变量是目标公司未来可分配的利润，这虽然很符合股权估值的直观逻辑，但在实践中纯粹使用红利贴现模型进行估值却可能无法完成估值任务。比如，很多互联网公司在获取投资人投资时，都是连年亏损，不可能制定并执行稳定连续的红利政策，甚至奉行“烧钱抢市场”的扩张政策，运用红利贴现模型就这类公司进行投资谈判，显然只能被“端茶送客”。究其主要原因，还是在于红利贴现模型只考虑了价值分配环节，而并没有考虑价值创造环节的相关变量。

贴现现金流量模型属于另一种传统估值模型，也被公认为概念上最为正确的估值模型。贴现现金流量模型认为现金流是企业价值的基础，通过先计算支付了运营资本、净投资、债务本息和优先股股息之后所留下的自由现金流，然后再用公司的资本成本对这一现金流进行贴现，进而得出股权价值。自由现金流的预测可以弥补红利贴现模型的不足，但这一模型需要评估多种变量，常常使预测各种形式的现金流量变成一件非常复杂的任务。同时，贴现现金流量模型也存在适用上的局限性，比如对于重组过程中的企业、收益呈现周期性特征的企业、部分资产未充分利用的企业等，套用该模型并不能准确反映企业的股权价值，或至少需要在适用该模型过程中做出一定幅度的变化和调整。

剩余收入模型认为在干净盈余关系成立的条件下，股权价值可以表示为当前股权账面价值加上预期剩余收入的现值，实际上是使用估值时点上的账面价值以及其后预期的一系列剩余收入来计算股权价值，属于红利贴现模型的一种衍生。与贴现现金流模型相比较，剩余收入模型仍然是一种多变量估值模型，主要的估值变量是股权账面价值和剩余收入，但其能够避免复杂的现金流量预测以及将投资看作自由现金流减项的缺陷。

前述三种模型应用在估值实践中对应为绝对估值法，但由于绝对估值法的计算过程比较复杂，因此在绝对估值法的基础上演化出了更为常用的相对估值法，包括 P/E 法（市盈率法）、P/B 法（市净率法）、EV/EBITDA 法（企业价值倍数法）、PEG 法（市盈率相对盈利增长比率法）、P/S 法（市销率法）、RNAV 法（重估净资产法），等等，其中 P/E 法、P/B 法、EV/EBITDA 法是三种比较常见的估值方法。

P/E法的核心是P/E值的计算，公式表达为：P/E = 每股股价 ÷ 每股净利润，或者 P/E = 市值 ÷ 净利润，其中 P 是英文 Price 的首字母，意为每股价格或公司整体价格；E 是英文 Earnings 的首字母，意为每股净利润或公司整体净利润。P/E 法应该是目前应用范围最广或市场知名度最高的估值方法，这在一定程度上可以归功于 P/E 法基于盈利能力判断投资价格的简单估值逻辑。由于 P/E 法不考虑企业的净资产情况，也不考虑企业的业绩增长速度，更适合对成熟行业内的成熟企业进行估值，因为在有效市场和充分竞争市场的假设下，处于同一周期的同行业企业应会具有类似的营运资金周转率和现金流情况，使净利润率成为可供比较的指标。换言之，同行业企业的 P/E 值应相对接近。然而，P/E 法的最大缺陷在于需以存在有效盈利为依据，无法对处于战略亏损状态的企业或前期投入巨大的企业进行有效估值。

将 P/E 法的分母由 E 换成 B，即为 P/B 法，公式表达为：P/B = 每股股价 ÷ 每股净资产，或者 P/B = 市值 ÷ 净资产，其中 P 的意思与 P/E 法中 P 的意思相同，仍是每股价格或公司整体价格；B 是英文 Book 的首字母，意为每股净资产或公司整体净资产。在 P/B 法中，由于需要考察的变量主要是企业的净资产值，而大多数企业的净资产值不可能为负，因此能够弥补 P/E 法因没有盈利而无法适用的问题。但其问题在于不同会计政策下净资产的内容会有不同，由此导致同行业企业未必具有相似的 P/B 数据，甚至单一企业在不同会计政策下的 P/B 也会有所不同，进而导致 P/B 法对比前提不成立，使 P/B 法在适用范围上相对局限。此外，对于那些高增长率的轻资产企业，P/B 法通常也无法准确反映出企业的投资价值。

EV/EBITDA 法是 P/E 法的升级演化，其中 EV 是英文 Enterprise Value 的首字母，是从包括债权人在内的所有投资人角度出发对企业价值进行考察，表示的是投入企业的所有资本的市场价值，公式表达为：EV = 股权市场价值（Market Capitalization）+ 债务（Debt，含长期债务及短期债务）– 现金及现金等价物（Cash）；EBITDA 是英文 Earnings before Interest，Tax，Depreciation and Amortization 的首字母，指的是息、税、折旧、摊销前利润，公式表达为：EBITDA = 净利润（E）+ 利息（I）+ 所得税（T）+ 折旧（D）+ 摊销（A），因此 EBITDA 忽略了因企业资本结构、所得税政策和财务会计政策对企业利润的影响，更像是对没有债务、没有税负的假设条件下企业经营利润的考量。与其他估值方法相比，

EV/EBITDA 法剔除了诸多可控变量，使其可适用范围更加广泛，并纳入了债权权益因素（即考虑到了企业的杠杆率情况），对高负债率行业企业进行估值更为准确。同时，正因其对诸多可控变量的剔除，也使其对不同企业资本结构、税收政策、会计政策的企业的估值结果存在一定程度的失真。

发现并锁定投资价值是基金管理人对目标公司进行估值的根本目的，但具体到每次投资的估值方法和模型选择，都需要根据目标公司所处行业、周期、税收政策、会计政策、资本结构等具体情况，对存在不同局限性的估值方法进行适度调整和变化，综合运用两到三种估值方法全面衡量企业价值影响因素，才能够对企业价值形成较为清晰的界定。僵化套用同类企业的估值模型必然无法给存在事实差异的目标公司的估值结果形成有效的投资价值支撑，照搬的估值逻辑也必将为生动的投资实践带来风险和隐患。

（三）交易方式

交易方式是指交易各方为达到交易目的而采用的基本结构或基础方法。在私募股权投资实践中，有时又被称为“投资交易方式”或“投资方式”，是私募股权基金为取得目标股权所采用的基础结构性方法，主要包括“认购增资”和“购买老股”两种。

“认购增资”是指私募股权基金通过认购或认缴目标公司新增注册资本而成为目标公司股东和目标股权持有者的投资方式。在“认购增资”交易方式下，私募股权基金需要将认购增资的价款（增资款）支付给目标公司。“认购增资”的交易方式如图 1–1–4 所示：

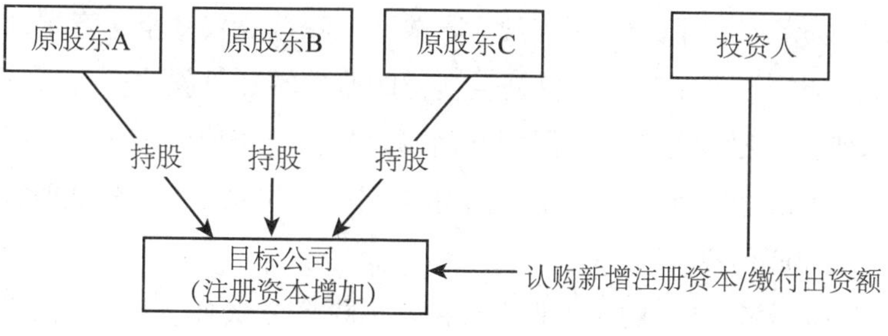

图 1–1–4 “认购增资”方式结构

在“认购增资”交易中，由于目标公司会因为收取增资款而获取更多现金支持，可以直接用于目标公司的业务发展活动，有利于增强目标公司的整体实力，进而间接助益于保障投资人的投资权益，因此通常是私募股权基金的首选交易方式。在私募股权投资实践中，由于私募股权基金支付的增资款往往会高于目标公司新增的注册资本额，因此通常会在会计上对增资款做两种处理，即：将与新增注册资本额对应的部分列入目标公司注册资本，将超出新增注册资本额的部分列入目标公司的资本公积。

"购买老股"是指私募股权基金通过购买或受让目标公司原股东持有的目标公司股权而成为目标公司股东和目标股权持有者。在"购买老股"交易方式下，私募股权基金需要将股权转让价款或对价支付给转让股权的目标公司原股东。"购买老股"的交易方式如图 1–1–5 所示：

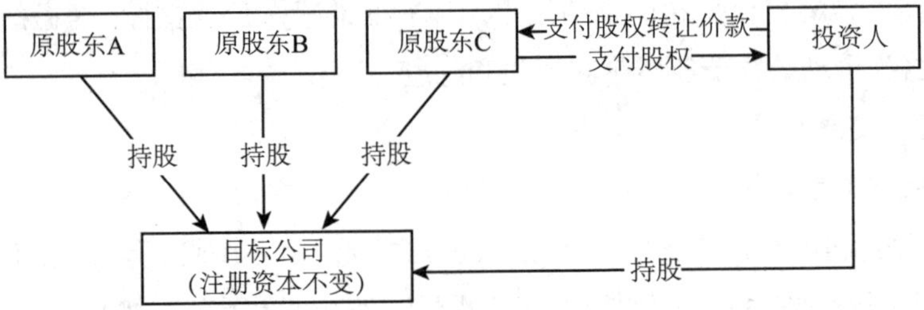

图 1–1–5 "购买老股"方式结构

在"购买老股"交易中，由于股权转让价款需要支付给转让目标公司股权的原股东，目标公司不会收到任何款项，也不会因"购买老股"交易而直接受益，且私募股权基金所支付的投资款亦不会在目标公司的资本金中有任何体现，因此在同等条件下，"购买老股"通常不是私募股权基金愿意主动采用的交易方式。此外，由于私募股权基金支付的股权转让价款往往会高于目标公司原股东所转让股权对应的注册资本额以及目标公司原股东取得该股权所支付的成本，因此通常会产生纳税义务，需要目标公司原股东就转让股权产生的投资所得缴纳所得税。

除"认购增资"和"购买老股"两种基本投资方式外，实践中也比较常见私募股权基金采用"债转股"或"可转债"的方式进行股权投资。"债转股"是指由私募股权基金先向目标公司提供贷款并在其后按照特定条件将贷款转为目标公司增资款并由此成为目标公司的股东和目标股权的持有者。与"认购增资"相似，在"债转股"交易方式下，投资者也需将款项支付给目标公司，但却拥有更多选择权，即：如果贷款不具备转为目标公司增资款的条件，投资者可以要求目标公司返还贷款；如果贷款具备转为目标公司增资款的条件，投资者则可要求将贷款转为目标公司新增注册资本并成为目标公司股东。“债转股”的交易方式如图1-1-6所示：

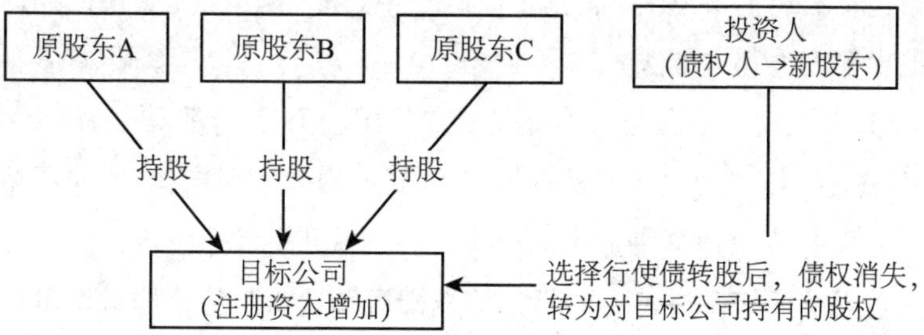

图1-1-6 “债转股”方式结构

与“认购增资”和“购买老股”只有一种交易不同，“债转股”实际上包含了两种交易，即债权类交易（比如借款）和“认购增资”交易，并通过转化机制将这两种交易巧妙地连接起来。“债转股”的这两种交易相结合的安排能够提高私募股权基金交易的灵活性，但从成为目标公司股东或持有目标公司股权角度讲，“债转股”的效率却可能要低于“认购增资”或“购买老股”，毕竟“债转股”还存在一个转换的过程，因此“债转股”虽然常见，却通常只是作为一种辅助性的投资交易方式。

在私募股权投资实践中，基于具体交易情况以及投资需求等原因，私募股权基金有时也会采用“认购增资＋购买老股”“认购增资＋债转股”或者其他交易方式，属于衍生交易方式或变通交易方式。整体而言，投资交易方式需要根据具体交易情况进行设计和选择，一方面需要承载并满足交易各方关于完成交易的利益诉求；另一方面也需要迎合并回应交易各方的具体交易态度。此外，投资交易方式的确定还是开展股权投资活动后续工作的基础，如果没有确定投资交易方式，那么具体交易结构或交易方案的设计和论证以及投资法律文件的起草和谈签等工作都无从谈起。此外，投资交易方式的沟通或者论证过程，其实也是了解目标公司经营状态以及目标公司原股东核心诉求的过程，更是发现各交易环节中潜在投资风险以及制定风险防范预案的过程，应当谨慎对待。

三、投资退出

投资退出是指私募股权基金对目标股权进行处置变现并退出目标公司或不再作为目标公司股东。相应地，投资退出方式或退出方式是指私募股权基金将其持有的目标股权转化为货币资产的基础方法。在私募股权投资实践中，退出方式通常包括公司上市退出、股权转让退出、股东回购退出、公司回购退出和公司清算退出等五种基本方法。

公司上市又称"首次公开募股"或"首次公开发行股票"，是英文 Initial Public Offering（"IPO"）的中文表达，一般是指公司在证券交易所向不特定投资者首次公开发行股票并募集资金的行为。在实践中，目标公司一旦成功上市通常即意味着私募股权基金持有的目标股权即可转化为限售期届满后可在二级市场自由流通的股票，私募股权基金即可通过在二级市场公开出售股票的方式自主择机实施投资退出，此即所谓的公司上市退出。公司上市退出通常是私募股权基金的首选退出方式，因为目标公司上市不仅能够提供一个规范且公开的股票流通平台，而且高度透明的证券交易市场也能够直观反映目标公司及目标公司股票的市场价值，使目标公司以及私募股权基金持有的目标公司股票有了一个透明的"市值"或"价格"概念，消除了目标公司上市之前所面临的股权交易估值不确定性问题，同时也使私募股权基金能够在二级市场自主择机出售股票完成快速变现，真正实现项目退出环节的主动管理以及对投资收益最大化的自主判断。因此，在对目标公司进行股权投资时，私募股权基金通常都会对目标公司的上市安排事宜提出明确要求，包括要求目标公司及原股东等相关方就此进行承诺。

股权转让退出可以看成"购买老股"的反向操作，可采用多种方式完成，比如：在目标公司后续融资时，由私募股权基金将所持目标股权转让给后续轮次的投资人；在目标公司被上市公司或产业投资者收购时，由私募股权基金和其他股东共同将所持目标公司股权转让给收购方；由私募股权基金在特定情况下自行选择并向第三方转让其所持目标公司股权，等等。在前两种情形下，私募股权基金转让目标股权的价格具有相对意义上的确定性，即参考目标公司后续轮次的融资价格或者上市公司给出的收购价格，但这种价格并不能彻底解决股权的估值不确定性问题，毕竟后续融资价格或者收购价格本身也是基于"估值"产生。在私募股权基金自行选择向第三方转让目标公司股权的情况下，估值不确定性问题更为严峻。在实践中，一旦发生私募股权基金兜售目标公司股权的情形，通常很容易被解读为目标公司发展遭遇了瓶颈或者陷入了经营困境，使潜在买方更倾向于调低对目标公司的估值；加之私募股权基金往往仅持有目标公司的少量股权，不仅潜在买方群体有限，而且很难卖出一个“合适”的价格，有时甚至可能根本找不到“接盘侠”。因此，为了避免“离场无门”，私募股权基金往往都会在投资法律文件中要求加入“随售权”和“领售权”两种权利，要求目标公司原股东将其所持股权与私募股权基金所持股权一并出售给买家，以增加成功实现投资退出的概率，但这种安排仍然无法解决出售目标股权之时的估值不确定性问题，因为买方意志在此环节具有决定性影响。

股东回购退出可算作一种特殊的股权转让退出方式，其特殊性在于回购方的确定性以及回购价格的确定性两个层面。首先，为避免陷入无人接盘或四处兜售的窘境，私募股权基金可在投资法律文件中要求目标公司原股东，一般为创始人股东或控股股东或其指定第三方在特定条件成就时回购其所持目标公司股权。其次，与向不特定第三方通过估值确定目标公司股权转让价格的退出方式相比，股东回购退出往往不存在目标股权“估值”不确定问题，因为私募股权基金在签署投资法律文件时通常已与原股东确定了回购价格或者回购价格计算方式。一般而言，为保证基金管理人和基金投资人的利益均不受损，回购价格通常会以投资款本金与“基金门槛收益率与基金管理费率之和”的乘积再加上投资款本金作为参考标准。然而，实践中一旦发生私募股权基金股东要求目标公司原股东回购目标股权的情形，基本上都是因为目标公司发展遭遇了重大障碍，甚至是陷入了经营困境，要求目标公司原股东回购可能已是私募股权基金万般无奈的选择，甚至在很多情况下需要通过启动司法程序来实现。从此角度讲，除以“明股实债”为投资方式的基金外，私募股权基金通常不会将股东回购退出作为一种理想化的退出方式，而仅作为一种补充退出方式对待。

公司回购退出是指私募股权基金通过目标公司回购其所持目标股权的方式来实现投资退出，也可算作一种特殊的股权转让退出方式，同样具有回购方的确定性以及回购价格的确定性两个特点，而只是将股东回购退出方式下的回购方由原股东变更为目标公司本身，但也正是这一变化使公司回购退出的路径“明灭难睹”。在私募股权投资实践中，中国法律是否支持目标公司回购股东持有的公司股权似乎仍处在“是或否”的剧烈震荡之中。《公司法》及相关法律法规对有限责任公司[1]和股份有限公司[2]回购其股东所持公司股权/股份分别作出了规定，因此在公司回购退出过程中，需要特别注意公司回购股权的条件和程序等方面的法律规定，否则即可能因为侵害公司债权人或其他股东利益而导致回购无效。[3]此外，在股东回购退出中，私募股权基金也可能选择要求目标公司对其原股东的回购义务承担连带保证责任，该等责任承担安排的效力是否能够得到法律的支持，同样亦处于实践个案探索阶段。

公司清算一般是指依照法定程序清理公司债权债务，处理公司剩余财产，并最终在公司登记机关注销公司并使公司法人资格消灭的法律行为。由于在公司清算时需要先行了结公司的各种债权债务关系，然后才能由股东对公司行使剩余财产分配请求权或者由股东分取公司的剩余财产，因此公司清算不仅会耗费股东的大量时间和精力，而且股东最终能够获得的剩余财产也可能十分有限。一般而言，如果私募股权基金最终需要通过公司清算实现投资退出，基本等于宣告投资失败。通过公司清算实现投资退出应是所有私募股权基金都极不愿意采用的退出方式。

---

1 比如《公司法》第74条第1款：“有下列情形之一的，对股东会该项决议投反对票的股东可以请求公司按照合理价格收购其股权：（一）公司连续五年不向股东分配利润，而公司该五年连续盈利，并且符合本法规定的分配利润条件的；（二）公司合并、分立、转让主要财产的；（三）公司章程规定的营业期限届满或者章程规定的其他解散事由出现，股东会会议通过决议修改章程使公司存续的。”

2 比如《公司法》第142条第1款：“公司不得收购本公司股份。但是，有下列情形之一的除外：（一）减少公司注册资本；（二）与持有本公司股份的其他公司合并；（三）将股份用于员工持股计划或者股权激励；（四）股东因对股东大会作出的公司合并、分立决议持异议，要求公司收购其股份；……”

3 比如《公司法》第20条：“公司股东应当遵守法律、行政法规和公司章程，依法行使股东权利，不得滥用股东权利损害公司或者其他股东的利益；不得滥用公司法人独立地位和股东有限责任损害公司债权人的利益。公司股东滥用股东权利给公司或者其他股东造成损失的，应当依法承担赔偿责任。公司股东滥用公司法人独立地位和股东有限责任，逃避债务，严重损害公司债权人利益的，应当对公司债务承担连带责任。”

《公司法》第177条第2款：“公司应当自作出减少注册资本决议之日起十日内通知债权人，并于三十日内在报纸上公告。债权人自接到通知书之日起三十日内，未接到通知书的自公告之日起四十五日内，有权要求公司清偿债务或者提供相应的担保。”

"理想很丰满，现实很骨感"。在融取私募股权基金投资时，目标公司原股东可能是豪气冲天，信心满满，力争成为行业标杆或业界楷模，但公司发展却往往是漫漫征途，会受到经济环境、行业周期、突发事件等诸多内外部因素影响，因此实践中公司最初荒蛮发展但最后背离初衷的情形也比比皆是，毕竟目标公司和目标股权的价值从来都不是目标公司本身、目标公司股东或者私募股权基金投资者可以自行决定的。从此角度讲，在投资法律文件中落实投资退出路径和退出定价机制，切实提升投后管理水平，降低潜在负向传导效应的发生风险，应是私募股权基金保障投资退出的必然要求，也是成功实现投资退出所需采取的必要措施。

第二章

/ CHAPTER 02

投资法律文件

在私募股权投资实践中，投资法律文件或股权投资法律文件并没有一个统一的定义，通常是指为进行和完成股权投资交易而由交易各方签署的一系列法律文件和协议的统称，并非特指某一份单独的法律文件或协议。比如，在“认购增资”交易中，投资法律文件并非是指增资协议本身，而是指为完成对目标公司增资而签署的包括增资协议、股东 / 合资协议（如有）、公司章程及 / 或其修订案在内的一系列法律文件和协议。由于对赌协议或对赌条款也不是一份单独的法律文件或协议，而是分散体现于不同的投资法律文件之中，因此理解“对赌”和对赌条款也需以了解投资法律文件的构成和内容为基础。

第一节　法律文件的种类

私募股权投资是一项复杂的系统工程，需要私募股权基金等交易各方完成一系列工作。以私募股权基金的阶段性工作成果为标准，私募股权投资的交易流程可简单分为投资考察、投资确定和投资交割三个基本阶段，其中每个阶段的工作目标和工作重点均不相同，所需签署的投资法律文件的种类和内容也不尽相同。

一、投资考察

在投资考察阶段，私募股权基金的主要工作目标是了解目标公司的所有必要信息，以便为投资决策做好准备。为消除目标公司及其原股东（尤其是创始团队）在提供信息和推进投资交易等方面的顾虑，私募股权基金通常需要与目标公司及/或其原股东签署保密协议及/或条款清单[1]等法律文件。由于这些法律文件主要产生并适用于投资考察阶段，因此实践中也称之为“前期法律文件”。

（一）保密协议

在投资考察阶段，私募股权基金的工作任务主要包括：对目标公司进行前期考察，与目标公司原股东等相关方沟通和明确投资交易意向，并在必要情况下聘请律师和会计师等第三方机构协助其对目标公司展开正式调查和评估。经正式调查和评估，如私募股权基金认为目标公司具有投资价值，就会与目标公司原股东等相关方进一步明确具体交易结构、交易方案以及更为细节的交易条件，以期能够将相关信息和文件提交基金进行内部审议，否则私募股权基金就会选择放弃投资，不再推进后续工作。如基金经内部审议决定进行投资的，则私募股权基金就会进入正式投资法律文件的谈判和签署阶段，否则亦会选择放弃投资。

由此可见，在基金决定进行投资前，拟定股权投资交易能否最终完成会存有较大不确定性，但目标公司及其原股东等相关方却需要向私募股权基金提供相对充分的资料和信息来协助其完成投资判断，为使私募股权基金在无法完成拟定股权投资交易的情况下也能对所获目标公司资料和信息进行保密，目标公司及其原股东等相关方在投资考察阶段通常都会要求私募股权基金在正式展开调查和评估前签署保密协议。私募股权基金通常不会拒绝这种要求，且私募股权基金有时也会主动要求签署保密协议。保密协议的基本内容如表1–2–1所示：

表1–2–1　保密协议的基本内容

主要条款	基本内容
签约方条款	主要明确：协议签约方及其基本信息，包括签约方的名称和身份等。
签约目的条款	主要明确：签署协议的目的，包括签署协议的交易背景（如“认购增资”）以及主要目标（如对所获对方相关信息和资料进行保密）等。

1　实践中这些文件有时也被称为或表现为协议主条款、投资意向书或投资备忘录，名称不同，但基本内容都是为了明确交易各方之间的交易意向。

续表

主要条款	基本内容
保密信息条款	主要明确：需要保密的信息范围，一般包括协议本身、协议所涉交易事项以及为完成预期投资交易所披露的产品、技术、客户、管理、商业等方面的资料和信息。
义务人条款	主要明确：承担保密义务的主体范围，通常包括签约方本身以及其可能使用或接触保密信息的人，如公司股东、高管或项目人员等。
保密期限条款	主要明确：承担保密义务的起止日期以及保密期限届满时的保密信息处理方式等。
违约责任	主要明确：因保密义务人违反保密义务所需承担的责任等内容。
协议效力	主要明确：协议生效的时间和条件等内容。

（二）条款清单

条款清单是投资考察阶段涉及的另一重要法律文件，主要用来明确各方之间的投资意向以及正式投资法律文件所需载明的相关条款和条件，投资交易属性更强。相较于保密协议，目标公司及其原股东等相关方在投资考察阶段往往更倾向于签署条款清单，而且在签署条款清单的情况下，交易各方也未必一定需要签署一份单独的保密协议，因为保密义务可以保密条款的形式纳入条款清单并由各方签署。

需要指出的是，由于拟定投资交易未来能否完成存在不确定性，因此除保密条款和争议解决条款外，条款清单通常不会被作为具有法律约束力的最终交易文件对待，而是作为一种指引性文件为推进后续工作提供参考。在实践中，条款清单通常更会明确列示私募股权基金可以终止或放弃拟定投资交易的条件或情形，比如目标公司经尽职调查无法达到私募股权基金的投资标准、约定期限内各方未能就投资条件达成一致等，以免因为私募股权基金最终放弃推进拟定投资交易而产生争议。条款清单的基本内容如表 1–2–2 所示：

表 1-2-2 条款清单的基本内容

主要条款	基本内容
签约方信息	主要明确：签约方基本信息，包括名称、身份、联系方式等。
目标公司信息	主要明确：目标公司的注册资本、股权结构、主营业务、基本财务数据等内容。
投资交易方式	主要明确：投资方对目标公司进行投资的方式，即认购增资、购买老股、债转股或者其他方式。
投资估值	主要明确：目标公司的估值、基金的投资款金额、基金的持股比例、投资估值调整空间及调整机制等。 在估值条款中，通常会列明本次投资估值的依据，比如目标公司特定期限的净利润或营业收入或其他经营性指标，并会列明如后续调查发现作为估值基准的指标发生变化，本次投资估值是否需要调整及如何调整等内容。
先决条件	主要明确：投资方在支付投资款前所需满足的相关条件，一般包括完成尽职调查、补救重大瑕疵或制定补救方案、完成投资决策流程，以及完成针对性事项（如内部重组、股权激励等事项）等内容。
投资方特别权利	主要明确：投资方完成投资后所能享有的特别权利，包括《公司法》明文规定的股东权利及各方协商确定的权利，比如股东知情权和检查权、董事任命权、重大事项一票否决权以及与对赌相关的权利等内容。
排他性	主要明确：本次投资交易是否具有排他性以及排他关系的属性（单向或双向）、排他期限等内容。在实践中，排他性条款通常是投资方对融资方提出的要求，要求融资方在一定期限内不得接触其他投资方，以便锁定交易。
法律效力	主要明确：条款清单的部分或全部内容是否具有法律约束力等内容。
常规条款	一般包括保密条款、违约条款、通知条款等内容。

二、投资确定

投资确定阶段是私募股权投资交易流程中的关键阶段，通常始于投资考察阶段结束之后。在投资确定阶段，私募股权基金的主要工作任务与交易相对方沟通和签署正式投资法律文件。正式投资法律文件在实践中有时也被称为“正式投资文件”（Definitive Investment Documents）或“正式文件”（Definitive

Documents），是全面界定股权投资交易各方之间权利、义务及责任关系的书面载体，也是交易各方据以实施投资交割以及分配经济利益和管理权益的核心依据。

基于正式投资法律文件的重要性，交易各方在投资确定阶段通常都会投入大量时间和精力来参与正式投资法律文件的起草、谈判、修订和签署，正式投资法律文件往往也需要经过多轮次沟通和修订才能最终定稿。在正式投资法律文件的沟通谈判过程中，交易各方的真实利益诉求也会更加清晰和明确，进而引领正式投资法律文件的修订方向，有时还可能出现对既定的交易意向、交易结构及交易方案进行调整甚至颠覆性处理的情形。

根据投资法律文件的不同功能和作用，投资法律文件可分为交易类法律文件、治理类法律文件和附属类法律文件三大类。这三大类法律文件相互依存，共同构成了完成私募股权投资交易所需签署的完整法律文件体系。

（一）交易类法律文件

交易类法律文件是指交易各方为完成股权投资交易并使私募股权基金成为目标公司股东而需签署和履行的具有交易性质的法律文件，主要用于规范和确定交易各方为完成股权投资交易所需采取的一系列行动以及相应法律后果。投资交易方式和交易结构不同，所需签署的交易类法律文件也不同。比如，在"认购增资"交易中，需要签署增资协议这一交易类法律文件；在"购买老股"交易中，则需要签署股权转让协议这一交易类法律文件；如此等等，具体需视投资交易方式和交易结构而定。交易类法律文件具有行为对应性和即时履行性两大特征。

交易类法律文件的行为对应性是指交易类法律文件应当与其所规范的投资交易行为之间具有行为上的对应关系。投资交易方式不同，交易类法律文件所约束的交易行为主体及行为内容也不同。比如，在"认购增资"交易中，增资协议约束的是私募股权基金、目标公司及其原股东之间的交易行为，即私募股权基金向目标公司支付认购款以及目标公司向私募股权基金交付目标股权的交易行为；在"购买老股"交易中，股权转让协议约束的是私募股权基金与转让目标股权的原股东之间的交易行为，即转让目标股权的原股东向私募股权基金交付目标股权以及私募股权基金向转让方支付股权转让价款的交易行为。在实践中，识别交易类法律文件的行为对应性具有极为重要的意义。如果交易类法律文件在行为对应性方面出现问题，就会导致相关权利、义务和责任的主体发生错位，从而致使预设的权利、义务及责任发生偏差，不仅可能导致交易各方无法按预期展开行动，而且可能导致交易各方预期落空甚至发生争议。

交易类法律文件的即时履行性是指交易类法律文件所规范的投资交易行为应当在短期内或在特定时点履行完毕。交易类法律文件的即时履行性不仅是交易各方为结束交易不确定状态的必然需求，也是交易各方为明确相关事项行为主体及其责任起止时点的必然需求，更是交易各方期冀通过完成交易取得相应经济效益的必然需求。比如，在“认购增资”交易中，私募股权基金一经按时足额向目标公司缴付完毕增资款，目标公司取得所需资金，私募股权基金在增资协议项下的增资款缴付义务即告履行完毕，相应责任亦告免除；同理，目标公司一经按时向私募股权基金交付与增资款相对应的目标股权，私募股权基金取得投资标的，目标公司在增资协议项下的目标股权交付义务亦告履行完毕，相应责任亦告免除，同时目标公司原股东与此相关的相应责任也应告免除。

在实践中，交易类法律文件的行为对应性和即时履行性可以使私募股权基金等交易各方之间的投资交易行为能够得到链条节点式推进和完成，既能够为交易各方采取具体行动提供依据，也能够为考察交易各方的具体行动是否存在误差以及是否偏离既定交易结构和交易方案提供支持。比如，在“认购增资”交易中，如果私募股权基金已经完成增资款缴付而且目标公司也已经完成目标股权交付，那么“认购增资”通常即可视为已经完成；如果私募股权基金在目标公司完成目标股权交付后没有按约完成增资款缴付或者目标公司在私募股权基金完成增资款缴付后没有完成目标股权交付，那么“认购增资”即不应视为已经完成，而是发生了偏离预期的情形，需要负有义务的交易相关方予以纠正，并可能需要因此承担相应的违约责任。

（二）治理类法律文件

治理类法律文件是指交易各方为规范目标公司经营管理而需要签署和履行的各类法律文件，主要用于使交易各方在股权投资交易完成后能够按照约定对目标公司进行经营管理。可以说，交易类法律文件是治理类法律文件的基础。没有交易类法律文件，治理类法律文件就会成为无源之水；没有治理类法律文件，私募股权基金对目标公司的投后管理也会成为无本之末。签署治理类法律文件既是交易各方维护投资交易成果的必然需要，也是基于目标公司独立企业法人地位所应有的需要。

与交易类法律文件主要规范交易行为本身不同，治理类法律文件更多规范的是目标公司在私募股权基金成为其股东后的经营管理行为，文件构成边界比较模糊。从一般股权投资角度讲，治理类法律文件应仅指公司章程、章程修订案以及股东会决议和董事会决议等法律文件，这些法律文件通常是从事股权投资所需签署或更新的法律文件，通常也都需要在公司登记机关备案。从私募股权投资角度讲，治理类法律文件却不是仅仅限于上述需要备案的法律文件，因为这些法律文件可能无法包含私募股权基金作为财务投资者对目标公司和原股东所要求的全部权利，特别是那些涉及目标公司经营管理且具有优先权性质的权利，比如优先分红权和一票否决权，等等。事实上，私募股权基金通常都会通过与目标公司及/或原股东另签协议的方式在股东协议或补充协议中明确这些优先权。在此情况下，关于目标公司的治理类法律文件即不应仅仅限于传统的公司治理法律文件，而是还应包括这些另行签署的股东协议或补充协议，或者至少包括其中关于公司经营管理的内容，由此才能与公司章程共同构成关于目标公司经营管理的完整治理类法律文件。

与交易类法律文件具有行为对应性特征类似，治理类法律文件也具有行为对应性特征，但在两方面有所不同。首先，交易类法律文件规范的主要是私募股权基金等交易各方之间的交易行为，私募股权基金在签署交易类法律文件时尚未成为目标公司股东，更多适用的是合同法层面的规定。治理类法律文件规范的则主要是目标公司的经营管理行为，是私募股权基金基于股东身份就目标公司经营管理而与目标公司其他股东签署的法律文件，更多适用的是公司法层面的规定。其次，交易类法律文件所规范的行为主体和行为内容会因为投资交易方式和交易结构不同而不同，但治理类法律文件却不存在这一问题，因为无论私募股权基金通过何种交易方式成为目标公司股东，治理类法律文件的内容主要是针对目标公司的经营管理，不会因为投资交易方式或交易结构不同而发生颠覆性变化。当然，这并不是说治理类法律文件都会千篇一律。相反，在私募股权投资实践中，治理类法律文件也需要根据目标公司具体情况以及交易各方在目标公司经营管理方面的具体诉求进行针对性设计，不能简单适用所谓的文件模板，毕竟治理类法律文件是公司股东之间关于目标公司经营管理的意思表示，是公司组织和公司行为的一般准则，不容忽视。

与交易类法律文件的即时履行性特征不同，治理类法律文件在履行方面是持续和连贯的，不存在短期内履行完毕的可能。这不仅是目标公司独立企业法人地位的要求，也是目标公司需通过内部治理机构表意的要求，更是目标公司得以持续经营的基础。虽然目标公司的股东会、董事会及经营管理层等内部治理机构会作出很多具体行为，且这些具体行为都带有明显的即时履行性，比如公司董事会作出决议及决议事项的履行，但只要公司存续且存在实质经营需求，这些内部治理机构就需要定期或不定期地作出这些行为。为保证这些行为能够持续有效作出，治理类法律文件就需要对目标公司的内部机构设置以及行为程序和行为方式作出规定，形成公司的经营管理机制。这些行为和机制设置也最终导致治理类法律文件在履行方面具有了持续性，具有了持续履行性特征。在股权投资实践中，投资交易可以即时结束，但目标公司的经营管理会贯穿目标公司的整个存续过程，不会因为进行或完成任何投资交易而停止。

（三）附属类法律文件

附属类法律文件是指那些对交易类法律文或治理类法律文件进行补充、解释或说明或者附属于交易类法律文件或治理类法律文件的文件。为与附属类法律文件相区分，交易类法律文件和治理类法律文件有时亦被称为“核心法律文件”。

作为核心法律文件的配套文件，附属类法律文件通常表现为交易类法律文件或治理类法律文件的各类附件或附录。在私募股权投资实践中，附属类法律文件表现形式多样，通常由交易各方协商确定，主要包括主体资格证明、目标公司描述、投资者要求三大类。

主体资格证明是指交易类法律文件和治理类法律文件各签约方的主体资格证明，比如自然人签约方的身份证明以及企业签约方的营业执照、设立证书。在交易类法律文件和治理类法律文件中随附主体资格证明，主要是为了便于快速识别和核证签约方的身份。

目标公司描述是指针对交易类法律文件和治理类法律文件所提及的关于目标公司的重要概念或重要事项而做出的相关定义或描述，比如目标公司的核心技术人员名单、核心知识产权清单，等等。这些描述通常根据尽职调查结果书写，是对目标公司在签署投资法律文件时相关重要事项或状况的固化，主要是为了未来便于快速识别和核证目标公司特定事项是否已经发生重大变化。除前述外，目标公司在私募股权投资实践中通常还会以风险披露函等方式披露目标公司相关信息，特别是负面信息，比如目标公司重大负债清单、合规瑕疵清单，等等，这也是目标公司描述的一种表现方式。

投资者要求是指私募股权基金作为投资者对目标公司及/或交易相对方提出的要求，特别是对目标公司经营业绩提出的要求以及对目标公司组织架构、合规运营或人事管理等方面提出的要求。这些要求有时会以交易类法律文件附件的方式签署，有时也会作为交易类法律文件的正文内容签署。

（四）特别的股东协议

在私募股权投资实践中，股东协议是一类比较特殊的投资法律文件，签约主体通常由私募股权基金与目标公司其他全部股东构成，有时也会包括目标公司本身，主要功能是规范目标公司股东之间以及股东与目标公司之间的权利、义务和责任关系，包括关于目标公司经营管理及其他相关事项方面的权利、义务和责任关系。股东协议的特殊性主要表现在如下两个方面：

其一，股东协议所规范的内容往往比较庞杂，既可能包括交易类法律文件中的相关内容，也可能包括治理类法律文件中的相关内容，前者比如基于实施投资而向目标公司委派董事或监事、基于投资估值出现问题而要求原股东回购，等等，后者比如基于管理目标公司而设定股东会和董事会议事规则，等等，而且股东协议相关内容有时也会与交易类法律文件和治理类法律文件相关内容重合，因此股东协议不宜被简单看成交易类法律文件或治理类法律文件或者看成这两类文件的组成部分。此外，考虑到《公司法》关于相关股东权利须在公司章程而非其他文件中明确的规定，[1]如果没有将股东协议中关于目标公司经营管理的相关内容纳入目标公司章程等治理类法律文件，这些内容或许也只有合同法上的意义，而没有公司法上的效果。

---

1 比如《公司法》第 42 条："股东会会议由股东按照出资比例行使表决权；但是，公司章程另有规定的除外。"《公司法》第 43 条第 1 款："股东会的议事方式和表决程序，除本法有规定的外，由公司章程规定。"《公司法》第 71 条第 4 款："公司章程对股权转让另有规定的，从其规定。"

其二，股东协议、交易类法律文件和治理类法律文件用途不同，内容各有侧重。虽然股东协议在内容上会与交易类法律文件及治理类法律文件存有部分重复，但却是无法互相取代。首先，交易类法律文件和治理类法律文件是中国法下办理公司变更登记或备案的必备法律文件，且通常都有公司登记机关提供的范本可供参考，而股东协议则不仅不是办理公司变更登记或备案的必备法律文件，通常也没有公司登记机关提供的范本可供参考，根本无法取代交易类法律文件和治理类法律文件。其次，我国目前没有关于公司股东必须签署股东协议的强制性法律要求，股东可以自由选择是否签署以及如何签署股东协议，因此在相关股东约定不宜被纳入交易类法律文件或治理类法律文件或通过文件登记或备案被披露的情况下，股东通常都会选择将这些约定放入股东协议，因此有时股东协议的内容过于庞杂也就不足为奇了。

需要指出的是，股东协议在实践中有时会以交易类法律文件的附件签署，有时也会作为一份独立文件签署。这在很大程度上是取决于私募股权基金与目标公司其他股东之间的协商选择，但有时也会受投资交易方式的影响。比如，在“认购增资”交易中，股东协议通常会以增资协议附件的形式签署，亦可以独立协议的形式单独签署，但在“购买老股”交易中，股东协议则通常会以独立协议的形式单独签署，而不会以股权转让协议附件的形式签署，且根据合同相对性亦无法以股权转让协议附件的形式签署。此外，在股权投资实践中，股东协议有时未必会冠以股东协议之名，而是冠以补充协议或其他协议名称，但只要这些协议属于股东间的约定即不会影响其作为股东协议的本质。

除前述外，还需特别指出的是，从协议内容的具体程度及重要性角度讲，股东协议的重要性丝毫不弱于任何核心法律文件。因此，无论股东协议在实践中是作为交易类法律文件的附件签署，还是作为独立文件单独签署，在事实上都是被私募股权投资交易各方作为核心法律文件对待的。

三、投资交割

在投资交割阶段，私募股权基金的主要工作任务是依据正式投资法律文件的约定取得目标股权，包括支付投资款（投资价款交割），审核目标公司内部核准成果（如股东会决议）及外部核准成果（如主管机关批复或备案证明，如需），审核目标公司登记机关关于目标股权的变更登记成果（目标股权交割），等等。

与投资考察阶段和投资确定阶段相比，投资交割阶段产生的法律文件实际上是交易各方履行正式投资法律文件的结果，或者说履行正式投资法律文件交割条款所产生的法律文件，而非正式投资法律文件中的交割条款本身。对私募股权基金而言，投资交割法律文件具有两方面的重要特征。首先，投资交割法律文件的产生并非一定需要私募股权基金自主参与，私募股权基金在此环节的主观能动作用往往有限。其次，投资交割法律文件表现形式多种多样，且可能因为目标公司地域差别和行业差别而产生差异，具体需视正式投资法律文件中的投资交割条款而定，特别是交割标的和交割条件方面的条款。

交割标的和交割条件是构成正式投资法律文件投资交割条款的核心内容。其中，交割标的是指交易各方之间为完成投资交易所付出的对价。比如，交易相对方为获取投资款而向私募股权基金交付的目标股权，私募股权基金为获取目标股权而向交易相对方支付的投资款。相应地，交易相对方将目标股权交付给私募股权基金也被称为“股权交割”或“股权交付”，完成股权交付行为之前或之时应予满足的前提条件也被称为“股权交割条件”或“股权交割前提条件”；私募股权基金将投资款支付给交易相对方也被称为“投资款交割”，完成投资款支付行为之前或之时应予满足的条件也被称为“投资款交割前提条件”或“投资款交割条件”。交割标的、交割方式和交割条件不同，交割法律文件的构成和表现形式也不同。从文件来源角度讲，交割法律文件可简单分为行为来源性交割法律文件和条件来源性交割法律文件两大类。

行为来源性交割法律文件是指交割行为本身所创造的法律文件。在中国法下，股权交割一般需要通过公司内部登记和公司登记机关外部登记两种登记来实现。其中，公司内部登记主要包括：向投资者签发出资证明书以及在公司股东名册中将投资者登记为股东，注销公司原股东（如转让全部股权的）的出资证明书以及在公司股东名册中将其注销，等等。公司登记机关外部登记主要包括：在公司登记机关将修订后的公司章程或章程修订案备案，将投资者登记为公司股东，办理完毕原股东（如转让全部股权的）的注销登记，等等。由此产生的各种内部和外部文件均属于交割法律文件，属于交易相对方因履行股权交割义务或从事股权交割行为而产生的法律文件。与股权交割的复杂性不同，投资价款交割通常比较简单，无论分期支付，还是一次性支付，均可通过银行转账即时完成，由此生成的转账证明也属于交割法律文件，属于投资者因履行投资款交割义务或从事投资款交割行为而产生的法律文件。

条件来源性交割法律文件是指为满足交割条件而从事相关行为所产生的法律文件，这些法律文件属于为证明交割条件已被满足而产生的证明文件。对不同交易方而言，条件来源性交割法律文件在实践中的构成大为不同。对私募股权基金而言，除可能将完成目标股权交割作为投资款的交割条件之外，还可能将完成目标公司的相关瑕疵整改作为投资款的交割条件，比如要求目标公司原股东将抽逃的出资返还给目标公司，要求转让股权的原股东解除拟转让目标股权之上设置的质押，要求目标公司取得相关业务经营资质，等等，因此交割条件往往复杂多变，不一而足；与此相对应，实践中所产生的条件来源性交割法律文件在种类和形式上通常也比较复杂，需要根据交割条件一一审定。对私募股权基金的交易相对方而言，交割条件却往往比较简单，比如在将投资款交割作为股权交割条件的情况下，由此产生的条件来源性交割法律文件只有一种，即私募股权基金的投资款支付证明。

研究交割法律文件在股权投资实践中具有极为重要的意义。首先，股权交割和投资款交割的行为复杂程度不同，在实践中无法于同一时间节点完成，无法做到“一手交钱，一手交货”，存在因时间差而引发潜在法律风险的可能。比如，在目标股权完成公司内部登记之后，在完成公司登记机关外部登记之前，如果私募股权基金认为交易相对方已经完成了股权交割从而支付了全部投资款，即完成了投资款交割，那么在其后续发现目标股权交割并未实际依法完成[1]但其交易相对方拒绝办理公司登记机关外部登记的情况下，就很可能引发与其交易相对方之间的投资争议。其次，投资交割是交易各方分别履行正式投资法律文件所规定的各自义务的过程，作为履行正式投资法律文件的产物，交割法律文件也有利于明确交易各方在履行正式投资法律文件的过程中是否存有违约行为以及是否需要因此而承担相应法律责任。

---

1 根据《公司法》第 32 条第 2 款和第 3 款的规定，公司应将股东的姓名或名称向公司登记机关登记；记载于股东名册的股东，可以依股东名册主张行使股东权利；未经登记或变更登记的，不得对抗第三人。

第二节 法律文件的生成

投资法律文件是界定私募股权投资交易各方之间权利、义务及责任的载体，在实践中具有特别重要的意义。一方面，投资法律文件会包含与股权投资相关的核心商业和法律条款以及争议解决条款等内容，能够使交易各方依约行事，并使行事结果具有可预期性。另一方面，在发生投资争议之时，投资法律文件有助于甄别交易各方是否已经偏离预期，不仅是判断相关方应否承担相关责任的依据，而且也是据以判断和解决投资争议的证据。遗憾的是，并不是所有人都能认识到投资法律文件的重要性，有人甚至认为所有的投资法律文件都大同小异，套用或简单调整适用同类格式文本即可。事实证明，陷入投资争议解决程序的人，往往是那些忽视投资法律文件重要性的人。究其根本原因，还是在于忽视或者没有理解投资法律文件的生成规律和特征。

一、交易结构依赖性

交易结构有时亦称交易方案，是一个依附于交易方式的概念，其重点在于明确在何种交易方式下由何方于何时以何种方式及以何种程度完成何种工作以使股权投资交易目标实现，这是一种以目标为导向的节点式流程安排。比如，在"认购增资"交易中，如果涉及讨论私募股权基金应通过何种方式缴付增资款（比如，通过基金银行账户直接划付增资款，还是通过新设的特殊目的公司划付增资款等）或者涉及取得目标股权应于何时完成公司登记机关变更登记（比如，在增资款缴付前完成变更登记，还是在增资款缴付完毕后完成变更登记，抑或是在增资款分期缴付的情况下于某一笔增资款缴付完毕后完成变更登记等），即属于交易结构的讨论范畴，而不是交易方式的讨论范畴。基于交易结构对交易方式的依附关系，投资法律文件对交易结构的依赖性需要从投资法律文件对交易方式的依赖性入手考察。

（一）对交易方式的依赖

不同种类投资法律文件所具有的功能和用途各不相同，所应适用的交易方式也不相同。投资交易各方必须根据其选择的交易方式来选择和生成投资法律文件。相关投资法律文件与交易方式之间的对应适用关系可简单如表 1–2–3 所示：

表 1–2–3 投资法律文件与交易方式概览

文件种类	交易方式	主要用途
增资协议	认购增资	主要明确：基金对目标公司的增资款金额、缴付期限、增资款交割前提条件以及目标公司应交付目标股权的数量、交付程序安排、股权交割前提条件等内容。
股权转让协议	购买老股	主要明确：基金向转让方原股东支付股权转让价款的金额、支付期限、股权转让价款交割前提条件以及转让方原股东交付目标股权的数量、交付程序安排、股权交割前提条件等内容。
债转股协议	债转股	主要明确：基金的债权投资金额、利息计算、债权转股权的行权条件、转换程序以及目标股权的数量、目标股权的交割安排等内容。
公司章程或修订案	认购增资、购买老股、债转股	主要明确：目标公司注册资本额、各股东认缴和实缴出资额及持股比例、各股东的权利义务、内部治理机构设置及权限（包括董事会、监事会、经理等人员委派方式 / 规则、议事规则等）等内容。
股东协议	认购增资、购买老股、债转股	主要明确：基金与目标公司及 / 或其他股东间之间的权利义务和责任关系等内容。

从前表 1–2–3 可以看出：在正式投资法律文件中，交易类法律文件和治理类法律文件对交易方式的依赖程度完全不同。交易类法律文件与交易方式之间的对应关系较强，是一一对应的关系，比如“认购增资”交易只能适用增资协议，而不能适用股权转让协议；股东协议和治理类法律文件与交易方式之间的对应关系较弱，通常不会因为交易方式不同而适用不同的股东协议或治理类法律文件，这主要是因为各种交易方式最终都指向私募股权基金会成为目标公司股东这一结果，且享有目标公司经营管理参与权是私募股权基金作为目标公司股东的法定权利，无论其通过何种交易方式成为目标公司股东，这一权利都不可能消失。因此，对投资法律文件的生产而言，明确交易方式有利于选择应予适用的交易类法律文件，或者说交易方式是决定适用何种交易类法律文件的关键，但交易方式却很难对选择股东协议或治理类法律文件形成决定性影响。

（二）对交易结构的依赖

明确投资法律文件与交易方式之间的对应适用关系，有利于选择和适用不同种类的投资法律文件，也有利于指引投资法律文件内容的撰写，但如果仅仅以交易方式来确定应予适用的投资法律文件的种类和内容，却远远无法满足实践需求。比如，在“认购增资”交易中，如果需要将基金的增资款交由第三方监管，那么就意味着需要在原有交易结构中增加账户监管这一交易环节，需要将账户监管协议或条款作为正式投资法律文件的组成部分，否则就会导致账户监管这一交易环节无法落实，甚至因此而危及整个投资交易的完成。因此，投资法律文件的撰写还必须考虑交易各方在交易结构上的具体要求。

作为以目标为导向的节点式流程安排，交易结构主要是由目标要素和行为要素两个方面的基本要素构成。其中，目标要素是指交易结构必须以交易各方所期待达成的交易目标为导向。换言之，交易结构必须能够体现交易各方在投资交易完成后所期待达成的最终效果，否则交易结构不仅无法为后续投资交易行动提供方向指引，甚至还可能起反作用，阻碍投资交易顺利开展。在私募股权投资领域，交易目标在交易结构中通常表现为投资交易本身所涉及的相关事项和投资交易完成后关于目标公司经营管理的相关事项两个方面，前者比如成为目标公司股东或收取投资款等，后者比如在目标公司股东会和董事会会议上行使表决权等。行为要素是指交易结构必须包含交易各方为完成交易目标所需采取的相关行动以及与行动相关的时间节点、行动条件及相关权利、义务与责任安排等内容，以使交易结构能够成为推进和完成投资交易的参考依据。

目标要素和行为要素在交易结构中相互依存，相互作用，不仅要求交易结构能够整体体现交易各方之间的最终利益博弈或平衡结果，而这种利益博弈或平衡结果必须由投资法律文件通过明确目标要素和行为要素的方式来加以反映和固化，从而使投资法律文件与交易结构之间产生不可分割的依赖关系。具体而言，交易类法律文件反映的主要是交易结构中的行为要素以及目标要素中与交易行为相关的内容，治理类法律文件则反映的主要是目标要素中与公司经营管理相关的内容，这两类法律文件都必须根据交易结构的具体要求进行撰写，否则不仅无法全面反映交易各方之间的博弈或平衡结果，而且无法发挥其指引和评判股权投资交易的重要作用。因此，投资法律文件不仅对投资交易方式具有依赖性，而且对投资交易结构也具有依赖性，只是依赖程度会因为投资法律文件的种类不同而不同。其中，交易类法律文件会同时受到交易方式和交易结构的影响，对交易方式和交易结构的依赖更多，治理类法律文件受交易方式的影响较小，受交易结构的影响较大，主要原因是交易方式能够决定所需适用的交易类法律文件的种类，但无法决定所需适用的治理类法律文件的种类。当然，对治理类法律文件而言，交易结构中关于目标公司经营管理的目标要素会对其产生重大影响。

投资法律文件对交易结构的依赖性说明，投资法律文件不仅无法脱离交易结构而单独存在，而且必须根据交易结构的要求进行撰写，否则不仅其内容会偏离交易各方的真实意思表示以及预设的交易程序和交易目标，破坏投资法律文件与既定交易之间的对应关系，而且会使投资法律文件因为“文不对题”而无法在实践中发挥其应有的指引和约束作用，有时甚至可能导致投资法律文件不得不因此而重新撰写，无端浪费交易各方的时间成本和经济成本。

二、交易背景针对性

从行为要素角度讲，股权投资作为一种交易行为，离不开交易主体、交易行为本身和交易标的三大行为要素。如果说交易方式和交易结构更多强调的是行为要素中的行为本身，那么作为设计和实施交易方式和交易结构的基础，交易背景则更多着眼于交易主体和交易标的。在私募股权投资实践中，交易背景在法律上的含义可以从投资法律限制、目标公司状况和目标股权状况三个层面考察。

（一）投资法律限制

投资法律限制主要是指法律法规对私募股权基金从事相关股权投资业务的限制。基于私募股权投资法律适用的复杂性，这种限制既可能源于《合伙企业法》《公司法》《合同法》《物权法》[1] 等一般性法律法规中的限制性规定，也可能源于《证券法》《企业国有资产法》《商业银行法》等特别法律法规中的限制性规定，可简单概括为投资主体、投资对象和投资行为三个方面的限制。

---

1 《合同法》和《物权法》将于《民法典》施行后废止，其主要规定（包括相关限制性规定）已被《民法典》合同编和物权编所分别承继。通过比对《民法典》合同编与《合同法》的规定以及《民法典》物权编与《物权法》的规定，可以知晓《民法典》对《合同法》和《物权法》的具体承继内容以及与此相关的原文援用、修订甚至删除等情形，具体可参考本书其他相关内容。

投资主体方面的限制主要是指法律法规从投资者角度对其能否从事相关股权投资业务所做出的限制。这种限制一般从两个层面作出：投资主体的资金来源属性和组织形式。以资金来源属性为标准，资金在中国法下可分为国有资本以及集体资本和民营资本、外国资本和本国资本、一般资本和特殊行业资本等不同类型。相应地，以这些资金为主要资金来源的基金也可分为国有企业基金、外资企业基金和民营企业基金，等等。基金的资金来源属性不同，法律的相关限制也不同。比如，国有企业基金的股权投资行为会受国有资产监管法律法规这种“特别法”的限制，外资企业基金的股权投资行为会受外商投资法律法规这种“特别法”的限制，以保险资金为主要资金来源的基金的股权投资行为会受保险资金监管法律法规这种“特别法”的限制。[1]以组织形式为标准，私募股权基金可分为合伙制基金、公司制基金、契约型基金等不同类型，但组织形式不同，法律对私募股权基金的股权投资行为的限制也不同。比如，根据2018年1月12日的证监会新闻发布会，[2]对申请IPO企业中的契约型私募基金、资产管理计划、信托计划等“三类股东”，可能存在层层嵌套和高杠杆以及股东身份不透明、无法穿透等问题，在IPO发行审核过程中予以重点关注，且“三类

1 比如保监会2010年7月31日发布的《保险资金投资股权暂行办法》（保监发〔2010〕79号）第12条：“保险资金直接或者间接投资股权，该股权所指向的企业，应当符合下列条件：（一）依法登记设立，具有法人资格；（二）符合国家产业政策，具备国家有关部门规定的资质条件；（三）股东及高级管理人员诚信记录和商业信誉良好；（四）产业处于成长期、成熟期或者是战略新型产业，或者具有明确的上市意向及较高的并购价值；（五）具有市场、技术、资源、竞争优势和价值提升空间，预期能够产生良好的现金回报，并有确定的分红制度；（六）管理团队的专业知识、行业经验和管理能力与其履行的职责相适应；（七）未涉及重大法律纠纷，资产产权完整清晰，股权或者所有权不存在法律瑕疵；（八）与保险公司、投资机构和专业机构不存在关联关系，监管规定允许且事先报告和披露的除外；（九）中国保监会规定的其他审慎性条件。保险资金不得投资不符合国家产业政策、不具有稳定现金流回报预期或者资产增值价值，高污染、高耗能、未达到国家节能和环保标准、技术附加值较低等企业股权。不得投资创业、风险投资基金。不得投资设立或者参股投资机构。保险资金投资保险类企业股权，可不受第（二）、（四）、（五）、（八）项限制。保险资金直接投资股权，仅限于保险类企业、非保险类金融企业和与保险业务相关的养老、医疗、汽车服务等企业的股权。”

2 《2018年1月12日新闻发布会》，载证监会网站：http://www.csrc.gov.cn/pub/newsite/zjhxwfb/xwfbh/201801/t20180112_332418.html，最后访问日期：2020年3月5日。

股东”不得成为上市公司控股股东、实际控制人、第一大股东，且需对“三类股东”进行穿透式披露等相关核查和整改。

投资对象方面的限制主要是指法律法规从目标公司这一投资对象角度对私募股权基金能否从事相关股权投资所做出的限制。对投资对象的限制通常与对投资主体的限制息息相关，一般也是从两个层面做出，即投资对象的行业属性和投资对象的公众属性。以行业属性为标准，投资对象可简单分为一般行业公司和特殊行业公司两大类型。一般而言，国家不会就投资一般行业公司进行限制，但对涉及国家安全、金融安全或者其他国计民生领域的特殊行业公司，国家通常做出相应限制。违反这种限制有可能导致所签协议无效。比如，在“中小企业投资公司诉华懋金融服务公司委托投资纠纷案”[1]中，境外主体委托境内主体持股境内银行股份所签署的协议即因为“以合法形式掩盖非法目的”[2]而被法院认定为无效。以公众属性为标准，投资对象可简单分为非上市公司和上市公司两大类型，而向后者投资国家通常会做出较多限制。违反这种限制亦有可能导致所签协议无效。比如，在“杉浦某某诉龚某案”[3]中，境外主体委托境内主体持股境内上市公司股票所签署的协议即因违反证券市场公共秩序被法院认定为无效。

投资行为方面的限制主要是指法律法规从行为角度对私募股权基金能否从事相关股权投资所做出的限制。这种限制通常会与投资主体方面的限制和投资对象方面的限制紧密相连，有时甚至会直接表现为后两者的组成部分。比

---

1 参见《最高人民法院（2002）民四终字第30号民事判决书》，载威科先行·法律信息库：https://law.wkinfo.com.cn/judgment-documents/detail/MjAxMDAwMDYwNzU%3D?searchId=869da364fe9343be8875a60f0c8e61f7&index=1&q=2002%E6%B0%91%E5%9B%9B%E7%BB%88%E5%AD%97%E7%AC%AC30%E5%8F%B7&module=，最后访问日期：2020年3月11日。

2 《民法典》没有原文援用《合同法》关于“以合法形式掩盖非法目的”的合同无效的规定，“以合法形式掩盖非法目的”不是《民法典》所直接规定的合同无效的情形，而是被《民法典》包含在了“以虚假的意思表示实施的民事法律行为”的规定中，即《民法典》第146条第1款：“行为人与相对人以虚假的意思表示实施的民事法律行为无效。”因此，在《民法典》施行后，涉案合同的效力将需考量前述规定以及其他相关规定和情形。

3 参见《上海金融法院（2018）沪74民初585号民事判决书》，载中国裁判文书网：http://wenshu.court.gov.cn/website/wenshu/181107ANFZ0BXSK4/index.html?docId=832228035eff45658a43aa69008ef2b1，最后访问日期：2020年3月5日。

如,《公司法》第141条第1款规定:“发起人持有的本公司股份,自公司成立之日起一年内不得转让。公司公开发行股份前已发行的股份,自公司股票在证券交易所上市交易之日起一年内不得转让。”根据这一规定,私募股权基金即使在前述锁定期内买受了公司发起人持有的股份,亦无法完成所买入股份的变更登记或交割。

研究投资法律限制是实践中一项十分基础却极为重要的工作。如不加以重视,交易相关方就有可能因为忽视或违反相关法律法规的限制而承担本来无需承担的法律风险,包括民事法律风险、行政法律风险,甚至刑事法律风险,其中常见者是民事法律风险中的合同无效或民事法律行为无效的法律风险。[1]在实践中,发现投资法律限制风险后,私募股权基金通常都会考虑放弃既定投资交易,或者采取能够规避这些法律限制的变通方法,并由此对既定交易方式和交易结构进行重新论证和设计,而这又会导致投资法律文件在种类选择及内容构成上发生变化,需要花费更多的时间成本和经济成本进行调研和撰写,且最终效果也未必能够达到规避投资法律限制的预期。实践证明,违反投资法律限制所带来的风险往往是交易各方最容易忽视的风险,也是最容易阻碍交易各方实现投资交易商业目标的风险。

(二)目标公司状况

目标公司状况是指目标公司在私募股权基金对其实施投资时的状况。作为目标股权的载体,目标公司的价值往往会直接影响目标股权的价值,甚至会影响交易各方之间的交易地位。在实践中,私募股权基金通常会通过法律、财务和行业等方面的尽职调查来核查目标公司的真实状况,以最大限度降低目标公司因存在瑕疵所带来的投资风险。

以法律尽职调查为例,私募股权基金对目标公司状况进行核查,主要目的是从法律角度核查目标公司是否存在资产不实、负债不实、业务瑕疵、合规瑕疵及诉讼仲裁等方面的瑕疵。其中,资产不实主要是指目标公司所披露资产与其

1 比如《合同法》第52条关于“违反法律、行政法规的强制性规定”的合同无效的规定,《民法典》第153条关于“违反法律、行政法规的强制性规定的民事法律行为无效。但是该强制性规定不导致该民事法律行为无效的除外”“违背公序良俗的民事法律行为无效”的规定。

实际所拥有资产之间的差异，包括流动资产[1]不实和长期资产[2]不实的差异，比如将占用的关联方资产作为自身资产，等等。负债不实主要是指目标公司所披露负债与实际所承担负债之间的差异，包括流动负债[3]不实和长期负债[4]不实的差异，比如将对关联方的负债不作为自身负债，等等。业务瑕疵主要是指目标公司在业务经营资质、业务经营独立性、关联交易、同业竞争等方面存在的瑕疵，比如目标公司经营相关业务却没有所需业务资质、与关联方的关联交易定价过高或过低而涉嫌利益输送，等等。合规瑕疵主要是指目标公司相关活动存在违反适用法律法规或者规范性文件规定的情形。在实践中，目标公司合规瑕疵的发生点很多，既可能在公司历史沿革方面，比如公司股东人数超过法定限制人数并存在不当代持情形，也可能在公司经营管理方面，比如公司未为员工足额缴纳社会保险等，需要根据公司情况一一核查。诉讼仲裁主要是指目标公司所面临的可能导致其支付较大代价的诉讼或仲裁案件或潜在诉讼或仲裁案件。如果目标公司面临的某一类诉讼或仲裁案件较多，通常也意味着需要对诉讼或仲裁案件所针对的相关事项进行必要整改。

对目标公司实施法律等方面的尽职调查，不仅有利于私募股权基金对目标公司形成真实认知，提高投资估值准确度，避免落入目标公司“财务陷阱”，也有利于私募股权基金对目标公司原股东及相关人员的诚信程度和专业程度形成客观了解。比如在资产不实方面，即可通过对目标公司展开尽职调查来判断资产不实系因为目标公司原股东或相关人员的故意不实披露所导致还是因为认知误差所导致等，从而为其投资决策以及投后管理提供支持。

---

1 从会计学角度讲，包括货币资金、短期投资、应收票据、应收账款、存货、原材料等可以一个营业周期内变现或运营的资产。

2 从会计学角度讲，包括长期投资（如股票、股权、债券）、固定资产［如建筑物、机器设备、运输设备（如车辆、船舶、航空器）、工具器具］、无形资产（如专利权、商标权、著作权、土地使用权）、递延资产（如开办费、租入固定资产的改良及大修费用支出）等变现周期在一个营业周期以上的资产。

3 从会计学角度讲，包括短期借款、应付票据、应付账款、预收货款、应付工资、应交税金、其他应付款、预提费用等偿还期一个营业周期内的债务。

4 从会计学角度讲，包括长期借款、应付债券、长期应付款等偿还期在一个营业周期以上的债务。

与核查投资法律限制不同，核查目标公司状况更多涉及的是对目标公司的价值判断，是在投资基本具有法律可行性的基础上，对目标公司各方面表现的进一步研判，特别是对目标公司是否具有真实投资价值以及是否存在潜在投资风险进行研判。一般而言，如目标公司没有投资价值或者存在较高投资财务风险，私募股权基金通常都会选择放弃既定交易，而不是谋求变通的投资交易方法。如目标公司具有投资价值且私募股权基金决定对其进行投资，私募股权基金通常都会在投资法律文件中列明需要整改的相关瑕疵并要求目标公司及原股东进行整改，并进而把完成整改要么作为交易交割的前提条件，要么作为交易交割后特定时间内需完成的事项。由此可见，目标公司状况通常不会导致交易方式发生根本性改变，却会对交易结构和投资法律文件的内容形成直接影响。

（三）目标股权状况

目标股权状况是指目标股权在私募股权基金实施投资时的状况。作为投资标的，目标股权状况主要由价值状况和法律状况两大要素构成。其中，价值状况主要是通过目标公司的价值加以体现，属于目标公司状况的范畴。法律状况则分为两种，一种是投资法律限制及于目标股权所产生的法律问题，属于投资法律限制的范畴，另一种是目标股权本身所存在的法律问题，并非投资法律限制所致。在私募股权投资实践中，目标股权本身存在的法律问题主要表现为所有权问题和处置权问题两种。

目标股权的所有权问题通常发生在“购买老股”交易中，主要表现为“股权代持”和“股权共有”两种情形。股权代持又称“委托持股”“隐名投资”或“假名出资”，是指实际出资人与名义股东约定，由名义股东代实际出资人持有公司股权并自行以公司股东名义代实际出资人履行公司股东义务及行使公司股东权利的一种安排。在公司股权代持争议案例中，虽有大量法院基于“实质重于形式”的原则判决由实际出资人享有公司股权和股东权利，但争议诉至法院本身也能说明代持本身会产生股权所有权瑕疵风险。如果私募股权基金知晓目标股权存在代持并坚持与名义股东进行交易，那么很可能会因为不符合《物权法》第

106条第1款[1]关于善意取得的规定而无法取得目标股权的所有权。股权共有则主要是指目标股权被两个或两个以上自然人或机构共同所有的情形，比如目标股权因为夫妻关系、继承关系或合同关系而成为共有股权。根据《物权法》第97条[2]的规定，在目标股权属于共有股权且共有人之间没有特别约定的情况下，如果共有人中的一方未经其他共有人同意擅自将目标股权转让给私募股权基金，私募股权基金亦可能会面临无法取得目标股权的风险。

与股权的所有权类似，股权的处置权也是法律创设的一种权利。根据《公司法》《物权法》和《合同法》[3]等法律法规关于股权处置的相关限制性规定，即使目标股权没有所有权权属问题，也不一定能够被其所有者自由处置。这种处置权问题既可能发生在"购买老股"交易中，又可能发生在"认购增资"交易中。以《公司法》为例，不同类型公司的相关股权处置权限制性规定可简单归纳如表1-2-4所示：

表1-2-4 公司股权处置权限制性规定

变更类别	公司类型	限制
股权转让	有限责任公司	股东的优先购买权限制（第71条）：公司股东之间可以相互转让股权，没有限制性条件，但股东向股东以外的人转让股权的，应当经其他股东过半数同意，而且经股东同意转让的股权，在同等条件下，其他股东有优先购买权。

1 《物权法》第106条第1款："无处分权人将不动产或者动产转让给受让人的，所有权人有权追回；除法律另有规定外，符合下列情形的，受让人取得该不动产或者动产的所有权：（一）受让人受让该不动产或者动产时是善意的；（二）以合理的价格转让；（三）转让的不动产或者动产依照法律规定应当登记的已经登记，不需要登记的已经交付给受让人。"该规定被《民法典》全文援用并作为其第311条第1款。

2 《物权法》第97条："处分共有的不动产或者动产以及对共有的不动产或者动产作重大修缮的，应当经占份额三分之二以上的按份共有人或者全体共同共有人同意，但共有人之间另有约定的除外。"除在"重大修缮"后增加"变更性质或者用途"内容外，该条其他规定与《民法典》第301条的规定相同。

3 在《民法典》施行后，如发生股权处置行为的，该行为原则上应受《民法典》的规制，特别是其物权编和合同编的规制，而不是原《物权法》或《合同法》的规制。《民法典》与《物权法》《合同法》之间在此方面的规定差异，请参考本书其他相关内容，下同。

续表

变更类别	公司类型	限制
股权转让	股份有限公司	记名股票在申报期的转让限制（第139条）：记名股票转让后应由公司将受让人的姓名或者名称及住所记载于股东名册，但在股东大会召开前20日内或者公司决定分配股利的基准日前五日内，不得进行前款规定的股东名册的变更登记，但上市公司除外。 对发起人的禁售期限制（第141条第1款）：发起人持有的本公司股份，自公司成立之日起1年内不得转让。公司公开发行股份前已发行的股份，自公司股票在证券交易所上市交易之日起1年内不得转让。 对董事、监事、高级管理人员的禁售期限制（第141条第2款）：公司董事、监事、高级管理人员在任职期间每年转让的股份不得超过其所持有本公司股份总数的25%；所持本公司股份自公司股票上市交易之日起1年内不得转让。上述人员离职后半年内，不得转让其所持有的本公司股份。
公司增资	有限责任公司	股东的优先认购权（第34条）：公司新增资本时，股东有权优先按照实缴的出资比例认缴出资，但全体股东另有约定除外。
	股份有限公司	《公司法》没有关于股东优先认购权的限制。

从《公司法》前述规定可以看出，如果目标公司是有限责任公司，无论是在“购买老股”交易中，还是在“认购增资”交易中，私募股权基金都可能会因为目标公司原股东行使《公司法》所赋予的优先购买权或优先认购权等优先权而无法最终取得目标股权；如果目标公司是股份有限公司，虽然《公司法》未赋予股份有限公司原股东优先认购或优先购买权，但其股东也有可能通过协议方式为全部或部分股东设置优先认购或优先购买或其他类似优先权利，私募股权基金在“购买老股”或“认购增资”前应特别注意股东间是否存在这些约定，以避免因目标股权存在限制而无法达到投资预期，甚至陷入纠纷。

除《公司法》外，目标股权在处置权方面还可能因为适用《物权法》和《合同法》等相关法律法规的规定而受限。比如，根据《物权法》和《担保法》等相关法律规定，股权可以设定质押权，且非经质押权人和出质人协商一致，被质押的股权不得转让，且即使转让，也需将转让所得价款用于向质押权人提前清偿债务或者提存。[1]对私募股权基金而言，这些规定意味着其在购买目标股权之前必须取得质押权人的同意，并做出符合质押权人权益的安排，否则不仅可能无法顺利取得目标股权，甚至还可能陷入关于目标股权转让及相关赔偿方面的纠纷。与《物权法》对股权处置权的限制相比，《合同法》对股权处置权的限制则更为复杂，甚至无法通过公司登记机关查册的方式进行查证[2]。比如，银行等金融机构的信用贷款协议中通常都会要求公司（甚至公司的关联方）在重组或股权变更时事先取得其同意，否则即有权要求提前收回贷款及/或要求公司承担违约责任，而这些协议却不是公司登记机关要求的法定备案或登记文件，只能在实践中根据目标公司负债类型等情况进行核查。

与投资法律限制的影响类似，发现目标股权存在问题后，私募股权基金也是要么选择放弃既定投资交易，要么采取能够规避这些问题的变通方法，并由此对既定交易方式和交易结构进行重新论证和设计。比如，在转让目标股权涉及目标公司其他原股东行使优先购买权的情况下，变通采用收购目标股权持有者的股权的方式间接收购和持有目标股权。当然，这种变通安排也会导致投资

---

1 《物权法》第 226 条："以基金份额、股权出质的，当事人应当订立书面合同。以基金份额、证券登记结算机构登记的股权出质的，质权自证券登记结算机构办理出质登记时设立；以其他股权出质的，质权自工商行政管理部门办理出质登记时设立。基金份额、股权出质后，不得转让，但经出质人与质权人协商同意的除外。出质人转让基金份额、股权所得的价款，应当向质权人提前清偿债务或者提存。"《担保法》第 78 条："以依法可以转让的股票出质的，出质人与质权人应当订立书面合同，并向证券登记机构办理出质登记。质押合同自登记之日起生效。股票出质后，不得转让，但经出质人与质权人协商同意的可以转让。出质人转让股票所得的价款应当向质权人提前清偿所担保的债权或者向与质权人约定的第三人提存。以有限责任公司的股份出质的，适用公司法股份转让的有关规定。质押合同自股份出质记载于股东名册之日起生效。" 前述规定经修订后被《民法典》以下条款所涵盖：《民法典》第 427 条："设立质权，当事人应当采用书面形式订立质押合同。质押合同一般包括下列条款：（一）被担保债权的种类和数额；（二）债务人履行债务的期限；（三）质押财产的名称、数量等情况；（四）担保的范围；（五）质押财产交付的时间、方式。"《民法典》第 443 条："以基金份额、股权出质的，质权自办理出质登记时设立。基金份额、股权出质后，不得转让，但经出质人与质权人协商同意的除外。出质人转让基金份额、股权所得的价款，应当向质权人提前清偿债务或者提存。"

2 这种情形在《民法典》施行后仍将存在，因为合同并非均需在登记机关登记或备案。

法律文件在种类选择及内容构成上发生变化，需要花费更多的时间和经济成本进行调研和撰写，有时也未必能够起到预期效果。

基于前述，可以形成三点基本认知。首先，交易方式和交易结构不能脱离交易背景而单独存在，需要根据交易背景进行针对性设计。交易背景发生变化的，交易方式和交易结构也需相应进行针对性调整。其次，由于投资法律文件对交易方式和交易结构存有依赖关系，投资法律文件在补充和细化交易结构的同时，也需要根据交易背景进行针对性设计及撰写，包括交易交割前提条件的设定等，否则投资法律文件难免会出现“水土不服”或“文不对题”等问题，从而导致最终无法发挥其应有的投资交易指引和评判效果。再次，由于投资法律限制、目标公司状况和目标股权状况对交易可行性、交易方式、交易结构和投资法律文件的影响程度不同，因此在发生相应问题时应本着节约各方时间和经济成本的原则对是否以及如何推进相关后续工作进行评估，而不是盲目推进。比如，在存在投资法律限制或者在目标股权存在所有权权属或处置权方面的问题的情况下，如果没有找到切实可行的变通投资方法或者其他交易方式或交易结构，则不应对目标公司状况进行全面核查或尽职调查，更不应急于起草投资法律文件，因为在这种情况下是否推进交易本身就存在问题，推进这些工作只会导致各方无端浪费人力和物力。

三、生成过程繁琐性

投资法律文件的生成是一个复杂和漫长的过程，会涉及诸多细节的反复沟通和处理，甚至可能需要对交易结构进行重新论证和设计，并进而对投资法律文件进行颠覆性调整甚至重新起草。在实践中，投资法律文件的生成通常需要经历文件准备、谈判和签署三个阶段。

（一）文件准备

投资法律文件的准备是指将交易各方商定的交易结构细化为文件条款和条件并以书面形式予以反映和固化的过程。在实践中，投资法律文件一般由私募股权基金负责准备，交易相对方（目标公司及其原股东等相关方）通常不会参与文件的准备工作，尽管交易相对方的诉求也应当在投资法律文件中予以相应展现。为准备投资法律文件，私募股权基金及其相关参与人员通常需要完成文件起草、修订等方面的工作。

起草投资法律文件是对交易各方之间真实交易意思表示的第一次完整文字表达，通常由基金内部律师及/或聘请的外部律师负责完成。为提高工作效率，在正式起草投资法律文件之前，文件起草者通常需要做好两方面的准备工作。首先，了解交易结构以及交易各方的主要利益诉求等基本背景信息，包括审阅私募股权基金已经签署的投资意向书或条款清单以及已经取得的法律尽职调查报告和商业计划书等相关文件，以使投资法律文件能够契合交易背景、交易结构及各方交易诉求。其次，对起草投资法律文件所需的以及对文件审阅过程中遇到的相关投资交易问题或事项与投资经理等相关人员进行沟通，以找出其中涉及的相关法律问题，进行调研或论证，找出相关问题解决方法，并在必要情况下对交易结构进行调整。[1]需要指出的是，在起草投资法律文件时，文件起草者还应考虑文件的相对公平性，不能仅仅出于保护一方利益，而忽略了交易相对方的接受程度。除了风险较大的投资交易，文件起草者均应在保护本方利益的基础上，以促成交易为主要目标，本着实践可行的原则，拟定交易相对方可以接受的条款和条件，否则起草的投资法律文件即可能会因为利益保护过度偏向己方而被交易相对方诟病，甚至不予接受，从而导致交易失败。

在第一稿投资法律文件起草完毕后，文件起草者通常会将第一稿文件传递给本方其他交易参与人员（一般为投资经理或项目牵头人）进行审阅、评价以及提出修改意见和建议，包括在必要情况下召开内部会议进行讨论和沟通，然后再由文件起草者根据内部沟通对第一稿文件进行调整和修订，并在此基础上再次内部传递审阅和评价。如此循环往复，直至内部对投资法律文件不再有任何修改意见或建议。在实践中，基于基金内部机构设置不同等原因，投资法律文件的修订过程未必会与前述过程完全一致，但投资法律文件的内部传阅和修订却在实践中有着重要作用，不仅能够提升内部交易参与人员对投资法律文件内容和含义的理解，而且有利于未来与交易相对方进行谈判时把握沟通尺度和底线。遗憾的是，并非所有基金都能意识到投资法律文件内部传阅和修订过程的重要作用，有的甚至还认为投资法律文件的起草和修订均应交由律师自行处理，

1 如需调整交易结构的，通常还需再行与交易各方沟通确认，以免导致起草的投资法律文件因不符合交易各方的既定交易结构而无法采用。

无需其他人员参与，这实际上排除了其他内部交易参与人员理解和熟悉投资法律文件的机会，不利于未来与交易相对方进行沟通和谈判。

在交易参与人员对投资法律文件草稿没有更多修改意见和建议后，投资法律文件通常会报送基金内部的法律部、风控部等相关部门进行审阅和评价，并提出修改意见或建议以期最终取得投资决策委员会的审核通过。一般而言，为提高工作效率，在投资法律文件的起草和修订过程中，交易参与人员通常也会及时向相关部门以及投资决策委员会成员或预审部门进行汇报，或者由其指派相关人员直接参与投资法律文件的起草和修订工作并提供相关意见和建议，以免在投资法律文件几乎定稿之时被投资决策委员会提出新的意见和建议，从而影响后续文件谈判进度甚至导致交易参与人员重新启动投资法律文件的审阅和修订工作。

经内部审阅和修订，投资法律文件完成内部定稿后，私募股权基金会将内部定稿版投资法律文件发送给交易相对方审阅，并在此基础上与交易相对方展开沟通和谈判。需要指出的是，一经向交易相对方发送定稿投资法律文件，通常即意味着私募股权基金已完整表达其对于股权投资交易的利益诉求。尽管交易各方可在后续谈判过程中就投资法律文件的具体条款和条件进行调整和修订，但通常很难要求交易相对方对涉及其核心利益诉求的内容做出让步。

（二）文件谈判

投资法律文件的谈判是指私募股权基金与交易相对方协商和确定投资法律文件具体条款和条件的过程，需要私募股权基金与交易相对方共同参与，缺一不可。投资法律文件的谈判通常是在交易相对方完成内部审阅、评价或修订后展开，有时需要很多回合沟通方可完成。

交易相对方关于投资法律文件的内部审阅、评价或修订，基本类似于私募股权基金起草投资法律文件的过程，也是由其内部和 / 或外部律师以及本方其他交易参与人员共同完成。在审阅、评价或修订投资法律文件时，交易相对方的工作重点通常集中于两个方面。首先，投资法律文件所体现的交易结构是否与交易各方之间协商确定的交易结构契合。其次，投资法律文件的具体条款和条件是否与交易各方已经确认的基本交易条款和条件一致。在实践中，交易相对方主要通过与投资意向书或条款清单等文件进行比对的方式，来明确投资法律文件是否存在这两方面的问题。如果存在这些问题，交易相对方通常会通过电话或会面等方式将相关文件差异反馈给基金，由基金对投资法律文件进行调整和修订，并在其后再行发送交易相对方审阅和修订；如果不存在这些问题，交易相对方通常会直接对投资法律文件的具体条款和条件进行修订，并将修订版本发送基金进行审阅和修订。在此情况下，基金与交易相对方之间即基本可以就投资法律文件展开正式谈判了。

投资法律文件的谈判一般是通过两种方式进行。其一，交易各方通过召集电话会议或当面会议的方式，来沟通和确定投资法律文件的具体条款和条件。其二，交易各方通过文件传递的方式，来沟通和确定投资法律文件的具体条款和条件。比如，私募股权基金在收到交易相对方的修订版本后进行新一轮修订并发回至交易相对方供其再次审阅和修订，如此循环往复，直至投资法律文件得以最终定稿。在实践中，投资法律文件的谈判通常不会仅仅采用一种方式，交易各方往往会根据情况交叉采用不同的谈判方式，以提高谈判效率。投资法律文件一经定稿，基本即可宣告投资法律文件的谈判工作结束。

在投资法律文件的谈判过程中，有如下几个方面的问题需要注意。其一，投资法律文件的谈判绝不仅仅指口头上的沟通，还包括根据谈判结果对投资法律文件进行修订等相关工作。其二，投资法律文件的谈判是交易各方充分集中表达各自利益诉求的关键程序，也是交易各方将各自商业诉求落实为文字的关键阶段，交易各方在此阶段做好内部沟通工作也是投资法律文件谈判的应有之意。其三，经谈判生成的投资法律文件终稿，如果需要相关交易方取得内部核准方可签署，则其他方需要考虑因其无法取得内部核准而可能带来的交易失败风险。其四，投资法律文件的谈判应以明确投资法律关系以及厘定各方之间的权利、义务和责任边界为目标，尽量避免为了达成签约而将暂时无法协商一致的事项留待未来解决，因为这些事项在未来发生情势变更时可能根本无法协商解决。其五，投资法律文件的谈判需要重视内部及外部律师在提供法律顾问意见和建议方面的作用，不能使律师沦为纯粹的记录员或法务秘书，否则就没有必要引入律师。

（三）文件签署

投资法律文件的签署是指交易各方对定稿的投资法律文件进行签字或盖章的行为。投资法律文件一经签署，即意味着交易各方已就投资交易达成最终合意。除非交易各方另行协商一致或者法律法规另有规定，投资法律文件在签署后通常无法变更。

在实践中，投资法律文件定稿后，相关交易方通常会做好定稿文件的打印、附件贴附等准备工作，并经其他交易方核验无误后通过传签或面签的方式进行签署。如果投资法律文件的签署主体为自然人，文件签署完成通常以自然人在投资法律文件上完成签字为标准，在特定情况下，可能还需要自然人加按手印。如果投资法律文件的签署主体为企业，文件签署完成通常以企业在投资法律文件上加盖企业公章或合同专用章为标准，视投资法律文件的约定而定，也可能需要企业的法定代表人或被授权代表完成个人签字。在投资法律文件签署完毕后，交易各方通常会按照文件约定各自保留相应份数的签署版原件，并将其余原件或副本交付目标公司留存或提交公司登记机关等相关机关用于办理相关变更事宜。

在签署投资法律文件时，有如下几个方面的问题需要注意。其一，如果投资法律文件的生效条件涉及文件签署方式的，需要严格按照投资法律文件约定的签署方式进行签署，否则即有可能因为没有完成签署而导致投资法律文件无法生效。比如，在投资法律文件约定需由签约方加盖企业公章且经法定代表人签字后方可生效的情况下，如果签约方仅仅加盖了企业公章而没有要求法定代表人签字，那么就可能造成投资法律文件签署没有完成，从而导致盖章版投资法律文件尚未生效。其二，交易各方需要考虑是否对投资法律文件加盖骑缝章或者骑缝签字，以免投资法律文件的相关页面被交易相对方故意或不经意替换，从而导致实际签署的投资法律文件与其本欲签署的投资法律文件之间内容相悖，特别是在通过传签方式签署投资法律文件的情况下。

第三节　法律文件的内容

在私募股权投资各阶段所需签署的各类投资法律文件中，投资确定阶段所需签署的正式投资法律文件占有极为重要的地位，因为正式投资法律文件不仅能够更新和替代条款清单等前期法律文件，而且也是各种交割法律文件得以产生的基础和依据，更是用以解决或判断投资争议的基础证据。考察正式投资法律文件的内容，有利于理解对赌条款的体现方式，也有利于理解不同种类投资法律文件之间的内容匹配关系。

一、交易类法律文件

交易类法律文件的主要目标是为了规范和确定交易各方为完成股权投资交易所需采取的一系列行动以及因此应承担的相关权利、义务及责任。与治理类法律文件和附属类法律文件及其他法律文件相比，交易类法律文件受交易方式和交易结构的影响最大，在具体内容构成方面的差异也最大，可以增资协议、股权转让协议和债转股协议为例考察。

（一）增资协议

增资协议是适用于“认购增资”交易的交易类法律文件，通常由私募股权基金与目标公司及其原股东共同签署，基本内容可归纳如表 1-2-5 所示：

表 1-2-5　增资协议基本内容

主要条款	基本内容
签约方条款	主要明确：协议签约方及其基本信息，包括签约方名称和身份等。
增资方案条款	主要明确：（1）增资前的目标公司注册资本额、原股东认缴和实缴的出资额及持股比例；（2）目标公司新增注册资本额、基金认缴和实缴出资额及认购价款（“增资款”，一般区分分别计入目标公司注册资本和资本公积）；（3）各方股东（包括基金和原股东）在增资后的认缴和实缴出资额及持股比例等内容。
款项支付条款	主要明确：基金支付增资款的前提条件、支付方式和流程、支付效果等内容，实际上是增资款交割条款。 支付增资款的前提条件主要包括：（1）投资法律文件已签署；（2）投资法律文件已获内部审批（如目标公司已通过股东会决议、原股东已放弃优先认购权）和外部审批（已获得主管机关核准）；（3）基金已完成尽职调查且结果令其满意；（4）目标公司在过渡期内没有发生重大不利变化等内容。此外，先决条件还可能包括基金根据尽职调查结果而要求目标公司及 / 或其原股东完成的其他事项，比如整改、补充、确认、管理权落实等事项，甚至还可能包括完成目标股权变更登记等内容。前提条件未满足的，基金通常会拒付增资款。 增资款的支付方式和流程主要包括：基金增资款支付方式和流程、满足支付先决条件的确认、付款指令的发送、支付行为完成的标准等内容，比如分期付款或一次性付款、直接付款或通过监管账户付款等。

续表

主要条款	基本内容
款项支付条款	增资款的支付效果主要是指目标股权的所有权及相关股东权利是否应在增资款支付完毕后即转移给基金或还需以其他方式予以确认等内容，通常需与目标股权的变更登记一并考量。 实践中，款项支付条款有时会合并书写，有时亦会分成不同条款书写。
变更登记条款	主要明确：将目标股权变更登记至基金名下的前提条件、变更登记程序、变更登记效果等内容，实际上是股权交割条款。与款项支付条款类似，变更登记条款也可视情况合并书写或分成不同条款书写。 变更登记的前提条件通常围绕增资款的支付展开，比如以基金支付全部或部分增资款或者以全部或部分增资款被交由第三方监管作为前提条件，但也可能是放弃这些前提条件而直接适用变更登记程序。 变更登记的方式和流程相对比较复杂，通常包括：（1）内部变更登记，比如向基金签发出资证明书、完成股东名册更新；（2）外部变更登记，包括公司登记机关的变更登记，比如将基金变更登记为目标股权持有者，将目标公司注册资本和各股东持股比例变更登记为协议约定的金额和比例；（3）变更登记事项的完成时限、承办主体、配合主体以及责任安排，包括文件准备和提交等内容。 变更登记的效果主要是指基金被变更登记为目标股权持有者是否意味着其已成为目标股权所有者，以及基金是否从变更登记完成后开始享有全部或部分股东权利等，需与增资款的支付效果一并考量。
公司治理条款	主要明确：在基金成为目标公司股东后，各方股东（包括基金和原股东）在公司治理方面的权利和义务，主要包括:（1）目标公司董事会、监事会、经理等内部治理机构的构成和职权；（2）各方向内部治理机构委派成员的权利及名额；（3）向内部治理机构委派成员涉及的公司内部变更登记和外部变更登记；（4）变更登记事项的完成时限、文件准备和提交、承办主体、配合主体以及责任安排等内容。 关于目标公司内部治理机构的审议事项、召集方式、决议方式、决议存档等事宜通常都在股东协议和公司章程中约定，但也可写入增资协议，特别是在不签署股东协议时。

续表

主要条款	基本内容
公司经营条款	主要明确：在基金成为目标公司股东后，各方股东（包括基金和原股东）在公司经营管理方面的权利和义务，特别是公司资产和负债变动、会计政策变化、关联交易及原股东竞业限制等事项。这些事项通常会对基金投资权益产生较大影响，基金通常都会要求在实施这些事项前取得其同意或由股东会或董事会决议通过。 目标公司经营事项既可在股东协议中明确，也可写入增资协议，特别是在不签署股东协议时。在写入增资协议时，这些内容有时也会体现为目标公司及原股东的承诺和保证条款。
特别权利条款	主要明确：在基金成为目标公司股东后，各方股东（包括基金和原股东）的权利和义务，特别是基金的知情权、反稀释权、随售权、领售权、回购权、优先分红权、优先购买权、优先认购权、优先清算权、同等待遇权、咨询建议权等内容。这些内容既可在股东协议中明确，也可写入增资协议，特别是在不签署股东协议时。在写入增资协议时，这些内容有时也会体现为目标公司及原股东的承诺和保证条款。
目标公司及原股东的承诺和保证条款	主要明确：目标公司及原股东就增资交易向基金作出的承诺和保证，针对的主要是现时事项、过渡期事项和未来事项。 现时事项是指签署协议时需明确的状况，主要包括：（1）是否已完成内部决策，是否有权签署协议；（2）目标公司注册资本是否已缴足；（3）披露的股权结构、经营资质、资产、人员、负债 / 或有负债、关联交易等信息是否属实；（4）签署协议是否违反法律法规或所签署在先协议 / 文件的规定等内容。 过渡期事项是指签署协议后至目标股权交割完成前（即过渡期）需明确的状况，主要包括：（1）过渡期内需完成的整改或其他事项；（2）基金对过渡期事项及目标公司发展变化的知情权；（3）基金对目标公司发生重大不利变化时的态度，比如是否有权拒绝完成增资交易。在增资协议中，过渡期事项有时也会体现为重大不利变化条款。 未来事项是指在基金成为目标公司股东后需明确的状况，主要包括资金使用、公司资产和负债变动、会计政策变化、关联交易等公司经营事项，有时也会包括目标公司瑕疵整改等相关事项。未来事项既可在增资协议中明确，也可在股东协议中明确。 此外，虽目标公司与原股东的承诺和保证在法律性质上不同，本应区分处理并撰写为不同条款，但实践中有时会一并撰写于同一条款中。

续表

主要条款	基本内容
基金的承诺和保证条款	主要明确：基金就增资交易向目标公司及 / 或原股东做出的承诺和保证，主要针对现时事项，包括:（1）是否已完成内部决策，是否有权签署协议；（2）是否有足够及合法的资金来源作为增资款以完成增资；（3）签署协议是否违反法律法规或其所签署在先协议 / 文件的规定等内容。至于过渡期事项和未来事项，则在协议中主要体现为基金的权利条款。
费用承担条款	主要明确:增资交易成本（如律师、会计师费等）的承担方和承担方式等。
协议常规条款	主要包括如下条款及相应内容： 保密条款，主要明确:保密信息的范围、保密义务承担者范围、保密期限、保密期限届满时的保密信息处理等内容，通常会取代投资考察阶段所签署的保密协议。 通知条款，主要明确：各方联系人员、联系方式（包括地址、电话和电子邮件等）、通讯方式、通知送达的认定方式等内容。 协议效力条款，主要明确：（1）增资协议的生效条件；（2）增资协议在被补充、修改或变更时的生效条件；（3）增资协议的解除条件以及解除后果等内容。 违约责任条款，主要明确：（1）构成违约的情形，比如违反增资协议或增资协议项下的承诺和保证；（2）发生违约情形时，违约方应承担的赔偿及相关责任等内容。 不可抗力条款，主要明确：（1）构成不可抗力的情形；（2）发生不可抗力事件后的补救程序、举证责任和免责处理等内容。 争议解决条款，主要明确：（1）增资协议的适用法律；（2）增资协议产生争议时应采用的争议解决方式（如诉讼或仲裁）等内容。 其他条款，主要明确：前述条款中未能明确的其他相关内容，比如释义条款、增资协议是否取代在先协议或文件、部分条款无效时的处理、中外语言版本发生差异时的处理，备案版本和实际版本发生差异时的处理、协议的签署份数及各方持有的份数和用途等内容。
协议附件	主要明确：增资协议的附件及其内容，主要包括：股东协议 / 补充协议、新公司章程或章程修订案、披露清单以及目标公司的子公司及关联方清单、经营规划、核心人员名单、员工劳动合同（及保密、知识产权与不竞争协议）等内容。

从增资协议前述内容可以看出，除协议常规条款和协议附件之外，增资方案条款、款项支付条款、变更登记条款、承诺保证条款及费用承担条款的主要功能均是对增资交易本身进行规范和明确。这些条款具有明显的交易性质，是所有增资协议均需考虑的内容。但公司治理条款、公司经营条款和特别权利条款则不同，这些条款不是对增资交易本身进行规范和明确，而是对未来可能影响私募股权基金投资权益的事项进行规范和明确，且这些事项多属于目标公司在私募股权基金成为其股东后的经营管理事项，是否需要在增资协议中进行明确也主要取决于交易各方之间的协商，并非增资协议的必然要求。这些条款通常在交易各方决定不签署股东协议 / 补充协议但又希望就公司治理、公司经营或基金的特别权利进行约定的情况下被写入增资协议中。

此外，从增资方案条款、款项支付条款、变更登记条款、承诺保证条款及费用承担条款等条款的内容构成也可以看出：交易各方均需为完成增资交易进行大量工作，会产生增资款缴付凭证以及股权变更登记凭证等众多交割法律文件。这些交割法律文件不仅是评判交易各方是否以及如何履行增资协议这一交易类法律文件的重要证据，也是对交易类法律文件具有行为对应性和即时履行性特征的实例印证。

（二）股权转让协议

股权转让协议是适用于“购买老股”交易的交易类法律文件，通常由私募股权基金与转让目标股权的目标公司原股东共同签署，基本内容如表1-2-6所示：

表 1-2-6　股权转让协议基本内容

主要条款	基本内容
签约方条款	主要明确：股权转让协议签约方及其基本信息，包括签约方名称和身份等。
转股方案条款	主要明确：（1）目标公司的注册资本额及各股东的认缴和实缴资本额及持股比例，特别是关于目标股权的认缴和实缴资本额；（2）目标股权的转让价款；（3）各方（含基金和原股东）在股权转让完成后所持目标公司的股权比例等内容。

续表

主要条款	基本内容
款项支付条款	主要明确：基金向转让方股东支付转让价款的前提条件、支付方式和流程、支付效果等内容，实际上是转让价款交割条款。 支付转让价款的前提条件，主要包括：(1) 投资法律文件已签署；(2) 投资法律文件已获内部审批（如已通过股东会决议，且股东已放弃优先购买权）和外部审批（已获主管机关核准）；(3) 基金已完成尽职调查且结果令其满意；(4) 目标公司在过渡期内没有发生重大不利变化等内容。与增资协议下增资款的支付前提条件类似，股权转让协议下的转让价款支付前提条件也可能包括基金根据尽职调查结果而要求目标公司及/或其原股东完成的整改、补充、确认及管理权落实等事项，但由于目标公司及其他原股东通常不是股权转让协议的签约方，这些事项通常只能由转让方以承诺和保证条款的方式承诺实施。同样，前提条件未满足的，私募股权基金通常亦会拒付转让价款。 转让价款的支付方式和流程主要包括：转让价款的支付方式和流程、满足支付先决条件的确认、付款指令的发送、支付行为完成的标准等内容，比如分期付款或一次性付款、直接付款或通过监管账户付款等。 转让价款的支付效果是指目标股权的所有权是否应在转让价款支付完毕后即转移给基金或还需以其他方式予以确认等内容，通常需与目标股权的变更登记一并考量。 与增资协议下的款项支付条款类似，股权转让协议下的款项支付条款亦会合并书写或分成不同条款书写。
变更登记条款	主要明确：将目标股权变更登记至基金名下的前提条件、变更登记程序、变更登记效果等内容，实际上是目标股权交割条款。与款项支付条款类似，变更登记条款的内容也可视情况合并书写或分成不同条款书写。 变更登记的前提条件通常围绕转让价款的支付展开，比如以基金支付全部或部分转让价款作为前提条件或者以全部或部分转让价款被交由第三方监管作为前提条件，但也可能直接放弃这些前提条件而直接适用变更登记程序。 与“认购增资”交易中的变更登记类似，“购买老股”交易中的变更登记通常亦会包括内部变更登记、外部变更登记以及变更登记事项的完成时限、承办主体、配合主体和责任安排等内容，但由于目标公司及其他原股东通常不是股权转让协议的签约方，这些事项通常只能由转让方以承诺和保证条款的方式来承诺实施。实践中亦有将目标公司作为签约方

续表

主要条款	基本内容
变更登记条款	并由其进行股权转让变更登记的操作，这种情况下需要考虑转让方和目标公司在股权转让变更登记方面的责任划分或责任连带问题。变更登记的具体程序和内容可参考前述关于增资协议内容的总结。 变更登记效果的考量标准主要是基金被变更登记为目标股权持有者是否意味着其已成为目标股权所有者，及基金是否从变更登记完成后开始就目标股权享有全部或部分股东权利等，需与转让价款的支付效果一并考量。
公司治理条款	由于目标公司及其他原股东通常不是股权转让协议的签约方，而且转让方也可能因为转让股权而彻底退出目标公司，因此关于目标公司内部治理机构的相关事项通常无法在股权转让协议中约定，而只能在股东协议和 / 或公司章程中约定。如需写入股权转让协议，最多也只能由转让方以承诺和保证条款的方式来承诺实施。
公司经营条款	与公司治理条款类似，关于公司经营方面的相关事项也通常无法在股权转让协议中约定，而只能在股东协议和 / 或公司章程中约定。如需写入股权转让协议，通常也只能由目标股权转让方以承诺和保证条款的方式来承诺实施。
特别权利条款	与公司治理条款和公司经营条款类似，基金的特别权利条款通常亦无法写入股权转让协议，除非转让方承诺和保证这些特别权利条款能够写入股东协议和 / 或公司章程或者在特定情况下就目标股权实施股权回购。
原股东的承诺和保证条款	主要明确：转让方作为目标公司原股东就“购买老股”交易向基金作出的承诺和保证，而不是目标公司及其他原股东作出的承诺和保证，主要针对现时事项和过渡期事项，通常不包括未来事项，因为未来事项发生时转让方可能已彻底退出目标公司，转让方没有能力也不愿意就此作出承诺和保证。现时事项是指签署协议时需明确的状况，主要包括：（1）是否已完成内部决策，是否有权签署协议；（2）目标股权所对应的注册资本是否已缴足；（3）向基金披露的股权结构、经营资质、资产、人员、负债 / 或有负债、关联交易等信息是否属实；（4）签署协议是否违反法律法规或在先协议 / 文件的规定等内容。过渡期事项是指在基金签署协议后至目标股权交割完成前（过渡期）需明确的状况，主要包括：（1）过渡期内需完成的整改或其他事项，尤其是目标股权的瑕疵的整改；（2）基金对过渡期事项及公司发展变化的知情权；（3）基金对目标公司发生重大不利变化的态度，比如是否有权拒绝完成股权转让交易。在股权转让协议中，过渡期事项有时也会体现为重大不利变化条款。

续表

主要条款	基本内容
基金的承诺和保证条款	主要明确：基金就“购买老股”交易向转让方作出的承诺和保证，主要针对现时事项，包括：（1）是否已完成内部决策，是否有权签署协议；（2）是否具有足够及合法的资金来源作为转让价款以完成股权转让交易；（3）签署协议是否违反法律法规或在先协议 / 文件的规定等内容。
费用承担条款	主要明确：（1）“购买老股”交易成本（如律师、会计师费等）的承担方和承担方式；（2）“购买老股”交易税负成本（特别是转让方应缴纳的所得税）的承担方和承担方式。
协议常规条款	与增资协议的协议常规条款类似，股权转让协议的协议常规条款通常亦主要包括释义条款、保密条款、通知条款、协议效力条款、违约责任条款、不可抗力条款、争议解决条款、其他条款等条款，但由于股权转让协议的签约方通常仅限于基金和转让方，因此具体撰写方式和行文内容会与增资协议的协议常规条款存有差异，需要予以注意。
协议附件	主要明确：协议的附件及其内容，主要包括：披露清单、目标公司的子公司和关联方清单等内容，具体需视交易各方协商而定。与增资协议不同，股权转让协议的附件通常不会包括股东协议、新公司章程 / 章程修订案等文件。此外，股权转让协议的附件通常亦不会包括目标公司的经营规划、核心人员名单、员工劳动合同（及保密、知识产权与不竞争协议）等内容。

从股权转让协议前述内容可以看出，除协议常规条款和协议附件之外，转股方案条款、款项支付条款、变更登记条款、承诺保证条款及费用承担条款的主要功能均是对股权转让交易本身进行规范和明确。这些条款具有交易性质，是所有股权转让协议均需考虑的内容，但在具体内容上却与增资协议完全不同，毕竟“购买老股”和“认购增资”分属两种不同性质的交易。此外，由于股权转让协议的签约方通常仅限于私募股权基金和转让方股东，增资协议中可能包含的公司治理条款、公司经营条款和基金特别权利条款等条款通常不会出现在股权转让协议中，即使出现也可能会因为合同相对性问题而导致预期权利无法得到保障。基于这些条款对保障私募股权基金投资权益的重要性，将这些条款通过另行签署股东协议 / 补充协议的形式纳入投资法律文件中是所有私募股权基金在“购买老股”交易中都必须予以考虑的问题。

此外，从转股方案条款、款项支付条款、变更登记条款、承诺保证条款及费用承担条款的内容构成也可以看出：执行这些条款也会产生转让价款缴付凭证以及股权变更登记凭证等众多交割法律文件。这些交割法律文件也是评判交易各方是否及如何履行股权转让协议这一交易类法律文件的重要证据。

（三）债转股协议

债转股协议是适用于“债转股”交易的交易类法律文件。基于债权及转股方面的复杂性，债转股协议在实践中的内容出入很大，需由私募股权基金与目标公司及其原股东共同协商确定和签署。一般而言，债转股协议的基本内容如表 1-2-7 所示：

表 1-2-7 债转股协议基本内容

主要事项	基本内容
签约方条款	主要明确：协议签约方及其基本信息，包括签约方名称和身份等。
转股方案条款	主要明确：（1）转股债权的成因、性质、金额及依据；（2）债权转股权的条件，包括协议款项支付条款下的条件均已成就、基金决定实施债转股、决定的通知和送达、管理权落实、承诺和保证事项的完成（甚至可能包括目标股权完成变更登记）；（3）债权转股权的实施，包括转股债权的数额、目标公司截至债转股基准日的价值、债转股价格以及所得目标公司注册资本数量、目标公司注册资本变化、债转股后目标公司的股东构成及持股比例；（4）债权不转股权的处理，包括决定的通知和送达、债权金额、利率、本金返还和支付等内容。债转股条件未满足或决定债权不转股权的，基金通常都会要求目标公司继续偿还债权。
款项支付	主要明确：基金支付债权款项的前提条件、支付方式和流程等内容，实际上是资金交割条款。如债权在协议签署前已产生，则通常会在债转股方案条款中明确债权性质及依据等。支付债权款项的前提条件主要包括：（1）债转股协议、公司章程及股东协议（如涉及）等投资法律文件已签署；（2）投资法律文件已获内部审批（如目标公司已通过股东会决议、原股东已放弃优先认购权）和外部审批（已获得主管机关核准）；（3）基金已完成尽职调查且结果令其满意；（4）目标公司在过渡期内没有发生重大不利变化；（5）担保协议已签署和办理担保登记

续表

主要事项	基本内容
款项支付	（如有）等内容。此外，先决条件还可能包括基金根据尽职调查结果而要求目标公司及/或其原股东完成的其他事项，比如整改、补充、确认等事项。前提条件未满足的，基金通常会拒付债权款项。 债权款项的支付方式和流程主要包括：债权款项支付方式和流程、满足支付先决条件的确认、付款指令的发送、支付行为完成的标准等内容，比如分期付款或一次性付款、直接付款或通过监管账户付款等。如签署协议前基金对目标公司的债权已经形成，则不会发生上述款项支付的情形。 债权款项的使用监督，主要款项使用由基金逐笔确认或审批等内容。
变更登记条款	主要明确：在决定实施债转股后，将目标股权变更登记至基金名下的变更登记程序、期限、义务主体及变更登记效果等内容，实际上是股权交割条款。股权交割一旦完成，基金即通常不能再要求目标公司偿还债权，除非发生了债转股协议约定的特定情形。 由于前述股权交割与“认购增资”交易涉及的股权交割类似，关于股权交割的其他相关内容和注意事项可参考关于增资协议相关内容的描述。
公司治理条款	主要明确：在基金成为目标公司股东后，各方股东（包括基金和原股东）在公司治理方面的权利和义务，相关内容和注意事项可参考关于增资协议相关内容的描述。
公司经营条款	主要明确：在基金成为目标公司股东后，各方股东（包括基金和原股东）在公司经营管理方面的权利和义务，相关内容和注意事项可参考关于增资协议相关内容的描述。
特别权利条款	主要明确：在基金成为目标公司股东后，各方股东（包括基金和原股东）的权利和义务，特别是基金的知情权、反稀释权、随售权、领售权、回购权、优先分红权、优先购买权、优先认购权、优先清算权、同等待遇权、咨询建议权等内容。这些内容既可在股东协议中明确，也可写入债转股协议，特别是在不签署股东协议时。在写入债转股协议时，这些内容有时也会体现为目标公司及原股东的承诺和保证条款。
目标公司及原股东的承诺和保证条款	主要明确：目标公司及原股东就债转股交易向基金作出的承诺和保证，针对的主要是现时事项、过渡期事项和未来事项，其中现时事项还应包括关于转股债权的相关内容，其他相关内容和注意事项可参考前述关于增资协议相关内容的描述。

续表

主要事项	基本内容
基金的承诺和保证条款	主要明确：基金就债转股交易向目标公司及/或原股东做出的承诺和保证，主要针对现时事项，包括：（1）是否已完成内部决策，是否有权签署协议；（2）签署协议是否违反法律法规或其所签署在先协议/文件的规定等内容。至于过渡期事项和未来事项，则在协议中主要体现为基金的权利条款。
费用承担条款	主要明确：债转股交易成本（如律师、会计师费等）的承担方和承担方式。
协议常规条款	与增资协议的协议常规条款类似，债转股协议的协议常规条款通常亦主要包括释义条款、保密条款、通知条款、协议效力条款、违约责任条款、不可抗力条款、争议解决条款、其他条款等条款。由于目标公司是债转股协议的重要签约方且其是转股债权的承担者，因此在协议常规条款具体撰写方式和行文内容方面，债转股协议会与增资协议存有差异，需要加以注意。
协议附件	主要明确：债转股协议的附件及其内容，主要包括：债权的构成、股东协议/补充协议、新公司章程或章程修订案、披露清单以及目标公司的子公司及关联方清单、经营规划、核心人员名单、员工劳动合同（及保密、知识产权与不竞争协议）等内容。

从债转股协议前述内容可以看出，债转股一旦成功即会构成一种增资交易，只是基金支付增资款的对价不是货币资金而是其对目标公司享有的债权，而且其对目标公司享有的债权既可能是债转股协议签署前已经到期的债权，也可能是在满足债转股协议约定条件后产生的债权。因此，除债权确认及债转股本身涉及的相关事项（包括债权款项的交割文件）与增资协议不同之外，关于增资成为目标公司股东以及作为目标公司股东所享有的权利和承担的义务与增资协议的相关内容存在很大相似之处，具体可参考关于增资协议相关内容的描述以及评价，在此不再累述。

除前述交易类法律文件外，在不同的交易结构中可能还需要适用其他不同的交易类法律文件，也可能需要同时适用前述交易类法律文件两种或多种，比如在“认购增资＋购买老股”交易中即需要同时适用增资协议和股权转让协议，具体需视项目情况而定。此外，如果项目复杂或所需交易类法律文件较多，还需特别注意不同交易类法律文件之间的匹配关系以及因履行不同交易类法律文件所产生的交割法律文件，做好合同和文件管理，并作为未来评判交易各方义务履行程度的依据。

二、治理类法律文件

治理类法律文件的主要目标是为了使交易各方能够在完成股权投资交易后按照其间约定对目标公司进行经营管理。撰写和签署治理类法律文件同样是私募股权基金股权投资活动以及目标公司独立企业法人地位的必然要求。

基于公司章程在治理类法律文件中的重要作用，其基本内容如表 1–2–8 所示：

表 1–2–8　治理类法律文件基本内容

主要条款	基本内容
总则	主要明确：目标公司的基本信息及章程的效力范围，包括：（1）目标公司的公司名称、注册地址、注册资本、经营范围；（2）公司章程的效力范围，比如对公司、股东、董事、监事、高级管理人员具有约束力。
股权结构条款	主要明确：目标公司的股东信息，包括各股东的名称、认缴出资额、实缴出资额、实缴出资期限、持股比例等内容。
股东权利义务条款	主要明确：股东享有的权利及承担的义务，包括：（1）股东享有的表决权、分红权、知情权、质询权等权利；（2）股东应遵守法律法规和公司章程、按时出资、不擅自退股等义务。
股东会条款	主要明确：股东会的职权、会议召开程序及会议表决等内容。 股东会的职权通常参考《公司法》第 37 条的规定予以列明，并可在此基础上添加各股东认为需经股东会审议的其他事项。 股东会的会议召开程序通常参考《公司法》第 39 条、第 40 条、第 41 条等规定书写，并可在此基础上添加股东会临时会议的召开程序等内容，包括召集人、会议通知和送达、召开方式、决议留存等。 股东会的会议表决通常参考《公司法》第 42 条、第 43 条等规定书写，并可在此基础上对审议事项进行分类并设定不同的表决通过标准，比如一票否决权、对相关特殊事项经代表表决权 2/3 以上股东审议通过等。

续表

主要条款	基本内容
董事会条款	主要明确：董事（包括董事长或执行董事）的任免、任期、报酬及董事会的职权、会议召开程序及会议表决等内容。 董事会在职权、会议召开程序及会议表决等内容上虽然与股东会有着本质区别，但在具体内容设置方法上却与股东会存有类似之处，比如都可区分审议事项进行分类并设定不同的表决通过标准等，可参考前述关于股东会的相关描述。需要注意的是：股东通常没有董事（包括董事长或执行董事）涉及的任免、任期和报酬问题。
经理及其他高级管理人员条款	主要明确：（1）经理的任免、职权；（2）其他高级管理人员的岗位设置、任免、职权等。 根据《公司法》的规定，其他高级管理人员可以包括公司经理、副经理、财务负责人、上市公司董事会秘书和公司章程规定的其他人员。
监事会条款	主要明确：监事（包括监事长或监事）的任免、任期、报酬及监事会的职权、会议召开程序及会议表决等内容。 监事会在监事任免、任期、报酬及监事会的职权、会议召开程序及会议表决等内容上与董事会有着本质区别，内容设置的依据主要是《公司法》第53条等规定，但在内容设置方法上却与董事会很相似，比如都可区分审议事项进行分类并设定不同的表决通过标准等，可参考关于董事会的相关前述描述。
利润分配条款	主要明确：公司利润分配的前提、程序等内容，通常参考《公司法》第34条的规定进行调整和书写，比如按股东实缴出资比例分配或其他比例分配等。
公司合并、分立、减资条款	主要明确：公司合并、分立、减资等事项及相关程序内容，主要参考《公司法》第9章的规定进行调整和书写。
公司解散和清算条款	主要明确：公司解散的原因及清算程序等内容，主要参考《公司法》第10章的规定进行调整和书写。
常规条款	主要包括：释义条款、通知条款、效力条款等条款。

从公司章程前述内容可以看出，公司章程作为公司治理的纲领性文件，其主要内容是对公司经营管理涉及的相关事项进行明确，包括对股东会、董事会、监事会、经理等内部治理机构的设置、议事规则等相关内容进行规范，且贯穿公司由“生”（注册登记）到“死”（注销登记）的整个存续周期，基本没有关于股权投资交易的相关内容。公司章程不仅是规范公司行为以及股东、董事、监事、经理行为的行为准则，而且也会对有意与公司交易的公司以外的人产生影响，比如通过查阅公司章程来了解公司内部治理机构的设置及权限并据此做出是否及如何与公司进行交易的决定，因此基金在投资目标公司时应给予公司章程足够的关注，而不能只关注增资协议和股东协议等其他文件。

三、附属类法律文件

作为交易类法律文件和治理类法律文件的补充、解释或说明文件，附属类法律文件的内容和构成通常取决于交易类法律文件和治理类法律文件的要求。由于涉及目标公司现状披露或瑕疵披露等事宜，披露函附属于交易类法律文件的一类非常重要的附属类法律文件。有鉴于此，现将披露函的基本内容归纳如表 1-2-9 所示：

表 1-2-9 披露函基本内容

主要事项	基本内容
原股东的其他公司持股及任职	主要披露：原股东在其他公司中的持股及任职情况，旨在为未来判断关联交易情况提供参考，并可视交易情况要求目标公司与该等公司进行重组，且可将之作为相关交割条件或交割前提条件。
关联交易	主要披露：关联交易的相对方、日期、金额、内容及价款支付情况等，旨在为未来判断关联交易是否存有增量或减量提供参考。
知识产权	主要披露：目标公司已经注册取得和正在注册取得的知识产权明细，旨在为未来判断目标公司知识产权发展状况提供参考。
重大债务	主要披露：目标公司的债务情况，包括银行借款金额、期限、年利率等，旨在为未来判断目标公司债务是否存有增量或减量提供参考。

续表

主要事项	基本内容
重大合同	主要披露：目标公司正在履行的重大合同，包括合同相对方、日期、金额、内容及款项支付情况等，旨在为未来判断目标公司业务发展状况及重大合同履行情况提供参考。
未决诉讼和仲裁	主要披露：目标公司尚未完结的诉讼和仲裁程序，包括诉讼和仲裁的所处阶段、标的金额、相对方、案由、争议背景等，旨在为未来判断目标公司相关债务情况及需整改情况提供参考。
核心员工	主要披露：目标公司的核心员工明细，包括劳动合同、保密协议、竞业限制协议的签署，旨在为未来目标公司核心员工变化提供参考。
其他事项	需视项目情况及各方协商而定。

从披露函前述内容可以看出，披露函披露的主要是交易各方比较重视的关于目标公司及原股东的相关现状或未决事项，是对交易类法律文件的补充，有利于交易各方对目标公司及原股东的相关重要事项或状况进行固化。对私募股权基金而言，这种固化行为也有利于其未来对目标公司进行投后管理以及对目标公司及原股东的行为进行评判。披露函通常不会直接约定交易各方之间的权利义务关系，但通常能够为未来界定各方之间的权利、义务和责任提供依据。比如，在披露函所披露事项需要整改且需以整改完成为交易交割条件的情况下，如果整改事项没有完成，那么交易交割亦无需进行。

四、股东协议

作为事实上的核心法律文件，股东协议对交易各方有着极为重要的意义和作用。有鉴于此，现将其基本内容归纳如表 1-2-10 所示：

表 1-2-10 股东协议基本内容

主要条款	基本内容
签约方条款	主要明确：协议签约方及其基本信息，包括签约方名称和身份等。
股权结构条款	主要明确：目标公司各股东（包括基金）的名称、认缴出资额、实缴出资额、持股比例等内容，包括可按投资轮次进行列示。此条款内容与公司章程相关条款内容原则上应当相同。

续表

主要条款	基本内容
公司治理条款	主要明确:各方股东(包括基金和原股东)在公司治理方面的权利和义务,主要包括:(1)目标公司董事会、监事会、经理等内部治理机构的构成和职权;(2)各方向内部治理机构委派成员的权利及名额;(3)内部治理机构的审议事项、召集方式、决议方式、决议存档等内容。 在公司治理条款方面,股东协议通常也是区分内部治理机构分别予以规定,但与公司章程相比,股东协议关于公司治理条款的内容要丰富和细致很多,相关内容亦可参考公司章程内容的相关描述和评价。与增资协议相比,股东协议在公司治理方面的规定则通常不包括与人员变更登记相关的程序内容。
公司经营条款	主要明确:各方股东(包括基金和原股东)在公司经营管理方面的权利和义务,特别是公司资产和负债变动、会计政策变化、关联交易及原股东竞业限制等事项,甚至可能包括增资款(如有)的使用。 与公司章程相比,股东协议关于公司经营条款的内容也要丰富和细致很多,相关内容亦可参考公司章程内容的相关描述和评价。
股东特别权利条款	分红权条款,主要明确:各方股东如何分取目标公司利润,比如按实缴出资比例分配或其他比例分配等内容。 知情权和检查权条款,主要明确:目标公司及其原股东和管理层应向基金定期或不定期提供的资料和信息。 股权转让限制条款,主要明确:目标公司原股东不得在未经基金同意或股东会决议同意的情况下擅自出售其所持的目标公司股权。 竞业限制条款,主要明确:目标公司原股东在持有目标公司股权期间及不再持股后一段时间内不得从事与目标公司相竞争的业务。 优先认购权条款,主要明确:基金有权在目标公司新增注册资本时按同等条件优先于第三人认购,包括与此相关的通知及送达程序等内容。 优先购买权条款,主要明确:基金有权在原股东转让所持目标公司股权时按同等条件优先于外部第三人购买,包括与此相关的通知及送达程序等内容。 随售权条款,主要明确:基金有权在原股东向第三人转让股权时按同等条件一并向该第三人出售其所持目标公司股权,包括与此相关的通知及送达程序等内容。

续表

主要条款	基本内容
股东特别权利条款	股权回购条款，主要明确：基金有权在特定情形下（比如未能按期实现IPO）要求目标公司及其原股东等相关方应按照约定价格回购其所持目标公司股权，包括与此相关的通知及送达程序等内容。 现金 / 股权补偿条款，主要明确：基金有权在预期业绩指标未达标时要求目标公司及其原股东等相关方按照约定向其支付现金及 / 或股权补偿，包括与此相关的通知及送达程序等内容。 反稀释权条款，主要明确：基金有权在目标公司以低于投资估值向第三方增发新股时要求目标公司及其原股东按照约定向其支付现金及 / 或股权补偿，包括与此相关的通知及送达程序等内容。 优先清算权条款，主要明确：基金有权在目标公司清算时优先分取目标公司的剩余财产。在目标公司有多轮次股权融资的情况下，一般按投资轮次的优先顺序向基金分配剩余财产。 其他权利条款，比如领售权条款、同等待遇条款、咨询建议权条款等条款，主要明确基金认为有助于保护其投资权益的相关内容，具体视与目标公司及原股东协商而定。
员工股权激励条款	主要明确：目标公司的员工股权激励事宜，包括：（1）员工股权激励架构，比如设立员工持股平台等；（2）激励股权的来源，比如由创始股东（及实际控制人、管理层股东，需视具体项目情况而定）向员工持股平台以一定价格转让股权或者由员工持股平台以一定价格认购目标公司新增注册资本，通常员工持股平台和员工取得股权的价格低于投资者取得股权的价格，以体现对员工的激励；（3）员工股权激励的相关文件应经目标公司股东会或董事会审议通过。
协议常规条款	主要包括释义条款、保密条款、通知条款、协议效力条款、违约责任条款、不可抗力条款、争议解决条款等条款，以及股东协议是否取代在先协议或文件、部分条款无效时的处理、中外语言版本发生差异时的处理，备案版本和实际版本发生差异时的处理、股东协议与公司章程的效力优先问题、协议的签署份数及各方持有的份数和用途等内容。
协议附件	主要明确：股东协议的附件及其内容，主要包括：目标公司的子公司及关联方清单、经营规划、核心人员名单等内容，具体视协议情况而定。

从股东协议前述内容可以看出：股东协议的最核心作用是对目标公司股东之间的权利、义务和责任进行分配，因此其内容不仅涉及关于目标公司治理和经营方面的各种事项，而且涉及股东之间关于未来权益变动的各种安排，这与公司章程主要用于规范目标公司经营管理相关事项且事项范围有限不同。此外，即使在股东协议和公司章程规范的同一事项上，比如股东会的审议事项，股东协议所罗列的事项范围也往往比公司章程更加细致和详尽。在实践中，为了充分维护各方之间的协议成果，交易各方通常会在股东协议中约定，如果股东协议与公司章程规定不一致的，应以股东协议的规定为准。然而，由于股东协议不是公司登记机关的必要备案文件，且《公司法》规定股东间关于公司治理的相关约定只能以公司章程的形式记载，因此前述股东协议约定是否以及能够在何种程度上得到法律支持还有待进一步研判。

此外，还需特别指出的是，私募股权基金在股东协议中所享有的前述股东优先权条款并非一定需要体现在股东协议之中，视情况而定，有时也会体现在增资协议等交易类法律文件中。从这些条款的基本内容和主要作用可以看出，这些条款实际上是私募股权基金的一种权益保障条款，主要用以保障其在目标公司中的投资权益，而其中的股权回购条款以及现金和股权补偿条款又是市场热议且比较公认的对赌条款。换言之，对赌条款是一种权益保障条款，但权益保障条款却不一定是对赌条款。

第三章

CHAPTER 03

投资对赌条款

顾名思义，投资对赌条款应当是指在股权投资交易中使用的关于“对赌”的条款，或者是指包含于投资法律文件中的关于“对赌”的条款，比如市场热议的股权回购条款以及现金和股权补偿条款。由于“对赌”一词是投资对赌条款的核心词汇要素，理解投资对赌条款的含义和作用可以从理解“对赌”一词的含义入手考察。

第一节　对赌的含义考察

尽管“对赌”一词蜚声商海，但其含义却在法律或商业上没有一个统一的界定，实践中对对赌的认知也是五花八门，莫衷一是。[1] 为了能从纷乱的认知中理出头绪，需先行考察“对赌”概念的起源。

1　比如中华全国律师协会《律师办理保障性住房为主的房地产投融资非诉讼法律业务操作指引》（2013 年 6 月汇编）第 20.4.2 条规定：“所谓对赌协议（或称对赌条款、估值调整协议）是指投资方与融资方在达成协议时，双方对于未来不确定情况的一种约定。如果约定的条件出现，投资方可以行使某种估值调整权利，如果约定的条件不出现，融资方则行使另一种权利……”

《证券期货经营机构私募资产管理计划备案管理规范第 4 号——私募资产管理计划投资 房地产开发企业、项目》第 3 项注释规定：“本规范所称名股实债，是指投资回报不与被投资企业的经营业绩挂钩，不是根据企业的投资收益或亏损进行分配，而是向投资者提供保本保收益承诺，根据约定定期向投资者支付固定收益，并在满足特定条件后由被投资企业赎回股权或者偿还本息的投资方式，常见形式包括回购、第三方收购、对赌、定期分红等。”

一、对赌的起源

根据公开媒体报道，“对赌”最初进入中国大众视野，应始于 2002 年摩根士丹利、鼎晖、英联等境外机构对蒙牛乳业投资时设置的依据业绩情况来调整股权比例的合同安排，并于 2004 年蒙牛乳业于香港上市时公诸于世。这些合同安排可概括表述为：根据蒙牛乳业控股股东与 3 家投资机构于 2004 年 5 月订立的协议，如蒙牛乳业在至 2006 年终的 3 年内复合增长率低于特定比例，蒙牛乳业控股股东应向 3 家投资机构转让按照公式计算的一定数量的蒙牛乳业股份；如该 3 年期内的复合增长率高于特定比例，则 3 家投资机构应向蒙牛乳业控股股东转让按照公式计算的一定数量的蒙牛乳业股份，但蒙牛乳业控股股东有权按照预设的定价机制通过支付现金的方式替代股份转让。[1] 这些合同安排含有控股股东与投资者两方之间基于未来特定事件能否发生而转移巨大经济利益的特征，与普罗大众喜闻乐见的“赌博”行为颇为神似，由此“对赌”一词开始风靡于众多报道，蒙牛乳业案也被视为成功对赌的典型案例。

自蒙牛乳业案后，中国资本市场上也出现了一系列耳熟能详的典型案例。其中，对赌成功者，私募股权基金和目标公司都会声名鹊起，倍受资本市场青睐，比如雨润食品、中国动向。对赌失败者，目标公司则通常会一夜之间陷入困

（接上页）

《上海证券交易所科创板股票发行上市审核问答（二）》上证发〔2019〕36 号）第 10 项：“……PE、VC 等机构在投资时约定估值调整机制（一般称为对赌协议）情形的，原则上要求发行人在申报前清理对赌协议，但同时满足以下要求的对赌协议可以不清理：一是发行人不作为对赌协议当事人；二是对赌协议不存在可能导致公司控制权变化的约定；三是对赌协议不与市值挂钩；四是对赌协议不存在严重影响发行人持续经营能力或者其他严重影响投资者权益的情形……”

《九民会议纪要》第 2 部分第 1 条“关于‘对赌协议’的效力及履行”：“实践中俗称的‘对赌协议’，又称估值调整协议，是指投资方与融资方在达成股权性融资协议时，为解决交易双方对目标公司未来发展的不确定性、信息不对称以及代理成本而设计的包含了股权回购、金钱补偿等对未来目标公司的估值进行调整的协议。从订立‘对赌协议’的主体来看，有投资方与目标公司的股东或者实际控制人‘对赌’、投资方与目标公司‘对赌’、投资方与目标公司的股东、目标公司‘对赌’等形式……”

1 《蒙牛乳业（02319）招股章程 企业架构 估值调整机制》，载香港交易所网站：https://www1.hkexnews.hk/listedco/listconews/sehk/2004/0601/02319/cwp111_c.pdf，最后访问日期：2020 年 3 月 5 日。

顿，公司实际控制人甚至可能会被扫地出门，比如太子奶、俏江南。更有甚者，各方还可能因此走上法庭，另外经历一番跌宕的心路历程，有的公司实际控制人还在各方势力角力中锒铛入狱，失去人身自由。[1]

这些案例的精彩故事性使“对赌”一词更加深入人心，进而从私募股权投资领域走向了其他类型的财务投资领域，并最终蔓延至公司竞争、[2]电影票房、[3]铁矿石[4]等诸多其他领域，似乎到了一种没有什么不可以“对赌”的地步。由此，有人开始对“对赌”一词进行历史考据，一直追溯到中国古代的典当制度，[5]也有人开始将“对赌”引入文化领域，撰写“对赌”方面的小说。[6]然而，与“对赌”一词的市场火热程度相比，大众对“对赌”一词的理解似乎仍像最初一样，停留在故事层面，并未对“对赌”一词的含义进行深入探讨，业界也未对“对赌”一词在法律或商业上的内涵和外延形成统一认识。那么，“对赌”的含义到底是什么？“对赌”的逻辑又到底是什么？

二、对赌的逻辑

对赌的基本逻辑可以从对赌主体、输赢标准和对赌标的三个层面去理解，即谁与谁对赌？输赢标准是什么？对赌的是什么？这些问题仍可以蒙牛乳业案为例进行分析。

根据蒙牛乳业在香港联合交易所公开披露的文件，蒙牛乳业创始人于1999年8月在中国成立内蒙古蒙牛乳业公司有限公司（以下简称“蒙牛公司”，系蒙

---

1 李老师股权激励咨询：《真功夫董事长股权布局没做好，夫妻反目后被告入狱的案例解析》，载搜狐号：http://www.sohu.com/a/320782319_120022271，最后访问日期：2020年3月5日；真相君：《最“落魄”的富豪：一手打造百亿企业，却被赶出3次，后沦落入狱》，载搜狐号：http://www.sohu.com/a/335158278_100193179，最后访问日期：2020年3月5日。

2 《董明珠雷军10亿对赌小米5年内能否超过格力》，载新浪科技：https://tech.sina.com.cn/it/2013-12-12/21239000936.shtml，最后访问日期：2020年3月5日。

3 电影抢先：《〈美人鱼〉33亿天价票房对赌，星爷输给了自己？》，载搜狐号：http://www.sohu.com/a/64555879_145497，最后访问日期：2020年3月5日。

4 李紫宸：《对赌铁矿石》，载经济观察网：http://www.eeo.com.cn/2019/0713/361037.shtml，最后访问日期：2020年3月5日。

5 参见魏帅：《对赌协议的在华历史考查》，载《法制与社会》2017年第24期。

6 陈楫宝著：《对赌》，湖南文艺出版社2012年10月版。

牛乳业主营业务运营子公司)，从事液体奶生产经营。2002年9月之前，蒙牛公司进行重组，由其雇员、业务联系人及相关国内投资者对蒙牛公司投资，合计持有蒙牛公司26.5%股权，发起人合计持有73.5%股权。2002年6月至9月间，蒙牛公司发起人、投资者、业务联系人及雇员在英属维京群岛注册成立金牛公司和银牛公司，分别持有蒙牛乳业(一家开曼公司)50%股权，再由蒙牛乳业全资持股一家毛里求斯公司，其中金牛公司15位股东均为蒙牛公司高级管理人员。2002年10月，摩根士丹利、鼎晖、英联旗下三家境外投资机构对蒙牛乳业进行首轮投资，以约2,597万美元认购蒙牛乳业B类股份，对应蒙牛乳业90.6%总股本和49%投票权，金牛公司和银牛公司作为管理层股东持有蒙牛乳业A类股份，合计对应蒙牛乳业9.4%总股本和51%投票权；同时蒙牛乳业通过毛里求斯公司以该2,597万美元投资款认购蒙牛公司66.7%股权，蒙牛公司剩余33.3%股权由原股东继续持有，蒙牛公司变更为中外合资企业。[1] 作为首轮投资的一部分，三家投资机构为激励管理层股东设定了业绩目标，若业绩目标达成，管理层股东有权将其所持A类股份转换为B类股份。2003年9月19日，因业绩指标达成，金牛公司及银牛公司所持蒙牛乳业A类股权全部转为B类股份，合计持有蒙牛乳业已发行股份比例与投票权比例均为51%。[2]

2003年10月，三家机构再次对蒙牛乳业投资，以约3,523万美元认购蒙牛乳业可换股文据(类似国内可转债)，并约定了转股权的行权时点和行权价格等事项。[3] 鉴于可换股文据的真正价值取决于转股行权时蒙牛乳业的企业价值高低，如在行权时点届至时蒙牛乳业价值飙升，投资人有权按原定较低价格取得高价值的蒙牛乳业股份而赚取投资收益。2004年5月14日，金牛公司与三家机构投资者签订股东协议，约定于2006年财务年度结束后，以蒙牛乳业截至2006年的3年内的复合增长率的特定数值为盈利目标，如盈利目标达成，由三

1 此过程实为境外上市红筹结构的搭建过程。

2 《蒙牛乳业(02319)招股章程 企业架构》，载香港交易所网站：https://www1.hkexnews.hk/listedco/listconews/sehk/2004/0601/02319/cwp111_c.pdf，最后访问日期：2020年3月5日。

3 《蒙牛乳业(02319)招股章程之附录五：可换股文据的主要条款及条件》，载香港交易所网站：https://www1.hkexnews.hk/listedco/listconews/sehk/2004/0601/02319/cwp127_c.pdf，最后访问日期：2020年3月5日。

家机构投资者向金牛公司转让一定数量的股份，如盈利目标未达成，由金牛公司向三家机构投资者转让一定数量的股份。2005年4月6日，蒙牛乳业发布《提前终止估值调整机制》[1]公告，称蒙牛乳业表现超出预期，三家机构投资者合计向金牛公司转让本金额为5,987,644美元的可换股文据（可转换为蒙牛乳业的普通股数量相当于蒙牛乳业已发行股本的4.6%），并提前终止所签股东协议中的估值调整机制部分。2005年4月21日，蒙牛乳业发布公告，称提早终止估值调整机制已取得全部相关方同意，宣告完成。[2]至此，蒙牛乳业对赌完美落幕。

从参与主体角度讲，在蒙牛乳业案中，对赌主体一方是机构投资者，另一方是蒙牛乳业管理层。由于蒙牛乳业管理层通过一系列安排间接持有蒙牛乳业股权，实际上也是蒙牛乳业这一目标公司的股东。二者之间之所以实施对赌，或出于三个方面原因的考虑。首先，机构投资者是财务投资人，看好蒙牛乳业发展，有意对其投资，但不擅长经营管理乳业公司，而蒙牛乳业的管理层股东在乳业行业深耕多年，具有经营管理乳业公司的丰富经验，但其经验变现或增值亦需以目标公司获得资金支持为条件。二者相互需要，相互看好，由此形成产融合作。其次，通过投资，机构投资者可以与蒙牛乳业管理层股东形成利益共同体，蒙牛乳业作为目标公司是二者之间利益的核心连接点。如蒙牛乳业价值上升，双方都会因为持股蒙牛乳业而获益；如蒙牛乳业价值下滑，双方都会因为持股蒙牛乳业而受损，而蒙牛乳业的价值变化则又主要依赖于管理层股东的经营管理效果。再次，在完成投资后，作为提供大量资金的一方，机构投资者希望蒙牛乳业价值提升的愿望会变得尤其强烈，需要设计一种机制来激发管理层股东的经营管理才能，以达到使蒙牛乳业价值上涨以及最大化投资收益的目的，同时尽力避免因管理层股东经营失败所带来的投资价值减损风险。这些考量使得前述对赌安排得以产生，同时也体现了对赌参与主体实施对赌的基本逻辑，

1 《蒙牛乳业（02319）公告：提早终止估值调整机制》，载香港交易所网站：https:// www1.hkexnews.hk/listedco/listconews/sehk/2005/0407/ltn20050407043_c.pdf?code=02319&code=02319，最后访问日期：2020年3月5日。

2 《蒙牛乳业（02319）公告：完成提早终止估值调整机制》，载香港交易所网站：https://www1.hkexnews.hk/listedco/listconews/sehk/2005/0422/ltn20050422084_c.pdf?code=02319，最后访问日期：2020年3月5日。

即从投资者角度讲，在目标公司需要资金时，投资者可提供投资资金用于公司发展，并由原股东继续经营管理，但为达到投资收益最大之目的，投资者需要设定一定的指标由公司原股东去努力实现；指标达成，公司价值上升，投资者依约对原股东实施激励性利益调整安排，双方共赢，皆大欢喜；指标未达成，公司价值下降，双方皆损，但投资者可依约对原股东实施惩罚性利益调整安排，以最大限度止损；从原股东角度讲，为扩大目标公司发展规模，通过股权融资获取资金是短期财务成本最低的融资方式，如原股东看好目标公司业务发展前景且自认为有能力实现投资者所设定指标，那么对赌实际也可以协助其降低融资成本，且对赌机制的存在也使得投融资双方对目标公司估值认知不一致的矛盾有了调和空间。

从输赢标准角度讲，蒙牛乳业案中的输赢标准其实是一个现时预设的关于未来的指标，即蒙牛乳业从2003年至2006年的业绩复合年增长率的特定数值。这一指标具有如下三方面特征。首先，这一指标是一种经营业绩指标，而经营情况的好坏是直接决定公司价值变化的核心要素。一般而言，公司业绩表现好的，公司价值会上升；公司业绩表现差的，公司价值会下降。因此，这一指标实际上是针对目标公司价值而设定的指标。其次，这一指标是一个客观指标，可依据未来实际经营结果所形成的客观数据进行量化和判断。换言之，随着时间的推移，蒙牛乳业2003年至2006年的业绩数据必然能够形成，也必然可与预设的业绩指标进行比对和评判。再次，这一指标是由目标公司原股东去努力实现，而不是投资者，投资者据此给原股东设定相关激励和惩罚调整措施也符合对赌的基本逻辑。

从对赌标的角度讲，机构投资者和蒙牛乳业管理层股东所提供的对赌标的明显不同。如果预设指标达标，即意味着目标公司经营发展状态良好，公司价值提升，投资者和管理层股东所持目标公司的股权价值亦会提升，双方共同受益，对赌成功。在此情况下，投资者依约将部分股权转让给管理层股东，一则是在履行对管理层股东的激励承诺，二则是在对投资者和管理层股东之间的利益进行再一次平衡，属于投资者在对赌成功时需要付出的代价，也即投资者提供的对赌标的。如果预设指标未达标，则意味着目标公司经营发展状态不及预期，企业价值提升不够，投资者和管理层股东所持目标公司的股权价值甚至可能会低于投资估值，双方共同受损，对赌失败。在此情况下，投资者要求未能依约带领目标公司实现业绩增长的管理层股东向其转让部分股权或通过支付现金替代股权转让，实际上是在调低对目标公司的投资估值，也是对投资者和管理层股东之间利益的又一次平衡，属于管理层股东在对赌失败时需要付出的代价，也即管理层股东提供的对赌标的。由此可见，对赌标的实际上应是现时预设且未来需要让渡的利益内容，而这种利益调整内容是否触发又取决于预设指标是否达标；预设指标达标的，会触发一种结果，即相关预设利益让渡给原股东；预设指标未达标的，则会触发另一种结果，即相关预设利益让渡给投资者，当然，前述让渡给原股东的相关预设利益与让渡给投资者的相关预设利益可以由各方自行协商确定，不必完全相同。在这种安排下，由于预设指标和预设利益皆与目标公司价值变化息息相关，或许这也是实践中通常将“对赌”视为“Valuation Adjustment Mechanism”（VAM或估值调整机制）的重要原因。

从上述分析可以看出，“对赌”实际上是投资者与目标公司原股东之间的一种利益再平衡机制，是一种针对目标公司价值变化而设置的利益再平衡机制。与传统赌博在零和博弈下所作“要么你赢，要么我赢”或者“你输多少、我赢多少”的安排不同，投资者关于“对赌”的安排颇有一种“要么共赢，要么两败俱伤但你输更多”的意味。这种安排发端于投资者和目标公司原股东关于股权投资交易能够“物有所值、多退少补”的朴素理念，依托于投资者和目标公司原股东因投资目标公司所形成的利益连接和合同安排，形成于投资者和目标公司原股东基于目标公司价值变化而践行的合同承诺。此外，这种安排的产生也不是基于法律的直接规定，而是基于当事人之间的自主协定，体现的是当事人之间的自由意志安排。

三、对赌的动因

对赌的逻辑其实已经暗含了对赌产生的原因，或至少可以将之理解为对赌动因的一部分，但对赌的逻辑却无法解答对赌在私募股权投资实践中被广泛应用的真正原因。比如，放弃对赌不可以吗？为什么一定要对赌呢？回答这些问题，需要首先考察私募股权基金所面临的股权投资风险，特别是其中的投资估值风险和目标瑕疵风险。这些风险一旦触发即会很容易迅速形成负向传导效应，并最终可能演化成为私募股权基金的内部风险，导致基金管理人和基金投资人的投资预期落空，并致使其间信赖关系破裂，从而给基金管理人的持续盈利能力带来毁灭性打击。

（一）投资估值风险

投资估值风险是私募股权基金从事股权投资活动无法回避的风险。从静态角度讲，私募股权投资可以从两个层面解读。其一，把股权投资看作私募股权基金为取得目标股权所支付的投资成本，包括直接成本（投资款）和间接成本（如为完成股权投资所支付的律师费和审计师费等第三方费用），或可统称为“项目投资成本”，体现的是目标股权在投资这一时点“花了多少钱”的概念。由于目标公司没有上市且没有类似上市公司股票的公开定价机制，目标股权在投资时“花了多少钱”通常需要通过估值来确定。当然，投资估值一旦确定，私募股权基金需要“花多少钱”自然也很容易确定。其二，把股权投资看作私募股权基金售出所持目标股权所取得的投资收入，体现的是目标股权在投资退出这一时点“回了多少钱”的概念，在投资时“投资了多少钱”已经确定的情况下，如不考虑投资退出时所产生的间接成本（如第三方中介机构费用），那么目标股权在投资退出之时“值多少钱”将会直接决定能够“回多少钱”，或者项目投资是否能够产生投资收益以及能够产生多少投资收益。

遗憾的是，除非目标公司上市，目标股权在投资退出之时“值多少钱”不会有一个客观的公开价格，私募股权基金也无法通过二级市场出售目标股权（股票）的方式实现“自主式”变现，而只能通过“线下”出售目标股权的方式去实现变现目标。问题是，这种“线下”变现没有关于目标股权的客观公开定价机制，目标公司的价值也只能通过“估值”评估确定，并需要在此基础上与潜在买方协商确定目标股权的出售价格。如果协商无法达成一致，无论目标股权的“估值”何等准确，这种“线下”变现交易也会流产，使“估值”变得毫无意义。换言之，在目标公司未上市的情况下，目标股权在投资退出时“值多少钱”存在很大的不确定性，其中不仅有“估值”方面的不确定性，而且有最终退出价格方面的不确定性，由此就形成了一个投资收益能否实现以及实现多少均需由两个时点（投资时和投资退出时）的“估值”来决定的尴尬局面，而这两个时点的“估值”还都存在一个需由交易各方协商确认方能作为定价依据的问题。

除前述外，公司价值本身也不是独立的存在，而会受诸多因素影响，包括公司内部治理结构、产品 / 技术先进性、管理水平、行业周期性、法律环境变化、税收环境甚至公司股东 / 高管的个人行为，且任何因素变化都可能导致公司价值发生变化。换言之，公司价值本身具有一定程度的不可控性，控制公司价值或使其价值必然向上或向下都不符合正常的市场规律。基于股权价值对公司价值的不可割裂的依赖性，在目标公司价值发生变化时，股权价值自然也会相应发生变化，因此目标股权的投资估值能否在私募股权基金实施投资退出时得以保持将会是一个必然存在的问题，无法回避。此外，在目标公司未上市的情况下，由于最终退出价格还需依赖交易各方协商确定，基金或基金管理人也无法通过使用"高估"或"低估"的技术手段来单方决定其退出价格，而价格的不确定性最终将危及私募股权基金的投资退出或投资变现目标。由此可见，投资估值风险是私募股权基金估值式投资所带来的必然风险，也是市场无法助其克服的风险，而只能由其另觅他途加以控制。

一般而言，克服投资估值风险的最好方法是实现目标公司上市，尽管目标公司上市最终未必一定会给私募股权基金带来投资收益，但公司上市毕竟能够解决投资退出时的目标股权（股票）"估值"问题以及"线下"交易所存在的不确定性问题，因而是很多私募股权基金的首选。问题是并非所有公司都能按预期上市，而且实践中获得私募股权基金投资但无法按预期实现上市的公司比比皆是。因此，为了最大限度降低投资估值风险，私募股权基金只能在尽量提升估值技术的同时，另行考虑选择其他风险防范措施，以增加对目标股权在投资时和退出时分别"值多少钱"的可控预期，这就为适用"对赌"这种可由投资者和目标股权原股东自行约定的利益平衡机制或权益保障方式提供了原动力。

（二）公司瑕疵风险

在进行股权融资时，目标公司原股东通常都会向私募股权基金勾勒出一副关于目标公司的美好"钱景"，以坚定私募股权基金的投资信心，并进而努力争取一个关于目标公司的更高估值。虽然私募股权基金理解目标公司可能会存在相关瑕疵并可能影响目标公司未来发展，且这些瑕疵也可以通过财务、法律、行业及其他方面的尽职调查予以核查并要求目标公司整改，但这些尽职调查毕竟需以目标公司提供的资料和信息为基础展开，并不一定能够发现可能影响目标公司价值的所有瑕疵，而且私募股权基金也不可能比目标公司原股东和经营管理者更详尽地了解目标公司的方方面面，因此目标公司价值在投资时被“高估”或者严重“高估”的潜在风险天然存在。

在对目标公司完成投资后，私募股权基金将会成为目标公司股东，并可以通过参与股东会以及指派董事会成员等方式对目标公司实施投后管理，但作为目标公司的小股东和财务投资人，私募股权基金的投后管理通常集中于那些可能对其权益造成重大影响的领域和事项，而不会事无巨细地过问目标公司的所有经营管理活动。比如，私募股权基金可能会参与审议和决议公司预算外的甚至预算内的目标公司大额借款、重大资产处置/购买、对外投资、关联交易、对外担保等事项，但不会参与审议或决议或管理目标公司的所有业务采购或销售事项，也不会参与每一款产品的研发与迭代。此外，在行使投后管理权利时，私募股权基金还需遵守投资法律文件的相关约定，不能“越权”行事，以免导致违约发生。比如，目标公司的产品定位或技术革新等事宜通常都属于由目标公司经营管理团队自主决策的内容，如果私募股权基金横加干涉，即可能会因为出现“外行干扰内行”的局面而对目标公司的经营状况和竞争力产生负面影响，甚至引发投资法律文件项下的违约纠纷。由此可见，目标公司经营管理活动的复合性、复杂性、多因性也使得私募股权基金无法从根本上杜绝目标公司在投资后出现新的问题，包括目标公司原股东或经营管理层滥用职权侵害目标公司权益的可能。

目标公司在投资前存在的既有瑕疵及在投资后产生的新生瑕疵，都可能给私募股权基金带来巨大的投资风险，一旦暴露或爆发且无法被及时有效补正，即有可能导致目标公司的发展陷入困境，公司和股权价值下降，甚至最终导致目标公司无法完成上市，使私募股权基金通过二级市场出售股票变现的目标落空，只能通过“线下”出售目标股权的方式谋求投资退出，最终承担目标股权在退出时的价格不确定性风险。更有甚者，这些瑕疵还可能使私募股权基金落入“财务陷阱”，不仅无法实现投资退出，反而不得不在“陷阱”中反复挣扎，无端浪费大量人力、物力和财力。如果说目标公司在投资前的既有瑕疵还可以通过尽职调查来发现，那么目标公司在投资后的新生瑕疵就只能通过加强投后管理来解决了。对私募股权基金而言，采取这种需要投入大量时间和精力的投后管理方式，显然并不现实。事实上，私募股权基金也可能并不具备全面掌控目标公司诸多经营管理事项的能力，或许这也是有人感叹“投资就是投人”的主要原因。

如果说投资估值风险和目标公司瑕疵风险都是客观风险，那么私募股权投资能否实现项目投资收益的不确定性风险也可以说是一种客观风险。这些客观风险可由私募股权基金通过主观努力去降低，但不可能完全克服，由此私募股权基金就只能另辟蹊径，寻找可以通过主观努力降低或控制这些风险的方法。在这种情况下，“对赌”成了私募股权基金为数不多的一种选择。通过与目标公司原股东之间的自主协议安排，私募股权基金至少有机会将投资风险限制在自己可预期的范围之内。

（三）预期落空风险

投资估值风险或目标瑕疵风险一旦发生，通常即意味着私募股权基金可能无法达到预期投资收益目标，从而导致基金投资人对基金的投资收益预期也无法实现。这是私募股权投资所形成利益链条发生负向传导效应的必然结果，基金管理人也无力阻止其发生。

对基金管理人而言，基金投资人的投资收益预期落空显然系其致命风险。首先，基金管理人将无法收取业绩分成这一重要业务收入，而这部分收入才应是基金管理人的主要收入来源。在此情况下，如果基金管理人收取的管理费水平较低，那么管理费收入也可能无法涵盖基金管理人的所有支出，导致基金管理人不得不承担经营亏损。其次，如果基金投资人的投资收益预期落空，通常也意味着基金投资人将不会再信任基金管理人，不会再认购基金管理人所组建的新基金的基金份额，从而导致基金管理人的其他基金组建失败或延期，基金管理人自然也会因此失去新的业务机会，包括收取新的管理费和业绩分成的机会。此外，如果基金投资特别失败，基金投资人无法承受投资亏损的后果或投资收益预期落空的后果，甚至还有可能通过各种途径维权，从而引发关于基金管理人的负面社会评价，最终导致基金管理人不得不从基金行业中退出。问题是基金投资人该不该有投资收益预期呢？如果有，基金投资人的投资收益预期是什么呢？

在基金实践中，基金管理人通常不会向基金投资人承诺最低基金投资收益或对基金投资收益进行保底，但对基金投资人而言，其对基金的投资收益预期却一直存在，而且不会因为基金管理人不承诺而消除。首先，在基金募集资金的过程中，基金管理人通常都会向基金投资人展示基金拟投资行业的发展前景、基金管理人的过往业绩、潜在的优质目标公司等内容。基金管理人之所以展示这些内容，主要是为了增强基金投资人对通过基金投资分享目标公司发展红利的信心，继而增强对基金的投资信心，以使基金募集资金工作能够尽快完成，因此这些内容中通常不会包含不利于基金募集资金的相关事项，比如基金管理人的投资失败案例或潜在失败案例。其次，在基金募集资金的过程中，基金管理人通常还会向基金投资人展示管理费收取以及基金投资收益分配等财务方面的内容，包括关于门槛收益率及业绩分成计算的相关内容，以使基金投资人更容易接受基金管理人通过为基金创造最大价值来获取更高收益的盈利理念。因此，即使基金管理人不向基金投资人承诺最低基金投资收益，但通过展示前述信息，在基金投资人决定对基金进行投资时，基金投资人事实上已经形成了“将会”或“很可能会”因为投资基金而取得基金投资收益的预期，而且这种预期包括了“投资收益将在基金锁定期届满或清算时即可被基金投资人收入囊中”的相关内容。

从前述分析可以看出，基金投资人在实践中不仅会对基金抱有投资收益预期，更会预期投资收益率能够达到或超过门槛收益率。由此产生了另一个问题，即：除勤勉尽责地经营管理基金外，基金管理人如何保障基金投资人的投资收益预期能够实现，或者如何保障基金的实际投资收益率能够达到或超过门槛收益率呢？作为当事人之间的自主协定，“对赌”显然是基金管理人的不二选择，因为基金管理人可以通过要求目标公司原股东及/或相关方让渡预设利益的方式来达成这一目标。那么，这种预设利益应当如何设定呢？以目标公司原股东向私募股权基金提供现金补偿为例，这种补偿应当如何计算呢？换言之，假设基金的门槛收益率是8%/年，是否应要求按8%/年补偿呢？答案是否定的，因为这种简单计算方法只考虑到了基金投资人的投资收益预期，没有考虑到基金在实际运营过程中产生的包括基金管理费在内的成本和费用。这些成本和费用均属于计算基金投资收益时的扣除项，需要在计算目标公司原股东的补偿标准时予以加回，否则将无法保障基金投资能够实现门槛收益率。比如，假设基金管理费是2%/年，门槛收益率是8%/年，且没有其他运营成本，那么目标公司原股东的补偿标准应当是10%/年（10%=8%+2%），而不会按照门槛收益率标准仅设置为8%/年，否则基金的实际投资收益就会变成6%/年（6%=8%−2%），没有达到8%/年的门槛收益率要求。

由此可见，基金投资人的投资收益预期不仅为基金管理人选择“对赌”提供了经济驱动，还为基金管理人设定目标公司原股东及/或相关方的补偿标准提供了计算基础，更为基金管理人要求将现金补偿作为主要补偿形式的做法提供了行动依据，毕竟基金投资人都希望在基金封闭期届满后取得现金收益而不是继续持有目标公司股权。这也是实践中绝大多数基金在对赌中要求目标公司原股东及/或相关方提供现金补偿而非其他形式补偿的重要原因。概言之，实施对赌是基金管理人应对股权投资风险及私募股权投资传导效应的内在需求。

四、对赌的内容

意思自治原则素被奉为合同法领域的帝王原则，作为一种商事合同安排，对赌的内容通常可由私募股权基金与目标公司原股东及/或相关方在实践中自行协商确定，包括对赌主体、对赌指标和对赌标的等方面的相关事项。

（一）对赌主体

对赌主体是对赌的行为主体，是指参与对赌并可能因此而受益或承担责任的人。对赌主体解决的是"谁与谁对赌"的问题，实践中主要由私募股权基金和目标公司"原班人马"两方构成，这两方都是股权投资交易的参与者，缺一不可。私募股权基金通常是发起对赌的一方，但可能会由多方构成，比如A轮投资者、B轮投资者及C轮投资者，等等。目标公司"原班人马"通常是被动接受对赌的一方，亦可能由多方构成，比如目标公司及其控股股东、参股股东甚至员工股东。作为发起对赌的一方，如何在目标公司"原班人马"中选择对赌相对方，是私募股权基金首先需要考虑的问题。

在实践中，私募股权基金选择对赌相对方已经形成了比较成熟的做法。首先，私募股权基金通常会考虑将目标公司原股东，尤其是控股股东作为对赌相对方。这不仅是因为目标公司原股东/控股股东在基金投资目标公司后会因为目标公司价值升值而相应受益，更是因为目标公司原股东/控股股东大多是目标公司的创始人或联合创始人，见证并陪伴目标公司走过了艰辛的创业之路，在相关行业深耕多年甚至可能是相关行业的领军人物，不仅掌握着目标公司过往的核心信息，而且会对目标公司未来发展和价值表现产生巨大影响。其次，私募股权基金通常还会考虑将目标公司直接作为对赌相对方。目标公司是基金得以实现投资收益的目标股权承载主体，在"认购增资"以及"债转股"两种交易方式下也是投资款的接受主体，私募股权基金通常不会忽视或放弃与作为直接交易对手方的目标公司展开对赌的可能，尽管这种安排在法律上可能存在障碍。再次，私募股权基金通常不会选择将目标公司其他财务投资者股东作为对赌相对方，一则这些财务投资者股东本身也可能是基金或财务投资人，不可能与其他基金投资者股东进行对赌，二则其作为财务投资者股东对于目标公司的控制力有限，并不具备保障其他投资者预期利益能够实现的能力。

在选择目标公司除财务投资者之外的原股东作为对赌相对方时，私募股权基金的选择侧重点又有不同，首选通常是目标公司控股股东或实际控制人，而不是参股股东或员工股东。作为公司的实际控制者，控股股东 / 实际控制人通常拥有比其他股东更大的对目标公司的影响力，而且财务状况也通常更为出色，更有能力承担对赌失败的后果。参股股东虽然也是私募股权基金常选的重要对赌相对方，但其没有可与控股股东 / 实际控制人比肩的对目标公司的影响力。但若参股股东担任目标公司董事或相关经营管理职务，对目标公司经营管理享有一定话语权甚至决策权，则会增强私募股权基金与其进行对赌的意愿。目标公司员工股东则比较特殊。一方面，员工股东是目标公司的股权激励对象，其股东身份往往是基于员工身份取得，其工作成果对于目标公司价值增长的贡献力和决定力往往局限于某一方面，经济能力上也往往不能承担对赌失败的后果。另一方面，员工股东也会受益于基金投资带来的目标公司价值升值，与目标公司其他股东具有利益一致性。因此，私募股权基金通常也不会主动放弃将员工股东作为对赌相对方的要求。综上，原股东对公司的经营管理参与程度及影响力度、原股东自身的财务状况和在目标公司的持股比例等都是私募股权基金从原股东中选择对赌相对方时的重要考量因素，因此“对赌”为何有时被称为“大股东对赌”或“管理层对赌”亦可理解了。

从商业角度讲，交易方式也可能会影响私募股权基金对对赌相对方的选择。比如，在“认购增资”交易中，由于目标公司及其原股东都会受益于基金溢价增资而产生的目标公司增值，因此私募股权基金对对赌相对方的可选范围就很大，甚至可能囊括所有目标公司“原班人马”。在“购买老股”交易中，如果私募股权基金从某一参股股东手中“购买老股”却要求控股股东 / 实际控制人或者另一参股股东与其对赌，那么控股股东 / 实际控制人或者另一参股股东则很可能会因为没有收取任何对价 / 股权转让价款而拒绝对赌，虽然其同样会受益于基金溢价受让股权而产生的目标公司整体估值水平的提升。

需要指出的是，虽然私募股权基金在选择对赌相对方时具有一定主导权，但最终能否形成对赌还需取决于所选对赌相对方的意愿，这需要经历一个反复磋商并达成合意的过程，实践中对赌主体的组合也呈现出多样性的特征，私募股权基金与目标公司对赌、与目标公司实际控制人对赌、与目标公司管理层股东对赌、与目标公司及其所有原股东一并对赌，等等。此外，作为对赌主体，目标公司有其自身特殊性，实践中既有可能是主动参与对赌，也有可能是受制于实际控制人意志而被动参与对赌，因此还可能涉及目标公司实际控制人、目标公司其他原股东以及私募股权基金等相关方之间的博弈，并有可能影响到目标公司债权人等其他利益相关方的利益，而这也是目标公司参与对赌容易引发法律问题的一个重要原因。

（二）对赌指标

对赌指标解决的是"对赌输赢判断标准"的问题，是用以衡量对赌成功或者失败的标尺，同时对赌指标是否达标也是不同对赌主体承担不同对赌后果的触发点。在投资对赌实践中，对赌指标的表现形式多样，最为典型的是目标公司的上市指标和财务业绩指标。

目标公司上市不仅是私募股权基金的首选投资退出方式，也是私募股权基金首选的对赌指标。在对目标公司进行投资时，私募股权基金不仅会对目标公司是否存在上市障碍进行排查，而且还会对目标公司上市提出明确要求，包括上市时间、上市地选择、上市估值等。比如，"目标公司在取得投资者增资款之日起 × 日内或在 ×××× 年 × 月 × 日前在上交所或深交所实现 A 股公开发行上市，且上市时的公司估值不低于 ××× 万元"。一般而言，在目标公司具备上市条件的情况下，私募股权基金通常不会过分苛求目标公司必须在预期的上市时间和上市地完成上市，但往往不会放松对目标公司上市估值的要求，因为目标公司一旦上市成功，即意味着目标公司股票价格便成为公开价格且不可能被公司部分股东或管理层随意控制，而低于投资估值的股票价格则会使私募股权基金无法实现投资预期收益。在实践中，以公司上市作为对赌指标的案例很多，包括俏江南、山东瀚霖等市场热议案例，而其中俏江南又是因无法实现公司上市而导致公司实际控制人发生变更的典型案例。

目标公司的财务业绩不仅能够说明目标公司的盈利水平，同时也是决定目标公司及其股权价值的关键，因此财务业绩指标通常也是私募股权基金的必选对赌指标。在对目标公司进行投资时，私募股权基金不仅会对目标公司的过往财务业绩表现进行核查，而且还会对目标公司的未来财务业绩指标提出要求，以最大限度降低投资退出时可能面临的估值风险。这种财务业绩指标通常会以“年度税后净利润”或者“年化增长率”为基准设定，比如：“目标公司在取得投资者增资款所在会计年度应实现不低于 ××× 万元的税后净利润，且在此后 3 个会计年度内，目标公司每一会计年度的税后净利润均应比上一会计年度增长不低于 20%。”一般而言，财务业绩指标是一个与公司上市和公司估值正向相关的概念，目标公司财务业绩越好，目标公司上市和升值的可能性就越大，甚至可能会使私募股权基金在目标公司上市前收回大部分甚至实现账面收益；财务业绩指标不达标或者财务业绩越差，目标公司不能上市或者估值下降的可能性就越大，私募股权基金面临的投资估值风险也越大。如最终导致私募股权基金行使对赌权利，还可能会导致目标公司实际控制人发生变更，甚至是在目标公司上市后发生实际控制人变更。永乐电器即是在公司上市后因财务业绩未达标而导致实际控制人发生变更的典型案例。

除财务业绩指标外，私募股权基金在实践中通常还会考虑提出非财务方面的其他业绩指标，比如 KPI、活跃用户人数、产品量产、产品销售量、技术研发阶段性成果，等等。这些非财务指标通常是在考虑目标公司所在行业和发展阶段等因素的基础上，与财务指标结合使用。比如，将日活 / 月活用户人数或其增长幅度作为互联网目标公司的业绩指标，将产品销售增长幅度作为生产企业的业绩指标，等等。

从前述可以看出，对赌指标应是一个可由对赌主体自行协商设定的、与目标公司的价值变化密切相关的概念。除此之外，对赌指标还具有如下特征。首先，对赌指标应是现时设定的预期未来可能出现的一种客观状态，但这种状态最终能否出现存在不确定性，并可用于与未来实际形成的状态进行客观比对和评判。其次，对赌指标应是一种触发机制，对赌指标是否达标一经判定，即意味着可以判定所触发的对赌结果，实质建立起对赌指标与赌结果之间的联动关系。比如，在设定财务业绩为对赌指标的情况下，对赌双方一经判定财务业绩未达标，便可判断出目标公司及/或其参与对赌的股东对赌失败，进而判断出其应向基金交付现金补偿款或股份补偿等对赌标的，以使私募股权基金能够通过收取现金补偿款、股份补偿等方式来调节投资估值和投资价格并实现利益再平衡的最终效果。再次，对赌指标还应是一种行为指标，允许对赌主体从事相关行为以使对赌指标有机会达标，但这种行为对对赌指标能否达标不应有直接的因果关系影响。换言之，这种行为不影响在判断对赌指标是否达标时所适用的无因性原则。比如，目标公司成功上市需要目标公司实际控制人和管理层共同努力，但最终因何种原因导致未能实现上市并不会影响对上市指标未达标的判断。相应地，对赌指标也不应是一种行为禁止指标，不应禁止对赌主体从事可能使对赌指标有机会达标的行为，否则对赌也将失去意义，而对赌主体从事被禁止行为所引起的后果也可能是违约后果，而不是对赌后果。

此外，基于私募股权基金等投融资各方对目标公司价值影响因素的不同理解，各方在实践中所设定的对赌指标的类型和具体内容也不尽相同，比如目标公司实际控制人变更、目标公司清算，等等，既要看各方对目标公司估值影响因素的理解，也要看各方能否就这些所谓对赌指标达成合意。整体而言，减少目标公司价值变化对基金投资权益的负面影响以及便利基金投资退出始终应是私募股权基金考虑如何设定对赌指标的基础。

（三）对赌标的

对赌标的是指对赌主体因参与对赌所需“付出的代价”或所需“让渡的利益”，即对赌主体在对赌指标达标或未达标时应承担的对赌结果。作为对赌主体之间通过约定预设的对赌行为指向的客体，对赌标的在实践中有多种表现形式。对私募股权基金而言，目标公司及其原股东提供的比较理想的对赌标的是股权回购、现金/股权补偿，而这几种对赌标的的选择又会因对赌主体的差异而有所不同。

1. 原股东

作为原股东的对赌相对方，私募股权基金在对赌指标达标时通常无意向实际控制人等原股东付出任何代价或只愿让渡少部分利益，但在对赌指标未达标时，原股东却通常需要承担投资法律文件中所预设的对赌后果，主要包括股权回购、现金/股权补偿等几种如表 1-3-1 所示：

表 1-3-1 原股东对赌标的情形细分

标的类型	类型细分	结果描述
股权回购	回购基金股权	原股东回购基金所持目标公司股权并向基金支付现金价款，基金由此退出目标公司。
现金补偿	向基金补偿	原股东向基金支付现金补偿，基金不退出目标公司。
	向目标公司补偿	原股东向目标公司支付现金补偿，基金不退出目标公司。
股权补偿	向基金补偿	原股东将其所持目标公司股权无偿或以象征性价格转让给基金，基金不退出目标公司。
	向目标公司补偿	由目标公司以零对价或象征性对价回购原股东所持部分目标公司股权并予以注销，基金不退出目标公司。

从前表可以看出，原股东付出对赌代价会产生两种截然不同的效果。其一，私募股权基金接受对赌代价并退出目标公司；其二，私募股权基金接受对赌代价但不退出目标公司。由此，对赌标的又可简单分为退出型标的和补偿型标的两大类。这两类对赌标的对私募股权基金的意义完全不同。

退出型标的意味着原股东需要回购私募股权基金所持目标公司股权并向其支付现金回购价款。在实践中，回购价款通常以投资款本金以及基金门槛收益与基金管理费之和作为最低预期投资收益进行计算，比如原股东应“以 ××× 万元投资款与以 ××× 万元投资款按照 10%/ 年计算所得金额之和”回购基金所持目标公司全部股权。对私募股权基金而言，股权回购一经实现，私募股权基金即可实现投资退出，并取回投资款本金以及相关收益。这不仅可以解决私募股权投资的估值不确定性问题，而且在股权回购价格较优的情况下，还能使私募股权基金的项目投资收益达到或超出最低预期投资收益，从而也使基金投资人的投资收益预期不至落空。从此角度讲，将退出型对赌标的或股权回购看作一种投资退出方式完全没有问题，甚至看作一种“退出估值方式”也没有问题。

与退出型标的不同，补偿型标的主要表现为两种形式。一种是直接补偿，由原股东直接向私募股权基金进行补偿，这种补偿又包括股权补偿和现金补偿两种；另一种是间接补偿，由原股东通过补偿目标公司来补偿私募股权基金，而这种补偿是现金补偿为主、股权补偿为辅。问题是这两种补偿都无法使私募股权基金退出目标公司，而只能使其在对赌指标未达标时通过这些补偿来减少投资估值亏损，或者维持或恢复其对目标公司的投资估值，属于传统意义上的估值调整范畴。对私募股权基金而言，补偿型标的的益处主要有两种。其一，在实施现金补偿时，私募股权基金有机会在投资退出前收回部分投资成本，有利于保障或提高投资收益率。其二，在实施股权补偿时，私募股权基金有机会在投资退出前取得更多目标公司股权[1]或者持有更多目标公司股权比例[2]，有利于在目标公司中取得更多话语权和影响力，从而便利未来通过向第三方转让股权等方式实施投资退出。此外，在原股东向目标公司进行现金补偿时，私募股权基金除有机会基于股东身份而分享这一补偿的价值外，目标公司也会因为取得这一补偿而获得更好的资金储备，有利于公司未来发展。基于前述，基本可以认为：补偿型标的以及相关机制安排实际上是私募股权基金在投资退出前基于目标公司价值发生变化而设置的一种估值调整安排或权益保障安排。

对于作为对赌后果承担方的原股东而言，现金 / 股权补偿的意义完全不同。现金补偿通常需要原股东支付大量现金，往往会给原股东带来较大的资金压力，特别是在目标公司融取很多资金且已投入生产经营但经营效果又未能达到预期的情况下。现金补偿不仅不适合于财务状况不佳的原股东，还可能会使私募股权基金因为原股东无法支付大量现金而陷入无法按预期取得补偿甚至无法取得补偿的困境。与股权回购所需现金量相比，现金补偿所需现金量看似相对较小，实则不然，因为现金补偿的补偿金额通常指向财务业绩指标未达标时所产生的目标公司估值之差额，[3]而非仅仅指向预期利润与目标公司实际经营利润之差额，因此现金补偿所需现金量的绝对值有时也是一个巨额数字，原股东面临的财务压力同样很大。与现金补偿不同，股权补偿无需原股东支付现金，但原股东却可能会因为实施股权补偿而降低甚至丧失对目标公司的控制力。与现金补偿类似，股权补偿通常亦表现为财务业绩指标未达标时所产生的目标公司估值

---

1 比如，由原股东将其所持目标公司股权无偿或以象征性价格转让给私募股权基金，使私募股权基金所持目标公司股权数量增加，即上表“股权补偿”中的“向基金补偿”。

2 比如，由目标公司以零对价或象征性对价回购原股东所持部分目标公司股权并予注销。在此情形下，由于目标公司部分股权被注销，私募股权基金所持目标公司的股权比例也会因此增加，实际上是对私募股权基金的一种股权补偿，即上表“股权补偿”中的“向目标公司补偿”。

3 参见本书第二部分“现金补偿”的相关纠纷案例。

差额，因此在目标公司经营效果极差的情况下，有时甚至还会出现原股东所持目标公司股权都不够用于补偿私募股权基金的情形。当然，私募股权基金是否愿意在此情况下成为目标公司的实际控制人也是一个问题，毕竟私募股权基金不是产业或战略投资者，长期持有目标公司股权应非其本意，且也未必具有使目标公司“起死回生”的经营管理能力。这或许也是实践中较少出现股权补偿纠纷案例的重要原因。

在前述各类对赌标的中，由于股权回购和现金补偿均可使私募股权基金获得现金回款，更符合其作为财务投资人的诉求，因此目前已基本成为中国私募股权投资实践的常规操作，特别是股权回购更是被广泛应用于各类股权投资对赌之中。当然，私募股权基金最终能否如愿取得原股东应支付的现金，还需取决于原股东的支付意愿以及支付能力。事实上，一旦实践中发生股权回购或大额现金补偿的情形，通常即意味着私募股权基金和原股东之间的关系已经陷入僵局，原股东要么不愿支付现金，要么无力支付现金，私募股权基金能否取得股权回购款或补偿款往往需要经历司法程序方有定论，因此股权回购和大额现金补偿往往只会在目标公司陷入困境且私募股权基金已经绝望时才会被真正使用，而彼时原股东的财务状况才是决定私募股权基金能否收回全部或部分投资款本金或收益的关键。

除前述外，还需指出的是，股权回购作为对赌标的与现金 / 股权补偿作为对赌标的之间既有本质区别，又有共同之处。二者的本质区别在于：股权回购是一种双向交付行为，需要对赌一方向另一方交付股权回购款，另一方交付被回购的股权，颇类似一种反向的股权转让交易；而现金 / 股权补偿则是一种单向交付行为，仅需对赌一方向另一方交付用于补偿的现金或股权即可，无需另一方进行任何反向交付。二者的共同之处在于：各方对赌主体预设的对赌结果只有在代价承担者完成交付行为后才能实现。比如，在股权回购对赌中，只有对赌主体都分别交付了股权回购款和被回购的股权，才会出现被回购的股权归属于原股东以及股权回购款归属于私募股权基金的最终对赌结果。也即：交付行为本身是对赌标的的有机组成部分，只有完成交付行为才能实现对赌主体预设的对赌目的，达成利益再平衡的最终效果。从此角度讲，将对赌标的看作一种行为亦不为过。

2. 目标公司

与原股东类似，目标公司在对赌指标达标时所需付出的代价也主要包括退出型标的和补偿型标的两种。由于目标公司无法向其自身补偿，因此目标公司付出的代价不可能包括向其自身补偿现金或股权的情形。目标公司在对赌指标未达标时可能需付出的股权回购、现金／股权补偿等代价如表 1–3–2 所示：

表 1–3–2　目标公司对赌标的情形细分

代价类型	类型细分	结果描述
股权回购	回购基金股权	目标公司回购基金所持公司股权，基金退出目标公司。
现金补偿	向基金补偿	目标公司向基金支付现金补偿，基金不退出目标公司。
股权补偿	向基金补偿	目标公司以象征性价格向基金增发目标公司股权，基金不退出目标公司。

从前表可以看出，目标公司承担对赌结果的表现形式基本与原股东承担对赌结果的表现形式相似，整体上都主要表现为股权回购、现金／股权补偿等形式，貌似只是具体的代价承担者不同而已。实际上，目标公司承担对赌结果与原股东承担对赌结果之间不仅有着相同或类似之处，而且有着实质性区别。

目标公司实施股权回购与原股东实施股权回购有两点类似之处。其一，两种股权回购都会预设一个相对明确的回购价格，且回购价格的设定方法亦基本类似，通常都是以投资款本金以及不低于基金门槛收益与基金管理费之和所计算的最低投资预期收益来计算股权回购价格，同样有利于解决投资估值的不确定性问题。其二，两种股权回购都可理解为私募股权基金的投资退出通道，而且应用场景类似，都是在目标公司已陷入困境且投资者已绝望时才会被使用。两种股权回购的不同之处在于：原股东实施股权回购需要考察原股东的回购意愿和财务状况，目标公司实施股权回购需要考察目标公司本身的回购意愿和财务状况，而后者又会涉及目标公司小股东及债权人等相关方的利益保护问题，从而引发更复杂法律关系的适用，需要从法律可行性角度进行论证。

与原股东实施现金／股权补偿相比，目标公司实施现金／股权补偿也是为了使私募股权基金能够维持或恢复其对目标公司的投资估值，同属传统意义上的估值调整范畴，而且也可使私募股权基金在投资退出前获得相关补偿，有利于未来实现投资退出，亦属投资退出前的权益保障措施。二者不同之处主要有两点：其一，目标公司实施现金补偿会导致目标公司现金流减少，不利于目标公司未来发展；其二，目标公司实施股权补偿通常只能通过向私募股权基金定向增资方式进行，会导致其他股东所持目标公司股权比例被稀释，而原股东实施股权补偿主要通过股权转让方式进行，不会导致转让方以外的其他股东所持目标公司的股权比例被稀释。由此可见：就目标公司而言，目标公司实施现金/股权补偿可能会产生完全不同的商业效果，而且这种效果与原股东实施现金/股权补偿所产生的效果完全不同。当然，由目标公司实施股权补偿和现金补偿同样会涉及目标公司小股东及债权人等相关方的利益保护问题，亦需要从法律可行性角度进行论证。

3. 投资者

从理论上讲，如果目标公司及其原股东需要在对赌指标未达标时付出相关代价或让渡相关利益，私募股权基金在对赌指标达标时理应亦当如此，以使各方之间的利益能够再度平衡，比如由其将所持目标公司相关股权无偿或以象征性价格转让给目标公司原股东。

遗憾的是，在中国目前的私募股权投资实践中，即使对赌指标达标，也鲜有私募股权基金付出相关代价或让渡相关利益的案例发生，“对赌”基本上已变成了“单赌”。私募股权基金通常“只接受调增，不接受调减”。之所以如此，背后既有私募股权基金自身运作规律的影响，也有中国私募股权投资实践自身问题的影响。在中国私募股权投资实践中，私募股权投资往往发端于目标公司的融资需求，而目标公司在融资时往往采用倒推方法，即由目标公司实际控制人先行定下融资金额，然后再确定可向私募股权基金让渡的股权比例，并据此反推目标公司的估值，然后再交由私募股权基金考量和决定是否投资，私募股权基金在目标公司估值过程中实际上并没有想象中的话语权，投资估值也不全是目标公司实际控制人与投资者协商确定的结果，而更多是目标公司实际控制人“自认为”目标公司“值这么多钱”。选择“单赌”或是私募股权基金无法真正参与目标公司估值定价的无奈之举，抑或是对私募股权基金定价话语权减损的补偿，但无论如何，这种选择最终造成的局面是：即使对赌指标达标，私募股权基金通常也不会同意付出任何代价或让渡任何利益，因为在其看来，对赌指标达标仅是目标公司实际控制人“自证”了目标公司“值这么多钱”而已。

基于前述分析，基本可以认为：作为对赌主体预先协商的产物，对赌标的应是一个外延比较宽泛的概念，可正常用于商业活动的财产、资源或其他利益原则上均应可以作为对赌标的，因此对赌标的首先应具有利益属性，是一种可用于商业活动的利益，包括现金等物品以及股权等权利，同时这些利益的让渡也离不开交付这一行为，否则亦无法达成最终对赌结果，因此对赌标的还应具有行为属性，而这种行为的属性恰恰应是界定对赌外延和内涵的关键。

首先，这种行为具有既定目的性，即行为指向的目标须是预期对赌结果所呈现的最终状态，比如由私募股权基金取得现金补偿款或股权回购款等。这种目的性使得这种行为必须在行为主体之间设定对应性的权利和义务关系，以使这种行为得以按预期完成，比如在财务业绩指标未达标时，不仅需要明确现金补偿款以及交付现金补偿这一行为，而且需要明确何方应当交付现金补偿款以及何方有权收取现金补偿款，否则现金补偿将无法完成，这也符合行为相对性原则。由此，如果现金补偿款交付发生在目标公司与私募股权基金之间，且与此相关的权利和义务亦是在二者之间设定，那么该二者即应互为对赌相对方，具有对赌关系，而不能说原股东与私募股权基金之间具有对赌关系。与此相对应，如果互为对赌相对方的主体就此签署了投资法律文件，其间的对赌关系也将成为法律上的权利和义务对应关系，否则即不构成法律上的权利和义务对应关系。

其次，这种行为指向的义务主体具有局限性，而指向的权利主体则具有开放性。从理论上讲，这种行为本应仅发生于私募股权基金与目标公司“原班人马”两方之间，相关权利和义务亦仅应在二者之间对应设定，但基于对赌标的的宽泛性，实践中无法排除相关权利和义务由第三方享有或承担的可能。比如，在对赌指标未达标时，由原股东向私募股权基金所指定第三方实施股权补偿的情形。在此情形下，虽然该第三方可能既不是目标公司原股东，也不是投资法律文件项下其他签约方，但由于原股东已就此做出了承诺并签署协议，由此该第三方就成了接受补偿股权这一对赌标的的权利主体，原股东相应就成了让渡这一对赌标的的义务主体，而私募股权基金则掌握着决定是否以及何时要求原股东履行这种股权补偿义务的核心权利，而这一权利是该第三方能够接受该股权以及原股东履行股权交付义务的基础和前提。由此可见，在对赌标的的行为要素中，真正决定“对赌”外延和内涵的关键是这种行为所指向的义务主体，而不是这种行为所指向的权利主体，而且后者通常由对赌主体之间自由约定，开放性较大，既可能包括对赌主体本身，也可能包括第三方。

五、对赌的界定

自“舶入”中国以来，“对赌”在中国私募股权投资实践中已经发生了很大变化。虽然估值调整仍然是“对赌”安排的核心基础，但也已偏离了最初的含义，而且已经不能对应“对赌”在现时语境下的真实含义，甚至有从“对赌”走向“单赌”之嫌，理论界和实务界目前亦尚未没有形成关于对赌内涵和外延的一致认知。

从对赌主体角度讲，对赌主体自对赌“舶入”中国以来并没有发生实质性变化，仍主要是由私募股权基金与目标公司“原班人马”两方构成。虽然两方内部构成各自不同，但都是参与私募股权投资交易并在投资交易中承担不同角色的自然人或机构，对界定“对赌”的内涵应没有实质上的帮助，需要从对赌指标和对赌标的角度另行考察。

就对赌指标而言，对赌指标有一个需要特别注意的特征，即对赌指标是现时设定的预期未来可能出现的一种客观状态，而这种状态最终能否出现会存在不确定性，且相关对赌主体应被允许去从事相关行为以使这种状态有机会出现，而不能通过设置行为禁止或其他措施以使这种状态不能出现或必然出现。换言之，这种状态能否出现或者对赌指标能否达标与这种行为之间不应具有直接的因果关系。比如，如果对赌主体不被允许从事这种行为，对赌将不会发生，因为这种状态没有机会出现；如果对赌主体被允许这种行为但会直接导致这种状态出现，对赌也不会发生，因为这种状态必然出现。相应地，以财务业绩为对赌指标的，私募股权基金就应首先允许而不是禁止实际控制人去经营管理目标公司，否则实际控制人将不会就此与私募股权基金进行对赌，因为实际控制人放弃经营管理目标公司会大概率导致对赌指标无法实现，这种可预见后果的“对赌”没有实质意义。因此，在对赌指标语境下，实际控制人经营管理目标公司应是一种被允许的行为，而非被禁止的行为，这不仅是私募股权基金与实际控制人建立对赌关系的前提，也是造就对赌结果具有不确定性的根源所在，因为这种行为虽与对赌指标有关联，却与对赌指标能否达标没有直接的因果关系。

对赌指标的前述特征有利于将“对赌”与私募股权基金的其他权益保障措施区分开来，包括对原股东的竞业限制、股权转让限制、关联交易限制，等等。这些保障措施旨在对目标公司“原班人马”的行为进行限制，是给目标公司“原班人马”设定义务和责任，与对赌指标含有的行为允许特征完全不同，应不宜作为“对赌”这一特殊权益保障措施对待，而只能作为私募股权基金的一般权益保障性措施对待。目标公司“原班人马”违反这些行为限制措施应承担的后果，原则上也应归属于违约后果而非对赌结果。比如，在实际控制人违反竞业限制措施时，如果私募股权基金因此要求实际控制人回购股权，那么这是违约后果，还是对赌结果呢？基于前述分析，这理应作为一种违约后果对待，因为实际控制人完全可以通过控制自身行为来避免违反竞业限制条款，这与对赌指标允许实际控制人去行为且行为结果具有不确定性完全不同。

除前述保障措施之外，在私募股权投资实践中，私募股权基金通常还会通过向自身赋权的方式设定很多其他权益保障措施，比如优先认购权、优先购买权、领售权、随售权、反稀释权、优先分红权、优先清算权、股东会参与权、董事会参与权、一票否决权、知情权和检查权，等等。那么，这些权利安排是否会构成“对赌”呢？

从权利内容属性角度讲，私募股权基金的这些权利可简单分为经营管理参与权和经济优先权两种。其中，经营管理参与权是指与参与目标公司经营管理相关的权利，包括股东会参与权、董事会参与权、一票否决权、知情权和检查权等权利。经营管理参与权发端于私募股权基金的目标公司股东身份，是私募股权基金得以参与目标公司经营管理的基础。虽然私募股权基金的经营管理参与权在内容构成上有别于目标公司原股东所享有的权利，但在本质上与目标公司原股东所享有的权利没有根本性不同。换言之，私募股权基金行使这些权利可能会与原股东行使相应公司经营管理参与权形成冲突或限制，而这与对赌指标允许原股东从事公司经营管理行为的特征存有不同，因此不宜作为对赌指标对待，而似乎更宜作为对赌标的对待。经济优先权是指与私募股权基金经济利益相关的权利，包括优先认购权、优先购买权、领售权、随售权、反稀释权、优先分红权、优先清算权等权利。以权利行使是否需要目标公司的同意或配合为标准，这些经济优先权又可分为需公司参与和不需公司参与两种。需公司参与的主要是指优先认购权、反稀释权、优先分红权、优先清算权，这些权利的行使需要征求目标公司意见且需以目标公司参与为前提。无需公司参与的主要是指优先购买权、领售权、随售权，这些权利的行使通常无需征得目标公司同意。

从权利行使前提角度讲，私募股权基金行使前述权利可以对赌指标未达标为前提，也可不以对赌指标未达标为前提，或者以其他条件为前提，甚至不设置任何前提。换言之，如以对赌指标未达标为前提，这些权利将被作为对赌标的对待，从而纳入对赌范畴，并成为对赌的组成部分；如不以对赌指标未达标为前提，那么这些权利就应仅仅是私募股权基金的一般权益保障权利，不宜纳入对赌的范畴，因为对赌指标能否达标与是否行使这些权利之间没有触发关系或因果关系。忽视这种触发关系或因果关系而将这些保障性权利一概视为对赌的看法并不准确。此外，基于对赌标的在行为要素方面的权利义务对应性，私募股权基金行使这些权益保障权利的行为也可区分为封闭行为和开放行为两种情形。其中，封闭行为主要是指行使经营管理参与权以及经济优先权中的优先认购权、优先购买权、反稀释权、优先分红权和优先清算权等权利，因为这些行为指向的权利主体和义务主体均仅限于私募股权基金与目标公司“原班人马”范围内，不包括第三方。开放行为主要是指行使领售权和随售权，虽然这些行为指向的义务主体还是局限于私募股权基金与目标公司“原班人马”范围内，但由于这些行为还涉及私募股权基金及目标公司原股东向第三方出售目标公司股权，因此除私募股权基金本身所享有的权利之外，这些行为还隐含了第三方享有的关于受让所转让目标公司股权的权利，与前述封闭行为不同。

此外，还需指出的是，在前述权益保障权利中，优先购买权和优先认购权是两种比较特殊的权利。首先，私募股权基金通常不会在对赌指标未达标时行使这两种权利，而是在对赌指标达标时行使，因为对赌指标达标时目标公司的价值才会升值，而对赌指标未达标时目标公司的价值会下降，私募股权基金在此情况下行使这两种权利会导致投资损失进一步加大。其次，这两种权利的这种行使机制能够使私募股权基金在目标公司发展向好的情况下获取更多权益，因此具有“增益”性质，与“对赌”“奖善罚恶”的特征存有根本性区别，不仅不应作为"对赌"安排对待，甚至不应作为权益保障权利或措施对待。虽然行使优先认购权和优先购买权会产生与行使领售权、随售权、反稀释权、优先分红权、优先清算权类似的再平衡各方之间利益的效果，但却会偏离"对赌"应有的根据对赌指标是否达标来再平衡各方之间利益的本质。

基于前述，"对赌"基本可以界定如下，即对赌是指在私募股权投资交易中交易权益相关方为在投资估值发生变化时再度平衡其间利益关系而基于未来不确定事件做出的权利义务调整安排；这种调整安排以未来不确定事件的发生为触发点，以相关权利享有者和义务承担者实施相关行为为表现形式，以最终达到在权益相关方之间进行权益再平衡或再分配的目的。在私募股权投资实践中，这些权益相关方主要是指私募股权基金以及目标公司"原班人马"等参与股权投资交易或者在其中享有相关权益或承担相关义务的一方或多方，即对赌主体或对赌参与方；这些调整安排主要是指在这些对赌主体之间做出的利益让渡或分配安排，既可能包括现金补偿、股权补偿、股权回购、反稀释、优先分红、优先清算等局限于对赌主体之间的封闭行为，也可能包括领售权和随售权等涉及第三方的开放行为，而这些安排是否构成"对赌"将取决于是否以未来不确定事件作为其行为触发点，且一项不确定事件可能触发多项对赌结果，一项对赌结果亦可能由多项不确定事件触发。除此之外，私募股权基金的其他保障性权利，比如对目标公司原股东的股权转让限制、竞业限制和关联交易限制，原则上应不宜作为"对赌"措施对待，而应仅宜作为一般权益保障措施或者保障"对赌"的辅助措施对待，以防止对赌失败事件发生而导致各方利益受损或发生震荡，而且这些权利会限制对赌主体从事相关行为，与"对赌"允许对赌主体从事相关行为的特征不符。

第二节　对赌的条款内容

在私募股权投资实践中，并不存在一份独立的"对赌协议"，关于"对赌"的约定都是以文件条款的形式体现在相应投资法律文件之中。所谓"对赌协议"其实是指当事人在投资法律文件中通过文件条款就"对赌"所达成的合意。这些关于“对赌”的条款有时被称为“对赌协议”，有时亦被称为“对赌条款”或“投资对赌条款”。

一、对赌条款的甄别

在投资法律文件中，关于私募股权基金的“权益保障条款”很多，比如股权回购条款、现金或股权补偿条款、优先认购权条款、优先购买权条款、领售权条款、随售权条款、反稀释权条款、优先分红权条款、优先清算权条款、股东会参与权条款、董事会参与权条款、知情权和检查权条款、股权转让限制条款、关联交易限制条款、竞业限制条款、同等待遇条款，等等。一方面，设置这些条款的目的是解决私募股权基金作为小股东在与控股股东利益发生冲突时的权益保障问题，并不必然属于对赌条款这一特殊权益保障条款。另一方面，这些条款却又具有对赌标的的利益属性，且只要以对赌指标达标作为行权依据或触发点，即可能成为对赌标的，从而被纳入对赌范畴，成为对赌条款。那么，如何从这些权益保障条款中甄别出对赌条款呢？这需要从私募股权基金签署这些条款的终极诉求入手考察。

私募股权基金签署这些权益保障条款的终极诉求其实也是私募股权基金实施对赌的终极诉求。从表面上看，私募股权基金实施对赌是为了防范股权投资所面临的目标瑕疵风险、投资估值风险和投资预期落空风险，但防范这些风险的最终目的却是为了保证未来能够顺利退出目标公司并取得投资收益，以实现其作为财务投资人的投资目标。换言之，基金管理人管理下的私募股权基金最需要的是货币，而非其他，不仅在基金募集资金时需要，而且在基金投资退出时、解散或清算时更加需要，以便基金投资人能够获得收益分配，同时基金管理人未来也能够有机会从更多基金投资人处募集更多资金以及设立更多基金。由此，在完成股权投资后，私募股权基金必须能够从目标公司中实现投资退出并拿到货币形式的投资收益，否则就可能要么因为退出无路而沦为目标公司的“接盘侠”，要么因为无法拿到货币分配而导致基金投资人无法实现基金投资收益预期，并最终导致基金管理人的盈利模式无以为继。这种根本诉求决定了私募股权基金需要在实践中考虑采取“以退为进”的投资理念，以能够实现投资退出作为投资决策依据。正所谓“投得好，不如退得好”。这种投资理念恰恰也完美贴合了前文所述对赌动因。从此角度讲，在众多权益保障条款中，对私募股权基金最为重要的条款当属与其投资退出最直接相关且具有经济给付内容的条款，否则私募股权基金退出目标公司并获取货币收入的目标就会落空。这些条款主要包括股权回购条款、领售权条款、随售权条款、优先清算权条款，或可称之为“退出条款”。

除“退出条款”外，在前述权益保障条款中，具有经济给付内容的条款还有现金 / 股权补偿条款、优先认购权条款、优先购买权条款、反稀释权条款、优先分红权条款。与“退出条款”不同的是，这些条款不是给私募股权基金退出目标公司提供通道，而是区分不同情况对私募股权基金的投资权益提供保障，以维持或恢复或提升私募股权基金所持目标股权的估值。在这些条款中，首先需要注意的是优先认购权条款和优先购买权条款，这两种条款通常只在对赌指标达标时或目标公司价值升值时才会被私募股权基金所适用，而在对赌指标未达标或目标公司价值下降时，私募股权基金通常无意适用这两种条款来增持目标公司的股权，而是更愿适用股权回购条款或补偿条款等其他条款来保障自身投资权益。因此，这两种条款更宜作为“增益条款”对待，而不是作为对赌条款甚至权益保障条款对待。在实践中，虽然不能排除将优先认购权和优先购买权作为对赌标的的可能，但这也不会改变这两种权利的增益性权利属性。或许有人会说，这两种权利是基于有限责任公司的人合性而产生的权利，私募股权基金可通过行使这些权利阻止“不受欢迎者”成为目标公司股东，但问题是，如果“不受欢迎者”能够助力公司发展，似乎也没有充分理由阻止其成为目标公司股东，毕竟实现投资退出才是私募股权基金的最终诉求。与优先认购权条款和优先购买权条款不同的是，现金 / 股权补偿条款、反稀释权条款、优先分红权条款更能体现对私募股权基金投资权益的保护，特别是在目标公司的估值下降时或可能下降时，因此更适合作为对赌标的对待。由于这些条款大多包含对私募股权基金的补偿内容，而且执行这些条款不会导致私募股权基金退出目标公司，因此这些条款或可被称为“补偿条款”，以与“退出条款”相区分，尽管二者都具有价值调整的内容。

除具有经济给付内容的条款外，前述条款中还有很多不包含经济给付内容的条款，包括股东会参与权条款、董事会参与权条款、监事会参与权条款、知情权和检查权条款、股权转让限制条款、关联交易限制条款、竞业限制条款、同等待遇条款。在实践中，设计和签署这些条款主要有两个方面的原因。其一，私募股权基金的核心投资收益预期来自目标公司发展所带来的价值提升，而不是目标公司或其原股东的股权回购。如果预期投资收益仅仅着眼于股权回购，投资人大可通过债权投资基金向目标公司进行债权投资的方式来实现盈利，而无需采用股权投资这种复杂而间接的交易方式。其二，目标公司是独立的企业法人，其正常运转离不开公司股东会、董事会及管理层的管理行为，也离不开原材料采购和产品销售等商业行为，而退出条款和补偿条款不具有克服这些行为所带来的商业运作风险的功能。为防范这些风险并使目标公司保值增值，就需要考虑额外设置相关条款，以使私募股权基金能够参与目标公司经营管理并对可能减损私募股权基金投资权益的行为进行限制。换言之，如果这些条款能够得以良好遵守，且能够使目标公司的价值保值增值，那么退出条款或补偿条款亦可避免被触发。从此角度讲，这些条款不仅可以作为私募股权基金的权益保障条款对待，而且也完全可以作为对赌条款的"辅助条款"或"补充条款"对待。一方面，这些条款有助于私募股权基金实施投后管理，最大限度防止退出条款和补偿条款被触发；另一方面，也有助于在退出条款和补偿条款被触发时为执行这两种条款提供保障，比如为证明目标公司或其原股东存在违法或违约行为提供证据支持。因此，将这些条款称为"辅助条款"或更为合适。

从上述分析可以看出，直接回应私募股权基金终极诉求的条款应是股权回购条款、领售权条款、随售权条款、优先清算权条款等"退出条款"，其次是现金/股权补偿条款、反稀释权条款、优先分红权条款等"补偿条款"，最后才是股东会参与权条款、董事会参与权条款、监事会参与权条款、知情权和检查权条款、股权转让限制条款、关联交易限制条款、竞业限制条款、同等待遇条款等"辅助条款"，而优先认购权条款和优先购买权条款这两种"增益条款"则属于给私募股权基金投资权益"锦上添花"，与其既要防范风险又要取得投资收益的诉求并不完全契合。那么，这些条款中的哪些条款会构成对赌条款呢？这需要考察这些条款在对赌语境下的利益属性和应用逻辑。

在退出条款项下，最明显的利益属性当属私募股权基金与目标公司及/或其原股东抑或第三方之间的利益让渡或分配安排。对私募股权基金而言，这种利益属性显然需要能够使私募股权基金退出目标公司并取得相应投资收益，而无论这种收益取自于目标公司、原股东抑或第三方。然而，这种利益让渡在实践中通常不会自动发生，这不仅是因为其中会涉及利益损益事宜，而且是因为其中还会涉及目标公司股权结构变更等一系列事宜。由此，就需要设置相关触发机制，以使这种利益让渡在触发机制被触发时不得不发生，意即在相关条件成就时使利益让渡人转换成为利益让渡义务人，使其不得不完成预设的利益让渡事宜。这种对触发机制的需求就是股权投资实践中设定对赌指标的动力源泉。基于退出条款内含的经济属性以及对于触发机制的内生需求，退出条款就具有了成为对赌条款的极大可能。这种可能同样适用于补偿条款，因为补偿条款同样内含经济属性且其项下的利益让渡也不会自动发生，也需通过设置相关触发机制来使预设利益让渡能够得以被实际执行。

对辅助条款而言，情况则完全不同，因为辅助条款项下的利益完全可以由私募股权基金根据协议约定而直接享有，既无直接的经济属性，也无需设置相关触发条件，甚至其中有些条款项下的利益还是法律直接赋予的权利，无论是赋予私募股权基金还是目标公司原股东，比如经营管理参与权以及知情权和检查权。反过来讲，如果给享有这些利益设置触发机制或前提条件，反而成了一种不符合正常商业操作的做法。比如，实践中就没有私募股权基金承诺仅在一定条件下才享有知情权与检查权的做法。这种情况同样适用于增益条款，因为增益条款也可表现为直接的协议权利或者法律赋予的权利。

综上，基本可以明确，对赌条款更适合于在退出条款和补偿条款中产生，而不应在辅助条款和增益条款中产生。至于对赌条款具体会是这几类条款中的哪些条款，还需进一步通过分析这些条款的具体内容加以研判。

二、退出条款的内容

退出条款主要是指股权回购条款、领售权条款、随售权条款、优先清算权条款。对私募股权基金而言，退出条款具有特别重要的意义。一方面，退出条款以协议形式预设了私募股权基金的投资退出通道，使私募股权基金拥有了退出目标公司的合同请求权基础。另一方面，退出条款还以协议形式预设了私募股权基金的投资退出价格，使私募股权基金拥有了在退出目标公司的同时取得一定对价的合同请求权基础。

（一）股权回购条款

股权回购条款是一种最常见的对赌条款，多体现于股东协议或补充协议之中。以回购义务承担主体为标准，股权回购可分为目标公司股权回购和目标公司原股东股权回购两种，其中后者又包括目标公司实际控制人回购和其他原股东回购两种情形。为制作法律文件便利，目标公司股权回购和目标公司原股东股权回购通常都是在同一条款中一并书写，主要内容包括回购义务人、回购权利人、回购触发条件、回购价款或计算方法、回购实施程序以及回购履行不能的处理等内容。

以"认购增资"交易为例，股权回购条款可例示[1]如下：

除本协议另有规定外，自本协议签署日起至业绩承诺期届满或目标公司实现在增资方认可的股票市场上市并公开发行股票前（以较早者为准），如实际控制人、目标公司和/或原股东发生任一下列情形，则增资方有权要求实际控制人、目标公司或全部或部分原股东（统称"回购方"）受让、回购、收购（统称"回购"）增资方在目标公司中持有的全部或部分股权（具体以增资方通知的为准）：

（i）实际控制人、目标公司和/或原股东进行任何作为或者不作为，怠于或拒绝履行或违反其在本协议和/或新公司章程项下的义务，严重影响增资方订立本协议时合理期待的利益。

（ii）目标公司无法在业绩承诺期内完成本协议约定的净利润指标。

（iii）实际控制人、目标公司和/或原股东违反本协议和/或新公司章程所规定的目标公司财务政策和/或其他政策，致使目标公司出现重大违法违规行为。

（iv）向增资方提供的目标公司的公司记录或财务报表严重失实，或者目标公司存在披露函所披露债务以外的任何重大未披露债务（包括担保等或有债务），导致对目标公司和/或增资方产生重大不利影响的。

---

1 本书所有例示条款仅为解释和说明相关内容之用，不代表本书作者任何观点，相关条款内容本身甚至可能存有相关法律问题，特别不建议直接摘录使用。

（v）由于实际控制人和／或原股东的原因而发生对目标公司产生重大不利影响的诉讼或其他争议程序。

被增资方指定的回购方应按照“认购款实际缴付金额＋认购款实际缴付金额 × 实际投资年限 ×12%”所计算的金额（回购价款）回购增资方所持有的目标公司全部股权。

如果增资方基于前述规定，要求回购方回购其在目标公司中的股权，而实际控制人和／或原股东通过任何作为或不作为予以阻碍或拖延，则回购方除应支付上述回购价款外，回购方还应按照“认购款实际缴付金额X实际投资年限X14%”所计算的金额，另行向增资方支付违约金，直至增资方收回全部上述回购价款及违约金。

从前述例示条款可以看出，股权回购条款是一种对私募股权基金赋予权利并对回购义务方施加义务的条款，但这种权利和义务的行使和履行需以相关条件成就为前提。在对赌语境下，这种所谓的“条件成就”即是触发机制，是指对赌指标未达标的情形。此外，通过比对前述例示条款中的五种情形也可以看出，第（ii）种情形明显不同于其他四种情形，因为第（ii）种情形无法由回购义务方（包括目标公司、实际控制人和其他原股东）和私募股权基金完全控制，不确定性较大，更像真正意义上的对赌指标，而其他四种情形则主要是对目标公司及其原股东的限制，且只要目标公司及其原股东加以适当注意，基本可以控制该等情形的发生。基于对赌指标的客观性和不确定性，基本可以认为：因第（ii）种情形出现所触发的股权回购更像对赌标的或对赌结果，而其他四种情形出现所触发的股权回购却更像是违约结果，而非对赌标的或对赌结果，因此与这四种情形相对应的条款更像是违约条款，而非对赌条款。

除前述外，前述例示条款还对回购义务人（即回购方，包括目标公司、实际控制人和其他原股东）、回购权利人（即增资方）、回购触发条件、回购价款、回购实施程序以及回购违约责任等事宜进行了约定，从中亦可见现时股权回购条款的一般设置方法。

（二）随售权条款

随售权（Tag-Along）又称“共同出售权”（Co-sale），是指在目标公司实际控制人向第三方出售其所持目标公司股权时，私募股权基金所享有和行使的随同实际控制人一起将其所持目标公司股权出售给第三方的权利。之所以设置随售权，主要目的是使私募股权基金能够参与实际控制人与第三方之间的股权交易，“搭便车”退出目标公司。一般而言，如果实际控制人准备将目标公司出售给第三方，通常意味着实际控制人已对目标公司发展前景产生了不同以往的看法，而实际控制人出售所持目标公司股权往往也会给目标公司未来发展造成震荡，不利于私募股权基金投资权益的维护，而设置随售权则可使私募股权基金有机会与实际控制人一起出售所持目标公司股权，并可依托控股权出售所可能产生的溢价而获得比单独出售少量股权获得更高的售价，不仅有利于实施投资退出，而且有机会获得更好的投资收益。

随售权具有如下两方面特征。其一，随售权通常只在实际控制人向第三方出售目标公司股权时才会被触发，且在私募股权基金要求行使随售权时，实际控制人已就目标公司股权出售事宜与第三方达成了基本意向或共识，包括拟出售的股权数量、出售价格和交割方式，等等。对这些内容，私募股权基金可能一直“蒙在鼓里”，除非或直至实际控制人向其披露，因此随售权实际上是私募股权基金的一种被动防御式权利。其二，随售权因涉及公司股东向股东以外的第三方转让公司股权，还会引发《公司法》下优先购买权的行使问题。作为目标公司股东，私募股权基金同样享有这一权利，同样需要为行使这种权利而知晓实际控制人拟出售的股权数量、出售价格和交割方式等内容，尽管这种权利可能并不会被真正行使。事实上，为切实保障能够行使随售权或优先购买权，私募股权基金通常会在投资法律文件中对实际控制人应向其披露的拟出售股权数量、出售价格和交割方式等内容以及与此相关的披露时点、披露程序进行详细书明。

需要指出的是，在随售权场景下，由于股权出售价格主要是由实际控制人与第三方进行沟通和协商，因此为防止股权出售价格过低而导致遭受投资亏损，私募股权基金通常也会在投资法律文件中对此场景下的股权出售价格进行限定，并要求有权因为实际出售价格不符合限定价格而否决实际控制人的出售计划，而这又会涉及反稀释权的应用问题。

随售权条款可例示如下：

如实际控制人向第三方转让目标公司股权且投资人未就拟转让股权行使

优先购买权，则投资人有权（但无义务）按照受让方提出的相同价格和条款条件，与实际控制人一起向受让方转让其持有的目标公司股权。实际控制人应就此向投资人发出转让通知，转让通知应包括拟转让股权交易的所有重要条款和条件（包括但不限于转让股权比例、转让价格和付款时间），投资人有权在收到转让通知后的20个工作日内向实际控制人递交书面通知，告知其是否行使随售权，通知中应列明投资人希望向受让方转让的股权数额。为避免歧义，在任何情况下该等股权转让所对应的目标公司估值均不得低于股权回购价格所对应的目标公司估值，且：

（ⅰ）任何情况下，投资人均有权优先于实际控制人向受让方出售股权。受让方收购投资人出售的股权后继续收购的，实际控制人可以转让其股权。

（ⅱ）如实际控制人拟转让的股权数额超过受让方的购买要求，投资人有权优先于实际控制人向受让方转让其持有的股权。

（ⅲ）如投资人行使随售权的，实际控制人及其他股东有义务促使受让方以相同的价格和条款条件收购投资人行使随售权所要求出售的全部或部分股权。如受让方以任何方式拒绝从行使随售权的投资人处购买股权，则实际控制人不得向受让方出售任何股权，除非在该出售或转让的同时，实际控制人按转让通知所列的条款和条件从投资人处购买该等股权。

从前述例示条款可以看出，随售权条款是一种对私募股权基金赋予权利并对实际控制人施加义务的条款，但这种权利和义务的行使和履行需以相关条件成就为前提，即实际控制人已与第三方就目标公司股权出售事宜达成了意向或共识。在对赌语境下，实际控制人能否与第三方就目标公司股权出售事宜达成意向或共识，并没有确定性，而且需以私募股权基金同意实际控制人就目标公司股权出售事宜与第三方展开沟通为前提，从而也符合对赌指标的行为允许性和不确定性特征，因此对私募股权基金而言，如果随售权条款可以作为对赌条款对待，亦只可视为前文提及的具有开放性的对赌。

（三）领售权条款

领售权（Drag-Along）又称“拖售权”或“拖带权”，是指目标公司在约定期限内未达到私募股权基金的投资预期且私募股权基金需要通过向第三方出售其所持目标公司股权来实现投资退出时，私募股权基金所享有和行使的强制目标公司原股东随同私募股权基金一起将目标公司股权出售给第三方的权利。设置领售权的主要目的也是保障私募股权基金能够顺利退出目标公司。

与随售权相比，领售权具有如下三方面特征。其一，与随售权的被动防御作用不同，领售权具有更多主动色彩，而且与第三方沟通拟出售的股权数量、出售价格和交割方式等事宜也主要是由私募股权基金负责与受让方沟通确定，而非由目标公司其他股东负责，目标公司其他股东在领售权场景下是被动的一方。其二，在随售权场景下，第三方受让实际控制人股权可直接达成获取目标公司控制权的效果，不一定需要受让私募股权基金所持股权；在领售权场景下，由于目标公司亦通常需要出售给同行业公司、上下游公司甚至竞争者，而这些公司往往会基于整体战略布局而要求对目标公司实施控制，因此私募股权基金所持少量股权无法满足第三方对目标公司控制权的要求。在此情况下，强制要求实际控制人一并出售其所持目标公司股权就会有利于提高可供出售的股权数量，提升股权出售交易的成功可能性，这也是领售权得以产生的重要原因。其三，领售权虽然也涉及《公司法》下的优先购买权，但由于私募股权基金为避免投资亏损，通常不会接受过低的股权出售价格，而较高的出售价格亦往往能够被各股东所接受，因此领售权条款往往不会对各方之间的信息披露内容和程序进行过于复杂的规定。

领售权条款可例示如下：

如目标公司于XXXX年XX月XX日仍未实现合格上市，则投资人有权为目标公司寻找潜在收购方。在目标公司整体收购估值不低于人民币XX亿元的前提下，投资人有权向目标公司原股东发出书面通知，要求原股东按照投资人与收购方达成的价格和条件与投资人一起向收购方出售其所持有的全部或部分目标公司股权。如各股东出售或转让的目标公司股权数量大于收购方拟收购的股权数量，则各股东届时应出售的公司股权数量应按届时各股东所持目标公司股权数量之比计算，但在任何情况下投资人都应优先于原股东将其全部股权出售给收购方。

目标公司原股东应在收到投资人书面通知后10日内予以书面回复。若原股东不同意出售或不予回复，则应按照收购方提出的收购价格和条件在1个月内回购投资人届时持有的目标公司全部股权。若原股东逾期未付清全部价款，则视为该等股东已同意与投资人共同出售。

各股东应最大努力配合前述收购，并争取公司出售价格的最大化。投资人有权主导前述收购，且原股东应予充分配合，包括但不限于配合收购方进行尽职调查、在董事会或股东会（视情况而定）上就收购方收购投赞成票或促使其董事投赞成票。

从前述例示条款可以看出，领售权条款是一种对私募股权基金赋予权利并对原股东施加义务的条款，且这种权利和义务能够得以行使或履行的前提条件是私募股权基金已与第三方就目标公司股权出售事宜达成了意向或共识，而这种前提条件是否成就将取决于私募股权基金与第三方的沟通，与私募股权基金在随售权下的被动地位完全不同。因此，从私募股权基金角度讲，无论能否达成目标公司股权出售意向，这种条款均应看成普通的合同约定条款，而非对赌条款。然而，如果再考虑前述例示条款中关于领售权触发条件的规定，即"如目标公司于××××年××月××日仍未实现合格上市，则投资人有权为目标公司寻找潜在收购方"，随售权条款似又可作为对赌条款对待，因为该触发条件成就时私募股权基金即可开始与第三方沟通目标公司股权出售事宜。因此对私募股权基金而言，虽然随售权条款本身不宜作为对赌条款对待，但如果随售权的行使存在相关触发条件，则亦可能转化成为类似于股权回购条款的"对赌条款"，具体需根据约定内容及情况研判。

（四）优先清算权条款

优先清算权是指在目标公司清算时私募股权基金所享有和行使的优先于目标公司原股东取得公司剩余财产的权利。在实践中，私募股权基金通常都会要求在其取得的公司剩余财产能够涵盖其投资成本和投资预期收益之前，目标公司原股东不得分配取得任何公司剩余财产。

优先清算权是中国法下一个比较值得探讨的课题。首先，《公司法》规定，公司清算应以公司解散为前提，而公司解散导致清算的只有4种情形，[1]即（1）公司章程规定的营业期限届满或者公司章程规定的其他解散事由出现；（2）股东

1 《公司法》第183条："公司因本法第一百八十条第（一）项、第（二）项、第（四）项、第（五）项规定而解散的，应当在解散事由出现之日起十五日内成立清算组，开始清算。……"

会或者股东大会决议解散；（3）公司依法被吊销营业执照、责令关闭或者被撤销；（4）法院依照《公司法》第182条[1]的规定予以解散。然而，私募股权基金在实践中关注的目标公司清算触发点却不会仅限于《公司法》规定的前述情形，有时还可能包括私募股权基金关注的一些其他情形。一般而言，这种要求往往只是体现在股东协议中，不会写入目标公司章程，而股东协议能否取代公司股东会决议以及这种要求能在多大程度上得到法律的支持亦值得商榷。其次，根据《公司法》规定，[2]有限责任公司的剩余财产应按股东的出资比例分配，股份有限公司的剩余财产应按股东持有的股份比例分配，没有赋予股东另行协商确定剩余财产分配的意思自治空间，因此私募股权基金通过股东协议约定获得比其他股东优先分配目标公司剩余财产的权利能在多大程度上得到法律的支持也值得商榷。为解决这一障碍，有些投资法律文件会就此进行补充约定，比如："如目标公司因法律或其他原因无法优先向投资人分配公司剩余财产，则剩余财产可在全体股东之间按照股权比例分配，但分配完成后，目标公司原股东应以其清算所得对投资人进行补偿。"这种约定虽在理论上具有可操作性，但在目标公司清算时，私募股权基金与原股东间的关系已经十分紧张，最终私募股权基金能否根据该等约定收回这些补偿也会存在疑问。

优先清算权条款可例示如下：

如目标公司发生清算事件（定义见下文），目标公司根据适用法律支付清算费用、职工的工资、社会保险费用和法定补偿金、缴纳所欠税款、清偿公司债务后的剩余财产（"清算财产"）应按下列方案和顺序进行分配：

（i）投资人有权优先于原股东获得（A）其为本次投资所支付的全部投资款的120%，加上每年10%的单利；和（B）投资人持有的股权对应的累计未分配利润（以上（A）和（B）合称"清算优先金额"）；

---

1 《公司法》第182条："公司经营管理发生严重困难，继续存续会使股东利益受到重大损失，通过其他途径不能解决的，持有公司全部股东表决权百分之十以上的股东，可以请求人民法院解散公司。"

2 《公司法》第186条第2款："公司财产在分别支付清算费用、职工的工资、社会保险费用和法定补偿金，缴纳所欠税款，清偿公司债务后的剩余财产，有限责任公司按照股东的出资比例分配，股份有限公司按照股东持有的股份比例分配。"

（ii）投资人清算优先金额支付完毕后，如果目标公司仍有可供分配的清算财产，则由全体股东按照其届时持有的股权比例进行分配；

（iii）如届时可分配清算财产不足支付清算优先金额，则清算财产均应分配给投资人。

原股东应采取一切符合适用法律规定的有效措施确保投资人优先于其他股东从清算财产中获得清算优先金额。如投资人未能足额获得上述财产，则原股东有义务以现金形式向投资人补偿差额，但补偿金额以可分配清算财产为限。

为本协议之目的，下列情况视为“清算事件”，投资人的优先清算权将予以适用：

（i）目标公司的实际控制权发生变化（投资人同意不视为清算事件的变化除外）；

（ii）目标公司被其他主体兼并或合并；

（iii）目标公司的资产或业务或股权被全部或大部分出售；

（iv）目标公司停止开展现在进行的主营业务；

（v）目标公司发生严重亏损，无力继续经营。

如果届时相关政府部门反对本条所述分配方案、顺序或者因为其他原因导致本条所述分配方案、顺序无法实行，则各方应先行按权益比例进行分配，之后由除投资人外的其他股东通过无偿赠予的方式按比例将获得的清算财产转让给投资人，以使投资人最终获得全部清算优先金额。

从前述例示条款可以看出，优先清算权条款是一种对私募股权基金赋予权利并对目标公司及其原股东施加义务的条款，但这种权利和义务的行使和履行需以目标公司清算条件成就为前提。在对赌语境下及根据《公司法》关于公司应清算情形的规定，目标公司是否具备客观清算条件并非目标公司实际控制人一人可控制，也具有对赌指标具有的客观性和不确定性特征，由此将优先清算权条款视为对赌条款应无问题。问题在于，只要目标公司及其原股东加以注意，前述例示条款所规定五种清算事件中的四种情形（第（v）种情形除外）即不会被触发，基本可以控制，从此角度讲，该四种情形与对赌指标具有的客观性和不确定性不同，更像是一般合同约定或违约条款，而不是对赌条款。此外，还需指出的是，前述例示条款约定的公司清算情形与《公司法》规定出入较大，能否以及能够在多大程度上获得法律支持亦需斟酌。

三、补偿条款的内容

与“退出条款”不同，行使补偿条款项下的权利，不仅不会导致私募股权基金退出目标公司，反而可能在实施股权补偿的情况下使私募股权基金增持目标公司股权并增加私募股权基金对目标公司的影响力，并在实施现金补偿的情况下使私募股权基金能够提前收回部分或大部分投资成本，并最终便利未来实施投资退出。

（一）现金 / 股权补偿条款

现金 / 股权补偿条款有时亦称“业绩补偿条款”。与股权回购条款类似，现金 / 股权补偿条款亦多见于股东协议或补充协议之中。现金 / 股权补偿条款之所以会被称为业绩补偿条款主要是因为这些条款通常都是基于目标公司的业绩指标而设定，旨在于目标公司业绩指标未达标时对私募股权基金进行现金及 / 或股权补偿，以弥补私募股权基金在目标公司业绩未达标时因目标公司价值下降所遭受的损失。[1]

以补偿义务承担主体为标准，补偿可分为目标公司补偿和原股东补偿两种，包括补偿现金及 / 或股权。为制作法律文件便利，目标公司补偿和原股东补偿通常都是在同一条款中一并书写，主要包括补偿义务人、补偿权利人、补偿触发条件、补偿价款或其计算方法 / 补偿股权的数量或其计算方法、补偿实施程序以及补偿履行不能的处理等内容。

现金 / 股权补偿条款可例示如下：

实际控制人和原股东在此共同向投资方承诺，其将尽一切合理努力确保目标公司在如下业绩承诺期内完成相应净利润指标：

（i）2021 年：200 万元人民币；

（ii）2022 年：1,500 万元人民币；

（iii）2023 年：3,245 万元人民币。

---

1 与业绩补偿条款相对应，实践中还存在一种“业绩奖励条款”，旨在于目标公司业绩指标达标或超额达标的情况下对目标公司原股东及经营管理团队实施奖励，包括现金奖励、股权 / 股份奖励等形式，其受奖权利人和奖励义务人恰恰与业绩补偿条款中的补偿权利人和受偿义务人相反。

各方在此一致同意并确认：如目标公司在业绩承诺期内每年均达到或超过前述利润目标，则目标公司估值以及投资方所持有的目标公司股份／股权比例无需调整；若目标公司 2021 年至 2023 年的累计经营净利润未达到上述对应指标累计额的 80%，则投资方有权自行决定和选择行使下列一项或多项权利：

（i）投资方现金补偿权利，即如目标公司未达到前款规定净利润指标，则投资方有权要求实际控制人及／或原股东（合称“补偿义务人”，以投资方指定为准）对其进行现金补偿，且补偿义务人应按如下公式计算的金额对投资方进行现金补偿：补偿金额＝投资款总额 ×[1－（A+B+C）÷（甲＋乙＋丙）]，其中，前述 A、B、C 分别是指目标公司在 2021 年至 2023 年各年度实现的净利润金额，以目标公司审计报告所载金额为准；甲、乙、丙分别是指目标公司在 2021 年至 2023 年所应达到的净利润指标。为避免歧义：如目标公司未达前款规定的净利润指标且投资方要求现金补偿的，则补偿义务人应按投资方的选择完成下列要求：（a）在投资方向其发出补偿通知之日起 30 日内，以投资方依据前款规定计算的现金补偿金额向投资方支付现金补偿款；（b）在目标公司有盈余资金进行红利分配且补偿义务人已一次性向投资方支付至少 50% 现金补偿款的前提下，投资方可允许补偿义务人以其有权自目标公司收取的分配红利向投资方支付现金补偿款的差额，但在前述现金补偿得以全部支付完毕前，补偿义务人因收取该等分配红利使用的银行账户应交由投资方共同监管。

（ii）投资方股份调整权利，即：如目标公司未达到前款规定的净利润指标，则投资方有权要求实际控制人及／或原股东（合称“补偿义务人”，以投资方指定为准）对其进行股份补偿，且补偿义务人应按如下公式计算其应对投资方进行股份补偿的股份数：应补偿股份数＝投资款总额 ×［1－（A+B+C）÷（甲＋乙＋丙）］÷承诺期内每股净资产的平均值，其中前述 A、B、C 分别是指目标公司在 2021 年至 2023 年各年度实现的净利润金额，以目标公司审计报告所载金额为准；甲、乙、丙分别是指目标公司在 2021 年至 2023 年所应达到的净利润指标。为避免歧义：如目标公司未达前款规定净利润指标且投资方要求股份补偿的，则补偿义务人应在投资方向其发出补偿通知之日起 45 日内，向投资方转让依据前款规定计算的补偿股份数、签署股份转让协议并完成工商变更登记，转让价格以总价人民币 1 元或公司登记机关认可的其他最低数额之间较低者为准，实际控制人、原股东应促成目标公司股东会和/或董事会作出相应决议以使本条所规定事宜得以全部实现。

从前述例示条款可以看出，现金/股权补偿条款的设置方式与股权回购条款的设置方式存在很多类似之处，包括对补偿义务人（包括目标公司、实际控制人和其他原股东）、受偿权利人（即私募股权基金）、补偿触发条件、补偿价款/股权补偿数量、补偿实施程序的设置，等等。与股权回购条款不同的是，现金/股权补偿条款所设置的补偿触发条件更为简单和客观，主要是目标公司的业绩指标（比如净利润、营业收入、特定资质的取得、特定生产条件的实现、订单数量的达成等财务或经营方面的指标），且具有不确定性，而不像股权回购那样会包括业绩指标、目标公司上市等在内的众多事项。从此角度讲，现金/股权补偿条款应比股权回购条款更贴近对赌的本意。事实上，现金/股权补偿应当也是"对赌"最初也最本真的指向，毕竟私募股权投资其实是对目标公司未来发展前景和盈利能力进行投资，而基于目标公司业绩发展情况通过现金/股权补偿对投资估值进行利益调整恰恰可以弥补投资时对目标公司发展前景和盈利能力预测方面的不足。

（二）反稀释权条款

反稀释权条款有时亦称"反稀释条款"或"反摊薄条款"，通常是指私募股权基金为防止因目标公司低价进行后续股权融资而导致其所持股权价值贬值或所持股权比例被稀释而采取的措施。在股权投资实践中，防止持股比例被稀释通常通过赋予基金转换权或优先认购权来实现，防止股权价值贬值主要通过赋予基金价格调整权来实现。其中，转换权通常适用于目标公司发生送股、股份分拆或合并等情形时，可使私募股权基金通过相应调整其所持目标公司优先股未来转换为普通股的转换价格来借以保持其持股比例；[1]优先认购权通常适用于目标公司增发新股的情形中，可使私募股权基金免费或以较低成本取得新增股份从而保持其持股比例不被稀释；价格调整权则可使私募股权基金通过对在先

1 比如目标公司向私募股权基金发行优先股并设定未来转换为普通股时转换价格为2元/股，其后目标公司决定按每1股拆分为2股的方式进行股份拆分，在此情况下私募股权基金有权相应调整转换价格，将新的转换价格调整为1元/股，对应每1股优先股可以转为2股普通股。

投资价格进行调整来补偿后续低价股权融资所造成的投资价值减损，既可适用于目标公司增发新股的情形，也可适用于目标公司股权发生转让的情形。相较而言，优先认购权及价格调整权在设定反稀释权时比转换权更为常见。

从行权角度讲，以对私募股权基金的权益保护力度为基准，反稀释又可分为完全棘轮（Full Ratchet Anti-dilution，即以较低的在后轮次股权融资价格作为前次股权融资价格）和不完全棘轮（Partial Ratchet Anti-dilution，即在考虑各轮次股权融资情况的基础上调整前次股权融资价格）两种情形，且不完全棘轮在实践中又有多种具体范式，包括对在先投资价格进行调整时可能采取的加权平均方式（综合考虑各轮次融资价格及股份发行数量后取平均数）或价格平均方式（仅考虑各轮次融资价格取平均数）、投资价格调整公式中股份计算基数的“宽基”方式（股份数计算包含可转换证券转换时和发行在外期权行权时可发行的同类别股份数额）或“窄基”方式（仅限于已实际发行的同类股份总数作为调整范围）等不同因素变化。相对而言，“宽基”加权平均的计算方式或对目标公司或原股东更为有利。

反稀释条款可例示如下：

<u>完全棘轮条款</u>

自交割日起至公司完成投资方认可的上市工作止，未经投资方书面同意，公司不得以低于本轮融资的投后估值（以下简称“基准估值”）作为后续融资的投前估值，以进行股权性融资（包括但不限于增资、发行可转债或认股权证等，但不包括经批准的员工股权激励），原股东亦不得以低于基准估值的价格向任何第三方转让或以任何其他方式处置所持公司股权。若投资方书面同意公司以低于基准估值的估值基础对外进行股权性融资，则投资方有权要求公司及原股东（具体以投资方选择为准）：（1）由投资方以名义价格向公司进行增资；或（2）原股东以名义对价将其持有的公司股权转让给投资方；或（3）原股东向投资方进行现金补偿，以使得投资方的本轮投资价格与后续股份发行价格相等。

<u>加权平均方式的不完全棘轮条款</u>

自交割日起至公司完成投资方认可的上市工作止，未经投资方书面同意，公司不得以低于本轮融资的投后估值（以下简称“基准估值”）作为后续融资的投前估值，以进行股权性融资（包括但不限于增资、发行可转债或认股权证

等，但不包括经批准的员工股权激励），原股东亦不得以低于基准估值的价格向任何第三方转让或以任何其他方式处置所持公司股权。若投资方书面同意公司以低于基准估值的估值基础对外进行股权性融资，则投资方有权要求公司及原股东（具体以投资方选择为准）：（1）由投资方以名义价格向公司进行增资；或（2）原股东以名义对价将其持有的公司股权转让给投资方；或（3）原股东向投资方进行现金补偿，以使得投资方的本轮投资价格调整为按照如下公式计算的价格：

调整后的每单位认购价格（即认购每 1 元人民币公司注册资本的价格）=［（B+C）/（B+D）］×A，其中 A 指投资方本轮投资的每单位认购价格，B 指后续股份发行前公司注册资本，C 指假设按照投资方本轮投资中的每单位认购价格进行增资，新增资股东按其投资总额能购买的公司新增注册资本，D 指新增资股东在后续轮次融资中实际认购的公司新增注册资本。

从前述例示条款可以看出，反稀释权条款所采取的三种补偿措施分别为目标公司股权补偿、原股东股权补偿以及原股东现金补偿，在补偿义务人（包括目标公司、实际控制人和其他原股东）、受偿权利人（即私募股权基金）、补偿价款/股权补偿数量计算逻辑、补偿实施程序的设置等方面均与前述现金/股权补偿条款具有相通之处，因此对私募股权基金而言，反稀释条款应可作为对赌条款对待。与现金/股权补偿条款不同的是，反稀释权条款所设置的补偿触发条件更为单一和明确，通常仅指向目标公司后续股权融资价格低于私募股权基金在先投资价格这一条件。

（三）优先分红权条款

优先分红权是指在目标公司拥有可分配利润的情况下，私募股权基金所享有和行使的可优先于目标公司其他股东分取目标公司利润的权利。之所以设置优先分红权，主要目的是使私募股权基金能够有机会实现预期利润收入，甚至提前收回部分或全部投资本金，以便最终成功实施投资退出。为此，有的私募股权基金不仅会预设预期利润指标，还可能要求出现预期利润指标差额时由相关方进行补偿，甚至还会要求在其收回全部投资款本金前，目标公司所有利润均应向其分配，而不得向其他股东分配。

优先分红权条款可例示如下：

如公司董事会/股东会同意分派红利或股息，则投资人有权优先于公司其他股东在当年可供分配的分红金额（“可分配金额”）中获得不低于其实际支付投资款按每年8%单利、非累计计算所得金额的股息，且只有在投资人先行获得该等股息后公司其他股东才能进行利润分配。如公司未能使得投资人获得前述股息的，则由公司实际控制人全额补足差额。

从前述例示条款可以看出，优先分红权条款的设置方式与现金／股权补偿条款的设置方式有很多类似之处，且都属于对私募股权基金赋予权利并对目标公司和原股东施加义务的条款，而且这种权利和义务得以行使和履行的触发条件都相对简单、客观且不具有确定性，即目标公司是否拥有可分配利润无法由实际控制人一人控制。在对赌语境下，只要目标公司拥有可分配利润且目标公司做出利润分配决议，那么这种触发条件就会成就，因此应可将优先分红权条款视为对赌条款。

四、辅助条款的内容

与退出条款和补偿条款不同，辅助条款在很大程度上体现的是私募股权基金对目标公司的投后管理权，旨在使私募股权基金通过实施投后管理来防止目标公司及其原股东从事严重偏离私募股权基金投资预期的行为，从而间接保障私募股权投资基金的投资权益。辅助条款不仅是私募股权基金的权益保障条款，而且有利于防止退出条款和调整条款被触发。如果投后管理工作到位，私募股权基金甚至还可能及时发现目标公司及原股东的潜在问题，提前制定退出策略，提早实现“全身而退”。

（一）经营管理参与权条款

私募股权基金对目标公司实施的投后管理主要通过层级管理来实现，即通过参与目标公司股东会、董事会、监事会或管理层并行使相关权利来实现。这种管理参与方式不仅是目标公司独立企业法人地位的要求，而且也能够使私募股权基金遵守法律法规和目标公司章程的规定，不能随意干预目标公司事务或者随意支配目标公司财物，而只能借助于其股东权利，通过参与股东会、董事会、监事会或管理层来参与管理目标公司。其中，参与股东会、董事会或监事会属于间接管理，主要通过行使会议表决权（包括一票否决权）来实现。参与管理层则属于直接管理，会涉及直接处理目标公司实际事务。囿于私募股权基金人力限制等原因，私募股权基金向目标公司直接指派管理层人员的情形在实践中很少发生，除非目标公司发生了严重偏离私募股权基金投资预期并严重影响其投资权益的重大事件。

1. 股东会参与权条款

参与目标公司股东会会议并行使表决权是私募股权基金作为目标公司股东所享有的法定权利，通常会涉及股东会会议的召集、通知、审议事项、审议程序和表决程序等内容。这些内容通常都会在股东协议及/或目标公司章程等投资法律文件中予以书明。此外，这些投资法律文件还会对可能影响私募股权基金投资权益的重大事项以及私募股权基金对这些事项享有的特别审议和表决权予以特别列明，包括“一票否决权”，以便为私募股权基金监督和参与目标公司重大事项的决策提供文件上的依据。一般而言，需要私募股权基金参与表决的股东会审议事项越多，越能说明私募股权基金对目标公司的投后管理参与程度越深，但有时也可能因此对目标公司的经营管理形成掣肘，甚至会反噬私募股权基金对其投资权益的维护，需要根据实际情况加以平衡考量。

股东会参与权条款可例示如下：

一般规定：

在本次交易完成后，目标公司股东会会议（包括临时股东会会议）必须经投资人出席方为有效，目标公司及其股东仅受满足本条规定且有效召开的股东会会议决议的约束。经目标公司按照公司章程规定程序通知投资人参加股东会而投资人未能按照公司章程规定的程序参加股东会的，该次股东会会议应顺延7日召开；如股东会会议经顺延后投资人仍未能按公司章程规定的程序参加股东会并表决的，则该顺延后召开的股东会会议应视为构成法定人数，未经该等投资人出席并表决的股东会会议（包括临时股东会会议）所通过的任何决议均对目标公司全体股东均具有约束力。

绝对多数股权决议事项：

任何可影响目标公司的下列行为和交易，必须经代表目标公司2/3以上表决权的股东（且须包括投资人在内）表决通过方可进行：

（i）修改目标公司章程；

（ii）增加或者减少目标公司注册资本或进行任何形式的股份回购；

（iii）通过、批准、修改目标公司员工期权计划；

（ⅳ）目标公司发行公司债券；

（ⅴ）审议批准目标公司的股息支付、利润分配方案或者弥补亏损方案；

（ⅵ）制定或改变目标公司中长期发展规划、经营方针、年度经营计划、投资计划；

（ⅶ）审议批准目标公司的年度财务预算、决算方案；

（ⅷ）改变目标公司主营业务；

（ⅸ）目标公司合并、分立、解散或者变更公司形式。

一般多数股权决议事项：

除前款规定的绝对多数股权决议事项外，其他股东会决议事项经代表公司1/2以上表决权的股东表决通过。

2. 董事会参与权条款

向目标公司指派董事不是私募股权投资的必然需求。如私募股权基金需要向目标公司指派董事，通常都会要求目标公司能够按照其意志任命或罢免其推荐或指派的董事，并要求在股东协议及/或目标公司章程等投资法律文件中就此进行明确约定。在董事职权方面，私募股权基金的参与方法与其参与股东会的方式类似，即除在投资法律文件中列明董事会会议的召集、通知、审议事项、审议程序和表决程序等内容外，还会列明可能影响私募股权基金投资权益的重大事项以及私募股权基金对这些事项享有的包括“一票否决权”在内的特别审议和表决权利。只是与股东会所审议的事项相比，这些由董事会审议的事项会涉及关于目标公司经营管理的更具体事项，在设计董事会职权时需要考虑董事会会议的审议事项与股东会会议的审议事项之间的匹配与分级关系，同时也需要考虑目标公司的经营管理效率。

董事会参与权条款可例示如下：

董事会的组成：

本次交易完成后，目标公司董事会的组成人数为5人，其中原股东委派董事4人（管理层董事），投资人委派董事1人（投资人董事）。原股东及投资人有权撤换其各自委派的董事，原股东或投资人委派或撤换其委派的董事的通知应自送达目标公司后生效。

公司董事长由原股东委派的董事担任。

董事会的召开：

(i)会议次数、地点：董事会会议每季度至少召开一次，由董事长召集并主持。会议应在二分之一以上董事批准的地点召开。所有董事会会议的会议记录应由目标公司存档。

(ii)法定人数：任何董事会会议应有投资人董事参加方可举行，但经目标公司按公司章程规定通知投资人董事参加董事会会议而投资人董事未能按公司章程参加董事会会议的，该董事会会议应顺延七日召开；如董事会会议经顺延后投资人董事仍未能按公司章程规定参加董事会会议并表决的，则该董事会会议应视为达到法定人数，该未经投资人董事参加并表决的董事会会议所通过的决议对全体董事及目标公司均有约束力。

(iii)表决：在任何董事会会议上，每名董事均有一票表决权。任何董事可经书面通知目标公司而授权一名代表代其出席任何董事会会议并表决。除了特别决议事项及法律规定以外，董事会决议应经目标公司全体董事过半数表决通过。

董事会特别决议事项：

任何影响或涉及目标公司的下列事项、行为或交易，必须经目标公司董事会二分之一以上董事同意(且须包括投资人董事同意)方为有效并可进行：

(i)在经股东会批准的营业计划之外处置目标公司重要业务、资产或其控制权；

(ii)对目标公司财务制度或会计政策作出变更；

(iii)聘请或变更对目标公司年度会计报表进行审计的审计师；

(iv)进行经董事会批准的预算之外单笔超过人民币300万元或当年累计超过人民币800万元的任何借贷；

(v)支出经董事会批准的预算之外单笔超过人民币100万元或当年累计超过人民币900万元的任何开支；

(vi)制订目标公司的股息支付、利润分配或者弥补亏损方案；

(vii)制订增加(包括确定增资或融资时的估值)、减少目标公司注册资本、回购公司股权、发行债券的方案；

(viii)制订目标公司合并、分立、解散或者变更公司形式的方案；

（ix）执行目标公司员工期权计划；

（x）目标公司非日常经营范围内的当年累计超过人民币800万元/年的对外担保；

（xi）目标公司进行证券、期货或金融衍生产品投资。

3. 监事会参与权条款

向目标公司指派监事也不是私募股权投资的必然需求。如果私募股权基金需要指派监事，其做法通常与其向目标公司委派董事的做法类似。囿于监事和监事会的被动职能以及行动滞后性等原因，对于监事的任免和监事会职权的设定，私募股权基金往往没有像对董事会那样的细致要求。

监事会参与权条款可例示如下：

本次交易完成后，公司不设监事会，设立监事一名，人选由投资人委派。各方同意将采取一切必要的措施与行动确保公司监事的任命和选举符合前述规定。公司设立的子公司（如有）的监事的任命和选举应参照本条规定的监事任命或选举规则。

监事以公司的利益为前提行使下列职权：

（i）检查公司财务；

（ii）对董事、高级管理人员执行公司职务的行为进行监督，对违反法律、行政法规、公司章程或者董事会决议的董事、高级管理人员提出罢免的建议；

（iii）当董事、高级管理人员的行为损害公司的利益时，要求董事、高级管理人员予以纠正；

（iv）依照公司法的相关规定，对董事、高级管理人员提起诉讼；及

（v）法律及公司章程规定的其他职权。

从前述例示条款可以看出，经营管理参与权条款实际上属于对私募股权基金赋予权利并对目标公司、原股东及目标公司董事、监事和等相关人员施加义务的条款，所囊括的权利主要包括私募股权基金基于其股东身份所享有的法定权利以及与其他股东协商约定的其他权利，原则上其他股东亦可基于股东身份或通过协商享有这种权利，而且行使这种权利基本没有前提条件，故经营管理参与权条款更宜作为一般约定对待，而不是作为对赌条款对待。当然，理论上经营管理参与权可以作为对赌标的，但这显然不符合一般商业逻辑，因为没有

人愿意将本身即可依法享有的权利再行设置权利行使条件。需要指出的是，私募股权基金的经营管理参与权有可能是一把“双刃剑”，如不能很好平衡其与原股东经营管理参与权之间的关系，则很可能会给目标公司经营管理造成“掣肘”，[1]导致目标公司经营管理效率降低或对目标公司造成不利影响，进而减损私募股权基金所享有的其他权利。在股权投资纠纷案例中，目标公司及其原股东经常会以私募股权基金不当行使经营管理参与权来抗辩私募股权基金的诉请。

（二）知情权与检查权条款

知情权和检查权是股东了解公司经营管理状况的权利。知情权与股东身份紧密相关，是公司股东所享有的法定权利。检查权是自知情权衍生出来的权利，也是知情权得以实施的保障。作为目标公司股东，私募股权基金不仅享有法律上的知情权和检查权，通常还会在投资法律文件中对所享有的知情权和检查权予以细化和明确，以切实保障自身的投资权益。

在中国法下，不同类型公司的股东所享有的知情权和检查权范围不同，行权方式也不同。对有限责任公司而言，股东不仅有权查阅、复制公司章程、股东会会议记录、董事会会议决议、监事会会议决议和财务会计报告，而且可以在具有正当目的及不损害公司合法权益的情况下查阅公司会计账簿，[2]同时公司也负有义务在公司章程规定的期限内将财务会计报告送交各股东。[3]对股份有限公司而言，股东则有权查阅公司章程、股东名册、公司债券存根、股东大会会议记录、董事会会议决议、监事会会议决议、财务会计报告，并有权对公司的经营提出建议或者质询，[4]同时公司也负有义务将财务会计报告在特定期限内置备于本

1 《小黄车为什么突然就黄了，“一票否决权”才是真关键？》，载澎湃新闻：https://www.thepaper.cn/newsDetail_forward_2760914，最后访问日期：2020年3月5日。

2 《公司法》第33条：“股东有权查阅、复制公司章程、股东会会议记录、董事会会议决议、监事会会议决议和财务会计报告。股东可以要求查阅公司会计账簿。股东要求查阅公司会计账簿的，应当向公司提出书面请求，说明目的。公司有合理根据认为股东查阅会计账簿有不正当目的，可能损害公司合法利益的，可以拒绝提供查阅，并应当自股东提出书面请求之日起十五日内书面答复股东并说明理由。公司拒绝提供查阅的，股东可以请求人民法院要求公司提供查阅。”

3 《公司法》第165条第1款：“有限责任公司应当依照公司章程规定的期限将财务会计报告送交各股东。”

4 《公司法》第97条：“股东有权查阅公司章程、股东名册、公司债券存根、股东大会会议记录、董事会会议决议、监事会会议决议、财务会计报告，对公司的经营提出建议或者质询。”

公司供股东查阅或者在上市的情况下进行公告。[1]

作为目标公司的小股东，私募股权基金行使知情权时所面临的主要困境是：其需借助目标公司的配合来行使知情权。换言之，由于私募股权基金对目标公司影响力和掌控力有限，其对目标公司各方面信息的了解有赖于目标公司所提供的资料，但对于公司对股东需采取何等举措或负有何等义务来保障股东知情权和检查权的实现，《公司法》的规定则非常有限且缺乏行动指引性，概因《公司法》主要还是从权利角度对知情权和检查权进行规范，而不是从义务和责任角度进行规范。因此，这就需要私募股权基金在投资法律文件中对知情权和检查权的范围和行使方式进行细化和明确，否则即可能会因为无法取得目标公司相关信息而无法判断投资法律文件的具体履行情况以及对赌指标的达标情况，比如财务业绩指标是否达标，等等。由此，也可理解私募股权基金通常会愿意指定或参与指定目标公司审计机构以及决定或参与决定目标公司所适用的会计政策的真实原因了。

知情权和检查权条款可例示如下：

目标公司应当且原股东应当促使目标公司向投资人交付与目标公司相关的下列文件：

① 在每个会计年度结束后60日内，向投资人提交未经审计的年度财务报告；在每个会计年度结束后90日内，向投资人提交投资人认可的会计师事务所根据适用会计准则出具的年度合并审计报告；② 在每个会计季度结束后30日内，向投资方提交未经审计的季度财务报告；③ 每个会计月份结束后30日内，向投资人提交未经审计的月度财务报告；④ 在每个会计年度结束前，向投资人提交公目标司下一年度合并预算方案；⑤ 每个会计年度结束后30日内，向目标公司董事会和投资人提交目标公司及下属公司下一年度的运营计划、财务预测和投资计划；⑥ 投资人可能要求的其他信息、统计数据、交易和财务数据等。

投资人有权要求该等信息以特定格式汇报，如果目标公司未能及时提供或者未按照投资人要求的格式提交，目标公司应尽其所能按投资人的要求取得、

1 《公司法》第165条第2款："股份有限公司的财务会计报告应当在召开股东大会年会的二十日前置备于本公司，供股东查阅；公开发行股票的股份有限公司必须公告其财务会计报告。"

整理、编辑此信息，并保证提供给投资人的所有信息均真实、正确且不会产生误导，确保财务报告所载意见明确。目标公司向投资人提供的财务报表应覆盖目标公司及下属公司的合并报表，而且至少应有当期的损益表、现金流量表和资产负债表。此外，应投资人要求，目标公司应立即向投资人提供最新版本的投资协议与后续融资和目标公司管理等事项相关的文件，包括经各方签字盖章和经有关监管机构备案的公司章程。

在合理提前通知的情形下，投资人应被允许在工作时间内合理检查目标公司的财产、不动产、财务账册及运营记录，包括但不限于查看、复印及摘抄目标公司和下属公司的财务账簿和会计凭证，并可与目标公司的管理人员讨论公司业务、财务及状况，就目标公司运营方面事宜访问公司顾问、雇员、独立会计师及律师。

从前述例示条款可以看出，知情权与检查权条款的设置方式与经营管理参与权条款的设置方式存在很大类似之处，都属于对私募股权基金赋予权利并对目标公司、原股东及目标公司董事、监事和等相关人员施加义务的条款，所囊括的权利亦主要包括私募股权基金基于其股东身份所享有的法定权利以及与其他股东协商约定的其他权利，而且行使这种权利基本没有前提条件，宜作为一般约定对待，而不是作为对赌条款对待。

（三）股权转让限制条款

股权转让限制是指对股东转让股权行为的限制。在私募股权投资领域，股权转让限制通常发生在私募股权基金与目标公司原股东（特别是实际控制人）之间，针对的是原股东向第三方转让目标公司股权的行为，而不是私募股权基金向第三方转让目标公司股权的行为，比如未经私募股权基金同意，原股东不得将目标公司股权转让给任何第三方，等等。当然，出于保护目标公司及各股东权益等目的，原股东也可对私募股权基金的股权转让行为实施限制，特别是对向目标公司竞争者转让目标公司股权的情形进行限制。

对私募股权基金而言，股权转让限制具有三方面的重要意义。首先，这种限制有利于对原股东实施锁定，使其能够持续为目标公司贡献力量，而不是“偷偷”套现并留下私募股权基金“独守阵地”。其次，这种限制有利于私募股权基金获得原股东与第三方之间的股权转让信息，从而为行使优先购买权和随售权等权利提供便利。再次，这种限制通常会在私募股权基金成功退出目标公司后或在目标公司成功上市后解除，因此有利于激励原股东为解除这种限制而努力经营管理目标公司，争取早日实现目标公司上市或使私募股权基金成功退出目标公司。

股权转让限制条款可例示如下：

除因执行经董事会认可的员工激励计划而可能导致的股权调整外，未经投资方事先书面同意，本次交易交割日后至目标公司合格上市前，原股东不得将其所持目标公司股权进行任何出售、赠予、质押、设定产权负担或以其他方式处分（统称“转让”），且目标公司不得转让其持有的下属控股公司的股权。且原股东不得在投资人不同意其转让股权时要求投资人购买其股权，也不得将投资人不购买其股权的行为视为同意其转让。

投资人可以向其关联方、指定人士或任何其他第三方人士转让和出售其持有的目标公司全部或部分股权而无须取得其他股东同意；尽管有前述约定，在受让方与目标公司存在明显竞争关系或主观恶意的情况下，投资人的股权转让须取得原股东同意。其中，“明显竞争关系”是指第三方与目标公司已开展并产生收入的业务存在直接竞争关系且不具备任何战略及业务互补协同价值的关系。投资人根据本条进行股权转让时，公司其他股东放弃优先购买权。

从前述例示条款可以看出，股权转让限制条款实际上是一种限制目标公司股东转让股权的条款，旨在对目标公司股东施加义务，且没有对这种义务的履行设置任何前提条件，理应作为一般合同约定，而不应作为对赌条款对待。与此相对应，违反股权转让限制义务的，应承担的是违约责任，而非对赌结果。

（四）关联交易限制条款

顾名思义，关联交易是指发生于关联方之间的交易。根据《公司法》第 216 条第 4 款的规定，关联方是指具有如下关联关系的各方，即公司控股股东、实际控制人、董事、监事、高级管理人员与其直接或者间接控制的企业之间的关系以及可能导致公司利益转移的其他关系。在商业实践中，关于关联交易的核心问题不是可否实施关联交易，而是实施关联交易有无真实性、必要性和公允性。

作为目标公司小股东，私募股权基金对目标公司影响力有限。如不对目标公司的关联交易情况加以限制或关注，则可能会对其投资权益带来巨大风险。首先，实际控制人可能会通过关联交易有意或无意地将目标公司的营业收入或利润转入其控制的其他实体，导致目标公司的收入水平和盈利能力双重下降。

其次，目标公司的关联交易可能导致其对关联方依赖程度加大，独立经营能力和外部风险承受能力变差，市场竞争力下降。再次，如果关联交易没有真实交易动机和必要性，往往会隐藏着相关违规和违法成分，比如规避税负、转移收入、分摊费用或调节利息费用，一经发现即可能给目标公司带来税费补缴、行政处罚等方面的风险。为降低这些风险，私募股权基金在实践中通常都会在投资法律文件中对关联交易进行界定，并通过股东会或董事会会议审议等方式对目标公司的关联交易加以控制。

关联交易限制条款可例示如下：

关联方是指，针对本协议任何一方而言：（i）当该方不是自然人时，直接或间接控制该方或者被该方控制或者与该方共同被控制或者与该方共同受同一人管理的任何其他人；（ii）当该方是自然人时，直接或间接被该方控制或者其为该方关系密切的家庭成员（限于父母、配偶及成年子女）。

目标公司下列事项需经全部投资人董事事先一致书面同意（下述事项应同样适用于下属公司，该等下属公司在从事上述行为前应获得全部投资人董事的事先一致书面同意）：

（i）任何经批准的预算之外的关联交易；

（ii）批准或调整涉及目标公司和/或下属公司进行的关联交易，包括直接或间接向目标公司或下属公司的任何股东、董事、高管及其关联方提供贷款、担保或为后者的债务承担补偿或保证责任。

从前述例示条款可以看出，关联交易条款的设置方式与股权转让限制条款的设置方式基本类似，都是对目标公司原股东实施限制，旨在对目标公司股东施加义务，且这种义务的履行没有任何前提条件，亦应作为一般合同约定，而不应作为对赌条款对待。同理，违反关联交易限制义务的，应承担的是违约责任，而非对赌结果。

（五）竞业限制条款

竞业限制是一个被广泛应用于股权投资领域和劳动用工领域的概念，又称“竞业禁止”或“不竞争”，通常是指一方以契约形式对另一方从事的业务或活动施加限制，以防止另一方从事与其相竞争的业务或活动。在私募股权投资领域，竞业限制通常是由私募股权基金施加于目标公司原股东，但有时亦会延伸施加于目标公司的董事、高管以及其他核心人员。与股权转让限制不同，竞业限制通常无法施加于私募股权基金。

对私募股权基金而言，竞业限制具有三方面的重要意义。首先，竞业限制有利于私募股权基金对目标公司原股东及相关人员实施锁定，使其专心为目标公司贡献力量，而不是另寻“发财之路”，置目标公司和股东投资权益于不顾。其次，竞业限制如果能够“切断”原股东和相关人员的其他“发财之路”，也意味着目标公司的关联方将会减少，也会减少关联交易带来的问题。

竞业限制条款可例示如下：

（在原股东持有目标公司股权并担任目标公司任何职务期间以及在原股东不再在目标公司任职之日起2年内（“竞业禁止期间”），原股东不得自营或与他人合营或者采取任何直接或间接的方式从事与目标公司主营业务（见本协议关于目标公司业务的描述）相竞争的业务（“竞争活动”），除非届时目标公司已成功上市满一年，包括但不限于：

（i）直接或间接控股、参股从事竞争活动的公司或其他组织；

（ii）担任从事竞争活动的公司或组织的董事、管理层人员、顾问或员工；

（iii）以任何形式通过任何由其直接或间接控制或具有利益关系的个人或组织雇用自目标公司离任的任何个人以从事与目标公司相竞争的业务；以及

（iv）以任何形式争取雇用目标公司届时聘用的员工从事与目标公司相竞争的业务。

原股东应当促成本协议附件所列核心人员签署投资人认可的劳动合同及竞业禁止协议。

原股东如违反本条前述规定的竞业禁止义务，投资人有权要求原股东和/或公司回购投资人持有的目标公司股权，回购价格为：投资人实际缴付的增资款本金加上10%/年的利息（复利）。

从前述例示条款可以看出，竞业限制条款的设置方式与股权转让限制条款和关联交易条款的设置方式基本类似，也都是对目标公司股东实施限制，旨在对目标公司股东施加义务，且这种义务的履行基本没有前提条件，亦应作为一般合同约定，而不应作为对赌条款对待。同理，违反竞业限制义务的，应承担的是违约责任，而非对赌结果。

五、增益条款及其他

退出条款、补偿条款和辅助条款是投资法律文件的基础条款。除此之外，基于目标公司多轮次股权融资的可能，私募股权基金通常还会在投资法律文件中与目标公司“原班人马”协商设置很多其他条款，比如优先认购权条款、优先购买权条款、同等待遇条款。对私募股权基金而言，优先认购权条款、优先购买权条款、同等待遇条款不仅具有权益保障性质，而且具有权益增加性质，实为一种增益条款。

（一）优先认购权

优先认购权（Pre-emptive Right）是指公司增加注册资本或发行新股时老股东所享有和行使的优先于第三方进行认购的权利。对私募股权基金而言，行使优先认购权有利于防止其所持目标公司股权比例被稀释或摊薄，实属广义反稀释权的一种表现形式。

在中国法下，公司类型不同，股东享有的优先认购权的法律基础不同。根据《公司法》的规定，除非全体股东约定不按照出资比例优先认缴出资，有限责任公司股东均应有权在公司新增注册资本时优先按照实缴的出资比例认缴出资。[1]换言之，在设置关于有限责任公司的优先认购权方面，《公司法》赋予了股东较大的意思自治权利，明确允许有限责任公司的股东自行约定各股东优先认缴新增注册资本的条件和比例。对于股份有限公司，《公司法》则没有关于股东优先认购权的直接规定，而是在“同股同权”原则的基础上，给“股份有限公司股东不享有法定优先认购权”这一推断留下了想象空间。根据《全国中小企业股份转让系统股票定向发行规则》（股转系统公告〔2020〕1号）第12条[2]及《非上市公众公司监督管理办法》第44条第2款[3]的规定，新三板挂牌股份有限公司的股

1 《公司法》第34条：“……公司新增资本时，股东有权优先按照实缴的出资比例认缴出资。但是，全体股东约定不按照出资比例分取红利或者不按照出资比例优先认缴出资的除外。”

2 《全国中小企业股份转让系统股票定向发行规则》（股转系统公告〔2020〕1号）第12条：“发行人应当按照《公众公司办法》的规定，在股东大会决议中明确现有股东优先认购安排。”

3 《非上市公众公司监督管理办法》第44条第2款：“……股东大会就股票发行作出的决议，至少应当包括下列事项：（一）本次发行股票的种类和数量（数量上限）；（二）发行对象或范围、现有股东优先认购安排……”

东享有优先认购权，并可通过股东会决议或形成公司章程规定等方式加以明确，但这不能概括说明一般股份有限公司的股东是否一定拥有或一定没有《公司法》下的优先认购权。

优先认购权条款可例示如下：

各方同意本次交易完成后，在目标公司新增注册资本时或向任何第三方发行任何类型股份时，投资人和原股东均有权按其所持目标公司的股权比例在同等条件下行使优先认购权，由此：

（i）在目标公司拟发行股份前至少10个工作日（或投资人同意的更短时间），目标公司应向投资人和原股东送达关于拟发行股份的书面通知，列明：（a）股份发行数量、类型及条款；（b）该发行后目标公司能够收到的对价；和（c）认购人的相关信息。

（ii）在目标公司向投资人和原股东送达发行通知后，投资人和原股东必须在其收到发行通知后10个工作日内以书面形式答复目标公司，表明其：（x）针对本次发行放弃优先认购权，或（y）针对本次发行行使优先认购权以及行权认购的股份数量。

（iii）如投资人和原股东中的任何人在收到发行通知后未在答复期限内以书面形式作出任何答复，则应视为其已针对该次发行放弃优先认购权。

从前述例示条款可以看出，优先认购权条款是一种对私募股权基金赋予权利并对目标公司及其原股东施加限制和义务的条款，且这种权利和义务的行使和履行需以相关条件成就为前提，即目标公司增资。虽然目标公司增资也存在不确定性，比如需以目标公司实际存在增资需求且目标公司股东会决议同意增资为前提，因此也具有对赌指标具有的行为允许性和不确定性特征，由此似乎可将优先认购权条款作为对赌条款对待。但问题是，优先认购权更多体现的是保障私募股权基金所持股权不被稀释以及维护公司人合性的一种权利安排，因此不宜将之作为对赌条款对待，或将之作为股东法定权利或普通合同约定对待更妥。

（二）优先购买权

优先购买权（Right of First Refusal）是协议或法律赋予特定对象的先于其他方购买特定财产的权利。在公司法下，优先购买权通常是指在公司股东向股东以外的人转让股权时其他股东所享有和行使的优先购买拟转让股权的权利，从某种程度上可以看作是股权转让限制条款的另一种表现形式。对私募股权基金而言，优先购买权的存在不仅可以给予其增持目标股权的机会，而且令其有机会通过优先购买权条款所规定的前置程序（比如股权转让方需将其转股意愿通知各股东等）获悉与转股相关的价格、数量等信息，并有机会借此选择行使随售权而实现投资退出。因此，优先购买权条款是与股权转让限制条款和随售权条款紧密关联的条款。

与优先认购权相比，优先购买权的不同之处主要有两点。其一，优先认购权购买的是公司的新增股权，而优先购买权购买的是公司的存量或现有股权，两种购买行为针对的标的不同。其二，行使优先认购权有利于行权股东防止所持股权比例被稀释，稳定公司股权结构，而在行使优先购买权时公司股权总量却不会因为股权转让而发生变化，因此行使优先购买权必将导致公司股权结构发生变化。二者的类似之处主要在于：对于有限责任公司股东的优先认购权和优先购买权，《公司法》都进行了直接规定，但对于股份有限公司股东的优先认购权和优先购买权，《公司法》都没有直接规定。两种权利的法律基础问题存有类似之处。

此外，对有限责任公司股东而言，《公司法》第 71 条不仅对优先购买权的行使条件、行使程序和行使方式做了规定，同时也允许公司章程对股权转让做出其他规定。[1] 这一点与《公司法》授权股东对优先认购权进行意思自治的规定类似，但在具体授权内容方面却又有所不同。根据《公司法》的规定，股东关于优先认购权的意思自治主要表现为“全体股东约定”，而关于优先购买权的意思自治则需要体现为“公司章程”的规定。只有将股东之间关于优先购买权的意思

---

1 《公司法》第 71 条：“有限责任公司的股东之间可以相互转让其全部或者部分股权。股东向股东以外的人转让股权，应当经其他股东过半数同意。股东应就其股权转让事项书面通知其他股东征求同意，其他股东自接到书面通知之日起满三十日未答复的，视为同意转让。其他股东半数以上不同意转让的，不同意的股东应当购买该转让的股权；不购买的，视为同意转让。经股东同意转让的股权，在同等条件下，其他股东有优先购买权。两个以上股东主张行使优先购买权的，协商确定各自的购买比例；协商不成的，按照转让时各自的出资比例行使优先购买权。公司章程对股权转让另有规定的，从其规定。”

自治内容写入公司章程，应该才可以产生公司法上的对抗第三人的效果。

优先购买权条款可例示如下：

投资人对原股东出售的目标公司股权有优先购买权。若原股东（“转让方”）希望向任何第三方出售其持有的目标公司全部或部分股权，转让方必须给予包括投资人在内的其他股东一份书面通知，列明其希望出售的股权数量、出售价格、受让方的身份以及其他与股权出售有关的条款和条件，由投资人及其他股东决定是否行使优先购买权。

在转让方向投资人送达转让通知后，投资人应在收到转让通知后10个工作日内以书面形式答复转让方，表明其：（x）同意该出售并放弃优先购买权，同时说明是否行使跟随出售权，或（y）同意出售并行使优先购买权，按照其所持有的公司股权比例购买转让方拟出售的部分或全部股权，即投资人有权购买的转让方拟出售股权数量的最高值为下列两项的乘积：（a）转让通知中载明的拟转让的股权数量，（b）投资人届时所持目标公司股权与全体非转让方所持目标公司股权之比。

如投资人在收到转让通知后10个工作日内未以书面形式作出任何答复，应视为其已同意该出售，并放弃行使优先购买权和跟随出售权。如果投资人向转让方提交了优先购买通知，优先购买通知应被视为投资人不可撤销地同意以等同于转让通知中规定的价格和条件，购买优先购买通知中所载明的拟购买的股权数量。

从前述例示条款可以看出，优先购买权条款也是一种对私募股权基金赋予权利并对目标公司原股东施加限制和义务的条款，在设置方式上与优先认购权很类似，都以相关条件成就作为行使这种权利和履行这种义务的前提。虽然股东能否与股东以外的第三人就股权转让事宜达成合意存在不确定性，但优先购买权更多体现的是保障私募股权基金能够优先受让原股东拟转让的股权以及维护公司人合性的一种权利安排，因此优先购买权不同于对赌语境下的对赌指标与对赌标的之间的触发关系，不宜作为对赌条款对待，或将之作为股东法定权利或普通合同约定对待更妥。

（三）同等待遇条款

同等待遇条款是私募股权投资实践中特有的法律条款，常见于目标公司各不同轮次的股权融资交易中，有时亦称“最优惠待遇条款”。同等待遇条款的核心目的在于使在先轮次私募股权基金投资者能够享有在后轮次私募股权基金投资者自目标公司及原股东处争取的新的优先权利，包括经济上的和非经济上的权利，而这些优先权利原来可能并没有被前一轮私募股权基金投资者争取到。

除前述外，由于私募股权投资涉及的投资法律文件构成比较复杂，且可能会以各种补充协议或文件的方式加以体现，同时亦未必会被充分披露给私募股权基金股东，因此私募股权基金要求适用的同等待遇条款有时不仅会适用于后续轮次股权融资，而且可能会适用于在先轮次在内的所有轮次的股权融资。从此角度讲，同等待遇条款完全可以看出一种全方位覆盖式的权益保障条款，理应视为增益条款。

同等待遇条款可例示如下：

若原股东与目标公司签署的任何协议中规定或原股东在实践中享有除价格外比投资人基于本次交易签署的交易文件享有的条款和权利更加优惠的条款和条件（“更优惠条款”），则投资人有权自动享受该等更优惠条款并将此种优惠应用于本协议项下的投资。如投资人要求，各方应重新签订协议或对本协议进行相应修改或补充，以明确使投资人享受该等更优惠条款，但是否签署书面协议不影响投资人依据该等更优惠条款实际享受相关权益。

在本次交易交割日后且目标公司成功上市前，若目标公司在未来融资（包括股权融资及债权融资）中存在比本协议项下对投资人更为优惠的条款，则投资人有权无条件自动享受该等更优惠条款并将此种优惠应用于本协议项下的投资。如投资人要求，各方应重新签订相关协议或对本协议进行相应修改或补充，以明确投资人享受该等更优惠条款，但是否签署书面协议不影响投资人实际享受该等更优惠条款。

从前述例示条款可以看出，同等待遇条款实际上是一种对私募股权基金进行全面赋权的条款，且赋权条件一旦具备，私募股权基金即可自动享有其他股东所享有的优先权利，原则上应作为一般的合同约定对待，而不是作为对赌条款对待。

第三节 对赌的法律障碍

私募股权投资实践证明，合理的对赌有助于解决融资方的融资难题，有助于促进投融资各方之间进行信息披露和利益绑定，并最终有利于投资者进行价值发现以及进行风险控制和经营激励。同时，对赌的风险控制功能也能为投资者提供一种特殊的权益保障机制，使其可以通过“协议宣告价格”的方式来实现风险转嫁。然而，一旦这种以对赌形式进行的风险转嫁涉嫌侵害第三人权益或者涉嫌违反法律法规，那么就需要从法律角度对这种对赌进行重新审视，并进而对风险承担重新做出安排。问题是，作为一个含有复杂法律关系的商业概念，对赌目前尚未在法律界形成统一认知，监管机关、登记机关和司法机关对对赌的态度在实践中也存在很大差异。

一、登记机关的态度

市场监管总局及其地方分局[1]是负责企业登记的主管机关，是登记和公示公司及公司股权的权威机关，通常被称为“登记机关”。除契约型基金无需在登记机关登记外，采取合伙制基金、公司制基金以及目标公司，均需在登记机关完成商事主体的注册、变更和注销登记。登记机关对对赌或对赌条款的态度可从登记文件的种类和内容两个方面进行考察。

（一）登记文件的种类

根据《公司登记管理条例》等相关规定，在众多投资法律文件中，除相关交易类法律文件、治理类法律文件和股权交割类法律文件之外，其他投资法律文件通常都不需要在登记机关完成登记或备案，比如股东协议以及前期投资法律文件中的条款清单。这是登记机关在登记文件种类方面的一般要求。

对私募股权基金进行股权投资而应完成变更登记程序而言，登记机关在登

---

1 2018 年 3 月，根据第十三届全国人民代表大会第一次会议批准的国务院机构改革方案，企业登记的主管机关由国家工商行政管理总局转为国家市场监督管理总局。

记文件种类方面的要求会产生如下问题。首先，股权投资交易是一个持续过程，在此过程中产生的投资法律文件也具有连续性。登记机关关于登记文件的种类要求会割裂投资法律文件之间的连续性。登记机关所留存公司档案中的投资法律文件不可能是既往股权投资交易的完整记录。其次，不同投资法律文件的功能和内容不同，对赌条款的种类及内容在这些投资法律文件中会有不同体现。登记机关仅收集、备案部分种类的投资法律文件，必然会导致投资法律文件的内容割裂，包括对赌条款种类及内容的割裂，导致登记机关所留存公司档案中的投资法律文件无法反映既往股权投资交易中的对赌条款的全貌，甚至无法体现出任何对赌条款。这也是私募股权基金在对目标公司进行法律尽职调查时，除会要求目标公司提供登记机关留存的公司档案外，还会要求目标公司另行提供公司历史沿革等资料和历次融资全套信息及文件的重要原因。

需要指出的是，登记机关的前述做法是适用于所有类型公司或企业的统一做法，不能代表也不能说明登记机关对对赌或对赌条款具有任何否定性态度。

（二）登记文件的内容

作为负责企业登记的主管机关，登记机关原则上只需将交易各方报送的投资法律文件按法律法规要求进行登记或备案即可，原则上无需对报送的投资法律文件从内容角度进行实质性核查，[1]但在公司登记管理实践中，登记机关的做

1 比如《公司登记管理条例》第 51 条规定："公司登记机关应当根据下列情况分别作出是否受理的决定：（一）申请文件、材料齐全，符合法定形式的，或者申请人按照公司登记机关的要求提交全部补正申请文件、材料的，应当决定予以受理。（二）申请文件、材料齐全，符合法定形式，但公司登记机关认为申请文件、材料需要核实的，应当决定予以受理，同时书面告知申请人需要核实的事项、理由以及时间。（三）申请文件、材料存在可以当场更正的错误的，应当允许申请人当场予以更正，由申请人在更正处签名或者盖章，注明更正日期；经确认申请文件、材料齐全，符合法定形式的，应当决定予以受理。（四）申请文件、材料不齐全或者不符合法定形式的，应当当场或者在 5 日内一次告知申请人需要补正的全部内容；当场告知时，应当将申请文件、材料退回申请人；属于 5 日内告知的，应当收取申请文件、材料并出具收到申请文件、材料的凭据，逾期不告知的，自收到申请文件、材料之日起即为受理。（五）不属于公司登记范畴或者不属于本机关登记管辖范围的事项，应当即时决定不予受理，并告知申请人向有关行政机关申请。……"由此可见，《公司登记管理条例》中对于公司登记机关决定是否受理登记的条件仅为"申请文件、材料齐全，符合法定形式"，并不涉及内容方面的实质审查。

法却并非如此。

在公司登记管理实践中，登记机关通常会按其发布的投资法律文件的登记范本，对交易各方报送的登记文件进行内容和格式方面的审查。对不符合登记范本内容和格式要求的投资法律文件，登记机关往往会要求交易各方进行调整，甚至拒收。在此情况下，交易各方通常只能采取如下两种处理方法。其一，对拟报送的投资法律文件进行调整，直至符合登记机关的核查要求，但这通常耗时耗力，且调整效果也未必能够达到预期，因为登记机关的核查要求有时也会因为核查人员不同而产生“因人而异”的理解，个别核查人员甚至还可能因为“没有见过”或“太过复杂无法理解”而拒绝不同于登记范本内容的任何调整。其二，放弃对拟报送的能够反映真实交易合意的投资法律文件进行全面调整，而仅以符合登记机关要求为目标对登记范本进行适当调整并进行报送，以达到尽快完成变更登记的目的。在公司登记管理实践中，除非登记机关能够接受交易各方报送的能够反映其真实交易合意的投资法律文件的真实签署版本，否则出于节约时间和经济成本的考虑，交易各方通常都会倾向于采取第二种做法，即产生了一套留存于登记机关的投资法律文件（即阳合同）和一套交易各方自行留存的且能够反映其真实交易合意的投资法律文件（即阴合同），这就导致了“阴阳合同”的产生。尽管交易各方在实践中采取“阴阳合同”做法有时是为了规避相关法律法规的规定，[1] 而不是为了规避登记机关的核查要求，但登记机关的前述核查要求的确也是导致“阴阳合同”得以产生的一个重要原因。

与登记机关在登记文件种类方面的要求类似，登记机关在登记文件内容方面的要求也是适用于所有类型公司或企业的统一做法，但两种要求同时适用就会产生一个严重问题，即对目标公司既往股权投资交易而言，登记机关所留存公司档案中的投资法律文件可能根本无法反映交易各方之间的真实交易，更毋庸论及如何判断登记机关对对赌或对赌条款的态度了。

除前述外，如果登记文件种类不同，登记机关对登记文件内容的要求也有不同。一般而言，对交易类法律文件，比如增资协议和股权转让协议，登记机关往往更容易接受能够反映交易各方之间真实交易合意的真实签约版本，毕竟这

1 比如，为隐瞒股权转让的真实价格而将调整价格后的股权转让协议在主管登记机关备案。

些投资法律文件是各方之间自由意志的载体，登记机关并无意通过行政权力进行过多干预或改变，但对公司章程而言，登记机关的态度则更为保守，通常不愿意交易各方对公司章程范本进行过多调整，有的登记机关甚至还会标出可以修订或填补的范围，且只接受这些范围内的修订和填补，否则即会拒收。然而，作为治理类法律文件，公司章程在本质上也是公司股东之间做出的关于如何经营管理公司的合意载体，是公司组织和公司行为的“宪法”。根据《公司法》的规定，股东之间的很多合意并不适宜仅仅通过股东协议或其他投资法律文件进行体现和约定，而是必须写入公司章程，比如《公司法》第43条第1款关于“股东会的议事方式和表决程序，除本法有规定的外，由公司章程规定”的规定。换言之，除公司章程外，其他投资法律文件并不是公司股东会议事方式和表决程序的合适载体。因此，如果交易各方关于目标公司股东会议事方式和表决程序的真实合意因为登记机关要求而无法写入公司章程，或者只能写入股东协议或其他投资法律文件，那么这种合意就可能只会产生合同法上的效力，而无法产生公司法上的效力。登记机关的这种要求存有侵害《公司法》赋予的由公司股东制定公司章程的权利之嫌，而对于制定公司经营管理参与权条款这一对赌辅助条款而言，这种权利却非常重要。

基于前述，基本可以明确，对赌条款在私募股权投资实践中也会存在“阴阳合同”两种载体的问题，其中“阳合同”载体主要是指登记机关登记和公示的交易类法律文件和公司章程，“阴合同”载体则主要是指交易各方之间自行留存且能反映其真实交易意思的投资法律文件的真实签约版本，而且这些“阴阳合同”在内容上可能会存有巨大差异。在私募股权投资实践中，“阴阳合同”带来的最大问题是如何判断交易各方之间真实交易合意的问题，包括参与对赌的真实合意。比如，在“阳合同”和“阴合同”的内容发生冲突时，应以“阳合同”还是“阴合同”作为判断交易各方关于对赌的合意的依据？由于登记机关没有职权就此做出判断，在交易各方就“阴阳合同”发生争议时，这一问题往往会成为司法审判机关首先需要解决的问题。

二、监管机关的态度

监管机关是对私募股权基金交易和运作、基金投资人利益保护、基金市场秩序维护和健康发展负有管理、监督和查处等行政权力职能的机构，包括政府机关和行业自律组织。其中，政府机关主要包括国务院及国资委、发改委、商务部、人民银行、银保监会、证监会等政府职能部门，行业自律组织主要包括基金业协会和证券业协会。基于监管机关的不同职能，监管机关对私募股权基金以及对赌的关注重点和理解也有不同，可从投资本质、资产保护和市场安全几个方面考察。

（一）投资本质

股权投资与债权投资是两种完全不同的概念。在股权投资语境下，投资者与目标公司之间形成的关系是持股关系，投资者无法要求目标公司返还投资款，投资者与目标公司原股东之间形成的关系是以目标公司发展为基础的共享收益及共担风险的关系，因此除非看好目标公司发展前景，否则投资者不会对目标公司进行股权投资。在债权投资语境下，投资者与目标公司之间形成的关系是债权债务关系，投资者有权要求目标公司返还投资款并支付利息，投资者不会与目标公司原股东就目标公司的经营成果共享收益及共担风险，因此除非出于纾解短期资金需求，目标公司也不会主动去寻求债权投资。

对监管机关而言，股权投资与债权投资也是两种完全不同的概念。股权投资虽会涉及国民经济相关行业发展的控制问题，但通常不会引起国民经济的资金流动性风险，因此除需对一些特殊行业或需要阶段性控制的行业进行股权投资控制外，监管机关通常不会对股权投资涉及的投资领域、投资量级、投资方式等要素进行过多限制。债权投资则不同，不仅可能会因为企业负债过高导致流动性风险，而且任何一个看似微小的经营误差都有可能诱发债务违约，[1] 甚至导致出现行业性或系统性的债务风险，监管机关对债权投资的态度相对要谨慎得多，这一点可从监管机关发布的政策或文件进行解读。[2] 事实上，在最高人民法院 2015 年出台《民间借贷司法解释》明确企业之间可基于生产和经营需要而互相借贷之前，企业之间的资金拆借行为始终面临构成“非法放贷”的风险，而实

1　卡比里斯:《中国第二民企陷困境？总资产万亿年收超 6000 亿，却还不起 5 亿债务》，载搜狐新闻：https://m.k.sohu.com/d/401976513?channelId=1&page=3，最后访问日期：2020 年 3 月 5 日。

2　比如国务院《关于积极稳妥降低企业杠杆率的意见（附：关于市场化银行债权转股权的指导意见）》（国发〔2016〕54 号），中共中央办公厅、国务院办公厅《印发〈关于加强国有企业资产负债约束的指导意见〉的通知》，发改委、人民银行、财政部、银保监会《关于印发〈2019 年降低企业杠杆率工作要点〉的通知》（发改财金〔2019〕1276 号）。

践中规避这种监管的主要方法是“名股实债”。

顾名思义，“名股实债”是“以股权投资之名，行债权投资之实”，有时亦称“明股实债”。“明股实债”最大的问题是“影子银行”的产生以及监管机关无法对与此相关的债权债务进行有效把控和监管，从而容易导致系统性风险产生，因此历来为法律法规所明令禁止，典型代表是最高人民法院于1990年11月12日发布的《关于联营合同纠纷案件的解答》，其第4条[1]将“关于联营合同中的保底条款问题”明确规定为“明为联营，实为借贷，违反了有关金融法规”，所签合同应当无效。问题是，私募股权基金的“对赌”安排恰恰是要求目标公司及/或其原股东在其成为目标公司股东后的特定情形下以事先确定的价格或计价方式回购其所持目标股权或补偿相关投资损失，存在“不承担联营的亏损责任”或者“不论盈亏均按期收回本息”的嫌疑，因此也有了被认定为“明股实债”的可能。

尽管“明股实债”与“明为联营，实为借贷”亦有不同，但二者对投资行为的债务属性认定却使得“对赌”具有了被认定成为“明股实债”或“明为联营，实为借贷”的可能。事实上，一些私募股权基金确实也在通过“明股实债”或“明为联营，实为借贷”从事一些借贷业务，而这并不合规。比如，国务院办公厅2013年发布的《关于加强影子银行监管有关问题的通知》(国办发〔2013〕107号)即明确严禁私募股权投资基金开展债权类融资业务，[2]而其他相关监管机

---

1 最高人民法院《关于联营合同纠纷案件的解答》第4条：“关于联营合同中的保底条款问题：(一)联营合同中的保底条款，通常是指联营一方虽向联营体投资，并参与共同经营，分享联营的盈利，但不承担联营的亏损责任，在联营体亏损时，仍要收回其出资和收取固定利润的条款。保底条款违背了联营活动中应当遵循的共负盈亏、共担风险的原则，损害了其他联营方和联营体的债权人的合法权益，因此，应当确认无效。联营企业发生亏损的，联营一方依保底条款收取的固定利润，应当如数退出，用于补偿联营的亏损，如无亏损，或补偿后仍有剩余的，剩余部分可作为联营的盈余，由双方重新商定合理分配或按联营各方的投资比例重新分配。(二)企业法人、事业法人作为联营一方向联营体投资，但不参加共同经营，也不承担联营的风险责任，不论盈亏均按期收回本息，或者按期收取固定利润的，是明为联营，实为借贷，违反了有关金融法规，应当确认合同无效。除本金可以返还外，对出资方已经取得或者约定取得的利息应予收缴，对另一方则应处以相当于银行利息的罚款。(三)金融信托投资机构作为联营一方依法向联营体投资的，可以按照合同约定分享固定利润，但亦应承担联营的亏损责任。”

2 国务院办公厅《关于加强影子银行监管有关问题的通知》(国办发〔2013〕107号)第3条第(8)项：“规范发展私募投资基金业务。要按照不同类型投资基金的本质属性，规范业务定位，严禁私募股权投资基金开展债权类融资业务。”

关也有类似规定。[1]除此之外，还有监管机关直接将回购、第三方收购、对赌、定期分红等相关“对赌”表现形式定义成了“名股实债”的表现形式[2]。这些规定一方面反映了国家对债权监管的诉求，另一方面也说明监管机关在“对赌”认知方面仍存有模糊之处，且这种认知模糊亦在司法审判实践中有所体现。比如，在“海富与世恒案”中，二审法院便将投资者股东溢价增资计入目标公司资本公积的款项认定成了“名为联营，实为借贷”，因此判决要求返还。换言之，只有严格遵循股权投资业务的本质属性，避免以“变相”形式开展债权类融资业务，才能使私募股权基金彻底规避这种风险，而这种风险也是前文提及的关于投资交易方式方面的风险。

事实上，股权投资是否会构成债权投资，或者是否会构成“名股实债”，通过研判如下三个核心要素即可形成基本认知。其一，债权投资的核心要求是保本保息，且这一要求不受目标公司经营好坏或上市与否影响。其二，本息偿付义务具有明确的时间限制属性，预设时点界至即触发本息偿付义务的履行。其三，本息偿付义务被触发后，本息计算方法或金额不会发生根本性变化。真正的对赌安排显然不应具备这些要素。首先，私募股权基金实施股权投资的真正诉求不是保本保息，而是分享目标公司的价值升值，因此何时能够取回“本息”存在时间上

1　比如财政部、发改委《关于进一步共同做好政府和社会资本合作（PPP）有关工作的通知》第5部分“着力提高PPP项目融资效率”：“各地要与中国PPP融资支持基金积极做好项目对接，推动中央和地方联动，优化PPP项目融资环境，降低融资成本。要坚决杜绝各种非理性担保或承诺、过高补贴或定价，避免通过固定回报承诺、明股实债等方式进行变相融资。”

《政府出资产业投资基金管理暂行办法》（发改财金规〔2016〕2800号）第26条：“政府出资产业投资基金对单个企业的投资额不得超过基金资产总值的20%，且不得从事下列业务：（一）名股实债等变相增加政府债务的行为……”

《政府出资产业投资基金管理暂行办法》（发改财金规〔2016〕2800号）第30条：“国家发展改革委建立并完善政府出资产业投资基金绩效评价指标体系。评价指标主要包括：……（三）基金投资是否存在名股实债等变相增加政府债务的行为……”

2　《证券期货经营机构私募资产管理计划备案管理规范第4号——私募资产管理计划投资房地产开发企业、项目》在其第3项注释中将“名股实债”定义为：“投资回报不与被投资企业的经营业绩挂钩，不是根据企业的投资收益或亏损进行分配，而是向投资者提供保本保收益承诺，根据约定定期向投资者支付固定收益，并在满足特定条件后由被投资企业赎回股权或偿还本息，常见形式包括回购、第三方收购、对赌、定期分红等。”

的不确定性。其次，对赌项下“本息”偿付义务被触发后，私募股权基金取回的“本息”在计算方法和数额上与其在目标公司上市后出售股票所取回的“本息”存有本质区别。因此，“对赌”是否构成“明股实债”或“明为联营，实为借贷”，与私募股权基金是否参与目标公司经营管理或如何设定对赌“本息”偿付义务的触发机制应无必然联系。当然，在对目标公司投资后，如果私募股权基金仅仅将相关时限的届满作为履行对赌“本息”偿付义务的触发点，也会存在被认定为“明股实债”或“明为联营，实为借贷”的可能，因为至少这种“本息”偿付义务的履行是明确及可预知的，具备前述债权投资的核心要素。因此，为避免被认定为以“变相”形式开展债权融资，私募股权基金在对赌条款的设计上也需予以注意。

（二）资产保护

法律本应对所有资产“一视同仁”，予以同等程度保护，而不应根据“出身”给予区别对待。然而，这种资产平等保护原则在现实中却未必能够得到全面实践，主要是因为有些资产属性比较特殊，不仅可能涉及社会公共利益，而且还可能涉及国家经济安全等相关事项，需要在法律上予以特别保护，比如保险、银行、国有资产等不同属性的资产。由于私募股权投资对赌最终可能导致资产或资产持有者承担债务，引发类似于债权投资下的流动性风险，因此对这些资产进行特别保护的诉求最终也切入了对赌领域，成了私募股权基金与这些资产或资产持有者实施对赌时需要特别予以注意的事项。

在立法实践中，对这些特殊资产的特别保护主要是通过对对赌施加限制的方式加以体现，而且这种限制往往是从资产或资产持有者的角度进行施加，而不是从私募股权基金的角度进行施加，即允许私募股权基金与这些资产或资产持有者对赌，但不允许这些资产或资产持有者与私募股权基金对赌。比如，保监会于2017年12月27日发布的《关于保险资金设立股权投资计划有关事项的通知》（保监资金〔2017〕282号）第3条即明确禁止股权投资计划以“约定到期、强制性由被投资企业或关联第三方赎回投资本金”等方式对计划投资人承诺保障本金和投资收益；为保障政府资产或国有资产安全，财政部办公厅于2017年11月10日发布的《关于规范政府和社会资本合作（PPP）综合信息平台项目库管理的通知》（财办金〔2017〕92号）第3条第4项明确规定“由政府或政府指定机构回购社会资本投资本金或兜底本金损失的；政府向社会资本承诺固定收益回报的；

政府及其部门为项目债务提供任何形式担保的”均属于违法违规的举债担保行为；为保障金融机构资产安全，人民银行、银保监会、证监会、外汇局于2018年4月27日联合发布的《关于规范金融机构资产管理业务的指导意见》（银发〔2018〕106号）第13条第2款明确规定“金融机构不得为资产管理产品投资的非标准化债权类资产或者股权类资产提供任何直接或间接、显性或隐性的担保、回购等代为承担风险的承诺”。

需要指出的是，从法律层级角度讲，这些限制性规定通常属于部门规章或政策性文件的性质，而不是法律或行政法规层级的规定。虽然违反这些限制性规定并不必然导致所签合同无效，但也不意味着没有任何风险，司法审判机关即曾在“阳亨公司与盐业集团、李某股权转让纠纷案”[1]中基于案涉股权买卖合同未履行国资监管部门报批程序而将之认定为尚未生效。此外，由于这些限制性规定通常是由监管机关在结合经济整体环境和阶段性监管需求的基础上制定，因此前述风险的触发点也很难把控，只能由私募股权基金在实践中通过进行实时法律调研的方式予以评估，而且这种评估也非常重要，因为这种风险实际上属于前文提及的关于投资标的或目标公司的投资法律限制风险，属于投资交易可行性方面的问题。

（三）市场安全

市场安全问题主要是指证券公开交易市场的安全问题。在中国，证券公开交易市场主要是指主板、中小板、创业板、科创板及新三板等股票/股份公开交易市场。由于这些公开交易市场的定位不同，监管机关对对赌在这些公开交易市场的监管态度也不同。整体而言，监管机关对A股IPO所涉对赌协议认可度最低；对上市公司后续融资、资产收购使用对赌协议，采取有限认可、积极监管的原则；对企业申请新三板挂牌涉及的对赌协议，容忍度最高，实践中亦有申报企业未终止对赌协议而成功实现新三板挂牌的案例。

在核准制的IPO审核模式下，企业在中国申请于A股市场主板、中小板、创业板上市的，均须在向证监会递交上市申报材料之前或之时终止对赌协议，这主要是基于《首发股票上市办法》第13条以及《首次公开发行股票并在创

---

1 参见本书第二部分“法律规定的条件（国资回购相关）”之优选案例1-13。

业板上市管理办法》(2018 修正)(证监会令第 142 号)第 15 条中关于“发行人的股权清晰，控股股东和受控股股东、实际控制人支配的股东持有的发行人股份不存在重大权属纠纷”的规定。鉴于对赌协议的存在可能导致申报企业股权结构不确定、甚至导致实际控制人变更风险，证监会发审委在审核申报文件的问询反馈过程中，也往往会对申报企业或发行人涉及的对赌事项进行重点关注，且不仅会关注发行人与相关股东之间是否存在对赌协议，还可能问及股东、实际控制人、发行人等主体之间是否存在对赌协议以及对赌协议的内容、履行、终止等事宜。[1] 在此背景下，申报企业及相关股东往往会主动选择终止对赌协议，以争取获得证监会发审委的认可，尽快拿到通往证券公开市场交易的钥匙。

需要指出的是：实践中种类各异的对赌安排可能并不会对发行人控制结构的稳定性形成实质障碍。如果仅为上市审核便利而一刀切地终止对赌协议，却可能对对赌各方的经济权益造成实质影响，比如发行人实际控制人与其他股东之间就特定财务年度经营业绩约定的现金补偿型对赌。为顺应市场需求，监管机关在科创板问世之时调整了 A 股 IPO 环节对对赌协议的审查口径。根据上交所 2019 年 3 月 24 日发布的《上海证券交易所科创板股票发行上市审核问答(二)》及证监会于 2019 年 3 月 25 日发布《首发业务若干问题的解答(一)》，发行人历史沿革中涉及的对赌协议在同时满足以下要求时可不予清理：(1)发行人不作为对赌协议当事人；(2)对赌协议不存在可能导致公司控制权变化的

1 比如，2017 年 9 月，证监会对伊戈尔电气股份有限公司（002922）首次公开发行股票的反馈意见中即包括：“除已披露的对赌协议外，请保荐机构和发行人律师核查历史沿革中，是否还存在其他未披露的含有对赌条款的增资及股权转让协议，相关对赌协议的具体情况、签订时间、权利义务条款约定、违约责任以及对赌条款触发生效情况的相关安排，发行人及实际控制人是否存在对赌条款的违约情形。请保荐机构和发行人律师核查发行人签订的对赌协议中，是否包含相关股东对股东大会和董事会的特殊决定权，对方是否要求发行人及其控股股东、实际控制人承担股权回购等义务，发行人及其控股股东、实际控制人目前是否存在应履行而未履行的相关义务，与其他股东是否存在纠纷或潜在纠纷。请保荐机构和发行人律师说明相关对赌协议的解除是否彻底，是否仅为有条件中止，发行人股权是否清晰，控股股东和受控股股东、实际控制人支配的股东持有的发行人股份是否存在权属纠纷，该等情形是否符合首发管理办法第十三条的规定。”参见《北京市中伦律师事务所关于公司首次公开发行股票并上市的补充法律意见书（三）》，载巨潮资讯网：http://www.cninfo.com.cn/new/disclosure/detail?plate=szse&orgId=9900023654&stockCode=002922&announcementId=1204215485&announcementTime=2017-12-12，最后访问日期：2020 年 3 月 5 日。

约定;(3)对赌协议不与市值挂钩;(4)对赌协议不存在严重影响发行人持续经营能力或者其他严重影响投资者权益的情形。由此，适用于A股IPO环节所有上市板块的对赌协议处理方式得到了新的统一和明确：对赌协议原则上在申报上市前都应予以清理，除非符合监管机关要求的相关条件。

尽管监管机关目前已对A股IPO所涉对赌协议问题进行了政策松绑，但在注册制尚未全面施行的情况下，“优中选优”的审核理念仍未淡去，监管机关对上市申请企业是否保留对赌协议的审核态度仍然非常谨慎。这使得上市申请企业也不得不“自我加压”，主动选择终止对赌协议。以科创板为例，截至2019年10月31日，科创板审核过会的44家企业中，除两家企业以附恢复条件地终止对赌协议并充分论证符合不必清理条件后获得审核通过外，其余涉及对赌协议的企业无不选择彻底终止对赌协议以换取监管机关的认可。鉴此，为确保目标公司不会因为存在对赌协议导致无法或延迟上市，在IPO审核政策没有全面放开的背景下，私募股权基金以及目标公司及其原股东仍然有必要在申请上市前考虑终止对赌协议。

在成为上市公司之后，目标公司就转变成了公众公司，既需接受监管机关的更多监管，同时亦可享受更多的法律法规保护。比如，在上市公司实施重大资产重组时，为了解决上市公司对拟收购标的投资估值风险，监管机关即允许上市公司使用对赌协议来保护公司及其股东利益，并为此出台了相关规范和指引。其中，证监会2019年10月修订的《上市公司重大资产重组管理办法》(证监会令第159号)第35条第1款[1]明确允许上市公司与交易对方之间进行业绩对赌；证监会2016年6月17日发布的《关于上市公司业绩补偿承诺的相关问题与解答》明确要求重组方严格按照业绩补偿协议履行承诺，即要求交易相对方在业绩承诺未达成时向上市公司进行现金或股份补偿，且业绩补偿方案一经确定不得调整，否则即视为重组方案变更，需重新履行内外部审批程序，否则将会收到交易所的

---

1 《上市公司重大资产重组管理办法》(证监会令第159号)第35条第1款："采取收益现值法、假设开发法等基于未来收益预期的方法对拟购买资产进行评估或者估值并作为定价参考依据的，上市公司应当在重大资产重组实施完毕后3年内的年度报告中单独披露相关资产的实际盈利数与利润预测数的差异情况，并由会计师事务所对此出具专项审核意见；交易对方应当与上市公司就相关资产实际盈利数不足利润预测数的情况签订明确可行的补偿协议。"

处罚决定；[1]证监会2016年1月15日发布的《关于并购重组业绩奖励有关问题与解答》明确允许上市公司对相关人员实施业绩奖励并设置了相关标准，[2]但这种业绩奖励可在重组申报阶段撤销以及完成后的执行阶段中调整。[3]

全国中小企业股份转让系统，即"新三板"，肩负着构筑多层次资本市场金字塔基底的功能，在新三板挂牌的企业有时也被视为A股上市公司的预备队。与A股IPO环节对对赌协议的限制原则相比，监管机关对申请新三板挂牌企业所涉对赌协议的容忍程度要高许多。在现有新三板挂牌审核标准中，没有关于对赌协议必须清理的刚性规定。此外，尽管全国中小企业股份转让系统有限责任公司在2018年10月25日做出的《关于发布〈关于挂牌公司股票发行有关事项的规定〉等业务规则的公告》（股转系统公告〔2018〕1220号）[4]中限制了7种对赌协议的

---

1 参见上交所相关处分公告，比如《上海证券交易所纪律处分决定书》，载上交所网站：http://www.sse.com.cn/disclosure/credibility/supervision/measures/criticism/c/931ccf60-f61d-4adb-bed3-2326a20544fc.pdf，最后访问日期：2020年3月5日；《上海证券交易所纪律处分决定书》，载上交所网站：http://www.sse.com.cn/disclosure/credibility/supervision/measures/ident/c/0f0ef00f-a3ba-4f39-90ee-c9235673e636.pdf，最后访问日期：2020年3月5日。其中，违规情况陈述部分均包括"未按承诺履行业绩补偿及回购义务，损害上市公司和投资者利益"事项。

2 《关于并购重组业绩奖励有关问题与解答》载明："问：上市公司重大资产重组方案中，基于相关资产实际盈利数超过利润预测数而设置对标的资产交易对方、管理层或核心技术人员的奖励对价、超额业绩奖励等业绩奖励安排时，有哪些注意事项？答：1. 上述业绩奖励安排应基于标的资产实际盈利数大于预测数的超额部分，奖励总额不应超过其超额业绩部分的100%，且不超过其交易作价的20%。2. 上市公司应在重组报告书中充分披露设置业绩奖励的原因、依据及合理性，相关会计处理及对上市公司可能造成的影响。"

3 申报阶段调整案例参见：《航天工业发展股份有限公司第八届董事会第三十次会议决议公告》，载巨潮资讯网：http://static.cninfo.com.cn/finalpage/2018-10-27/1205547458.PDF，最后访问日期：2020年3月5日；执行阶段调整案例参见：《帝欧家居股份有限公司关于重大资产重组交易相关方拟放弃超额完成业绩奖励的公告》，载巨潮资讯网：http://static.cninfo.com.cn/finalpage/2018-08-25/1205325644.PDF，最后访问日期：2020年3月5日。

4 全国中小企业股份转让系统有限责任公司《关于发布〈关于挂牌公司股票发行有关事项的规定〉等业务规则的公告》（股转系统公告〔2018〕1220号）第17条："挂牌公司与认购对象签订的认购协议中，以及挂牌公司控股股东、实际控制人或其他第三方与认购人签订的补充协议中，不得存在以下条款：（一）挂牌公司作为特殊投资条款的义务承担主体；（二）限制挂牌公司未来股票发行融资的价格或发行对象；（三）强制要求挂牌公司进行权益分派，或不能进行权益分派；（四）挂牌公司未来再融资时，如果新投资方与挂牌公司约定了优于本次发行的条款，则相关条款自动适用于本次发行认购方；（五）发行认购方有权不经挂牌公司内部决策程序直接向挂牌公司派驻董事或者派驻的董事对挂牌公司经营决策享有一票否决权；（六）不符合相关法律法规规定的优先清算权、查阅权、知情权等条款；（七）其他损害挂牌公司或者其股东合法权益的特殊投资条款。"

使用，但没有“一刀切”地禁止所有对赌协议。事实上，对于不以挂牌主体为义务人、不影响挂牌主体股权结构稳定、不损害挂牌主体实质权益的对赌条款，在实践中并不会被认定为挂牌审核的实质障碍，且目前已有多家申报企业在此情况下于新三板成功挂牌。[1]

从上述分析可以看出，不同证券公开交易市场的不同监管机关在不同监管阶段或在不同监管事项上对对赌协议的态度存在不同。对 A 股 IPO 而言，整体呈现出了一种从对对赌条款全面封杀到有限接受的监管态度转变，但具体落实程度还有待进一步观察。

三、审判机关的态度

与登记机关和监管机关不同，审判机关是对赌和对赌协议纠纷的争议解决机构。审判机关不仅能够通过司法裁判文书最终决定对赌主体之间的权利义务关系，而且能够影响私募股权基金等相关各方关于对赌和对赌协议的法律认知，并使其能够根据司法裁判结果对对赌和对赌协议进行重新考量或做出相应调整，以免重蹈对赌安排被判定无效的覆辙。然而，关于对赌和对赌协议的热烈争论却一直伴随着司法审判实践。

整体来讲，这些争论主要体现在如下几个方面。其一，“对赌协议”是什么性质的协议？是投资协议，还是“名为投资实为借贷”的借贷协议？是联营合同，还是其他性质的合作合同，比如附条件的合同、担保合同、期权合同抑或是射幸合同？其二，“对赌协议”的效力是什么？是有效的协议，无效的协议，抑或是部分有效和部分无效的协议？无效的原因又是什么？是因为违反法律的强制性规定而无效，还是因为违反《公司法》的风险负担原则或资本维持原则抑或是因为损害目标公司本身或其债权人的利益而无效？其三，“对赌协议”的性质和效力是否会因为对赌主体不同而不同？比如，与目标公司对赌和与目标公司原股东对赌，是否应当在效力认定上有所区别？如果应当有所区别，依据是什么？区别之处到底在哪里？其四，“对赌协议”的性质和效力是否会因为对赌方式不同而不同？比如，直接与目标公司对赌和与目标公司原股东对赌并由目标公司通过为原股东提供担保的方式进行隐性对赌，是否应当在效力认定上有所

1 比如宏伟供应（833770）、杭南影视（833604）、百事泰（833663）。

不同？如果相同，依据是什么？如果不同，依据又是什么？其五，除了“对赌协议”的性质与效力问题外，“对赌协议”是否还应考虑履行性问题？如果对赌协议不具可履行性，又应如何处理？其六，“对赌协议”一旦被触发和适用，是否均应按照协议约定承担责任？换言之，除合同责任外，是否还有其他责任，以及协议约定的责任是否有可能被其他责任所取代或影响？凡此种种，不一而足。究其主要原因，还是在于“对赌”和“对赌协议”本身及其实践应用的复杂性给成文法律的解读和适用带来了挑战。

在私募股权投资实践中，作为固化投资交易的载体，投资法律文件系依赖于投资交易而生，不同投资交易需要适用不同的投资法律文件体系。比如，在“认购增资”交易中，私募股权基金需要签署增资协议、股东协议和公司章程等投资法律文件；在“购买老股”交易中，需要签署股权转让协议、股东协议和公司章程等投资法律文件。只有对应签署这些投资法律文件，股权投资交易才能得以完成。然而，“对赌协议”却不是其中的任何一份协议，而是分散体现于这些投资法律文件的不同条款之中，而且这些条款所约定的内容也不是“认购增资”或“购买老股”或“债转股”这些交易本身，而是着眼于与这些交易相关的未来可能发生的事项。同时，这些未来事项表现形式也多种多样，而且会涉及多方主体，而非两方主体。这种通过多份协议来混合规定未来不确定性事项的复杂做法，不仅没有让“对赌协议”成为《合同法》上的“有名合同”，反而让“对赌协议”成了由很多条款构成的且非独立存在的“无名合同”，让人很难从法律法规中找出可以直接对应适用的规定，由此给司法审判实践带来的挑战也可想而知。在“海富与世恒案”中，一审法院、二审法院和再审法院之间的观点差别，即是最好的例证。

除“海富与世恒案”外，司法审判实践后续也出现了很多被业界广泛热议的其他案例，比如“合盈基金与瀚霖公司及其实际控制人合伙协议纠纷案”[1]“华工公司与扬锻公司及其11名原股东请求公司收购股份纠纷案”[2]，等等。对这些案例的热议也可以说明，困扰业界多年的对赌法律问题并没有完全得到解决，

---

1 参见本书第二部分“目标公司抑或原股东回购”之参考案例1-1。

2 参见本书第二部分“目标公司抑或原股东回购”之优选案例1-2。

这一方面有赖于审判实践未来继续深入探索，另一方面也有赖于最高人民法院这一最高司法审判机关通过发布司法解释等方式予以指引。事实上，最高人民法院也确实进行了相关的谨慎尝试。比如，2014 年 6 月 3 日最高人民法院发布《关于人民法院为企业兼并重组提供司法保障的指导意见》，原则上认定“要坚持促进交易进行，维护交易安全的商事审判理念，审慎认定企业估值调整协议、股份转换协议等新类型合同的效力，避免简单以法律没有规定为由认定合同无效”。2019 年 8 月 7 日最高人民法院又发布了《九民会议纪要》征求意见稿，公开就审判实践中遇到的对赌及其他法律问题向社会征求意见，其后《九民会议纪要》定稿并于2019年11月8日正式发布，就对赌相关法律问题做出正式回应，在具有更高效力的法律法规、司法解释出台之前，《九民会议纪要》将会在指导对赌审判实践方面具有重要的参考意义。

首先，《九民会议纪要》首次对“对赌协议”进行了尝试性界定，对统一业界关于“对赌”和“对赌协议”的认知具有重要参考意义。《九民会议纪要》认为：“对赌协议”“是指投资方与融资方在达成股权性融资协议时，为解决交易双方对目标公司未来发展的不确定性、信息不对称以及代理成本而设计的包含了股权回购、金钱补偿等对未来目标公司的估值进行调整的协议。从订立对赌协议的主体来看，有投资方与目标公司的股东或者实际控制人‘对赌’、投资方与目标公司‘对赌’、投资方与目标公司的股东、目标公司‘对赌’等形式。”换言之，对赌协议应具有如下特征：其一，对赌协议主要产生于私募股权投资或融资交易中，而非其他交易中，对赌协议的签约主体或对赌主体主要是参与投融资交易的利益相关方，包括投资方、目标公司及其原股东等；其二，对赌协议的签约一方或对赌一方是投资方，另一方则可能是目标公司及其原股东等相关方中的一方或多方；其三，对赌协议项下的对赌标的包括股权回购和现金补偿等方式，其交付在未来发生且具有利益让渡性质，且对赌协议的触发点也是未来的不确定事项，现时无法预见。

其次，《九民会议纪要》首次对不同主体（目标公司或其原股东）所签署对赌协议的效力进行了区别和说明，认为“对于投资方与目标公司的股东或者实际控制人订立的‘对赌协议’，如无其他无效事由，认定有效并支持实际履行，实践中并无争议。但投资方与目标公司订立的‘对赌协议’是否有效以及能否实际履行，存在争议”“投资方与目标公司订立的‘对赌协议’在不存在法定无效事由的情况下，目标公司仅以存在股权回购或者金钱补偿约定为由，主张‘对赌协议’无效的，人民法院不予支持，但投资方主张实际履行的，人民法院应当审查是否符合公司法关于‘股东不得抽逃出资’及股份回购的强制性规定，判决是否支持其诉讼请求”。换言之，在目标公司原股东与投资方签署对赌协议并在对赌指标触发时承担对赌标的交付义务的情况下，对赌协议很可能会被法院认定为有效并由目标公司原股东承担关于对赌标的履行义务；在目标公司与投资方签署对赌协议（无论目标公司原股东是否作为签约主体）并在对赌指标触发时承担对赌标的交付义务的情况下，对赌协议及对赌标的交付义务的有效性则需要视情况而定，存在较大不确定性。

再次，基于与目标公司对赌的特殊性，《九民会议纪要》还根据对赌标的的性质，对“与目标公司对赌”所可能产生的司法审判后果进行了比较细致的说明。[1] 可以预见，这种细致的说明亦会在统一法院裁判思路以及稳定当事人预期方面起到重要指导作用。

需要特别指出的是，尽管《九民会议纪要》有着重要的指导作用或借鉴意义，但最高人民法院毕竟是司法审判机关，终究无法穷尽对赌和对赌协议的所有复杂情况并就此一一做出指导性安排，因此《九民会议纪要》不可能涵盖对赌涉及的所有情形以及与此相关的所有法律问题。比如，投资方为了规避其与目标公司直接对赌存在的法律风险而采用的由其与原股东直接对赌并由目标公司就此提供担保而变通将目标公司纳入对赌范畴的做法。这种变相的对赌操作显然不是《九民会议纪要》所涵盖的对赌做法，《九民会议纪要》亦未对其有效性或效力判断标准进行明确，显然需要一案一议，无法得出一个“必然有效”或

---

1 《九民会议纪要》第 2 部分第 1 条第 5 款“与目标公司‘对赌’”：“……投资方请求目标公司回购股权的，人民法院应当依据《公司法》第 35 条关于‘股东不得抽逃出资’或者第 142 条关于股份回购的强制性规定进行审查。经审查，目标公司未完成减资程序的，人民法院应当驳回其诉讼请求。投资方请求目标公司承担金钱补偿义务的，人民法院应当依据《公司法》第 35 条关于‘股东不得抽逃出资’和第 166 条关于利润分配的强制性规定进行审查。经审查，目标公司没有利润或者虽有利润但不足以补偿投资方的，人民法院应当驳回或者部分支持其诉讼请求。今后目标公司有利润时，投资方还可以依据该事实另行提起诉讼。”

"必然无效"的概论，需要在综合研判公司担保及其效力的基础上进行认定。此外，对于投资方与目标公司原股东之间的对赌，《九民会议纪要》也未一概认定有效，而是认为投资方与目标公司原股东之间的对赌协议"如无其他无效事由，认定有效并支持实际履行，实践中并无争议"，而且也未对"其他无效事由"可能包括哪些事由进行明确，亦会成为私募股权基金未来需要予以关注和研习的重点问题。根据《合同法》第52条[1]的规定，研习这些问题的重点或又会主要集中于法律法规关于私募股权投资的相关限制性或禁止性规定，而适用这些限制性或禁止性规定又可能会产生其他法律后果，比如协议无效[2]和协议未生效[3]的后果。

此外，《九民会议纪要》不是司法解释，司法审判机关不能将其作为裁判依据进行援引，同时也非常可能随着司法审判实践的发展而被进一步调整或完善。事实上，2019年8月发布的《九民会议纪要》征求意见稿与2019年11月发布

1 《合同法》第52条："有下列情形之一的，合同无效：（一）一方以欺诈、胁迫的手段订立合同，损害国家利益；（二）恶意串通，损害国家、集体或者第三人利益；（三）以合法形式掩盖非法目的；（四）损害社会公共利益；（五）违反法律、行政法规的强制性规定。"《合同法》第三章关于"合同的效力"（包括第52条）的大部分内容已被《民法典》合同编第三章"合同的效力"删除，只保留并修改了部分条款。《民法典》合同编对合同的效力没有规定的，将适用依《民法总则》修订而来的《民法典》总则编第六章"民事法律行为"的规定，特别是其第三节关于"民事法律行为的效力"的规定。《民法典》关于民事法律行为无效的相关规定主要包括：第144条："无民事行为能力人实施的民事法律行为无效。"第146条："行为人与相对人以虚假的意思表示实施的民事法律行为无效。以虚假的意思表示隐藏的民事法律行为的效力，依照有关法律规定处理。"第153条："违反法律、行政法规的强制性规定的民事法律行为无效。但是，该强制性规定不导致该民事法律行为无效的除外。违反法律、行政法规的强制性规定的民事法律行为无效。"第154条："行为人与相对人恶意串通，损害他人合法权益的民事法律行为无效。"

2 比如，在"杨某某、林某某股权转让纠纷案"中，案涉上市公司股权代持协议因为损害到资本市场基本交易秩序与基本交易安全以及损害金融安全、社会稳定以及社会公共利益而被法院认定损害社会公共利益而无效，参见《最高人民法院（2017）最高法民申2454号民事裁定书》，载中国裁判文书网：http://wenshu.court.gov.cn/website/wenshu/181107ANFZ0BXSK4/index.html?docId=2c8f3f0d4876493fb4b4a9110110022b，最后访问日期：2020年3月13日。《民法典》施行后，前述案例援引法律对应的条款应为《民法典》第153条："违反法律、行政法规的强制性规定的民事法律行为无效。但是，该强制性规定不导致该民事法律行为无效的除外。违背公序良俗的民事法律行为无效。"

3 比如，在"阳亨公司与盐业集团、李某股权转让纠纷案"中，因案涉股权买卖合同需经国资管理部门审批而未履行报批程序而被法院认定尚未生效，参见本书第二部分"法律规定的条件"之优选案例1-13。

的《九民会议纪要》正式稿之间即存在较大差异，读者通过比对阅读即可发现。基于前述，基本可以认为，《九民会议纪要》的定稿和发布并不意味着可以将之看成对赌司法审判实践的唯一参考。在对赌司法审判实践中，仍然需要针对具体案件进行具体分析。或许这也是最高人民法院在《九民会议纪要》中就对赌案件另行设定基本审判原则的重要原因，即："人民法院在审理'对赌协议'纠纷案件时，不仅应当适用合同法的相关规定，还应当适用公司法的相关规定；既要坚持鼓励投资方对实体企业特别是科技创新企业投资原则，从而在一定程度上缓解企业融资难问题；又要贯彻资本维持原则和保护债权人合法权益原则，依法平衡投资方、公司债权人、公司之间的利益。"这种审判原则既考虑了股权投资实践中投资方和融资方之间的价值取向问题，也考虑到了公司与其他方之间关系的复杂性以及对赌和对赌协议安排的复杂性等问题，并再次重申了具体案件需要具体分析的审判理念，有利于指导对赌司法审判实践的发展。

第二部分

司法案例考察

导读

“海富与世恒案”第一次在业界引发了关于投资对赌的广泛关注和探讨，是业界公认的关于投资对赌的司法审判第一案。“海富与世恒案”中确认和适用的相关裁判依据也被后续很多涉及投资对赌的司法裁判案例所引用，对后续投资对赌司法审判实践的发展起到了重要的参考作用。然而，中国毕竟不是判例法国家，“海富与世恒案”的案情未必会与其他投资对赌案例的案情完全相同，“海富与世恒案”的裁判依据也不可能全盘适用于其他投资对赌案例之中，而且投资对赌及其适用背景本身所具有的复杂性也不可能使所有对赌个案的案情完全相同，因此“海富与世恒案”中确认和适用的裁判依据也不会“放之四海而皆准”。事实上，在“海富与世恒案”之后，中国司法审判实践中出现的很多案例的案情都与“海富与世恒案”存有很大差异，而且司法审判机关对案情类似的相关案例的裁判结果也存有差异，因而业界关于对赌的争论至今仍是热度不减。

本部分无意对对赌案件进行数据统计，而是在全面梳理法院近10年来对赌审判案件及其他相关案件的基础上，就法院关于不同对赌安排的主要裁判观点进行分析和归纳，并对对赌和对赌条款在实践所可能遇到的主要法律问题进行提炼，从私募股权投资实践角度对如何减少或克服这些法律障碍以及对对赌条款的设计和应用提出优化意见或建议。为此目的，且为保证所引用审判案例的权威性，本部分将以最高人民法院和相关高级人民法院的相关审判案例为重点，并仅在必要时才引用和分析相关中级或基层人民法院的审判案例，其中，绝大部分案例都是最高人民法院所设立中国裁判文书网公布的案例。受限于裁判文书披露的完整性，部分案例可能无法集齐终审涉及的全部裁判文书，而且即使是公布的二审裁判文书，也可能因为存在再审而无法确保其为终审裁判文书。敬请读者能够理解。

此外，由于业界目前尚未对对赌及对赌协议的含义形成统一认识，因此为尽量保证对赌纠纷案例的完整性，本书从私募股权投资所涉投资权益保障条款的角度，对与对赌相关的数百个纠纷案例进行了筛选和梳理，特别是涉及退出条款、补偿条款、辅助条款和增益条款等不同权益保障条款的纠纷案例，并在此基础上根据这些条款分类最终选用了共计 90 个案例。虽然其中部分案例并不属于严格意义上的对赌纠纷案例，但由于这些案例对解读和分析投资对赌实践及对赌纠纷解决具有很好的参考价值，因此本书一并予以引用和分析。在具体行文上，对于那些讨论激烈且具有较大探讨价值的案例，本书将作为优选案例进行重点分析和解读，以期读者能够全面了解案件的裁判背景、过程以及各方的精彩观点，而不至于忽略那些本应注意的或本身即具有重要参考价值的内容或观点；对于那些有参考价值却不具有典型借鉴意义的案例，本书将通过归纳和总结基本案情及裁判观点的方式向读者进行展示，以增益读者对对赌相关法律问题的认识和理解。

鉴于对赌及对赌协议的认定和判断目前仍处在争议之中，不同时期对同一个争议问题的认识并不完全相同，即便同一时期不同审判人员的观点也可能存在较大差异，甚至存在同案不同判的情形，况且实践中也不存在完全相同的判例。因此特别不建议读者将本书所引用相关审判案例中的相关裁判结果或裁判依据作为直接适用于其他类似案件或者用于解答某一问题的确定性答案，因为这些裁判结果和裁判依据都是根据案件具体情况而做出，不一定“放之四海而皆准”。此外，本书附录还对本书提及的相关案例进行了列示，以方便读者参考、查看及阅读之用。

第一章

CHAPTER 01

退出条款

在对赌指标未达标时，私募股权基金通常都会首先选择适用投资退出条款，实施投资退出，其中股权回购条款又是最被频繁选择适用的条款，因此股权回购纠纷也是对赌司法审判实践中最常出现的纠纷，而领售权条款、随售权条款或清算权条款方面的裁判案例则非常少见。之所以出现这种现象，主要是因为在对赌指标未达标时目标公司价值通常已严重下降，甚至已完全失去了被第三方收购的可能，因此无论适用领售权条款、随售权条款或优先清算权条款都将无法满足私募股权基金投资退出并获得预期收益的要求。在此情况下，适用股权回购条款不仅是更优选择，更可能是不得已的选择。因此，本部分内容将不会从司法审判角度对领售权条款、随售权条款或优先清算权条款进行考察，而将案例考察重点集中于股权回购方面。从众多股权回购案例可以看出，股权回购纠纷会涉及回购主体的确认、回购行为本身的确认、回购款金额的确认以及回购条件是否成就等一系列商业和法律问题，私募股权基金的诉请有时也未必能够获得司法审判机关的全部支持，对股权回购纠纷案例进行考察和分析有利于对股权回购条款的内容和撰写形成更深层次的认知。

第一节　回购主体

在私募股权投资实践中，承担股权回购责任的主体通常是目标公司"原班人马"中的相关主体，特别目标公司和原股东，有时甚至可能包括目标公司的法定代表人。此外，基于现实情况和商业安排的复杂性，股权回购责任主体还可能涉及“原班人马”之外的第三方，比如目标公司原股东的股东（如原股东是公司）、目标公司原股东的配偶（如原股东是自然人）、目标股权的受让方等。需要在区分这些主体的基础上，对其承担股权回购责任的法律效果进行分类考察。

一、目标公司抑或原股东回购

目标公司和原股东是两类最被频繁选择的股权回购责任主体。经过多年对赌实践，目前司法审判机关已就这两类主体承担股权回购责任的法律效果形成了基本共识，即：原股东承担股权回购责任通常不会涉及侵害目标公司及其债权人利益等问题，原则上法律应予支持，[1] 原股东作为股权回购方签署的股权回购协议在法律上原则上也应视为有效，尽管也存在一些例外情形；目标公司承担股权回购责任的情况则更为复杂，虽然现在司法审判实践中可能是趋向于原则上将其认定为有效，但因为涉及公司资本维持原则以及目标公司债权人利益等一系列问题，需要具体情况具体分析，不可一概而论。[2]

优选案例 1-1

海捷公司与正忠公司及其原股东与公司有关的纠纷案

阅读提示

诉讼背景：海捷公司作为目标公司正忠公司的投资者股东，要求正忠公司及其原股东张某某、柳某依约履行股权回购义务并向其支付回购款3,038.7 万元（含本金 2,012.4 万元以及以本金按年化率 12% 的收益率暂计算至 2015 年 11 月 30 日的收益）。未果，诉至法院。

---

1 《九民会议纪要》第 2 部分第 1 条“关于‘对赌协议’的效力及履行”：“……对于投资方与目标公司的股东或者实际控制人订立的‘对赌协议’，如无其他无效事由，认定有效并支持实际履行，实践中并无争议。……”

2 《九民会议纪要》第 2 部分第 1 条第 5 款“与目标公司‘对赌’”：“投资方与目标公司订立的‘对赌协议’在不存在法定无效事由的情况下，目标公司仅以存在股权回购或者金钱补偿约定为由，主张‘对赌协议’无效的，人民法院不予支持，但投资方主张实际履行的，人民法院应当审查是否符合公司法关于‘股东不得抽逃出资’及股份回购的强制性规定，判决是否支持其诉讼请求。……”

裁判索引：湖南省长沙市中级人民法院一审并作出（2015）长中民四初字第02014-1号民事判决书（以下简称“一审判决”）；湖南省高级人民法院二审并作出（2017）湘民终245号民事判决书（以下简称“二审判决”）；最高人民法院再审并于2018年5月25日作出（2018）最高法民申908号民事裁定书（以下简称“再审裁定”）。

主要问题：（1）正忠公司作为目标公司应否承担股权回购责任？（2）张某某、柳某作为目标公司原股东应否承担股权回购责任？（3）张某某、柳某可否以股权回购侵害正忠公司其他股东优先购买权为由拒绝承担股权回购责任？（4）张某某、柳某可否以股权回购条件不具备为由拒绝承担股权回购责任？

一审程序

事实认定：

一审法院查明事实如下：

(1)正忠公司成立于2003年1月27日，是有限责任公司，法定代表人为张某某，与柳某系夫妻。

(2) 2011年8月25日，海捷公司与正忠公司签订《增资协议》，载明：本协议签署前，张某某和柳某分别持有正忠公司36.9%和24.6%股权，合计持股比例为61.5%，系正忠公司的实际控制人；海捷公司向正忠公司支付2,012.4万元增资款，430万元计入注册资本，占增资后注册资本19.55%，1,582.4万元计入资本公积。

(3) 2011年8月25日，海捷公司与张某某、柳某、正忠公司签订《补充协议》，约定：

2.1、正忠公司及实际控制人共同承诺，2011年、2012年、2013年正忠公司净利润分别不低于1,500万元、2,250万元、3,375万元，3年合计不低于7,125万元。

2.2、如正忠公司2011年和2012年合计实现的净利润低于3,750万元，则差额部分由实际控制人按海捷公司所持正忠公司股权比例对海捷公司现金补偿；差额部分如未超过375万元，则海捷公司豁免正忠公司的差额补偿义务。

2.3、如正忠公司2011年、2012年和2013年合计实现净利润低于7,125万元，差额部分由实际控制人按海捷公司所持正忠公司股权比例对海捷公司现金补偿，差额部分如未超过712.5万元，则海捷公司豁免正忠公司的差额补偿义务。本款的补偿金额应扣减掉2.2款中的补偿金额，不足扣减部分退还给实际控制人。

正忠公司及实际控制人承诺，正忠公司将在海捷公司增资款到位后36个月内上市，否则海捷公司有权要求正忠公司及实际控制人或其指定的企业或自然人回购海捷公司所持正忠公司全部或部分股权。在海捷公司提出回购之日起3个月内，正忠公司及实际控制人确保回购人履行回购义务，回购价款为以下两种较高者：(1)海捷公司已付增资款加上按年化收益率12%计算的收益，但应扣除海捷公司累积从正忠公司获得的现金分红及业绩差额补偿；(2)回购时点经审计净资产中海捷公司按所占比例拥有的份额。

(4) 海捷公司、正忠公司、张某某、柳某均在《补充协议》上盖章或签字。

(5) 2011年8月26日，海捷公司向正忠公司支付2,012.4万元。2011年9月6日，正忠公司出具《出资证明书》，载明海捷公司于2011年9月6日向缴纳增资款2,012.4万元，其中注册资本430万元，占注册资本19.91%。

(6) 2014年8月11日，正忠公司、柳某、张某某向海捷公司发出《工作联系函》，写明：正忠公司同意回购海捷公司所持19.55%股权，但建议股权转让金分5年左右付清，在付款期间，正忠公司愿支付一定利息。

(7) 张某某2014年10月21日签收了海捷公司向其送达的《法律函》，柳某2014年10月签收了海捷公司向其送达的《法律函》。

一审法院另查明事实如下：

(1) 正忠公司共有包括张某某、柳某、海捷公司在内等30名股东，海捷公司所持股权比例为19.5455%，出资额为430万元。

(2)正忠公司章程第16条规定：股东转让股份应经其他过半数股权的股东同意，其他过半数股权的股东不同意转让的，不同意的股东应购买该转让的股权，不购买视为同意。第17条规定：经股东同意转让的股份，在同等条件下，其他股东有优先购买权，两个以上股东主张行使优先购买权的，协商各自的购买比例，协商不成的，按转让时各自的出资比例行使优先购买权。

(3) 正忠公司在海捷公司起诉时仍未完成上市。

法院观点：

一审法院认为本案争议焦点为：(1)海捷公司与正忠公司、柳某、张某某所签《增资协议》及《补充协议》是否有效；(2)正忠公司、柳某、张某某应否支付海捷公司回购股权的相应价款及数额。

对争议焦点一，一审法院认为：

（1）根据《公司法》第35条和第37条，有限责任公司注册资本确定后，未经法定程序，不得随意减少和抽回；第74条第1条规定："有下列情形之一的，对股东会该决议投反对票的股东可以请求公司按照合理的价格收购其股权：（一）公司连续五年不向股东分配利润，而公司该五年连续盈利，并且符合本法规定的分配利润的条件的；（二）公司合并、分立、转让主要财产的；（三）公司章程规定的营业期限届满或者章程规定的其他解散事由出现，股东会会议通过决议修改章程使公司存续的。"

（2）《增资协议》及《补充协议》系当事人真实意思表示，但《补充协议》关于正忠公司回购股份的条款因违反《公司法》上述强制性规定且侵害公司其他股东利益而应无效；有关实际控制人张某某、柳某回购股份等条款约定，是当事人特别设定的保护投资人利益的条款，属缔约时当事人对投资合作商业风险的安排，不违反相关国家法律、行政法规的禁止性规定，应为有效。

对争议焦点二，一审法院认为：

（1）根据《补充协议》第3.1条，海捷公司增资款到位后36个月内，正忠公司应上市，否则海捷公司有权要求回购股权。虽然《补充协议》中正忠公司回购海捷公司所持股权的约定无效，但海捷公司与实际控制人的回购股权约定有效。因《增资协议》已阐明实际控制人系张某某及柳某，且两人在签约时合计持有正忠公司61.5%股权，且目前正忠公司仍未完成上市，回购股权的条件已经成就，海捷公司关于张某某及柳某应回购其所持正忠公司股权的诉请应予支持。

（2）根据《补充协议》第3.2条，在海捷公司提出回购要求之日起3个月内，正忠公司及其控制人要确保回购人履行回购义务，回购价款为海捷公司所付增资款加上按年化收益率12%计算的收益。从向海捷公司出具的《工作联系函》可看出，海捷公司已于2014年8月11日前向正忠公司提出回购，张某某及柳某对此理应知晓。又结合张某某于2014年10月21日签收的《法律函》以及张某某与柳某系夫妻关系等情况可以确定，海捷公司于2014年10月21日已再次向张某某及柳某提出股权回购。再根据《补充协议》2.1条至2.3条，海捷公司与正忠公司及其实际控制人存有关于2011年至2013年现金分红及差额补偿的约定，故《补充协议》中关于12%年化收益率的约定应适用于海捷公司提出回购之日后计算相关回购款项。

(3)根据《增资协议》及《补充协议》,海捷公司向正忠公司所付增资款为2,012.4万元，且海捷公司未领取过现金分红或业绩差额补偿，故张某某及柳某应付海捷公司的回购价款为2,012.4万元加上以此为基数按年化收益率12%计算的收益。

法院裁判

综上，一审法院判决：张某某、柳某应支付海捷公司股权回购款2,012.4万元以及以2,012.4万元为基数按年化率12%计算的收益(自2014年10月21日起至判决履行完毕之日)。

二审程序

上诉请求：

海捷公司、张某某、柳某不服一审判决，上诉请求撤销一审判决，驳回海捷公司的诉请。正忠公司未提起上诉。

事实认定：

二审法院认可一审法院查明的事实。

法院观点：

二审法院认为，上诉争议焦点为：张某某、柳某应否及如何承担股权回购义务。

对此争议焦点，二审法院认为：

(1)《增资协议》系海捷公司与正忠公司签订，且经正忠公司股东会通过，内容不违反法律法规的强制性规定，应为有效。《补充协议》中的正忠公司回购条款，一审法院认为违反《公司法》强制性规定无效，驳回海捷公司对正忠公司的诉请，海捷公司对此没有上诉，对该部分处理，予以维持。

(2)根据《合同法》第56条[1]，合同部分无效，不影响其他部分效力的，其他

---

1 《合同法》第56条："无效的合同或者被撤销的合同自始没有法律约束力。合同部分无效，不影响其他部分效力的，其他部分仍然有效。"该规定已被《民法典》承继并涵盖于不同条款中，如第155条："无效的或者被撤销的民事法律行为自始没有法律约束力。"第156条："民事法律行为部分无效，不影响其他部分效力的，其他部分仍然有效。"

部分仍然有效。《补充协议》关于实际控制人张某某、柳某回购股权的约定，是当事人真实意思表示，内容不违反法律法规的强制性规定，合法有效。

（3）根据《公司法》第 71 条，有限责任公司股东之间可以相互转让全部或部分股权。正忠公司章程规定，股东转让股份，应经过过半数股权的股东同意，其他过半数股权的股东不同意转让的，不同意的股东应购买该转让的股权，不购买视为同意。该章程主要是针对股权的转让应经过过半数股权的股东的同意。张某某、柳某合计持有正忠公司 61.5% 股权，已超过正忠公司过半数股权，其与海捷公司签订《补充协议》并未违反正忠公司章程规定。此外，张某某、柳某未提交其他股东主张购买海捷公司股权的证据，且股东行使优先购买权与否并不影响协议效力。张某某、柳某以《补充协议》侵害其他股东优先购买权主张合同无效，没有事实和法律依据。

（4）张某某、柳某认为《补充协议》是对赌协议，是张某某、柳某与海捷公司恶意串通签订，侵害其他股东的知情权、盈余分配权和公司剩余财产分配权，属于无效协议。实际上，《补充协议》关于张某某、柳某回购股权的约定是当事人在投资合作中的商业风险承担安排，是当事人真实意思表示，没有侵害其他股东权利，应为有效。

（5）除张某某、柳某需承担回购义务外，《补充协议》还约定张某某、柳某应对正忠公司的违约承担连带担保责任，但海捷公司诉请的是张某某、柳某承担股权回购义务，并未主张其承担连带担保责任。张某某、柳某以海捷公司没有主张担保责任，否认海捷公司主张其承担回购义务，系混淆合同约定，不予支持。

（6）从向海捷公司出具的《工作联系函》以及张某某签收的《法律函》可以看出：海捷公司在 2014 年 10 月 21 日再次主张回购股权。张某某、柳某认为海捷公司从未向其主张回购，与事实不符。因《补充协议》约定海捷公司提出回购的条件是在其完成增资的 36 个月，海捷公司提出回购的有效期限应为 2014 年 10 月 21 日。

（7）根据《补充协议》，回购价款为海捷公司已付增资款加上按年化收益率 12% 计算的收益。海捷公司增资款总额为 2,012.4 万元，一审判决张某某、柳某向海捷公司支付 2,012.4 万元增资款，并以 2,012.4 万元为依据按年化收益率 12% 计算收益，符合约定。张某某、柳某认为应以 430 万元为计算依据，与合同不符，不予支持。

（8）至于收益的时间计算起点，因合同约定不明，一审法院从海捷公司主张回购的日期计算，充分考虑了本案实际情况，符合公平原则。海捷公司主张收益应从签订《补充协议》第二日即2011年8月26日计算，张某某、柳某主张应从海捷公司提起诉讼之日起计算，均不予支持。

法院裁判

综上，二审法院判决：驳回张某某、柳某的上诉请求，维持一审判决。

再审程序

再审请求：

张某某、柳某不服二审判决，再审请求撤销原审判决，驳回海捷公司诉请，理由如下：

（1）章程第16条规定：股东转让股份应经其他过半数股权的股东同意，其他过半数股权的股东不同意转让的，不同意的股东应购买该转让的股权，不购买的视为同意。据此，股东不论是对内还是对外转让股份，均应经其他过半数股权的股东同意，其他过半数股权的股东不包括股权转让人和受让人。海捷公司请求张某某或柳某回购股权也应经其他过半数股权股东同意。张某某、柳某合计持股比例只有41.0932%（其中张某某持24.6559%，柳某持16.4373%），并非二审判决认定的61.5%，海捷公司请求回购股权违背了章程第16条的规定。此外，《补充协议》本质是对赌协议，无论正忠公司是否盈利或上市，股东均是受益者。《补充协议》未经股东会一致同意，侵害了其他股东的知情权、优先购买权、盈余财产分配权和公司剩余财产分配权，且违背了正忠公司章程规定，以合法形式掩盖非法目的，损害了第三人利益，根据《合同法》第52条[1]，应认定无效。

（2）《补充协议》第4.7条约定：张某某、柳某承担的是连带担保责任，海捷

1 如前所述，《民法典》没有原文援用《合同法》关于“以合法形式掩盖非法目的”的合同无效的规定。该案涉案合同在《民法典》下的效力，将取决于对《民法典》第146条所规定“虚假的意思表示”及其他相关情形的认定。

公司在保证期间内未请求张某某、柳某承担责任，根据《担保法》第 26 条，[1] 张某某、柳某免除保证责任，不应承担股权回购责任。

（3）股权回购条件尚未成就。投资期限 36 个月届满后（即 2014 年 8 月 27 日后）直至海捷公司提起本案诉讼之日，海捷公司从未向张某某、柳某、正忠公司提出回购。《工作联系函》系正忠公司向海捷公司出具，未含有海捷公司请求回购之意。《送达回执单》上虽有张某某和柳某签字并记载日期为 2014 年 10 月 21 日，但该回执单所载文件名为《法律函》（2014 年 10 月 14 日签发），张某某、柳某并未收到该《法律函》，且未经法庭质证。原审判决仅凭《送达回执单》推定海捷公司向张某某、柳某提出了回购请求，缺乏证据证明。

海捷公司认为应驳回张某某、柳某的再审申请，理由如下：

（1）《补充协议》中的张某某、柳某回购股权等条款系各方自愿真实意思表示，不违反法律、法规的强制性规定，并未侵害其他股东权利。《补充协议》第 3.1 条约定的股权回购是张某某、柳某应履行的合同义务，不能因合同外非当事人双方的原因豁免。正忠公司章程第 16 条关于股权转让的规定与《公司法》第 71 条的规定冲突，股东间转让股权不存在其他股东享有优先权的问题。此外，《补充协议》签订时，张某某、柳某合计持有正忠公司 61.5% 股权，已超过公司过半数股权，未违反正忠公司章程规定。是否违反正忠公司章程以及股东优先购买权并不影响《补充协议》的效力。张某某、柳某主张《补充协议》违背正忠公司章程规定、侵害股东优先购买权等无效，没有法律依据。

（2）经张某某、柳某签字确认的《工作联系函》《法律函》《送达回执单》等证据均经当庭质证，并经原审法院认定作为本案定案依据，不存在《民事诉讼法》

---

1 《担保法》第 26 条："连带责任保证的保证人与债权人未约定保证期间的，债权人有权自主债务履行期届满之日起六个月内要求保证人承担保证责任。在合同约定的保证期间和前款规定的保证期间，债权人未要求保证人承担保证责任的，保证人免除保证责任。"《民法典》在其第 692 条第 2 款对一般保证和连带责任保证的保证期间进行了统一规定，即"债权人与保证人可以约定保证期间，但是约定的保证期间早于主债务履行期限或者与主债务履行期限同时届满的，视为没有约定；没有约定或者约定不明确的，保证期间为主债务履行期限届满之日起六个月。"《民法典》第 693 条第 2 款则承继了原《担保法》第 26 条第 2 款的基本内容，即"连带责任保证的债权人未在保证期间请求保证人承担保证责任的，保证人不再承担保证责任。"

第 200 条第 4 项“原判决裁定认定事实的主要证据未经质证的”情形。海捷公司是否向张某某、柳某提出回购请求并不是股权回购的前提条件。依据《补充协议》第 3.1 条，截至海捷公司增资款到位后第 36 个月即 2014 年 8 月 26 日，正忠公司仍未完成上市，股权回购条件即已成就，张某某、柳某应依约履行股权回购义务。

（3）二审判决依据《补充协议》第 3.1 条关于正忠公司及其实际控制人张某某、柳某回购股权义务的约定，认定张某某、柳某应履行回购义务，证据充分。张某某、柳某辩称其仅承担保证责任，不符合协议约定。

事实认定：

再审法院认可原审法院查明的事实。

法院观点：

再审法院认为再审争议焦点为：（1）《补充协议》是否有效；（2）张某某、柳某免除保证责任后，应否承担股权回购义务；（3）海捷公司主张股权回购的条件是否已经成就。

对争议焦点一，再审法院认为：

(1)《补充协议》关于张某某、柳某回购股权的约定，没有损害正忠公司及其债权人利益，不违反法律法规的禁止性规定，应合法有效。

(2) 虽正忠公司章程第 16 条规定股东转让股权，应经其他过半数股权的股东同意，其他过半数股权股东不同意转让的，不同意的股东应购买该转让的股权，不购买的视为同意。即依据该规定，股东不论是对内还是对外转让股权，均应经其他过半数股权股东的同意。但有限责任公司股东之间的股权回购协议是对将来转让股权的约定，股东之间转让股权未损害公司及其他债权人利益，也未破坏有限责任公司的人合性，即便未召开股东会或违反公司章程规定，侵害了其他股东的优先购买权，在不存在《合同法》第 52 条规定的情形时，并不必然导致股权回购协议无效。此外，张某某、柳某亦未提交证据证明其他股东拟行使优先购买权。

(3)《补充协议》中张某某、柳某回购股权的约定，实质是控股股东向外部投资人提供的补偿条款，以降低投资人投资时误判目标公司价值的投资风险，以促成投融资交易的实现，是出于当事人自主安排、调控风险及经营激励的自由意志，经意思表示一致而成立。张某某、柳某作为缔约一方在享受利益的同时也应承受风险。故本案不存在《合同法》第 52 条第 3 款规定的“以合法形式掩盖非法目的”

的情形。

对争议焦点二，再审法院认为：张某某、柳某认为海捷公司未在保证期间内请求其承担保证责任，根据《担保法》第26条，无须承担保证责任，亦无须承担股权回购责任。但本案中，海捷公司并未诉请张某某、柳某承担连带保证责任，不存在海捷公司未在保证期间内请求张某某、柳某承担保证责任，张某某、柳某由此免除保证责任的问题。《补充协议》第3.1条约定，正忠公司及实际控制人承诺：正忠公司将在增资款到位后36个月内上市，否则海捷公司有权要求正忠公司及实际控制人或其指定企业或自然人回购海捷公司所持正忠公司股权。因此，张某某、柳某应承担股权回购义务。

对争议焦点三，再审法院认为：海捷公司向原审法院提交的《送达回执单》上记载的送达文件中包括《法律函》，《送达回执单》已由张某某签字确认，张某某、柳某未收到《法律函》的主张不成立。另，一审法院已组织张某某、柳某对《法律函》进行质证，函件内容是请求张某某、柳某于2014年11月25日前回购海捷公司所持正忠公司全部股份并支付回购总价款2,012.4万元。张某某、柳某关于海捷公司从未提出回购请求的主张，与事实不符。另依据《补充协议》第3.1条，截至增资款到位后36个月即2014年8月26日，正忠公司仍未完成上市，约定的股权回购条件已经成就。张某某、柳某依约履行股权回购义务并不以海捷公司向其及正忠公司提出回购请求为条件。

法院裁判

综上，再审法院裁定：驳回张某某、柳某的再审请求。

案例启示

本案是目标公司原股东在对赌指标未达标时应否承担股权回购责任的典型案例。虽然目标公司正忠公司也曾被海捷公司要求承担股权回购责任，但经一审法院审理并驳回，海捷公司随即在二审程序中放弃了要正忠公司承担股权回购责任的请求，转而积极应对目标公司实际控制人张某某和柳某关于不应由其承担股权回购责任的抗辩。

张某某和柳某的整体抗辩思路可简单概括如下：首先，主张《补充协议》关于实际控制人股权回购的条款无效，主要理由是：股权回购条款违反了正忠公司章程关于股东优先购买权的规定，属于《合同法》规定的“以合法形式掩盖非法目的”；其次，即使股权回购条款被认定有效，张某某和柳某也不应承担股权回购责任，主要理由是：张某某和柳某承担股权回购责任需以海捷公司向其发出有效的股权回购要求并要求以张某某和柳某承担保证责任为前提，既然海捷公司没有向其发出有效的股权回购要求，也没有要求其承担保证责任，因此其也不应承担股权回购责任。

从整体审判程序来看，张某某和柳某的抗辩意见虽然被一审法院、二审法院和再审法院分别从不同程度上进行了剖析和反驳，没有达到驳回海捷公司诉请的最终效果，但对私募股权基金等投资者股东而言，这种抗辩思路和抗辩意见依然值得注意。

首先，与要求目标公司承担股权回购责任相比，要求目标公司原股东承担股权回购责任所面临的法律障碍会更小。海捷公司在一审法院做出关于正忠公司不应承担股权回购责任的判决后放弃要求正忠公司承担股权回购责任，即是一个很好的证明。只是正忠公司作为目标公司是否应当承担股权回购责任，或者海捷公司是否应当放弃要求正忠公司承担股权回购责任，则是另一个层面的问题。

其次，在要求目标公司原股东承担股权回购责任的情况下，需要特别注意原股东未来拒绝承担股权回购责任时所可能采取的抗辩意见。在本案中，张某某和柳某采取的抗辩意见主要有两个，即：（1）原股东承担股权回购责任应因违反公司章程关于股东优先购买权的规定而无效，及（2）原股东承担股权回购责任应以投资者发出有效股权回购要求为前提。对基金等投资者股东而言，这意味着：（1）在与目标公司及/或其原股东签署投资法律文件时，需要注意不同投资法律文件关于同一权利不同条款或规定之间的匹配关系，包括交易类法律文件与治理类法律文件之间的匹配关系，以防止因为条款冲突或匹配度不够而导致产生合同解释上或履行上的差异，而本案即存在这种合同约定冲突方面的解读问题；及（2）在股权回购责任触发条件成就时，需要特别注意审视触发条件是否已经真实成就，并需要特别注意关于要求承担股权回购责任是否需要履行通知程序等事宜，以免因为通知程序存在瑕疵而被责任方抗辩，造成不必要的麻烦。

再次，在设计投资法律文件的相关条款时，还需要特别注意不同条款之间是否可能存在法律上的竞合或冲突。在本案中，关于张某某和柳某所承担股权回购责任的性质其实一直是一个争议比较激烈的焦点，即其股权回购责任是担保责任还是合同约定的责任。虽然二审法院认为张某某和柳某的抗辩意见“系对合同约定的混淆”，且这一观点也被再审法院认可，但之所以因此引起争议还是在于《补充协议》的相关约定相对模糊或不清晰所致。比如，《补充协议》约定：海捷公司有权要求“正忠公司及实际控制人或其指定企业或自然人回购海捷公司持有的正忠公司全部或部分股权”，在海捷公司提出回购之日起3个月内，“正忠公司及实际控制人确保回购人履行回购义务”，那么这一条款中的“确保”一词应如何理解呢？是确保自己还是其指定的第三方履行回购义务？《补充协议》并未就此进一步约定，而这给将回购责任解读为担保责任留下了一定空间，也成了正忠公司原股东的一个主要抗辩依据。那么，在起草投资法律文件时，将前述条款根据不同回购义务履行主体区分处理，是否会更清晰一些呢？比如写为：“如果海捷公司要求目标公司及实际控制人履行回购义务，目标公司及实际控制人应在海捷公司提出回购之日起3个月内履行完毕股权回购义务；如果目标公司及实际控制人指定第三方履行回购义务，目标公司及实际控制人应在海捷公司提出回购之日起3个月内确保第三方履行完毕股权回购义务并就此承担连带清偿责任。”

除前述外，在目标公司及其实际控制人指定第三方履行股权回购义务的情况下，海捷公司是否还需就三方之间如何签署股权回购协议及履行股权回购程序等相关内容进行约定，也是一个需要注意的问题，而这又会涉及股权回购的触发条件问题，本书将在本部分“触发条件”章节中加以分析。如此种种问题，都需要根据实际情况进行设计和细化，以尽量减少各方之间因约定不明而导致协议无法履行或发生争议的可能。

优选案例 1-2

华工公司与扬锻公司及其11名原股东请求公司收购股份纠纷案

阅读提示

诉讼背景：华工公司作为扬锻公司的投资者股东，要求扬锻公司以及原股东潘某某、董某某、耿某某、赵某某、张某某、何某某、钟某、淮左中心、亚东中心、吉安中心、金锻中心（合称“11名原股东”）回购华工公司所持扬锻公司股份及支付股权回购款本金 2,200 万元及利息（以本金 2,200 万元为基数按年利率 8% 自 2011 年 7 月 20 日起计算至实际给付之日，同时扣除分红款 104 万元），并连带向华工公司支付股权回购款罚息（以本金 2,200 万元为基数按每日 0.5‰自 2015 年 1 月 1 日起计算至判决生效之日）。未果，诉至法院。

裁判索引：江苏省扬州市邗江区人民法院一审并作出（2016）苏 1003 民初 9455 号民事判决书（以下简称“一审判决”）；江苏省扬州市中级人民法院二审并作出（2017）苏 10 民终 2380 号民事判决书（以下简称“二审判决”）；江苏省高级人民法院再审并于 2019 年 4 月 3 日作出（2019）苏民再 62 号民事判决书（以下简称“再审判决”）。

主要问题：（1）《补充协议》约定的股权回购主体应如何认定，应否包括 11 名原股东？（2）《补充协议》的效力为何？（3）扬锻公司新章程是否对《补充协议》做出了变更？（4）《补充协议》是否具备履行可能性？（5）扬锻公司应承担责任的范围是什么？

一审程序

事实认定：

一审法院查明事实如下：

(1) 2011 年 7 月 6 日，华工公司与扬锻集团公司、11 名原股东以及相关案外人共同签订《增资协议》，约定：由华工公司现金增资扬锻集团公司 2,200 万元，增资价格为 11 元／元注册资本，200 万元作为注册资本，2,000 万元列为公司资本公积金。

(2) 同日，11 名原股东作为甲方，扬锻集团公司作为乙方，华工公司作为丙方，达成《补充协议》，约定：①若乙方在 2014 年 12 月 31 日前未能在境内上市或乙方主营业务、实际控制人、董事会成员发生重大变化，丙方有权要求乙方回购丙方所持全部乙方股份，乙方应以现金收购（第 1 条股权回购第 1 款）；②乙方回购丙方所持乙方股权的价款按以下公式计算：回购股权价款 = 丙方投资额 +（丙方投资额 ×8%× 投资到公司实际月份数 /12）− 乙方累计对丙方的分红（第 2 款）；③甲方、乙方应在丙方书面提出回购要求之日起 30 日内完成回购股权等有关事项，包括完成股东大会决议，签署股权转让合同及其他相关法律文件，支付股权收购全款，完成工商变更登记（第3款）；④若甲方、乙方在约定期间内未予配合并收购丙方所持公司股份，则乙方应按丙方应得回购股权价款每日的0.5‰比率支付罚息（第4款）；⑤本协议生效后，乙方的违约行为导致丙方发生任何损失，甲方、乙方承担连带责任（第4条违约责任）。

（3）2011年7月20日，华工公司向扬锻集团公司实缴出资2,200万元，注册资本200万元，资本溢价2,000万元。扬锻集团公司出具收据，载明为投资款。

（4）2011年11月20日，扬锻集团公司召开创立大会，所有股东参加，股东一致表决通过新公司章程，章程规定：①扬锻公司为股份有限公司（第1条）；②章程自生效之日起，成为规范公司组织与行为、公司与股东、股东与股东之间权利义务关系的法律文件，对公司、股东、董事、监事、高级管理人员具有法律约束力（第2条）；③华工公司为公司股东（第16条）；④公司在下列情况下可依照法律、行政法规、部门规章和本章程的规定回购本公司的股份：(i）减少公司注册资本；(ii）与持有本公司股份的其他公司合并；(iii）将股份奖励给本公司职工；(iv）股东因对股东会作出的公司分立、合并决议持异议，要求公司回购其股份。除上述情形外，公司不得买卖本公司股份（第21条）。

（5）2011年12月29日，扬锻集团公司更名扬锻公司。

（6）2012年11月至2014年4月，因证监会暂停18个月IPO申报，扬锻公司于2014年10月22日致函华工公司要求其明确是否支持公司申报新三板。2014年11月25日，华工公司致函扬锻公司：根据《补充协议》，鉴于扬锻公司在2014年12月31日前不能在境内上市，现要求扬锻公司现金回购华工公司所持全部股份，回购股权价格同《补充协议》的约定。

一审法院另查明事实如下：

（1）2012年、2013年、2014年、2016年，华工公司分别从扬锻公司领取分红款26万元，合计104万元。根据《补充协议》，如回购条件有效且成就，截至2015年7月19日，华工公司应获股权回购价款为：本金2,200万元、利息626万元。

（2）2016年3月29日，扬锻公司发送临时股东大会会议通知，拟审议与舒勒贸易（上海）有限公司合资及股权转让、修改公司章程、确定董事、监事人选等事项。

法院观点：

一审法院认为本案争议焦点为：(1)《补充协议》约定的股权回购主体除扬锻

公司外是否还包括扬锻公司原股东；（2）案涉股权回购约定的效力应如何认定。

对争议焦点一，一审法院认为：《补充协议》的股权回购主体仅限于扬锻公司，对赌双方为华工公司与目标公司扬锻公司，理由如下：

（1）《补充协议》第1条第1款、第2款、第4款对扬锻公司作为股权回购主体、回购价款及罚金给付主体的约定清晰明确；第3款、第4款是对扬锻公司及原股东可能发生的约定义务事项（包含配合义务事项）的不完全概括性罗列，在回购主体已得到协议其他条款明确的情形下，不能推定协议各方已就原股东亦作为回购主体形成了一致意思表示。

（2）其他投资方在投资后以与原股东签订股权转让协议的方式退出，系其间在投资后另就股权转让形成的一致意思表示，华工公司未能提供证据证明该等股权转让是对《补充协议》项下回购义务的履行，不能作为判断原股东系回购主体的依据。

（3）华工公司在本案起诉前未向原股东提出过股权回购主张，其要求履行回购义务的对象一直为扬锻公司。

对争议焦点二，一审法院认为：案涉股权回购约定因违反《公司法》禁止性规定且违背公司资本维持和法人独立财产原则而无效，理由如下：

（1）在公司有效存续期间，股东从公司获得财产的途径只有依法从公司分配利润或通过减资程序退出公司，公司回购股东股权须基于法定情形并经法定程序。

（2）《公司法》（2013修正）第142条[1]对于4种法定情形外公司不得收购本公司股份做出了明确规定。《补充协议》关于公司应以现金形式按约定计算方法回购股权的约定不符合上述法定情形、违反了上述禁止性规定。同时，该约定实际是让华工公司作为股东在不具备法定回购股权情形以及不需经过法定程序的情况下，直接由公司支付对价而抛出股权，使股东可以脱离公司经营业绩、不承担公司经营风险而当然获得约定收益，损害了公司、公司其他股东和公司债权人的权益，

1 《公司法》（2013修正）第142条第1款："公司不得收购本公司股份。但是，有下列情形之一的除外：（一）减少公司注册资本；（二）与持有本公司股份的其他公司合并；（三）将股份奖励给本公司职工；（四）股东因对股东大会作出的公司合并、分立决议持异议，要求公司收购其股份的。"

与《公司法》（2013 修正）第 20 条[1]规定的资本维持、法人独立财产原则相悖，约定当属无效。

（3）扬锻公司新章程系由扬锻公司及所有股东一致表决通过并经工商部门变更登记备案，其第 21 条对公司回购股份的情形作了重新约定，并规定除上述情形外，公司不得买卖本公司股份，符合《公司法》（2013 修正）第 142 条关于股份有限公司不得收购本公司股份的规定，系各股东对股权回购等内容的真实意思表示，亦是对《补充协议》中股权回购约定的否定，对作为股东的华工公司具有约束力。

法院裁判

综上，一审法院判决驳回华工公司的诉请。

二审程序

上诉请求：

华工公司不服一审判决，上诉请求撤销一审判决，改判支持华工公司的全部诉请。

事实认定：

二审法院认可一审法院查明的事实，同时查明：二审中华工公司于 2017 年 9 月 20 日收到扬锻公司分红款 663,000 元。

法院观点：

二审法院认为上诉争议焦点为：（1）《补充协议》约定的股权回购主体如何认定，是否包括 11 位原股东；（2）如股权回购条款认定无效，华工公司所称权益的保障。

对争议焦点一，二审法院认为：11 名原股东不是《补充协议》约定的回购主体，

1 《公司法》（2013 修正）第 20 条："公司股东应当遵守法律、行政法规和公司章程，依法行使股东权利，不得滥用股东权利损害公司或者其他股东的利益；不得滥用公司法人独立地位和股东有限责任损害公司债权人的利益。公司股东滥用股东权利给公司或者其他股东造成损失的，应当依法承担赔偿责任。公司股东滥用公司法人独立地位和股东有限责任，逃避债务，严重损害公司债权人利益的，应当对公司债务承担连带责任。"

理由如下：

（1）扬锻公司与华工公司是平等主体，在投资过程中未协商的可能性极低，且华工公司未能提供证据证明《补充协议》是扬锻公司提供并重复使用，因此对《补充协议》的理解不能适用格式合同的理解规则。

（2）民事义务的设定需经明确意思表示，本案所涉回购义务标的额巨大，为确保各方合法权益，更应以明确意思表示为准，不能轻易以推理、解释的方式认定巨额义务的负担。综观《补充协议》，未有由 11 名原股东作为回购主体的明确表述。同时，在对合同整体解释时，含义明晰的条款原则上应优于不明晰的条款，在《补充协议》第 1 条第 1 款、第 2 款语义明确，而第 3 款、第 4 款语焉不详的情况下，宜以第 1 款、第 2 款为准。

（3）如将回购主体理解为扬锻公司和 11 名原股东，则前述第 1 条 4 个条款之间存在明显矛盾，难以自圆其说，无法解释第 1 款、第 2 款为何未将 11 名原股东列为回购主体，客观上也使得第 1 条第 1 款、第 2 款成为赘文；如将回购主体理解为扬锻公司，则不存在矛盾。客观上，11 名原股东所做系对回购事宜履行如参加股东大会等义务的解释更为合理。即如将回购主体限于扬锻公司，在逻辑上通顺完整，在内容上也使得各条款相互衔接有序，不存在矛盾，也不会造成任何一个条款无意义。

（4）《补充协议》第 3 条违约责任约定："本协议生效后，乙方（扬锻公司）的违约行为导致丙方（华工公司）发生任何损失，甲方、乙方承担连带责任"，验证扬锻公司才是约定的回购主体，若 11 位原股东亦承担回购义务，则违约行为主体就不仅限制于扬锻公司。

（5）2014 年 11 月 25 日，华工公司向扬锻公司致函要求根据《补充协议》回购股权，而未向其他各方发函，亦验证《补充协议》约定的回购主体仅为扬锻公司。

对争议焦点二，二审法院认为：

（1）相关法律和扬锻公司章程均明确规定公司不能从事回购事宜，否则明显有悖公司资本维持这一基本原则和法律有关规定，故一审认定回购约定无效依据充分。

（2）一审判决驳回华工公司诉请，未涉及华工公司所称赔偿和返还投资款问题。鉴于华工公司一审诉请中未提及该问题，且一审法院的处理也未实质影响华工公司可能的权益。华工公司如认为有关条款或合同存在效力问题致影响其相关权益，可另行主张。

法院裁判

综上，二审判决：驳回上诉，维持原判决。

再审程序

再审请求：

华工公司不服二审判决，再审请求撤销原审判决，判决支持华工公司的全部诉请。

事实认定：

再审法院认可原审法院查明的事实，另查明华工公司已取得分红款共计3,019,530.86元。

法院观点：

（1）案涉协议约定的股权回购主体应认定为扬锻集团公司，理由如下：

华工公司（协议丙方）与扬锻集团公司（协议乙方）及11名原股东（协议甲方）签订的《补充协议》俗称“对赌协议”。根据《补充协议》第1条第1款、第2款、第3款、第4款的约定以及华工公司仅向扬锻公司致函要求回购股权的事实，以合同条款文义及合同条款体系的合理性为依据，应认定协议约定的回购股权主体仅为扬锻集团公司，原股东所应承担的义务应为对回购事宜的履行辅助如参加股东大会、保证回购决议通过等义务，以及在扬锻集团公司发生违约时承担连带责任的担保义务。华工公司认为扬锻集团公司股东系股权回购共同责任主体，不能成立。

（2）扬锻公司新章程未对对赌协议做出变更，理由如下：

2011年11月20日，扬锻集团公司召开创立大会，股东一致表决同意通过新公司章程。新章程虽对公司回购股份做出原则性限制，但同时亦载明符合该章程规定的事由，扬锻公司可回购本公司股份。新章程第21条第1款第1项规定公司可回购本公司股份的事由为“减少公司注册资本”，该规定与《补充协议》约定的股份回购并不冲突，即扬锻公司可在不违反《公司法》及公司章程关于股份回购强制性规定的情形下，通过履行法定手续和法定程序合法回购华工公司所持股份。故扬锻公司等当事人关于新公司章程已对原对赌协议做出变更的辩解理由，不能成立。

（3）案涉对赌协议效力应认定有效，理由如下：

案涉对赌协议签订时扬锻集团公司系有限责任公司，且公司全体股东均在对赌协议中签字并承诺确保对赌协议内容的履行。该协议约定扬锻集团公司及其原全体股东应在华工公司书面提出回购要求之日起30日内完成回购股权等有关事项，包括完成股东大会决议，签署股权转让合同及其他相关法律文件，支付股权收购款，完成工商变更登记；扬锻集团公司违约导致华工公司发生任何损失，扬锻集团公司及其全体股东承担连带责任。上述约定表明：扬锻集团公司及全部股东对股权回购应履行的法律程序及法律后果是清楚的，即扬锻集团公司及全体股东在约定的回购条款激活后，公司应履行法定程序办理工商变更登记，公司全体股东负有履行过程中的协助义务及履行结果上的保证责任。

《公司法》并不禁止有限责任公司回购本公司股份，有限责任公司回购本公司股份不当然违反《公司法》的强制性规定。有限责任公司在履行法定程序后回购本公司股份，不会损害公司股东及债权人利益，亦不会构成对公司资本维持原则的违反。在有限责任公司作为对赌协议股份回购主体的情形下，投资者作为对赌协议相对方所负担的义务不仅限于投入资金成本，还包括激励完善公司治理结构以及以公司上市为目标的资本运作等。投资者在进入目标公司后，亦应依《公司法》规定对目标公司经营亏损等问题按合同约定或持股比例承担相应责任。案涉对赌协议中的股份回购条款，是当事人特别设立的保护投资人利益的条款，属于缔约时当事人对投资合作商业风险的安排，系当事人真实意思表示。

回购条款中的回购价款约定为：华工公司投资额＋（华工公司投资额 ×8%×投资到公司实际月份数 /12）－扬锻集团公司累计对华工公司的分红。该约定虽为相对固定收益，但年回报率为 8%，与同期企业融资成本相比并不明显过高，不存在脱离目标公司正常经营下所应负担经营成本及所能获得经营业绩的企业正常经营规律。华工公司、扬锻集团公司及全体股东关于上述投资收益的约定不违反国家法律、行政法规的禁止性规定，不存在《合同法》第 52 条规定的合同无效的情形[1]，亦不属于《合同法》所规定的格式合同或格式条款[2]，不存在显失公平问题。

扬锻集团公司变更为扬锻公司后，案涉对赌协议的权利义务应由扬锻公司承继，在案涉对赌条款激活后，扬锻公司应按约履行股份回购义务，潘某某等11名原股东应承担连带责任。扬锻公司等当事人关于案涉对赌协议无效的辩解，不予采信。

（4）案涉对赌协议具备履行可能性。

2011年11月20日，扬锻集团公司股东一致表决通过新公司章程，明确扬锻公司为股份有限公司。同年12月29日，扬锻集团公司工商变更登记为扬锻公司。故案涉对赌协议下的股份回购义务应由扬锻公司履行。作为股份有限公司，扬锻公司不同于原扬锻集团公司，华工公司诉请扬锻公司履行股份回购义务，需具备法律及事实上的履行可能。

关于股份有限公司股份回购，根据《公司法》（2013修正）第142条[3]第1款、

1 关于《民法典》对《合同法》第52条的具体承继内容和方式，请参考本书其他相关内容。

2 《合同法》关于格式合同及格式条款的规定主要体现在其第39条至第41条中，该等规定经修订已被《民法典》第496条至第498条承继，具体如下：第496条："格式条款是当事人为了重复使用而预先拟定，并在订立合同时未与对方协商的条款。采用格式条款订立合同的，提供格式条款的一方应当遵循公平原则确定当事人之间的权利和义务，并采取合理的方式提示对方注意免除或者减轻其责任等与对方有重大利害关系的条款，按照对方的要求，对该条款予以说明。提供格式条款的一方未履行提示或者说明义务，致使对方没有注意或者理解与其有重大利害关系的条款的，对方可以主张该条款不成为合同的内容。"第497条："有下列情形之一的，该格式条款无效：（一）具有本法第一编第六章第三节和本法第五百零六条规定的无效情形；（二）提供格式条款一方不合理地免除或者减轻其责任、加重对方责任、限制对方主要权利；（三）提供格式条款一方排除对方主要权利。"第498条："对格式条款的理解发生争议的，应当按照通常理解予以解释。对格式条款有两种以上解释的，应当作出不利于提供格式条款一方的解释。格式条款和非格式条款不一致的，应当采用非格式条款。"

3 《公司法》（2013修正）第142条："公司不得收购本公司股份。但是，有下列情形之一的除外：（一）减少公司注册资本；（二）与持有本公司股份的其他公司合并；（三）将股份奖励给本公司职工；（四）股东因对股东大会作出的公司合并、分立决议持异议，要求公司收购其股份。公司因前款第（一）项至第（三）项的原因收购本公司股份的，应当经股东大会决议。公司依照前款规定收购本公司股份后，属于第（一）项情形的，应当自收购之日起十日内注销；属于第（二）项、第（四）项情形的，应当在六个月内转让或者注销。公司依照第一款第（三）项规定收购的本公司股份，不得超过本公司已发行股份总额的百分之五；用于收购的资金应当从公司的税后利润中支出；所收购的股份应当在一年内转让给职工。公司不得接受本公司的股票作为质押权的标的。"

第2款、第3款的规定，《公司法》原则上禁止股份有限公司回购本公司股份，但同时亦规定了例外情形，即符合例外情形的，允许股份有限公司回购本公司股份。

扬锻公司章程对回购本公司股份的例外情形做出了类似规定，并经股东一致表决同意，对扬锻公司及全体股东均有法律约束力。《公司法》（2013修正）第37条[1]、第46条[2]、第177条[3]、第179条第2款[4]明确规定了股份有限公司可减少注册资本回购本公司股份的合法途径，比如由公司董事会制定减资方案、股东会做出减资决议、公司编制资产负债表及财产清单、通知债权人并公告、债权人有权要求公司清偿债务或提供担保、办理工商变更登记。扬锻公司履行法定程序，支付股份回购款项，并不违反《公司法》的强制性规定，亦不会损害公司股东及债权人的利益。

关于华工公司缴纳的计入扬锻公司资本公积的2,000万元本金及相关利息损失。根据《公司法》（2013修正）第3条[5]，公司全部财产包括股东以股份形式的投资及其他由公司合法控制的能带来经济利益的资源，如借款等。公司对外承担债务的责任财产为其全部财产，也即上述资产均应作为对外承担债务的范围。投资方在对赌协议中是目标公司债权人，在对赌协议约定的股权回购情形出现时，有权要求公司及原股东承担相应合同责任。在投资方投入资金后，成为目标公司股东，但并不能因此否认其仍是公司债权人的地位。投资方基于公司股东身份，应遵守《公

1 《公司法》（2013修正）第37条：“股东会行使下列职权：……（七）对公司增加或者减少注册资本作出决议……”

2 《公司法》（2013修正）第46条：“董事会对股东会负责，行使下列职权：……（六）制订公司增加或者减少注册资本以及发行公司债券的方案……”

3 《公司法》（2013修正）第177条：“公司需要减少注册资本时，必须编制资产负债表及财产清单。公司应当自作出减少注册资本决议之日起十日内通知债权人，并于三十日内在报纸上公告。债权人自接到通知书之日起三十日内，未接到通知书公告之日起四十五日内，有权要求公司清偿债务或者提供相应的担保。”

4 《公司法》（2013修正）第179条第2款：“公司增加或者减少注册资本，应当依法向公司登记机关办理变更登记。”

5 《公司法》（2013修正）第3条：“公司是企业法人，有独立的法人财产，享有法人财产权。公司以其全部财产对公司的债务承担责任。有限责任公司的股东以其认缴的出资额为限对公司承担责任；股份有限公司的股东以其认购的股份为限对公司承担责任。”

司法》强制性规定，非依法定程序履行减资手续后退出，不能违法抽逃出资。而其基于公司债权人身份，有权依据对赌协议主张权利。《公司法》亦未禁止公司回购股东对资本公积所享有的份额。案涉对赌协议无论是对计入注册资本的注资还是计入资本公积的注资的回购约定，均具备法律上的履行可能。

扬锻集团公司在投资方注资后，资产得以增长，且在事实上持续对股东分红，其债务承担能力相较于注资前得到明显提高。扬锻公司在持续正常经营，参考华工公司在扬锻公司所占股权比例及扬锻公司历年分红情况，案涉对赌协议下股份回购款项的支付不会导致扬锻公司资产减损，亦不会损害扬锻公司对其他债务人的清偿能力，不会因履行该义务构成对其他债权人债权实现的障碍。相反，华工公司在注资后，同时具备扬锻公司股东及债权人的双重身份，如允许扬锻公司及原股东违反对赌协议拒绝履行股份回购义务，不仅损害华工公司作为债权人应享有的合法权益，亦会对华工公司股东及该公司债权人的利益造成侵害，有违商事活动的诚实信用原则及公平原则。案涉对赌协议约定的股份回购条款具备事实上的履行可能。

（5）扬锻公司应承担责任的范围。

华工公司于2011年7月20日缴纳列入注册资本的200万元及列入资本公积的2,000万元。2014年11月25日，华工公司书面要求扬锻公司回购股份。结合对赌协议关于股份回购条款激活时限为2014年12月31日及股份回购履行期限为30日的约定，扬锻公司应自2015年1月30日前履行回购义务。回购价款依约定应为：投资额2,200万元＋（投资额2,200万元×8%×投资到公司实际月份数42.4个月/12）－扬锻集团累计对华工公司的分红3,019,530.86元，计25,199,135.81元。

因扬锻公司未在约定期限内履行股份回购义务，应依《补充协议》约定按华工公司应得回购股权价款每日的0.5‰比率支付罚息，结合华工公司一审诉讼请求范围，该逾期付款利息应以2,200万元为本金按每日0.5‰自2015年1月31日起计算。根据《公司法》关于股份有限公司股份回购所涉召开董事会和股东大会等程序性事项规定，扬锻公司确需一定期限完成法定程序，以确保履行义务过程中不发生违反法律规定进而损害公司股东及其他债权人利益的事项。但案涉股份回购条款已于2014年12月31日激活，扬锻公司及潘某某等原股东有充分时间按约完成与股份回购有关的股东会决议、制定回购方案、完成工商登记变更等事项，但时逾数年仍未履行。基于扬锻公司的违约情形，上述款项支付时间应为判决生效后10日内。

《补充协议》第3条约定：扬锻集团公司的违约行为导致华工公司发生任何损失，扬锻集团公司及其股东承担连带责任。该约定经扬锻集团公司原股东签字，11名原股东应对上述扬锻公司应承担的义务承担连带清偿责任。

法院裁判

综上，再审法院判决撤销原审判决，并判决扬锻公司支付华工公司股份回购款25,199,135.81元以及以2,200万元为本金按每日0.5‰计算的逾期付款利息自2015年1月31日起计算至本判决生效之日止，判决11名原股东对前述判决确定的义务承担连带清偿责任。

案例启示

自“海富与世恒案”以来，与原股东对赌有效以及与目标公司对赌无效的司法观点，一直都在深深地影响着后续的司法审判实践，并被广泛应用于私募股权投资对赌案例的司法审判中。同时，也有人对该案司法观点提出质疑，认为应当充分尊重公司的独立法人地位及意思自治而认可与目标公司对赌的有效性，而不应过度强调公司资本维持原则及相关规定而将之一概认定为无效。本案一审判决和二审判决延续了“海富与世恒案”的裁判思路，认定与目标公司对赌无效，但本案与“海富与世恒案”不同的是，本案再审判决并没有基于公司资本维持原则以及相关《公司法》规定直接判决案涉对赌协议无效，而是从公司的独立法人地位入手，对目标公司回购本公司股权的法律可行性和事实可行性进行剖析，并根据本案具体案情作出了与目标公司对赌有效的终审判决，因此本案终审判决一经做出，即在业界引起了巨大反响。

本案再审法院的基本审判思路可简单梳理归纳如下，即（1）目标公司是独立企业法人，具有独立财产权，可通过内部治理机关实施意思自治。（2）目标公司签署对赌协议已经全体股东一致同意，意思表示清晰且能够代表目标公司的真实意思。（3）《公司法》（2013修正）第74条规定的是有限责任公司股东行使异议回购请求权的3种情形，第142条规定的是股份有限公司回购本公司股份的4种情形，目标公司回购本公司股权并不一定必然需要符合此等情形才可实施股权回购，因此目标公司承担股权回购责任并不当然会因为违反《公司法》（2013修正）第74条和第142条等关于公司回购本公司股权的相关规定而无效。（4）目标公司在回购条件成就时已从有限责任公司变更为股份有限公司，按《公司法》（2013修正）第142条的规定实施股权回购，不存在实质性障碍，没有履行不能方面的问题。换言之，合同法上的股权回购义务可通过公司法上的股权回购来完成，二者没有冲突；（5）《公司法》并未禁止公司回购股东对资本公积享有的份额，按《公司法》规定的程序实施股权回购，不会侵害目标公司股东和债权人的利益，因此与目标公司对赌并由其承担股权回购责任有效。

对私募股权基金而言，本案带来的最大利好是：与目标公司对赌并要求其承担股权回购责任仍然存在可能，并非一定会被司法审判机关驳回，如果考虑到"宋某某诉大华公司股东资格确认纠纷案"[1]关于支持目标公司实施股权回购的判决、"合盈基金与瀚霖公司及其实际控制人合伙协议纠纷案"[2]关于支持目标公司对原股东回购承担担保责任的判决以及《九民会议纪要》的相关规定[3]，或许这种利好更值得期待。值得注意的是：在本案终审判决做出两个月后，吉林省高级人民法院在"现代基金公司与李某某、丑某某投资合同纠纷案"[4]中继续沿用了"海富与世恒案"的司法观点，作出了与目标公司对赌无效的判决；在本案终审判决作出8个月后，最高人民法院在"大业基金与梓昆公司与公司有关的纠纷案"[5]中，基于投资者未能举证证明目标公司存在《公司法》第142条规定的公司回购本公司股份的情形，依据"海富与世恒案"中援引的《公司法》第20条及"资本维持原则"，作出了

1 参见本书第二部分"目标公司抑或原股东回购"之参考案例1–3。

2 参见本书第二部分"目标公司抑或原股东回购"之参考案例1–1。

3 参见《九民会议纪要》第2部分第1条第5款"与目标公司'对赌'"："投资方与目标公司订立的'对赌协议'在不存在法定无效事由的情况下，目标公司仅以存在股权回购或者金钱补偿约定为由，主张'对赌协议'无效的，人民法院不予支持，但投资方主张实际履行的，人民法院应当审查是否符合公司法关于'股东不得抽逃出资'及股份回购的强制性规定，判决是否支持其诉讼请求。……"

4 参见本书第二部分"原股东配偶的'回购'责任"之参考案例1–14。

5 参见本书第二部分"目标公司抑或原股东回购"之参考案例1–6。

与目标公司对赌无效的判决。虽然这些案例与本案判决结果不同，但其与本案都没有否定公司的独立法人人格以及对债权人的保护，并都在适用法律时对《公司法》与此相关的公司回购本公司股权/股份等相关规定进行了剖析。各案判决之所以不同，或仍应更多归因于各案具体情形不同，而不能得出一个审判机关“支持或不支持与目标公司对赌”的概论。可以预见，关于目标公司承担股权回购责任的司法审判实践仍会继续演化，最终趋势和效果还有待进一步观察。

除前述外，本案终审法院关于“《公司法》并未禁止公司回购股东对资本公积享有的份额”的观点亦值得重视。换言之，如果与目标公司对赌并要求其承担股权回购责任仍存在一定风险，而且公司资本维持原则以及相关《公司法》规定仍很难在审判实践中不被适用，那么是否可以基于“《公司法》并未禁止公司回购股东对资本公积享有的份额”而要求目标公司返还投资款中计入公司资本公积的溢价款呢？如果私募股权基金希望要求目标公司返还计入公司资本公积的溢价款，那么该溢价款在法律上应当如何界定其性质呢？如果说目标公司是独立的企业法人，拥有独立的法人财产，该溢价款又将如何要求目标公司返还呢？该溢价款是否可以约定由缴纳该溢价款的私募股权基金单独享有呢？如此等等，或仍需要根据股权投资案件的具体情况进行分析，但“《公司法》并未禁止公司回购股东对资本公积享有的份额”却给私募股权基金收回计入资本公积的溢价款提供了可能，至少《公司法》没有明确的禁止性规定，收回该溢价款也不会导致公司减资，余下或许只需论证：收回该溢价款是否会影响目标公司其他股东和债权人的权益以及如何确定该溢价款的收回程序及其履行等问题了。

此外，本案华工公司之所以无法使扬锻公司 11 名原股东直接承担股权回购责任主要是基于两个方面的原因。其一，其在《补充协议》中关于 11 名原股东承担股权回购责任的约定语焉不详，因而无法获得法院支持。这说明投资法律文件绝不是文字游戏，必须根据投资项目的具体情况予以精细撰写，充分反映各方之间的真实意思，而不能照抄照搬，也不能毫无逻辑地随意行文，以致文不达意，最终导致投资争议的发生。其二，其在回购条件触发后未要求 11 名原股东承担股权回购责任，导致法院认为其本意即是不要求原股东承担股权回购责任。这说明私募股权基金亦须十分重视投后管理，特别是在可能发生投资争议的情况下，必须严格根据所签投资法律文件的约定进行沟通或提出诉求，以免因为违约承担相关法律风险，也为避免因未能作出投资法律文件所规定的行权行为而丧失本来可以享有的权利，进而导致预期目标落空。

参考案例 1-1

合盈基金与瀚霖公司及其实际控制人合伙协议纠纷案

终审裁判：山东省高级人民法院一审并于 2014 年 7 月 25 日作出（2014）鲁商初字第 25 号民事判决书

主要问题：在投资者对目标公司溢价增资时，如果股权回购责任是由目标公司承担，股权回购责任可否及于列入目标公司资本公积的溢价款？

基本事实：2011 年 4 月 9 日，目标公司瀚霖公司及其实际控制人曹某某与合盈基金等投资者签订《增资协议》，约定：由合盈基金向瀚霖公司溢价增资 4,900 万元，700 万元作为瀚霖公司注册资本，4,200 万元作为瀚霖公司资本公积；发生以下情形时，合盈基金有权要求瀚霖公司或曹某某回购其所持全部或部分瀚霖公司股权：（1）瀚霖公司在 2013 年年底没有公开发行 A 股股票。（2）瀚霖公司 2011 年的净利润低于 16,000 万元；回购对价为其拟转让股权对应的瀚霖公司上一年度净资产与投资额加年资金成本 8% 计算孰高者为准（单利计算，但应减去已分配利润）。后，瀚霖公司 2011 年的净利润远低于 16,000 万元，无法满足 A 股上市要求。2013 年 10 月 27 日，合盈基金委托律师发函，要求瀚霖公司及曹某某以 4,900 万元投资额加年资金成本 8% 的价格履行股权回购义务。未果，诉至法院。

裁判要旨：案涉《增资协议》关于瀚霖公司回购股份的约定违反了《公司法》(2005 修订）第 36 条关于股东不得抽逃出资的规定[1]、第 38 条第 1 款第 7 项关于公司增资减资应经股东会同意的规定[2]以及第 75 条关于公司回购股权的适用情形[3]等强制

---

1 《公司法》(2005 修订）第 36 条：“公司成立后，股东不得抽逃出资。”

2 《公司法》(2005 修订）第 38 条第 1 款：“股东会行使下列职权：……（七）对公司增加或者减少注册资本作出决议……”

3 《公司法》(2005 修订）第 75 条第 1 款：“有下列情形之一的，对股东会该项决议投反对票的股东可以请求公司按照合理的价格收购其股权：（一）公司连续五年不向股东分配利润，而公司该五年连续盈利，并且符合本法规定的分配利润条件的；（二）公司合并、分立、转让主要财产的；（三）公司章程规定的营业期限届满或者章程规定的其他解散事由出现，股东会会议通过决议修改章程使公司存续的。”

性规定，应属无效，其他条款有效。因瀚霖公司在 2011 年未实现净利润 16,000 万元且在 2013 年年底未完成上市，故曹某某回购股权条件已经成就。综上，判决合盈基金诉请曹某某购买其所持股权并承担相应的赔偿责任符合合同约定，予以支持；判决合盈基金诉请瀚霖公司回购其 1.41% 股权（对应《增资协议》约定的 700 万元）违反《公司法》规定，不予支持；判决瀚霖公司与曹某某共同向合盈基金偿还作为资本公积的 4,200 万元及其资金成本及利息损失。

参考案例 1-2

刘某某与阮某某股权转让纠纷案

终审裁判：江苏省高级人民法院二审并于 2014 年 9 月 11 日作出（2014）苏商终字第 255 号民事判决书

主要问题：投资者以股权受让方式投资目标公司，能否要求原股东回购股权?

基本事实：2010 年 4 月 12 日，阮某某作为投资者与目标公司原股东刘某某签订《股权转让协议》，约定：由阮某某受让刘某某所持目标公司 1.111% 股权，价款 500 万元；并同日签署《补充协议》，约定：在投资 36 个月后，如目标公司未上市，阮某某可将其所持目标公司股份转让给第三方，亦可要求目标公司按原投资额加上 15%/ 年的利息（单利）计算的投资收益回购，当目标公司回购股权出现障碍时，则由原股东刘某某按上述价格受让该等股权并支付款项。后，目标公司未能按期完成上市。阮某某于 2013 年 4 月发函刘某某要求其按约回购其出让给阮某某的股权。未果，诉至法院。

裁判要旨：基于公司股本不变原则，公司仅能在特定情形下回购本公司股权，不能仅凭股东与目标公司的约定要求目标公司回购股权；但投资者与目标公司原始股东间的股权回购条款不违反法律、行政法规的禁止性规定，合法有效。综上，判决支持阮某某的诉请。

参考案例 1-3

宋某某诉大华公司股东资格确认纠纷案

终审裁判：陕西省高级人民法院再审并于 2015 年 3 月 25 日作出（2014）陕民二

申字第 00215 号民事裁定书

主要问题：（1）在员工股东离职时，公司可否按公司章程回购该员工所持的公司股权？（2）或者说，目标公司回购股权是否可以突破《公司法》（2013 修正）第 74 条[1] 所述几种情形？

基本事实：2004 年 5 月，大华公司由国有企业改制为有限责任公司，宋某某作为公司员工出资 2 万元成为大华公司自然人股东。2006 年 6 月 3 日，宋某某向大华公司提出解除劳动合同，并申请退股。2006 年 8 月 28 日，经大华公司法定代表人赵某某同意，宋某某领到退出股金款 2 万元。2007 年 1 月 8 日，大华公司召开 2006 年度股东大会，会议审议通过宋某某退股的申请并决议"其股金暂由公司收购保管，不得参与红利分配"。后，宋某某以大华公司回购行为违反法律规定，未履行法定程序且《公司法》规定股东不得抽逃出资等，请求确认其具有大华公司股东资格。未果，诉至法院。

裁判要旨：有限责任公司章程系公司设立时全体股东一致同意并对公司及全体股东产生约束力的规则性文件，依《公司法》第 25 条第 2 款关于"股东应当在公司章程上签名、盖章"的规定，宋某某在公司章程上签名，应视为其对前述规定的认可和同意，该章程对大华公司及宋某某均产生约束力。基于有限责任公司的封闭性和人合性，由公司章程对股东转让股权作出某些限制性规定，系公司自治体现。在大华公司改制时，宋某某之所以成为大华公司股东，在于宋某某与大华公司具有劳动关系，如宋某某与大华公司没有劳动关系，则其没有成为大华公司股东的可能。大华公司章程将是否与公司具有劳动关系作为取得股东身份的依据，继而做出"人走股留"的规定，符合有限责任公司的封闭性和人合性特点，符合公司自治原则，不违反《公司法》的禁止性规定。另，大华公司章程关于"人走股留"的规定，属于对股东转让股权的限制性规定而非禁止性规定，不存在侵害宋某某股权转让权利的情形。《公司法》第 74 条规定的异议股东回购请求权具有法定

---

1 《公司法》（2013 修正）第 74 条第 1 款："有下列情形之一的，对股东会该项决议投反对票的股东可以请求公司按照合理的价格收购其股权：（一）公司连续五年不向股东分配利润，而公司该五年连续盈利，并且符合本法规定的分配利润条件的；（二）公司合并、分立、转让主要财产的；（三）公司章程规定的营业期限届满或者章程规定的其他解散事由出现，股东会会议通过决议修改章程使公司存续的。"

行使条件，且只在法定三种情形下行使，对应的是公司应否回购异议股东的股权。本案属于大华公司是否有权基于公司章程及与宋某某的合意而回购宋某某的股权，对应的是大华公司是否有权回购宋某某的股权，二者性质不同，《公司法》第 74 条不能适用于本案。另，《公司法》规定的抽逃出资专指公司股东抽逃其对公司出资的行为，公司不能构成抽逃出资的主体。综上，判决驳回宋某某的诉请。

参考案例 1-4

杨某某等四人与鸿源公司请求公司收购股份纠纷案

终审裁判：最高人民法院再审并于 2015 年 12 月 11 日作出（2015）民申字第 2819 号民事裁定书

主要问题：员工股东退休时，公司可否按员工股东签署的“退股协议”回购其所持公司股权?

基本事实：杨某某等四人于 2004 年 1 月因企业改制而成为鸿源公司股东，并在鸿源公司股东时签署《公司改制征求意见书》，约定：入股职工因调离本公司，被辞退、除名、自由离职、退休、死亡或公司与其解除劳动关系的，其股份通过计算价格后由公司回购。后，四名股东先后退休，鸿源公司对其股份进行回购，并召开股东会形成决议，决议回购相关股东及公司工会委员会代持的部分职工出资额，减少公司注册资本，股份已被公司回购的股东自退股之日起丧失股东资格，并通过了减少注册资本和变更股东姓名、出资额和持股比例的公司章程修正案。后，鸿源公司发布减资公告，公告期满后办理了相关变更登记手续。

裁判要旨：有限责任公司可以与股东约定《公司法》第 74 条规定之外的其他回购情形。《公司法》第 74 条并未禁止有限责任公司与股东达成股权回购的约定。本案中的《公司改制征求意见书》由四名股东签字，属真实意思表示，内容上未违背公司法及相关法律的强行性规范，应属有效。此外，鸿源公司也提供了四名股东签署的退股金领取凭条以及其他公司减资程序文件，四名股东已经退股的事实应予以认定。故，鸿源公司依据公司与四名股东约定的《公司改制征求意见书》进行股权回购，并无不当。综上，驳回四名股东关于请求鸿源公司以合理价格收购其所持鸿源公司股权的诉请。

参考案例 1-5

福田公司与洁神公司合同纠纷案

终审裁判：最高人民法院再审并于 2017 年 11 月 22 日作出（2017）最高法民申 4408 号民事裁定书

主要问题：共同出资设立新公司的股东之间是否可以约定股权回购？

基本事实：2008 年，洁神公司与福田公司达成《投资协议》，约定：投资设立有限责任公司青田公司，洁神公司出资 2,100 万元，占股 52.5%，福田公司出资 1,900 万元，占股 47.5%。2009 年 2 月 2 日，双方签订《备忘录》，约定：鉴于洁神公司全面负责新公司生产经营，洁神公司承诺新公司自设立起当年实现不亏损，且保证新公司设立后 5 年内累计给福田公司分红不少于 1,500 万元。如到时未达到分红保证，洁神公司承诺回购福田公司所持新公司全部股权，回购价格按福田公司原始入资金额加上同期银行贷款利率为准计算。2009 年 8 月 28 日，青田公司成立，由洁神公司具体运营管理，但未向福田公司支付任何分红款。后，福田公司要求洁神公司回购股权。未果，诉至法院。

裁判要旨：一审法院认为当事人出资新设有限责任公司，系联营合作关系。双方关于新设公司未达到分红保证由洁神公司回购福田公司所持全部新公司股权的约定，违背了联营合同中联营双方共负盈亏、共担风险、共享收益的法律准则，属于《合同法》第 52 条第 5 项规定的合同无效情形（“违反法律和行政法规的强制性规定”），应为无效。二审法院认为：该回购承诺系一般合同的保证条款，是当事人在缔约过程中，对投资合作商业风险的自主安排，并不损害新公司及其债权人的利益，不违反法律法规的禁止性规定，合法有效；而且该回购承诺系洁神公司与福田公司之间权利义务的设定，并不符合联营体亏损时，仍要（向联营体）收回出资和收取固定利润的联营合同保底情形，不存在损害青田公司及其债权人利益的情形；至于福田公司在新公司成立后未依承诺履行义务以及作为大股东未尽到防止损失扩大义务的问题，属于福田公司应否承担违约责任和股东责任的问题，不能成为洁神公司不履行其有效承诺的抗辩理由。神洁公司不服二审判决，提起再审，最终被驳回诉请。

参考案例 1-6

大业基金与梓昆公司与公司有关的纠纷案

终审裁判：最高人民法院再审并于 2019 年 12 月 24 日作出（2019）最高法民申 4797 号民事裁定书

主要问题：投资人要求目标公司回购股份，是否需要证明目标公司存在股份回购情形?

基本事实:2012 年，大业基金与目标公司梓昆公司及其原股东中基公司等签署《增资协议书》，约定：大业基金向梓昆公司投资 5,520 万元，占股 7.5%。同日，前述各方签署《补充协议》，约定：如梓昆公司在 2013 年及 2014 年任一年度的净利润较上一年的增长率低于 20%，大业基金有权在相关情形确认后任意时间内要求按 17% 的年利率回购股权，由梓昆公司或中基公司负责支付；回购以现金方式进行，梓昆公司和中基公司对股权回购义务承担连带责任。因梓昆公司 2013 年及 2014 年净利润较上一年的增长率均为负值，大业基金要求梓昆公司和中基公司按《补充协议》约定以 17% 年利率向其支付全部投资款。无果，遂诉至法院。

裁判要旨:《公司法》第 142 条规定，公司不得收购本公司股份，以下六种情形除外：（一）减少公司注册资本；（二）与持有本公司股份的其他公司合并；（三）将股份奖励给本公司职工；（四）股东因对股东大会作出的公司合并、分立决议持异议，要求公司收购其股份的；（五）将股份用于转换上市公司发行的可转换为股票的公司债券；（六）上市公司为维护公司价值及股东权益所必需。本案中，大业基金未能举证证实存在前述规定的梓昆公司可以收购本公司股份的法定情形，且大业基金作为梓昆公司的股东，要求梓昆公司回购股份有违“资本维持”原则，将损害梓昆公司及梓昆公司债权人的利益，违反《公司法》第 20 条的规定。因此，大业基金和梓昆公司达成的股份回购条款无效，大业基金针对梓昆公司的诉讼请求应予驳回。

延伸阅读 目标公司实施股权回购所面临的主要法律问题

从前述案例可以看出，要求原股东承担股权回购责任一般不会存在实质性法律障碍，法院在审理案件时通常也会尊重当事人的意思自治，但要求目标公司承担股权回购责任则会面临较多法律问题，而这些法律问题主要源于公司独立法人地位、资本维持原则、公司小股东和债权人权益保护等公司法法理以及与此相关的《公司法》第 3 条、第 20 条、第 37 条、第 74 条、第 142 条、第 177 条等规定。在对赌纠纷案例中，这些条款也经常被目标公司用于主张其不应承担股权回购责任。基于这些条款的重要性，其具体规定如表 2–1–1 所示：

表 2–1–1　目标公司主张不承担股权回购责任启用重点条款

条款	内容
第3条	公司是企业法人，有独立的法人财产，享有法人财产权。公司以其全部财产对公司的债务承担责任。 有限责任公司的股东以其认缴的出资额为限对公司承担责任；股份有限公司的股东以其认购的股份为限对公司承担责任。
第20条	公司股东应当遵守法律、行政法规和公司章程，依法行使股东权利，不得滥用股东权利损害公司或者其他股东的利益；不得滥用公司法人独立地位和股东有限责任损害公司债权人的利益。 公司股东滥用股东权利给公司或者其他股东造成损失的，应当依法承担赔偿责任。 公司股东滥用公司法人独立地位和股东有限责任，逃避债务，严重损害公司债权人利益的，应当对公司债务承担连带责任。
第37条	股东会行使下列职权：（一）决定公司的经营方针和投资计划；（二）选举和更换非由职工代表担任的董事、监事，决定有关董事、监事的报酬事项；（三）审议批准董事会的报告；（四）审议批准监事会或者监事的报告；（五）审议批准公司的年度财务预算方案、决算方案；（六）审议批准公司的利润分配方案和弥补亏损方案；（七）对公司增加或者减少注册资本作出决议；（八）对发行公司债券作出决议；（九）对公司合并、分立、解散、清算或者变更公司形式作出决议；（十）修改公司章程；（十一）公司章程规定的其他职权。 对前款所列事项股东以书面形式一致表示同意的，可以不召开股东会会议，直接作出决定，并由全体股东在决定文件上签名、盖章。

续表

条款	内容
第74条	有下列情形之一的，对股东会该项决议投反对票的股东可以请求公司按照合理的价格收购其股权：（一）公司连续五年不向股东分配利润，而公司该五年连续盈利，并且符合本法规定的分配利润条件的；（二）公司合并、分立、转让主要财产的；（三）公司章程规定的营业期限届满或者章程规定的其他解散事由出现，股东会会议通过决议修改章程使公司存续的。 自股东会会议决议通过之日起六十日内，股东与公司不能达成股权收购协议的，股东可以自股东会会议决议通过之日起九十日内向人民法院提起诉讼。
第142条	公司不得收购本公司股份。但是，有下列情形之一的除外：（一）减少公司注册资本；（二）与持有本公司股份的其他公司合并；（三）将股份用于员工持股计划或者股权激励；（四）股东因对股东大会作出的公司合并、分立决议持异议，要求公司收购其股份；（五）将股份用于转换上市公司发行的可转换为股票的公司债券；（六）上市公司为维护公司价值及股东权益所必需。 公司因前款第（一）项、第（二）项规定的情形收购本公司股份的，应当经股东大会决议；公司因前款第（三）项、第（五）项、第（六）项规定的情形收购本公司股份的，可以依照公司章程的规定或者股东大会的授权，经三分之二以上董事出席的董事会会议决议。 公司依照本条第一款规定收购本公司股份后，属于第（一）项情形的，应当自收购之日起十日内注销；属于第（二）项、第（四）项情形的，应当在六个月内转让或者注销；属于第（三）项、第（五）项、第（六）项情形的，公司合计持有的本公司股份数不得超过本公司已发行股份总额的百分之十，并应当在三年内转让或者注销。 上市公司收购本公司股份的，应当依照《中华人民共和国证券法》的规定履行信息披露义务。上市公司因本条第一款第（三）项、第（五）项、第（六）项规定的情形收购本公司股份的，应当通过公开的集中交易方式进行。 公司不得接受本公司的股票作为质押权的标的。
第177条	公司需要减少注册资本时，必须编制资产负债表及财产清单。 公司应当自作出减少注册资本决议之日起十日内通知债权人，并于三十日内在报纸上公告。债权人自接到通知书之日起三十日内，未接到通知书的自公告之日起四十五日内，有权要求公司清偿债务或者提供相应的担保。

综合上述规定来看，《公司法》并不禁止有限责任公司或股份有限公司回购本公司股权/股份，公司回购本公司股权/股份也不必然违反《公司法》的强制性规定，只是《公司法》对公司回购本公司股权/股份有着实体法上和程序法上的明确规定。换言之，如果公司回购本公司股权或股份不符合《公司法》第74条或第142条规定的情形，那么就需考虑是否符合法律法规所规定的其他情形。如果符合其他合法情形，就需考虑是否需要履行《公司法》第177条规定的减资程序。如果减资程序得以完成，公司回购本公司股权/股份自然就应没有问题；如果减资程序无法完成，那么目标公司回购本公司股权/股份在履行上又会存疑。对私募股权基金而言，如将完成减资程序作为实现目标公司股权/股份回购的前提，显然有些强人所难。

根据《九民会议纪要》，在约定由目标公司回购投资方股权或向投资方承担现金补偿义务的情况下，如果投资方请求履行的，能否判决强制履行，要看是否符合《公司法》关于股权回购或盈利分配等强制性规定；符合强制性规定的，应予支持；不符合强制性规定，存在法律上不能履行情形的，则应驳回投资方请求履行约定的诉讼请求。换言之，与目标公司对赌有效且对赌可履行，可能是法院目前判决目标公司承担强制履行义务（含现金补偿及股权回购）的前提，而其中回购可履行性的判断又主要取决于目标公司的减资程序能否完成。

根据《公司法》规定，减资程序主要包括如下程序：首先根据《公司法》第46条[1]的规定由董事会制定减资方案，然后编制资产负债表及财产清单，经股东会决议后履行债权人保护程序并通知债权人，其后才能真正实施减资（在对赌中主要是向投资者股东返还投资款及相应收益），最后才能完成关于减资的工商变更登记。换言之，目标公司只有完成这些减资程序，其承担股权回购责任才具有可履行性。然而，由于完成这些减资程序通常需要股东等各方相互配合，且通常需要很长时间，显然无法满足私募股权基金关于尽快回收资金的时间诉求。为解决这一问题，私募股权基金可能就需要考虑设定相关预案，一方面尽量避免陷入这些减资程序，另一方面还需能够使这些减资程序具有可履行性，在此方

1 《公司法》第46条："董事会对股东会负责，行使下列职权：……（六）制订公司增加或者减少注册资本以及发行公司债券的方案……"

面给司法审判机关提供事实支持，尽量降低其在个案上产生不同司法判断的可能。在实践中，设定这些预案时通常需要考虑如下问题：（1）是否需要以及如何在投资阶段取得目标公司未来可通过减资程序完成股权回购义务的相关股东会或董事会决议？（2）是否需要以及如何在投资法律文件中明确使目标公司及/或相关方负责去获得减资程序所需的相关股东会或董事会决议同意？作为目标公司小股东，私募股权基金通常无法控制目标公司的股东会和董事会决议，这些问题或有利于私募股权基金通过责任转移来提高目标公司减资程序方面的可履行性。

问题是：在与目标公司对赌被认定有效但不具可履行性时，私募股权基金的投资权益又将如何获得保护呢？如果说私募股权基金可以向目标公司或原股东要求损害赔偿，那损害赔偿作为一项金钱给付请求又将如何主张呢？如果无法或很难主张，这是否又会挫伤私募股权基金的投资积极性，从而影响私募股权基金行业发展以及实体经济发展呢？这些问题目前或只能留给立法和司法机关考察。对私募股权基金而言，或只能努力做好对目标公司的尽职调查或全面了解，并通过精心设计投资法律文件的方式来最大限度地规避可能的投资法律风险。比如，为保障损害赔偿主张的成功率，私募股权基金是否可以在投资法律文件中将目标公司完成对赌指标及保障其投资退出作为其实施股权投资的前提条件，并以此作为要求目标公司及原股东承担损害赔偿责任的基础呢？

此外，如果一味支持私募股权基金可基于目标公司股东身份参与公司治理、获得分红等权益，同时又支持其可基于债权人身份在对赌指标未达标时以约定价格退出公司或取得补偿，[1] 从而导致目标公司及其原股东背负较大负担，不仅不利于私募股权基金提高业务水平，反而阻碍实体经济发展呢？显然，这也是一个宏观价值判断问题，或也只能根据宏观经济发展由立法机关和司法机关考量。就目前而言，私募股权基金及目标公司等相关方只能通过全面调研和

1 最高人民法院2018年12月发布的《最高人民法院民事审判第二庭法官会议纪要》指出："同一当事人在同一合同中不能同时既是债权人又是股权人，但是在不同的阶段，其可以从债权人转变为股权人（债转股），也可以从股权人转化为债权人（股转债）。在名股实债中，投资人在退出前享有股权，退出后享有债权，本质上属于股转债，并不违反股债不能并存在法理。"

审慎投资等方式来尽量避免本无需承担的法律风险。

二、目标公司的回购“担保”

除直接承诺股权回购或直接承担股权回购责任之外，目标公司还有一种通过为原股东股权回购提供“担保”来变相参与对赌的做法。在这种做法下，股权回购责任的直接承担者是原股东，而非目标公司，目标公司的主要作用是为原股东履行股权回购义务提供“担保”。在原股东无法履行股权回购义务的情况下，目标公司即可能会因为“担保”而不得不与原股东一起或另行承担股权回购款的支付义务，从而成为对赌责任的事实承担者，成为另一种形式的对赌参与方。在目标公司直接承担股权回购责任的做法仍有争议的情况下，这种变相做法进一步加大了对赌法律关系的复杂程度，加大了对赌的司法审判难度。

优选案例 1-3

通联公司与新方向公司、久远公司与公司有关的纠纷案

阅读提示

诉讼背景：通联公司作为目标公司久远公司的投资者股东，要求久远公司原股东新方向公司向其支付股权回购款3,000万元及相应利息，并要求久远公司对上述付款义务承担连带支付责任。未果，诉至法院。

裁判索引：四川省成都市中级人民法院一审并作出（2015）成民初字第2084号民事判决书（以下简称“一审判决”）；四川省高级人民法院二审并作出（2016）川民终671号民事判决书（以下简称“二审判决”）；最高人民法院再审并于2017年9月29日作出（2017）最高法民再258号民事判决书（以下简称“再审判决”）。

主要问题：（1）《增资协议》的股权回购条款是否有效？（2）通联公司要求新方向公司支付股权回购款的条件是否成就以及股权回购价格的确定？（3）久远公司应否对新方向公司的股权回购义务承担履约连带责任？（4）通联公司是否对久远公司承担“连带责任条款”存在过错或者是否应因此承担相关责任？

一审程序

事实认定：

一审法院查明事实如下：

(1) 2010年6月8日，通联公司（甲方）、久远公司（乙方）、新方向公司（丙方）签订《增资协议》，约定：

1.1 乙方向甲方增发1,500万股，价格2元/股，甲方出资3,000万元。

4.8 乙方及丙方承诺并保证，若由于乙方及丙方的保证和承诺未全面履行而对甲方造成损失，乙方及丙方一并承诺履行赔偿义务。如乙方不能保证赔偿或无赔偿之履行能力，则由丙方对乙方一并承担连带责任，赔偿资金按以下途径执行：(1)新方向公司在乙方取得的分红或从其他合法渠道筹措资金的权益(现金)；(2)新方向公司资产；(3)新方向公司和乙方实际控制人向某某个人资产……。

6.1 当出现以下情况之一时，甲方有权要求乙方或丙方回购甲方所持全部乙方股份：

6.1.1 甲方在2012年6月30日对乙方能否上市进行独立判断，并在2012年7月30日前决定是否要求乙方回购甲方所持全部乙方股份；

6.1.2 如乙方不能在2013年12月31日前获得证监会关于乙方上市的核准文件，该等原因包括乙方经营业绩方面不具备上市条件，或由于乙方历史沿革不规范未能实现上市目标，或由于参与乙方经营的丙方存在重大过错、经营失误原因造成乙方无法上市；

6.1.3 在2013年12月31日之前的任何时间，丙方或乙方发生股权变更而导致乙方实际控制人发生变化；

6.1.4 在2013年12月31日之间的任何时间，丙方或乙方明示放弃乙方上市安排或工作；

6.1.5 甲方在2014年3月30日对乙方能否上市再次进行独立判断，并在2014年4月30日前决定是否要求乙方或丙方回购甲方所全部乙方股份。

6.2 股份回购价格应按以下较高者确定：

6.2.1 按本协议第1条规定的甲方全部投资价款3,000万元及自从实际付款支付日起至丙方实际支付回购价款之日按年利率15%计算的利息，乙方及丙方承担履约连带责任；

6.2.2 回购时甲方所持公司股权(如公司以净资产转增股本时，包括该等股份对应的转增股本部分)所对应的公司经审计的净资产。

6.3 股份回购均应以现金形式进行，股份回购款应在甲方发出书面回购要求之日起60日内全额支付给甲方，所涉税收由乙方或丙方另行承担。甲方在股份回购之前从公司所收到所有股息和红利可作为购买价格的一部分予以扣除。股份回购计算公式为：回购金额＝甲方本次支付的实际出资额×（1+15%×投资月数/12）－累计分红（含税）……。

（2）2010年6月9日，通联公司将3,000万元打入久远公司指定账户，同日，久远公司出具收据，载明收到通联公司投资款3,000万元。

（3）上述协议签订后，久远公司完成工商变更登记，通联公司成为久远公司股东。

（4）2014年12月12日，通联公司发出《律师函》，认为《增资协议》第6条约定的有关回购事项已出现，通联公司有权要求久远公司、新方向公司回购其所持久远公司股份，并要求两公司在接函30天内履行《增资协议》约定的回购义务。该《律师函》于2014年12月15日送达给新方向公司和久远公司。

法院观点：

一审法院认为本案争议焦点为：（1）《增资协议》股权回购条款的效力；（2）《增资协议》约定的股权回购条件是否已经成就。

对争议焦点一，一审法院认为：

（1）《增资协议》约定的股权回购前提是久远公司未在约定时间内完成上市或实际控制人发生变化，没有约定不论盈亏按期收回本息或按期收取固定利润等内容，不属联营合同纠纷，不属最高法院《关于联营合同纠纷案件的解答》中保底条款[1]的情形。

（2）《增资协议》签订后，通联公司按约支付了投资款，成为久远公司股东，久远公司完成了工商变更登记，从缔约到履行过程均表明该协议系当事人真实意

1 最高人民法院《关于联营合同纠纷案件的解答》第4条第1项规定："联营合同中的保底条款，通常是指联营一方虽向联营体投资，并参与共同经营，分享联营的盈利，但不承担联营的亏损责任，在联营体亏损时，仍要收回其出资和收取固定利润的条款。保底条款违背了联营活动中应当遵循的共负盈亏、共担风险的原则，损害了其他联营方和联营体的债权人的合法权益，因此，应当确认无效。联营企业发生亏损的，联营一方依保底条款收取的固定利润，应当如数退出，用于补偿联营的亏损，如无亏损，或补偿后仍有剩余的，剩余部分可作为联营的盈余，由双方重新商定合理分配或按联营各方的投资比例重新分配。"

思表示，未违反国家法律、行政法规的禁止性规范，应合法有效，对当事人具有约束力。

(3) 通联公司作为久远公司股东，要求公司另一股东回购股权，并未违反《公司法》的禁止性规定，不构成抽逃出资。辩称股权回购条款无效，缺乏法律依据。

对争议焦点二及相关事项，一审法院认为：

(1)《增资协议》第6.1条约定："当出现以下情况之一时，甲方有权要求乙方或丙方回购甲方所持全部乙方股份"，该条款约定了5种并列情形，只要满足其中一种情形，通联公司即有权要求新方向公司回购股权，其中第6.1.1、6.1.3、6.1.4、6.1.5条对回购的时间做了约定，但该时间经过并不导致通联公司当然丧失要求新方向公司回购股权的权利。根据第6.1.2条，只要新方向公司与久远公司不能在2013年12月31日前获得关于久远公司上市的核准文件，通联公司即有权要求新方向公司回购股权。

(2)《增资协议》第6.2条约定股份回购价格应按以下较高者确定："6.2.1按照本协议第1条规定的甲方全部投资价款3,000万元及自从实际付款支付日起至丙方实际支付回购价款之日按年利率15%计算的利息，乙方及丙方承担履约连带责任；6.2.2回购时甲方所持公司股权（如公司以净资产转增股本时，包括该等股份对应的转增股本部分）所对应的公司经审计的净资产。"通联公司起诉要求新方向公司支付股权转让款3,000万元，并从2010年6月9日起按年利率15%计算利息至实际支付回购价款之日，即使回购时所持公司股权对应的净资产高于投资款3,000万元及利息，也未损害新方向公司的权利。新方向公司应支付股权转让款3,000万元，并支付从2010年6月9日起按年利率15%计算的利息至实际支付回购价款之日。通联公司主张股权回购涉及的税款由新方向公司承担，但因尚未实际发生，也无法确定具体金额，不予支持。

(3) 按《增资协议》第4.8条关于"乙方及丙方承诺并保证，若由于乙方及丙方的保证和承诺未全面履行而对甲方造成损失，乙方及丙方一并承诺履行赔偿义务。如乙方不能保证赔偿或无赔偿之履行能力，则由丙方对乙方一并承担连带责任"的约定，通联公司主张久远公司对新方向公司支付股权回购价款的义务承担连带责任具有合同依据，予以支持。

法院裁判

综上，一审法院判决：

一、新方向公司向通联公司支付股权回购款3,000万元及相应利息，利息计算方法为：以本金为基数按年利率15%从2010年6月9日计算至实际支付回购款之日止；二、久远公司对新方向公司上述第一项付款义务承担连带支付责任；三、驳回通联公司的其他诉请。

二审程序

上诉请求：

久远公司、新方向公司不服一审判决，上诉请求驳回通联公司的全部诉请。

事实认定：

二审法院认可一审法院查明的事实，并补充查明及经各方当事人确认：

（1）通联公司于2010年6月向久远公司实际出资3,000万元，1,500万元作为注册资本，1,500万元作为资本公积。

（2）2012年2月，久远公司以未分配利润750.80万元转增股本，公司注册资本由7,508万元变更为8,258.80万元，其中通联公司认缴的注册资本增加至1,650.01万元。

（3）久远公司未曾以现金方式向通联资本公司分配股息或红利。

（4）通联公司提交了一份《承诺函》，表示其收到新方向公司或久远公司交付的股权回购款后，即同意向新方向公司交付其所持久远公司全部股权。

法院观点：

二审法院认为上诉争议焦点为：（1）《增资协议》中的股权回购条款是否有效；（2）通联公司要求新方向公司支付股权回购款的条件是否已经成就以及股权回购价格的确定；（3）久远公司应否对此承担连带责任。

对争议焦点一，二审法院认为：《增资协议》是通联公司作为投资方与作为融资方的久远公司及其原股东新方向公司之间签订的投资协议，其中的“股权回购”条款，是当事人根据企业未来不确定目标是否实现对各自权利与义务进行的一种约定，俗称“对赌协议”。关于由新方向公司在约定条件出现时按约定价格回购股权的约定，具有股东间就特定条件下股权转让达成合意相同的法律效果，系当事人真实自愿意思表示，不违反《公司法》规定，不涉及公司资产减少，不构成抽逃公司资本，不影响公司债权人利益，应合法有效。

对争议焦点二，二审法院认为：

（1）《增资协议》第6.1条明确约定“当出现以下情况之一时”，通联公司均享有相应的回购权利，其中第6.1.1、6.1.5条对通联公司主张回购的时间做了约定，但第6.1.2、6.1.3、6.1.4条并未对其权利行使期限做出限制。久远公司至今无法实现上市，通联公司的预期投资目的未能实现，应有权要求新方向公司股权回购。

（2）《增资协议》第6.2条是当事人间关于股权回购价格的约定，是当事人真实意思表示，不违反法律、行政法规的禁止性规定，合法有效。通联公司选择依照《增资协议》第6.2.1条关于“以其全部投资价款3,000万元及自从实际付款支付日起至新方向公司实际支付回购价款之日按年利率15%计算的利息”的价款标准来主张股权回购款，符合约定，新方向公司应依约支付。久远公司与新方向公司上诉主张该15%利息实为违约金，并请求法院予以调减，是对当事人间协议确定股权回购价款性质的不当理解。

（3）通联公司在接收新方向公司支付的股权回购款时，应依法向新方向公司交付其持有的久远公司全部股权。

对争议焦点三，二审法院认为：

（1）久远公司在《增资协议》中承诺对新方向公司股权回购承担连带责任，虽有其法定代表人签章，但并未向通联公司提供相关股东会决议，事后久远公司亦否认该事项经其股东会同意或就此召开过股东会；通联公司未对久远公司法定代表人作出该项意思表示是否经股东会决议尽到基本的形式审查义务，不应属于善意相对人，久远公司法定代表人的该代表行为，对通联公司不发生法律效力。

（2）通联公司关于其当时不是久远公司股东、不知道公司内部决议程序的抗辩理由，不能对抗《公司法》（2013修正）第16条第2款[1]的规定，不能成立；其依据《增资协议》第4.8条与第6.2.1条约定，要求久远公司对新方向公司股权

1 《公司法》（2013修正）第16条第2款：“公司为公司股东或者实际控制人提供担保的，必须经股东会或者股东大会决议。”

回购义务承担连带责任，不予支持。关于久远公司不应对新方向公司承担的股权回购责任承担连带责任的上诉请求成立。

法院裁判

综上，二审法院部分支持新方向公司和久远公司的上诉请求，并判决变更一审判决第1项为：新方向公司向通联公司支付股权回购款3,000万元及利息（以本金3,000万元为基数按年利率15%从2010年6月9日始计算至实际支付回购款之日止），用于受让通联公司所持久远公司1,650.01万元股权；判决撤销一审判决第2项、第3项，即：久远公司对新方向公司上述第1项付款义务承担连带支付责任。

再审程序

再审请求：

通联公司不服二审判决，再审请求改判由久远公司对新方向公司承担的付款义务承担连带清偿责任或过错赔偿责任，理由如下：

（1）新方向公司和久远公司在二审中提交的久远公司2010年6月9日《股东会决议》不属于新证据。一审中，新方向公司和久远公司有能力提交该证据但没有提交，不属于《民事诉讼证据规定（2008调整）》第41条[1]规定的二审“新证据”的范围，不能证明《增资协议》签订时通联公司知晓久远公司章程关于担保的特殊规定，且《股东会决议》前久远公司章程没有关于公司对外担保议事规则的相关规定。通联公司在签订协议时不是久远公司股东，无从知晓久远公司的股东会或董事会议事规则，更无法判断久远公司为新方向公司提供担保是否经过

1 《民事诉讼证据规定》（2008调整）第41条：“《民事诉讼法》第一百二十五条第一款规定的‘新的证据’，是指以下情形：（一）一审程序中的新的证据包括：当事人在一审举证期限届满后新发现的证据；当事人确因客观原因无法在举证期限内提供，经人民法院准许，在延长的期限内仍无法提供的证据；（二）二审程序中的新的证据包括：一审庭审结束后新发现的证据；当事人在一审举证期限届满前申请人民法院调查取证未获准许，二审法院经审查认为应当准许并依当事人申请调取的证据。”

股东会内部决议程序，主观上属于善意第三人，其基于合同有效的合理信赖利益应予保护。二审判决认定通联公司不属于善意相对人，属于事实认定错误。

（2）《公司法》第 16 条第 2 款属于管理性规定，违反该规定并不必然导致担保合同无效。要求通联公司签订协议前必须审查久远公司关于担保的决策程序，于法无据。

（3）依照《担保法司法解释》第 7 条[1]规定，即使久远公司担保无效，仍不能免除久远公司的赔偿责任。二审法院认定《增资协议》有效，担保无效，却未依照上述解释就久远公司的责任分摊问题做出判决，属于适用法律错误。

新方向公司、久远公司未到庭参加诉讼，但提交书面答辩，请求驳回通联公司的再审申请，理由如下：

（1）《增资协议》关于久远公司承担连带责任的担保条款无效：①通联公司作为久远公司股东明知对外重大担保未经久远公司股东会讨论通过无效。②要求久远公司承担连带责任系通联公司非法滥用股东权利，久远公司不应为股权回购承担连带责任。

（2）无效条款自始无效，虽久远公司不应承担连带责任，但新方向公司仍然承担支付责任，通联公司的权益并未受到损害。

（3）久远公司、新方向公司在二审中提交的新证据符合法律规定。久远公司 2010 年 6 月 9 日《股东会决议》未违反法律规定，通联公司系久远公司股东且参会，知晓公司章程和法律规定，非善意第三人。

事实认定：

再审法院认可一审法院和二审法院查明的事实，并补充查明：

1 《担保法司法解释》第 7 条："主合同有效而担保合同无效，债权人无过错的，担保人与债务人对主合同债权人的经济损失，承担连带赔偿责任；债权人、担保人有过错的，担保人承担民事责任的部分，不应超过债务人不能清偿部分的二分之一。"《担保法司法解释》第 7 条及第 8 条区分主合同有效而担保合同无效或主合同无效而导致担保合同无效的不同情形，划定了债权人、担保人、债务人承担责任的范围。《民法典》对此并未区分，其第 388 条第 2 款规定"担保合同被确认无效后，债务人、担保人、债权人有过错的，应当根据其过错各自承担相应的民事责任"。另，《民法典》第 682 条第 2 款关于保证合同无效情况下各方责任承担原则的规定与其第 388 条第 2 款的规定一致。

(1)《久远公司章程修正案》(2010 年 6 月修订)“公司章程规定的其他职权”第 2 项规定“股东会审计前述第 13、14 项事项应当经代表 2/3 以上表决权的股东同意通过,且关联股东应回避表决。”其中,第 13 项事项是关于公司担保的相关规定。

(2)《久远公司章程》(2008 年 11 月修订)及 2009 年 4 月、2009 年 6 月、2009 年 9 月、2009 年 10 月、2010 年 3 月的《久远公司章程修正案》均无关于公司对外担保的规定。

(3)《增资协议》签订时,久远公司 3 位股东的持股比例如下:新方向公司占 81.76%,四川久远投资控股集团有限公司占 1.5%,成都高新创新投资有限公司占 16.74%。

法院观点:

再审法院认为再审争议焦点为:(1)2010 年 6 月 9 日《股东会决议》能否证明通联公司明知久远公司内部决议程序;(2)久远公司应否对新方向公司的股权回购义务承担履约连带责任;(3)久远公司应否承担“连带责任条款”无效后的过错赔偿责任。

对争议焦点一,再审法院认为:

(1)《增资协议》签订于 2010 年 6 月 8 日,此时《久远公司章程》没有关于公司对外担保议事程序的相关规定,至 2010 年 6 月 9 日才召开股东会决议对公司章程进行修订,增加公司担保条款,包括对股东、实际控制人及其关联方提供担保的内部决议程序。通联公司在签订《增资协议》时,即使查阅《久远公司章程》,也无公司对外担保议事程序的相关规定。故,2010 年 6 月 9 日《股东会决议》不能证明《增资协议》签订时通联公司已知道久远公司章程关于公司对股东提供担保需经过股东会决议。

(2)二审法院将 2010 年 6 月 9 日《股东会决议》作为新证据采信,以后来发生的事实来判断此前行为人的审查注意义务,认定通联公司在签订《增资协议》时非为善意相对人,违背了新证据须对待证事实存在关联性的客观要求。

对争议焦点二,再审法院认为:

(1)《增资协议》约定新方向公司在约定触发条件成就时按约定价格回购通联公司所持久远公司股权,实质上是投资人与原股东达成的特定条件成就时的股权转让合意,系当事人真实意思表示,不存在违反公司法规定的情形,二审判决认定新方向公司与通联公司达成的“股权回购”条款有效，且触发回购条件成就，依约定判决新方向公司承担支付股权回购款本金及利息，适用法律正确。

(2) 至于《增资协议》约定久远公司对新方向公司的股权回购义务承担履约连带责任的条款效力问题：

首先，久远公司不是股权回购的义务主体，不产生久远公司回购本公司股份的法律后果，不存在新方向公司辩称的《增资协议》约定久远公司对新方向公司股权回购义务承担履约连带责任的条款违反《公司法》(2013 修正) 第 35 条[1]、第 36 条[2]、第 37 条第 1 款第 7 项[3]及第 74 条[4]规定的情形。

其次，《增资协议》第 6.2.1 条约定久远公司对新方向公司的股权回购义务承担履约连带责任，并未明确为连带担保责任。通联公司在一审中也是诉请久远公司承担连带责任。对此，久远公司、新方向公司上诉称“通联公司明知未经股东会批准，而约定由久远公司对新方向公司提供担保，有违《公司法》(2013 修正) 第 16 条第 2 款的规定，其请求亦不应得到支持”；通联公司辩称“《公司法》(2013 修正) 第 16 条第 2 款属于管理性强制性规定，即使久远公司所提供担保未经股东会议决议，也不影响担保的有效性”。二审法院是在当事人将《增资协议》第 6.2.1 条约定的“连带责任”条款解释为“连带担保责任”的基础上，适用《公司法》(2013 修正) 第 16 条第 2 款对本案进行裁判。但，连带担保责任系连带责任的情形之一，且连带担保责任有主从债务之分，担保责任系从债务。当事人将“连带责任”理解为“连带担保责任”，未加重久远公司责任，且从通联公司诉请久远公司的责任

1 《公司法》(2013 修正) 第 35 条：“公司成立后，股东不得抽逃出资。”

2 《公司法》(2013 修正) 第 36 条：“有限责任公司股东会由全体股东组成。股东会是公司的权力机构，依照本法行使职权。”

3 《公司法》(2013 修正) 第 37 条第 1 款：“股东会行使下列职权：……（七）对公司增加或者减少注册资本作出决议……”

4 《公司法》(2013 修正) 第 74 条：“有下列情形之一的，对股东会该项决议投反对票的股东可以请求公司按照合理的价格收购其股权：（一）公司连续五年不向股东分配利润，而公司该五年连续盈利，并且符合本法规定的分配利润条件的；（二）公司合并、分立、转让主要财产的；（三）公司章程规定的营业期限届满或者章程规定的其他解散事由出现，股东会会议通过决议修改章程使公司存续的。自股东会会议决议通过之日起六十日内，股东与公司不能达成股权收购协议的，股东可以自股东会会议决议通过之日起九十日内向人民法院提起诉讼。”

后果看，是对股权回购价款本息承担连带责任，仍属金钱债务范畴，与久远公司实际承担的法律责任后果一致。二审判决依据《公司法》（2013 修正）第 16 条第 2 款关于公司对控股股东、实际控制人提供担保的规定来裁判久远公司承担履约连带责任的条款效力，并无不当。

（3）再次，通联公司称《公司法》（2013 修正）第 16 条第 2 款系管理性规范，久远公司承诺为股权回购义务承担履约连带责任，虽未经久远公司股东会决议通过，亦不影响公司承诺担保条款的效力，并提交最高人民法院相关案例佐证。但，《公司法》第 16 条第 2 款明确规定“公司为公司股东或者实际控制人提供担保的，必须经股东会或者股东大会决议”，目的在于防止公司股东或实际控制人利用控股地位，损害公司、其他股东或公司债权人的利益。对合同相对人在接受公司为其股东或实际控制人提供担保时，应否对担保事宜经过公司股东会决议负有审查义务及未尽该审查义务是否影响担保合同效力，《公司法》及其司法解释未作明确规定。二审法院认为：虽久远公司在《增资协议》中承诺对股权回购义务承担连带责任，但未向通联公司提供相关股东会决议，亦未得到股东会决议追认，而通联公司未能尽到基本的形式审查义务，从而认定久远公司法定代表人代表公司在《增资协议》上签字、盖章，对通联公司不发生法律效力，适用法律并无不当。

对争议焦点三，再审法院认为：

（1）通联公司签订《增资协议》时，因《久远公司章程》并无公司对外担保议事程序的规定，通联公司有合理理由相信久远公司法定代表人有权代表公司对外签订有担保意思表示的《增资协议》，但其未能尽到要求目标公司提交股东会决议的合理注意义务，导致担保条款无效，对担保条款无效自身存在过错。

（2）久远公司在公司章程（2009 年 6 月 9 日之前）中未规定公司对外担保及对公司股东、实际控制人提供担保的议事规则，导致公司法定代表人使用公章权限不明，法定代表人未经股东会决议授权，越权代表公司承认对新方向公司的股权回购义务承担履约连带责任，其对该担保条款无效也应承担相应的过错责任。

（3）《担保法司法解释》第 7 条规定：“主合同有效而担保合同无效，债权人无过错的，担保人与债务人对主合同债权人的经济损失，承担连带赔偿责任；债权人、担保人有过错的，担保人承担民事责任的部分，不应超过债务人不能清偿部分的二分之一。”据此，《增资协议》“连带责任”条款无效，通联公司、久远公司均有过错，久远公司对股权回购款及利息，就不能清偿部分承担1/2的赔偿责任。

法院裁判

综上，再审法院判决撤销二审判决、一审判决，并改判为：新方向公司向通联公司支付股权回购款3,000万元及利息（以本金3,000万元为基数按年利率15%自2010年6月9日始计算至实际支付回购款之日止），用于受让通联公司所持久远公司1,650.01万元股权；久远公司对新方向公司承担上述付款本息不能清偿部分1/2的赔偿责任。

案例启示

从本案整体审判程序来看，《增资协议》的股权回购条款是否有效以及久远公司是否应就新方向公司的股权回购责任承担“连带责任”一直是本案各方的争议焦点。虽然三审法院对股权回购条款效力的理解基本一致，并判决新方向公司作为目标公司原股东应向投资者股东通联公司承担股权回购责任，但对第二个争议焦点，即久远公司是否应就新方向公司的股权回购责任承担“连带责任”，三审法院的判决却完全不同，可谓一波三折。

一审法院认为：久远公司作为《增资协议》等投资法律文件的签约方，应履行投资法律文件的约定，并由此判决久远公司应就新方向公司的股权回购责任承担“连带责任”。二审法院则认为：《增资协议》等投资法律文件不应违反《公司法》（2013修正）第16条关于公司为股东提供担保应通过股东会决议的规定，并由此在认定久远公司未作出相关股东会决议的基础上，判决久远公司不应就新方向公司的股权回购责任承担“连带责任”。在两审核查基础上，再审法院提出了对最终裁判本案有基石作用的两个观点。其一，虽然“连带责任”和“连带担保责任”不同，但既然各方均认为《增资协议》中约定的“连带责任”是“连带担保责任”，那么适用关于“担保”的规定裁判本案并无不妥；其二，虽然《公司法》及其司法解释未就合同相对方是否应就公司为其股东提供担保负有审查义务进行明确规定，但不能据此否定合同相对方负有的“合理注意义务”。经进一步审查久远公司的股东会决议情况，再审法院在认定久远公司和通联公司在此方面均具有过错的基础上，作出了关于久远公司应对新方向公司所承担的股权回购款之不能清偿部分的 1/2 承担赔偿责任的判决。

对私募股权基金而言，本案对于目标公司是否应就原股东向投资者股东所承担的股权回购责任承担责任的分析和判决具有非常重要的借鉴意义。一方面三审法院的不同判决可以说明，司法审判机关对关于公司为股东提供担保的法律法规存有不同解读，并有可能因此形成不同的判决结果，这本身即意味着法律风险的存在，需要私募股权基金在签署投资法律文件时对投资交易结构以及与此相关的协议条款予以特别注意，尽量避免或减少交易结构及协议条款方面的法律不确定性。另一方面再审法院关于目标公司应否以及如何就原股东股权回购责任承担责任的剖析也说明，私募股权基金要求目标公司对原股东的股权回购责任承担“连带责任”或“连带担保责任”存在法律上的操作可能性，但这要求私募股权基金至少需要做好两方面的基本工作。其一，在投资交易过程中尽到“合理注意义务”，做好尽职调查，包括对目标公司章程等相关内部治理法律文件进行尽职审查。其二，在目标公司章程等内部治理文件要求目标公司为其股东提供担保需经过其股东会或股东大会决议或董事会决议等内部批准程序的情况下，需要求目标公司就此提供公司章程规定的该等内部批准文件，并做好相关文件留存和备案工作，否则即可能出现担保的效力问题，也可能会因为没有尽到合理注意义务而承担相关过错责任，从而使目标公司无法承担与原股东股权回购责任相关的全部或部分预期责任；在目标公司章程等内部治理文件未就目标公司为其股东提供担保的情形进行任何规定的情况下，则应根据法律法规的规定审慎考察是否需要以及需要目标公司提供何种文件，并在必要情况下要求目标公司出具该等文件，以使其提供的担保符合法律规定，同时亦需做好与此相关的文件留存和备案工作。

优选案例 1-4

强某某与瀚霖公司及其原股东股权转让纠纷案

阅读提示

诉讼背景：强某某作为目标公司瀚霖公司的投资者股东，要求瀚霖公司原股东曹某某向其支付股权转让款 37,791,360 元及相应违约金，并要求瀚霖公司对曹某某的付款承担连带清偿责任。未果，诉至法院。

裁判索引：四川省成都市中级人民法院一审并作出（2014）成民初字第 1180 号民事判决书（以下简称“一审判决”）；四川省高级人民法院二审并作出（2015）川民终字第 445 号民事判决书（以下简称“二审判决”）；最高人民法院再审并于 2018 年 9 月 7 日作出（2016）最高法民再 128 号民事判决书（以下简称“再审判决”）。

主要问题：（1）瀚霖公司作为目标公司应否为其原股东曹某某的股权回购责任承担担保责任？（2）影响瀚霖公司承担担保责任的因素有哪些？

一审程序

事实认定：

一审法院查明事实如下：

（1）2011 年 4 月 26 日，瀚霖公司作为甲方，强某某及其他相关方作为乙方，曹某某作为丙方，共同签订《增资协议书》及《补充协议书》。

《增资协议书》约定：强某某向瀚霖公司增资 3,000 万元，400 万元作为新增注册资本，2,600 万元作为资本公积，持有瀚霖公司 0.86% 股权。

《补充协议书》第 2 条第 1 款约定：曹某某承诺争取目标公司 2013 年 6 月 30 日前获准在国内上市（“合格 IPO”）；第 2 款约定：如目标公司未能在 2013 年 6 月 30 日前完成合格 IPO，强某某有权要求曹某某现金购回强某某所持目标公司股权，回购价格为强某某实际投资额加上每年 8% 的内部收益率溢价，计算公式为 P=M×（1+8%）T，其中：P 为购回价格，M 为实际投资额，T 为自本次投资完成日至强某某执行选择回购权之日的自然天数除以 365；第 6 款约定：瀚霖公司为曹某某的回购提供连带责任担保。

（2）《增资协议书》及《补充协议书》落款处有瀚霖公司加盖印章及法定代表人签名，强某某及其他方签章，曹某某签名。

（3）2011 年 4 月 29 日，强某某将 3,000 万元转入瀚霖公司。

（4）2012 年 5 月 31 日，强某某与曹某某签订《股权转让协议》，约定：强某某将所持瀚霖公司股权转让给曹某某，按《补充协议书》约定的价格回购，曹某某应在协议签订后 30 个工作日内全额付清转让款，逾期未付清应按欠款额每日 5‰支付违约金；逾期超过 30 日仍未付清，则强某某有权要求曹某某付清转让款和违约金后，退出股权。

(5)《股权转让协议》签订后，曹某某未履行支付义务。

(6) 2014年4月2日，强某某书面通知曹某某、瀚霖公司支付股权转让款并承担违约责任，但曹某某、瀚霖公司未履行付款义务。

法院观点：

(1)《增资协议书》系股权投资合同，是对强某某出资入股的约定；《补充协议书》第2条第6款关于瀚霖公司为回购提供连带责任担保外的其他条款，系就回购条件、价格等的约定；《股权转让协议》系对股权转让价款、支付方式等的约定。《增资协议书》《股权转让协议》未违反法律、行政法规的强制性规定，应合法有效。

(2) 关于《补充协议书》中瀚霖公司为回购提供连带担保的约定，因强某某与曹某某均系瀚霖公司股东，且曹某某为公司法定代表人，因此强某某应提交瀚霖公司为股东曹某某提供担保已经股东会决议通过的相关证据；结合强某某与曹某某的股东身份以及瀚霖公司并非为经营发展向公司外第三人提供担保的事实，该约定损害了公司、公司其他股东及债权人利益，应认定无效。《补充协议书》的其余条款不损害公司及债权人利益，不违反法律、行政法规的强制性规定，合法有效，各方应按约履行。

(3) 强某某出资后，瀚霖公司未在约定预期内获准上市，强某某要求曹某某回购的条件已经成就，曹某某应在收到回购通知函后按约定价格回购股权。

(4) 根据《补充协议书》和《股权转让协议》的约定，回购价格是实际投资额加上每年8%的内部收益率溢价，强某某的出资时间为2011年4月29日，起诉时间为2014年5月14日，强某某主张按3年计算，放弃超出的16天，故回购款计算方式为：3,000万元（实际投资额）×（1+8%）^{3}=37,791,360元。

(5) 强某某主张自其起诉之日起曹某某应按银行逾期付款违约金的计算标准承担违约金，符合《股权转让协议》的约定。考虑到违约金的主要功能系补偿损失，强某某的损失也主要体现为资金占用利息损失，故酌情认定以人民银行同期贷款基准利率计算违约金。

(6) 曹某某未到庭参加诉讼，视为对强某某诉讼请求及所举证据放弃抗辩权。

法院裁判

综上，一审法院判决：一、曹某某向强某某支付股权转让款37,791,360元；二、曹某某向强某某支付逾期付款的违约金（以股权转让款37,791,360元为基数按人民银行同期贷款基准利率自2014年5月14日起计算至付完股权转让款之日止）；三、驳回强某某其他诉请。

二审程序

上诉请求：

强某某不服一审判决，上诉请求依法改判瀚霖公司对曹某某应承担的37,791,360元及违约金的债务承担连带责任。

事实认定：

二审法院认可一审法院查明的事实，并补充查明：各方于2011年4月26日所签《补充协议书》约定：第1条关于业绩保障条款，曹某某承诺目标公司于2011年、2012年的税后利润不低于25,000万元、35,000万元，否则曹某某按比例退还强某某出资款。

法院观点：

（1）股东与公司是利益共同体，利益共享、风险共担。股东能否从公司获取经济利益取决于公司经营业绩以及法律和公司章程规定可分配给股东的利润情况，"无利润不得分配"。无论公司经营业绩如何，股东均可从公司获取经济利益，可能有损于公司长远发展，且损害公司债权人利益。纵观《增资协议书》《补充协议书》及《股权转让协议》的约定，强某某向瀚霖公司增资的目的在于实现瀚霖公司上市并获取上市后的溢价收益，且实际控制人曹某某保证瀚霖公司2011年、2012年的最低利润达到一定条件，如未达条件，由曹某某退还部分投资款，而曹某某回购强某某股权并支付股权转让款是曹某某补偿强某某的具体履行方式，瀚霖公司对此承担担保责任。强某某、曹某某关于股权回购的约定是真实意思表示，不违反法律、行政法规的禁止性规定，属合法有效。

（2）瀚霖公司为曹某某回购强某某股权的股权转让款支付提供担保，其实质是不管瀚霖公司经营业绩如何，股东强某某均可从瀚霖公司获取收益，使得股东获益脱离了公司经营业绩，悖离了公司法法理精神，最终使强某某规避了交易风险，将瀚霖公司可能存在的经营不善及业绩不佳风险转嫁给瀚霖公司及其债权人，严重损害了瀚霖公司其他股东和债权人的合法利益，应认定《增资协议书》《补充协议书》约定的瀚霖公司为曹某某回购股权承担担保责任无效。强某某签订《增资协议书》时是否具备瀚霖公司股东身份及瀚霖公司提供担保是否经股东会决议，均不影响瀚霖公司提供担保行为的效力认定。

法院裁判

综上，二审法院判决：驳回强某某的上诉请求，维持一审判决。

再审程序

再审请求：

强某某不服二审判决，再审请求改判由瀚霖公司对曹某某支付股权转让款及违约金承担连带责任，理由如下：

(1) 强某某以 7.5∶1 的高溢价而非 1∶1 的对价增资入股瀚霖公司附有条件，即《补充协议书》“业绩保障条款”及“出资回购条款”。瀚霖公司在强某某增资入股时并非按对价给予强某某 3,000 万元股权，而是仅给了 400 万元股权，先期额外收取了附条件的高额利益。强某某以高溢价增资入股瀚霖公司，公司是最大受益方，2,600 万元资本公积金让公司额外增强了经济实力。强某某退出公司，公司加付每年 8% 的内部收益率（或称资金占用利率），符合社会平均利润率，并不损害瀚霖公司及其他股东和债权人的合法权益。公司为他人、为股东、为实际控制人提供经济担保，对公司和债权人有其积极的一面。作为最大获益方，瀚霖公司提供回购担保合情合理。

(2)《增资协议书》及《补充协议书》多个条款披露瀚霖公司在增资前已通过股东会决议，各方代表已获得授权签署增资协议及相关交易文件。强某某有理由相信瀚霖公司为曹某某回购股权提供担保经过了公司股东会决议同意。

曹某某、瀚霖公司认为应当驳回强某某的再审申请，理由如下：

(1)《增资协议书》《补充协议书》及《股权转让协议》约定的公司担保事项，具有“对赌条款”性质，违反了股东投资风险共担原则，实际是无风险的固定收益保底条款，严重损害公司其他股东权益和债权人利益，故担保无效。

(2)《公司法》第16条第2款属强制性规范，而非管理性规范，如违反该规定应认定担保无效。《补充协议书》担保条款未经瀚霖公司股东会决议，应依法确认担保条款无效，判决瀚霖公司不承担连带清偿责任。

事实认定：

再审法院认可一审法院和二审法院查明的事实，并补充查明：

(1)《增资协议书》载明：“甲方（瀚霖公司）已通过股东会决议，原股东同意接受新股东本次增资，并放弃优先购买权；各方已采取一切必要行动、履行一切必要的内部程序确保其具有签订本协议并履行其在本协议下义务的全部权力、权利、授权以及必要的政府批准和第三方同意；各方授权代表已获得本方正式授权，有权代表各方签署本协议及其他相关交易文件。”

(2)《补充协议书》载明：“甲方（瀚霖公司）通过股东会决议同意本次增资扩股事项。”

法院观点：

再审法院认为：审理再审案件应围绕再审请求进行。由于强某某在原审中的两项诉讼请求均是曹某某支付股权转让款、违约金以及瀚霖公司承担连带清偿责任，原审判决仅支持了其关于曹某某支付股权转让款、违约金的诉请，且在二审判决生效后，曹某某、瀚霖公司并未就此申请再审，而强某某则请求再审增判瀚霖公司承担连带清偿责任，因此再审法院仅对瀚霖公司是否承担连带清偿责任进行审查，对曹某某应否支付股权转让款、违约金问题不予审查。由此，再审争议焦点应为：《补充协议书》中的瀚霖公司担保条款的效力。

对此争议焦点，再审法院认为：

(1) 合同无效的判定应严格遵循法定主义。二审判决认定瀚霖公司担保条款无效的主要理由是担保条款使股东获益脱离公司经营业绩，悖离公司法法理精神，使强某某规避了交易风险，严重损害了瀚霖公司其他股东和债权人的合法利益，不符合《合同法》关于合同无效的各类法定情形，违反《合同法》基本规则，适用法律错误。

(2)《补充协议书》担保条款合法有效，瀚霖公司应依法承担担保责任，理由如下：

其一，强某某已对瀚霖公司提供担保经过股东会决议尽到审慎注意和形式审查义务。《增资协议书》载明“瀚霖公司已通过股东会决议，原股东同意本次增资；各方已履行内部程序确保其具有签订本协议的全部权利；各方授权代表已获得本方正式授权”。《补充协议书》载明“甲方（瀚霖公司）通过股东会决议同意本次增资扩股事项”。因两份协议约定内容包括增资数额、增资用途、回购条件、回购价格及瀚霖公司提供担保等一揽子事项，且均由瀚霖公司盖章及其法定代表人签名。对强某某而言，此种安排属于链条型的整体投资模式，有理由基于《增资协议书》及《补充协议书》的上述表述，相信瀚霖公司已对包括提供担保在内的一揽子事项通过了股东会决议，曹某某已取得了瀚霖公司授权对外签订担保条款，且瀚霖公司没有提交其他相反证据证明瀚霖公司未对担保事项通过股东会决议，故应认定强某某对担保事项经过股东会决议已尽到审慎注意和形式审查义务，因而《补充协议书》担保条款对瀚霖公司已发生法律效力。

其二，《公司法》第16条的立法目的是为防止公司大股东滥用控制地位，出于个人需要为其个人债务由公司提供担保，从而损害公司及其中小股东权益。本案中，担保条款虽系曹某某代表瀚霖公司与强某某签订，但是3,000万元款项并未供曹某某个人投资或消费，亦非完全出于曹某某个人需要，而是全部投入瀚霖公司账户，供瀚霖公司经营发展使用，有利于瀚霖公司提升持续盈利能力。这不仅符合强某某的利益，也符合公司全体股东的利益，瀚霖公司是最终受益者。即使瀚霖公司并未对担保事项进行股东会决议，但该担保行为有利于瀚霖公司经营发展，并未损害公司及公司中小股东权益，不违反《公司法》第16条的立法目的。因此，认定瀚霖公司承担担保责任，符合一般公平原则。

综上，关于瀚霖公司的担保条款应为合法有效，瀚霖公司应对曹某某支付股权转让款及违约金承担连带清偿责任。原审法院关于瀚霖公司担保无效的认定，应予纠正。

法院裁判

综上，再审法院判决撤销二审判决，撤销一审判决第三项并改判为：瀚霖公司对曹某某所承担股权转让款及逾期付款违约金债务承担连带清偿责任，并维持一审判决第 1 项和第 2 项，即一、曹某某向强某某支付股权转让款 37,791,360 元；二、曹某某向强某某支付逾期付款的违约金（以股权转让款 37,791,360 元为基数按人民银行同期贷款基准利率自 2014 年 5 月 14 日起计算至付完股权转让款之日止）。

案例启示

从目标公司为原股东的股权回购责任承担责任角度讲，本案与前述“通联公司与新方向公司、久远公司与公司有关的纠纷案”（以下简称“久远公司案”）相比，主要有两点不同。其一，本案目标公司瀚霖公司涉及承担的责任是“担保责任”，即“瀚霖公司为曹某某的回购提供连带责任担保”，是“连带责任”下的“担保责任”；而在“久远公司案”中目标公司涉及承担的责任是“连带责任”，不是严格意义上的“担保责任”。其二，本案各方当事人之间就股权回购事宜签有《股权转让协议》，而“久远公司案”项下的诉讼系基于《增资协议》等投资法律文件直接提起，没有类似于本案项下的《股权转让协议》。

从本案整体审判情况来看，本案与“久远公司案”相比，还有两点不同。其一，本案再审法院根据《增资协议书》和《补充协议书》关于瀚霖公司已“通过股东会决议”等相关描述，直接认定强某某已尽到了审慎注意和形式审查义务，从而判决瀚霖公司作为目标公司应当为原股东曹某某的股权回购责任承担连带清偿责任，而“久远公司案”的各方当事人及三审法院均未提及类似事宜。换言之，或许“久远公司案”的投资法律文件中没有关于目标公司已“通过股东会决议”等类似描述或承诺，这可能也是“久远公司案”再审法院对相关股东会决议事项进行深入审查的原因，并由此从过错承担角度对相关“赔偿责任”作出了判决。其二，本案所涉《股权转让协议》系签署于《增资协议书》及《补充协议书》等投资法律文件之后。根据《担保法》第 24 条第一句的规定，“债权人与债务人协议变更主合同的，应当取得保证人书面同意，未经保证人书面同意的，保证人不再承担保证责任”[1]，而瀚霖公司在本案中的担保恰恰应是属于保证合同，原则上应适用前述规定，但本案各方当事人在三审程序中却均未就此情形对瀚霖公司担保责任的影响进行深入核查和探讨，包括对该担保责任是否会因为后续签署《股权转让协议》而发生改变或者该担保责任是否会及于《股权转让协议》以及《股权转让协议》是否会取代《增资协议书》和《补充协议书》等事宜进行深入核查和分析，与此相关的司法审判态度或有待未来发生的相关案例进行验证。

基于前述，本案对私募股权基金的借鉴意义亦主要体现在两个方面。首先，应注意对目标公司关于为其股东提供担保的内部治理文件进行核查，并做好与此相关的目标公司内部决议文件的留存工作，以尽到“久远公司案”提及的“合理注意义务”或本案提及的“审慎注意”和“形式审查义务”，同时还需考虑将关于目标公司“已通过股东会决议”或有权签署协议等相关描述或承诺写入投资法律文件，以通过设定义务的方式转移与此相关的举证责任。其次，在股权回购争议发生后，如需原股东签署《股权转让协议》且其中会涉及目标公司就股权回购事宜提供担保，则需要考虑要求目标公司签署《股权转让协议》，以防止其未来基于《担保法》等相关规定进行担保责任变更等方面的抗辩，尽管目标公司在实践中通常不是《股权转让协议》的签约主体，且目标公司亦未必同意签署该《股权转让协议》。

此外，需要注意的是，能否通过协议约定方式实现前述提及的风险转嫁的目的，还需要具体情况具体分析。比如，投资法律文件约定目标公司应当取得其内部批准或者已经取得了内部批准，投资者股东就不需要查看这些内部批准文件或者这些内部批准文件的内容了吗？换言之，除了协议约定，投资者股东尽到“审慎注意”和“形式审查义务”就不需要其他方面的证据支持了吗？此外，如果目标公司全体原股东都签署了含有目标公司提供担保的投资法律文件，这种签署行为可否视为目标公司已就该担保通过了内部决议？这种签署行为在法律上可否取代目标公司的股东会决议或董事会决议？这些问题不仅涉及对《公司法》第 16 条第 2

1 《担保法》第 24 条的规定经修订已被《民法典》承继作为其第 695 条，即“债权人和债务人未经保证人书面同意，协商变更主债权债务合同内容，减轻债务的，保证人仍对变更后的债务承担保证责任；加重债务的，保证人对加重的部分不承担保证责任。债权人和债务人变更主债权债务合同的履行期限，未经保证人书面同意的，保证期间不受影响。”

款关于公司为股东提供担保规定的解读，包括实体规定和程序规定两方面的解读，而且涉及对《公司法》及《民法总则》[1] 等相关法律法规的解读以及相关证据的应用，均需私募股权基金在其投资实践中予以注意。

参考案例 1-7

郭某某、邦奥公司与郑某某、潘某某股权转让纠纷案

终审裁判：最高人民法院再审并于 2017 年 12 月 29 日作出（2017）最高法民申 3671 号民事裁定书

主要问题：目标公司对投资者与原股东的回购承担担保责任是否有效?

基本事实:2010 年 1 月 5 日，郭某某、郑某某、潘某某共同成立目标公司邦奥公司，从事房地产开发，郭某某持股 55%，郑某某持股 25%，潘某某持股 20%，郭某某任法定代表人。2015 年 12 月 14 日，郭某某、郑某某、潘某某、目标公司签订《股权转让及项目投资返还协议》，约定：郑某某、潘某某向郭某某出让所持邦奥公司全部股权；至协议签署日，郑某某、潘某某尚有项目投资款 9,500 万元未回收，郭某某自愿给予返还，并由邦奥公司执行；若郭某某及邦奥公司可于 3 月 31 日前分 3 期返还，仅需返还 6,000 万元，若有任何一期返还不符合约定，则郑某某、潘某某有权主张按 9,500 万元返还；郭某某及邦奥公司对未返还额按每天 0.67‰向郑某某、潘某某承担利息损失至完全返还之日，邦奥公司对郭某某在本协议中应负义务承担连带责任。后，郭某某未按协议约定返还。郑某某、潘某某诉至法院，要求郭某某返还项目投资款 9,500 万元及给付相关利息，并要求邦奥公司对郭某某的上述义务承担连带责任。

裁判要旨：根据《公司法》第 16 条第 2 款关于“公司为公司股东或者实际控制人提供担保的，必须经股东会或者股东大会决议”的规定，《公司法》并不禁止公司为股东提供担保，但要经法定程序。同时，如公司为股东间的股权转让提供担保，就会出现受让方股东不能支付股权转让款时，由公司先向转让方股东支付转让款，导致公

1 《民法总则》将于《民法典》施行时废止，其主要规定已被《民法典》的总则编所承继。通过比对《民法典》总则编与《民法总则》的规定，可以知晓《民法典》对《民法总则》的具体承继内容和方式以及与此相关的原文援用、修订甚至删除等情形。

司利益及公司债权人的利益受损，形成股东以股权转让的方式变相抽回出资，有违《公司法》第35条关于“公司成立后，股东不得抽逃出资”的规定。本案中，按《股权转让及项目投资返还协议》的约定，由目标公司对郭某某的付款义务承担连带责任，则意味着在郭某某不能支付转让款的情况下，目标公司应向郑某某、潘某某进行支付，从而导致郑某某、潘某某以股权转让方式从公司抽回出资，而当事人对9,500万元的款项构成存有争议，且原审判决并未查清。综上，指令二审法院再审。[1]

参考案例 1-8

润铭企业与鑫益能公司、伟能公司、刘某某、刘某、张某某股权转让纠纷案

终审裁判：杭州市中级人民法院二审并于2015年6月8日作出（2015）浙杭商终字第925号民事判决书

主要问题：在目标股权被投资者股东转让的情况下，投资者股东可否要求目标公司及其原股东就受让方未支付的股权转让价款承担连带责任？

基本事实：2011年12月6日，润铭企业作为投资者与目标公司鑫益能公司及其原股东刘某某、张某某等人签订《增资协议》，约定：润铭企业现金增资目标公司18,000,000元，3,000,000元计入注册资本，15,000,000元计入资本公积，持有目标公司13.04%股权。同日，又签订《增资补充协议》，约定：目标公司承诺2011～2012年税后净利润分别不少于7,500,000元和30,000,000元，且2012年后3年主营业务收入和净利润均保持增长率不低于30%；如目标公司未能完成盈利承诺的80%或未能于2015年6月前合格上市，润铭企业有权要求目标公司或刘某某等人回购其所持目标公司全部或部分股权，回购价格为投资本金及按单利10%计算的收益之和。2013年10月14日，目标公司未完成2012年的税后净利润承诺，润铭企业向目标公司和刘某某等人发出回购通知，要求回购股权并支付回购价款。目标公司回函同意由目标公司原股东或联系的新股东购买该等股权。2014年3月19日，张某某和刘某某出资设立伟能公司。同年8月，润铭企业与伟能公司签订《股权转让协议》，约定：润铭企业将其所持目标公司13.04%

1 目前通过公开渠道尚未查询到相关再审法律文书。

股权转让给伟能公司。后，润铭企业与伟能公司等又共同签订《转股补充协议》，约定：润铭企业将其所持全部股权以23,800,000元价格转让给伟能公司；鑫益能公司作为目标公司以及刘某某等人作为公司股东，知情并同意《股权转让协议》及该协议的签订和履行，自愿为伟能公司履行《转股补充协议》提供连带责任的履约担保。后，伟能公司等均未按约履行。润铭企业诉至法院，要求伟能公司支付股权转让款23,800,000元及违约金，并要求目标公司、刘某某等人承担连带责任。另，目标公司章程对公司对外提供担保未作规定，且目标公司为伟能公司提供担保未经董事会或股东会决议。

裁判要旨：案涉股权转让与之前所签《增资协议》及《增资补充协议》具有关联性。首先，目标公司未完成承诺的2012年税后净利润，润铭企业向目标公司、刘某某等人发出回购通知。其后，张某某和刘某某出资设立伟能公司，与润铭企业签订《股权转让协议》，案涉股权回购系以此种转让股权方式进行"回购"，而目标公司股东刘某某等人均在《增资协议》及《增资补充协议》上签字，对此明知。后，目标公司对公司章程进行了相应修改，目标公司全体股东均予以签字确认。虽案外人宝昂公司（目标公司另一股东）未在《转股补充协议》上签字、盖章，但在公司章程修正案上对润铭企业的出资、股东变更情况盖章确认，应认为其对上述协议也系知晓。尽管目标公司章程对公司有关对外提供担保未作特别规定，但根据《公司法》第16条第1款之规定，目标公司为伟能公司提供担保并不违反公司章程规定。同时，目标公司股东对相关协议的签订及履行应为知晓，目标公司提供担保的行为不违背股东意志，且目标公司作为相对封闭的有限责任公司，其对外提供担保也并不涉及公众利益，不能以未经董事会或股东会决议来对抗其应承担的对外担保责任。综上，判决伟能公司支付股权转让款并由目标公司和刘某某等人承担连带担保责任。

参考案例 1-9

陈某官与万晨公司、胡某某、陈某花股权转让纠纷案

终审裁判：最高人民法院再审并于2016年12月15日作出（2016）最高法民申2970号民事裁定书

主要问题：在股东之间发生股权转让的情况下，转让方可否要求目标公司对受让方支付股权转让款承担连带责任？

基本事实：2012 年 8 月 18 日，陈某官（持有目标公司万晨公司 60% 股权）为股权出让方，胡某某（持有万晨公司 40% 股权）为股权受让方，与万晨公司三方签订《股权协议书》，约定：陈某官将其所持万晨公司 60% 股权以 9,600 万元价款转让给胡某某，并由万晨公司承诺对胡某某上述付款（包括本息在内）责任承担连带责任。后，胡某某支付部分股权转让款，万晨公司办理了股权变更工商登记。因胡某某未能全额支付股权转让款，陈某官要求胡某某及胡某某原配偶陈某花（已离婚）支付剩余股权转让款，并要求万晨公司承担连带责任。未果，诉至法院。

裁判要旨：本案涉及《公司法》第 16 条的适用问题。本案中的股权转让发生在陈某官、胡某某两个股东之间，不存在损害其他股东利益的情形，且万晨公司已于 2012 年 8 月 22 日完成股权变更登记，陈某官已不再是万晨公司股东，案涉的是万晨公司股东胡某某与非股东陈某官之间的债权债务关系。本案中，陈某官进行股权转让，并没有保留股东身份和原有出资数额，且本案中承担支付股权转让款支付义务的系胡某某，万晨公司承担保证责任属于或然债务，并不必然发生，即使万晨公司承担了保证责任，也有权向胡某某追偿，并不会导致公司财产的必然减少，不存在陈某官抽逃出资侵害公司或公司债权人利益的情形，不存在因违反强制性法律规定而导致合同条款无效的情形。第三，本案中，万晨公司在一审过程中对于其承担连带责任并未提出异议。万晨公司承担连带责任系经过公司股东会决议，股东会决议系公司自治的体现，既然本案当事人均对此不持异议，法院主动对公司的自治情况进行司法干预不妥。综上，判决万晨公司承担连带责任，但驳回陈某官关于陈某花应承担共同偿还责任的诉请，因讼争股权转让行为并非发生于胡某某与陈某花婚姻关系存续期间，要求陈某花对胡某某本案中的欠款承担责任，于法无据。

参考案例 1-10

李某某、王某某、董某与勤峰公司、汪某某、应某某股权转让纠纷案

终审裁判：最高人民法院二审并于 2012 年 7 月 19 日作出（2012）民二终字第

39 号民事判决书

主要问题：在股东之间发生股权转让且签署还款和担保协议的情况下，转让方可否要求目标公司对受让方支付股权转让款承担连带责任?

案件事实：2008 年 6 月 12 日，李某某等 3 人与汪某某、应某某签订《股权转让协议》，约定：（1）李某某等 3 人将其所持目标公司勤峰公司 70% 股权以 2,880 万元转让给汪某某、应某某；（2）汪某某、应某某应付给李某某等 3 人总金额为：股权转让款 2,880 万元，资金占用补偿款 100 万元，应得利润 770,425.89 元，勤峰公司向李某某等 3 人的借款 3,031,617 元，共计 33,602,042.89 元；（3）另因李某某等 3 人需支付给汪某某、应某某等人 180 万元相关款项，故汪某某、应某某实际应付给李某某等 3 人总金额为 31,802,042.89 元。同日，李某某等 3 人与汪某某、应某某就《股权转让协议》的具体还款事宜签订《还款协议》，约定：（1）2008 年 6 月 12 日付转让款 1,000 万元，股权转让余额 1,880 万元按《还款协议》约定的时间支付；（2）勤峰公司以所有资产作担保，为偿还 3 人本息和逾期违约金提供担保，在本息未按期归还时，依法承担连带责任。勤峰公司在该协议上作为担保方加盖公章。同时，汪某某、应某某、勤峰公司针对《还款协议》约定的还款数额向李某某等 3 人出具了欠条。后，汪某某、应某某、勤峰公司未依协议约定支付相关款项。李某某等 3 人诉至法院。

裁判要旨：《股权转让协议》是当事人意思表示真实，不违背法律、法规强制性规定，应属有效。汪某某、应某某在协议订立前为勤峰公司股东，其应知道自身的偿付能力和勤峰公司的经营状况如何，其以自身偿付能力和勤峰公司经营处于困境为由，认为李某某等 3 人在签订《股权转让协议》时乘人之危、欺诈、恶意促使条件成就，而主张《股权转让协议》无效，不予支持。《还款协议》约定勤峰公司承诺对汪某某、应某某的债务提供担保，不符合《公司法（2005 年修订）》第 36 条关于股东缴纳出资后不得抽回的规定。李某某等三人与汪某某、应某某等人原均为勤峰公司股东，其间发生股权转让由公司提供担保，即意味着在受让方不能支付股权转让款的情形下，公司应向转让股东支付转让款，从而导致股东以股权转让的方式从公司抽回出资的后果。公司资产为公司所有债权人债权的一般担保，公司法规定股东必须向公司缴纳其认缴的注册资本金数额，公司必须在公司登记机关将公司注册资本金及股东认缴情况公示，在未经公司注册资本金变动及公示程序的情形下，股东以任何形式用公司资产清偿其债务将构成实质上的出资返还。故，《还款协议》中关于勤峰公司承担担保责任的部分内容，应认定无效，勤峰公司不应承担担保责任。

参考案例 1-11

杨某某与陈某某、汇丰祥公司、双源公司、朱某股权转让纠纷案

终审裁判：最高人民法院再审并于 2014 年 12 月 17 日作出（2014）民申字第 1141 – 1 号民事裁定书

主要问题：如公司股东所转让股权被变更登记至受让方以外主体名下的，公司就股权转让款支付签署的担保协议是否有效?

案件事实：2010 年 12 月 27 日，杨某某与汇丰祥公司签订《股权转让协议》，约定由杨某某将其所持双源公司 82% 股权转让给汇丰祥公司。后在股权变更过程中，其中的 70% 股权被变更登记于陈某某名下。2011 年 9 月 27 日，杨某某、陈某某、汇丰祥公司与双源公司签订《补充协议》，约定由双源公司为《股权转让协议》中汇丰祥公司受让杨某某 82% 股权的转让价款欠款承担保证责任。杨某某按照协议约定完成股权转让及工商变更登记，但汇丰祥公司、陈某某未履行给付义务。后，杨某某要求双源公司承担担保责任。未果，诉至法院。

裁判要旨：公司为其股东对外转让股权的股权转让款提供担保的行为有效。本案中，双源矿业公司被要求承担保证责任是基于《补充协议》中约定的其对汇丰祥公司受让杨某某所持双源公司 82% 股权的转让价款欠款承担保证责任的合同约定。由于汇丰祥公司不是双源公司股东，本案不存在双源矿业公司违反《公司法》等相关法律关于公司为公司股东提供担保的相关规定。在汇丰祥公司、陈某某没有依约履行给付义务的情况下，判令双源公司对汇丰祥公司、陈某某尚欠的款项及利息承担连带给付责任并无不当。综上，支持杨某某关于请求双源公司承担担保责任的诉请。

延伸阅读 公司提供"担保"所面临的主要法律问题

从前述案例可以看出，与目标公司承担股权回购责任类似，目标公司为原股东股权回购义务承担"担保责任"或"连带责任"在司法审判实践中的争议也较多，涉及的法律问题也主要是源于对公司独立法人地位、资本维持原则、公司小股东和债权人权益保护等公司法法理及《公司法》相关规定的理解。然而，公司提供"担保"与公司回购本公司股权 / 股份毕竟不同，目标公司提供担保涉及的规定主要是《公司法》和《民法总则》[1] 中关于担保的相关规定。在对赌审判案例中，这些规定也经常被目标公司用于主张其不应承担担保责任或连带责任。基于这些规定的重要性，其具体内容如表 2-1-2：

表 2-1-2 目标公司主张不承担担保 / 连带责任的主要规定

法规	条款	内容
《公司法》	第 16 条	公司向其他企业投资或者为他人提供担保，依照公司章程的规定，由董事会或者股东会、股东大会决议；公司章程对投资或者担保的总额及单项投资或者担保的数额有限额规定的，不得超过规定的限额。 公司为公司股东或者实际控制人提供担保的，必须经股东会或者股东大会决议。 前款规定的股东或者受前款规定的实际控制人支配的股东，不得参加前款规定事项的表决。该项表决由出席会议的其他股东所持表决权的过半数通过。
	第 104 条	本法和公司章程规定公司转让、受让重大资产或者对外提供担保等事项必须经股东大会作出决议的，董事会应当及时召集股东大会会议，由股东大会就上述事项进行表决。
	第 121 条	上市公司在一年内购买、出售重大资产或者担保金额超过公司资产总额百分之三十的，应当由股东大会作出决议，并经出席会议的股东所持表决权的三分之二以上通过。

1 如前所述，《民法总则》将于《民法典》施行时废止，其主要规定已被《民法典》总则编所承继。关于《民法典》对《民法总则》的具体承继内容和方式，请参考本书其他相关内容。

续表

法规	条款	内容
《民法总则》	第 61 条[1]	依照法律或者法人章程的规定，代表法人从事民事活动的负责人，为法人的法定代表人。 法定代表人以法人名义从事的民事活动，其法律后果由法人承受。 法人章程或者法人权力机构对法定代表人代表权的限制，不得对抗善意相对人。
	第 62 条[2]	法定代表人因执行职务造成他人损害的，由法人承担民事责任。法人承担民事责任后，依照法律或者法人章程的规定，可以向有过错的法定代表人追偿。
	第170条[3]	执行法人或者非法人组织工作任务的人员，就其职权范围内的事项，以法人或者非法人组织的名义实施民事法律行为，对法人或者非法人组织发生效力。 法人或者非法人组织对执行其工作任务的人员职权范围的限制，不得对抗善意相对人。
《民法总则》	第171条[4]	行为人没有代理权、超越代理权或者代理权终止后，仍然实施代理行为，未经被代理人追认的，对被代理人不发生效力。 相对人可以催告被代理人自收到通知之日起一个月内予以追认。被代理人未作表示的，视为拒绝追认。行为人实施的行为被追认前，善意相对人有撤销的权利。撤销应当以通知的方式作出。 行为人实施的行为未被追认的，善意相对人有权请求行为人履行债务或者就其受到的损害请求行为人赔偿，但是赔偿的范围不得超过被代理人追认时相对人所能获得的利益。 相对人知道或者应当知道行为人无权代理的，相对人和行为人按照各自的过错承担责任。

1 该规定被《民法典》全文援用并作为其第 61 条。

2 该规定被《民法典》全文援用并作为其第 62 条。

3 该规定被《民法典》全文援用并作为其第 170 条。

4 除将“一个月”修订为“三十日”外，《民法典》第 171 条的规定与该规定其他内容相同。

续表

法规	条款	内容
《民法总则》	第172条[1]	行为人没有代理权、超越代理权或者代理权终止后，仍然实施代理行为，相对人有理由相信行为人有代理权的，代理行为有效。

综合上述规定来看，公司提供担保有关联担保和非关联担保之分，且无论关联担保还是非关联担保，都需要公司有权机关决议通过，而不是由公司法定代表人或其他代理人自行单独决定。根据《公司法》第16条的规定，公司为股东或实际控制人担保的（即“关联担保”），须经公司股东会或股东大会决议通过，否则即使经公司董事会决议通过或者由法定代表人自行对外签署担保合同，都有可能构成无权代表或无权代理；公司为非关联方提供担保的（即“非关联担保”），则需要依照公司章程规定，由公司董事会或者股东会或股东大会决议通过；公司章程没有规定的，原则上董事会或者股东会或股东大会决议均可。其中，如果公司章程规定对外担保须经董事会决议而同意担保的决议实际系由公司股东会做出，应当也可认为符合公司真实意思，构成有权代表或者有权代理，因为股东会决议的效力毕竟高于董事会决议的效力。换言之，《公司法》就公司提供关联担保提出的程序性要求更高，主要目的是防止公司控制股东或实际控制人滥用其控制和支配地位，通过提供关联担保来损害公司及其债权人和其他股东的权益。

对担保合同相对方而言，前述规定还隐含着另一层含义，即在签署担保合同时，还需根据担保具体情形对担保决议等相关事项进行审查。根据《九民会议纪要》，如果相对方能够证明其在订立担保合同时已对担保方公司章程以及与担保相关董事会或股东会决议等文件进行了审查，且文件所载内容符合《公司法》第16条、第104条、第121条等相关规定，那么即可认定合同签署方的签署行为能够构成表见代表或表见代理，由公司承担相应责任。在私募股权投资领域，在投资法律文件中书明“签署文件已获得公司内部审议通过”等类似内容属于一种常规做法，但从《公司法》前述规定以及《九民会议纪要》和本部分前述相关案例可以看出，在涉及由公司提供担保的情形下，如果仅仅在合同中进

1 该规定被《民法典》全文援用并作为其第172条。

行前述笼统表述并不一定能满足被担保方的权益保障要求，还必须根据担保的性质另外审查担保方的公司章程及其内部有权机关决议，否则也难以避免担保无效的情形发生。虽然《九民会议纪要》并不要求对所有情形均需进行类似审查，[1]但无论是从担保合同效力角度，还是从担保无效后的责任承担角度，要求目标公司提供担保所涉及的内部有权机构决议等文件并对该等文件进行审查，都是私募股权基金必须完成的工作，而不能仅仅寄希望于投资法律文件的约定，否则使目标公司承担担保责任或连带责任的预期目标就可能落空。

至于公司提供担保被确认无效的法律后果及责任承担，最高人民法院在前述“久远公司案”中已有详尽分析，在此不再累述。需要指出的是：在私募股权投资争议中，在私募股权基金要求公司承担担保责任而公司认为该担保因违反《公司法》第 16 条规定而对公司不发生法律效力后，私募股权基金应当还有机会在一审法庭辩论终结前要求追加无权或越权担保行为人 来承担履行担保债务或承担赔偿责任，但如果私募股权基金知道或应当知道担保行为人无权代理的，则可能需要根据《民法总则》第 171 条[2]的规定按照过错承担责任。换言之，在处理股权投资业务所涉公司提供担保事项时，私募股权基金不仅需要审查担保方公司的相关决议文件，而且需要审查担保方公司签字人的身份，并以其身份来判断所需审查的担保方公司的其他相关文件，同时亦需基于该签字人的身份对担保方公司未来可能提出的抗辩有所预期并制定相关防范预案。

三、法定代表人的“回购”责任

目标公司法定代表人是目标公司“原班人马”中比较特殊的一类主体，既可能是目标公司的原股东或实际控制人，同时也担任着目标公司董事长或总经

---

1 《九民会议纪要》第 2 部分第 6 条第 19 款“无须机关决议的例外情况”：“存在下列情形的，即便债权人知道或者应当知道没有公司机关决议，也应当认定担保合同符合公司的真实意思表示，合同有效：（1）公司是以为他人提供担保为主营业务的担保公司，或者是开展保函业务的银行或者非银行金融机构；（2）公司为其直接或者间接控制的公司开展经营活动向债权人提供担保；（3）公司与主债务人之间存在相互担保等商业合作关系；（4）担保合同系由单独或者共同持有公司三分之二以上有表决权的股东签字同意。”

2 《民法总则》第 171 条：“……行为人实施的行为未被追认的，善意相对人有权请求行为人履行债务或者就其受到的损害请求行为人赔偿，但是赔偿的范围不得超过被代理人追认时相对人所能获得的利益。相对人知道或者应当知道行为人无权代理的，相对人和行为人按照各自的过错承担责任。”

理等职务，也可能是不持有目标公司任何股权的职业经理人或其他人员。从理论上讲，公司法定代表人是公司的法定代表，可以代表公司签署投资法律文件，签署投资法律文件所产生的权益和责任也应归属于公司，而非法定代表人本人，但实践却非完全如此。

优选案例 1-5

嘉俪中心与游某及服饰公司股权转让纠纷案

阅读提示

诉讼背景：嘉俪中心作为目标公司制衣公司的投资者股东，要求制衣公司原股东服饰公司按《补充协议书》及《股权回购承诺》约定受让嘉俪中心所持制衣公司 8% 股权，并要求服饰公司及制衣公司法定代表人游某向其连带支付股权转让款 10,545.6 万元。未果，诉至法院。

裁判索引：北京市第二中级人民法院一审并作出（2014）二中民初字第 06611 号民事判决书（以下简称“一审判决”）；北京市高级人民法院二审并于 2015 年 6 月 23 日作出（2015）高民（商）终字第 1017 号民事判决书（以下简称“二审判决”）。

主要问题：（1）作为制衣公司的非股东法定代表人，游某应否承担股权回购责任？（2）如应承担，应承担何种责任？

一审程序

事实认定：

一审法院查明事实如下：

(1) 2011 年 1 月，嘉俪中心作为甲方，服饰公司与游某作为乙方，制衣公司作为丙方共同签订《投资协议书》《补充协议书》《补充协议书二》，约定：由嘉俪中心向制衣公司投资 2,400 万元，将嘉俪中心向服饰公司及游某所实际控制关联企业上海美敖时装有限公司投入的 2,400 万元转为其对制衣公司的投资，嘉俪中心对制衣公司合计投资 4,800 万元，并持有制衣公司 8% 股权。

(2)《补充协议书》第 3 条第 2 款约定，如制衣公司 2010 年、2011 年、2012 年任何一年实现净利润低于 5,000 万元，或制衣公司任意一季度销售收入同比下降 50% 以上，嘉俪中心有权要求服饰公司与游某受让嘉俪中心所持全部或部分制衣公司股权。受让价格应保证嘉俪中心年复合投资收益率不低于 30%，受让价款＝投资款 4,800 万元 ×（1+30%）n－嘉俪中心入股期间从制衣公司获得的所有现金股利－嘉俪中心届时因已转让部分制衣公司股权所取得的收入。

（3）2011 年 3 月 22 日，制衣公司收到嘉俪中心新增注册资本 2,400 万元。2011 年 4 月，游某、制衣公司共同出具承诺书，载明：上海美敖时装有限公司已收到嘉俪中心 2,400 万元投资款，该投资款系嘉俪中心对制衣公司投资的一部分，将专用于上海美敖时装有限公司归还对母公司服饰公司的借款。

（4）2011 年 4 月，审计显示制衣公司 2010 年净利润为 40,603,457.53 元。2012 年 4 月，审计显示制衣公司 2011 年净利润为 47,325,018.27 元。2013 年 5 月，审计显示制衣公司 2012 年利润为 31,233,903.70 元。

（5）制衣公司章程第 2 条载明"本公司系有限责任公司"，制衣公司章程第 15 条规定："股东之间可以相互转让出资。"2011 年 9 月 8 日制衣公司章程修改案载明股东姓名与出资额：①服饰公司，出资比例 79.7392%；②嘉俪中心，出资比例 8%。

（6）服饰公司与游某作为乙方，制衣公司作为丙方共同向甲方嘉俪中心出具《回购承诺》，载明：鉴于①甲方与乙方、丙方于 2011 年 1 月签署了《投资协议书》《补充协议书》；②股权变更登记完成后，甲方持丙方 8% 股权；③甲方希望根据各方按约定由乙方购买甲方所持丙方全部股权，以实现甲方退出。对此，乙方承诺：①乙方同意回购甲方所持丙方股权；②乙方同意在 2014 年 12 月 31 日完成股权交割和转让对价款支付……。

（7）2013 年 3 月，嘉俪中心正式要求服饰公司与游某履行合同义务，收购嘉俪中心所持制衣公司全部股权（8%）。

法院观点：

（1）嘉俪中心与服饰公司及游某所签《投资协议书》《补充协议书》《补充协议书二》系当事人真实意思表示，并未违反法律法规强制性规定，应予履行。

（2）根据《补充协议书》第 3 条第 2 款约定，如制衣公司 2010 年、2011 年、2012 年任何一年净利润低于 5,000 万元，嘉俪中心有权要求服饰公司与游某受让嘉俪中心所持全部或部分制衣公司股权，受让价格应保证嘉俪中心的年复合投资收益率不低于 30%。现制衣公司 2010 年、2011 年、2012 年净利润均未达约定标准，已触发《补充协议书》第3条第2款约定的回购条件。嘉俪中心与服饰公司均系制衣公司股东，公司股东间的股权转让并不存在法律上障碍，制衣公司章程亦未对股东间股权转让设置限制性条件，故嘉俪中心主张服饰公司受让嘉俪中心所持全部制衣公司股权，应予支持。

(3) 嘉俪中心主张股权转让款应为10,545.6万元，系依据各方约定的计算公式“受让价款＝投资款4,800万元×（1＋30%）n－嘉俪中心入股期间从制衣公司获得的所有现金股利－嘉俪中心届时因已转让部分制衣公司股权所取得的收入”计算得出，该公式系各方真实意思表示。服饰公司与游某认为金额过高，要求法院酌减，无事实与法律依据，不予支持。

(4) 游某在《补充协议书》与《回购承诺》中均作为服饰公司的共同签约方，共同承诺回购股权与支付股权转让款，嘉俪中心主张游某就股权转让款承担连带责任，有事实依据，予以支持。

法院裁判

综上，一审法院判决：嘉俪中心将所持制衣公司8%股权变更至服饰公司名下，服饰公司与游某向嘉俪中心支付股权转让款105,456,000元。

二审程序

上诉请求：

游某不服一审判决，上诉请求撤销一审判决，免除游某向嘉俪中心支付股权转让款10,545.6万元的义务，酌情降低股权转让款金额，理由如下：

(1) 游某并非制衣公司股东，不具备受让制衣公司股权的资格，不应承担股权回购责任。支付股权转让款10,545.6万元的前提是受让股权，股权转让款系受让股权的对价，不应在未受让股权的情形下支付股权转让款。一审法院不应判令由非股权受让人游某支付因股权转让产生的股权转让款。

(2) 10,545.6万元股权转让款中包括投资款与收益款，其中投资款为4,800万元，5,745.6万元为收益款，收益款金额远超投资款，不符合《合同法》第5条“当事人应当遵循公平原则确定各方的权利和义务”[1]的规定，有违交易公平原则，应予降低。

服饰公司未提起上诉，但作为原审被告参加二审。

嘉俪中心认为应当驳回游某的上诉请求，理由如下：

（1）嘉俪中心的诉讼请求是由服饰公司受让股权，同时请求游某和服饰公司连带支付股权转让款，从未请求游某受让股权。游某的上诉请求没有事实基础。

（2）游某既是合同签署人，也与服饰公司构成共同一方。合同违约是游某和服饰公司的共同责任。嘉俪中心要求的损失合理。

事实认定：

二审法院认可一审法院查明的事实，并补充查明事实如下：

（1）2010年12月27日，制衣公司变更为由服饰公司100%持有的法人独资企业。

（2）2014年1月28日，制衣公司股东变更为：服饰公司，出资比例62.67%；嘉俪中心，出资比例8%；苏州天昌湛卢九鼎投资中心（有限合伙），出资比例6.23%；武汉世纪合胜管理咨询有限公司，出资比例0.56%；上海潜龙汉丰股权投资基金合伙企业（有限合伙），出资比例3.77%；其余股权由其他股东持有。

（3）2015年4月17日，嘉俪中心向服饰公司及制衣公司董事长游某发出通知，称：根据《补充协议书》第3条，嘉俪中心要求服饰公司、游某董事长受让其所持制衣公司8%股权，转让价格为10,545.6万元。鉴于董事长不是公司股东，根据制衣公司章程，请公司及董事长立即召开公司股东会，或分别征求股东对嘉俪中心向游某董事长转让股权是否同意的意见。请公司及董事长接函后就上述请求在3日内回复。服饰公司、游某未予回复，制衣公司亦未召开相关股东会议。

（4）2015年4月，制衣公司股东苏州天昌湛卢九鼎投资中心（有限合伙）及其他3家股东共同致函嘉俪中心，称：对你司与服饰公司、游某等方签署的《投资协议书》《补充协议书》，我方在投资时即知晓和认可。对你司主张合同权利，要求服饰公司、游某受让你司所持制衣公司8%股权，我方认可和同意。鉴于游某董事长不是公司股东，我方对你司向游某董事长转让相关股权，我方不主张优先

1 《合同法》第5条的规定经修订已被《民法典》承继并体现于其第6条中，即“民事主体从事民事活动，应当遵循公平原则，合理确定各方的权利和义务。”

受让权。

（5）2015 年 4 月 21 日，嘉俪中心向武汉世纪合胜管理咨询有限公司发出通知，称：根据《补充协议书》第 3 条，嘉俪中心依法要求服饰公司、游某受让其所持制衣公司 8% 股权，转让价格为 10,545.6 万元。请你司作为公司股东在接到本函后 3 日内回函书面说明：你司是否同意嘉俪中心向游某转让相关股权。如你司不同意转让，你司应以同样价格受让股权。武汉世纪合胜管理咨询有限公司未予回复。

（6）2013 年 11 月，服饰公司向上海潜龙汉丰股权投资基金合伙企业（有限合伙）支付制衣公司股权的首期转让款 125 万元。

法院观点：

（1）《投资协议书》《补充协议书》《补充协议书二》不违反法律、法规强制性规定，合法有效，当事人应依约履行。服饰公司、游某在《补充协议书》中作为共同乙方与嘉俪中心约定了嘉俪中心要求服饰公司、游某受让股权的条件以及受让股权价款的计算方法。在制衣公司 2010 年、2011 年、2012 年任何一年净利润未达约定目标的情况下，服饰公司及游某应依约支付相应股权价款，受让嘉俪中心所持制衣公司股权。现制衣公司为由 8 个股东共同持股的公司，而游某并非制衣公司股东，故按《公司法》第 71 条第 2 款规定，嘉俪中心若要将股权变更至服饰公司及游某名下（即向股东以外的人转让股权），其他股东均应明确表示同意转让、或视为同意转让。故，在目前客观情况下，一审法院判决嘉俪中心将股权变更至服饰公司名下并无不当。作为共同乙方的游某在承担相应股权受让款义务后，有权就应受让的制衣公司的股权份额与服饰公司另行解决。

（2）当事人在订立《投资协议书》时已对履约成本、风险、盈利进行了充分估算与预期，系签约方做出的自主商业判断。《补充协议书》对服饰公司和游某受让嘉俪中心所持制衣公司股权的价款计算方法进行了约定，该约定不违反法律、法规的强制性规定，应为有效。一审法院判决支付股权转让款 10,545.6 万元系依据该计算方法得出，符合《补充协议书》约定，并未加重股权受让方的责任。游某认为股权转让款应予降低的上诉请求，无事实及法律依据，不予支持。

法院裁判

综上，二审法院判决：驳回游某的上诉请求，维持一审判决。

案例启示

在私募股权投资实践中，要求目标公司及其股东之外的人承担股权“回购”责任并不常见，这主要是因为由目标公司股东之外的人“回购”目标公司股权会涉及由目标公司其他股东行使优先购买权，使股权“回购”处于一种不确定状态，私募股权基金亦通常不会主动选择。然而，在目标公司实际控制人间接持股目标公司的情况下，这种情形却经常因为私募股权基金的诉求而发生在目标公司实际控制人身上，而此时目标公司实际控制人往往担任着目标公司的董事长及/或法定代表人。

在本案中，游某的身份恰恰具有这一特征，其不仅通过服饰公司来间接持股和控制制衣公司，而且是制衣公司的董事长和法定代表人，要其承担股权“回购”责任并签署相关协议是私募股权基金自然而然的选择。尽管如此，游某毕竟不是制衣公司的直接股东，由其实施股权“回购”会不可避免地涉及向“股东以外的人”转让股权，并由此涉及制衣公司其他股东行使优先购买权的问题，而这是一种无法回避的法律障碍。事实上，游某在上诉请求中亦明确提出其非制衣公司股东，不具备受让制衣公司股权的资格。而之所以不具备资格主要是因为制衣公司其他股东就嘉俪中心转让的股权享有优先购买权。为解决这一障碍，嘉俪中心将投资法律文件中的“回购”责任拆分成了“股权回购”责任和“回购款项”支付责任两种，并要求服饰公司这一目标公司原股东和游某这一“股东之外的人”分别予以承担，即前者承担股权回购责任，后者承担款项连带支付责任。这种做法不仅符合《合同法》及各方所签署投资法律文件的规定，而且最终也取得了很好效果，为私募股权基金要求目标公司股东之外的人承担“回购”责任提供了司法案例上的支撑。

对嘉俪中心而言，前述方案效果很好，但也可能是嘉俪中心不得已的选择。首先，根据合同相对性要求，嘉俪中心可选的回购责任承担对象只能是游某和服饰公司两方或者其中一方。如果选择要求游某一方实施股权回购，不仅无法满足嘉俪中心的诉求，而且可能无法解决制衣公司其他股东的优先购买权问题。如果选择游某和服饰公司共同实施股权回购，则不仅需要考虑制衣公司其他股东的优先购买权问题，而且需要考虑在游某实施股权“回购”的情况下如何确认服饰公司的优先购买权及其行使问题，进一步使司法审判机关面临的法律问题复杂化。基于投资法律文件的协议约定将回购责任进行分拆，则一可使得服饰公司以制衣公司股东的身份回购股权进而避免触发其他股东的优先购买权，二可使得游某无论是否持有服饰公司的股权皆需承担回购责任中的款项支付责任，有利于防止游某作为间接持股者规避其义务，并保障嘉俪中心行使回购权的可操作性，至于服饰公司实施股权回购后如何处理与游某之间的关系，则是服饰公司和游某需要另行考量的事项或者在签署回购协议时本应考量的事项，嘉俪中心难以施加影响。换言之，在本案中，回购责任能够得以拆分的基础是协议约定，且协议约定须以目标公司股东及“股东之外的人”共同作为一方签约方作出，而不能是由“股东之外的人”单独作出，否则由此涉及的其他股东优先购买权问题即可能无法解决。

此外，为防止因优先购买权引发实质障碍并造成审判后果不利，嘉俪中心在本案中也采取了相应后备方案，即：在 2014 年 4 月一审程序仍在进行时，嘉俪中心通过与制衣公司其他股东通函等方式，获得了除服饰公司以外其他大部分股东关于放弃优先购买权的同意或确认，使其有机会向一审法院提交相应证据，以证明其他股东的优先购买权不会成为游某“回购”其所持有制衣公司股权的障碍。这些后备方案虽然无法解决服饰公司是否拥有优先购买权以及是否需要取得其相关同意的问题，且司法审判机关也未就此进行过多审查和认定，但在股权回购方只有“股东之外的人”一人时，这些后备方案将会产生实质性影响，因为取得这些放弃优先购买权的同意或确认，至少可以证明向“股东之外的人”转让股权或由其“回购”股权没有优先购买权方面的法律障碍，否则在其他股东行使优先购买权的情况下，也很难由司法审判机关作出一个关于支持股权“回购”或“转让”诉请的判决。[1]

---

1 《公司法》（2013 修正）第 72 条：“人民法院依照法律规定的强制执行程序转让股东的股权时，应当通知公司及全体股东，其他股东在同等条件下有优先购买权。其他股东自人民法院通知之日起满二十日不行使优先购买权的，视为放弃优先购买权。”

参考案例 1-12

成丰公司与一秀公司、孙某某公司增资纠纷案

终审裁判：上海市第二中级人民法院二审并于 2017 年 8 月 23 日作出（2017）沪02 民终 6866 号民事判决书

主要问题：在投资者与目标公司协议约定由目标公司大股东承担股权回购责任的情况下，如大股东仅作为目标公司的代表签署协议，该大股东是否应当承担股权回购责任?

基本事实:2015 年 6 月,成丰公司作为投资者与目标公司一秀公司(股份有限公司)签订《增资协议》，约定:成丰公司以 2.4 元 / 股认购本次增资，投资 2,400,000 元。同月，双方另签《增资补充协议》，约定：(1) 目标公司承诺 2015 年净利润达到12,000,000 元以上;(2)在成丰公司投入资金并完成验资和工商变更之日起一年内，若目标公司未在新三板挂牌成功或未达到净利润要求，成丰公司有权要求目标公司或其大股东的实际控制人回购成丰公司所持目标公司全部股份,回购价格为 1.76元每股 = [发行价 2.40 元每股 − 已返回 1.00 元每股 + 合理利润 0.36 元每股];(3) 补充协议自双方签署之日起生效，是对《增资协议》的有效补充，与其具有同等法律效力。成丰公司和目标公司在该补充协议上盖章确认，孙某某作为目标公司法定或授权代表签字确认。后，目标公司未达到净利润指标，成丰公司要求目标公司及其大股东孙某某承担回购义务。未果，诉至法院。

裁判要旨：案涉《增资补充协议》明确约定了孙某某作为目标公司大股东的回购义务，即：在回购条件成就时，“成丰公司有权要求目标公司或其大股东的实际控制人回购成丰公司所持目标公司全部股份”。孙某某作为目标公司大股东，虽其在该补充协议落款处仅作为目标公司“法定或授权代表”签名，但其作为完全民事行为能力人和商人在签名时理应知道该补充协议约定了自己的回购义务。再结合孙某某之后在微信中的回购承诺和相关证人证言，可以认定孙某某本人亦对该补充协议中的回购义务进行了承诺。现回购条件成就,孙某某理应按约进行回购。另，该补充协议还约定了目标公司的回购义务，但公司回购自身股份需符合《公司法》规定的情形，否则属不当减少公司资产。本案没有出现目标公司可回购自身股份的法定情形。综上，判决孙某某按《增资补充协议》约定承担回购义务，并驳回

成丰公司要求目标公司承担回购责任的诉请。

延伸阅读 公司法定代表人签字的法律效力问题

根据《民法总则》第 61 条[1]的规定，公司法定代表人是法律授权能够代表公司从事民事活动的负责人，法定代表人以公司名义从事民事活动所产生的法律后果由公司承担。另根据《合同法》第 32 条[2]的规定，当事人采用书面形式订立合同的，自双方当事人签字或者盖章时合同成立。换言之，在代表公司签署合同时，公司法定代表人在合同上签字应具有与公司在合同上盖章所产生的约束公司的同等法律效力。然而，公司法定代表人首先是自然人，其次才是公司的法定代表人，其在合同上签字并不必然能够代表公司，因此所产生的合同签约法律后果也不必然及于公司。在以公司名义签署合同且合同只有法定代表人签字而没有公司盖章的情况下，因此产生的代表权问题就成了很多公司借以逃避合同责任的支撑。

公司法定代表人是代表公司意志的机关之一，对外代表公司做出意思表示是其法定职权。一般而言，在合同只有法定代表人签字的情形下，只要能够证明法定代表人是以公司名义而非以个人名义签订合同，通常就可以将其签约行为认定为公司的签约行为，并由公司承担相应法律后果，但实际并不尽然，比如在公司为股东或第三方提供担保而签署担保合同的情况下，公司法定代表人在担保合同上签字即未必都能够起到预期的担保法律效果，因为法律法规对法定代表人能否以及如何代表公司签署担保合同另有规定，包括按照法律法规或公司章程的规定取得公司内部有权机构的决议同意，等等，具体可参考本书前述关于目标公司为原股东提供担保的相关评述。换言之，虽然公司法定代表人可以代表公司，且《民

---

1 该规定被《民法典》全文援用并作为其第 61 条，即“依照法律或者法人章程的规定，代表法人从事民事活动的负责人，为法人的法定代表人。法定代表人以法人名义从事的民事活动，其法律后果由法人承受。法人章程或者法人权力机构对法定代表人代表权的限制，不得对抗善意相对人。”

2 《合同法》第 32 条已被《民法典》修订并作为其第 490 条的组成部分，其第 490 条第 1 款规定：“当事人采用合同书形式订立合同的，自当事人均签名、盖章或者按指印时合同成立。在签名、盖章或者按指印之前，当事人一方已经履行主要义务，对方接受时，该合同成立。”可见，《民法典》并未根本改变《合同法》第 32 条关于书面合同可经签字或盖章方式签署并成立的规定。

法总则》第 61 条第 3 款规定“法人章程或者法人权力机构对法定代表人代表权的限制，不得对抗善意相对人”，但在判断公司法定代表人能否代表公司签字时还需要考虑所需签署合同的性质等多方面因素，不可一概而论。比如，在目标公司原股东是公司的情况下，如原股东法定代表人在股权回购协议上签字但未加盖公司公章且未经公司内部决议通过，那么法定代表人的签字效果能否由原股东承担呢？原股东能否基于《公司法》第 16 条关于“公司向其他企业投资需依照公司章程的规定，由董事会或者股东会、股东大会决议”等规定来抗辩呢？换言之，如果说公司对外投资需公司内部有权机关决议，那么公司承担股权回购责任是否会构成对外投资或者需要按《公司法》第 16 条规定由公司内部有权机构决议通过呢？如果需要决议通过但实际没有，股权回购协议是否仍然有效，或者无效的法律后果又是什么呢？如此种种问题，绝非仅仅考量法定代表人身份一个因素就可以解答。

此外，在法定代表人以公司名义签署合同的情况下，合同相对方是否有权要求法定代表人承担合同项下的义务呢？从法理上讲，无论法定代表人所签合同效力如何，法定代表人均不应因签字而向合同相对方承担任何合同项下的责任，毕竟法定代表人系代表公司签署合同，而非代表个人签署合同，法定代表人与合同相对方之间没有就合同内容形成合意，自然不应承担合同约定的责任。法院在前述“成丰公司与一秀公司、孙某某公司增资纠纷案”中之所以判决目标公司法定代表人个人对合同相对方承担合同项下的责任，主要还是基于合同本身约定了法定代表人的个人责任，而且该法定代表人在后续沟通过程中对合同约定的其个人责任进行了不同程度的确认。

在股权投资实践中，要尽量避免因法定代表人签字瑕疵而产生的法律风险，尽量采取同时加盖公章及法定代表人签字的方式签署合同，“人章并重”，最大限度地降低风险。当然从交易成本考虑，因为法律已经明确约定签字或盖章均可使得合同成立生效，在合同仅有法定代表人签字的情况下，要特别注意合同中有无相反条款（如必须同时要求公司盖章及法定代表人／授权代表签字才可使合同生效的条款），注意法定代表人应以公司名义签署合同，而非仅仅签署法定代表人姓名，也要特别注意法定代表人签字是否存有超过其签字权限的问题，并可视情况要求公司出具关于授权法定代表人签署相关合同的公司有权机关决议。

此外，还需注意原法定代表人离职但未完成变更登记情况下的法律问题。根据《公司法》的规定，法定代表人必须是董事长、执行董事或总经理。当原法定代表人已辞去前述职务，或者被罢免、解聘前述职务，原法定代表人随即丧失了担任法定代表人的前提条件或基础条件，尽管在工商登记上该人仍是法定代表人，但其无权代表公司,其必须主动停止继续以公司的法定代表人身份对外行事。当然，这要受制于善意第三人原则及表见代理制度，尽管其基础任职条件丧失，如第三人可证明其系因合理信赖公司登记信息而认为该人有权代表公司，公司仍应承担相应责任。当然，如果股东会选任新法定代表人后，原法定代表人不认可该股东会决议，并拒绝办理公司变更登记及手续移交，导致公司登记的法定代表人与股东会选任的法定代表人非同一人，此时所产生的公司代表权争议则属于更为复杂的公司意志代表权争夺问题。限于篇幅，此问题在此不再讨论，但私募股权基金仍可在实践中观察考量。

四、原股东之股东的“回购”责任

实践中存在很多股东认缴公司出资但未实缴出资的情形，包括出资缴付期限到期未予实缴或未予足额实缴的情形，也包括出资缴付期限未到期而未予实缴的情形。对公司债权人而言，如果公司无法清偿到期债务，通常即意味着不得不另寻他途，找寻能够最终实际承担这些债务的人，使其成为对赌责任的最终承担者，而未实缴出资的股东则是其找寻的一类重要对象。当然，未实缴出资的股东也会基于《公司法》允许股东自由约定股东出资额和出资时间的相关规定进行抗辩。由此产生了一个问题：如果目标公司原股东是公司且其股东未实缴认缴出资，那么是否可以要求目标公司原股东的股东就原股东的股权回购责任承担责任呢？原股东的股东应当如何抗辩，或者应当承担何种责任呢？

优选案例 1-6

新投公司、财富公司与叶某某、海峡公司合同纠纷案

阅读提示

诉讼背景：新投公司作为目标公司金石公司的投资者股东，要求金石公司原股东财富公司支付股权回购价款 10,500 万元，并由财富公司的股东叶某某及曾经的股东海峡公司对财富公司不能清偿的债务向其承担连

带责任。未果，诉至法院。

裁判索引：新疆维吾尔自治区高级人民法院一审并作出（2016）新民初81号民事判决书（以下简称“一审判决”）；最高人民法院二审并于2018年6月29日作出（2018）最高法民终54号民事判决书（以下简称“二审判决”）；最高人民法院再审并于2019年5月27日作出（2019）最高法民申1656号民事裁定书（以下简称“再审裁定”）。

主要问题：（1）财富公司应否向新投公司支付股份回购款？（2）叶某某应否对财富公司不能清偿的债务在出资不实的范围内向新投公司承担连带赔偿责任？（3）作为财富公司的曾经股东，海峡公司应否对财富公司不能清偿的债务在出资不实的范围内向新投公司承担连带赔偿责任？

一审程序

事实认定：

一审法院查明事实如下：

(1) 新投公司系国有独资有限责任公司，2011年8月8日与金石公司签订《增资协议》，约定：新投公司向金石公司现金增资6,000万元，取得金石公司2,000万的股份，持有金石公司增资后股份总数的4.327%。

(2) 2011年8月8日，新投公司与财富公司（持金石公司31,500万股，股比为68.152%）签订《补充协议》，约定：财富公司作为金石公司控股股东，保证金石公司在上市前每年向股东现金分红或派发红股……，年化收益率不低于原始投资额的15%。在出现下列情况时，财富公司承诺在新投公司以书面形式提出股份转让要求20个工作日内，收购新投公司所持金石公司股份：①金石公司在2014年12月31日前不能完成上市；②金石公司存在影响上市的实质性障碍。

(3) 上述协议签订当日，新投公司向金石公司合计支付6,000万元投资款。2011年8月11日，相关会计师事务所出具验资报告，载明：截至2011年8月9日，新投公司认购金石公司2,000万股，占出资比例的4.327%。

(4) 2014年12月31日，金石公司未能完成上市。2015年8月5日，新投公司向财富公司发函，商请其受让新投公司持有的金石公司全部股份。

(5) 2016年1月13日，新投公司与财富公司签订《备忘录》，约定：财富公司回购新投公司所持金石公司全部股份，回购价款＝新投公司初始投资额（6,000万元）+［新投公司初始投资额（6,000万元）×15%÷12个月 × 实际投资月数］……，最终以财富公司的资产价值确定股权的转让金额。回购价款的第一支付方式为财富公司收购金石公司持有的新疆金石沥青股份有限公司资产后，财富公司以前述收购资产支付回购价款；新投公司接受该支付方式的价款以所涉资产经双方共同委托的评估机构的评估价为准。若回购价款第一支付方式款项不足或无法支付回购价款，由双方另行协商不足或无法支付价款的支付方式。

一审法院另查明事实如下：

（1）2015年8月12日，金石公司与海峡公司关联方就其代理该方加工稀释沥青料并销售产品事宜，签订《委托金石代理加工协议》（以下简称《加工协议》）。

（2）2015年8月18日，海峡公司与财富公司签订《股权质押合同》，约定：财富公司将所持金石公司68.152%股权质押给海峡公司，作为《加工协议》业务合作风险担保。

（3）2015年8月19日，海峡公司与叶某某、朱某某签订《股权转让协议》，约定：叶某某、朱某某分别将其所持财富公司99.47%和0.53%股权全部无偿转让给海峡公司，作为《加工协议》业务合作风险担保，不作其他用途。待《加工协议》执行完毕后30天内，海峡公司无条件将股权全部退还。

（4）2015年8月20日，财富公司将其所持金石公司68.152%股权全部质押给海峡公司并办理了股权质押登记。

（5）2016年12月7日、8日，《加工协议》履行完毕，根据相关协议约定，财富公司所持金石公司68.152%股权的质押登记被注销。

（6）2017年1月16日，海峡公司与叶某某、朱某某签订《股权转让协议》，约定：双方已清算完全部债权债务关系，《加工协议》已终止执行，海峡公司同意按照协议文件的要求，将作为风险抵押的财富公司股权无偿退还给叶某某、朱某某……。

（7）2017年1月24日，财富公司在工商行政管理机构进行股权变更信息登记。

一审法院还查明事实如下：

（1）2016年3月24日，新疆金石沥青股份有限公司向新投公司出具说明，内容："……我公司的负债已大于资产……我公司无资产可供支配，亦无力履行相应事务”，并附《2016年新疆金石沥青股份有限公司资产明细表》。

（2）2016年11月15日，新投公司与案外人曲某某签订《股权转让框架协议》，约定：曲某某收购新投公司所持金石公司2,000万股，持股比例为4.327%，股权转让交易价格为产权交易所挂牌成交价，双方同意股权价值评估基准日为2016年10月31日，股份转让价款支付方式为曲某某自摘牌之日起5个工作日内支付……。同日，双方签订《股权转让框架补充协议》，约定：标的股权转让交易价格如超过3元／股，曲某某有权放弃购买……。

（3）此外，新投公司向一审法院出示了全国失信被执行人名单以及相关法院裁定书，以证明财富公司被法院强制执行，资不抵债，无能力履行债务。

法院观点：

（1）新投公司与金石公司所签《增资协议》等协议共同完整构成了当事人意思表示，所约定在一定条件下由被投资方股东回购投资方股份的权利义务关系并未在《合同法》中列明，属合同纠纷。案涉协议均不违反法律、行政法规的强制性规定，不存在《合同法》第52条所规定的合同无效情形[1]，应属合法有效，应按约履行。

（2）新投公司系国有独资公司，转让国有股权应符合《公司法》的股权转让规定，亦应遵守国有资产监管的特别规定，在产权交易机构进行。新投公司与曲某某间的《股权转让框架协议》《股权转让框架补充协议》、汇款记录等证据，仅能证明新投公司与曲某某针对股权转让形成意向或预约，但国有股权交易最终完成应以产权交易机构出具产权交易凭证及工商行政管理部门办理变更登记为依据，不能认定新投公司已将所持金石公司股权全部转让给曲某某，财富公司不能借以抗辩《补充协议》《备忘录》均已解除。

（3）新投公司向金石公司注入了6,000万元增资款，依法受让了金石公司4.327%股份。在金石公司不能如期上市的情形下，新投公司依约向财富公司函告要求回购股权，在《补充协议》的基础上进一步明晰支付回购款的计算方法和支付方式，并形成《备忘录》。《备忘录》系订约当事人真实意思表示，承诺清晰明确，合法有效。财富公司应按《补充协议》《备忘录》的约定履行给付回购股权款的合

1 关于《民法典》对《合同法》第52条的具体承继内容和方式，请参考本书其他相关内容。

同义务。双方在《备忘录》上签字确认时，财富公司回购新投公司所持金石公司全部股份的条件已经成就。虽然双方在《备忘录》中约定了财富公司支付回购款的具体支付方式，但该支付方式仅是财富公司以何种形式向新投公司付款，付款形式并不影响支付条件的成立，财富公司不能以《备忘录》约定的支付方式抗辩支付条件的成就。

（4）叶某某、朱某某与海峡公司之间相互转让财富公司股权的目的是为《加工协议》提供股权担保，不作其他用途，转让均经股东会决议，符合《公司法》相关规定。在财富公司对外举债后，虽然叶某某、朱某某与海峡公司相互转让股权均为无偿，但均未接受或侵占财富公司任何资产，财富公司的变化仅为公司股东的改变，公司资产数量并未发生变化，也未损害财富公司的对外偿债能力。财富公司强制执行不能证明叶某某、海峡公司滥用公司法人独立地位和股东有限责任，侵吞公司资产，逃避债务，严重损害债权人利益。无论财富公司的股东是叶某某还是海峡公司，财富公司的独立法人地位均未取消，理应依法独立承担法人的财产责任。叶某某与财富公司系股东与公司的关系，其作为股东不应就公司债务向债权人承担民事责任，海峡公司作为曾经进入财富公司的股东也不应因入股而对公司债权人承担责任。新投公司向财富公司主张合同之债时，向财富公司的股东叶某某及曾经入股的海峡公司主张连带责任，无事实和法律依据。

法院裁判

综上，依据《备忘录》约定的回购价款计算方式，一审法院判决：一、财富公司向新投公司支付股权回购价款 10,500 万元；二、驳回新投公司其他诉请。

二审程序

上诉请求：

新投公司不服一审判决，上诉请求撤销一审判决第 2 项，改判叶某某、海峡公司对财富公司不能清偿的债务在出资不实的范围内向新投公司承担连带赔偿责任，理由如下：

（1）新投公司一审第2项诉讼请求是："判令叶某某、海峡公司对财富公司不能清偿的债务向其承担连带责任"，该责任是股东赔偿责任，是在股东对公司出资不实时，对公司债权人承担的赔偿责任；股东连带责任是在股东滥用股东权利，公司法人人格被否认时，股东对公司债务承担的连带责任。二者性质不同。新投公司是依据股东未全面履行出资义务应在未出资本息范围内对公司债务不能清偿部分承担补充赔偿责任的法律规定提起诉讼，一审判决却依据股东滥用股东权利导致公司法人人格被否认时应对公司债务承担连带责任的法律规定进行论证，适用法律错误。

（2）财富公司的工商登记档案可以证明：该公司自成立至今，包括公司股东叶某某、朱某某将公司股份全部转给海峡公司，海峡公司受让股份后又将股份转回给叶某某、朱某某期间，公司注册资本一直没有缴足。一审判决对此没有分析论证，未对叶某某、朱某某和海峡公司作为财富公司股东未全面履行出资义务的事实进行认定。

对新投公司的上诉请求，财富公司和叶某某答辩认为：一审认定事实清楚，适用法律正确，应当驳回新投公司的上诉请求。

对新投公司的上诉请求，海峡公司答辩认为其不应对财富公司的股东出资不实行为承担连带责任，理由如下：

（1）本案是新投公司和财富公司因增资产生的股权纠纷，海峡公司不是案涉股权转让关系的合同相对人，与新投公司不具有法律上的利害关系。新投公司没有证据证明财富公司的财产不足以清偿公司债务。

（2）海峡公司基于股权担保进行的财富公司股权转让，没有滥用公司独立法人地位和股东有限责任，财富公司应以其公司全部资产对外承担债务。如存在出资不实，海峡公司也不应对财富公司的股东出资不实行为承担连带责任。

财富公司亦不服一审判决，上诉请求撤销一审判决，发回重审，理由如下：

（1）一审程序遗漏了必须参加诉讼的主体金石公司。《增资协议》的合同一方主体是金石公司，《补充协议》和《备忘录》是因《增资协议》产生的从合同，金石公司是本案必要的诉讼当事人。

（2）《补充协议》和《备忘录》的主要内容违法无效。《增资协议》第6条约定：新投公司在持有标的股份期间，未取得金石公司书面同意，不得将股份转让给与金石公司主营业务存在竞争关系的主体，而金石公司与财富公司存在业务竞合，《补充协议》约定由财富公司回购新投公司所持金石公司股份，违反了《增资协议》的禁止性规定，应为无效。另，《补充协议》约定财富公司保证新投公司获得现金分红和红股价值，年化收益率不低于原始投资额的 15%，侵犯了其他股东的合法权益，违反了相关法律规定，亦为无效。《补充协议》第 2 条第 2 项约定：财富公司是对金石公司支付新投公司的 15% 年化收益率的差额补足部分承担补充责任，一审判决直接以 15% 计算股份收益款，判定错误。

对财富公司的上诉请求，新投公司答辩认为：追加诉讼当事人，要求将本案发回重审的主张，没有事实和法律依据，应予驳回；《补充协议》和《备忘录》是当事人真实意思表示，且不违反法律的禁止性规定，应为有效。

对财富公司的上诉请求，叶某某答辩认为：股份回购款只有 6,000 万元，一审认定 10,500 万元错误。

对财富公司的上诉请求，海峡公司答辩认为：海峡公司不是《增资协议》《补充协议》及《备忘录》的当事人，是否追加当事人与海峡公司无关。

事实认定：

二审法院认可一审法院查明的事实，并补充查明如下：

(1) 金石公司（甲方）与新投公司（乙方）签订的《增资协议》第 6 条乙方的声明、保证及承诺 6.5 约定：乙方在持有标的股份期间，未取得甲方书面同意，不得将标的股份转让给与甲方主营业务存在竞争关系的主体。6.6 约定：乙方在持有标的股份期间，不得直接或间接经营、参与投资生产、研究和开发任何对甲方构成或可能构成直接或间接竞争的相同或相似或可替代的产品。

(2) 财富公司（甲方）与新投公司（乙方）签订的《补充协议》约定：如在 2014 年 12 月 31 日期前，乙方收到的金石公司现金分红和红股价值按乙方原始投资金额计算的年化收益率低于 15%，甲方即以现金方式给乙方补足差额部分。同时，甲方要再支付 2014 年 12 月 31 日至退股报告期时间内的年 15% 的红利款项（按实际月数时间计算红利）。之后，甲方按乙方原始投资金额收购乙方所持山东金石股份。

(3) 新投公司（甲方）与财富公司（乙方）签订的《备忘录》“鉴于”条款第 2 款写明：经双方协商，乙方同意回购甲方持有的山东金石全部股份……，就乙方回购甲方所持有山东金石全部股份事宜，达成以下条款，以资共同遵守。第 1 条：双方商定，由乙方回购甲方持有的山东金石全部股份。第 2 条：回购价款及支付方式……。

（4）叶某某与朱某某于 2011 年 4 月设立财富公司，公司注册资金为人民币 3.8 亿元。其中叶某某认缴出资 3.78 亿元，其在公司设立时出资 0.99 亿元，其应在 2016 年 2 月 15 日出资 2.79 亿元，但其一直未履行 2.79 亿元的出资义务。

法院观点：

二审法院认为，上诉争议焦点为：（1）《补充协议》及《备忘录》的效力问题；（2）财富公司应否向新投公司支付股份回购款；（3）叶某某、海峡公司对财富公司不能清偿的债务应否在出资不实的范围内向新投公司承担连带赔偿责任。

对争议焦点一，二审法院认为：

（1）根据《增资协议》《补充协议》及《备忘录》，本案基本事实是：新投公司出资 6,000 万元成为金石公司股东，对该出资，金石公司控股股东财富公司承诺以年化收益率 15% 作为投资分红，并在约定期限内金石公司不能完成股票发行并成功上市时，无条件回购新投公司持有的金石公司股份。《补充协议》及《备忘录》有双方签字及盖章，是真实意思表示。

（2）尽管《增资协议》第 6 条约定：新投公司在持有标的股份期间，未取得金石公司书面同意，不得将股份转让给与金石公司主营业务存在竞争关系的主体，但财富公司作为金石公司控股股东，在随后的《补充协议》及《备忘录》中承诺进行股份回购，应视为取得了金石公司同意，内容不违反法律的禁止性规定，合法有效。

综上，财富公司上诉认为《补充协议》的股份回购内容违反了《增资协议》的约定，不能成立，上诉认为《补充协议》和《备忘录》对新投公司 6,000 万元投资款承诺 15% 的年化收益率，侵犯了其他股东的合法权益，缺乏事实和法律依据，不能成立。

对争议焦点二，二审法院认为：

（1）财富公司与新投公司签订的《补充协议》明确约定：金石公司在 2014 年 12 月 31 日前不能完成发行股票并上市及金石公司存在影响发行股票并上市的实质性障碍时，财富公司承诺在新投公司以书面形式正式提出股份转让要求的 20 个工作日内，收购新投公司所持金石公司的股份。在约定期限届满而金石公司未能上市时，新投公司有权要求财富公司回购股份。

（2）因金石公司未能在 2014 年 12 月 31 日前完成发行股票并上市，2015 年 8 月 5 日，新投公司向财富公司发函商请财富公司受让新投公司持有的金石公司全部股份。之后双方签订了《备忘录》，对回购价款及支付方式进一步做了约定。

（3）《补充协议》及《备忘录》对年化收益率的约定亦十分明确，且在新投公司投资期间，金石公司未向新投公司支付过现金分红和红股价值，一审判决认定财富公司应支付股份回购款及其利息，符合合同约定，并无不当。

对争议焦点三，二审法院认为：

（1）新投公司提供财富公司的股东会决议、公司章程、股权转让协议等材料，欲证明财富公司自成立至今，公司股东叶某某、朱某某及受让股权后的股东海峡公司，一直未缴足其认缴的注册资本，财富公司、叶某某的委托诉讼代理人在庭审中亦认可叶某某出资不实的事实。《公司法司法解释（三）》第 13 条第 2 款规定："公司债权人请求未履行或者未全面履行出资义务的股东在未出资本息范围内对公司债务不能清偿的部分承担补充赔偿责任的，人民法院应予支持……。"叶某某与朱某某于 2011 年 4 月设立财富公司，注册资金为人民币 3.8 亿元，叶某某认缴出资 3.78 亿元，在公司设立时出资 0.99 亿元，应在 2016 年 2 月 15 日出资 2.79 亿元，但一直未履行 2.79 亿元的出资义务。因此，叶某某应在其出资不实范围内对公司债务不能清偿的部分承担补充赔偿责任。一审判决以公司人格否认制度来论证叶某某不应承担责任，适用法律错误。

（2）为保证海峡公司关联方与金石公司所签《加工协议》顺利履约，叶某某、朱某某将 2 人所持财富公司全部股份转让给海峡公司，在《加工协议》履行终结后，海峡公司又将其所持财富公司全部股份退回叶某某、朱某某。双方明确约定，相互转让财富公司股权的目的实质为《加工协议》提供股权担保，不作其他用途，且转让已经股东会决议，符合公司法的相关规定。新投公司以海峡公司曾经受让财富公司股份而成为该公司股东为由，认为海峡公司应承担股东出资不实的补充赔偿责任，没有事实和法律依据，不能成立。

（3）新投公司是基于《补充协议》和《备忘录》提起诉讼，金石公司并非上述合同的当事人，并非本案的必要诉讼参与人，财富公司上诉主张一审法院遗漏了金石公司的诉讼主体资格，程序违法，没有事实和法律依据，不能成立。

法院裁判

综上，二审法院判决：驳回财富公司上诉请求，部分支持新投公司上诉请求，并维持一审判决第 1 项，即：财富公司向新投公司支付股权回购款 10,500 万元，改判一审判决第 2 项为：叶某某对财富公司不能清偿的上述债务在其出资不实范围内向新投公司承担补充赔偿责任。

再审程序

再审请求：

新投公司不服二审判决，再审请求撤销一审判决及二审判决，改判海峡公司对财富公司不能清偿的债务在其出资不实范围内向新投公司承担补充赔偿责任。理由如下：

（1）新投公司提交的新证据《股权战略重组协议书》，足以推翻原审判决。该证据证明海峡公司作为财富公司唯一股东期间（2015 年 8 月至 2017 年 1 月），掌控财富公司对外开展了经营活动。在《股权转让协议》未明示或排除海峡公司对财富公司此前债务不承担责任的情况下，海峡公司于 2017 年 1 月将股权转回叶某某等不能成为原审法院判决海峡公司免责的合理理由。

（2）原审判决关于案涉股权转让只为担保，不做其他用途的认定，与事实明显不符。首先，《股权转让协议》及财富公司股东会决定和公司章程完整构成了海峡公司对财富公司出资的意思表示。海峡公司在受让股权成为财富公司股东时，即应明知其作为股东所需承担的责任、义务与风险。财富公司第二期注册资本的缴付时间届满于 2016 年 2 月 15 日，对该期资本缴付，海峡公司在 2015 年 10 月 30 日做出的财富公司股东会决定中，已与原股东约明由海峡公司履行，其同日签署的财富公司章程亦有相同规定，并已完成工商登记，使公司章程及股东会决定具有了公示效力，确定了其对财富公司的出资义务。其次，海峡公司受让财富公司股权后对外开展了经营活动，事实控制财富公司并行使了相关股东权利，并非仅为《加工协议》提供股权担保。依据《公司法司法解释（三）》第 13 条、第 19

条的规定，海峡公司应在其对财富公司出资不实的范围内承担补充赔偿责任。

（3）海峡公司通过股权转让成为财富公司股东，原审未认定并判其无责，明显有误。海峡公司于 2015 年 8 月 19 日受让叶某某等所持财富公司股权后，其于 2015 年 10 月 30 日做出的财富公司股东会决定及公司章程已在工商、税务等部门登记备案，海峡公司是财富公司在 2015 年 8 月至 2017 年 1 月间工商部门登记备案的唯一股东，但其未按约定和章程规定向财富公司按期足额缴付出资。原审判决未认定海峡公司的出资责任，适用法律错误。

对新投公司的再审请求，海峡公司答辩认为，财富公司依法应以其全部财产对公司债务承担责任，新投公司向财富公司主张合同之债，同时又向现已非财富公司股东的海峡公司主张补充清偿责任，无事实和法律依据。即使新投公司有证据证明财富公司财产不足以清偿债务而要追究股东的补充清偿责任，也只能向财富公司的设立股东和现股东主张。海峡公司与财富公司设立股东叶某某等之间相互转让股权的目的实为对《加工协议》提供股权担保，不作其他用途，这是海峡公司与叶某某等之间的真实意思表示，海峡公司实质上仅为担保权人，新投公司再审请求海峡公司承担补充清偿责任违背了权利和义务对等的法律原则。

法院观点：

再审法院认为，新投公司的再审申请不能成立，理由如下：

(1) 新投公司提交的“新证据”《股权战略重组协议书》系由财富公司、海峡公司、叶某某等方于 2016 年 11 月 28 日共同签订，新投公司用之证明海峡公司作为财富公司唯一股东期间掌控财富公司对外开展了经营活动。对于该证据，原审在查明事实部分已加以表述，不属于新证据。自 2015 年 8 月 19 日叶某某等将股权转让给海峡公司至 2017 年 1 月 16 日海峡公司再将股权回转给叶某某等期间，海峡公司确系财富公司唯一股东。在此期间，海峡公司作为一方确实签订了《股权战略重组协议书》，但海峡公司应否承担出资不实的补充赔偿责任，还需审查其获得财富公司股权的协议约定以及财富公司的股权现状，仅凭该证据不能推翻原判决。

(2) 2015 年 8 月 19 日的《股权转让协议》中载明，仅为《加工协议》“业务风险担保，不做其他用途”，海峡公司不能将“股权作为其他项下再转让、出质抵押担保等”，转让给海峡公司的股权“在经营过程中的一切权益”仍属于叶某某等所有，期间因业务需要涉及如账务流水处理等财富公司日常管理工作均由叶某某等操作。由此可知，财富公司股权转让的目的实质是为《加工协议》提供股权担保，不做其他用途，且转让已经股东会决议，符合公司法的相关规定。在《股权战略重组协议书》的签订主体中，包括叶某某，印证了叶某某将股权转让给海峡公司后，经营过程中的一切权益仍属于叶某某所有。基于当事人签订《股权转让协议》的真实意思表示，原审关于案涉股权转让只为担保，不做其他用途的认定具有事实依据。

（3）财富公司于2011年4月设立，股东有叶某某、朱某某二人，注册资金3.8亿元，叶某某认缴3.78亿元，其在公司设立时出资0.99亿元，应在2016年2月15日出资2.79亿元，但一直没有履行，其时出资不实的股东是叶某某。2015年8月19日，海峡公司与叶某某、朱某某签订《股权转让协议》，约定将二人所持财富公司全部股权无偿转让给海峡公司；2017年1月16日，三方又签订《股权转让协议》，约定由海峡公司无偿退还股权。2017年1月24日，财富公司在工商部门完成变更登记，股东仍为叶某某、朱某某。在此情况下，应履行出资义务的股东仍为叶某某。根据《公司法司法解释（三）》第13条第2款关于"公司债权人请求未履行或者未全面履行出资义务的股东在未出资本息范围内对公司债务不能清偿的部分承担补充赔偿责任的，人民法院应予支持"的规定，承担补充赔偿责任方应为叶某某，而非海峡公司，故原审判决系结果正确。

法院裁判

综上，再审法院裁定驳回新投公司的再审申请。

案例启示

本案对私募股权投资实践具有两个方面的法律参考意义。其一，本案为私募股权基金投资股份有限公司要求其原股东承担对赌责任提供了案例支撑。在本案中，目标公司金石公司在企业组织形式上属于股份有限公司，而非有限责任公司。作为金石公司原股东，财富公司在庭审中并未从股份有限公司所特有的"同股同权"的股东权利角度对新投公司向其主张的股权回购责任进行抗辩，两审法院也未从此角度进行审理。换言之，在目标公司系属股份有限公司的情况下，私募股权基金亦有机会要求原股东承担股权回购责任，只是需要注意股份有限公司在股份转让限制等方面不同于有限责任公司的相关规定。[1] 其二，本案为私募股权基金要求公司原股东中未履行出资缴付义务的股东承担相关对赌责任提供了案例支撑。在本案中，叶某某之所以被二审法院判决就金财公司不能清偿的股权回购责任承担补充赔偿责任，主要是因为其作为原股东金财公司的股东未能按期实缴其认缴出资。换言之，在目标公司原股东是公司且其股东未按期足额实缴其认缴出资的情况下，私募股权基金完全有机会要求原股东的股东承担股权回购价款支付责任，只是这种支付责任不是全部的股权回购责任，而是不能清偿债务部分的补充赔偿责任。

除前述外，本案所涉补充赔偿责任还有两点需要特别注意。其一，不是目标公司原股东的所有股东都会承担补充赔偿责任。在本案中，海峡公司曾自 2015 年 8 月 19 日起成为财富公司的短期股东，且在其将所持财富公司股权退回给叶某某时（2017 年 1 月 16 日），其所持财富公司股权对应的出资缴付期限（2016 年 2 月 15 日）已经届至，海峡公司本应履行认缴出资的缴付义务，而二审法院和再审法院之所以没有判决海峡公司承担补充赔偿责任，主要是因为海峡公司与叶某某之间关于股权转让仅用作担保及“不作其他用途”的安排。换言之，如果海峡公司与叶某某之间没有类似约定，或许法院判决又是另外一种结果。这也可以说明，虽然本案海峡公司无需承担补充赔偿责任，但也不能说其他类似“临时”股东均无需承担补充赔偿责任，特别是其存在通过虚假交易恶意协助债务人逃避债务的情形时。其二，承担补充赔偿责任的原股东的股东须是未按期足额缴付认缴出资的股东。在本案中，叶某某之所以被判决承担补充赔偿责任，主要原因在于其认缴出资的缴付期限已经届至而其并未完成缴付义务。问题是，如果叶某某认缴出资的缴付期限没有届至，叶某某还需要承担补充赔偿责任吗?

根据《公司法》及相关法律法规的规定，在公司未进入破产程序时，如公司无法清偿到期债务且公司股东认缴出资的缴付期限没有届至，公司债权人很难直接要求公司股东的出资义务加速到期，因为在认缴资本制下公司股东有权

---

1 比如《公司法》第 141 条第 1 款：“发起人持有的本公司股份，自公司成立之日起一年内不得转让。公司公开发行股份前已发行的股份，自公司股票在证券交易所上市交易之日起一年内不得转让。”

享受出资的期限利益，并可以此对抗债权人的诉求。在此情况下，根据《九民会议纪要》，如果需要公司股东承担补充赔偿责任，就只能基于如下情形，要求其出资加速到期，即：（1）公司作为被执行人的案件，法院穷尽执行措施无财产可供执行，已具备破产原因，但不申请破产的；（2）在公司债务产生后，公司股东（大）会决议或以其他方式延长股东出资期限的。为证明这些情形存在，公司债权人，包括私募股权基金等类型的债权人，无疑又需额外付出更多的时间和精力，并非上策。

对私募股权基金而言，要求目标公司原股东的股东在未缴付的出资范围内承担补充赔偿责任有利于提高其追索股权回购责任的成功率，但同时也对其股权投资业务提出了更高要求，即：私募股权基金在对目标公司进行尽职调查时，不仅需要对目标公司情况进行核查，而且需要对承担股权回购责任的原股东进行核查，包括其股东的出资是否已经缴足、未缴付出资的缴付期限何时届至，等等，并据此对股权回购责任的设置及交易结构进行论证，甚至调整或变更股权回购方。除目标公司原股东的出资缴付情况外，私募股权基金还需要注意核查原股东的财务状况是否与其所承担的股权回购责任相匹配。在实践中，出于风险隔离等原因，目标公司实际控制人有时会通过一个注册资本很少的持股公司去持股和控制目标公司。在此情形下，如果实际控制人仅同意由前述持股公司承担股权回购责任，而自己不承担股权回购责任，那么此时是否需要继续推进股权投资交易以及是否需要坚持要求实际控制人承担股权回购责任，都属于私募股权基金必须考量的事项，毕竟在有限责任的公司制度下，如果公司破产且不存在本案所涉应缴未缴出资的情形，那么要求实际控制人承担股权回购责任的机会也会变得万分渺茫，需要予以重视。

参考案例 1-13

中厚公司与许某等股权转让纠纷案

终审裁判：北京市高级人民法院二审并于 2014 年 12 月 19 日作出（2014）高民终字第 1044 号民事判决书 / 北京市第二中级人民法院于 2018 年 11 月 7 日作出（2018）京 02 执异 253 号执行裁定书

主要问题：在保证人对目标公司原股东的股权回购义务承担连带保证责任的情况下，投资者是否可以追加保证人的股东为股权回购债务的被执行人？

基本事实：2011 年 11 月 9 日，中厚公司与目标公司千里公司的原股东许某签署《股权转让合同》，约定：由许某将其所持目标公司 45% 股权转让给中厚公司，转让总作价共计 8,000 万元。同日，中厚公司与许某签订《股权回购合同》，约定：根据双方签署的《股权转让合同》，许某有意回购转让给中厚公司的 45% 股权，转让总作价共计 10,400 万元。同日，中元公司与中厚公司签订《保证合同》，约定：由中元公司为许某履行其在《股权回购合同》项下的回购义务及任何其他义务承担连带保证责任，保证期间为担保债务履行期限届满之日起两年。后，许某逾期还款，且拖欠剩余款项及利息未付，中元公司亦延迟履行保证责任。后，中厚公司诉至法院，请求判令许某返还未付股权回购款及利息，并由中元公司对前述款项承担连带赔偿责任。经北京市第二中级人民法院一审并作出（2013）二中民初字第 12996 号民事判决书及北京市高级人民法院二审并作出（2014）高民终字第 1044 号民事判决书，终审判决许某给付中厚公司股权回购款 1,272 万元及逾期付款利息，判决中元公司承担连带清偿责任。后，在执行过程中查明各被执行人均暂无财产可供执行，使案件处于终结本次执行程序状态，但中厚公司另发现中元公司的 6 位发起人均未缴纳出资，遂向法院申请将中元公司的 6 位发起人之一昊华公司追加为被执行人并在未缴纳出资额本息范围内承担清偿责任。

裁判要旨：根据最高人民法院《关于民事执行中变更、追加当事人若干问题的规定》（法释〔2016〕21 号）第 17 条的规定，作为被执行人的企业法人，财产不足以清偿生效法律文书确定的债务，申请执行人申请变更、追加未缴纳或未足额缴纳出资的股东、出资人或依《公司法》规定对该出资承担连带责任的发起人为被执行人，在尚未缴纳出资的范围内依法承担责任的，法院应予支持。经核查，被执行人中元公司财产不足以清偿生效法律文书确定的债务，应支持中厚公司关于追加被执行人的申请。另经核查，发现昊华公司确有未真实履行出资义务的行为。综上，裁定追加昊华公司为被执行人，昊华公司应在其未缴纳出资 25,000 万元范围内与中元公司向中厚公司承担连带清偿责任。

延伸阅读 股东出资不实与出资加速到期方面的主要法律问题

从理论上讲，股东出资不实可简单分为未实缴出资和抽逃出资两种。其中，未实缴出资又可分为出资到期应缴未缴以及出资尚未到期待后续缴付两种，抽逃出资则与股东缴付出资期限是否届至无关，可能同时发生在两种情形之下，即有可能在出资缴付期限到期之前缴付后抽逃，也可能在出资缴付期限到期之后缴付抽逃。一般而言，在股东出资缴付期限届满且未履行缴付义务时，公司债权人可请求未履行出资缴付义务的股东在未出资本息范围内对公司债务不能清偿的部分承担补充赔偿责任，这一点在司法实践中通常并无异议，但问题在于：如何判断抽逃出资以及在出资缴付期限未届满时能否要求股东出资加速到期。

抽逃出资责任认定素来是司法实践中的难题，主要是因为抽逃出资的公司股东通常不会明目张胆地直接转移公司的注册资本，而是通过股东借款、关联方垫款、账目往来等各类名目[1]使用公司资金，以达到抽逃出资的目的。以股东借款为例，法院在判断其是否构成抽逃出资时，通常需要综合考虑如下因素：借款金额（即借款金额是否相当于出资额或大部分）、借款利息（即借款是否支付利息）、偿还期限（即是否不约定还款期或约定的借款期限畸长）、借款担保（即有无借款担保）、借款程序（即有无经过公司内部程序审议）、主体地位（即借款主体是控股股东、大股东还是小股东）、会计处理方式（即是否做应收款处理）、公开程度（即其他股东是否知晓）、借款时间（即借款时间、公司成立时间、出资时间、各时间间隔）等。根据《公司法司法解释（三）》第14条[2]的规定，如果股东借款构成抽逃出资，公司

---

1 比如《公司法司法解释（三）》第12条列举的情形，即“公司成立后，公司、股东或者公司债权人以相关股东的行为符合下列情形之一且损害公司权益为由，请求认定该股东抽逃出资的，人民法院应予支持：（一）制作虚假财务会计报表虚增利润进行分配；（二）通过虚构债权债务关系将其出资转出；（三）利用关联交易将出资转出；（四）其他未经法定程序将出资抽回的行为。”

2 《公司法司法解释（三）》第14条：“股东抽逃出资，公司或者其他股东请求其向公司返还出资本息、协助抽逃出资的其他股东、董事、高级管理人员或者实际控制人对此承担连带责任的，人民法院应予支持。公司债权人请求抽逃出资的股东在抽逃出资本息范围内对公司债务不能清偿的部分承担补充赔偿责任、协助抽逃出资的其他股东、董事、高级管理人员或者实际控制人对此承担连带责任的，人民法院应予支持；抽逃出资的股东已经承担上述责任，其他债权人提出相同请求的，人民法院不予支持。”

或股东可要求其向公司返还本息；公司债权人可要求其在抽逃出资本息范围内对公司债务不能清偿的部分承担补充赔偿责任。

对于在出资缴付期限未届满时能否要求股东出资加速到期的问题，则需要考虑两个方面的基本观点。首先，《公司法》经2013年修订后取消了最低注册资本额、出资缴纳时间、出资形态等方面的原有法律限制，并在这些方面赋予了股东很大选择空间。基于《公司法》这种新规定，实践中一般会认为股东应当享有认缴制下的期限利益，即：在公司不能清偿到期债务时，不能要求出资期限尚未届满的股东承担补充赔偿责任。然而，一概保护股东的期限利益，亦难免损害公司债权人的利益，对公司债权人不公，因此从保护公司债权人利益角度出发，法律也允许在特定情况下要求未缴出资的股东出资加速到期或者要求其在未缴出资范围内对公司债务承担连带清偿责任承担，[1]也即股东出资义务加速到期的两种情形，"解散加速"和"破产加速"。关于股东出资义务是否存在"非破产、非解散加速"到期的情形，理论界自《公司法》认缴资本制改革之初便持续存在修订股东出资义务加速到期情形的呼声，认为在公司非破产、非解散但不能清偿到期债务（尤其在经司法程序确认后）的情形下要求股东出资义务加速到期，以稳定市场交易秩序、增进股东理性出资、降低债权人维权成本，实践中也确实存在持此观点的相关司法判例，[2]但并未成为主流观点，《九民会议纪要》对此问题的归纳也是沿袭了传统认知，其第2部分第2条第6款"股东出资应否加速到期"规定："在注册资本认缴制下，股东依法享有期限利益。债权人以公司不能清偿到期债务为由，请求

---

1 《公司法司法解释（二）》第22条："公司解散时，股东尚未缴纳的出资均应作为清算财产。股东尚未缴纳的出资，包括到期应缴未缴的出资，以及依照公司法第二十六条和第八十条的规定分期缴纳尚未届满缴纳期限的出资。

公司财产不足以清偿债务时，债权人主张未缴出资股东，以及公司设立时的其他股东或者发起人在未缴出资范围内对公司债务承担连带清偿责任的，人民法院应依法予以支持。"

《破产法》第35条："人民法院受理破产申请后，债务人的出资人尚未完全履行出资义务的，管理人应当要求该出资人缴纳所认缴的出资，而不受出资期限的限制。"

2 参见《上海市普陀区人民法院（2014）普民二（商）初字第5182号民事判决书》，载中国裁判文书网：http://wenshu.court.gov.cn/website/wenshu/181107ANFZ0BXSK4/index.html?docId=372cac8aba8948f5a1d167c8e559410e，最后访问日期：2020年3月5日；参见《江苏省南京市中级人民法院（2016）苏01民终7556号民事判决书》，载中国裁判文书网：http://wenshu.court.gov.cn/website/wenshu/181107ANFZ0BXSK4/index.html?docId=ad0a4a5540234491b50862aff111d9b1，最后访问日期：2020年3月5日。

未届出资期限的股东在未出资范围内对公司不能清偿的债务承担补充赔偿责任的，人民法院不予支持。但是，下列情形除外：（1）公司作为被执行人的案件，人民法院穷尽执行措施无财产可供执行，已具备破产原因，但不申请破产的；（2）在公司债务产生后，公司股东（大）会决议或以其他方式延长股东出资期限的。"

五、原股东配偶的"回购"责任

从婚姻法角度讲，如果公司股权属于夫妻共同财产，那么在夫妻一方需要承担股权回购责任的情况下，另一方亦可能需要基于夫妻共同债务而共同承担股权回购责任。事实上，在夫妻一方无力承担股权回购责任的情况下，私募股权基金等投资者股东亦会希望能够要求另一方共同承担股权回购责任或补充责任。

优选案例 1-7

金某与建文基金合同纠纷案

阅读提示

诉讼背景：建文基金要求金某对贸仲委（2016）中国贸仲京裁字第0164号裁决书（以下简称"0164号裁决书"）第1项、第3项及第4项裁决所确定的李某乙和李某丙向建文基金连带支付股权回购款等费用的义务在2亿元范围内承担连带清偿责任。未果，诉至法院。

裁判索引：北京市第一中级人民法院一审并作出（2016）京01民初字481号民事判决书（以下简称"一审判决"）；北京市高级人民法院二审并于2019年10月22日作出（2018）京民终18号民事判决书（以下简称"二审判决"）。

主要问题：目标公司自然人股东对投资方的股权回购责任应否被认定为该股东与其配偶的夫妻共同债务？

一审程序

事实认定：

一审法院查明事实如下：

(1) 金某与李某甲于1993年11月19日结婚。

（2）明顿公司于 2007 年 8 月 6 日成立，注册资本 1,539.5436 万元，设立时法定代表人为金某，股东为金某及李某乙。2007 年 9 月 15 日，金某不再担任法定代表人，不再具有股东身份。2011 年 3 月 30 日，法定代表人由李某乙变更为李某甲。经 2011 年 6 月 23 日及 10 月 27 日两次股权变更登记，李某甲成为持股明顿公司 3% 的股东。2011 年 12 月 2 日，明顿公司变更名称为奔腾公司。2014 年 1 月 27 日，奔腾公司法定代表人由李某甲变更为金某。2014 年 11 月 3 日，法定代表人由金某变更为李某丙。现有股东包括李某乙（出资额 650 万元，出资比例 42.220,3%）、李某丙（出资额 450 万元，出资比例 29.229,4%）等。

（3）2011 年 3 月 22 日，明顿公司、李某甲、李某乙、李某丙、欢腾公司、建文基金等多名投资人新股东以及明顿公司多名原股东共同签订《增资及转股协议》，约定：（1）李某甲、李某乙和李某丙为实际控制人；（2）新股东拟通过收购李某乙和李某丙所持明顿公司股权及认购明顿公司增资的方式取得明顿公司股权；（3）欢腾公司将以现金 866.564,1 万元受让李某丙的 216.564,1 万元出资和李某乙的 650 万元出资，合计股比为 50.733,4%；建文基金将以现金 22,269.509,0 万元收购李某丙 126.793,8 万元的出资，以现金 22,730.491,0 万元认购公司新增注册资本 129.417,4 万元，其中 129.417,4 万元作为明顿公司注册资本，22,601.073, 6 万元作为资本公积金，合计将取得明顿公司 256.211,2 万元的出资，合计股比为 15%。

（4）2011 年 3 月 22 日，李某乙、李某丙、李某甲作为甲方、明顿公司作为乙方、建文基金作为丙方（投资方），签订《投资补充协议》，约定：

乙方通过增加注册资本和股权转让方式引进丙方作为战略投资人，李某乙、李某丙和李某甲为兄妹关系，共同为乙方实际控制人。

第 3 条投资方案：投资方本次拟投资总额为 45,000 万元，分两部分，其一为增资款：出资 22,730.491，0 万元认购公司新增注册资本，其中 129.417，4 万元作为注册资本，以取得明顿公司股权重组后 7.576,8% 的股权，22,601.073,6 万元作为资本公积金；其二为股权转让款：收购李某丙所持公司相当于股权重组后 7.423,2% 的股权，转让价款为 22,269.509,0 万元。本次投资完成后，丙方持有股权重组完成后公司 15% 的股权。

第 5 条陈述和保证：公司及甲方承诺，将尽一切努力完成明顿公司上市事宜。

第7条股权强制收购及投资补偿：

7.1 甲方和明顿公司同意，若明顿公司未能在2013年12月31日前实现上市，则投资方有权在2013年12月31日后的任何时间，要求明顿公司、甲方或甲方任一方一次性收购其所持公司股权。

7.2 投资方要求明顿公司、甲方或甲方任一方收购的，明顿公司、甲方或甲方任一方不得以任何理由拒绝，但可以自身名义或其指定的第三方实施收购。7.4 明顿公司或甲方或指定的第三方收购投资方股权的收购价格为以下两者之和①截至投资方发出通知之日，投资方应取得但明顿公司尚未支付的任何股息、红利等收益（包括现金及股权）；②投资方投资总额X(1+10%)n，n等于投资期限除以365，投资期限指投资款支付至明顿公司账户及李某丙账户之日起至全部股权收购价款支付至投资方指定账户之日止的天数。

7.5 收购方应在投资方发出书面通知后6个月内实施收购并支付股权收购价款。

7.8 甲方和/或明顿公司履行股权强制收购、投资补偿、投资价差补偿等义务的担保。

7.8.1 公司实际控制人之一李某甲为甲方和明顿公司履行本协议义务承担连带责任保证；

7.8.2 第7.8.1条保证担保的担保范围为甲方和明顿公司应履行的全部债务，甲方和明顿公司怠于履行本协议约定的股权强制收购、投资补偿及投资价差补偿等义务时，投资方有权要求保证人履行保证担保义务。

（5）欢腾公司成立于2011年3月8日，现注册资本1,500万元，法定代表人李某乙。2011年3月30日，欢腾公司成为明顿公司股东，持股约45.33%。2011年10月18日，李某甲成为欢腾公司股东，出资500万元，持股约33.33%。

（6）奔腾公司董事长李某甲于2014年1月2日去世。金某、李某丁、李某戊、邓某某均为其第一顺位法定继承人。奔腾公司未在2013年12月31日前实现上市。

（7）2014年10月31日，建文基金作为申请人，向贸仲委提出以李某乙、李某丙、金某、李某丁、李某戊、邓某某为被申请人的仲裁申请，请求：①裁定李某乙、李某丙、金某向建文基金连带支付公司15%股权的股权收购价款，股权收购价款为450,000,000元 × $(1+10\%)^n$，n等于投资期限除以365，投资期限自2011年3月18日起计算至实际支付完毕收购价款日，暂计至2014年10月29日的股权收购价款为635,360,209.12元；②裁定李某丁、李某戊、邓某某对请求所涉债务各自在继承李某甲遗产的范围内承担连带责任。

（8）2016年2月23日，贸仲委作出0164号裁决书，认定的事实包括：建文基金按约向明顿公司支付了增资款、向李某丙支付了股权转让款，最终持奔腾公司15%的股权，取得奔腾公司2,562,112元的出资，完成了股权变更登记。

（9）0164号裁决书认定：《增资及转股协议》及《投资补充协议》合法有效，股权回购条件已经成就，李某乙、李某丙、李某甲应依约履行。金某、李某丁、李某戊、邓某某应在各自继承李某甲遗产范围内对股权回购义务承担清偿责任。该等义务履行须以金某、李某丁、李某戊、邓某某依法实际取得遗产为给付条件。

（10）0164号裁决书同时认定：金某是否因与李某甲具有夫妻关系而应承担股权回购义务，不属本案管辖范围。金某仅能因其承继了李某甲于仲裁事项中的权利义务而受仲裁协议之约束，而仲裁庭审理的范围也只能限于金某与李某甲在仲裁事项中的权利义务相关的事项，对于婚姻法上的夫妻事实、婚姻法上的夫妻共同债务的认定等，均不属于仲裁庭的仲裁范围。

（11）0164号裁决书裁决：一、李某乙、李某丙连带性地向建文基金一次性支付股权回购款，按约定计算方式为450,000,000元 × $(1+10\%)^n$，n等于投资期限/365，自2011年3月18日起计算至实际支付完毕之日，暂计至2014年10月29日的股权收购价款为635,360,209.12元。二、金某、李某丁、李某戊、邓某某对上述裁决债务各自在依法实际继承的遗产范围内承担连带清偿责任。

法院观点：

一审法院认为本案争议焦点为：因《投资补充协议》约定的李某甲的股权收购义务而形成的李某甲对建文基金的债务，是否为李某甲与金某的夫妻共同债务。

对此争议焦点，一审法院认为，上述债务为夫妻共同债务，理由如下：

（1）有关案涉争议债务的性质及具体内容问题。

案涉债务源于李某甲与建文基金所签《投资补充协议》，《投资补充协议》约定在贸仲委进行仲裁。贸仲委0164号裁决书确定的李某甲的债务性质和范围将是本案中确定夫妻共同债务的前提和依据。从0164号裁决书可以看出：李某甲对建文基金所负债务与0164号裁决书认定的李某乙、李某丙的债务性质及范围一致，该债务系基于《投资补充协议》7.1条款约定的股权收购义务产生，具体指向李某乙、李某丙、李某甲应连带性地向建文基金支付股权回购款等款项，上述债务即是李某甲对建文基金所负债务的具体内容。

(2) 关于认定为夫妻共同债务的几个问题：

第一，案涉之债不属于担保之债。理由如下：

首先，《投资补充协议》7.1 条款和 7.8.1 条款均约定了李某甲的义务，既约定了李某甲的股权收购义务，又约定了李某甲对李某乙、李某丙和明顿公司在《投资补充协议》项下的义务承担连带保证责任，两种义务是并行的，对股权收购义务，李某甲既要承担直接责任，又要承担对李某乙、李某丙及明顿公司的保证责任。

其次，0164 号裁决书认定的债务并非基于李某甲的担保责任，而系基于 7.1 条款约定的李某甲的直接责任，本案争议债务并非基于 7.8.1 条款的担保之债。

再次，关于 7.1 条款约定的李某甲的股权收购义务的性质。7.1 条款明确约定了特定情况下李某甲的直接股权收购义务，即李某甲是该义务的直接债务人，在该条款中，不存在李某甲对某位主债务人的股权收购义务承担保证责任的问题，李某甲的股权收购义务并非担保之债。

最后，最高人民法院民一庭《关于夫妻一方对外担保之债能否认定为夫妻共同债务的复函》系针对个案情况的处理意见，夫妻一方对外担保之债能否认定为夫妻共同债务，还应考量该担保之债与夫妻共同生活是否密切相关。

第二，案涉之债系用于夫妻共同生活。理由如下：

首先，夫妻共同生活并不限定于夫妻日常家庭生活，还包括了家庭的生产经营活动，案涉债务即属于李某甲经营公司时产生的债务。

其次，李某甲系奔腾公司实际控制人，建文基金向奔腾公司支付 4.5 亿元用于购买股权和增资，李某甲承诺的股权收购义务亦可看作建文基金向奔腾公司增资的对价或条件之一。李某甲个人在奔腾公司增资后成为奔腾公司股东，亦通过欢腾公司持有奔腾公司较多股份，其负担股权收购义务，显然是为了期望奔腾公司上市带来的经济等多方面利益，该利益亦将及于金某，故案涉债务的产生指向家庭经营活动，属于夫妻共同生活的一部分。

再次，李某甲并非以其个人财产运营奔腾公司及其关联公司，金某本人是否参与或了解奔腾公司经营情况，不影响对本案夫妻共同债务的判断。

最后，案涉债务发生于李某甲经营公司之时，股权收购义务系李某甲自愿承担，且建文基金向奔腾公司投资，李某甲系主要受益人。金某关于李某甲承担股权收购债务无任何受益的主张，脱离了基本事实；夫妻共同财产与夫妻共同债务不能分时段区别，应统一在夫妻关系存续期间进行认定。

第三，案涉债务不属于约定的个人债务。理由如下：

首先，《投资补充协议》未对案涉债务是否属于个人债务进行明确，夫妻关系存续期间，以个人名义所负债务，如约定为个人债务，应明确写明，如无特别约定，不能推定为个人债务。

其次，金某关于基于交易习惯，未要求配偶签字或签订承诺函，即应认定为个人债务的主张，缺乏依据支持，其未提交证据证明建文基金明确认可案涉债务系李某甲个人债务。

法院裁判

综上，一审法院判决：金某就 0164 号裁决书所确定的李某乙、李某丙对建文基金的支付股权回购款及律师费、仲裁费的债务在 200,000,000 元的范围内承担连带清偿责任。

二审程序

上诉请求：

金某不服一审判决，上诉请求撤销一审判决，驳回建文基金全部诉请，理由如下：

（1）夫妻一方的经营活动与家庭的生产经营活动概念不同。根据最高人民法院办公厅对十二届全国人大五次会议建议的答复意见，对夫妻一方生产经营活动的负债应区分情况进行判断，不能笼统地认定为夫妻共同生活负债。一审法院未考虑区分家庭共同经营和夫妻一方单独经营的不同，适用法律错误。

（2）本案属于一方从事经营活动的举债，应综合考虑各种因素确定债务性质。一审法院已查明，金某自始至终没有实际参与奔腾公司任何经营活动，并有独立工作和收入来源。李某甲负债显然属于其单独从事的生产经营负债。

首先，回购债务的对赌性质决定其不应被认定为夫妻共同债务。《投资补充协议》下的股权回购义务实为对赌债务，是股东个人举债为公司融资，与家庭利益无关。当然，公司因股东对赌而获得融资后确实会拥有较强盈利能力，公司各投资方、管理人员、甚至员工均可能因此而获利，承担对赌义务的股东本人也可能从公司盈利增加中获益，但基于法人财产和股东财产的独立性，这种收益的传导并不是直接的，且融资成功与盈利并无直接因果关系。但对赌的特点在于承担对赌债务的股东并不一定获益，如果失败则面临巨额债务风险。对赌债务或者说以对赌方式融资的经营活动，与家事法律关系所追求的保持家庭关系稳定，维护家庭成员基本生活条件的法的价值背道而驰。

其次，金某在经营活动中的地位和作用决定了对赌债务不应被认定为共同债务。在缔结案涉对赌协议过程中，金某始终是局外人，在《投资补充协议》的设立和履行中不充当任何角色，也没有法律地位。至于金某曾短暂担任明顿公司（奔腾公司的前身，2011 年 12 月改制并更名为奔腾公司）股东以及在李某甲身故后出任小马奔腾董事长一节，金某并不知晓明顿公司系以其名义登记设立，也不知道原登记于其名下股权转让给李某乙的事实，奔腾公司的设立完全是李某乙等公司实际控制人操纵的结果。2014 年 1 月李某甲去世后，奔腾公司处境困难，公司董事为稳定局面，邀请金某出面担任奔腾公司董事长、法定代表人，希望利用金某作为李某甲遗孀的身份确保小马奔腾正常持续经营，并为金某任职提供合理性支持，而在公开渠道发表了金某作为李某甲“智囊”等与事实有出入的言论。其次，金某与李某乙、李某丙等股东、董事意见相左，半年后被免去董事长和法定代表人职务。金某任职期间了解到建文基金及其他投资人在投资奔腾公司时签订了对赌条款，着眼点是帮助奔腾公司渡过难关，并非对李某甲向建文基金负债行为的追认。

再次，建文基金的非善意态度决定了对赌债务不应被认定为共同债务。在私募股权投资领域，投资人为了实现其投资权益，往往要求股东或实际控制人签订对赌条款，并要求股东的配偶或在投资补充协议中签名确认对赌条款，或在投资补充协议之外另行出具承诺函，表明知晓和认可回购债务并愿意以夫妻共同财产共同偿还。但没有任何证据显示建文基金在合同缔结过程中曾要求金某参与合同缔结或出具任何书面确认文件。此外，建文基金作为投资机构应预先考虑债务实现风险，如其确有令金某偿债的意图，应要求金某参与合同缔结，出具确认书，但其没有采取此等措施，其缔约时怠于作为，对赌条款触发后又将金某卷入法律程序，显然非善意。

建文基金认为金某的上诉请求无事实及法律依据，应予驳回，理由如下：

（1）一审判决认定事实正确，金某的陈述与事实不符。

首先，李某甲与金某共同经营公司，奔腾公司及其关联公司是李某甲和金某共同创立。2007 年，李某甲与金某成立明顿公司，金某担任法定代表人，并更名改制为奔腾公司，开始谋求上市。为了引进外资基金霸菱公司的投资，小马奔腾在 2008 年搭建了 VIE 架构，金某和李某甲将境内公司股权转给李某乙、李某丙，辞去境内公司职务，同时二人设立多家境外公司及外商独资企业湖南优化软件开发有限公司（以下简称“湖南优化公司”）并共同担任董事，通过协议控制境内公司。2008 年至 2011 年建文基金投资之时，李某甲和金某一直是奔腾公司实际控制人和管理者，李某乙、李某丙只是代持人。金某在 2014 年 1 月 2 日李某甲去世后接任李某甲成为奔腾公司董事长、法定代表人、总经理，并担任奔腾公司董事至今，并通过奔腾公司官方微博发布公告，承认自 2007 年起作为李某甲顾问参与公司决策，并以出品人身份策划和制作了奔腾公司多部影视剧。

其次，李某甲与金某经营公司的收益用于夫妻共同生活，是其家庭主要收入来源。李某甲和金某的职业是经商。李某甲与金某所持各公司股权是二人主要夫妻共同财产，经营公司就是经营管理二人的共同财产。金某与李某甲婚后的主要事业就是经营奔腾公司及其关联公司，并无其他收入来源。金某称其有独立收入来源，未从奔腾公司获益，显然不实。

（2）案涉债务是用于金某与李某甲的夫妻共同生活，一审判决符合《夫妻债务司法解释》规定。

首先，奔腾公司及其关联公司股权是金某与李某甲的共同财产，案涉债务产生于对共同财产的经营。金某与李某甲在婚姻关系存续期间共同创立了奔腾公司及多家关联公司，在李某甲去世后，金某积极宣示对公司股权的所有权，起诉多家公司要求确认其股东身份，要求将李某甲名下奔腾公司、欢腾公司等公司股权的一半过户至其名下。案涉债务是夫妻共同经营其所有的公司而产生的债务。

其次，金某与李某甲共同经营奔腾公司，案涉债务用于其夫妻共同经营。金某和李某甲自 1994 年共同创业，2007 年共同创立奔腾公司，之后各自以不同身份参与奔腾公司管理和经营。在2011年建文基金投资后，金某虽未直接在奔腾公司任职，但背后以顾问身份协助李某甲经营管理公司，作为出品人、策划人参与公司影视制作业务。2014年1月之后，金某开始担任奔腾公司董事长、总经理。一审判决认定案涉债务产生于“家庭生产经营活动”正确，不能因为家庭成员间的分工不同，就否认其家庭共同经营属性。

再次，金某与李某甲因投资行为而共同获益，理应承担投资所产生的案涉债务。李某甲是奔腾公司实际控制人，建文基金以4.5亿元高溢价投资奔腾公司，李某甲和金某共同持有股权的价值便相应增加，这使二人夫妻共同财产增加。夫妻共同经营公司，共同享受收益，经营过程中的债务应视为夫妻双方均认可的经营之债，属于夫妻共同债务。

(3) 金某不是局外人，其参与了此次投资交易，对股权回购知情并认可。

首先，金某以境外公司奔腾集团公司董事身份参与了整个交易。奔腾公司2008年引进霸菱投资时，搭建了VIE架构，注册在BVI群岛的奔腾集团公司通过VIE方式控制境内的奔腾公司，李某甲和金某都是奔腾集团公司董事。金某作为奔腾集团公司董事参与了清退霸菱的决策过程，还参与了湖南优化公司终止VIE事项，了解并深入参与了整个交易，理应知道股权回购的安排。

其次，金某是奔腾公司重要人物，与李某甲关系紧密，其声称对股权回购不知情不符合常理。从金某与李某甲的创业经历看，金某并非家庭主妇，其与李某甲共同经营公司。正因如此，金某才能在李某甲去世后被大家推选为新董事长。股权回购承诺是奔腾公司获得4.5亿元巨额投资的前提条件。金某与李某甲一直共同生活，感情良好，对涉及李某甲和奔腾公司如此重大的利益，金某不可能不知情。奔腾公司在设立时，要进行工商登记、开立银行账户、办理税务登记等，金某不仅签字，且提供了身份证件。金某在李某甲去世后，起诉要求确认其股东身份，说明金某对夫妻共同经营的公司及持股情况十分关注。

再次，金某接任奔腾公司董事长后，认可应承担股权回购债务。金某在2014年1月接任董事长后，多次表示认可回购债务，将以个人名义贷款、回购建文基金股权，但回购计划最终未能实施，是因为金某与李某乙、李某丙之间就公司控制权及股权分割产生争议，但这不能否认金某对夫妻共同债务的认可。金某现辩称当时认可回购是为了帮助公司渡过难关而非对负债的追认，显然不能成立。

（4）金某的上诉理由不符合事实，违背基本常识和公平原则。

首先，一审判决没有混淆概念，案涉债务产生于夫妻共同生产经营活动。一审判决表述的“家庭生产经营活动”是指夫妻共同生产经营活动，不是指夫妻一方个人的生产经营。奔腾公司是李某甲、金某婚后共同创业的成果，奔腾公司股权是二人共同财产，二人未作区分，这显然不是李某甲“一个人”在经营，而是以“家庭”为单位进行经营行为。

其次，股权回购债务是经营公司的正常债务，不应被区别对待。股权回购虽俗称“对赌”，但性质不是赌博，其风险与收益对等，李某甲承担股权回购义务的对价是所持股权价值的提升、公司获得 4.5 亿元融资及上市机会，上市后可获得巨大收益。金某以“法人财产独立性”主张李某甲及其家庭未获益，违背基本常识。股权回购义务与借贷性质完全不同。股权回购的对价是公司以高估值、高溢价的形式拿到投资款，导致原股东股权价值升值，与单纯的借贷有本质区别。认定夫妻共同债务时，应考虑投资的特殊性质，不能按借贷纠纷采用的认定标准。

再次，回购条款与“家事代理权”制度并不冲突。家庭事务目前不再局限于基本日常生活，而是出现了家庭经营、投资等商业事务。家事代理的范围也不再局限于“日常生活需要”，而是扩张至家庭商业经营的范畴。本案中，金某愿意将夫妻二人共同创立、共同拥有的价值几十亿元的家族企业交与李某甲出面经营、且仅由李某甲作为显名股东，并长期享受大量的经营收益，那李某甲为经营而承担的夫妻共同债务并未超出金某的授意范围，这恰恰是“家事代理权”的本意。

最后，建文基金是善意债权人。结合李某甲家族的创业背景和奔腾公司的历史沿革，加上金某本人也参与了投资交易，建文基金有理由信赖金某对于案涉投资及回购义务事项知情，有理由相信回购债务是李某甲与金某的夫妻共同债务。金某一方面积极通过诉讼程序分割与李某甲共同的公司股权以及其他夫妻共同财产，一方面又称对回购不知情、不应承担责任，显然违背了基本公平原则，违反权利、义务、责任相统一的原则，不利于交易安全与社会诚信规则的建立。李某甲、金某没有约定婚姻关系存续期间个人财产制，李某甲代表二人持股公司、经营公司，李某甲、金某二人从投资中直接获益，金某未曾对李某甲既往行为提出过任何反对，且在李某甲去世后立即接手公司、明确表示对债务的认可，这些客观事实足以证明案涉债务属于夫妻共同债务。

事实认定：

二审法院认可一审法院查明的事实，并对湖南优化公司的工商档案、《投资补充协议》、奔腾公司重组文件及沟通记录（包括律师和券商的沟通记录）、金某个人的公开声明等资料和信息进行了审查。

法院观点：

二审法院认为上诉争议焦点为：案涉债务是否属于李某甲、金某夫妻共同经营所负债务。

对此争议焦点，二审法院认为：金某对案涉协议约定的股权回购义务是明知的，其参与了公司共同经营，案涉债务属于李某甲、金某夫妻共同经营所负债务，理由如下：

(1)金某是明顿公司设立时登记的法定代表人和股东。明顿公司后经数次变更，法定代表人变更为李某甲。经过2011年6月23日及10月27日的两次股权变更登记，李某甲成为明顿公司持股比例3%的股东。2011年12月2日，明顿公司变更名称为奔腾公司，企业类型由有限责任公司（自然人投资或控股）变更为其他股份有限公司（非上市）。李某甲在签订案涉协议引入建文基金时明确其为奔腾公司实际控制人，这也是股权投资合同中实际控制人承担股权回购责任的通常做法。

(2）案涉协议显示：李某甲在BVI注册成立并持股100%的BVI公司，BVI公司和霸菱分别对奔腾集团公司持股76.81%、23.19%，明顿公司（奔腾公司）及其附属公司与奔腾集团公司间接控制的湖南优化公司之间签署了一系列控制协议，金某既是奔腾集团公司的董事又是湖南优化公司的董事，并签署了相关决议。

尽管金某申请对明顿公司、湖南优化公司工商登记材料中涉及金某签名的真实性进行鉴定，但根据《民法总则》第65条规定："法人实际情况与登记事项不一致的，不得对抗善意相对人"[1]。明顿公司（奔腾公司）作为案涉协议的标的公司、湖南优化公司作为案涉协议涉及的关联公司，均属于实际控制人李某甲控制的公司，公司完成相关登记事项需要金某的相关身份信息、账户信息。作为金某的配偶，李某甲对于金某相关的登记事项是明知的；在金某对李某甲名下股权系金某与李

1 该规定被《民法典》全文援用并作为其第65条，即"法人的实际情况与登记的事项不一致的，不得对抗善意相对人。"

某甲婚姻关系存续期间所得的共同所有的财产主张一半股权归属的情况下，金某对上述公司登记的公示信息亦是确认的。

奔腾集团公司是在 BVI 注册成立的公司，在 BVI 注册的公司不对外公开其公司相关投资信息，建文基金不可能通过公开渠道获取其相关信息，但建文基金提供了一系列证据证实金某在小马奔腾集团公司任职董事。金某反驳上述证据只是复印件，否认真实性，并称“不记得签署过，所以认为没签过”。鉴于李某甲在英属维尔京群岛注册成立并持有 100% 股权的 BVI 公司，此公司持有奔腾集团公司 76.81% 的股权，金某作为李某甲配偶和合法继承人，有权以奔腾集团公司股东 BVI 公司名义查询相关信息，但金某对此未提供任何证据予以反驳。综上，尽管建文基金提供的金某签署的相关决议是复印件，根据《民事诉讼法司法解释》第 105 条、第 111 条第 1 款第 5 项、第 2 款之规定，运用逻辑推理和日常生活经验法则，结合本案证据和案件具体情况，认定上述金某签署的相关决议复印件能够作为认定案件事实的根据。

金某作为奔腾集团公司、湖南优化公司董事，参与了公司经营，其签署相关公司解除 VIE 架构的各种决议，应知悉李某甲与建文基金关于股份回购的协议安排。

(3) 李某甲去世后金某的一系列行为证实李某甲、金某夫妻系共同经营公司。首先，2014 年 1 月 27 日，奔腾公司法定代表人变更为金某，2014 年第一次临时股东大会决议所附金某简历显示：其自 1995 年始作为雷明顿和奔腾公司创始人之一，参与公司创建和经营，后作为李某甲董事长“智囊”，献计献策。奔腾公司官方微博亦如此介绍其董事长金某。金某现仍为奔腾公司董事。其次，金某请求分割继承李某甲名下的银行存款与房产，对李某甲持股的奔腾公司、欢腾公司等提起了股东资格确认诉讼。金某在上述案件的起诉理由均为上诉公司股权系金某与李某甲婚姻关系存续期间所得的共同财产，有权要求一半股份归自己所有，要求法院确认金某为李某甲所持公司股份的股东，且相关法院支持了金某的上述请求。既然李某甲所持上述公司股权系金某与李某甲婚姻关系存续期间所得共同财产，建文基金投资使公司财产及股东个人财产增值，金某作为配偶实际享有了因此带来的股权溢价收益，李某甲承诺的回购责任亦属夫妻共同债务，符合权利义务一致原则。

法院裁判

综上，二审法院判决：金某的上诉请求不能成立，应予驳回；一审判决认定事实基本清楚，适用法律正确，应予维持。

案例启示

本案因“对赌”失败引发，因涉及“夫妻共同债务”被社会广泛关注和讨论。实际上，本案涉及的“对赌”事项并无特别之处，属于市场上比较常见的原股东承担股权回购责任的案例，其特别之处在于：作为丈夫的原股东李某甲本应承担股权回购责任，但因意外身故导致投资者建文基金不得不转而寻求其遗孀金某继续承担股权回购责任，这不仅涉及股权回购责任是否属于遗产债务范畴的问题，而且涉及股权回购责任是否属于“夫妻共同债务”的问题。这种涉及婚姻家庭关系的“夫债妻还”的责任追索方式赚足了舆论噱头。

对私募股权基金而言，股权回购责任是否构成“遗产债务”或“夫妻共同债务”，自然是其在本案中关注的重点，因为这会直接影响其权益，决定其能否借助继承和婚姻法律关系来取回投资本金及相应收益，但这绝不应是本案唯一值得关注的重点。首先，本案从2014年10月31日向贸仲委提出仲裁申请，到2019年10月22日法院做出二审判决，再到2019年12月25日法院裁定执行程序终结，不仅经历了仲裁和诉讼两种司法程序，而且耗时5年也未完全审结，本案涉及的程序问题值得关注。其次，股权回购责任是否属于夫妻共同债务还需在具体案件中具体分析，且举证责任所能达到的证明程度亦将对法院的认定产生重大影响。纵观本案审理情况，这两个问题其实都是私募股权基金关于股权回购方的选择所引发的问题，都与所选股权回购方的身份息息相关。

一般而言，私募股权基金在实践中选择的股权回购方通常包括自然人股东和公司股东两种。与选择公司股东承担股权回购责任相比，选择自然人股东承担股权回购责任所面临的情形更为复杂，特别是在目标公司是民营家族企业时。从婚姻家庭角度讲，自然人原股东可能是未婚者，也可能是已婚者；可能是婚姻关系良好者，也可能是婚姻关系紧张者；可能已育有子女，也可能尚无子女；可能是身体康健年富力强，也可能是身体多病或年事已高。在公司持有和运营方面，这些家庭成员可能都是目标公司股东或在公司担任相关职务，也可能是仅仅一人担任公司股东而其他人完全不持有公司任何股权或在公司任职，还可能是一人或多人是目标公司股东而其他人是其他公司股东。在集团化运营的情况下，前述关系会更为复杂，甚至让人无法明晰识别是家庭成员的多人共同经营一家或几家公司，还是分别经营几家不同的公司。在提倡家族财富传承和家庭风险规避的今天，如果再考虑家族信托等产品的介入，无论是将回购责任界定为“夫妻共同债务”，还是将其界定为“遗产债务”，这些错综复杂的关系无疑都会给股权回购方的选择带来巨大挑战。

本案之所以耗时长达 5 年，主要原因还是在于：在签署股权回购协议时，作为股权回购方配偶的金某没有签署相关确认文件，而彼时其恰恰不是目标公司股东，也不在目标公司中任职，因此争议发生后建文基金也不得不通过工商查档、调取各方沟通记录、公开信息渠道查询等各种方式深度“挖掘”金某参与公司管理及应承担“夫妻共同债务”的证据，而金某则通过各种理由予以否认，使得本案事实基础错综迷离，增加了司法审理难度。从私募股权基金角度讲，如果在签署股权回购协议时金某已经签署关于股权回购的相关配偶确认文件，或许本案也不会拖延到如此地步。换言之，在选择自然人股东作为股权回购方时，考察自然人股东的家庭背景信息以及相关家庭成员与目标公司的关系，并据此设计与股权回购责任承担相关的法律文件，应是私募股权投资的应有之意。俗话讲，“清官难断家务事”“天有不测风云，人有旦夕祸福”，根据自然人股东具体背景来设定股权回购责任的相关法律文件种类和内容，无疑是避免因婚姻和继承等法律关系介入而使股权回购法律关系复杂化的重要方式，也是避免因为法律文件欠缺或疏漏而导致争议发生或迟迟无法解决的重要方式。

除前述外，在选择自然人股东作为股权回购方时，股权回购争议解决方式的选择也需予以特别注意。本案中，因为婚姻家庭法律关系并未通过配偶确认纳入股权回购法律关系中，因此贸仲委 0164 号裁决书在裁决原股东李某乙、李某丙应按约定计算方式“450,000,000 元 X（1+10%）^{n}，n 等于投资期限 /365”连带性地向建文基金支付股权回购款（自 2011 年 3 月 18 日起暂计至 2014 年 10 月 29 日，共计 635,360,209.12 元），且金某应对上述裁决债务在依法实际继承的遗产范围内承担连带清偿责任之时，也明确申明：金某仅能因其承继了李某甲于仲裁事项中的权利义务而受仲裁协议之约束，仲裁庭审理的范围也只能限于金某与李某甲在仲裁事项中的权利义务相关的事项，而无法审理金某是否因与李某甲具有夫妻关系而应承担股权回购义务或者股权回购义务是否具有婚姻法上的夫妻共同债务性质，而这也是建文基金最终向法院提起诉讼并要求金某承担相关连带清偿责任的重要原因。

在私募股权投资实践中，基于各方面原因考量，私募股权基金有时会选择通过仲裁来解决投资争议，但具体争议能否通过仲裁解决却需在法律文件书明，否则仲裁庭即可能会因为超过仲裁范围而无法审理，从而导致“同一件事情”的争议不得不通过仲裁和诉讼两种司法程序解决，无端带来时间和精力上的浪费，甚至不如全部通过诉讼解决更为经济，毕竟法院在并案审理方面拥有更大权限。换言之，在选择自然人股东作为股权回购方时，如果决定通过仲裁方式解决投资争议，那么就有必要考虑是否需要由股权回购方的相关家庭人员（包括配偶以及子女等法定继承人）签署相关确认，以使投资相关争议能够有机会一并审理解决。

参考案例 1-14

现代基金公司与李某某、丑某某投资合同纠纷案

终审裁判：吉林省高级人民法院一审并于 2019 年 2 月 12 日作出（2018）吉民初 19 号民事判决书[1]

主要问题：在夫妻关系存续期间，如夫妻双方均系目标公司股东但只有一方签署股权回购条款，另一方是否需要承担股权回购款支付责任？

基本事实：2012 年 3 月 19 日，现代基金公司作为投资者股东与李某某等原股东及目标公司签订《投资入股协议》，约定：现代基金公司向目标公司投资 4,000 万元，认购目标公司 1,229,161 元的新增注册资本，增资除计入目标公司注册资本外，剩余金额计入资本公积。2012 年 3 月 19 日，现代基金公司与李某某及目标公司又签订《补充协议》，约定：如出现以下情况之一，现代基金公司有权要求目标公司回购或李某某购买届时现代基金公司所持全部或者部分目标公司股权：（1）若于 2014 年 12 月 31 日前，目标公司首次公开发行股票（A 股）申请未取得证券主管机关批准；（2）2014 年 12 月 31 日前，由于目标公司和李某某严重违约以及业

1 目前通过公开渠道尚未查询到相关上诉法律文书。

绩成长性问题等因素导致目标公司无法在 2014 年 12 月 31 日前上市；（3）实际控制人发生变化……。回购情形出现时，各方应协商确定一个回购执行日，回购执行日最迟不晚于 2015 年 6 月 30 日；回购价款：投资本金 + 投资收益；投资收益：投资本金 ×10%（年息，不计复利），计算期间为自本次投资款到位日至回购执行日……。逾期回购的，应就回购总价按日支付 5‰罚息。后，目标公司未如期上市，现代基金公司要求李某某及其妻子丑某某依约支付回购价款。未果，诉至法院。

裁判要旨：《投资入股协议》和《补充协议》构成当事人的整体意思表示。根据《补充协议》，在一定条件出现时，现代基金公司有权要求目标公司或李某某回购届时其所持全部或者部分目标公司股权，赋予了现代基金公司对回购主体的选择权。对目标公司作为回购主体而言，股权回购义务属于不论公司盈亏，强加给公司对股东的回报义务，与《公司法》关于股东权利义务的基本原则背离，属于滥用股东权利损害公司利益和其他股东权益的行为，且不属于《公司法》第 74 条所规定的关于有限责任公司可以收购股东股权的特定情形，应根据《公司法》第 20 条规定，认定为无效。对李某某作为回购主体而言，股权回购义务属于投资者与原股东之间以目标公司上市为对赌条件的约定，并不涉及公司及其他债权人的利益，应尊重当事人意思自治，以私法规范调整，合法有效。鉴于目标公司在 2014 年 12 月 31 日前未能成功上市，约定回购条件已经成就，李某某未按约履行回购义务，已构成违约，应向现代基金公司支付投资本金、收益及逾期罚息。此外，李某某与丑某某系夫妻关系，均为目标公司股东；案涉两份协议签订及投资款项支付均发生于李某某与丑某某夫妻关系存续期间。李某某基于目标公司的“股权／股份回购”所举债务，应认定用于夫妻共同生产经营，应根据《夫妻债务司法解释》第 3 条的规定，认定现代基金公司诉请的投资本金、收益及逾期罚息属于李某某与丑某某的夫妻共同债务，二人应共同承担。综上，判决李某某、丑某某向现代基金公司支付回购价款及逾期回购罚息。

参考案例 1-15

朱某某与义腾公司合同纠纷案

终审裁判：最高人民法院二审并于 2018 年 11 月 29 日作出（2018）最高法民终

202 号民事判决书

主要问题：目标公司原股东因承担回购义务对投资人负债，原股东配偶亦间接持有目标公司股权，该债务是否应被视为夫妻共同债务?

基本事实：朱某某系义腾公司的股东及法定代表人，其配偶杨某某系德继中心（亦为义腾公司股东）的有限合伙人。2014 年 5 月 19 日，义腾公司的股东朱某某、郑某某作为转让方与受让方温某宏签订《股权转让协议》，约定温某宏以 1.8 亿元的价格自两名转让方处受让义腾公司共计 22.5% 的股权。2014 年 11 月 4 日，朱某某作为转让方与受让方温某斌签订《股权转让协议》，约定温某斌以 4 万元自朱某某受让义腾公司 5% 的股权。针对以上两份股权转让协议，朱某某还分别与温某宏及温某斌签订补充协议，对公司净利润、业绩补偿、保底收益及股权回购事宜作出约定。上述两份股权转让协议项下全部标的股权均登记在温某斌名下。2015 年 4 月 10 日，温某斌、朱某某、义腾公司 3 方签订《债务偿还合同》及其补充协议，确认及同意：（1）上述股权转让协议项下回购条件已经成就，朱某某应回购温某斌义腾公司 27.5% 的股权并限期支付 31 万元的股权回购价款，如朱某某不按期支付的，则朱某某应按 39 万元的价格支付股权回购价款；（2）朱某某于 2014 年 12 月自温某斌处借款 2,800 万元，温某斌已将该 2,800 万元支付至朱某某指定的账户，朱某某应限期向温某斌偿还本息共计 3,740 万元，如朱某某不能按期偿还的，则应在偿还债务 3,740 万元的基础上，增加赔偿温某斌的先前损失 700 万元；及（3）如朱某某在 2015 年 5 月 9 日前向温某斌支付的本合同项下应付款总额达到 26,835 万元，且在此之前，朱某某已向中亿公司实际支付股权回购款 5,665 万元，在该条件全部满足且朱某某无其他违约行为时，则视为朱某某已履行本合同全部义务，剩余款项不必再行支付。此后，朱某某未能履行上述《债务偿还合同》及其补充协议中的约定，温某斌以 30,461.6 万元的价格将其所持股权转让给其他相关方，并向一审法院起诉请求朱某某偿还上述借款，赔偿股权转让损失（即温谋斌向案外其他相关方转让股权所得 30,461.6 万元的价款与朱某某根据《债务偿还合同》应支付的 39,095 万元回购价款之间的差额）及相关利息损失，请求义腾公司对朱某某的债务承担连带保证责任，并申请追加朱某某的配偶杨某某为被告并请求判令杨某某就朱某某的债务承担连带偿还责任。一审法院依据《婚姻法司法解释（二）》第 24 条第 1 款的规定认定朱某某所负债务为夫妻共同债务，杨某某应对朱某某的案涉债务承担连带清偿责任。

裁判要旨：根据温某宏所签股权转让协议及其补充协议，股权回购款应按温某宏股权投资成本加上年利率 10% 的溢价计算，由于约定由温某宏受让的股权实际登记在温某斌名下，因此可视为温某斌承受了温某宏所签股权转让协议及其补充协议项下的权利，则温某斌亦应受该等协议之约束，故针对此部分由温某宏支付转让价款的股权，回购价格应按温某宏的股权投资成本（18,000 万元）加上年利率 10% 的溢价计算，共计 19,750.68 万元；同理，根据温某斌所签股权转让协议及其补充协议，股权回购款应按温某斌股权投资成本加上年利率 15% 的溢价计算，故针对此部分股权，回购价格应按温某斌的股权投资成本（4,550 万元）加上年利率 15% 的溢价计算，共计 4,897.79 万元。综上，截至 2015 年 5 月 9 日朱某某回购温某斌所持义腾公司 27.5% 股权的价格为 24,648.47 万元。另根据评估机构出具的评估报告，温某斌所持义腾公司 27.5% 股权的市场价值为 25,058.37 万元，前述计算所得价格与朱某某所主张的 24,340 万元的回购价格相较差距不大。综上，考虑到朱某某主张股权回购款为 24,340 万元更符合本案事实，亦符合公平原则；鉴于温某斌在朱某某违约后将其所持义腾公司 27.5% 的股权转让给其他相关方获得的股权转让价款 30,461.6 万元已超过朱某某应付的股权回购价款，故对温某斌以 39,095 万元为基数主张的差价损失 8,633.4 万元，不予支持。对于义腾公司的保证责任问题，义腾公司股东为温某斌、朱某某与中亿公司，持股比例分别为 27.5%、67.5%、5%，根据义腾公司章程规定，公司对外融资、担保事项应由超过 2/3 以上表决权的股东表决通过。因朱某某作为被担保人，不能参与股东会对义腾公司提供担保事项的表决，故应由其他股东即温某斌、中亿公司所持表决权的 2/3 以上通过。温某斌作为债权人，同时是持有义腾公司 27.5% 股权的股东，其在《债务偿还合同》上签字的行为表明：其同意义腾公司为朱某某提供担保。故义腾公司为朱某某提供担保并不违反《公司法》第 16 条以及义腾公司章程的规定，义腾公司应承担该等保证责任。对于以朱某某个人名义所负、超出家庭日常生活需要的债务，杨某某是否应承担连带清偿责任的问题，应根据 2018 年 1

月18日实施的《夫妻债务司法解释》第3条[1]的规定进行审查。杨某某未在《债务偿还合同》及其补充协议上签字，温某斌亦未提交其他证据证明案涉债务系基于杨某某与朱某某的共同意思表示；而温某斌提交的义腾公司工商登记信息仅显示杨某某作为有限合伙人的德继中心为义腾公司股东，但该关系不能说明案涉债务用于杨某某与朱某某的共同经营活动。在温某斌未尽到充分举证责任的情况下，其主张杨某某对朱某某的债务承担连带清偿责任，不能成立。一审判决做出时，《夫妻债务司法解释》尚未实施，本案应适用该解释的规定，故对一审判决的该项处理结果予以纠正。

延伸阅读 夫妻共同债务涉及的主要法律问题

夫妻共同债务的认定是个非常复杂的法律问题。在《夫妻债务司法解释》于2018年1月18日实施前，司法审判实践关于夫妻债务的认定主要是参考《婚姻法》及《婚姻法司法解释（二）》等相关规定，特别是《婚姻法》第19条第3款[2]和《婚姻法司法解释（二）》第24条[3]的规定。《婚姻法》及其相关司法解释所秉承的法律逻辑是：只要债权人就婚姻关系存续期间夫妻一方以个人名义所负债务主张权利，就应按夫妻共同债务处理，除非夫妻一方能够证明该债务是债权人与债务人

1 《夫妻债务司法解释》第3条："夫妻一方在婚姻关系存续期间以个人名义超出家庭日常生活需要所负的债务，债权人以属于夫妻共同债务为由主张权利的，人民法院不予支持，但债权人能够证明该债务用于夫妻共同生活、共同生产经营或者基于夫妻双方共同意思表示的除外。"该规定经修订已被《民法典》承继并作为其第1064条第2款，即"夫妻一方在婚姻关系存续期间以个人名义超出家庭日常生活需要所负的债务，不属于夫妻共同债务；但是，债权人能够证明该债务用于夫妻共同生活、共同生产经营或者基于夫妻双方共同意思表示的除外。"

2 《婚姻法》第19条第3款："夫妻对婚姻关系存续期间所得的财产约定归各自所有的，夫或妻一方对外所负的债务，第三人知道该约定的，以夫或妻一方所有的财产清偿。"该规定经修订已被《民法典》承继并作为其第1065条第3款，即"夫妻对婚姻关系存续期间所得的财产约定归各自所有，夫或者妻一方对外所负的债务，相对人知道该约定的，以夫或者妻一方的个人财产清偿。"

3 《婚姻法司法解释（二）》第24条第1款："债权人就婚姻关系存续期间夫妻一方以个人名义所负债务主张权利的，应当按夫妻共同债务处理。但夫妻一方能够证明债权人与债务人明确约定为个人债务，或者能够证明属于婚姻法第十九条第三款规定情形的除外。"

明确约定的个人债务，或者能够证明夫妻之间存有财产分割协议且为债权人所知，再之后司法实践中演化为夫妻一方举证证明并未用于夫妻共同生活亦可。但基于举证责任方面的困难，夫妻一方经常会因为举证不能而承担夫妻另一方引起的夫妻共同债务。这些规定没有对夫妻债务的性质进行区分，没有完全解决夫妻债务认定方面的问题，因此实践中出现的法律适用问题也比较多。

《夫妻债务司法解释》从夫妻双方共同意思表示和夫妻共同债务性质入手，通过改变举证责任的方式，对原有相关规定进行了调整，其相关规定最终也被《民法典》吸收并体现在《民法典》第 1064 条等不同条款中，以立法形式确立了夫妻共同债务“共债共签”的原则，并明确了夫妻共同债务认定的举证责任分配。按此前《婚姻法》及《婚姻法司法解释（二）》下的法律逻辑，应由夫妻一方进行抗辩式举证，否则夫妻关系存续期间的债务原则上认定为夫妻共同债务。而根据《夫妻债务司法解释》第 1 条[1]的规定，夫妻双方共同签字确认或事后追认的共同意思表示的债务为夫妻共同债务。根据《夫妻债务司法解释》第 2 条[2]和第 3 条[3]的规定，以夫妻一方个人名义所负的债务应分为家庭日常生活需要所负的债务和超出家庭日常生活需要所负的债务（包括共同生产经营所产生的债务）两种。其中，对于家庭日常生活需要以个人名义所负的债务认定为夫妻共同债务，对超出家庭日常生活需要以个人名义所负的债务则需债

1 《夫妻债务司法解释》第 1 条：“夫妻双方共同签字或者夫妻一方事后追认等共同意思表示所负的债务，应当认定为夫妻共同债务。”该规定经修订已被《民法典》承继并作为其第 1064 条第 1 款的组成部分，即“夫妻双方共同签名或者夫妻一方事后追认等共同意思表示所负的债务，…属于夫妻共同债务。”

2 《夫妻债务司法解释》第 2 条：“夫妻一方在婚姻关系存续期间以个人名义为家庭日常生活需要所负的债务，债权人以属于夫妻共同债务为由主张权利的，人民法院应予支持。”该规定经修订已被《民法典》承继并作为其第 1064 条第 1 款的组成部分，即“…夫妻一方在婚姻关系存续期间以个人名义为家庭日常生活需要所负的债务，属于夫妻共同债务。”

3 《夫妻债务司法解释》第 3 条：“夫妻一方在婚姻关系存续期间以个人名义超出家庭日常生活需要所负的债务，债权人以属于夫妻共同债务为由主张权利的，人民法院不予支持，但债权人能够证明该债务用于夫妻共同生活、共同生产经营或者基于夫妻双方共同意思表示的除外。”该规定经修订已被《民法典》承继并作为其第 1064 条第 2 款，即“夫妻一方在婚姻关系存续期间以个人名义超出家庭日常生活需要所负的债务，不属于夫妻共同债务；但是，债权人能够证明该债务用于夫妻共同生活、共同生产经营或者基于夫妻双方共同意思表示的除外。”

权人举证证明，证明被夫妻一方用于夫妻共同生活、共同生产经营或者夫妻双方共同意思表示认为属于夫妻共同债务，否则法院即可能将之不视为夫妻共同债务，并驳回债权人诉请。与原规定相比，《夫妻债务司法解释》及《民法典》将对于超出家庭日常生活需要所负的债务的举证责任从由夫妻一方债务人承担改成了由债权人承担。在夫妻一方作为股东承担股权回购责任的情况下，如果私募股权基金等投资者股东基于夫妻共同债务而要求夫妻另一方承担债务，那么就需要首先考察这种债务是否属于超出家庭日常生活需要所负的债务，如是则应承担相应的举证责任。

此外，在夫妻一方承担或可能承担较大负债的情况下，夫妻双方也可能通过财产分割协议或“假离婚”等方式规避债务。根据《婚姻法》第 19 条第 3 款的规定，夫妻双方通过签署财产分割协议，确有可能实现一定程度上的避债，因为法律对这类协议的要求很低，只要是双方真实意思表示，且不存在欺诈胁迫或违反法律强制性规定的情形，原则上即可达到分割财产的目的，但问题是：这类协议需向债权人明示，否则很难达到避债效果。根据《合同法》第 52 条[1]、第 74 条[2]的规定，如果夫妻双方的离婚财产分割协议明显不利于举债一方，导致举债一方无力偿还债务，债权人可以向法院主张该协议无效或可予撤销。虽然这些规定有利于私募股权基金基于夫妻共同债务追讨股权回购债务，但实践中却不太容易处理，因为这需要私募股权基金对承担股权回购义务一方的夫妻关系和家庭关系进行关注，而这些关系又属于私密关系，很难查证，亦很难举证。因为《夫妻债务司法

---

1 关于《民法典》对《合同法》第 52 条的具体承继内容和方式，请参考本书其他相关内容。

2 《合同法》第 74 条：“因债务人放弃其到期债权或者无偿转让财产，对债权人造成损害的，债权人可以请求人民法院撤销债务人的行为。债务人以明显不合理的低价转让财产，对债权人造成损害，并且受让人知道该情形的，债权人也可以请求人民法院撤销债务人的行为。撤销权的行使范围以债权人的债权为限。债权人行使撤销权的必要费用，由债务人负担。”上述规定经修订已基本被《民法典》承继并体现在不同条款中，即第 538 条：“债务人以放弃其债权、放弃债权担保、无偿转让财产等方式无偿处分财产权益，或者恶意延长其到期债权的履行期限，影响债权人的债权实现的，债权人可以请求人民法院撤销债务人的行为。”第 539 条：“债务人以明显不合理的低价转让财产、以明显不合理的高价受让他人财产或者为他人的债务提供担保，影响债权人的债权实现，债务人的相对人知道或者应当知道该情形的，债权人可以请求人民法院撤销债务人的行为。”第 540 条：“撤销权的行使范围以债权人的债权为限。债权人行使撤销权的必要费用，由债务人负担。”

解释》明确了“共债共签”[1]的原则，或许比较简单经济的方法是由夫妻一方通过签发确认函的方式，在另一方签署股权回购协议时就未来可能承担的股权回购责任进行确认，以便为避免陷入关于“夫妻共同财产”或“夫妻共同债务”的烦琐争议打下基础。

第二节 回购成本

在私募股权投资争议中，股权回购方可能承担的股权回购成本通常由3部分组成，即投资款本金、预期收益和违约金。投资款本金通常是一个固定金额，且会有明确的证据证明，因此各方争议的焦点通常是集中在应否返还或支付投资款本金，而不是投资款本金金额的大小，这是一个要么是零要么是全部的概念。预期收益和违约金不同，二者通常会以投资款本金为基数按年按比例计算，且最终计算结果甚至可能超过投资款本金金额，因此各方争议的焦点通常会集中在应否支付预期收益和违约金以及应当支付多少预期收益和违约金，而这又会涉及如何在法律上界定预期收益和违约金的性质。

一、回购成本的金额

在私募股权投资实践中，股权回购成本通常都会在投资法律文件中明确约定，鲜有没有约定或约定不明的情形。其中，预期收益和违约金有时还会同时适用，很少有只约定投资款本金和预期收益而放弃约定违约金的情形，以通过提高股权回购方的违约成本对股权回购方形成震慑，并为收回股权回购价款提供保障。由此产生的问题是：如果司法审判机关支持私募股权基金取回投资款本金，是否还会支持其取得基于投资款本金按比例计算的预期收益呢？如果是，那么在支持取得预期收益的基础上，是否还会进一步支持其取得违约金呢？股权回购方的这些回购成本是否会因为违反法律法规的规定或者公平公正原则而被调整或免除呢？

---

1 《夫妻债务司法解释》第1条："夫妻双方共同签字或者夫妻一方事后追认等共同意思表示所负的债务，应当认定为夫妻共同债务。"

优选案例 1-8

中静公司与铭源公司股权转让纠纷案

阅读提示

诉讼背景：中静公司作为桂客集团的投资者股东，要求桂客集团原股东铭源公司回购其所持桂客集团股权并支付投资款本金以及以投资款本息为基数按年利率 15% 计算的复利及按回购款总额 20% 计算的违约金。未果，诉至法院。

裁判索引：安徽省高级人民法院一审并作出（2014）皖民二初字第 00007 号民事判决书（以下简称“一审判决”）；最高人民法院二审并于 2016 年 3 月 23 日作出（2015）民二终字第 204 号民事判决书（以下简称“二审判决”）。

主要问题：投资方在主张股权回购时，能否主张以投资款本息为基数按照年利率 15% 计算的复利及按照回购款总额 20% 计算的违约金？

一审程序

事实认定：

一审法院查明事实如下：

（1）2010 年 2 月 1 日，中静公司（甲方）与铭源公司（乙方）签订《协议书》，约定：

鉴于：甲方拟现金认购桂客集团本次新增股权及后续出资，桂客集团增资扩股后变更为股份公司。甲方因首次增资及后续出资形成的权益合称“甲方权益”；乙方为桂客集团实际控制人，愿就甲方权益的未来实现提供必要保障。

一、甲方同意在本协议生效后签署《增资协议》及有关增资法律文件，并按协议约定履行甲方义务。

二、乙方预测桂客集团 2010 年、2011 年、2012 年实现的合并归属于母公司税后净利润在扣除当年实现的《增资协议》中第 7 条规定的应归属于铭源公司及桂林市国有资产投资经营有限公司（以下简称“桂投公司”）之“退二进三”净收益后，所余税后净利润分别为 3,000 万元、4,000 万元、7,500 万元，经会计师事务所审计后，如上述会计年度税后净利润在扣除“退二进三”净收益后，三年平均数低于乙方预测金额平均数 70%，则双方同意按本协议第 4 条约定执行。

三、乙方承诺在2010年12月31日前按会计师事务认可的合规方式，消除桂客集团相关合并财务报表之障碍，否则双方同意按本协议第4条约定执行。

四、如发生本协议第2条、第3条预测利润未实现，乙方承诺未完成的任一情形，甲方有权按以下条件向乙方出售甲方权益，乙方不得拒绝：

4.1 甲方权益转让价格包括甲方原始出资额及出资期限内的合理收益。甲方原始出资额包括首次增资及后续出资；出资期限为甲方出资完成验资至甲方收到甲方权益交易对价之间的时期；合理收益是指按年利率10%以甲方原始出资额为基数计算的收益，包含甲方从桂客集团所获现金分红部分，如发生现金分红，应从转让价格中扣除。

4.2 甲方可在本协议第2条、第3条预测利润未实现、乙方承诺未完成的任一情形实际发生后90日内，向乙方提出转让甲方权益的书面要求。

4.3 乙方以自身或甲方指定的机构、个人作为受让甲方权益的主体，受让主体应同意遵守《增资协议》的约定。

4.4 乙方需在收到甲方书面要求后30日内，按本条第4.1款约定的转让价格向甲方支付完毕转让价款，甲方应在收到转让价款后30日内协助办理完成股权交割手续。

4.5 乙方履行上述支付股权价款义务，不以股权转让协议是否签署或股权交割是否完成为前提。在此情形下，无需签署其他文件，乙方有权仅依据本协议要求甲方办理股权交割手续，甲方不得拒绝。

4.6 甲乙双方同意，因该项股权转让而发生的一切税费按照相关法律法规规定各自承担。

五、若乙方违反约定，未按本协议约定收购甲方权益并支付股权转让价款，甲方有权要求乙方实际履行，并按股权转让价款的20%支付违约金。

(2) 2010年2月5日，铭源公司、桂投公司、中静公司与五菱公司签订《增资协议》，约定：铭源公司、桂投公司、中静公司与五菱公司持有桂客集团100%股权，其中铭源公司对桂客集团出资9,785万元，占注册资本总额51%；桂投公司对桂客集团出资9,399.8万元，占注册资本总额49%。桂客集团拟引入外部投资者将注册资本由19,184.8万元增到30,434.46万元，其中中静公司认缴新增注册资本5,624.83万元，五菱公司认缴新增资本5,624.83万元。

(3) 2011年3月30日，中静公司与铭源公司签订《补充协议书一》，约定：

鉴于铭源公司积极推进《协议书》第3款约定事项，同意将该款改为“依法承诺在2011年6月30日之前按具有证券从业资质的会计师事务所认可的合规方式，消除桂客集团合并大宇客车公司财务报表之障碍，否则甲乙双方同意按照《协议书》第4款约定执行”。《协议书》其他条款不变，双方应继续履行。

（4）2011年4月28日，中静公司（甲方）与铭源公司（乙方）签订《补充协议书二》，约定：甲方有权选择以下两种方式之一为实现甲方权益提供保障：第一种，甲方有权按本协议约定分享乙方依《增资协议》第7.1条约定所得“退二进三”净收益。第二种，乙方预测桂客集团2010年、2011年、2012年实现的合并归属于母公司税后净利润在扣除当年实现的根据《增资协议》中第7条规定的应归属于甲方及桂投公司之“退二进三”净收益后，所余税后净利润应分别3,000万元、4,500万元、7,500万元，经会计师事务所审计后，如上述会计年度的税后净利润在扣除“退二进三”净收益后，3年平均数低于上述金额平均数70%，甲方可依《协议书》第4条约定将所持桂客集团权益出售给乙方，并自乙方获得约定的合理收益。甲方应自2013年3月26日起20个工作日内从上述方式选择其一，并以书面方式告知乙方。

（5）2011年6月24日，中静公司与铭源公司签订《补充协议书三》，约定：鉴于铭源公司积极推进《协议书》第3款约定事项，同意将该款修改为：铭源公司承诺在2011年9月30日前按会计师事务认可的合规方式，消除桂客集团相关合并财务报表之障碍，否则双方同意按《协议书》第4款约定执行。《补充协议书一》有不同之处的，以本协议为准。《协议书》其他条款不变，双方应继续履行。

（6）2011年11月24日，中静公司与铭源公司签订《补充协议书四》，约定：中静公司有权在2013年12月31日前一个月内向铭源公司做出书面选择，向铭源公司出售其所持权益或继续持有。若中静公司选择向铭源公司出售所持权益，铭源公司向中静公司应付的回购价款包括3部分：①中静公司对桂客集团的原始出资6,000万元；②中静公司对桂客集团出资完成验资日（即2010年3月26日）至2011年12月31日（共计646天）止原始出资额6,000万元按年利率10%应计利息即1,061.92万元；③按年利率15%（复利，每年计算一次，不足一年的按天数年化计算），以上述①+②合计7,061.92万元为基数，自2012年1月1日起至铭源公司交付回购价款前一日止应付利息。中静公司提出向铭源公司出售所持权益后，若铭源公司未按本协议约定回购并按时支付回购价款，视为铭源公司违约，中静公司有权要求铭源公司实际履行，并按回购价款总额 20% 支付违约金。在铭源公司按本协议约定支付全部回购价款的前提下，无论股权转让协议是否签署及／或股权交割是否完成，无需签其他文件，铭源公司有权依本协议要求中静公司办理股权交割手续，中静公司不得拒绝。除本协议另有约定外，本协议与《协议书》《补充协议书一》《补充协议书二》《补充协议书三》不一致的，以本协议为准。

(7) 2013 年 12 月 2 日，中静公司向铭源公司邮寄《关于提请贵司依约回购我司所持桂客集团全部股权的函》，要求铭源公司回购中静公司所持桂客集团全部股权，并按《补充协议书四》约定在 2013 年 12 月 27 日前支付股权回购款。如在上述期限未能办理完回购股权事项，中静公司有权要求铭源公司承担 20% 违约金等违约责任。

(8)2014 年 2 月 19 日，桂客集团召开 2014 年第 4 次临时股东会并做出相关决议；2014 年 3 月 10 日，桂客集团召开 2014 年底第 5 次临时股东会议并做出相关决议。两份股东会决议均有铭源公司、桂投公司、中静公司加盖印章。

法院观点：

一审法院认为本案争议焦点为：中静公司要求铭源公司自 2012 年 1 月 1 日起以 7,061.92 万元为基数按年利率 15% 计算的复利以及按回购款总额 20% 支付违约金的诉请应否得到支持。

对此争议焦点，一审法院认为：

(1)《协议书》为各方真实意思表示，内容不违反法律、行政法规的强制性规定，合法有效，当事人应按约履行。《协议书》签订后，中静公司与铭源公司等 3 方签订《增资协议》，并依约出资 6,000 万元，认购桂客集团新增股权 18.4818%。其后，双方就《协议书》履行事宜又分别签订《补充协议书一》《补充协议书二》《补充协议书三》，各方对此无争议，法院亦予确认。因《协议书》第 2 条约定的桂客集团预期利润未能实现，中静公司依《补充协议书四》要求铭源公司回购其所持桂客集团 18.4818% 股权，对此铭源公司也予认可，该诉请应予支持。至于铭源公司称其已于 2010 年 2 月 1 日将所持桂客集团股权转让给上海铭源新能源汽车有限公司而不再实际经营管理桂客集团，故无法兑现所作桂客集团利润预测的承诺。经查，其虽与该公司签有股权转让协议，但协议签订后并未办理变更手续，且从桂客集团2014年第4次、第5次股东决议看，其仍作为公司股东实际参与公司经营及行使股权权利，故其该项辩称不予采信。

（2）中静公司主张回购款按《补充协议书四》约定，应包括原始出资额6,000万元、出资完成验资日（即2010年3月26日）至2011年12月31日止按年利率10%应计利息即1,061.92万元、按年利率15%（复利，每年计算一次，不足一年的按天数年化计算）以7,061.92万元（6,000 + 1,061.92万元）为基数自2012年1月1日起至铭源公司交付回购价款前一日止应付利息，并按上述回购款20%支付违约金。铭源公司对以6,000万元回购18.4818%股权以及原始出资日至2011年12月31日按年利率10%、自2012年1月1日起按年利率15%计算利息无异议，但对要求计收复利以及支付回购款20%的违约金不予认可。

鉴于：①中静公司签订《协议书》《增资协议》，并实际出资6,000万元入股桂客集团，目的应在于通过桂客集团经营获得收益，及对该集团良好发展前景的期许，而非希望约定事项不能实现，获得高额违约金。②桂客集团国内A股上市、3年预期税后利润3,000万元、4,500万元、7,500万元未能实现，涉及多方因素，并非全部铭源公司单方原因；中静公司成为桂客集团股东后，各方股东对上述目标的实现均负有相应义务。③中静公司主张按回购款分段按年利率10%、15%计算利息以及按回购款20%计算违约金，性质上均是对约定事项未能实现，铭源公司向中静公司承担的违约责任；按《补充协议书四》约定自2012年1月1日起以7,061.92万元为基数按年利率15%每年以此计算复利，明显超出《协议书》第4.1条关于合理收益为年利率10%的预期利益，亦会超过资金出借能获得的合法收益。④依据《合同法》第114条[1]等相关规定，违约金系以赔偿非违约方损失为主要功能。虽铭源公司存在违约情形，但《协议书》《补充协议书四》约定的违约金明显过高，导致双方权益严重失衡。除资金占用损失外，中静公司未能提交证据证明存在其他损失。综上，根据公平原则和诚实信用原则，酌定铭源公

1 《合同法》第114条经修订已被《民法典》承继并作为其第585条，即“当事人可以约定一方违约时应当根据违约情况向对方支付一定数额的违约金，也可以约定因违约产生的损失赔偿额的计算方法。约定的违约金低于造成的损失的，人民法院或者仲裁机构可以根据当事人的请求予以增加；约定的违约金过分高于造成的损失的，人民法院或者仲裁机构可以根据当事人的请求予以适当减少。当事人就迟延履行约定违约金的，违约方支付违约金后，还应当履行债务。”

司自 2012 年 1 月 1 日起至回购款实际付清之日以 6,000 万元为基数按年利率 15% 向中静公司支付利息。

法院裁判

综上，一审法院判决 一、铭源公司回购中静公司所持桂客集团 18.4818% 股权，并支付股权回购款 6,000 万元及利息（自 2010 年 3 月 26 日起至 2011 年 12 月 31 日止以 6,000 万元为基数按年利率 10% 计算；自 2012 年 1 月 1 日起至实际支付日止以 6,000 万元为基数按年利率 15% 计算）；二、驳回中静公司其他诉请。

二审程序

上诉请求：

中静公司不服一审判决，上诉请求撤销一审判决，改判支持中静公司全部诉请，理由如下：

（1）一审判决事实认定错误。铭源公司应就实现桂客集团业绩目标对中静公司承担保证义务，并在业绩目标未实现时承担相应责任。作为大股东及实际控制人，铭源公司对桂客集团业绩进行保证是股权投资领域的惯例，具有合理性基础：①中静公司签订《增资协议》《协议书》时，信息不对称。铭源公司全面掌握桂客集团经营情况，中静公司是新投资人，对桂客集团的了解依赖于铭源公司及桂客集团提供的信息。②铭源公司在增资后仍是桂客集团第一大股东，并实际负责桂客集团运营管理，中静公司并未实际参与桂客集团运营管理，铭源公司基于桂客集团实际管理人身份对其他股东负有信托义务。③根据《协议书》第 1 条，在铭源公司对桂客集团业绩保证的情况下，中静公司方同意对桂客集团增资，铭源公司的业绩保证是中静公司增资桂客集团的前提。

（2）一审判决适用法律错误。①《补充协议四》合法有效，铭源公司应按约定支付股权回购款。第一，《补充协议书四》第 1 条第 1.2 款是双方对回购价款达成的一致意见，“复利”表述仅为回购价款的计算方法，不同于借款中的计收复利。第二，双方同意以 2011 年 12 月 31 日铭源公司应付股权回购款为基数计算股权回购款合理合法。双方在付款期届满无力支付时，同意将到期款项转化为本金并以此为基数计算回购价并不违反法律规定和相关司法裁判精神。第三，一审判决认为按《补充协议书四》计算的结果“明显超出《协议书》第4.1条关于合理收益为年利率10%的预期利益，亦会超过资金出借能获得的合法利益”没有事实和法律依据。首先，中静公司是严格按《补充协议书四》约定要求铭源公司支付股权回购款。其次，本案并非借款关系，中静公司作为投资方承担的风险远大于贷款人的风险，即便比照借款处理，本案项下回购款亦不超过人民银行同期贷款利率4倍。②铭源公司应向中静公司支付违约金。首先，中静公司因铭源公司违约造成的损失客观存在，2010年2月中静公司增资时，桂客集团每股净资产为1.066，7元，而2013年度审计报告显示，桂客集团2013年末每股净资产仅为0.45元，中静公司仅此一项遭受损失高达3,468.83万元，远超中静公司主张的违约金。其次，双方已约定违约金金额，即便一方认为违约金过高，亦应适当减少，而非完全驳回。在确认铭源公司违约的情况下，不应全部驳回中静公司的违约金主张。

对中静公司的上诉请求，铭源公司答辩认为应当予以全部驳回，理由如下：

（1）一审判决认定事实清楚。2010年2月5日，桂客集团各股东签署《增资协议》及《备忘录》，各股东承诺“各方共同致力于做强做大桂林客车产业，共同致力于资本市场上市实现股东价值最大化，在增资扩股完成后，共同努力、采取积极措施，在桂客集团整体变更为股份有限公司并完成公司变更登记之日起3个月内，各方协商通过适当的解决方案以规范影响桂客集团上市的实质性障碍”。铭源公司是桂客集团第一大股东，各股东承诺的目标未能实现不符合其利益。铭源公司并未利用其大股东地位向中静公司隐瞒桂客集团任何信息。在签署《增资协议》及其他协议前，桂客集团及铭源公司已向中静公司充分披露桂客集团财务、法律及业务等各方面信息，中静公司也委托中介机构对桂客集团进行了全面尽职调查。在中静公司已充分了解桂客集团各方面信息的情况下，其对桂客集团增资后在国内A股上市及3年预期税后利润3,000万元、4,500万元、7,500万元能否实现应有其客观评判，对前述目标未能实现，亦存在过错。铭源公司已将其桂客集团股东权利委托中静公司享有，桂客集团董事及高管亦由中静公司委派，但中静公司与其他股东长期不和，导致桂客集团陷入僵局，出现亏损。

（2）一审判决适用法律正确。根据《协议书》，在中静公司签署《增资协议》

前即已确定股权回购价格的构成及计算方式，并确定回购股权时合理的收益为年利率 10%（预期利益），一审判决铭源公司支付回购款 6,000 万元，并以 6,000 万元为基数按不同期间以 10% 和 15% 的年利率支付利息符合双方间的约定以及签署《增资协议》的目的。中静公司请求计收复利并支付回购款 20% 的违约金，明显超过中静公司实际损失。从《合同法司法解释（二）》第 29 条[1] 规定可知，违约金具有补偿性和惩罚性双重性质，当事人可约定高于实际损失的违约金。但违约金性质仍以补偿为主，以填补守约方损失为主要功能，而不是严厉惩罚违约方。一审法院以中静公司的资金占用损失为实际损失，调整违约金标准符合前述法律及司法解释的规定。

事实认定：

二审法院认可一审法院查明的事实。

法院观点：

二审法院认为上诉争议焦点为：中静公司主张铭源公司应自 2012 年 1 月 1 日起以 7,061.92 万元为基数按年利率 15% 计算复利支付股权回购款以及按回购款总额 20% 支付违约金的诉请能否得以支持。

对此争议焦点，二审法院认为：

（1）股东一旦注资成为公司股东，即应承担相应投资风险，即便股东回购协议不违反法律禁止性规定，但回购实质上是在双赢目标不能达成后对投资方权益的一种补足，而非获利，故其回购条件亦应遵循公平原则，在合理的股权市场价值及资金损失范围之内，不能因此鼓励投资方促成融资方违约从而获取高额赔偿。

---

1 《合同法司法解释（二）》第 29 条规定：“当事人主张约定的违约金过高请求予以适当减少的，人民法院应当以实际损失为基础，兼顾合同的履行情况、当事人的过错程度以及预期利益等综合因素，根据公平原则和诚实信用原则予以衡量，并作出裁决。当事人约定的违约金超过造成损失的百分之三十的，一般可以认定为合同法第一百一十四条第二款规定的“过分高于造成的损失。”上述规定并未直接体现于《民法典》条文中，但《民法典》第 584 条规定：“当事人一方不履行合同义务或者履行合同义务不符合约定，造成对方损失的，损失赔偿额应当相当于因违约所造成的损失，包括合同履行后可以获得的利益；但是，不得超过违约一方订立合同时预见到或者应当预见到的因违约可能造成的损失。”可见，《民法典》对赔偿损失的范围仍进行了规定，但由于前述司法解释在被废止前仍应有效，二者之间的差异或需后续出台《民法典》相关司法解释或其他配套法律规定来明确或调整。

双方虽在《补充协议四》中自主约定了回购价款及违约金计算方式，但其性质是因《协议书》约定事项未能实现，铭源公司承担的违约责任，故可统一调整和权衡。具体而言：

股权回购价款第3部分明确表述为按年利率15%（复利，每年计息一次，不足一年的按天数年化计算），以第1项和第2项的合计数7,061.92万元为基数，自2012年1月1日起至铭源公司交付回购价款前一日止应计的利息。其表述内容与计算方式均显示出复息性质。复息计算的规定源于《人民币利率管理规定》，适用对象仅限于金融机构，中静公司不具有向铭源公司收取复息的权利。对中静公司要求按年利率15%计算复利的上诉主张，不予支持。

（2）依双方约定，铭源公司支付回购款的最后期限为2013年12月27日，此前尚不构成违约。自2013年12月27日至中静公司诉讼主张之2014年2月12日，铭源公司逾期不足3个月，而中静公司以全部回购款为基数计算的违约金为19,008,855元，明显高于合理范围。法院认为：本案违约责任的特殊之处在于：其一，双方签订协议的根本目的应在于通过桂客集团经营获得收益，及对该集团良好发展前景的期许，而非希望约定事项不能实现，从中获得高额违约金；其二，造成协议约定盈利目标未能实现涉及多方因素，不能完全归咎于铭源公司单方原因，该结果亦不符合其合同利益，中静公司成为桂客集团股东后，各方股东对盈利目标的实现均负有相应义务，在区分违约责任时不能简单以到期未偿还资金为由苛以严格的逾期还款违约责任；其三，依《合同法》第114条等规定，违约金虽兼具补偿为主惩罚为辅的双重性质，但以赔偿非违约方损失为主要功能。在中静公司除资金占用损失外并未提交证据证明其他损失的情形下，以6,000万元投资本金为参照，其诉请支付逾期3个月的违约金19,008,855元显属过高，依法可予调整。

（3）基于以上，对违约金数额可予适当减少，一审判决以资金占用损失为中静公司实际损失，统一将双方约定的利息及违约金计算方式予以调整，有一定事实与法律依据，亦在基于公平原则行使自由裁量权的权限范围内，并无明显不当，予以维持。

法院裁判

综上，二审法院判决驳回上诉，维持原判。

案例启示

本案是关于股权回购成本的典型案例，其典型之处不仅在于预期收益或利息计算方式上的特殊性，即以不同利率分时间段计算利息，而且还在于违约金计算方式上的特殊性，即以股权回购款或投资款本金与计算所得利息之和为基数计算违约金，可谓“复利之上还有复利”，对股权回购方的压力不可谓不大。

除前述外，本案中司法审判机关的观点也值得注意。首先，司法审判机关认为投资者股东通过股权投资获利的基础应是对目标公司“良好发展前景的期许”，而不是希望“约定事项不能实现”从中获取“高额违约金”。其次，各方股东对实现约定事项均负有相应义务，约定事项不能实现“涉及多方因素”，而不能单单归咎于目标公司实际控制人，不能简单以到期未偿还资金为由苛以严格的逾期还款违约责任。以此为基础，司法审判机关经考察中静公司的损失，根据违约金应以补偿为主和以惩罚为辅的原则，最终判决支持了中静公司的部分利息请求并驳回了中静公司的其他利息请求和全部违约金请求。这种审判结果说明，如果私募股权基金在投资法律文件或股权回购条款中设定的预期收益和违约金金额过高，即可能会面临不被司法审判机关支持的风险。实际上，预期收益和违约金属性不同，各自面临的风险程度又有不同。

预期收益在法律上应属于可得利益损失，只要投融资各方在投资法律文件中予以明确约定，原则上都应获得司法审判机关支持，“嘉俪中心与游某及服饰公司股权转让纠纷案”[1]甚至支持了投资者股东按年化收益率30%计算预期收益的诉讼请求。本案支持的预期收益率最高没有超过15%，且是分时间段进行计算，其原因或许在于“复利”等贷款相关概念在投资法律文件中的一再重复使用以及私募股权基金在“复利”收取权利方面的欠缺。换言之，虽然预期收益不一定能够得到司法审判机关的全部支持，但如果设置得当，其司法审判结果应当会具有较大可预见性。一般而言，根据交易性质和合同目的等因素，可得利益损失可分为生

1 参见本书第二部分“法定代表人的‘回购’责任”之优选案例1-5。

产利润损失、经营利润损失和转售利润损失等类型。在计算和认定可得利益损失时，司法审判机关通常会综合运用可预见规则、减损规则、损益相抵规则及过失相抵规则等规则，并从守约方主张的可得利益赔偿总额中扣除违约方不可预见的损失、守约方不当扩大的损失、守约方因违约获得的利益、守约方过失造成的损失，等等。这些可得利益损失的认定要素说明，在设置预期收益时，私募股权基金必须首先考虑两个方面的基本事项。其一，其因投资失败所可能产生的可得利益损失是什么以及损失金额有多少？其二，其主张的可得利益损失是否有扣除项以及扣除项金额是多少？

就可得利益损失是什么以及损失金额有多少而言，私募股权基金的主要损失大体产生于两个方面，即基金管理人基于提供管理服务所收取的管理费以及基金投资人基于信赖关系所渴求的预期投资收益。换言之，二者相加之和即是私募股权基金实施股权投资所最期望能够获得的“最低保底”收益，这也是很多私募股权基金据此设定股权回购价款的重要原因，这相对比较容易理解。就可得利益损失是否有扣除项以及扣除项金额是多少而言，情况则比较复杂。比如，本案中司法审判机关即认为各方股东对实现约定事项均负有相应义务，并将之作为相关扣除项基础酌减了中静公司诉请的利息金额。对私募股权基金而言，这会给其对目标公司实施投后管理带来了一个极大挑战：要不要实施投后管理以及实施到何种程度。这是一个两难问题，不实施投后管理不行；但若实施投后管理，如果管理不当又可能造成预期收益无法全部获得司法审判支持。事实上，关于投资者股东所实施的投后管理以及因该等投后管理不当而产生的相关责任是否应减轻或免除股权回购方的回购责任的问题，不仅在本案中被股权回购方提及，而且也大量存在于其他案件中，或有待未来更多审判案例进行研判。

此外，本案司法审判机关之所以会驳回中静公司关于违约金的全部诉讼请求，主要是因为其认为中静公司主张的利息和违约金存在竞合，都属于铭源公司承担的违约责任，因此统一进行了权衡和调整，但由此产生的问题是：在支持私募股权基金取回投资款本金及取得相关预期收益的情况下，司法审判机关是否不会支持私募股权基金关于违约金的诉请呢？此问题或可在“富盈中心与集团公司、金丰公司、三洲隆徽公司、储某某纠纷案”[1]中再行探讨，但司法审判机关在本案中关于“回购条件亦应遵循公平原则，在合理的股权市场价值及资金损失范围之内，不能因此鼓励投资方促成融资方违约从而获取高额赔偿”的观点，却需要私募股权基金予以时时注意，本着公平公正的原则对股权回购中的预期收益及/或违约金进行设定，尽量不采用“复利之上还有复利”的做法。当然，本案中，中静公司也未能对自身遭受的损失进行充分举证并为法院权衡和调整违约金数额提供参考，因此未能最大限度地争取补偿金额。

优选案例 1-9

富盈中心与三洲集团公司、金丰公司等股权转让纠纷案

阅读提示

诉讼背景：富盈中心作为特钢公司的投资者股东，根据《股权回购框架协议》要求特钢公司原股东三洲集团公司以及协议成为回购款债务人的金丰公司共同向其支付回购款222,473,126元以及迟延履行利息及违约金。未果，诉至法院。

裁判索引：北京市高级人民法院一审并作出（2015）高民（商）初字第3653号民事判决书（以下简称“一审判决”）；最高人民法院二审并于2016年5月10日作出（2016）最高法民终205-1号民事判决书（以下简称“二审判决”）。

主要问题：（1）三洲集团公司及金丰公司能否以原先所签股权转让协议项下回购条件未成就而拒绝支付回购款？（2）富盈中心是否有权同时主张迟延履行利息及违约金？

一审程序

事实认定：

一审法院查明事实如下：

（1）2013年11月，富盈中心与三洲集团公司、金丰公司、隆徽公司、储某某、特钢公司签订《股权回购框架协议》，约定：

1 参见本书第二部分“回购成本的金额”之优选案例中的案例1-9。

第1条回购股权：(1) 三洲集团公司应于收到富盈中心回购通知后立即回购富盈中心所持先前从三洲集团公司受让的特钢公司5.20%股权；暂截至2013年5月18日，三洲集团公司应向富盈中心支付股权回购款222,473,126元；从而，富盈中心对三洲集团公司享有前述回赎金额债权。(2) 各方确认：三洲集团公司本应于2013年6月30日前付清回赎金额，但鉴于其逾期未付，三洲集团公司同意自2013年5月19日起至实际付清回赎金额之日止，就回赎金额按年利率15%向富盈中心加付迟延履行利息。(3) 三洲集团公司其他股东共同保证，完全同意本次股权回购……。(4) 回购股权的工商变更登记手续，以富盈中心同意并收到回赎金额本息或被富盈中心视同为付清回赎金额本息为先决条件……。(5) 在回购的股权变更登记至三洲集团公司名下的全部法律手续完成时，三洲集团公司始从富盈中心处取得回购的股权及其项下股东权益的所有权。

第2条共同履行：(1) 金丰公司经履行必要内部批准程序自愿作为加入的债务人，与三洲集团公司共同承担向富盈中心支付全部回赎金额本息的义务。(2) 金丰公司明确，其系加入的共同债务人而非三洲集团公司的保证人，其因履行回赎金额支付义务产生的与三洲集团公司间的债权债务由其自行与三洲集团公司解决。(3)三洲集团公司和金丰公司承担回赎金额支付义务不分份额和次序……。(4) 基于金丰公司的诚意，富盈中心对其提出的变更回赎金额支付义务履行方式的动议表示附条件同意，具体见协议第3条约定。

第3条附条件房屋预售抵偿：(1) 金丰公司同意在其开发的房地产项目具备合法预售资格后，以该项目部分房屋抵偿应付富盈中心的回赎金额本息。(2) 在下述3个先决条件均全面如期成就的前提下，富盈中心同意以预售房屋抵偿回赎金额本息的偿债方式；除非富盈中心书面放弃，金丰公司……不得以下述先决条件没有成就或没有全面如期成就为由拒绝向富盈中心预售房屋：①用于抵偿回赎金额债务的房屋于2014年4月25日前取得合法预售许可手续，且金丰公司于2014年4月30日前与富盈中心办理完成抵偿房屋的网签手续；②金丰公司不违反本协议任何义务及承诺；③金丰公司全面遵守第3条第3款的约定。(3) 在抵偿房屋取得合法预售许可之日起5日内（至迟不超过2014年4月30日），金丰公司应与富盈中心办理抵偿房屋预售的网签手续，将抵偿房屋预售给富盈中心，签署《北京市商品房预售合同》。(4) 在抵偿房屋依约如期完成网签手续的前提下，以2014

年 4 月 30 日作为富盈中心所享回赎金额本息债权与金丰公司所享抵偿房屋房价款债权的抵偿日。各方确认，截至上述抵偿日，三洲集团公司和金丰公司应付富盈中心的回赎金额本息债务合计 254,639,032 元，该金额亦作为本协议约定的抵偿房屋总价款。(5) 发生下述情形之一的，富盈中心有权选择拒绝购买抵偿房屋而要求立即支付回购金额本息（依第 1 条第 2 款约定计算至实际付清之日），亦有权选择等待金丰公司履约而在富盈中心等待期间回购金额按第 1 条第 2 款计算至富盈中心与金丰公司网签《北京市商品房预售合同》之日：①金丰公司未能在 2014 年 4 月 25 日前取得抵偿房屋合法预售许可手续；②金丰公司虽于 2014 年 4 月 25 日前取得抵偿房屋合法预售许可手续，但未能在 2014 年 4 月 30 日前完成抵偿房屋网签手续。(6) 发生下述情形之一的，富盈中心有权选择解除其签署的《北京市商品房预售合同》而要求金丰公司返还购房款，并有权要求金丰公司自该合同网签之日起至金丰公司实际返还购房款期间，按购房款总额 15%/ 年的标准向富盈中心支付利息；富盈中心亦有权选择不解除《北京市商品房预售合同》，则此情形下自金丰公司违约之日起至其违约行为消除之日的期间，金丰公司应按富盈中心购房款总额 15%/ 年的标准向富盈中心支付迟延履行违约金：①金丰公司未能在 2014 年 12 月 30 日前向富盈中心交付符合《北京市商品房预售合同》约定交付条件的房屋；②金丰公司未能在 2015 年 12 月 30 日为富盈中心办理完毕并交付富盈中心抵偿房屋的《房屋所有权证》。

第 4 条担保事项：(1) 隆徽公司、储某某对本协议背景事实及内容均全面知悉且予以确认，均自愿为三洲集团公司和金丰公司的回赎金额本息支付义务及其他全部义务提供连带共同保证；富盈中心有权向隆徽公司、储某某中的任何一方主张回赎金额本息、违约金、迟延履行金、损失赔偿金的连带保证责任。(2) 如《北京市商品房预售合同》因金丰公司违约而提前解除，则三洲集团公司、隆徽公司、储某某自愿为金丰公司的购房款本息返还义务及其他全部义务提供连带共同保证，富盈中心有权向三洲集团公司、隆徽公司、储某某中的任何一方主张返还全部购房款本息、支付违约金、损失赔偿金等。

第 6 条违约责任：本协议生效后，任何一方无故不履行款项支付义务，必须向权利方支付相当于应承担支付义务总额 5% 的违约金。该违约金为最低违约补偿，该违约金的支付不影响守约方要求其继续履行义务或追究其他赔偿责任，也不影响本协议中其他有关违约责任条款的适用。

（2）富盈中心、三洲集团公司、金丰公司、隆徽公司、储某某、特钢公司在《股权回购框架协议》上盖章、签字。

（3）金丰公司未能在2014年4月25日前取得抵偿房屋的合法预售许可手续，使《股权回购框架协议》项下金丰公司以预售房屋抵偿的先决条件未能成就，富盈中心选择要求三洲集团公司、金丰公司支付股权回购款及迟延履行利息，并于2015年7月17日分别向三洲集团公司、金丰公司发出《关于立即支付股权回购款、迟延履行利息等的通知》；于2015年7月23日分别向隆徽公司、储某某发出《关于连带支付股权回购款、迟延履行利息等的通知》，要求隆徽公司、储某某依照《股权回购框架协议》的约定，向富盈中心连带支付股权回购款并加付迟延履行利息及违约金。

法院观点：

（1）《股权回购框架协议》是当事人真实意思表示，不违反法律、法规强制性规定，当事人对合同内容均无异议，《股权回购框架协议》真实、有效，应依约履行。

（2）依《股权回购框架协议》，三洲集团公司应向富盈中心支付股权回购款222,473,126元，并按年利率15%支付自2013年5月19日起至实际付清之日止的利息，同时按股权回购款本息总额5%支付违约金；金丰公司作为债的加入人，自愿以合同约定方式与三洲集团公司共同承担前述付款义务。由于金丰公司未能在约定期限内办理抵偿房屋的预售手续，富盈中心依约选择由金丰公司与三洲集团公司共同承担支付股权回购款本息的义务。故金丰公司应与三洲集团公司共同向富盈中心支付股权回购款本息及违约金。隆徽公司、储某某作为担保人，对三洲集团公司和金丰公司向富盈中心的给付股权回购款本息义务，依约承担连带保证责任。隆徽公司、储某某承担保证责任后，有权向三洲集团公司、金丰公司追偿。三洲集团公司、金丰公司、隆徽公司、储某某的上述给付义务、担保义务均在《股权回购框架协议》中明确约定，富盈中心请求各债务人、担保人履行义务，有合同和法律依据，应予支持。

（3）《股权回购框架协议》明确约定了逾期应支付利息及计算方法，同时约定了违约金及计算方法，并明确违约金的支付不影响合同中其他违约责任条款的适用。在三洲集团公司、金丰公司违反合同约定，逾期履行付款义务时，富盈中心有权要求三洲集团公司、金丰公司依约支付逾期利息和违约金，隆徽公司、储某某亦应承担相应担保责任。三洲集团公司、金丰公司、隆徽公司、储某某关于富盈中心不能一并主张利息和违约金的抗辩理由，没有事实和法律依据，不予支持。

法院裁判

综上，一审法院判决：三洲集团公司、金丰公司共同向富盈中心支付股权回购款 222,473,126 元以及迟延履行利息（以 222,473,126 元为基数按年利率 15% 自 2013 年 5 月 19 日计算至实际付清之日止）、违约金 14,757,891.95 元（按 222,473,126 元和自 2013 年 5 月 19 日起至 2015 年 7 月 22 日止的迟延履行利息 72,684,713.08 元的总额的 5% 计算）；隆徽公司、储某某对前述判决承担连带保证责任。

二审程序

上诉请求：

三洲集团公司和金丰公司不服一审判决，上诉请求撤销一审判决，发回一审法院重审或改判，理由如下：

（1）三洲集团公司、金丰公司与富盈中心所签《股权回购框架协议》是源于两份基础法律文件：《股权转让协议一》和《股权转让协议二》。由于《股权转让协议一》和《股权转让协议二》中“股权回购条款”的所列条件并未成就，基于此两份基础法律文件所签《股权回购框架协议》也应依法予以撤销。

（2）共同参与企业经营的各方应按注册资本比例分享利润、分担风险及亏损。富盈中心作为特钢公司股东，参与了特钢公司经营管理，负责其生产经营决策、财务、人事等工作。作为特钢公司股东和共同经营方，三洲集团公司对富盈中心在特钢公司利润不达标时的补偿约定，使得富盈中心只享有利润、不承担风险，违背了共同经营方应共担风险、共享收益的法律精神。这种不利于三洲集团公司的对赌约定，应被认定无效。

（3）富盈中心主张股权回购款按年利率 15% 支付利息、并支付总额（本金加上按年利率 15% 计算的利息）5% 的违约金，是恶意加重三洲集团公司、金丰公司负担的重复主张。富盈中心不用承担任何风险即可得到高额补偿和回报，三洲集团公司、金丰公司却要因赔偿补偿面临破产境地，这对三洲集团公司、金丰公司极为不公。法院在维护交易安全的同时，也应兼顾交易的公平与合理。

（4）三洲集团公司与富盈中心所签《股权转让协议一》和《股权转让协议二》在净利润预测数据方面存在重大错误，不是2011年度1亿元、2012年度2.6亿元、2013年度5亿元，而是2011年至2013年任一年度的净利润指标。2011年特钢公司实现净利润10,176,0321.19元，已达到预测净利润指标，2012年和2013年特钢公司未达到预测净利润指标，主要是因为从2012年下半年起，特钢公司的经营管理是由富盈中心负责，富盈中心应承担一定责任。三洲集团公司、金丰公司虽同意股权回购，但不同意按富盈中心要求的金额回购，相对合理的回购价格应是1.8亿元。

对三洲集团公司和金丰公司的上诉请求，富盈中心答辩认为：

（1）本案请求权基础是合同上的请求权，基于《股权回购框架协议》而产生；《股权回购框架协议》是当事人之间独立、完整、全新的合意，且全体当事人已明确前两份《股权转让协议》及其履行情况仅作为背景，未将其纳入《股权回购框架协议》的权利义务内容，两份《股权转让协议》已不具有法律拘束力；《股权回购框架协议》具有独立法律效力，不存在无效和可撤销的法定情形。

（2）《股权回购框架协议》项下争议与PE对赌争议具有本质区别；三洲集团公司、金丰公司混淆投资与联营的界限，其关于富盈中心对目标公司未能实现净利润指标存在过错的观点没有事实根据；三洲集团公司、金丰公司混淆股转与增资的区别，错误地认为富盈中心从目标公司取得不当利益。

（3）股权回购款的迟延履行利息是合同约定的本位履行行为，违约金是合同预先设定的独立于履行行为之外的给付行为，两者性质不同，可同时适用，且有明确合同依据。此外，违约金的适用条件已经成就，迟延履行利息属于正常履行行为，与股权回购款本金共同构成股权回购对价，该对价公平，亦未明显加重义务人负担，不存在违约金过高而予调整的事实基础。

（4）《股权回购框架协议》是基于目标公司净利润指标没有达标的事实产生，而非哪一方过错。富盈中心没有参与目标公司管理，管理层是董事会决定聘用，是目标公司自身行为，富盈中心不应承担责任。此外，按股权转让协议约定，任何一个年份没有达标，都要触发回购条款。三洲集团公司、金丰公司的理由不足以改变本案事实基础。

隆徽公司、储某某未提起上诉。

事实认定：

二审法院认可一审法院查明的事实，并补充查明：在《股权回购框架协议》签订之前及之后，特钢公司的控股股东均为三洲集团公司。

法院观点：

二审法院认为上诉争议焦点为：（1）股权回购的约定是否有效，股权回购的条件是否已成就；（2）富盈中心支付利息、违约金的请求是否构成重复主张。

对争议焦点一，二审法院认为：

（1）《股权回购框架协议》鉴于部分确认了如下事实："鉴于整体经济形势、市场环境及其他主客观原因，己方（特钢公司）未能实现《股权转让协议一》和《股权转让协议二》约定的净利润指标，已触发《股权转让协议一》和《股权转让协议二》第7.7条约定的股权回购条款""鉴于己方（特钢公司）现状及未来前景，2013年5月17日，甲方（富盈中心）向乙方（三洲集团公司）及戊方（储某某）发出《股权回购通知》，乙方（三洲集团公司）及戊方（储某某）于2013年5月18日签收《股权回购通知回执》"。

（2）富盈中心起诉依据的并非《股权转让协议一》和《股权转让协议二》，而是《股权回购框架协议》，《股权转让协议一》和《股权转让协议二》不属于本案审理范围，且对《股权回购框架协议》的效力，三洲集团公司、金丰公司并无异议。三洲集团公司、金丰公司虽认为《股权转让协议一》和《股权转让协议二》关于股权回购的约定应为无效，但没有生效法律文书确认该约定为无效。

（3）《股权转让协议一》和《股权转让协议二》约定的股权回购条件是未能实现双方约定的净利润指标，而关于净利润指标的约定是股权转让方（转让前和转让后均是目标公司的控股股东）与股权受让方基于商业风险判断的真实意思表示，并不损害目标公司的利益，也不损害目标公司债权人的利益。

（4）三洲集团公司、金丰公司关于股权回购条件并未成就的主张与其确认的特钢公司未能实现《股权转让协议一》和《股权转让协议二》约定的净利润指标的事实相冲突，也无证据支持，不能成立。

对争议焦点二，二审法院认为：

（1）迟延履行利息是因三洲集团公司、金丰公司延期支付股权回购款项而给对方造成的款项占用损失，违约金是因三洲集团公司、金丰公司不履行股权回购款项支付义务而向对方所做的补偿，两者性质不同，合并适用不违反合同约定，也不违反法律规定。

（2）迟延履行利息的支付标准是以截至2013年5月18日三洲集团公司、金丰公司应付股权回购款222,473,126元为基数，按年利率15%计算；违约金的支付标准是以三洲集团公司、金丰公司应付股权回购款和迟延履行利息总额为基数，按5%计算。两者相加，未超过《民间借贷司法解释》规定的年利率24%的限额。

（3）三洲集团公司、金丰公司上诉主张富盈中心对特钢公司未能实现《股权转让协议一》和《股权转让协议二》约定的净利润指标存在过错，应承担一定责任，但并未提供证据证实，不能成立。

法院裁判

综上，二审法院判决：驳回三洲集团公司、金丰公司的上诉请求，维持一审判决。

案例启示

本案实际上是一个因对赌引发的股权转让案例，其主要特点是：本案仅涉及目标公司原股东与投资者股东之间的股权回购争议，并未涉及投资者股东与目标公司之间的股权回购或连带清偿责任争议，且本案既未对对赌事宜进行实质性审理，也未实质审理与案涉《股权回购框架协议》相关的包含对赌条款的《股权转让协议一》和《股权转让协议二》，因为两审法院均认为：富盈中心起诉的依据是《股权回购框架协议》，并非《股权转让协议一》和《股权转让协议二》，《股权转让协议一》和《股权转让协议二》不属于审理范围。虽然本案未就对赌本身进行深入分析，但对私募股权基金而言，不仅在设定预期收益和违约金金额方面具有重要参考意义，而且在应对投资失败方面也具有很好的参考意义。

与前述“中静公司与铭源公司股权转让纠纷案”（以下简称“中静公司案”）

相比，本案与其相同之处在于：投资者股东的诉讼请求都包括投资款本金或股权回购价款本身、利息或“迟延履行利息”以及违约金 3 部分，不同之处在于：在“中静公司案”中，投资者股东关于违约金的诉讼请求最终未获支持，而在本案中，投资者股东关于违约金的诉讼请求最终获得了全部支持。面对三洲集团公司和金丰公司关于并行适用“迟延履行利息”及“违约金”系富盈中心恶意加重其负担的主张，本案二审法院的观点清晰而明确，即：“迟延履行利息”和“违约金”分属款项占用损失和补偿，责任性质不同，合并适用并不违反合同约定，也不违反法律规定，应予支持。换言之，本案二审法院并不认为本案中的“迟延履行利息”和“违约金”存在竞合，并不需要统一权衡和调整。虽然本案与“中静公司案”案情不同，但司法审判机关在本案中的观点也说明：私募股权基金不是不可以在投资法律文件或股权回购条款中同时设定关于收取“迟延履行利息”和“违约金”的相关内容，但需要特别注意是否会因此而过度加重股权回购方义务。事实上，本案二审法院是在援引《民间借贷司法解释》关于 24% 年利率限额规定的基础上，以“迟延履行利息”和“违约金”合计未超过该限额作为部分理由，支持了富盈中心关于“迟延履行利息”和“违约金”的全部诉讼请求。对私募股权基金而言，或许这一限额规定也是设定预期收益和违约金标准的一个重要参考依据，但股权投资与债权投资在性质上毕竟不同，且《九民会议纪要》[1] 也载明：在确定违约责任时，尤其要注意依法适用违约金调整的相关规则，避免简单以民间借贷利率的司法保护上限作为调整依据。

除前述外，在投资失败应对方面，本案的参考意义主要在于：在目标公司未达到所约定指标后或者在股权回购条件被触发后，如果原投资法律文件中的股权回购条款仍然有效，私募股权基金有无必要就对赌责任的履行时间和方式等内容另行与原股东签署类似本案《股权回购框架协议》的“确权协议”？从本案整体

---

1 《九民会议纪要》第 3 部分第 2 条第 50 款“违约金过高标准及举证责任”：“认定约定违约金是否过高，一般应当以《合同法》第 113 条规定的损失为基础进行判断，这里的损失包括合同履行后可以获得的利益。除借款合同外的双务合同，作为对价的价款或者报酬给付之债，并非借款合同项下的还款义务，不能以受法律保护的民间借贷利率上限作为判断违约金是否过高的标准，而应当兼顾合同履行情况、当事人过错程度以及预期利益等因素综合确定。主张违约金过高的违约方应当对违约金是否过高承担举证责任。”

庭审情况来看，签署此类确权协议应该能够起到通过新协议“固化”各方当事人之间的既有状况（包括所约定指标未达标的事实）以及未来具体行动（包括实施股权回购的时间和方式）的作用，从而有利于简化诉争事项涉及的法律关系以及降低司法审判难度，避免陷入对赌是否有效等一系列复杂法律问题的漩涡，为节约诉讼时间和早日拿到判决结果提供便利。此外，在原先所签投资法律文件存有瑕疵或约定不明等情形时，此类确权协议还可起到弥补甚至纠正投资法律文件瑕疵的作用，能够使私募股权基金的投资权益以及退出权益得到进一步保障。然而，如需确权协议起到前述效果，确权协议还应具备《合同法》所规定的基本要素[1]，对股权回购涉及的回购价款金额、交割时间以及拟回购股权的数量、交割时间进行明确约定，以使确权协议能够成为一份独立且可取代原投资法律文件的协议，而本案中的《股权回购框架协议》恰恰具有这一特征。这或许也是两审法院最终均支持富盈中心诉讼请求的另一个重要原因。

参考案例 1-16

信达公司与太西集团请求公司收购股份纠纷案

终审裁判：最高人民法院二审并于 2016 年 3 月 31 日作出（2016）最高法民终 34 号民事判决书

主要问题：在标的公司资产发生多次变化后，回购价格应当按何标准确定?

案件事实：2000 年 5 月 29 日，信达公司与相关方签订《债转股协议》，约定：债权方信达公司以转股债权按 1:1 转换比例折合的债转股资产作为出资，与相关方共同设立标的公司太西集团，信达公司出资占注册资本 4.62%，其他相关方合计出资占注册资本 95.38%；信达公司所持太西集团股权可采取太西集团回购、债权方转让和相关方收购 3 种退出方式，退出时间自 2000 年始，至 2007 年前全部退出。2000 年 6 月 9 日，信达公司与相关方签订《债转股补充协议》，约定：债权方股权通过太西集团回购退出时，退出价格为债权方转股债权原值，不溢价计算，即：债权方每年的股权退出比例、股权退出数额及股权全部退出年限不变，太西集团在每回购年度按原计划中约定的回购股权本金比率实施回购。2002 年 6 月，太西

1 在《民法典》施行后，应具备《民法典》合同编所规定的合同基本要素。

集团支付信达公司股权回购款 35 万元，信达公司股比减少为 4.65%，出资额减少为 6,158 万元。2002 年，宁煤集团作为国有公司被批准成立，太西集团全部国有资产被授权宁煤集团经营。2005 年，神宁集团被批准成立，宁煤集团全部净资产被作价 50 亿元用于出资神宁集团并持股 49%。2011 年 8 月 18 日，太西集团发出临时股东会会议通知，载明："各股东接到此通知后，如无异议，请在'关于太西集团延长经营期限股东会决议'加盖相应印鉴……如就延长经营期限事项有异议，不能加盖印鉴，请回函明示为放弃表决或反对表决……。"2011 年 8 月 28 日，太西集团形成股东会决议，将营业期限延长至 2016 年 6 月 28 日，信达公司未盖章。2011 年 9 月 13 日，信达公司向太西集团发出函件，表示不同意延长太西集团经营期限。2011 年 10 月 20 日，信达公司向神宁集团发出函件，要求收购信达公司所持股权。未果，信达公司诉至法院，要求太西集团以合理价格（按清算、审计及评估后确定的股权价值与信达公司出资额 6,158 万元两者孰高原则确定）回购信达公司所持太西集团股份，其中合理价格为 28,245.23 万元 + 神宁集团 2012 年净资产增加额 ×0.97%+2007 年至 2012 年应通过太西集团从神宁集团分配的股利 + 上述款项 2012 年后至实际偿还日按人民银行逾期利息计算的利息（28,245.23 万元 =4.65%×42.42%×49%×2,911,879.75 万元，4.65% 是信达公司占太西集团的股比，42.42% 是太西集团占宁煤集团的股比，49% 是宁煤集团占神宁集团的股比，2,911,879.75 万元是神宁集团 2011 年底的净资产数额，0.97%=4.65%×42.42%×49% 是信达公司通过太西集团间接持有神宁集团的股比）。

裁判要旨：2011 年 8 月 18 日，太西集团向信达公司等股东发出临时股东会会议通知，决定采取信函方式于 2011 年 8 月 28 日召开临时股东会会议并形成决议，上述内容为太西集团召集临时股东会会议及形成决议的时间，并非限制各股东对决议的异议期限。信达公司在太西集团其他股东于 2011 年 8 月 28 日形成了延长经营期限股东会决议后，于 2011 年 9 月 13 日向太西集团发出函件，表示不同意延长太西集团经营期限，并在法定期限内提起诉讼，请求太西集团以合理价格收购其所持太西集团股份，符合《公司法》第 74 条第 1 款第 3 项规定的"公司章程规定的营业期限届满或者章程规定的其他解散事由出现，股东会会议通过决议修改章程使公司存续的"法定请求公司收购股权的情形，信达公司对太西集团关于延长经营期限的股东会决议书面提出反对意见，符合相应程序规定，有权请求太西集团按合理价格收购其股权。太西集团关于信达公司超出决议表决期做出无效反对表决，不符合公司收购股东股份的条件，不符合事实，缺乏法律依据。对股权收购款项的计算方式：信达公司主张应以太西集团净资产投入为纽带，分别确定太西集团在宁煤集团及神宁集团的股比，进而确定信达公司所持太西集团的股权价值，但在股东间对股权回购有明确约定的情况下，《公司法》第 74 条有关股东请求公司以合理价格收购其股权的规定，并非能够完全脱离原协议而另行确定。太西集团章程第 71 条规定债权方所持股权按《债转股协议》和《债转股补充协议》实施，这两份协议不仅对共同设立太西集团作了约定，亦对各股东股权的退出及收购方式作了特别约定，即：债权方股权通过太西集团回购退出时，股权退出价格为债权方转股债权原值，不溢价计算，即当事人实际取消了原协议中关于股权退出按一定股权溢价率支付回购款的约定，此约定不违反国务院办公厅 2003 年 2 月 23 日转发的《关于进一步做好国有企业债权转股权工作的意见》，意思表示真实，内容形式不违反法律、行政法规的强制性规定，合法有效。太西集团后来资产发生变化，并非必然导致股权价值变化，股权价值还取决于公司其他因素。鉴于两份协议约定信达公司股权必须在 2007 年前退出完毕，但太西集团未按约履行义务，其迟延履行股权回购款支付义务，相应给予利息，属法定孳息，合法有据。综上，信达公司诉请部分成立，判决太西集团支付信达公司 4.65% 股份的回购款 6,158 万元及以 6,158 万元为基数自 2007 年 1 月 1 日起至判决生效之日按人民银行同期贷款基准利率计算的利息。

参考案例 1-17

陈某与誉达企业股权转让纠纷案

终审裁判：上海市高级人民法院再审并于 2016 年 12 月 27 日作出（2016）沪民申 2707 号民事裁定书

主要问题：在股权回购方于股权回购判决生效后未完全履行回购义务的情况下，投资者有无权利依据投资协议的约定继续要求股权回购方支付违约补偿款?

基本事实：2011 年 7 月 26 日，投资方誉达企业与目标公司超硅公司及陈某等全体原股东签订《增资协议》，约定：(1)誉达企业向超硅公司投资2,000万元；(2)超硅公司及其控股股东陈某承诺，截至2012年12月31日，超硅公司2012年的税前利润不低于5,000万元；如未达标，则誉达企业有权要求超硅公司及其控股股东陈某或其指定第三方在誉达企业提出回购要求后3个月内收购誉达企业所持超硅公司股权；如3个月内未完成回购，则由陈某承担此回购义务；(3)超硅公司及陈某应给予誉达企业每年以投资额为基数乘以10%的违约补偿款，回购价格按违约补偿款与投资本金之和一次性算清。经审计，超硅公司2012年净利润未达标。誉达企业向超硅公司及陈某发函，要求其履行回购义务。未果，诉至法院。法院判令陈某回购誉达企业所持超硅公司股权并支付包括投资款2,000万元及截至2014年12月31日的违约补偿款共计26,043,287元（以下简称“回购判决”）。回购判决生效后，且在本案审理过程中，陈某并未履行完毕判决所确定的给付金钱义务。本案中，誉达企业请求法院判令陈某按《增资协议》的约定，向其支付以投资款2,000万为基数自2015年1月1日至金钱给付义务履行完成之日按年利率10%计算的违约补偿款。

裁判要旨：案涉《增资协议》并未对违约补偿款的计算期限有具体约定，在誉达企业已多次明确提出股权回购请求的情况下，陈某理应及时履行股权回购义务，其继续实际占有投资本金，缺乏法律依据。在陈某依约履行回购义务之前，双方约定的回购价格中的补偿款始终处于不确定状态。只要陈某依约及时回购，即可立即确定价格，减少己方补偿支出。誉达企业主张计算至实际回购之日，应属合理。如违约补偿款仅计算至2014年12月31日，对誉达企业有失公平。一审法院关于双方间投资合同关系已因回购判决生效而终止，各自权利义务关系已清理清算完毕，且陈某未按回购判决履行给付金钱义务应按判决加倍支付迟延履行期间的债务利息，而不应由誉达企业继续以《增资协议》的约定要求陈某支付补偿款的观点，应予纠正。综上，判决陈某支付相应违约补偿款。

参考案例 1-18

中南公司与许某某增资纠纷案

终审裁判：福建省高级人民法院再审并于2017年3月26日作出（2016）闽民申

2916号民事裁定书

主要问题：在既约定预期收益又约定股权回购款逾期利息的情况下，应否支持或如何支持关于股权回购款逾期利息的主张?

基本事实：2009年9月25日，中南公司作为投资者与目标公司伊时代公司（股份有限公司）签订《增资协议》，约定：中南公司现金增资伊时代公司80万股，3.93元/股，合计314.4万元，80万元计入注册资本，234.4万元计入资本公积。同日，中南公司与许某某签订《增资补充协议》，约定：自本次增资完成之日起3年内，如伊时代公司未能上市或者许某某或其他股东放弃或不同意上市，则中南公司有权要求许某某现金收购其所持伊时代公司股份；收购价格为：投资金额×（1＋15%×本次增资完成日到收购日天数／365）－收购日前已得分红；许某某保证在中南公司提出回购要求之日起1个月内支付一半股份转让款，3个月内支付剩余股份受让款，每逾期1日，应按未付受让款数额的0.3%／天计付利息，并承担相应违约责任。后，伊时代公司未能成功上市。中南公司于2014年10月24发出律师函，要求许某某按约支付股权收购款及逾期付款利息。未果，诉至法院。

裁判要旨：案涉两份协议是对赌协议，中南公司支付增资款的目的在于目标公司伊时代公司获得上市进而获取更大利益，许某某作为目标公司法定代表人亦希望通过签订上述协议筹措上市所需资金，上述安排并未违反法律、行政法规的强制性规定，合法有效。在目标公司未能依照约定期限上市的情况下，许某某负有回购中南公司股份并支付回购款及逾期利息的责任。根据《增资补充协议》关于股份回购的约定，股权回购款应根据收购日确定，但同时又约定逾期付款利息，存在重复计算逾期利息的情形，因此应以2014年10月24律师函的发出时间作为确定收购日。由此，股权回购款应按“投资金额314.4万元×（1＋15%×‘本次增资完成日2009年10月16日到收购日2014年10月24日的天数共计1,834天’／365天）”计算确定，其金额为5,513,628元。另，由于双方约定按日0.3%计付逾期利息的标准明显过高，为平衡当事人利益，应参照民间借贷利息的最高保护标准，依法将利率调整为月利率2%。综上，裁定支持中证公司的部分诉请。

延伸阅读 回购成本设定涉及的主要法律问题

股权回购成本是一个对股权回购方而言极为重要的概念，是指股权回购方为回购股权所应支付的成本或者承担的代价。对私募股权基金而言，股权回购成本则属于一个基于股权回购所能获得的利益的概念，主要包括投资款本金以及因股权回购所能获得的其他收入两部分，其中后一部分又可能包括就股权回购预设的投资收益以及违约金两部分。从股权回购纠纷案例整体来看，司法审判机关关于投资款本金的判决内容基本一致，但关于股权回购所涉其他收入的判决内容则存有出入。这主要是因为司法审判机关对股权回购性质的认定不同，有的认为属于合同义务，有的则认为是违约责任，由此也进一步导致对违约金主张应否支持及支持多少产生影响，从而也使违约金数额认定部分成了同类判决中差异最大之处。

从股权回购纠纷案例涉及的争议焦点来看，投融资各方之间关于回购成本的争议焦点通常不是集中于投资款本金方面，而是主要集中于私募股权基金因股权回购所能获得的其他收入方面，特别是预设的股权回购投资收益与违约金是否合理合法方面，而且股权回购方所索引的法律法规也大多集中在这两部分，相关法规具体内容如表 2-1-3 所示：

表 2-1-3 股权回购纠纷适用主要规定

法规	条款	内容
《合同法》	第 5 条[1]	当事人应当遵循公平原则确定各方的权利和义务。
	第 6 条[2]	当事人行使权利、履行义务应当遵循诚实信用原则。

1 该规定未被《民法典》原文援用，但已被其第 6 条的规定涵盖，即“民事主体从事民事活动，应当遵循公平原则，合理确定各方的权利和义务。”

2 该规定未被《民法典》原文援用，但已被其第 7 条的规定涵盖，即“民事主体从事民事活动，应当遵循诚信原则，秉持诚实，恪守承诺。”

续表

法规	条款	内容
《合同法》	第60条[1]	当事人应当按照约定全面履行自己的义务。 当事人应当遵循诚实信用原则，根据合同的性质、目的和交易习惯履行通知、协助、保密等义务。
	第107条[2]	当事人一方不履行合同义务或者履行合同义务不符合约定的，应当承担继续履行、采取补救措施或者赔偿损失等违约责任。
	第113条[3]	当事人一方不履行合同义务或者履行合同义务不符合约定，给对方造成损失的，损失赔偿额应当相当于因违约所造成的损失，包括合同履行后可以获得的利益，但不得超过违反合同一方订立合同时预见到或者应当预见到的因违反合同可能造成的损失。
	第114条[4]	当事人可以约定一方违约时应当根据违约情况向对方支付一定数额的违约金，也可以约定因违约产生的损失赔偿额的计算方法。 约定的违约金低于造成的损失的，当事人可以请求人民法院或者仲裁机构予以增加；约定的违约金过分高于造成的损失的，当事人可以请求人民法院或者仲裁机构予以适当减少。 当事人就迟延履行约定违约金的，违约方支付违约金后，还应当履行债务。

1 该规定经修订已被《民法典》承继并作为其第509条的前两款，即“当事人应当按照约定全面履行自己的义务。当事人应当遵循诚信原则，根据合同的性质、目的和交易习惯履行通知、协助、保密等义务。”

2 该规定被《民法典》全文援用并作为其第577条。

3 该规定经修订已被《民法典》承继并作为其第584条，即“当事人一方不履行合同义务或者履行合同义务不符合约定，造成对方损失的，损失赔偿额应当相当于因违约所造成的损失，包括合同履行后可以获得的利益；但是，不得超过违约一方订立合同时预见到或者应当预见到的因违约可能造成的损失。”

4 该规定经修订已被《民法典》承继并作为其第585条，即“当事人可以约定一方违约时应当根据违约情况向对方支付一定数额的违约金，也可以约定因违约产生的损失赔偿额的计算方法。约定的违约金低于造成的损失的，人民法院或者仲裁机构可以根据当事人的请求予以增加；约定的违约金过分高于造成的损失的，人民法院或者仲裁机构可以根据当事人的请求予以适当减少。当事人就迟延履行约定违约金的，违约方支付违约金后，还应当履行债务。”

续表

法规	条款	内容
《合同法司法解释（二）》	第 29 条[1]	当事人主张约定的违约金过高请求予以适当减少的，人民法院应当以实际损失为基础，兼顾合同的履行情况、当事人的过错程度以及预期利益等综合因素，根据公平原则和诚实信用原则予以衡量，并作出裁决。 当事人约定的违约金超过造成损失的百分之三十的，一般可以认定为合同法第一百一十四条第二款规定的“过分高于造成的损失”。
《民间借贷司法解释》	第 26 条	借贷双方约定的利率未超过年利率 24%，出借人请求借款人按照约定的利率支付利息的，人民法院应予支持。 借贷双方约定的利率超过年利率 36%，超过部分的利息约定无效。借款人请求出借人返还已支付的超过年利率 36% 部分的利息的，人民法院应予支持。
《人民币利率管理规定》	第 2 条	凡在中华人民共和国境内（不含香港、澳门、台湾）经营人民币存、贷款业务的金融机构，邮政储蓄部门，其他法人、自然人和其他组织，均遵守本规定。
	第 20 条	……对贷款期内不能按期支付的利息按贷款合同利率按季或按月计收复利，贷款逾期后改按罚息利率计收复利。
	第 21 条	……对贷款期内不能按期支付的利息按合同利率按季计收复利，贷款逾期后改按罚息利率计收复利。

从法理角度讲，如果股权回购属于合同义务，或者属于合同约定的另一个交易，那么股权回购成本或回购价款无论是由投资款本金单独构成，还是包含

1　上述规定并未直接体现于《民法典》条文中，但《民法典》第 584 条规定：“当事人一方不履行合同义务或者履行合同义务不符合约定，造成对方损失的，损失赔偿额应当相当于因违约所造成的损失，包括合同履行后可以获得的利益；但是，不得超过违约一方订立合同时预见到或者应当预见到的因违约可能造成的损失。”可见，《民法典》对赔偿损失的范围仍进行了规定，但由于前述司法解释在被废止前仍应有效，二者之间的差异或需后续出台《民法典》相关司法解释或其他配套法律规定来明确或调整。

了预设的股权回购投资收益，且无论该预设投资收益系以何种方式计算至何等金额，股权回购方均应按照股权回购条款的约定承担股权回购义务并支付股权回购价款，除非其能够按照《合同法》第54条[1]和55条[2]的规定将之变更或撤销，或者按照《合同法》第94条[3]的规定将之解除。当然，股权回购条款被撤销和解

1 《合同法》第 54 条："下列合同，当事人一方有权请求人民法院或者仲裁机构变更或者撤销：（一）因重大误解订立的；（二）在订立合同时显失公平的。一方以欺诈、胁迫的手段或者乘人之危，使对方在违背真实意思的情况下订立的合同，受损害方有权请求人民法院或者仲裁机构变更或者撤销。当事人请求变更的，人民法院或者仲裁机构不得撤销。"该规定已被《民法典》在删除关于合同变更相关内容的基础上修订并涵盖于其不同条款中，即第 147 条："基于重大误解实施的民事法律行为，行为人有权请求人民法院或者仲裁机构予以撤销。"第 148 条："一方以欺诈手段，使对方在违背真实意思的情况下实施的民事法律行为，受欺诈方有权请求人民法院或者仲裁机构予以撤销。"第 149 条："第三人实施欺诈行为，使一方在违背真实意思的情况下实施的民事法律行为，对方知道或者应当知道该欺诈行为的，受欺诈方有权请求人民法院或者仲裁机构予以撤销。"第 150 条："一方或者第三人以胁迫手段，使对方在违背真实意思的情况下实施的民事法律行为，受胁迫方有权请求人民法院或者仲裁机构予以撤销。"第 151 条："一方利用对方处于危困状态、缺乏判断能力等情形，致使民事法律行为成立时显失公平的，受损害方有权请求人民法院或者仲裁机构予以撤销。"

2 《合同法》第 55 条："有下列情形之一的，撤销权消灭：（一）具有撤销权的当事人自知道或者应当知道撤销事由之日起一年内没有行使撤销权；（二）具有撤销权的当事人知道撤销事由后明确表示或者以自己的行为放弃撤销权。"该规定已被《民法典》大幅修订并作为其第 152 条，即"有下列情形之一的，撤销权消灭：（一）当事人自知道或者应当知道撤销事由之日起一年内、重大误解的当事人自知道或者应当知道撤销事由之日起九十日内没有行使撤销权；（二）当事人受胁迫，自胁迫行为终止之日起一年内没有行使撤销权；（三）当事人知道撤销事由后明确表示或者以自己的行为表明放弃撤销权。当事人自民事法律行为发生之日起五年内没有行使撤销权的，撤销权消灭。"

3 《合同法》94 条："有下列情形之一的，当事人可以解除合同：（一）因不可抗力致使不能实现合同目的；（二）在履行期限届满之前，当事人一方明确表示或者以自己的行为表明不履行主要债务；（三）当事人一方迟延履行主要债务，经催告后在合理期限内仍未履行；（四）当事人一方迟延履行债务或者有其他违约行为致使不能实现合同目的；（五）法律规定的其他情形。"该规定被《民法典》全文承继并作为其 563 条第 1 款，同时该条在第 2 款中增加了不定期合同的相关规定，即"以持续履行的债务为内容的不定期合同，当事人可以随时解除合同，但是应当在合理期限之前通知对方。"

除后，股权回购方亦无需按照《合同法》第 58 条[1]等相关规定返还投资款本金，因为股权回购是合同约定的另一个交易，股权回购方并未因此取得任何财产，即使目标公司取得了投资款也是基于股权投资交易取得，并非基于股权回购取得。至于股权回购方是否需要因为变更、撤销或解除合同而承担赔偿责任以及承担多少赔偿责任，则属于另一问题，与是否支付及支付多少股权回购价款没有直接关系。

从另一角度讲，如果股权回购属于违约责任或者属于承担违约责任的一种形式，那么前述法律法规中关于违约金的内容，包括计算方式及调整规则等方面的规定就变得十分重要。问题是：到底何谓违约？在投资法律文件中，如果设定了目标公司按期完成上市或按期完成业绩等相关对赌指标，且股权回购方亦就指标达标作出了承诺且承诺在未达标时承担股权回购责任，那么在指标未达标时，是否会构成股权回购方违约呢？如果构成违约，如何理解投资法律文件各方实际都明知这些指标达标与否须取决于很多因素而并非一人可控制呢？在各方都明知这种承诺“虚假”且承诺事项无法由承诺主体单方控制的情况下，这种投资法律文件应视为类似保险合同的射幸协议，还是其他性质的协议呢？如果股权回购方没有作出关于指标达标与否的承诺，而只是承诺在指标未达标时回购股权，那么这种回购承诺是不是一种直接的合同义务呢？本书以为：在没有明确股权回购的性质之前，关于违约责任的探讨没有扎实基础，可从股权回购作为独立合同义务和违约责任承担形式分别试论之。

在股权回购作为一种独立存在的合同义务的情况下，股权回购方未按投资法律文件约定履行股权回购义务应视为构成违约，其由此应承担的违约责任应包括继续履行股权回购义务以及向私募股权基金投资者赔偿损失等方面，根据《合同法》第 107 条、第 113 条第 1 款的规定，股权回购方作为违约方应承担的

1 《合同法》第 58 条：“合同无效或者被撤销后，因该合同取得的财产，应当予以返还；不能返还或者没有必要返还的，应当折价补偿。有过错的一方应当赔偿对方因此所受到的损失，双方都有过错的，应当各自承担相应的责任。”该规定已被《民法典》修订并体现涵盖于其第 157 条中，即“民事法律行为无效、被撤销或者确定不发生效力后，行为人因该行为取得的财产，应当予以返还；不能返还或者没有必要返还的，应当折价补偿。有过错的一方应当赔偿对方由此所受到的损失；各方都有过错的，应当各自承担相应的责任。法律另有规定的，依照其规定。”

损失赔偿额应相当于因其违约行为给私募股权基金所造成的损失，包括私募股权基金预期的合同义务履行后可以获得的相关利益。基于前述，股权回购方应继续按照投资法律文件的约定支付股权回购价款，并向私募股权基金赔付因迟延支付股权回购价款而造成的资金占用成本等损失，在股权回购方与私募股权基金通过协议约定了"违约金"的情况下，只要违约金未违反《合同法司法解释（二）》关于当事人约定的违约金超过造成损失的30%的，可认定违约金过分高于造成的损失的规定，即有机会得到司法审判机关的支持。

在股权回购作为一种违约责任承担形式的情况下，股权回购方只有违反了其在投资法律文件下的相关义务或者陈述或保证（如"保证目标公司于3年内上市"），才会以承担违约责任的方式背负起股权回购的义务，而此时股权回购将属于一种针对其违约行为的补救措施，属于股权回购方所承担违约责任的组成部分，而非独立的合同义务。在此情形下，股权回购作为违约责任的一部分，股权回购价款就有可能因其被视为违约金而受到《合同法司法解释（二）》关于违约金不能超过损失30%的限制，而且股权回购方因其违约行为而给私募股权基金带来的诸如"投资退出受阻""投资价值降低"等损失也很难量化和证明。如果因股权回购方违约所遭受的损失难以证明，股权回购价款在被认定具有违约金性质情况下的最高额度亦无法确定。而且，如果私募股权基金因目标公司不能如期上市所遭受的损失被认定为零，判令股权回购方支付全部股权回购价款甚至还可能失去法律上的依据，更勿论在投资款本金基础上另行加算违约金金额了。在此情形下，基于不能实现合同目的而主张解除投资合同并要求目标公司返还投资款似乎又成了另一种更好的选择，原股东在此情况下为目标公司返还投资款提供的担保亦可作为一种信用加持对待，理应利于投资款回收，只是这种做法与目前首选原股东承担股权回购责任的通常做法不同，且解除主张能否最终被法院支持也需视具体情况而定，结果存在不确定性。

综上，关于股权回购的性质以及与之相关的责任性质和范围目前仍在探索阶段。从众多股权回购纠纷案例中也可以看出，司法审判机关在判令股权回购方承担股权回购责任时，不仅认定的股权回购责任范围不同，有认为应包括违约金者，也有认为违约金和预设股权回购投资收益应合并考量及调整者，而且判决承担责任所依据的法理也不同，有认为股权回购方应承担违约责任者，也有认为其应当直接承担合同义务者，尽管最终判决通常都不会否定投资款本金的返还或支付。相关纠纷案例的判决中索引《民间借贷司法解释》关于年利率24%及36%的限额规定，也可视为关于探索股权回购责任性质及范围的一种尝试。至于裁判的具体考量因素，读者可自行阅读和参考各相关案例，其中已包含了当事人及司法审判机关等各方的精彩论述，在此不再一一累述。

二、回购成本的分担

在私募股权投资实践中，投资法律文件中约定的股权回购方通常不会仅仅限于目标公司实际控制人一方，而通常会包括实际控制人在内的众多原股东，甚至目标公司本身，由此即产生了股权回购成本如何在股权回购方中进行分担的问题。一般而言，除目标公司外，在股权回购方有多位原股东的情况下，股权回购成本通常是由原股东按其所持目标公司股权比例进行分担或者共同连带承担，这也是私募股权基金在实践中的一般做法。问题是：在投资法律文件或股权回购条款未就此予以明确约定的情况下，股权回购成本应该是由原股东按其所持目标公司股权比例分担呢，还是共同连带承担呢？

优选案例 1-10

国信公司、佳恒公司与黎某和、黎某见等公司增资纠纷案

阅读提示

诉讼背景：国信公司与佳恒公司作为目标公司鑫祥公司的投资者股东，要求鑫祥公司及其原股东黎某和、黎某见、邹某某、黎某满（以下简称“4名原股东”）支付投资款和补偿款。未果，诉至法院。

裁判索引：湖南省岳阳市中级人民法院一审并作出（2016）湘06民初87号民事判决书（以下简称“一审判决”）；湖南省高级人民法院二审并于2017年11月16日作出（2017）湘民终502号民事判决书（以下简称“二审判决”）。

主要问题：（1）若“对赌协议”未约定目标公司原股东间按何种比例回购股权，原股东间的回购比例应如何确定？（2）同一投资人在对同一公司进行多次投资并收取投资收益时，如对第二次投资收益没有重新约定，该等投资收益应如何确定？

一审程序

事实认定：

一审法院查明事实如下：

（1）2004 年 2 月 23 日，鑫祥公司成立。2011 年 1 月 4 日，鑫祥公司形成股东会决议：同意在注册资本 1,200 万元基础上（其中黎某和出资 1,012 万元，占股 84.34%；黎某满出资 64 万元，占股 5.33%；黎某见出资 64 万元，占股 5.33%；邹某某出资 60 万元，占股 5%），增加注册资本 1,102 万元，认缴价格为 3.63 元 /1 元注册资本。

（2）同年 1 月 19 日，鑫祥公司（甲方）与 4 名原股东（乙方）以及国信公司、佳恒公司（丙方）3 方签订《增资协议》，约定：甲方本次增加注册资本 1,102 万元，由增资方进行认购；价格为 3.63 元 /1 元注册资本，其中国信公司认缴注册资本 190 万元，占 8.25%，佳恒公司认缴 110 万元，占 4.78%。

（3）同日，3 方签订《补充协议》，约定：

1. 乙方承诺甲方 2011 年、2012 年、2013 年利润分别为 1,750 万元、4,000 万元和 6,000 万元，当年实现目标任务 80% 视同完成业绩承诺，不再对新增资者以补偿。

2. 如 2011 年、2012 年、2013 年甲方净利润低于 1,400 万元、3,200 万元 4,800 万元，则由乙方分别向增资方进行补偿，补偿金额为：（本段前述利润金额 − 当年实际完成利润）× 丙方持有甲方的股权比例，补偿方式为乙方现金补偿。

3. 如在上述期限内甲方实现提前上市，则上述承诺的利润保证条款不再执行。

4. 乙方向增资方承诺，如甲方未能在 2014 年 9 月 31 日前在境内或境外上市，则增资方有权要求乙方回购其所持全部股份。回购价按以下两者中的最大者确定：（1）保证增资方的年投资收益率不低于 15%，（2）回购时增资方股权对应的净资产。

（4）2011 年 2 月 14 日，鑫祥公司召开增资后第一次股东会，同意公司扩建等。2011 年召开第二次股东会，决定公司注册资本由 2,302 万元增至 2,992.6 万元。国信公司出资 237.5 万股，占 7.94%，佳恒公司出资 137.5 万股，占 4.59%；按每 1 元注册资本的认缴价格为 3.63 元计算，国信公司出资 862.125 万元，佳恒公司出资 499.125 万元；增资后，黎某和占 33.82%，黎某见、黎某满各占 2.14%，邹某某占 2%。

(5) 2015 年 8 月 1 日，黎某和向各股东发出《关于原创股东与投资人〈股权投资补充协议〉实施的议案》，称：《补充协议》中关于业绩承诺与补偿条款的约定为乙方承诺甲方 2011 年、2012 年、2013 年利润分别为 1,750 万元、4,000 万元和 6,000 万元，而上述 3 年业绩分别为 −521.99 万元、−2,130.91 万元、−2,301.58 万元。鑫祥公司连续 3 年亏损，没有达到协议约定的业绩。鑫祥公司、黎某和、黎某见、邹某某、黎某豹未按业绩承诺与补偿条款补偿国信公司、佳恒公司，鑫祥公司也未在 2014 年 9 月 31 日前在境内或境外上市。国信公司、佳恒公司多次要求原创股东按协议约定回购公司股份，未获同意。

一审法院另查明：2014 年 5 月 8 日，黎某满因病去世，其所持鑫祥公司股份由其子黎某豹继承，但股份未过户至黎某豹名下。

法院观点：

一审法院认为本案争议焦点为：(1)《增资协议》《补充协议》是否合法有效；(2) 鑫祥公司、黎某和、黎某见、邹某某、黎某豹应否回购国信公司、佳恒公司所持股权并返还其投资款。

对争议焦点一，一审法院认为：

(1)《增资协议》《补充协议》实质是“对赌协议”，即收购方（包括投资方）与出让方（包括融资方）在达成并购（或融资）协议时，对于未来不确定情况进行约定。如约定条件出现，投资方可行使一种权利；如约定条件不出现，融资方则行使一种权利。签约主体适格，意思表示真实，内容不违反法律、行政法规的效力性强制性规定，应合法有效。

(2) 4 名原股东对国信公司、佳恒公司承诺的条件并未损害其他股东权益，亦不属于保底条款，而是一种激励措施，目的是激励创业者，最终实现共赢，国信公司、佳恒公司按约行使权利要求原创股东回购股权，不属于抽逃出资，不会造成鑫祥公司资产减少的后果。黎某和、黎某见、邹某某认为《补充协议》保证增资方年投资收益率不低于 15% 属于公司股东出资收取固定回报，属于保底条款，不予采纳。

对争议焦点二，一审法院认为：

（1）4 名原股东作为原创股东，未能使鑫祥公司业绩达到约定条件，应按约定承担责任，国信公司、佳恒公司要求返还投资款和补偿款实际上是要求 4 名原股东按约定依其所持鑫祥公司股份大小回购国信公司、佳恒公司的股份。

（2）国信公司出资 862.125 万元，按约定应获股份回购款为 1,638 万元（862.125 万元 + 862.125 万元 ×15%×6 年），佳恒公司出资 499.125 万元，应获股份回购款为 948 万元（499.125 万元 + 499.125 万元 ×15%×6 年），共计 2,586 万元。黎某和按出资比例应支付国信公司 1,381.48 万元［1,638÷（33.82% + 2.14% + 2.14% + 2%）×33.82%］回购其在鑫祥公司 6.7%（1,381.48÷1,638×7.94%）的股份，支付佳恒公司 799.54 万元［948÷（33.82% + 2.14% + 2.14% + 2%）×33.82%］回购其在鑫祥公司 3.87%（799.54÷948×4.59%）的股份；黎某见应支付国信公司 87.41 万元［1,638÷（33.82% + 2.14% + 2.14% + 2%）×2.14%）］回购其在鑫祥公司 0.42%（87.41÷1,638×7.94%）的股份，支付佳恒公司 50.59 万元［948÷（33.82% + 2.14% + 2.14% + 2%）×2.14%］回购其在鑫祥公司 0.245%（50.59÷948×4.59%）的股份；邹某某应支付国信公司 81.7 万元［1,638÷（33.82% + 2.14% + 2.14% + 2%）×2%］回购其在鑫祥公司 0.4%（81.7÷1,638×7.94%）的股份，支付佳恒公司 47.28 万元［948÷（33.82% + 2.14% + 2.14% + 2%）×2%）］回购其在鑫祥公司 0.23%（47.28÷948×4.59%）的股份。黎某满本应支付国信公司 87.41 万元［1,638÷（33.82% + 2.14% + 2.14% + 2%）×2.14%）］、佳恒公司 50.59 万元［948÷（33.82% + 2.14% + 2.14% + 2%）×2.14%］股份回购款，但黎某满因病去世，且没有证据证实黎某豹继承了黎某满的其他财产，但黎某豹承认黎某满所持鑫祥公司股份由其继承，故其应在继承黎某满的股份实际价值范围内承担责任。

（3）黎某和、黎某见、邹某某、黎某豹履行义务后，国信公司、佳恒公司应配合 4 人办理股权变更手续。

（4）鑫祥公司并未承诺如达不到约定业绩，则承担相应责任，国信公司、佳恒公司要求鑫祥公司承担责任没有依据，不予支持。

法院裁判

综上，一审法院判决：一、由黎某和支付国信公司股份回购款 1,381.48 万元、佳恒公司股份回购款 799.54 万元；黎某见支付国信公司股份回购款 87.41 万元、佳恒公司股份回购款 50.59 万元；邹某某支付国信公司股份回购款 81.7 万元、佳恒公司股份回购款 47.28 万元。二、黎某满应付国信公司股份回购款 87.41 万元、佳恒公司股份回购款 50.59 万元，由黎某豹在继承黎某满所持鑫祥公司 2.14% 股份实际价值范围内按比例对国信公司、佳恒公司承担责任。

二审程序

上诉请求：

一审判决后，黎某豹、邹某某没有提起上诉。

黎某和、黎某见不服一审判决，上诉请求撤销原判，将本案发回重审或改判，理由如下：

(1) 虽然本案诉讼标的为同一种类，但不是基于同一法律关系，各当事人具有独立的诉讼权利，在未经各方当事人同意的情况下，一审法院将不是同一法律关系的两案作为一个案件审理并作出判决，程序违法。

(2) 国信公司、佳恒公司在一审中请求 4 名原股东按协议约定退还投资款和补偿款，而一审判决原审被告按各自的股权份额支付股权回购款，属于超诉讼请求判决。

(3) 根据《补充协议》，仅在达到约定条件时，4 名原股东应回购国信公司、佳恒公司所持鑫祥公司股权，但并未约定各股东应按何种比例支付股权回购款，一审法院判决 4 名原股东按持股比例支付股权回购款，缺乏事实依据。

(4) 国信公司、佳恒公司根据《增资协议》及鑫祥公司股东会决议，对鑫祥公司进行了两次增资，而《补充协议》中约定的增资补偿及回购，仅对第一次增资而未对第二次增资做出约定。一审法院以两次增资总额来计算回购款项，缺乏事实依据。

对黎某和、黎某见的上诉请求，国信公司、佳恒公司答辩认为应当驳回。

事实认定：

二审法院认可一审法院查明的事实。

法院观点：

二审法院认为上诉争议焦点为：（1）一审程序是否违法；（2）黎某和、黎某见应否按持股比例向国信公司、佳恒公司支付股权回购款。

对争议焦点一，二审法院认为：本案系因履行《增资协议》及《补充协议》产生的纠纷。虽国信公司、佳恒公司分别与鑫祥公司及4名原股东签订了《增资协议》及《补充协议》，但每份《增资协议》及《补充协议》均明确了国信公司及佳恒公司在增资中除增资款不同外的相同权利和义务，合同相对方均为同一，国信公司、佳恒公司诉讼主张的权利基于相同的法律事实引发，诉讼标的亦为同一种类，且黎某和、黎某见对一审程序将国信公司、佳恒公司作为共同原告进行审理未提出异议，应视为其同意合并审理。一审法院将之作为共同诉讼审理，符合《民事诉讼法》第52条第1款的规定。黎某和、黎某见上诉认为一审法院将之作为同一案件审理程序违法，不予支持。

对争议焦点二，二审法院认为：

（1）国信公司、佳恒公司分别对鑫祥公司进行了两次增资，在第一次增资时对投资收益在《补充协议》中作了明确约定。第二次增资时间在签订《补充协议》后，未对第二次投资收益做出新的约定。法院认为：同一投资人在对同一公司进行投资收取投资收益时，在对第二次投资收益没有进行重新约定时，该投资收益应以此前（即第一次）双方商定和既定的约定来认定。一审法院将国信公司、佳恒公司两次增资的投资收益均按《补充协议》约定进行计算和认定，并无不当。

（2）根据《补充协议》，4名原股东对国信公司和佳恒公司收取的投资收益，分别以鑫祥公司年度实现利润和鑫祥公司是否上市两种情形做出了不同约定。根据黎某和于2015年8月1号发出的《关于原创股东与投资人〈股权投资补充协议〉实施的议案》和鑫祥公司现状看，鑫祥公司年度利润目标及公司于2014年9月31日前上市均未实现。根据《补充协议》，若鑫祥公司未能在2014年9月31日前上市，国信公司和佳恒公司有权要求4名原股东回购其所持全部股权，股权回购价按保证增资方的年投资收益率不低于15%或增资方股权对应的净资产两者中的最大者确定。现国信公司和佳恒公司请求黎某和、黎某见等人按其投资额年收益率 15% 回购股权，符合合同约定。因《增资协议》及《补充协议》未约定股东之间按何种比例回购股权，在没有约定的情形下，一审判决按鑫祥公司各股东持股比例认定各股东应支付的回购款，符合公司同股同权同义务的治理方式，亦符合公平原则。

(3) 国信公司、佳恒公司虽对股权回购款的主张表述为请求支付投资款和补偿款，但该诉求实为要求鑫祥公司股东黎某和、黎某见等 4 人按约定回购两公司所持鑫祥公司股权应支付的股权回购款。一审判决黎某和、黎某见等 4 人按约及按各自持股比例回购股权并支付该股权回购款，并无不当。

法院裁判

综上，二审法院判决：驳回上诉，维持原判。

案例启示

本案是比较典型的因对赌失败所导致的股权回购案例。对私募股权基金而言，本案的参考意义主要体现在两个方面，(1) 在需要承担股权回购成本的情况下，该等股权回购成本应当如何由股权回购方承担，或者是否需要及如何在其间进行分担；(2) 在存有多轮投资的情况下，对各轮投资所涉投资收益如何进行确定。

对第一个问题，本案司法审判机关的观点比较明确，那就是在多位原股东需要回购股权并承担回购成本的情况下，如果各方股东之间未就各自所应回购的股权比例及所应承担的回购成本进行约定，可以按照各方股东之间的持股比例回购股权并承担回购成本。虽然本案司法审判机关认为此种观点符合公司同股同权同义务的治理方式，也符合公平原则，但对作为债权人的私募股权基金而言却可能会产生不同效果。比如，如果本案 4 名原股东中某一人财务状况很好，能够承担全部回购承担，而其他人财务状况很差，甚至无法承担起分担后的回购成本，那么就可能意味着私募股权基金无法全部收回与回购成本相对应的投资款本金及预期收益等款项。换言之，如果 4 名原股东承担回购成本的方式是“连带”的，私募股权基金的权益会得到更好的保障；如果 4 名原股东承担回购成本的方式是“按份”的，私募股权基金的权益可能会因其中某一财务状况较差而受损。从此角度讲，在投资法律文件或股权回购条款中明确股权回购方之间的回购成本承担方式，特别是“连带”承担还是“按份”承担，将具有极为重要的意义。虽然相对于担保来说，未约定承担担保责任方式的，可视为承担连带保证责任，但“对赌”语境下的股权回购义务毕竟不同。虽然有其他案例判决原股东“连带”地承担回购责任，但为了尽量降低未来不确定性的法律风险，尽可能使得相关责任的承担方式明确无歧义才是签署所有法律文件的应有之义。

对第二个问题，本案司法审判机关的观点比较明确，即如果同一投资人对同一目标公司进行了投资并约定了投资收益计算方式，那么其对该目标公司进行后续投资相关的投资收益仍可按照原先投资时所约定的投资收益计算方式进行计算。对私募股权基金而言，这种观点有利于保护其投资权益和退出权益，但这种计算方式的认定规则却未必“放之四海皆准”，毕竟其他案件案情和背景未必会与本案完全相同。由此，为尽量降低未来的不确定性法律风险，私募股权基金仍然需要坚持对不同轮次投资法律文件的规定进行仔细审阅，审查其中是否均已包括相关投资收益计算和保障条款，审查各相关条款之间是否存在相关冲突或欠缺或者是否需要进行相应调整或补充，以避免因为约定不明或存在瑕疵而导致争议发生或导致相关权益不得不由第三方进行评判，进而避免主张权利后得到的结果偏离私募股权基金签署投资法律文件时的本意。

参考案例 1-19

杉融公司与严某明等 8 名原股东与公司有关的纠纷案

终审裁判：上海市第一中级人民法院二审并于 2015 年 2 月 27 日作出（2014）沪一中民四（商）终字第 2181 号民事裁定书

主要问题：在目标公司发生股权转让且导致原股东所持股权比例发生变化后，投资者可否及如何要求原股东回购股权？通过股权受让成为目标公司股东者应否承担回购责任？

基本事实：2010 年 5 月 8 日，杉融公司与青骓公司作为甲方与严某明、严某晖等 8 人（以下简称“8 名原股东”）作为丙方以及其他相关方作为乙方签署《投资合作框架协议》，约定：（1）成立目标公司合智公司，并由杉融公司和青骓公司对合智公司增资，其中青骓公司增资2,970万元，杉融公司增资30万元，并形成股权结构：严某明持股42.328%，严某晖持股10.24%，青骓公司持股19.80%，杉融公司持股0.20%，剩余股权由8名原股东中的其他人持有，合计100%。(2)合智公司上市前……8名原股东是否可以向第三方转让其所持合智公司股权由合智公司股东会根据公司法和公司章程决定；合智公司正式运营后，由丙方派出5名董事，甲方委派2名董事，组成合智公司董事会……；丙方应使合智公司定期按时向甲方提供合智公司及其下属公司的审计的年度合并财务报告和管理层报告、未经审计的月度合并财务报告和管理层报告、年度预算。(3)在投资后，如遇以下情形，甲方有权要求丙方回购甲方所持合智公司股权：合智公司在2012年底前无法在全国范围内不少于16个城市完成业务推广；合智公司2012年审计后的净利润低于1,500万元；合智公司在2016年底未能完成上市或存在上市实质障碍；合智公司被托管或进入破产程序。(4)在回购时，丙方将以甲方初始投资额(包括甲方提供的全部资金及未偿还贷款)加上10%的年收益率进行回购。(5)严某明、严某晖对该等回购款的足额支付提供个人无限连带责任的保证担保。(6)甲方给予丙方半年回购期，如在回购期满前丙方现金不足以支付，甲方所持合智公司股权将自动转为一年到期的商业票据，同时甲方仍有权要求严某明、严某晖承担上述担保责任。2010年6月18日，合智公司成立，注册资本171.38万元，严某明出资90.681万元，持股52.91%，严某晖出资21.934万元，持股12.80%，其余出资和股权由8名原股东中的其他人持有，严某明任公司法定代表人。2010年6月22日，青骓公司与杉融公司作为转让方与8名原股东作为受让方签订《股权转让协议》，约定：(1)转让方向合智公司增资3,000万元，成为持股20%的股东，并在完成该等增资和成为目标公司股东之日至2016年12月31日止期间内，将其所持全部股权一次性或分批逐步转让给受让方，受让方愿意按各自持有目标公司股权比例分别受让；(2)转让方所持全部股权的交易价格为转让方初始投资3,000万元加上300万元/年的投资收益(初始投资起算时间为2010年6月，截止时间为转让方主张进行本次股权交易之日，该股权交易对价最高额不超过4,950万元；(3)在转让方将其所持合智公司全部股权转让予受让方(以股权工商登记变更登记日期为转让基准日)后半年内，受让方应将全部股权交易对价支付予转让方……。2010年10月，合智公司增资至214.225万元，其中青骓公司投资2,970

万元（42.41655 万元计入注册资本，2,927.58345 万元计入资本公积），杉融公司投资 30 万元（0.42845 万元计入注册资本，29.57155 万元计入资本公积），合智公司股东及出资情况变更为：严某明出资 90.681 万元，持股 42.328%，严某晖出资 21.934 万元，持股 10.24%，青骓公司出资 42.41655 万元，持股 19.80%，杉融公司出资 0.42845 万元，持股 0.20%，其余出资和股权由 8 名原股东中的其他人持有；合智公司章程作相应调整。2010 年 12 月，合智公司再次增资，将资本公积金 12,857,750 元转增为注册资本，注册资本变更为 1,500 万元，各股东持股比例不变，出资额相应调整，合智公司章程亦相应调整。2011 年 11 月 25 日，合智公司形成股东会决议，同意严某晖将其所持合智公司 2% 股权以 1 元价格转让给刘某某，其他股东放弃优先购买权。2011 年 11 月 29 日，严某晖与刘某某签订《股权转让协议书》，约定：（1）严某晖将其所持合智公司 2% 股权以 1 元转让给刘某某；（2）如因严某晖签约时，未如实告知刘某某有关公司股权转让前所负债务，致使刘某某在成为合智公司股东后遭受损失，刘某某有权向严某晖追偿。其后，合智公司股东变更为 11 人，其中：刘某某出资 30 万元，持股 2%，严某晖的出资调整为 123.60 万元，持股比例调整为 8.24%，其他股东的出资及持股比例不变。合智公司章程亦相应变更。后，合智公司未完成《投资合作框架协议》约定的业务推广和净利润指标。杉融公司要求 8 名原股东及刘某某回购其所持合智公司股权。未果，诉至法院。

裁判要旨：关于协议效力和回购条件问题：《投资合作框架协议》系投融资双方达成的估值调整协定，是一种有特殊风险控制安排的商事投资法律关系，用以平衡投融资双方权益，不违反法律效力性强制性规定，依法有效。回购条款系估值调整协定的组成部分，亦有效。回购条款约定的回购主体系 8 名原股东，并非合智公司，并未损害合智公司合法权益，而至于是否损害刘某某利益，根据其与严某晖签订的《股权转让协议书》，理应由严某晖对其履行与转让股权事宜相关的如实告知义务，即使其利益受损，其可依约向严某晖主张，而不能归咎于杉融公司回购权的行使。杉融公司在一审中以合智公司在 2012 年未完成所约定有效业务推广以及 2012 年底净利润未达到 1,500 万元为由，要求严某明等履行回购义务。严某明作为合智公司法定代表人，具体负责合智公司经营，其应掌握公司经营资料，本应在认为回购条件未成就时提供相关证据，以证明合智公司 2012 年业务推广已完成及 2012 年底公司净利润已达到 1,500 万元，但其并未提供相关证据且表示拒绝回购，由此认定回购条件已经成就并无不当。关于回购主体及回购主体各自回购比例问题，虽然各方未就以何种比例进行回购进行特别约定，但应由 8 名原股东按合智公司第二次增资完成后、刘某某成为合智公司股东前通过换算得出的各自持股比例计算股权回购比例：首先，8 名原股东是协议下负有回购义务的主体，该义务并未约定可通过转让股权予以免除；其次，刘某某虽成为合智公司股东，但其并非《投资合作框架协议》的签约主体，杉融公司和青骓公司亦无充分证据证明其自愿承担该协议下的回购义务，因此无权要求刘某某回购股权。另，《投资合作框架协议》对回购价格有明确约定，且杉融公司支付了 30 万元投资款。综上，一审判决：一、8 名原股东回购杉融公司所持合智公司的 0.2% 股权（即严某明以 190,476 元回购 0.10582% 股权；严某晖以 46,080 元回购 0.0256% 股权；邓某以 18,756 元回购 0.01042% 股权；黄某雄以 3,600 元回购 0.002%；李某某以 36,828 元回购 0.02046% 股权；黄某斌以 36,828 元回购 0.02046% 股权；姜某某以 18,432 元回购 0.01024% 股权；郑某以 9,000 元回购 0.005% 股权）。二、严某明对第 1 项判决内容中其他人（不含严某晖）回购股权应支付的回购款承担连带保证责任；严某明在承担保证责任后，有权向该等其他人追偿。三、严某晖对第 1 项判决内容中其他人（不含严某明）回购股权应支付的回购款承担连带保证责任；严某晖在承担保证责任后，有权向该等其他人追偿。四、驳回杉融公司对刘某某的诉讼请求。另，二审期间，由于杉融公司与李某某、黄某斌、姜某某达成和解，二审法院对一审判决作相应变更，但裁判实质和依据未变。

参考案例 1-20

瑞丰公司与津杉公司及王某某合同纠纷案

终审裁判：湖北省高级人民法院二审并于 2017 年 1 月 17 日作出（2016）鄂民终 1316 号民事判决书

主要问题：在多个原股东承担股权回购义务的情况下，回购价款的分担比例如何计算?

基本事实：2011 年 9 月 19 日，三环公司（甲方）与津杉公司（乙方）签订《股份认购协议》，约定：（1）乙方认购甲方增发普通股6,447,500股，每股4.5元；（2）甲方同意乙方有权保留一名董事席位……。同日，三环公司（甲方）与津杉公司（乙方）、王某某（丙方）、瑞丰公司（丁方）签订《补充协议》，约定：（1）三环公司原股东王某某和瑞丰公司承诺，三环公司2011年税后净利润不低于2,000万元，2011—2012年两个会计年度税后净利润合计不低于7,500万元，2013年税后净利润不低于4,500万元（第1条）；（2）若2011年税后净利润未达到2,000万元，乙方有权要求王某某与瑞丰公司按其股权比例（即王某某与瑞丰公司占二者股份数之和的比例）在2011年12月31日之后任一时间收购乙方本次认购的全部或部分股份；若三环公司未能在2014年12月31日前上市，或三环公司2011—2012年两个会计年度税后净利润合计未达到7,500万元；或三环公司2013年税后净利润合计未达到4,500万元，则乙方有权要求王某某与瑞丰公司按其股权比例（即王某某与瑞丰公司占二者股份数之和的比例）在2014年12月31日之后任一时间收购乙方本次所认购的全部或部分股份；计价原则：收购价款＝乙方本次股份认购款 ×（1+8%×A），其中A＝乙方签署《股份认购协议》后向甲方支付股权认购款之日起至收购承诺人向乙方支付股权收购款之日期间的天数 ÷365天（第2条）。三环公司与津杉公司签订《股份认购协议》及《补充协议》之时，三环公司的注册资本为62,552,500元，其股东共计24名，瑞丰公司持1,600万股，比例为25.5%，股东王某某持17,268,500股，比例为27.61%。瑞丰公司及王某某的股份之和为33,268,500股，瑞丰公司占瑞丰公司与王某某股份之和的48.0935%，王某某占瑞丰公司与王某某股份之和的51.9065%。津杉公司入股后，瑞丰公司曾将其名下股份对外进行转让，王某某将其名下部分股份转至瑞丰公司，津杉公司亦曾先后派邓某某、张某某至三环公司任董事。2014年2月21日，三环公司2012年及2013年股东大会决议确定了三环公司第七届董事会成员名单，王某某落选三环公司的董事与董事长。2015年1月27日，三环公司通过公司章程修改议案，并基于股权数量变更对章程所载股东名册进行了修订，修订后的名册载明：王某某持股13,170,500股，占18.82%，瑞丰公司持股10,980,000股，占15.69%，津杉公司持股6,447,500股，占9.21%。后，审计报告显示，三环公司2011年、2012年、2013净利润均为负数，且在2014年12月31日前未能上市。津杉公司要求瑞丰公司和王某某两个股东按占二者所持三环公司2011年9

月 19 日《补充协议》签订时股份数之和的比例，共同收购津杉公司所持三环公司全部股份 64,47,500 股，并按 29,013,750 元 ×（1 + 8% ×A）支付股权收购价款。三环公司原股东认为津杉公司入股后成为三环公司实际控股股东，从而导致连续三年亏损，不正当地促成了回购条件成就，遂起争议，诉至法院。

裁判要旨：（1）依据《合同法》第 125 条第 1 款关于"当事人对合同条款的理解有争议的，应当按照合同所使用的词句、合同的有关条款、合同的目的、交易习惯以及诚实信用原则，确定该条款的真实意思"[1] 的规定，在当事人对条款理解发生争议时，可从签订《补充协议》的目的确定条款的真实意思。当事人之所以在《补充协议》中约定对赌条款，是为了目标公司简便地获得大额资金，以达到低成本融资和快速扩张的目的，一旦经营环境发生变化，原先约定的业绩目标不能达到，瑞丰公司及王某某作为三环公司股东对资金提供者津杉公司以回购方式给予补偿，明确、具体且具有可期待性。在津杉公司入股后，瑞丰公司与王某某的股本均发生过变更。《补充协议》中约定的分担比例应为签订该协议时瑞丰公司所持 1,600 万股和王某某所持 17,268,500 股分别占二者所持三环公司股份之和的比例。由此，瑞丰公司应承担上述回购款的 48.093,5%，王某某应承担上述回购款的 51.906，5%。对瑞丰公司提出以回购条件成就时瑞丰公司及王某某占二者持有三环公司之和的比例作为回购分担比例的答辩意见，不予支持。此外，瑞丰公司、王某某是《补充协议》的当事人，签订《补充协议》时是持有三环公司股份最多的两个股东，从三环公司增资扩股中获取的相应利益最大，认定《补充协议》中约定的回购比例应为签订协议时瑞丰公司、王某某所持股份的比例，符合当事人的真实意思。（2）如国有资产转让程序存在瑕疵，转让方应承担相应行政责任，但除非法律有明确规定或存在恶意串通损害国家利益、公共利益的情形，不影响股权转让合同的效力。津杉公司系国有控股公司，其要求瑞丰公司、王某某依约回购三环公司股权属正常经营活动，无证据证明存在损害国家利益或公共利益的情形，关于《补充协议》违反国有产权转让规定应认定为无效的理由不能

1 该规定已被《民法典》修订并体现于其第 466 条和 142 条的规定中，其中第 466 条第 1 款规定："当事人对合同条款的理解有争议的，应当依据本法第一百四十二条第一款的规定，确定争议条款的含义。"第 142 条第 1 款规定："有相对人的意思表示的解释，应当按照所使用的词句，结合相关条款、行为的性质和目的、习惯以及诚信原则，确定意思表示的含义。"

成立。(3)原股东提交的津杉公司人员参与选举三环公司董事等相关证据，不能充分证明三环公司的经营管理权受到了津杉公司严重干扰，也无法证明津杉公司派员到三环公司任职与三环公司连续3年亏损、未实现上市目标之间存在因果关系，且原股东能够正常行使目标公司的经营管理权，应对目标公司的盈利状况承担责任，其认为津杉公司以不正当方式促成股权回购条件成就的理由不能成立。

延伸阅读 回购成本分担涉及的主要法律问题

从前述股权回购纠纷案例可以看出：在股权回购责任成立且回购成本确定的情况下，股权回购成本的分担一般不会构成难以解决的重大法律问题。首先，在投融资各方已就回购成本（回购价款）的分担进行约定的情况下，司法审判机关通常都会尊重各方协议约定，按照约定的回购成本分担比例确定各股权回购方所应分担的金额，比如由各股权回购方（如为原股东）按其所持目标公司股权比例之比分担回购成本，或者由各股权回购方对分担回购成本承担连带责任，等等。其次，在投融资各方未就股权回购方所应分担的回购成本进行约定的情况下，司法审判机关通常也会在考虑公司股东同股同权这一基本公司法法理和公平原则的基础上，按照各股权回购方（如为原股东）所持目标公司股权比例之比确定其各自应分担的回购成本。问题是：在各股权回购方所持目标公司股权比例发生变化的情况下，应如何确定股权回购成本的分担问题呢？

一般而言，在私募股权基金成为目标公司股东后，目标公司的股权结构通常会基于两种情形发生变化。其一，目标公司以增资方式引入新的股权投资者，导致原来各股东所持目标公司股权比例发生变化，这种变化在目标公司存有多轮股权融资的情况下尤为常见。在此情况下，除原有股东行使优先认购权同期参与增资外，这种变化将导致原有各股东所持目标公司的股权比例同比稀释，其各自持股比例之间的比值不会发生变化，因此对股权回购成本的分担通常不会产生实质性影响。其二，相关股权回购方实施股权转让，导致各股东所持目标公司股权比例发生变化。与目标公司增资引入新的股权投资者不同，这种变化通常会导致各股东所持股权比例之间的比值发生变化，而无论转让是发生在股东之间还是股东与第三人之间。如果分担回购成本是以股权回购方所持股权比例之间的比值进行计算，那么这种变化很容易影响各股权回购方所实际分担的回购成本，从而产生争议。在此情况下，由于争议焦点往往集中于应以变化之前或以变化之后的股权比例之比来分担回购成本，因此又会涉及投融资各方关于回购成本分担的具体约定以及关于股权转让限制方面的规定。

就回购成本分担的约定而言，如果投融资各方明确约定由股权回购方按签约时的股权比例分担回购成本或者按股权回购义务触发时的股权比例分担回购成本，司法审判机关通常都会尊重此类约定，按协议约定确定回购成本分担比例。然而，如果投融资各方没有从时间节点角度对回购成本分担作出类似约定，或许就只能留待司法审判机关根据案件具体情况进行裁决了。比如，在前述“瑞丰公司与津杉公司及王某某合同纠纷案”中，法院便是基于瑞丰公司与王某某在对赌协议签署时所持目标公司的股权比例来认定了双方对于股权回购责任的承担比例。

就股权转让限制而言，私募股权基金通常都会在投资法律文件中书明股权转让限制条款，限制目标公司原股东转让其所持目标公司股权，无论是转让给关联方，还是转让给其他人。尽管这种合同法上的限制有时未必能够起到公司法上的限制作用，但在私募股权基金同意转让股权的情况下，如果投资法律文件又约定按股权回购义务触发时的持股比例来回购股权，那么就可能产生两个方面的法律问题。首先，本应承担股权回购义务的原股东可能会因为持股比例减少或消灭而承担较少或不承担股权回购责任；其次，在原股东将所持目标公司股权转让给不具股权回购能力的主体时，即使受让主体同意承担股权回购责任或分担股权回购成本，私募股权基金成功执行受让主体股权回购责任的希望也很渺茫；换言之，在此情况下，私募股权基金尽管可能取得关于股权回购的胜诉判决，却可能会最终因为股权受让主体履行能力不足而无法有效追回股权回购款，从而使股权回购成本分担的约定落空。可见，股权回购成本分担所涉及的法律问题绝不仅仅限于成本分担本身，还可能涉及原股东股权转让等一系列法律问题，需要在目标公司股权结构发生变更时予以注意并适时调整或补正关于股权回购的相关约定，并实现投后管理的精细化。

第三节 触发条件

股权回购触发条件的成就是私募股权基金得以行使股权回购权利的前提，也是其能够要求回购方承担股权回购责任的前提，重要性不言而喻。在实践中，股权回购触发条件主要体现为两种形式，一种是投融资各方之间协商确定的触发条件，是约定的触发条件，这是私募股权投资实践的主要做法；另一种是法律法规规定的触发条件，这种触发条件是法律法规规制的产物，通常无法通过协议约定来免除，是对约定的触发条件的一种制约。在二者发生冲突时，往往会导致约定的触发条件无法起到预设的触发股权回购的目的。此外，由于影响触发条件的现实因素很多，甚至有些因素根本无法由投融资各方所控制，因此触发条件是否成就以及是否存在被不正当促成等问题，通常也是私募股权投资争议中的焦点问题，需予以注意。

一、约定的触发条件

在私募股权投资实践中，约定的股权回购触发条件主要是指业绩指标未达标和上市指标未达标这两种情形，即本书前述提及的两种主要对赌指标。除此之外，基于投融资各方之间的协商，还可能包括其他触发条件，其中需要特别注意的是触发股权回购是否需以发送相关通知为前提、股权回购是否需在特定时限内主张以及未满足这些程序性条件的法律后果等问题。

优选案例 1-11

周原中心与蓝某某、宜都公司、湖北公司其他合同纠纷案

阅读提示

诉讼背景：周原中心作为目标公司宜都公司的投资者股东，要求宜都公司股东湖北公司及蓝某某向周原中心支付 8,989.2869 万元受让其所持宜都公司 49% 股份，并连带承担违约责任，赔偿周原中心损失 4,655 万元。未果，诉至法院。

裁判索引：湖北省高级人民法院一审并作出（2013）鄂民二初字第 00012 号民事判决书（以下简称“一审判决”）；最高人民法院二审并于 2014 年 9 月 30 日作出

（2014）民二终字第111号民事判决书（以下简称“二审判决”）；最高人民法院再审并于2015年7月16日作出（2015）民申字第295号民事裁定书（以下简称“再审裁定”）。

主要问题：（1）蓝某某与湖北公司应否向周原中心承担回购股份的民事责任？（2）周原中心是否存在违约行为以及违约行为是否影响股权回购责任触发条件的成就？（3）周原中心是否有权要求蓝某某和湖北公司承担违约赔偿责任？

一审程序

事实认定：

一审法院查明事实如下：

(1) 宜都公司注册资本为200万元，由湖北公司100%持有。

(2) 2010年10月19日，周原中心作为甲方、蓝某某作为乙方、宜都公司作为丙方、湖北公司作为丁方，共同签署《投资协议书》，约定：

各方合作宗旨与目的：资源共享，优势互补，规范管理，加快发展，产品经营与资本经营相结合，做强做大丙方主营业务，提升综合竞争力，致力于实现丙方中国境内上市。

乙方和丁方承诺对丙方增资，丁方占丙方增资后股份总数51%；甲方向丙方投资7,000万元取得丙方本次增资后股份总数34.3%；第三方投资者向丙方投资3,000万元取得丙方本次增资后股份总数14.7%。

在协议前提条件全部满足后5个工作日内，甲方应现金支付投资款7,000万元至专用账户。丙方收到甲方投资款7,000万元之日，为本次投资完成之日。

乙方、丙方、丁方共同进行丙方的经营业绩承诺，保证丙方2010年实现净利润不低于1,500万元，2011年实现净利润不低于3,000万元，2012年实现净利润不低于5,000万元。如丙方2010年、2011年与2012年实现的年度净利润均达到或超过本协议承诺的业绩指标，甲方和第三方投资者按各自持有股权比例，将不少于本次增资后9%的丙方股权作为奖励赠予丁方，其中甲方奖励丁方本次增资后6.3%的丙方股权，第三方投资者奖励丁方本次增资后2.7%的丙方股权。如丙方公开发行股票申请在2013年12月31日前通过主管机关审核，则不论丙方是否实现本协议7.1条中所承诺之业绩，甲方和第三方投资者按各自持有股权比例，将本次增资后 9% 的丙方股权作为奖励赠予丁方，其中甲方奖励丁方本次增资后 6.3% 的丙方股权，第三方投资者奖励丁方本次增资后 2.7% 的丙方股权……

甲方承诺并保证：按照协议要求按时完成投资入股相应流程，足额到位投资资金；采取具体行动积极协助丙方实现在国内 A 股上市；投资后通过董事会、股东会参与丙方管理；协助丙方拓展客户领域，选择投资项目，物色并购对象，推进丙方做大做强。积极协助丙方获取 1 亿元的贷款融资额度。

（3）2010 年 10 月 19 日，甲方周原中心、乙方蓝某某、丙方宜都公司、丁方湖北公司又共同签署一份《补充协议》，约定：

除非甲方同意延长，如丙方本次投资完成之日起至 2014 年 12 月 31 日未完成上市，则甲方可于 2014 年 12 月 31 日后随时要求丙方、乙方及丁方受让甲方所持全部或部分丙方股份，乙方和丁方承诺予以受让，受让价款公式如下：受让价款 = 甲方总投资额 × （1 + 8%）^{n} − 甲方入股期间从丙方获得的业绩补偿 − 甲方届时因已转让部分丙方股份所得收入（含已分红收入）。上述公式中，n 代表甲方持有股份的时间，从甲方投资款汇到丙方验资账户之日起开始计算，到甲方收到所有受让价款之日结束（n 精确到月，如两年 3 个月，则 n=2.25）。

如乙方、丁方对丙方发行上市申报不予正常配合，或丙方提交甲方的尽职调查材料以及本次投资后的材料中相关数据有重大虚假（差额 10% 以上），或乙方实际控制的其他投资、经营任何与丙方主营业务相关的其他业务或企业且其资产规模超过丙方资产规模的 5%；则甲方有权选择在上述任何一种情况出现后一个月内要求乙方受让甲方所持全部或部分丙方股份，乙方承诺予以受让，受让价格按以下公式确定：受让价款 = 甲方总投资额 × （1 + 8%）^{n} − 甲方入股期间从丙方获得的业绩补偿 − 甲方届时因已转让部分丙方股份所得收入（含已分红收入）。上述公式中，n 代表甲方持有股份的时间，从甲方投资款汇到丙方验资账户之日起开始计算，到甲方收到所有受让价款之日结束（n 精确到月，如两年 3 个月，则 n=2.25）。

（4）2010 年 10 月 21 日，周原中心向宜都公司汇入 7,000 万元。同年 12 月 29 日，宜都公司工商变更登记，宜都公司投资人及股权比例由湖北公司出资 200 万元占 100% 变更为湖北公司出资 3,570 万元占 51%，周原中心出资 3,430 万元占 49%；注册资本由 200 万元变更为 7,000 万元。

（5）2011年11月16日，深圳市信诺泰创业投资企业（有限合伙）与蓝某某、宜都公司及湖北公司签订《投资协议书解除协议》，载明四方同意解除其原于2010年10月22日所签《投资协议书》；由宜都公司向投资方退回投资款1,500万元；投资方已按约完成投资义务，但因蓝某某、宜都公司及湖北公司原因造成协议无法继续履行，违约方同意按协议约定向投资方支付违约金500万元。同日，那曲元和投资有限公司与蓝某某、宜都公司及湖北公司签订《投资协议书解除协议》，载明四方同意解除其原于2010年10月所签《投资协议书》；由宜都公司向投资方退回投资款1,500万元；投资方已按约完成投资义务，但因蓝某某、宜都公司及湖北公司原因造成协议无法继续履行，违约方同意按协议约定向投资方支付违约金500万元。上述两份协议共计1,000万元违约金已实际支付完毕。

（6）2012年10月25日，会计师事务所向宜都公司出具审计报告，显示宜都公司2012年1月至6月营业总收入为3,233.683，467万元。2012年12月31日宜都公司编制的《利润表》显示本年度营业总收入为2,332.313，769万元，《利润表（合并）》显示本年度营业总收入为2,324.469，105万元。《利润表》记载本年度净利润为−485.491，382万元，《利润表（合并）》记载本年度净利润为−485.175，892万元。

（7）2013年10月28日，周原中心向一审法院提起本案诉讼。

此外，在一审庭审过程中，蓝某某、宜都公司和湖北公司自认如下事实：《投资协议书》签订后的宜都公司工商变更登记由其主导完成，相关业绩承诺没有达到，2014年12月31日前宜都公司上市已无可能，《投资协议书》所涉第三方投资已到位，其后被退回。

法院观点：

一审法院认为本案争议焦点为：（1）蓝某某、湖北公司应否以《补充协议》约定价款受让周原中心所持宜都公司49%股份；（2）蓝某某、湖北公司应否赔偿因其违约造成的周原中心损失。

对争议焦点，一审法院认为：

（1）本案属于股权投资过程中投资方与融资方签订协议溢价增资，当投资方预期投资利益无法达到时，触发投资方行使退出权利条款所引发的案件。在该类纠纷中，投资方与被投资方出于对未来不确定因素的考量，通常根据协议设定预期目的实现与否来约定由其中一方实现的权利或义务。所设条件包括对所投资公司的财务绩效、利润实现和公司能否实现上市等。由于投资方最初以溢价方式对被投资方进行增资而成为新股东，原股东首先将因此获得该溢价部分的相对股东权益。一旦企业运营实际绩效达到预期，原股东还可能再次获利。投资方为化解自身商业风险，通常会与原股东协商签订相应条款，约定在预期盈利目标无法实现时，重新确定双方的股权比例。该条款系因商事交易的利益平衡产生，以当事人意思自治为前提，具有合理性。《补充协议》设定的投资方退出条款属于股权回购，即如被投资公司发生预设情形时，投资方可要求原始股东及关联义务人按约定溢价回购投资者股份。

(2)《投资协议书》及《补充协议》系当事人真实意思表示，内容不违反法律、行政法规禁止性规定，应合法有效。《补充协议》中的股份回购条款及蓝某某、湖北公司的受让承诺，均属民事主体在缔约过程中应充分认识的商业风险，与协议股权奖励条款相对应，未超过其合理预期，不违反法律法规的禁止性规定。故合同约定情形出现时，负有契约义务的当事人依法应按约履诺。蓝某某、宜都公司、湖北公司在庭审中援引《合同法》第 39 条[1]、第 40 条[2]，提出《补充协议》条款无效，但《补充协议》退出条款不存在单方制定且蓝某某、宜都公司、湖北公司未参与协商的情形，故不属于《合同法》关于格式条款效力规制的范畴。

---

1 《合同法》第 39 条："采用格式条款订立合同的，提供格式条款的一方应当遵循公平原则确定当事人之间的权利和义务，并采取合理的方式提请对方注意免除或者限制其责任的条款，按照对方的要求，对该条款予以说明。格式条款是当事人为了重复使用而预先拟定，并在订立合同时未与对方协商的条款。"上述规定经修订已被《民法典》承继并作为其第 496 条，即"格式条款是当事人为了重复使用而预先拟定，并在订立合同时未与对方协商的条款。采用格式条款订立合同的，提供格式条款的一方应当遵循公平原则确定当事人之间的权利和义务，并采取合理的方式提示对方注意免除或者减轻其责任等与对方有重大利害关系的条款，按照对方的要求，对该条款予以说明。提供格式条款的一方未履行提示或者说明义务，致使对方没有注意或者理解与其有重大利害关系的条款的，对方可以主张该条款不成为合同的内容。"

2 《合同法》第 40 条："格式条款具有本法第五十二条和第五十三条规定情形的，或者提供格式条款一方免除其责任、加重对方责任、排除对方主要权利的，该条款无效。"该规定经修订已被《民法典》承继并作为其第 497 条，即"有下列情形之一的，该格式条款无效：(一)具有本法第一编第六章第三节和本法第五百零六条规定的无效情形；(二)提供格式条款一方不合理地免除或者减轻其责任、加重对方责任、限制对方主要权利；(三)提供格式条款一方排除对方主要权利。"

（3）蓝某某、宜都公司、湖北公司提出的因周原中心违约行为导致其股权回购诉请不能成立的抗辩观点，不能成立。理由是：

周原中心已依约全额投入了7,000万元，并指派了相应高管人员。即使周原中心所指派高管人员离职，但没有证据证明该事实必然导致约定的企业上市的合同根本目的无法实现，且没有证据证明该事实造成的损失数额。周原中心指派的高管人员离职后，企业仍在生产经营，离职不能当然推导出企业会出现财务会计文件虚假数据记载情形，两者间不存在直接因果关联。证据显示：宜都公司2012年《利润表》《利润表（合并）》中载明公司法定代表人为蓝某某，相关会计工作人员均非周原中心指派。对蓝某某、宜都公司、湖北公司关于《投资协议》不能完全履行系因周原中心管理团队缺失等违约行为所致的抗辩理由，不予采信。

蓝某某、宜都公司、湖北公司提出：2010年10月21日周原中心投资7,000万元后，一直占有宜都公司49%股份，导致第三方投资者因出资3,000万元却不能持有14.7%股份而撤资，宜都公司为此向第三方赔偿损失1,000万元，属周原中心违约行为。然而，庭审中，蓝某某、宜都公司及湖北公司均认可第三方投资已到位，其后被退回，还认可宜都公司增资后的工商变更登记系其办理。结合上述事实，应视为《投资协议书》各方在履行协议过程中以实际行为变更了约定的持股比例，且截至本案诉讼发生时，蓝某某、宜都公司、湖北公司及第三方投资者未曾就上述股份归属向周原中心提出任何权利主张，湖北公司提交的证据也证明第三方投资者在退出协议中明确了撤资的责任在蓝某某及湖北公司，与周原中心无涉。蓝某某、宜都公司、湖北公司的上述抗辩理由与事实相悖，不予采信。

至于蓝某某、宜都公司、湖北公司主张周原中心因未完成积极协助宜都公司获取1亿元贷款融资额度承诺，继而增加公司财务成本造成损失，亦属违约问题。因周原中心承诺的仅为协助义务，且该协助义务并无相应对宜都公司贷款必须担保等细化约定，故认定周原中心违约缺乏事实依据。

（4）《补充协议》将触发回购的条件预设为两项，即：若2014年12月31日前宜都公司未完成上市，蓝某某和湖北公司承诺受让周原中心所持宜都公司全部股份；或者如蓝某某、湖北公司对宜都公司上市申报不予正常配合，或宜都公司提交周原中心的尽职调查材料以及本次投资后的材料中相关数据有重大虚假（差额10%以上），或蓝某某实际控制的其他投资、经营任何与宜都公司主营业务相关的其他业务或企业且其资产规模超过宜都公司资产规模的5%，周原中心有权选择在上述任何一种情况出现后一个月内要求蓝某某受让周原中心所持宜都公司全部或部分股份。

根据《证券法》（2014修正）第13条[1]及《首发股票上市办法》（2006年版）第33条[2]，宜都公司若期望在2014年12月31日前实现上市，需在2014年前向证券主管机构报送审批材料，最近3个会计年度的净利润须为正数，且最近3年会计文件无虚假记载。按证券业常理分析，宜都公司应以2010、2011、2012 3个会计年度的会计文件呈报，但2012年12月31日宜都公司编制的《利润表》记载本年净利润为－485.491，382万元，《利润表（合并）》记载本年净利润为－485.175，892万元，无法满足2014年12月31日前上市的先决条件。再者，宜都公司委托做出的评估报告显示：企业2012年1月至6月营业总收入为3,233.683，467万元，但2012年12月31日宜都公司编制的《利润表》显示本年公司营业总收入为2,332.313，769万元，《利润表（合并）》显示本年公司营业总收入为2,324.469，105万元。上述财务报表中全年营业总收入低于半年营业总收入的记载，明显与基本财务常理相悖，可认定存在虚假，且两数额相差巨大，已超过《补充协议》中约定的10%差额上限。故《补充协议》中的两种退出情形均已产生，周原中心诉请回购其所持宜都公司股份符合合同约定。

（5）关于蓝某某、湖北公司主张回购时间尚未起始的问题。虽《补充协议》第1条约定如宜都公司自投资完成之日起至2014年12月31日未完成上市，周原

---

1 《证券法》（2014修正）第13条："公司公开发行新股，应当符合下列条件：（一）具备健全且运行良好的组织机构；（二）具有持续盈利能力，财务状况良好；（三）最近三年财务会计文件无虚假记载，无其他重大违法行为；（四）经国务院批准的国务院证券监督管理机构规定的其他条件。上市公司非公开发行新股，应当符合经国务院批准的国务院证券监督管理机构规定的条件，并报国务院证券监督管理机构核准。"

2 《首发股票上市办法》（2006年版）第33条："发行人应当符合下列条件：（一）最近3个会计年度净利润均为正数且累计超过人民币3000万元，净利润以扣除非经常性损益前后较低者为计算依据；（二）最近3个会计年度经营活动产生的现金流量净额累计超过人民币5000万元；或者最近3个会计年度营业收入累计超过人民币3亿元；（三）发行前股本总额不少于人民币3000万元；（四）最近一期末无形资产（扣除土地使用权、水面养殖权和采矿权等后）占净资产的比例不高于20%；（五）最近一期末不存在未弥补亏损。"

中心可于2014年12月31日后主张股份回购，但从《投资协议书》及《补充协议》的相关条款设置及缔约目的分析，蓝某某、湖北公司做出的2010年至2012年宜都公司净利润承诺系实现合同根本目的的重要前提及保障，即蓝某某、湖北公司的主要合同义务。若承诺业绩达到指标其即可获得周原中心给予的相应股权及现金奖励，反之则须按《补充协议》中的退出条款溢价收购周原中心所持股份。但由于2012年宜都公司财务报表发生虚假记载事项，企业出现亏损，宜都公司无法按照预期获得证券主管机构审批已呈事实状态。蓝某某、湖北公司履行合同义务不符合约定之行为已使宜都公司2014年12月31日前完成上市的合同根本目的无法实现，依法应承担相应责任。

涉案两份协议中虽未直接设立蓝某某、湖北公司的违约责任条款，而仅设立了以股权回购为具体履行方式的退出条款。从该退出条款文意及受让价款的计算公式可以看出：其实际属于违约补偿条款的性质。且蓝某某、湖北公司也均已自认宜都公司未达到《投资协议书》中的业绩承诺，约定的上市目标无法完成。依据《合同法》第108条[1]关于当事人一方明确表示或以自己的行为表明不履行合同义务的，对方可以在履行期限届满之前要求其承担违约责任的规定，周原中心可依约定要求蓝某某、湖北公司承担回购责任，并不受《补充协议》所约定权利起始日条件的约束。

(6)《补充协议》中明确约定蓝某某及湖北公司受让价款公式如下：受让价款 = 甲方总投资额 × $(1 + 8\%)^n$ − 甲方入股期间从丙方获得的业绩补偿 − 甲方届时因已转让部分丙方股份所得收入（含已分红收入）。其中，n代表甲方持有股份的时间，时间从甲方投资款汇到丙方验资账户之日起开始计算，到甲方收到所有受让价款之日结束（n精确到月）。

蓝某某、湖北公司并未举证证明周原中心曾取得业绩补偿，也未进行股份转让或分红，具体回购数额应以周原中心投资总额7,000万元套用公式计算，n值应为3.25（3年3个月，从2010年10月投资款到账至开庭时止），即7,000

1 《合同法》第108条："当事人一方明确表示或者以自己的行为表明不履行合同义务的，对方可以在履行期限届满之前要求其承担违约责任。"该规定经修订已被《民法典》承继并作为其第578条，即"当事人一方明确表示或者以自己的行为表明不履行合同义务的，对方可以在履行期限届满前请求其承担违约责任。"

万元 × $(1+8\%)^{3.25}$，计算所得蓝某某、湖北公司回购股份的价款应为 8,989.2869 万元。

(7) 周原中心关于赔偿损失的诉请，因在指定期限内未提交蓝某某、湖北公司因违约给其造成具体损失的证据，协议中亦无约定，不予支持。

法院裁判

综上，一审法院判决 一、蓝某某、湖北公司向周原中心支付人民币8,989.286,9万元，用于受让周原中心所持宜都公司49%股份; 二、驳回周原中心其他诉请。

二审程序

上诉请求：

蓝某某与湖北公司不服一审判决，上诉请求撤销一审判决第一项，改判驳回周原中心的全部诉请，理由如下：

（1）一审判决认定事实错误：周原中心增资时，原股东湖北公司以实物、无形资产等同步增资，不存在溢价增资的情形；一审判决认定周原中心持有宜都公司49%股权违背客观事实，其中14.7%股权该中心没有依法支付对价；周原中心所指派高管人员离职与宜都公司未上市、损失及财务数据虚假存在因果联系；周原中心未协助宜都公司获取贷款融资额度构成违约；《补充协议》中的两种退出情形未实现，蓝某某与湖北公司不应承担回购股权责任。

（2）一审判决适用法律错误：《补充协议》应认定无效，其退出条款属格式条款，且本案属于投资（联营）纠纷，对赌条款违反公平原则；退出条款不具合同义务属性，公司上市等并非给付关系的范畴。

宜都公司作为原始被告参加二审程序。

周原中心认为一审判决认定事实清楚，适用法律正确，应予维持，理由如下：

（1）《投资协议书》及《补充协议》合法有效，不违反法律法规的强制性规定，应得到各方遵守。宜都公司2012年至今连续亏损，已完全不可能在2014年12月31日内完成上市，其虚假财务数据远超10%，蓝某某、湖北公司应根据约定回购49%的股份。

（2）周原中心已完全依约履行了积极协助宜都公司获得融资额度的义务，无违约行为。

（3）本案属于股权投资合同关系，并非联营关系，蓝某某、宜都公司、湖北公司的行为构成预期重大违约，应依《合同法》承担责任。

（4）周原中心的诉讼请求是要求蓝某某、湖北公司履行《投资协议书》《补充协议》约定的股份回购、支付业绩补偿金义务，仅仅是一个诉讼标的，一审判决针对诉讼请求作出判决，不存在违法合并审理的情形。公安机关的《立案决定书》属于公文书证，一审法院对其真实性的认定并不违反法定程序。

事实认定：

二审法院认可一审法院查明的事实。

法院观点：

二审法院认为上诉争议焦点为：（1）《投资协议书》和《补充协议》中回购股份条款的效力。（2）蓝某某与湖北公司应否承担回购股份的民事责任；周原中心是否存在违约行为，是否影响本案民事责任的承担结果。（3）周原中心主张权利的起始时间应如何认定。（4）原审判决对周原中心所持宜都公司股份份额的认定是否正确。

对争议焦点一，二审法院认为：

(1) 从《投资协议书》和《补充协议》内容看，各方为达到使宜都公司增资、在中国境内上市之目的，先签订了《投资协议书》，约定蓝某某、宜都公司以资产及股权进行增资，周原中心以资金注入方式增资，及业绩承诺与股权奖励等条款内容；同日，各方又签订了《补充协议》，主要包括在一定条件下被投资方股东回购股份的承诺等内容。两份协议系典型的商事合同，《补充协议》系对《投资协议书》的补充约定，二者系同一天达成，共同完整地构成了当事人的意思表示。《补充协议》关于被投资方股东应在两种情形下回购股份的承诺清晰而明确，是当事人在《投资协议书》外特别设立的保护投资人利益的条款，属于缔约过程中当事人对投资合作商业风险的安排，与《投资协议书》相关股权奖励条款相对应，系当事人真实意思表示。

(2) 案涉协议关于在一定条件下被投资方股东回购股份的内容不违反法律、

行政法规的禁止性规定，不存在《合同法》第 52 条规定的合同无效的情形[1]，系当事人专为此次交易自愿达成的一致约定，并非单方预先拟定或反复使用，不属于格式合同或格式条款，不存在显失公平问题。蓝某某、湖北公司提出回购股份条款属于格式条款、有违公平原则的上诉理由，缺乏事实与法律依据。

对争议焦点二，二审法院认为：

（1）宜都公司委托做出的评估报告与其自己编制的财务报表显示，宜都公司存在财务虚假，且虚假程度已超过《补充协议》约定的 10% 差额上限；宜都公司在 2012 年出现亏损，湖北公司在《投资协议书》中的业绩承诺并未实现，根据《公司法》《证券法》等法律法规关于企业上市条件的规定，宜都公司在 2014 年 12 月 31 日前无法上市已呈事实状态，《补充协议》中的股份回购条件业已成就。蓝某某与湖北公司应依约履行合同义务，向周原中心承担回购股份的民事责任。

（2）蓝某某与湖北公司未提供充分证据证实周原中心存在为自身利益不正当地促成回购股份条件成就的情形，其关于周原中心不正当阻止公司上市的抗辩理由不能成立。其一，周原中心所派部分高管人员离职后，宜都公司仍在生产经营，而公司财务造假属人为因素造成，高管人员离职不应成为宜都公司财务报表出现虚假的理由，更不是公司无法上市的直接原因。其二，从《投资协议书》第 8.4 条周原中心的承诺并保证内容看，周原中心的合同义务是“协助宜都公司获取 1 亿元贷款融资额度”，仅为协助义务，没有相应的细化约定，认定周原中心违约缺乏事实依据。因此，蓝某某与湖北公司有关因周原中心存在违约行为应免除其回购股份民事责任的上诉理由缺乏事实与法律依据，不予支持。

对争议焦点三，二审法院认为：由于周原中心起诉时宜都公司存在财务虚假，《投资协议书》中的业绩承诺亦未实现，宜都公司在 2014 年 12 月 31 日前无法上市已呈事实状态，《补充协议》约定的股份回购条件业已成就，蓝某某与湖北公司的违约行为导致周原中心签订案涉协议的合同目的已无法实现，故周原中心起诉具有合同与法律依据，蓝某某与湖北公司有关周原中心起诉时间不符合约定的上诉理由不能成立。

---

1 关于《民法典》对《合同法》第 52 条的具体承继内容和方式，请参考本书其他相关内容。

对争议焦点四，二审法院认为：案涉协议的实际履行情况、宜都公司工商登记的股权信息、宜都公司登记备案的公司章程及蓝某某与湖北公司自认的事实共同表明，第三方投资曾已到位，其后退出，相关退出协议中明确了撤资责任在于蓝某某与湖北公司，与周原中心无关；宜都公司工商变更登记由蓝某某与湖北公司主导完成。一审判决确认周原中心持有宜都公司 49% 股份，有事实和法律依据，应予维持。

法院裁判

综上，二审法院判决驳回蓝某某、湖北公司的上诉请求，维持一审判决。

再审程序

再审请求：

蓝某某、湖北公司、宜都公司不服二审判决，认为原审判决认定的案件基本事实缺乏证据证明，适用法律错误，且一审法院违反法定程序，因此再审请求撤销原审判决，改判驳回周原中心的全部诉请。

周原中心未提交书面意见。

法院裁判

经审查，再审法院认为蓝某某、湖北公司、宜都公司的再审申请不符合《民事诉讼法》第 200 条规定的应当再审的条件，裁定驳回蓝某某、湖北公司、宜都公司的再审申请。

案例启示

与原股东承担股权回购责任的其他案例相比，本案的最大不同之处是：周原中心作为目标公司宜都公司的投资者股东，不仅在投资法律文件中向目标公司原股东蓝某某和湖北公司做出了积极协助宜都公司“实现在国内 A 股上市”“做大做强”及“获取 1 亿元的贷款融资额度”等承诺，而且还向宜都公司委派了相关高管，参与了宜都公司的经营管理。从善意角度讲，这些举措本可以视为周原中心为实现使宜都公司上市的目的而采取的增益措施，本应无可非议，但在争议发生后，这些举措却成了蓝某某和湖北公司据以抗辩周原中心诉讼请求的重要基础，三审法院也不得不因此对周原中心是否存在违约情形以及是否存在不正当促成股权回购条件成就的情形进行审查。换言之，如周原中心存在违约情形或者存在不正当促成股权回购条件成就的情形，那么根据《合同法》第 45 条第 2 款关于“当事人为自己的利益不正当地阻止条件成就的，视为条件已成就；不正当地促成条件成就的，视为条件不成就”[1] 的规定，本案中的股权回购触发条件就有可能被视为没有成就，从而使蓝某某和湖北公司免于承担股权回购责任。

虽然本案司法审判机关认为周原中心的协助义务不构成合同法上的独立义务，周原中心不存在违约情形，并最终以此为基础驳回了蓝某某和湖北公司关于其不应承担股权回购责任的抗辩，但本案却对私募股权基金提出了一个需要慎重考量的问题，即：作为目标公司的财务投资人和小股东，私募股权基金有无能力和必要向原股东做出诸如协助目标公司“做大做强”和“实现上市”之类的承诺？在实践中，目标公司能否上市需要满足财务、行业及法律等方面的一系列条件，而这些条件并非完全能够被私募股权基金所单方控制。如果私募股权基金做出了力所不及的承诺或者深度参与了目标公司的经营管理，而目标公司及回购方又因此形成了相关合理信赖，那么在私募股权基金相关承诺未达成的情况下，是否应当相应抵减股权回购方的回购责任呢？此外，在私募股权基金做出相关承诺或深度参与目标公司经营管理的情况下，其是否一定不会在协议履行过程中发生违约行为，或者其行为是否一定不会阻碍或一定程度上阻碍目标公司的上市？换言之，在私募股权基金做出相关承诺或深度参与目标公司经营管理的情况下，为切实减少或免除自身的股权回购责任，原股东势必会审查私募股权基金的相关行为，并从股权回购条件是否成就以及是否被私募股权基金不正当成就等方面进行抗辩，从而给私募股权基金的股权回购诉请增加不确定性风险，而这些问题不仅需要私

1 该规定已被《民法典》承继并体现在其第 159 条中，即“附条件的民事法律行为，当事人为自己的利益不正当地阻止条件成就的，视为条件已经成就；不正当地促成条件成就的，视为条件不成就。”

募股权基金在签署投资法律文件时予以仔细考量，也需要在实施投后管理时对具体的投后管理方法和力度进行精确把握。

一般而言，向目标公司及原股东进行各方面实力展示是私募股权基金在投资营销过程中采取的通常做法。这种做法虽然有利于私募股权基金获得更好的投资机会，但有时也可能让目标公司及原股东就促进目标公司经营发展而向私募股权基金提出相应要求，并甚至可能要求私募股权基金就此做出相关承诺或保证，而如果这些承诺和保证最终体现在投资法律文件中并形成私募股权基金的相关合同义务，那么在未来发生投资争议时这些合同义务的履行就会不可避免地成为股权回购方的抗辩理由，增加不必要的法律风险。这就需要私募股权基金重新审视和考量如何进行实力展示、如何确定承诺或合同义务边界、如何实施投后管理等事项，以免因为过度承诺或不当管理等行为瑕疵而给予股权回购方进行有效抗辩的机会。

优选案例 1-12

星杉企业与亨达公司及其五名原股东股权转让纠纷案

阅读提示

诉讼背景：星杉企业作为目标公司亨达公司（股份有限公司）的投资者股东，要求亨达公司及其原股东王某万、单某礼、单某萍、单某香、王某昌等5人（以下简称“5名原股东”）向其支付股权转让款及违约金。未果，诉至法院。

裁判索引：上海市浦东新区人民法院一审并作出（2016）沪0115民初51001号民事判决书（以下简称“一审判决”）；上海市第一中级人民法院二审并作出（2017）沪01民终11439号民事判决书（以下简称“二审判决”）；上海市高级人民法院再审并于2018年9月28日作出（2018）沪民申1831号民事裁定书（以下简称“再审裁定”）。

主要问题：（1）星杉企业发出的回购通知是否为有效通知？（2）若回购通知无效，则约定期限内未明确通知目标公司及其原股东履行回购义务，是否导致星杉企业主张股权回购的权利丧失？

一审程序

事实认定：

一审法院查明事实如下：

（1）2010年星杉企业（乙方）与5名原股东（甲方）、亨达公司（丙方）签署《协议书》两份，签署时间均空白；各方于该协议中约定：

为加快丙方股份制改制及上市进程，在甲方及丙方要求下，乙方与丙方原股东××公司、周某于2010年月日（日期空白）签署了《股权转让协议》，约定：由××公司、周某分别向乙方转让其所持1.03%、0.57%的股份；如丙方未在2013年9月30日前获准在境内上市，则乙方有权选择①继续持股，或②于2013年12月30日前要求甲方中的一名、多名或全部以1,215万元、550万元购买乙方届时所持标的股权或标的股份，甲方中的一名或多名根据上述约定购买上述股权或股份的，甲方中的其他人应充分配合并对上述股权／股份购买承担连带责任；如乙方选择甲方购买上述股权或股份的，甲方应在接到乙方购买要求通知之日起10日内将股权购买款1,215万元、550万元打入乙方指定账户，如果甲方不能在上述约定期限内购买上述股权或股份并支付购买款的，则丙方应在甲方不履行购买义务之日起10日内回购上述股权或股份，并向乙方支付股权／股份购买款1,215万元、550万元；如甲方、丙方都未在上述约定期限内支付前述购买款，则甲方应向乙方支付违约金1,215万元、550万元，同时乙方有权要求甲方、丙方继续履行签署购买及付款义务。

（2）××公司、周某与星杉企业各签署《股权转让协议》（签署时间亦空白）一份，约定：××公司将其所持亨达公司90万元股权（占注册资本1.02%）作价990万元，周某将其所持亨达公司50万元股权（占注册资本0.57%）作价550万元转让给星杉企业。2010年9月29日，星杉企业向××公司转账990万元，向周某转账550万元，摘要为股权转让款。同日，亨达公司进行了变更登记，星杉企业持股比例为1.59%。庭审中，当事人均表示，《协议书》与《股权转让协议》中关于××公司持股比例应为1.025,29%，因取小数点后不同进位，固有1.03%和1.02%的不同表述。

（3）2010年10月8日，亨达公司股东会会议，决议将公司整体变更为股份有限公司。

(4)2013年12月18日,5名原股东(甲方)与星杉企业(乙方)、亨达公司(丙方)签署《补充协议书》，载明：鉴于三方于2010年9月签署的《协议书》中约定如丙方未能在2013年9月30日前获准在境内上市的，则乙方有权要求甲方和丙方回购星杉企业自××公司、周某受让的股权；因丙方未能在2013年9月30日前获准上市，经3方协商，就前述股权转让及回购事宜达成补充协议；各方同意延长3方原签署协议书约定的回购期限，如丙方未能在2015年9月30日前获准在境内上市的，则乙方可在2015年12月30日前，要求甲方中的一名、多名或全部以1,215万元本金、550万元本金及10%年化利息购买乙方届时持有的标的股份，利息应从乙方资金汇入××公司、周某账户当日即2010年9月29日开始计算至回购对价支付完毕止；如甲方未能在约定期限内回购乙方所持有股权并支付对价的，则丙方应在甲方不履行购买义务之日起10日内回购乙方股份并向乙方支付回购对价。至2015年9月30日，亨达公司仍未获准上市。

(5) 2015年10月21日，星杉企业员工洪某向亨达公司董事会秘书江某发送电子邮件，称："江总，如刚才电话中所说，我们星杉企业与公司大股东签订过有关亨达股份回购的补充协议。协议约定2015年12月30日公司大股东回购星杉企业所持股权。马上临近年底，我们希望能够按期执行回购条款。还请跟大股东通报下，给我们一个回复。"同月27日，洪某再次向江某发送邮件，询问："请问公司股东就我们的回购事项回复如何？"同年11月9日，洪某向江某发送短信，称："江总，我们星杉企业关于回购的事，单总上周跟我们说这周会给我们书面回复，让我找你。大股东这边有回复吗？"同月12日,洪某再次向江某发送短信,询问:"单总回复了吗？回购一事的书面回复什么时候能给我们？"江某回复称："他正在找其他几个股东商议。"

(6) 2016年1月20日,星杉企业委托律师向5名原股东、亨达公司发函,载明:就5名原股东、亨达公司回购星杉企业所持亨达公司股份及支付违约金之事，要求5名原股东、亨达公司收到律师函之日起10日内向星杉企业支付回购对价1,765万元本金及10%的年化利息(利息从2010年9月29日起算至回购对价支付完毕止),并支付违约金1,765万元。该函件于同日通过EMS邮政快递寄送单某香、单某礼、王某万、单某萍与案外人刘某，快递凭单上载明公司名称为亨达公司、地址为山东省青岛市××市××路××号。经查询，上述快递于2016年1月22日下午被签收，签收人：单位收发章。5 名原股东表示未收到该函件。

法院观点：

一审法院认为本案争议焦点为：(1) 星杉企业要求五名原股东、亨达公司回购股权所依据的《协议书》《补充协议书》是否合法有效；(2) 星杉企业发出的回购通知是否为有效通知，若通知无效，则在约定期限内未明确通知 5 名原股东、亨达公司履行回购义务，是否导致星杉企业主张股权回购的权利丧失。

对争议焦点一一审法院认为：

(1)《协议书》《补充协议书》中关于股权转让及股权回购等的约定系投融资双方根据企业未来实际经营状况对当前企业估值及投资价格进行的调整或修正，即"对赌协议"。目标公司股东对投资者的补偿承诺不违反法律法规的禁止性规定，合法有效。《协议书》及《补充协议书》中关于亨达公司未在约定期限内被核准上市，星杉企业有权要求 5 名原股东回购其所收购股权的约定，系当事人真实意思表示，且不违反法律、行政法规的强制性规定，也不侵害公司及其债权人的合法权益，内容合法有效，对协议当事人具有法律约束力。

(2)《协议书》与《补充协议书》同时约定，如 5 名原股东收到星杉企业回购通知之日起 10 日内未支付相应购买款的，亨达公司应回购星杉企业持有的股权并支付相应购买款。此约定，明显违反了《公司法》关于股份有限公司不得收购本公司股份的规定，应属无效。

(3) 除上述亨达公司应回购星杉企业所持股权并支付相应价款的约定因违反法律强制性规定而无效外，《协议书》与《补充协议书》的其他内容系协议当事人真实意思表示，且不违反法律、行政法规的强制性规定，合法有效。合同部分无效，不影响其他部分效力。因《协议书》与《补充协议书》中关于亨达公司回购股权的约定因违反法律的强制性规定而无效，故星杉企业主张股权收购的主体仅应为亨达公司的股东，即 5 名原股东。

对争议焦点二，一审法院认为：

(1) 回购申请必须清晰、准确。星杉企业向江某发出的关于股权回购的意思表示并不具体、明确，并未明确说明其行权的对象是 5 名原股东中的一名、多名或全部，亦未明确行权的比例等。虽星杉企业认为《协议书》与《补充协议书》中的甲方为王某万等 5 人，5 人应为一个整体，其向甲方整体发出要求回购的意思表示即可，但法院认为：在协议已明确星杉企业有权选择“要求甲方一名、多名或全部购买乙方届时持有的股权”的情况下，星杉企业作为专业从事股权投资的合伙企业，理应明确知晓并理解协议约定的含义，也应知晓不同自然人主体之间并不存在当然的人格混同。故星杉企业的主张无事实与法律依据，不予采信。

（2）回购申请必须到达回购方。星杉企业自 2015 年 10 月至 11 月间以邮件、短信发出的回购通知仅到达了江某，对邮件，江某并未给予明确回复，对短信，江某虽有“他（单总）正在找其他几个股东商议”的表述，但单总与其他几个股东的身份均不明确，不能以此推断江某已将星杉企业的回购通知转告 5 名原股东知晓。另，《协议书》与《补充协议书》中均未约定江某可代表 5 名原股东接受星杉企业回购通知。故在 5 名原股东明确表示未收到星杉企业上述回购通知的情况下，法院认为：仅凭星杉企业发出的回购通知到达了亨达公司董事会秘书江某，不能当然推定出其回购通知到达了《协议书》与《补充协议书》约定的股权回购相对方，即 5 名原股东。星杉企业于 2016 年 1 月 20 日向 5 名原股东发出的书面通知已超过了《协议书》与《补充协议书》约定的最后期限，且上述通知寄送的地址并非 5 名原股东的住所地而是亨达公司的地址，相应通知的送达情况亦显示为单位收发章签收，仅据此亦难以证明星杉企业的回购通知到达了 5 名原股东。

（3）《协议书》约定：如亨达公司未在 2013 年 9 月 30 日前获准上市，星杉企业有权继续持有股权或放弃所持有股权并要求 5 名原股东中一名、多名或全部进行股权回购。因亨达公司未在上述期限内成功上市，故各方签署了《补充协议书》，将原约定的回购期限延长至 2015 年 12 月 30 日。《协议书》的约定实际上赋予了星杉企业继续持有或放弃持有股权的选择权，而该选择权在《补充协议书》中并未重申，也未在《协议书》中改变。在星杉企业享有继续持有或放弃持有股权的选择权的情况下，若星杉企业未在协议约定的期限内行使放弃继续持有并要求 5 名原股东回购股权的权利，则视为其继续持有股权。故法院认为：在星杉企业未于协议约定的 2015 年 12 月 30 日前以明确、具体的股权回购的意思表示到达相对方 5 名原股东的情况下，星杉企业应被认定为选择继续持有亨达公司股权，其要求 5 名原股东回购股权的权利亦于其选择继续持有亨达公司股权的同时灭失。

法院裁判

综上，一审法院判决：驳回星杉企业的诉请。

二审程序

上诉请求：

星杉企业不服一审判决，上诉请求撤销一审判决，改判支持星杉企业的全部诉讼请求，理由如下：星杉企业事实上在2015年12月30日前已向五名原股东作出了明确、具体的股权回购的意思表示，星杉企业要求股权回购的权利并未丧失，理由为：（1）星杉企业员工洪某已于2015年11月9日前通过电话形式联系了5名原股东之一的单某礼；同年11月9日及之后洪某通过短信、电子邮件形式通知了亨达公司董事会秘书江某，要求行使股权回购权，江某均予以回复；（2）一审判决认定星杉企业未在2015年9月30日前履行通知义务即丧失回购股权权利不正确，是对相关协议内容的曲解，实际上相关协议书并未约定相应回购股权期限。

5名原股东、亨达公司答辩认为应当驳回上诉，维持原判，理由为：星杉企业并未与江某就股权回购事宜进行过联系；即便江某与星杉企业工作人员取得了联系，江某也未接受5名原股东的委托与星杉企业联系股权回购事宜，江某不具有代理权限；与此同时，一审判决不存在程序违法之处。

事实认定：

二审法院认可一审法院查明的事实。

法院观点：

二审法院认为，上诉争议焦点为：（1）《补充协议书》是否设立了星杉企业主张亨达公司股东履行回购义务的回购通知期限；（2）如存在前述回购通知期限，星杉企业是否在该回购通知期限前通知了亨达公司股东履行回购股份义务。

对争议焦点一，二审法院认为：

(1)《补充协议书》约定：如亨达公司未能在2015年9月30日前获准在中国上市，则星杉企业可在2015年12月30日前要求5名原股东中的一名、多名或全部购买星杉企业届时所持标的股份。由此，从文义可以分析出：对亨达公司上市以及星杉企业主张 5 名原股东履行回购义务均设定了明确期限，但并未约定星杉企业在 2015 年 12 月 30 日后可以继续主张 5 名原股东履行回购义务。

(2)在案事实表明：亨达公司未在《补充协议书》约定的期限(2015 年 9 月 30 日）内被核准上市，因此星杉企业应在该协议约定的期限（同年 12 月 30 日）前主张 5 名原股东履行回购股份义务，如超过该期限，则星杉企业无权依据《补充协议书》约定行使相应请求回购股份权。

对争议焦点二，二审法院认为：江某作为亨达公司董事会秘书并不具有为作为 5 名原股东与同为亨达公司股东的星杉企业之间进行信息沟通的义务和职责，且星杉企业未能提交证据证明如下事项：在星杉企业主张 5 名原股东履行回购义务前，江某作为星杉企业与 5 名原股东进行信息沟通的联络人的事实；此外，即便星杉企业工作人员曾将要求股东回购股份事宜告知了亨达公司董事会秘书江某，该行为并不能视作星杉企业实际通知了 5 名原股东。在案事实表明：星杉企业实际于 2016 年 1 月 20 日通过律师发函形式通知了 5 名原股东，星杉企业通知 5 名原股东履行回购义务的期限显然已迟于《补充协议书》约定的期限，故法院对一审判决作出的星杉企业已丧失要求 5 名原股东回购股份的权利的认定，予以支持。

法院裁判

综上，二审法院判决：驳回上诉，维持原判。

再审程序

再审请求：

星杉企业不服二审判决，申请再审，理由如下：

（1）双方协议并未约定投资方行使回购权要发出书面通知，短信、邮件、口头通知都可，也可通过员工或经办人转递。星杉企业已完全履行回购的基本程序，原审认定有误。

（2）回购权的本质是保护投资方的债权请求权，适用两年诉讼时效期限，不存在回购权约定灭失的法律规定。

5名原股东及亨达公司答辩认为：

（1）按照各方约定，星杉企业回购的明确意思表示应在2015年12月30日前做出，但星杉企业并没有做到，因此丧失回购请求权，与诉讼时效没有关系。

（2）江某只是亨达公司董事会秘书，星杉企业向其发送通知并不能代表向5名原股东发出，而星杉企业此后所发律师函已过约定回购期限，星杉企业理应继续持有股权。

事实认定：

再审法院认可原审法院查明的事实。

法院观点：

(1)《补充协议书》约定星杉企业在2015年12月30日前，要求5名原股东中的一名、多名或全部回购股份。星杉企业员工洪某虽于2015年10月21日向亨达公司董秘江某发送了邮件，但关于回购的对象及意思并不具体明确，江某也并非5名原股东指定的代为收件人。原审认为不能以此认定发送了有效回购请求，予以认同。

(2)星杉企业于2016年1月20日发出的律师函已超过约定的回购请求期限，原审将此视作星杉企业选择继续持有股份，亦无不妥。

法院裁判

综上，再审法院裁定：驳回星杉企业的再审申请。

案例启示

本案可谓“因小失大”的典型案例，明明股权回购协议有效，却承担了本应胜诉但不得不败诉的法律后果，究其根本原因在于：股权回购权利人没有充分注意股权回购条款中关于触发条件成就的相关规定，导致因逾期行权而最终丧失了股权回购权，致使投资退出变得完全失控，彻底沦为目标公司小股东。对私募股权基金而言，本案主要有两方面的启发意义。

首先，需要特别注意约定的股权回购触发条件的构成和性质。一般而言，约定的股权回购触发条件主要是指目标公司业绩指标未达标和上市指标未达标等实体性条件，但除此之外，投资法律文件可能还会约定，在这些实体性条件成就后还需履行相关程序性要求（比如本案中关于私募股权基金应在特定时限内以特定方式向股权回购方发出回购通知的程序性要求）才能真正触发股权回购。在这种情况下，如果投资法律文件再明确约定未按约定期限或约定方式发出通知的法律后果，比如逾期通知表示放弃权利或者表示丧失权利等，那么这种关于通知时限和方式的约定即会成为一种终止股权回购的附加触发条件，而该条件一经触发将导致私募股权基金丧失股权回购请求权，本案即属此种情形。当然，如果投资法律文件仅仅约定了回购的通知时限和方式但没有约定违反该等通知时限和方式的相关法律后果，那么这种约定原则上应不会成为终止回购的触发条件，即使逾期行使或未按照约定方式行使，股权回购请求权本身亦不会消灭。“盛威公司与浩波公司股权转让纠纷案”[1] 即属此种情形。

其次，需要特别注意股权回购触发条件成就后的通知方式和通知效果。一般而言，在股权回购触发条件成就后，私募股权基金通常都会按照投资法律文件约定的通知时间、地址和联系人发送回购通知，但在实践中并非所有投资法律文件都会明确约定该等内容，或者即使明确约定，也不一定符合合同相对性的要求，甚至在履行时也未必会全面严格遵守，而这都会可能会导致所发送的回购通知无法达到预期的法律效果。除时间逾期之外，也需注意通知对象和通知地址错误方面的问题。本案中的回购通知之所以送达失败，其中就有通知对象和通知地址错误的原因，不仅导致通知无法有效送达，而且导致通知时限流逝，最终致使股权回购通知失败。

此外，在股权回购的实体性触发条件已经成就或者明显可能成就时，也往往意味着目标公司或股权回购方会很快陷入争议漩涡，甚至导致财产被多次查封和保全。因此，为了保证自身权益最大化，私募股权基金往往会在此时加速行动，在约定回购期限前提出股权回购要求，甚至会直接放弃按照约定发送回购通知而直接提起司法程序。在司法审判实践中，除当事人另有约定外，这种直接提起诉讼的行为亦可被视为有效“通知”，也算为私募股权基金行使股权回购权提供了时间上的可能便利。

1 参见本书第二部分“约定的触发条件”之参考案例 1-23。

参考案例 1-21

中金公司与中铁公司及渝能公司等其他合同纠纷案

终审裁判：最高人民法院再审并于 2014 年 12 月 18 日作出（2013）民申字第 161 号民事裁定书

主要问题：（1）约定的股权回购条件如何认定？（2）可否因为对方不正当阻止条件成就而认定股权回购条件成就？

案件事实：2008 年 4 月 3 日，中铁公司与渝能公司及其股东重庆公司、基德公司、中金公司 5 方签订《合作框架协议》，约定：重庆公司、基德公司、中金公司分别将其所持渝能公司 50%、24.5%、17.5% 股权转让给中铁公司。2008 年 4 月 13 日和 5 月 9 日，中铁公司、中金公司、渝能公司又签订《补充协议》和《投资合作协议》。《投资合作协议》约定：（1）中铁公司属战略性投资、阶段性持股，在其收回投资（股权投资除外）及受益后，同意中金公司对其所持股权进行回购。（2）中金公司回购中铁公司所持渝能公司全部股权的条件为 5 项，即：中铁公司已实际受让中金公司所持 17.5% 股权；中铁公司收回了全部投资；中铁公司获得了本协议约定的投资收益；项目施工总承包单位的工程款支付已获得保证；中铁公司其他关联方（不包括中金公司及渝能公司）在项目中的风险已释放完毕。（3）回购对价按中铁公司股权投资额加上股权投资额每年溢价 30% 计算，回购应在协议签订后 5 年内进行，否则中铁公司有权处置渝能公司的项目物业。其后，渝能公司通过股东会决议并作出章程修正案，渝能公司股东变更为中铁公司（出资 9,200 万元）和中金公司（出资 800 万元）。后，中金公司要求回购股权。未果，诉至法院。

裁判要旨：关于中金公司是否有权回购中铁公司股权的问题：中金公司诉请回购中铁公司所持渝能公司全部股权的合同依据是《投资合作协议》，其中明确约定了中金公司回购的 5 项条件，但该等条件有 4 项尚未具备（除第 1 项条件），二审判决认定“在协议约定的股权回购条件全部成就之前，中金公司并不享有股权回购权利”，并无不当。此项认定并未否定在约定条件全部具备后，中金公司行使回购股权的合同权利。《投资合作协议》描述的阶段性持股是相对于股权回购事实发生而言，在中铁公司持有渝能公司股权期间，中金公司对中铁公司持有上述股权并不享受任何权利。关于中金公司是否有权请求中铁公司、渝能公司配合其立即实现协议约定的回购条件的问题。根据《投资合作协议》约定，销售项目物业是双方约定的实现合同权利的履行方式，中铁公司行使此合同权利，由中金渝能公司对项目物业进行销售，可以促进所约定股权回购条件的实现，但项目物业目前并未销售，中铁公司未能通过项目销售获得收益。虽然中金公司要求中铁公司、渝能公司履行协助回购条件实现的义务，但由于中金公司通过诉讼查封了渝能公司的房地产项目土地，导致中铁公司无法顺利进行项目建设和施工，是中金公司没有履行积极协助与配合的义务，而不是中铁公司。至于中金公司提出的可通过引入战略投资者或自筹资金随时支付来保证中铁公司的权益，这是公司经营过程中的商业决策问题，不是法院支持其回购股权的理由。综上，裁定驳回中金公司诉请。

参考案例 1-22

华立公司、LKE公司股权转让纠纷案

终审裁判：广东省高级人民法院二审并于2016年8月5日作出（2015）粤高法民四终字第224号民事判决书

主要问题：外商投资企业股东间的股权回购条件应以约定为准，还是以法定为准？

案件事实：目标公司埃尔凯公司原为外商独资企业，于2010年9月变更为中外合资经营企业，新加坡公司LKE公司是合资方之一。2010年10月9日，华立公司、LKE公司签订《增资协议》，约定：（1）埃尔凯公司注册资本增至折合人民币8,000万元，华立公司现金增资人民币2,000万元，占股10%，LKE公司占股75%，其他股东占股15%；（2）华立公司终止协议并收回投资款的情形：LKE公司违反了本协议任何条款，且违约行为使本协议目的无法实现；或出现了任何使LKE公司的声明、保证、承诺在实质意义上不真实的情况；（3）本协议自各方法定代表签字、加盖公章之日生效。前述《增资协议》签订后，华立公司将投资款全额汇给了埃尔凯公司，其后被埃尔凯公司全部退回，埃尔凯公司亦未依约向主管部门申报和办理相关手续。2010年12月6日，LKE公司、华立公司又签订一份《股权转让协议》，约定：（1）鉴于中外合资企业埃尔凯公司将申请改制成立股份有限公司，改制后华立公司占股份800万股；（2）2013年10月10日后，华立公司有权向LKE公司提出以原始出资额为限转让所持埃尔凯公司股权份额，并按原始出资额与股权份额比

例确定转让金额；(3) LKE 公司承诺无条件以自身名义或指定第三方收购华立公司提出的拟转让股份。2011 年 1 月 27 日，埃尔凯公司新旧各方股东再行签订一份《增资协议》，约定：(1) 埃尔凯公司注册资本由 375 万美元增至 416.67 万美元，增加注册资本 41.67 万美元由华立公司以人民币 2,000 万元溢价认购（溢价部份计入资本公积）并占股 10%；(2) 如出现约定的协议终止情况，华立公司有权通知 LKE 公司终止本协议，并收回此次增资扩股的投资。为此，各方签署了《合资经营埃尔凯公司补充合同之（二）》和《埃尔凯公司章程（中外合资）修改之（二）》。2011 年 5 月 11 日，主管机关批复同意前述补充合同和章程修改。2011 年 6 月 9 日，埃尔凯公司完成工商变更登记，华立公司成为埃尔凯公司股东，占股 10.001%，LKE 公司仍是埃尔凯公司大股东，占股 76.499%。后，LKE 公司未完成对埃尔凯公司的出资，华立公司要求 LKE 公司按《股权转让协议》的约定收购其所持埃尔凯公司 10.001% 的股权并支付其原始出资额人民币 2,000 万元及相应利息。未果，诉至法院。

裁判要旨：2010 年 10 月 9 日的《增资协议》约定对埃尔凯公司进行增资，依据《中外合资经营企业法实施条例》(2014 修订) 第 21 条[1]及最高法院《关于外商投资企业纠纷的规定（一）》第 1 条的规定，该合同属于应经外商投资企业审批机关批准后才生效的合同，未经外商投资企业审批机关批准的，该合同应认定未生效。2011 年 1 月 27 日的《增资协议》内容没有违反法律、行政法规的强制性规定，且已得到外商投资企业主管部门的批准同意，应认定有效。2010 年 12 月 6 日的《股权转让协议》约定华立公司在 2013 年 10 月 10 日后有权向 LKE 公司转让所持股权份额，所约定前提条件是埃尔凯公司注册资本已达到 8,000 万元并经改制已成为股份有限公司，其内容是附事实条件的股权转让，只有在埃尔凯公司改制成为股份有限公司后，华立公司才能将其所持有埃尔凯公司股权转让给 LKE 公司，而埃尔凯公司改制成股份有限公司后，股东间转让股权已无需外商投资企业审批机关审批，未经其他股东同意的股东间的股权转让并不导致合同无效，《股权转让协议》对将来发生事实的约定未违反法律、行政法规的强制性规定，应认定有效。对华立公司关于《股权转让协议》合同性质是股权投资估值调整协定纠纷的问题。

---

1 《中外合资经营企业法实施条例》(2014 修订) 第 21 条："合营企业注册资本的增加、减少，应当经董事会会议通过，并报审批机构批准，向登记管理机构办理变更登记手续。"

股权投资估值调整协议不属于法律上认定合同性质的概念，而是在资本市场领域为合理控制向目标公司投资所面临的投资风险而拟定的估值调整条款，一般会约定在一个固定期限内要达成的经营目标，否则一方应向另一方进行支付或者补偿；如达到该经营目标，则反之。案涉《股权转让协议》没有将埃尔凯公司改制成为股份有限公司作为预设的经营目标，而是将其作为公司已然达到的一个条件，且其中也没有约定 LKE 公司在埃尔凯公司无法完成股份制改造情况下应承担股权回购的责任。综上，判决驳回华立公司的诉请。

参考案例 1-23

盛威公司与浩波公司股权转让纠纷案

终审裁判：苏州市中级人民法院二审并于 2015 年 4 月 16 日作出（2015）苏中商终字第 00200 号民事判决书

主要问题：超过协议约定的股权回购请求时间后，仍否有权要求原股东回购?

基本事实：2011 年 10 月 24 日，盛威公司作为投资者和其他投资者一起与目标公司浩波公司及其原股东贸易公司签订《股份转让协议》，约定：贸易公司将其所持目标公司 800 万股股份转让给投资者，投资者支付 4,000 万元股份转让款；协议所述转让的最终完成以办结工商变更登记为准。同日，贸易公司、目标公司与盛威公司等投资者签订《转股补充协议》，约定：（1）若目标公司在完成股份转让工商变更登记之日起的 24 个月内未能合格上市，投资者有权要求贸易公司回购其所持目标公司全部股份，回购价款按以下两种者中的价高者执行：按 10% 年投资回报率，以投资者的投资额为基数计算；按乙方提出回购股权请求之日，其所持有公司股权对应的所有者权益总额，公式为：该时点公司所有者权益 * 投资者的股权比例。（2）如发生前述股权回购情形，投资者有权自约定期限期满之日起两个月内以书面方式向贸易公司提出回购要求，贸易公司应自收到股权回购要求后两个月内完成回购，具体股权受让事宜双方另行签署股权转让协议。上述协议签订后，盛威公司于 2011 年 11 月 10 日向浩波公司支付 950 万元，并经工商变更登记为持有浩波公司 1.610，17% 股权的股东。后，浩波公司未能按期完成合格上市，盛威公司要求贸易公司按约进行股权回购并支付股权回购款。未果，诉至法院。

裁判要旨：《转股补充协议》对股权回购的约定十分明确，目标公司未能于2013年11月14日完成上市，股权回购条件即已成就。双方仅在该协议中约定盛威公司有权在约定期满之日起2个月内以书面方式提出股权回购要求，但并未约定超过该两个月时间后其便丧失股权回购的请求权，因此双方对行使股权回购请求权的时限并无明确约定，而至2014年7月18日一审法院受理本案，也并未明显超过合理期限，符合法律规定。此外，即便没有关于行使股权回购请求权的时限约定，尚有诉讼时效等法律规定的时间限制，不会出现贸易公司须无期限承担年回报款的情形。盛威公司在超过2个月时限后仍有权要求贸易公司回购案涉股权并支付回购款。股权回购请求权并非形成权，而是债权请求权。股权回购请求权的放弃需要以明示放弃、或约定逾期丧失权利等形式。综上，判决支持盛威公司的诉请。

参考案例 1-24

中南企业与廖某某合同纠纷案

终审裁判：湖南省高级人民法院一审并于2014年12月5日作出（2014）湘高法民二初字第4号民事判决书

主要问题：股权回购条款被各方约定终止后可否再依各方约定予以恢复？

基本事实：2010年12月22日，投资者中南企业与目标公司科美达公司及其大股东廖某某签订《增资协议》，约定：中南企业认购目标公司新发行股份750万股份，认购价格为每股5.7元，认购款项合计4,275万元。同日，廖某某与中南企业签订《补充协议》，约定：若科美达公司自投资之日起3年（即投资款到达科美达账户之日起36个月）不能实现上市，中南企业有权要求廖某某或其控制的其他公司回购中南企业所持科美达公司股份，回购金额以投资成本加计每年10%的年利息之和为准。后，中南企业于2010年12月24日向科美达公司支付了4,275万元，科美达公司于2010年12月26日办理了工商变更登记。2011年3月28日，廖某某、中南企业、科美达公司签订《终止协议》，约定：终止2011年3月28日前三方间所有关于业绩对赌、股份回购等影响科美达公司股权稳定性的约定或安排。

2011 年 9 月 13 日，三方又签订《〈终止协议〉补充协议》，约定：在科美达公司提交首发申请材料前，三方间关于业绩对赌、股份回购等约定或安排条款予以解除，但提交首发申请材料后，如 IPO 未获证监会批准，则三方间已解除的关于业绩对赌、股份回购等约定或安排条款立即重新恢复效力，效力与解除前的效力相同。后，科美达上市未能成功。2014 年 1 月 15 日，廖某某向中南企业出具《承诺函》，承诺：在 2014 年 7 月 1 日前分阶段回购中南企业所持科美达公司股权，回购价格为投资本金，恳请免除相应利息；如在 2014 年 7 月 1 日前不能回购中南企业所持科美达公司股权，则回购期限顺延 3 个月，并同时将科美达公司下属全资子公司股权作为质押。另，中南企业向科美达公司支付 4,275 万元后未收到科美达公司任何分红和补偿，其亦未同意廖某某请求免除利息的要求，遂诉至法院。

裁判要旨：所谓“对赌”，是指投资方与对方在达成合作协议时，对于未来不确定的情况进行的一种约定。如果约定的条件出现，投资方可以行使某种权利，如果约定的条件不出现，对方则应履行约定的义务。本案中，《补充协议》中关于股权回购的约定本质上属于“对赌条款”性质。对赌条款的订立，是各方当事人真实意思表示，亦是中南企业投资科美达公司的条件之一。该条款既促成了科美达公司增资行为依法顺利完成，亦没有损害科美达公司债权人和股东的权益，不违反法律法规的禁止性规定，应属合法有效。各方均应按约履行各自的权利和义务。廖某某、中南企业、科美达公司三方虽然签订了《终止协议》，终止了所有关于业绩对赌、股份回购等影响科美达公司股权稳定性的约定或安排，但其后三方又再次签订《〈终止协议〉补充协议》，约定已解除的关于业绩对赌、股份回购等约定或安排条款在公司上市未获证监会批准时立即重新恢复效力，效力与解除前的效力相同。因此，《终止协议》中终止股权回购的约定已被《〈终止协议〉补充协议》变更，股权回购事项又回到了《补充协议》的约定。此后，就《补充协议》所约定股权回购事宜，廖某某亦向中南企业出具了《承诺函》，承诺回购股权。故对廖某某关于股权回购已被《终止协议》终止的主张，不予支持。现科美达公司没有在《补充协议》约定的期限内完成上市公司，已触发了《补充协议》中股权回购条款。中南企业请求廖某某按约回购股权，向其支付股权回购款，该请求权具备合同依据，应予支持。综上，判决廖某某向中南企业支付股权回购款 4,275 万元及利息（利息以 4.275 万元为基数按年利率 10% 从 2010 年 12 月 25 日起计算至清偿之日止）。

延伸阅读 约定触发条件需要注意的主要法律问题

除法律法规规定的条件外，股权回购触发条件在实践中通常都是由投融资各方协商确定，比如未如期上市、实际控制权变更、利润未达标、主营业务变更、目标公司或回购义务人重大违约事件、其他投资人行使回购权，等等，没有约定回购触发条件而直接将法律法规规定作为回购触发条件的情形很少。对私募股权基金而言，与股权回购触发条件相关的法律问题，主要集中于股权回购触发条件是否成就以及成就后如何行使股权回购权两方面。

就股权回购触发条件是否成就而言，私募股权基金需要注意的问题主要有两个。其一，回购触发条件的构成是什么，包括实体性触发条件和程序性触发条件的构成分别是什么？回答这些问题有利于明确回购触发条件的性质以及回购触发条件是否成就的判断标准和基础。比如，如果回购触发条件是以目标公司业绩指标未达标为标准，那就需要以目标公司的财务或审计报告来证明这一触发条件是否成就；如果回购触发条件要求在特定时限内按约定方式发送回购通知的，那就需要按时依约发送回购通知来满足这一触发条件。其二，回购触发条件是否已经成就以及是否存在被不正当促成的情形？回答这些问题有利于明确被认为已经成就的触发条件是否存在被推翻的可能。比如，目标公司业绩指标未达标是否系因为私募股权基金相关行为所致，从而使股权回购方有机会基于不正当促成条件成就的法律规定来推翻股权回购条件已经成就的预判，继而免于承担股权回购责任。判断回购触发条件成就是股权回购权得以行使的前提。

至于触发条件成就后如何行使股权回购权，则属于私募股权基金的权利行使问题。一般而言，私募股权基金行使股权回购权通常会采取两种基本方法。其一，根据原先所签股权回购条款的约定，与股权回购方展开沟通，并据此设定股权回购方案，并视情况决定是否另行签署一份股权回购 / 转让协议或其他类似协议，从而对各方之间的债权债务关系进行明确或者对原投资法律文件中的相关瑕疵或不足进行弥补。需要指出的是，一旦这类协议出现可能无法达成或签署的情形，私募股权基金应立即重新审视及回归执行原股权回购条款的约定，以免错失实施投资退出的最佳时机，也避免在商谈股权回购 / 转让协议的过程中造成对原股权回购条款的不当修改，并因此最终丧失股权回购权。其二，提起司法程序，要求股权回购方回购股权，但这往往需要耗费大量时间和精力，因此提起司法程序通常都是私募股权基金的无奈之举。需要指出的是，司法程序一旦被提起，通常即意味着投融资各方之间的商业合作关系会彻底陷入僵局，私募股权基金亦会因此很难再度获取关于目标公司的更多有效信息，因此在提起司法程序之前，私募股权基金需要特别注意证据收集，并对诉讼策略和诉讼效果进行充分的评估和分析。

二、法律规定的条件

在中国法下，基于交易主体的性质以及目标公司的性质等因素，法律法规通常都会设定不同的投资交易前提或条件，比如涉及国有资产交易所需的相关评估要求和审批要求。与投融资各方自行约定的条件不同，这些条件无需约定即自始存在，而这些条件有时又会构成股权回购的触发条件。在实践中，无视这些法律法规所规定的触发条件，或者约定的股权回购触发条件与这些法律法规所规定的触发条件相冲突，都有可能导致约定的触发条件因为违反法律法规的规定而无效或无法生效，从而导致股权回购目的落空。事实上，实践中存在很多约定的触发条件因违反法律法规的规定而被司法审判机关否定的案例，也存在很多因法律法规规定的触发条件尚未成就而导致约定的触发条件不能按照预期被触发的案例。下文将以国资及外资为例进行分析。

优选案例 1-13（国资回购相关）

阳亨公司与盐业集团、李某股权转让纠纷案

阅读提示

诉讼背景：阳亨公司作为目标公司新盐公司的投资者股东，要求目标公司原股东盐业集团向阳亨公司履行股权回购承诺并支付股权转让款 3,446.371,413 万元及相应利息。未果，遂诉至法院。

裁判索引：南京市中级人民法院一审并作出（2014）宁商初字第 19 号民事判决书（以下简称“一审判决”）；江苏省高级人民法院二审并作出（2015）苏商终字第 00163 号民事判决书（以下简称“二审判决”）；最高人民法院再审并于 2016

年6月5日作出（2016）最高法民申474号民事裁定书（以下简称“再审裁定”）。

主要问题：（1）阳亨公司与盐业集团就股权收购事宜是否已达成合意？（2）盐业集团是否达到应向阳亨公司支付转让款的条件？

一审程序

事实认定：

一审法院查明事实如下：

（1）2011年1月20日，目标公司代表贾某与朵仁公司代表刘某签订《股权转让协议》一份：

第2条：盐业集团欢迎朵仁公司作为战略投资者收购部分自然人所持股权，朵仁公司保证股权变更登记手续完成后5年内不转让。

第3条：朵仁公司收购不少于20%股权，收购价格为1元/股，收购资金于2011年1月25日前支付不少于600万元，余下资金在2011年2月底前付清。

第4条：盐业集团、目标公司承诺，力争在5年内使目标公司上市，如办理完股权变更登记手续后5年内仍未上市，朵仁公司提出退股，盐业集团应在3个月内收购朵仁公司依据协议受让的目标公司股权，并向朵仁公司支付全部回购款或股权转让价款，每股收购价格为“1元/股+一年期银行同期贷款利息－持有期间累计分红”。

第9条：协议经各方法定代表人或授权代表人签字并加盖公章后生效，任何修改需经各方同意并签署书面文件后方可生效。

贾某受李某指派与朵仁公司代表刘某在股权转让协议上签字，但均未盖章。盐业集团虽被列为协议当事人，但未签字盖章。

2014年1月14日，朵仁公司出具情况说明，载明：2011年1月签订股权转让协议时，阳亨公司正在筹建，故以朵仁公司名义谈判和签署，阳亨公司成立后，出资收购等事宜均由阳亨公司进行，相应权利亦由阳亨公司行使。

（2）2011年4月8日，盐业集团召开党政领导办公会，形成党政会议纪要，原则同意：以自然人股东冯某出面以股本金1倍价格收购目标公司其他自然人股东股权共计25%，并将20%股权转让给阳亨公司；引进战略投资者或盐业集团以股本金1.4倍价格收购职工持股会所持9.011，98%股权，优先考虑由阳亨公司单独或与诚行公司共同收购；完成本次股权转让5年后，如目标公司未上市，同意阳亨公司、诚行公司退股或由集团收购其股份。退股或收购价格按原始转让股权的价格＋股权持有期内银行贷款利息－股权持有期内累计分红。

（3）阳亨公司与冯某签订《股权转让协议》（未注明签订日期）一份，载明：冯某将其所持目标公司16.999，92%股权计29,325,990元以29,325,990元价格转让给阳亨公司。冯某、阳亨公司分别在其上签章。

（4）2011年8月16日，盐业集团出具《承诺书》一份，载明：①本次股权转让5年后，目标公司没有上市，同意诚行公司等3家公司以减资方式退出，股权退出价格按股权原始投资价格＋股权持有期内银行贷款利息－股权持有期内累计分红；②盐业集团有权优先受让诚行公司等3家公司股权，受让价格按股权原始投资价格＋股权持有期内银行贷款利息－股权持有期内累计分红，此价格为不变价格。盐业集团及目标公司均在承诺书上盖章确认。

（5）2011年9月2日的工商准予变更登记通知书载明：阳亨公司为目标公司变更后股东，其认缴、实缴出资均为29,325,990元。

（6）2013年5月16日，阳亨公司向盐业集团、目标公司发送函件，载明：目标公司2012年和2013年1—4月巨额亏损，5年内不可能上市，要求盐业集团、目标公司按《承诺书》约定以减资或受让股权方式确保阳亨公司等投资方退出目标公司，受让价格为投资本金及同期银行贷款利息，工商股权变更手续和资金退还的期限为2013年6月30日。

（7）2013年6月23日，诚行公司执行事务合伙人代表狄某、阳亨公司法定代表人刘某、盐业集团常务副总经理杨某某共同签署《股权转让专题会议纪要》一份，载明：①盐业集团同意受让诚行公司、阳亨公司所持目标公司股权；②受让价格按原承诺价格执行；③盐业集团同意于2015年12月31日内完成股权受让；④盐业集团按规定履行股权受让相关程序。

（8）2014年1月9日，阳亨公司向盐业集团发送函件，要求盐业集团于2014年1月14日前向其支付股权转让款34,463,714.13元。盐业集团认可收到，但认为其并无股权受让义务，未予理会。

（9）时任盐业集团法定代表人王某某、总经理周某某、常务副总经理杨某某在配合一审法庭调查时，王某某称：就诚行公司、阳亨公司投资及退出目标公司事项，盐业集团依目标公司报告形成党政会议纪要；杨某某在《股权转让专题会议纪要》上签字并非个人行为。周某某称：其于2013年被任命为总经理，对之前案涉事宜未参与；杨某某作为常务副总经理在《股权转让专题会议纪要》上签字系受其指派。杨某某称：引进诚行公司、阳亨公司投资及退出事项，系由目标公司法定代表人李某依据党政会议纪要精神办理；《股权转让专题会议纪要》与党政会议纪要精神基本一致；其在《股权转让专题会议纪要》上签字，系受周某某指派，并非个人行为。

一审法院另查明：

(1) 盐业集团系国有独资公司，现任法定代表人为周某某。杨某某为盐业集团常务副总经理，分管资本运作、股权管理、科技创新及生产运营管理等方面工作。杨某某以盐业集团代表身份，在目标公司2011年9月28日第一次和第二次股东会决议、2012年6月12日股东会决议、临时股东会决议上签字，盐业集团在杨某某签名处加盖公司印章确认。

(2) 目标公司为盐业集团控股子公司，2012年净利润为−131,119,200元。各方均确认目标公司已不具备在诚行公司、阳亨公司受让股权后5年内上市的条件。

法院观点：

一审法院认为本案争议焦点为：(1)阳亨公司与盐业集团就股权收购事宜是否已达成合意；(2)盐业集团收购阳亨公司所持股权及支付转让款的条件是否已经成就。

对争议焦点一，一审法院认为：

(1) 盐业集团2011年4月8日党政会议纪要已载明：在本次股权转让5年后，如目标公司未上市，同意诚行公司、阳亨公司退股或由盐业集团回购。盐业集团于2011年8月16日出具的《承诺书》中承诺：本次股权转让5年后，目标公司未上市，同意阳亨公司减资退出或在阳亨公司转让股权时有权行使优先认购权。2013年6月23日的《股权转让专题会议纪要》对退出事项进一步明确为：盐业集团同意受让诚行公司、阳亨公司所持目标公司股权。收购价格在3份文件中亦均有载明且具有一致性，故在各方均确认目标公司已不具备上市条件的情形下，盐业集团与阳亨公司之间已就股权收购事宜形成合意，成立了股权转让合同关系，该合同关系未违反法律和行政法规的强制性规定，合法有效。当事人应按约全面履行。

（2）虽然在阳亨公司主张盐业集团应收购其所持目标公司股权所依据的股权转让协议上，盐业集团既未盖章也未授权他人签字，但《承诺书》《股权转让专题会议纪要》均足以支持阳亨公司的相应主张，故双方就收购事项的约定应具有法律效力。

（3）法人或其他组织工作人员就其职权范围内事项以法人或其他组织名义从事经营活动的，构成职务代理，无须法人或其他组织特别授权，其行为后果应按委托代理规定，由法人或其他组织承担。法人或其他组织工作人员超越其职权范围，以法人或其他组织名义从事经营活动的，构成无权代理。相对人有理由相信其有代理权的，构成表见代理。杨某某作为盐业集团常务副总经理，职权范围包括分管盐业集团的资本运作、股权管理事务。盐业集团时任法定代表人王某某亦认为杨某某在《股权转让专题会议纪要》上的签字并非个人行为，时任盐业集团总经理的周某某也称杨某某在该纪要上签字系受其指派，故杨某某在《股权转让专题会议纪要》上的签字行为应属职务代理。杨某某在目标公司多次股东会决议中曾代表盐业集团签字，亦足以佐证前述认定。

（4）《企业国有资产法》第 30 条规定“国家出资企业……进行重大投资……应当遵守法律、行政法规以及企业章程的规定，不得损害出资人和债权人的权益”，但对盐业集团依约回购阳亨公司股权并不具针对性，同时并非效力性强制性规定。根据《企业国有资产评估管理暂行办法》第 6 条第 10 项规定企业收购非国有单位资产应进行评估以及第 27 条第 1 项企业应当进行资产评估而未进行评估的，由国有资产管理机构通报批评并责令改正，必要时可依法向人民法院提起诉讼，确认相应的经济行为无效，但属国资委发布的部门规章，效力级别并不等同于国家法律和行政法规。盐业集团据此认为收购阳亨公司持有股权的合同应为无效，缺乏法律根据。

对争议焦点二，一审法院认为：根据《股权转让专题会议纪要》关于“盐业集团同意 2015 年 12 月 31 日内完成股权受让”的约定，虽然盐业集团受让阳亨公司股权的前提条件已经具备，股权受让价格也已确定，但盐业集团同意向阳亨公司支付股权转让款及办理股权交割事项的时间节点为 2015 年 12 月 31 日，阳亨公司要求在 2014 年 1 月 14 日前支付股权转让款，不应得到支持。

法院裁判

综上，一审法院判决：一、确认被告盐业集团受让原告阳亨公司持有的新盐公司股权的合同关系合法有效；二、驳回原告阳亨公司的其他诉请。

二审程序

上诉请求：

盐业集团不服一审判决，上诉请求撤销一审判决第1项，改判驳回阳亨公司的全部诉请，理由如下：

（1）党政会议纪要未形成公司的意思，不能据此成立合同关系。党政领导办公会的参会主体是党政班子成员，党政领导办公会并非法定公司治理机构。

（2）《承诺书》并非对回购义务做出承诺：①承诺的内容是盐业集团将来的表决意见，并非承诺收购股权。②《承诺书》已否定党政会议纪要关于回购股权的内容。③2013年12月1日，诚行公司、阳亨公司发文要求盐业集团依《承诺书》约定保障投资方退出，该函明确是以减资方式退出，可印证盐业集团并无回购股权承诺。

（3）欠缺证据证明杨某某在《股权转让专题会议纪要》上的签字属有权代理。①杨某某在签署该纪要时并不分管资本运作及股权管理。②“分管”是公司领导的内部职权分工，仅为“管理权”，“管理股权”不意味着可自行决定股权投资事项，况且国有独资公司的对外投资决策权归属于董事会与出资人。《股权转让专题会议纪要》至多为无法律效力的汇报方案，并非有效法律文件，其中已载明盐业集团按规定履行相关股权受让程序，该内容应理解为需报董事会、出资人批准才能受让股权。③王某某所称“非个人行为”不能等同职务代理，杨某某签字的效力与其是否受周某某总经理指派亦无关联。④杨某某虽在目标公司历次股东会上代表盐业集团签署决议，但盐业集团事前均为其出具授权委托书，决议文件除杨某某个人签字外亦需盐业集团盖章确认；杨某某在《股权转让专题会议纪要》上签字是以盐业集团名义、决定盐业集团的投资事项，在实质上不具有可比性。

（4）即使股权回购合同成立，亦因违反法律的强制性规定而无效。《合同法》第52条规定的合同无效情形中，既包括合同内容违反强制性规定，也包括合同产生的程序违反强制性规定。《企业国有资产法》第 30 条是效力性强制性规定，该条规定国有产权由职业经理人进行经营管理，企业合并、分立、改制、上市，增加或者减少注册资本等重大事项，应由出资人（国资委或同级人民政府）及董事会决策，收购价格亦需经过评估。

对盐业集团的上诉请求，阳亨公司答辩认为应当驳回，理由如下：

（1）盐业集团已知晓 2011 年 1 月 20 日的股权转让协议，且已履行合同义务：①盐业集团以其为基础形成了 2011 年 4 月 8 日的党政会议纪要。②从盐业集团放弃优先购买权以及 2011 年 8 月 16 日的《承诺书》内容看，股权转让协议已实际履行。盐业集团以未签字盖章为由阻止协议生效，法院应依据《合同法》第 45 条第 2 款的规定认定协议已生效。

（2）党政会议纪要代表盐业集团的公司意志：①党政领导办公会的参加者包括盐业集团所有董事，形式上是党政联席会议，实则为盐业集团决策机构。②党政会议纪要所载股权转让已实施，目标公司股东会已确认股权变动及董事会改组，并变更工商登记。③时任盐业集团法定代表人王某某认为杨某某签署的《股权转让专题会议纪要》与党政会议纪要意见一致，证明杨某某在执行该纪要。

（3）杨某某签署《股权转让专题会议纪要》的行为构成职务代理：①王某某、周某某均确认杨某某的签字行为并非个人行为。②杨某某的签字行为得到总经理周某某授权，周某某当时分管生产经营、负责全面工作。③退言之，杨某某的签字亦构成表见代理。杨某某系盐业集团常务副总经理，以盐业集团指派的股东身份参加目标公司历次股东会；周某某系盐业集团总经理，磋商地点在盐业集团办公场所；盐业集团多位高层管理人员参与磋商，且商谈议题与党政会议纪要一致，阳亨公司有理由相信杨某某享有代理权。

（4）《企业国有资产法》第 30 条不适用本案：①案涉投资数额与盐业集团的股权价值、注册资本及总资产额相比，不属于重大投资。②盐业集团做出引进战略投资者、如不能上市则以银行利率计息退还投资资金的决策，退还资金的数额远低于一般私募股权的退出价格，未侵害盐业集团利益。③《企业国有资产法》该条载明的应遵守的内容并不明确，对本案无针对性，不属于效力性强制性规定，即使违反该规定亦不能导致合同无效。

事实认定：

二审法院另查明：

(1) 2011年9月28日，目标公司召开2011年度第一次股东会，决议修改公司章程第1条、第6条、第9条等规定，对诚行公司、阳亨公司等股东加入、股东及股权比例调整进行记载：公司股东由盐业集团、职工持股会、46名自然人，变更为盐业集团、诚行公司、阳亨公司、宁波九星商贸有限公司及5名自然人股东。变更后的股权比例为：盐业集团57%，阳亨公司16.999，9%，诚行公司15.926，5%，宁波九星商贸有限公司4.057，8%，5名自然人分别为3.225%、2.15%、0.261，3%、0.261，3%、0.118，3%。

(2) 周某某自2013年4月25日至今担任盐业集团总经理。2014年4月8日，盐业集团法定代表人由王某某变更为周某某。2015年1月23日，盐业集团法定代表人由周某某变更为童某某。

法院观点：

二审法院认为，本案争议焦点为：(1)盐业集团是否与阳亨公司达成股权回购合意；(2)如达成合意，股权回购合同是否因违反法律、行政法规的效力性强制性规定无效。

对争议焦点一，二审法院认为：盐业集团已与阳亨公司达成在未来时点进行股权回购的合意，理由如下：

(1) 以减资方式退出或由盐业集团回购股权，已构成阳亨公司在投资目标公司时的合理信赖。案涉股权转让协议约定目标公司在5年内上市，如在5年内上市，则投资人通过目标公司上市可取得本次股权投资的利益最大化。"5年内未上市"构成投资人要求减资退出或股权回购的触发条件。盐业集团为引进目标公司战略投资者，在投资人决定实际投资前承诺如所约定上市条件未成就，则未来赋予投资人向其主张回购股权的权利，实则是控股股东向外部投资人提供的补偿条款，目的在于降低投资人在投资时误判目标公司价值的投资风险，以促成投融资交易实现。该补偿条款出于当事人自主安排、调控风险及经营激励的自由意志，经意思表示一致而成立。

(2) 股权回购的承诺系盐业集团的真实意愿。第一，盐业集团党政会议纪要记载目标公司的整合方案是：先由目标公司原自然人股东冯某收购其他自然人股东合计25%的股权，再由冯某将20%股权转让给阳亨公司；引进战略投资人收购职工持股会所持9.011，98%股权，由阳亨公司单独或与诚行公司共同收购。第二，从履行情况看，诚行公司以1.4元／股价格向目标公司职工持股会收购9.011，98%股权，以1元／股价格向冯某收购6.914,47%股权；阳亨公司以1元／股价格向冯某收购16.999，92%股权，股权转让的履行情况与党政会议纪要的内容相对应。第三，在阳亨公司完成投资后，盐业集团作为控股股东多次参加目标公司股东会会议，在2011年第一次股东会会议上，其即已知晓目标公司新股东加入等事宜，并签署修改目标公司章程的决议。相关事务和变更与盐业集团党政会议纪要内容亦基本一致。盐业集团否认党政会议纪要的效力，认为该纪要不能代表公司意志，但该纪要实则已与目标公司的股权转让、新旧股东共同参与经营管理的行为相互印证，盐业集团的缔约意思与其履行行为已构成不可分割的整体。

（3）杨某某在《股权转让专题会议纪要》上的签名行为系职务行为。第一，杨某某系盐业集团常务副总经理，从盐业集团（2013）7号文件《关于调整领导人员分工的通知》看，杨某某在签署该纪要时负责联系目标公司。第二，杨某某接受盐业集团指派，多次与诚行公司、阳亨公司的代表共同参加目标公司股东会会议，其代表盐业集团签署的历次股东会决议亦得到盐业集团盖章确认。盐业集团虽称杨某某接受授权的场合及范围须以该集团事先出具的授权委托书内容为限，但亦承认授权委托书仅向目标公司提交，未向目标公司其他股东出示，因此其事后主张的该项限制性授权条件不能约束其他股东。第三，2013年6月23日的《股权转让专题会议纪要》关于股权回购的约定，与党政会议纪要的内容及股权转让协议的内容相互对应，结合王某某、周某某、杨某某在法院调查时所作陈述，应认定杨某某前述行为均系接受盐业集团指派做出的职务行为，即执行党政会议纪要的行为。盐业集团提出王某某、周某某、杨某某系受胁迫作证，但没有充分证据证明，不予采信。

（4）《股权转让专题会议纪要》系对《承诺书》的补充，两者并不矛盾：盐业集团于2011年8月16日出具《承诺书》，所载减资退股价格与党政会议纪要、股权转让补充协议所载退股价格一致。虽《承诺书》表述为“盐业集团有权优先受让”，从字义弱化了盐业集团回购股权的强制性，但其系由盐业集团单方出具，且无证据证明阳亨公司同意放弃主张股权回购的权利。其后杨某某签署《股权转让专题会议纪要》，应认定系盐业集团对其在最初投资磋商阶段承诺的股权回购义务予以再次确认。

对争议焦点二，二审法院认为：应认定审批程序构成股权回购合同的约定效力要件，欠缺生效要件的合同不产生实质约束力，理由如下：

（1）国有资产交易应以相关主管部门的审批作为前置程序，阳亨公司作为投资方，对盐业集团的国有独资企业性质应系明知。股权回购系重大投资行为，即使阳亨公司有合理理由相信杨某某可代表盐业集团与其磋商投资事宜，其亦无充分理由相信在未经盐业集团董事会决议及国有资产监督管理机构同意的情形下，盐业集团可径行完成案涉股权回购。

（2）对2013年6月23日的《股权转让专题会议纪要》，其签署背景是目标公司已因连续亏损无法实现预定上市目标。在此情形下，原约定回购条件提前成就，原先尚不确定是否需履行的股权回购义务已转化为确定性的回购义务，各方在此背景下签署该纪要，应认定系各方对即将实施的股权回购行为进行进一步磋商，对所涉回购条件、回购程序等细节进行确认。各方在该纪要中关于股权回购的约定内容确定、合同要素齐备，依照《合同法司法解释（二）》第1条第1款之规定[1]，应认定各方已通过签署《股权转让专题会议纪要》形成合同关系，就股权回购具体事宜形成的合意对各方均具有约束力。

（3）从《股权转让专题会议纪要》所载内容看，仅单向规定盐业集团需在回购中履行相关股权受让程序，并未对出让方负有同样或类似义务做出表述。而在一般股权转让中，出让方与受让方均需履行股权转让的相关程序，就此表述字义可见，各方在磋商时已充分注意到盐业集团作为国有独资公司在受让股权程序上的特殊性。阳亨公司在签署该纪要时对盐业集团尚需履行相关报批程

---

1 《合同法司法解释（二）》第1条第1款："当事人对合同是否成立存在争议，人民法院能够确定当事人名称或者姓名、标的和数量的，一般应当认定合同成立。但法律另有规定或者当事人另有约定的除外。"该规定未体现于《民法典》条文中。由于该等司法解释在被废止前仍应有效，其内容或需后续出台《民法典》相关司法解释或其他配套法律来明确或调整。

序具有充分预见，且已知晓“履行股权受让相关程序”系盐业集团能在约定期限届至前完成股权回购义务的必要前提。据此，应认定该约定系各方对股权回购合同生效要件的确认，现因盐业集团尚未履行报批程序，应认定案涉股权回购合同尚未生效。

（4）案涉股权回购合同依当事人意思表示一致而成立，合同成立即具有形式上的法律约束力，该形式约束力体现为《合同法》第 8 条第 1 款[1]规定的当事人不得擅自变更或者解除合同。《合同法》第 44 条第 1 款[2]规定依法成立的合同，原则上自成立时生效。但例外情形包括《合同法》第 45 条第 1 款[3]的规定，即附生效条件的合同自条件成就时生效。案涉股权回购合同即为附条件生效的合同，约定报批程序系促成合同生效的条款，该条款约定义务独立于合同本身，不受未生效合同的影响。

（5）对合同效力的认定，不仅包括法律对合同是否违反国家强制性、禁止性规定的评判，还包括法律对合同所处阶段性状态的评判。从合同法法理及合同法条文设置的顺序来看，涉及合同生效的控制规则相比于违法无效的控制规则，所处的控制阶段更为靠前。合同要产生当事人预期的法律效果，既要满足法定或约定的生效要件，亦不能违反法律或行政法规的强制性规定，合同生效是合同有效的必要条件。只有当事人的约定能够自始确定地发生当事人所预期的法律后果，合同对当事人才具有完全的约束力。未生效的合同由于欠缺合同生效的要件，即

---

1 《合同法》第 8 条第 1 款：“依法成立的合同，对当事人具有法律约束力。当事人应当按照约定履行自己的义务，不得擅自变更或者解除合同。”上述规定所体现的基本原则已被《民法典》总则编承继，并经修订后体现于其第 136 条中，即“民事法律行为自成立时生效，但是法律另有规定或者当事人另有约定的除外。行为人非依法律规定或者未经对方同意，不得擅自变更或者解除民事法律行为。”

2 《合同法》第 44 条第 1 款：“依法成立的合同，自成立时生效。”该规定经修订已被《民法典》承继，同时增加但书条款，作为其第 502 条第 1 款，即“依法成立的合同，自成立时生效，但是法律另有规定或者当事人另有约定的除外。”

3 《合同法》第 45 条第 1 款：“当事人对合同的效力可以约定附条件。附生效条件的合同，自条件成就时生效。附解除条件的合同，自条件成就时失效。”该规定经修订已被《民法典》承继并作为其第 158 条，即“民事法律行为可以附条件，但是根据其性质不得附条件的除外。附生效条件的民事法律行为，自条件成就时生效。附解除条件的民事法律行为，自条件成就时失效。”

欠缺促使合同具有实质约束力的前提，故合同的效力处于不确定状态。在阻碍事由尚未消除之前，评判合同是否对当事人具有实质约束力或是否因违法而致无效并无意义。

(6) 未生效的合同尚不具备履行条件。在约定经审批才生效的合同中，当事人在缔约时均有合理期待即使合同标的不符合规定亦可在审批环节予以控制，因此如在合同未生效时即认定一方负有合同约定的给付义务，既不符合法律规定，又会致审批前置的缔约预期被架空，有违当事人缔约时的真实意思表示。

法院裁判

综上，二审法院认定：案涉股权回购合同虽成立但未生效，其效力处于不确定状态而有待当事人补正。在欠缺生效要件的情形下，没有必要判定约定内容是否因违反法律、行政法规的强制性规定而致无效，由此判决：一、撤销一审判决；二、驳回阳亨公司的诉请。

再审程序

再审请求：

阳亨公司不服二审判决，再审请求撤销二审判决，并依法判如所请，理由如下：

（1）阳亨公司与盐业集团及目标公司于 2011 年 1 月 20 日签订《江苏省新世纪盐化集团股权转让协议书》（以下简称《股权转让协议》），约定目标公司上市不成时由盐业集团回购阳亨公司的股份，阳亨公司主张回购的法律基础是该《股权转让协议》。

（2）二审法院在认定阳亨公司与盐业集团于 2011 年 1 月 20 日就未来某一时点进行股权回购达成一致、双方已履行各自义务、且无约定协议生效要件的情况下，本应以《合同法》第 52 条之规定来判断该《股权转让协议》回购条款之效力。但二审法院却将《股权转让专题会议纪要》中的盐业集团“按规定履行股权受让相关程序”的义务性规定解释为是双方约定的回购协议生效要件，进而错误适用《合同法》第 45 条第 1 款有关约定生效条件的规定，得出因盐业集团尚未履行审批手续，回购协议尚未生效的结论，属于认定事实缺乏证据证明、法律适用错误。

（3）二审法院在认定盐业集团在 2011 年 1 月 20 日的回购承诺构成阳亨公司投资目标公司的合理依赖的情况下，即使盐业集团未履行审批手续，也应对阳亨公司因合理依赖的投资款项负偿还之责，但二审法院对此问题避而不谈，直接驳回阳亨公司的诉请，致使诉争未能作最终、实质性的解决。

对阳亨公司的再审申请，盐业集团认为应当予以驳回，理由如下：

（1）二审判决认定审批程序构成案涉股权回购合同的约定效力要件正确：①《股权转让专题会议纪要》第 4 条载明盐业集团“按规定履行股权受让相关程序”。“按规定履行股权受让相关程序”是指从盐业集团董事会作出决议并报江苏省国资委同意后，一直到最后完成工商变更的全部程序。②前述第 4 条约定的是案涉股权回购的生效要件。阳亨公司作为专业股权投资机构，应对目标公司有充分法律调查和判断，应知道盐业集团是国有独资公司，有特定的监管体系和审批流程，现盐业集团尚未履行报批程序，故应认定案涉股权回购合同尚未生效。

（2）二审判决案涉股权回购合同未生效，因此盐业集团无继续履行合同的义务。盐业集团没有不正当阻止条件成就，阳亨公司也没有出具相关证据证明。

（3）目标公司原董事长李某、盐业集团原副总经理杨某某、盐业集团原董事长王某某等人均是本案重要当事人和负责人，已涉嫌违纪违法给盐业集团造成巨大损失。

法院观点：

再审法院认为本案争议焦点为：（1）二审法院关于案涉股权转让合同未生效的认定是否属于认定事实和适用法律错误；（2）盐业集团应否履行给付股权转让款的义务。

对争议焦点一，再审法院认为：

(1) 二审法院认定“审批程序构成案涉股权回购合同的约定生效要件”的主要依据是《股权转让专题会议纪要》中关于盐业集团“按规定履行股权受让相关程序”的表述。根据《股权转让专题会议纪要》的记载：①盐业集团同意受让诚行公司、阳亨公司所持目标公司股权；②受让价格按原承诺价格执行；③盐业集团同意 2015 年 12 月 31 日内完成股权受让；④盐业集团按规定履行股权受让相关程序……。由上述约定可见，双方就盐业集团购买阳亨公司所持目标公司股权事宜达成了一致意见。

(2) 根据《合同法》第 44 条、[1]《企业国有资产法》第 30 条、[2]《企业国有资产监督管理暂行条例》(2011 修订) 第 23 条、[3]《公司法》(2013 修正) 第 66 条[4] 等规定的文义和立法目的，国有资产重大交易，应经国有资产管理部门批准，合同才生效。本案中，盐业集团系江苏省国资委独资的国有企业，其因对外重大投资而签订的案涉股权买卖合同需经国资管理部门审批后，合同才能生效。

(3)《股权转让专题会议纪要》中关于盐业集团“按规定履行股权受让相关程序”的表述应解读为“盐业集团按规定履行股权受让的内外部审批手续”。由于上述审批手续未能完成，依据《合同法司法解释（一)》第 9 条[5]，应认定案涉股权转让合

1 《合同法》第 44 条：“依法成立的合同，自成立时生效。法律、行政法规规定应当办理批准、登记等手续生效的，依照其规定。”上述规定由《民法典》承继并进一步拓展形成第 502 条，即“依法成立的合同，自成立时生效，但是法律另有规定或者当事人另有约定的除外。依照法律、行政法规的规定，合同应当办理批准等手续的，依照其规定。未办理批准等手续影响合同生效的，不影响合同中履行报批等义务条款以及相关条款的效力。应当办理申请批准等手续的当事人未履行义务的，对方可以请求其承担违反该义务的责任。依照法律、行政法规的规定，合同的变更、转让、解除等情形应当办理批准等手续的，适用前款规定。”

2 《企业国有资产法》第 30 条：“国家出资企业合并、分立、改制、上市，增加或者减少注册资本，发行债券，进行重大投资，为他人提供大额担保，转让重大财产，进行大额捐赠，分配利润，以及解散、申请破产等重大事项，应当遵守法律、行政法规以及企业章程的规定，不得损害出资人和债权人的权益。”

3 《企业国有资产监督管理暂行条例》(2011 修订) 第 23 条：“国有资产监督管理机构决定其所出资企业的国有股权转让。……”

4 《公司法》(2013 修正) 第 66 条：“国有独资公司不设股东会，由国有资产监督管理机构行使股东会职权。国有资产监督管理机构可以授权公司董事会行使股东会的部分职权，决定公司的重大事项……”

5 《合同法司法解释（一）》第 9 条：“依照合同法第四十四条第二款的规定，法律、行政法规规定合同应当办理批准手续，或者办理批准、登记等手续才生效，在一审法庭辩论终结前当事人仍未办理批准手续的，或者仍未办理批准、登记等手续的，人民法院应当认定该合同未生效；法律、行政法规规定合同应当办理登记手续，但未规定登记后生效的，当事人未办理登记手续不影响合同的效力，合同标的物所有权及其他物权不能转移。合同法第七十七条第二款、第八十七条、第九十六条第二款所列合同变更、转让、解除等情形，依照前款规定处理。”上述规定未全面体现于《民法典》条文中，但其第 502 条第 2 款和第 3 款对批准手续的办理及对合同效力的影响作出了规定，即“依照法律、行政法规的规定，合同应当办理批准等手续的，依照其规定。未办理批准等手续影响合同生效的，不影响合同中履行报批等义务条款以及相关条款的效力。应当办理申请批准等手续的当事人未履行义务的，对方可以请求其承担违反该义务的责任。依照法律、行政法规的规定，合同的变更、转让、解除等情形应当办理批准等手续的，适用前款规定。”

同并未生效。二审法院的认定并无不当。

对争议焦点二，再审法院认为：作为国有独资企业，案涉股权购买行为属于需政府主管部门批准的重大事项，政府部门批准属于《合同法》第44条第2款规定的合同法定生效要件。该条件具备与否取决于政府主管部门是否审批，并非盐业集团单方行为可以决定，不能据此认定盐业集团“为自己的利益不正当阻止条件成就”，不能适用《合同法》第45条的规定，当然认定合同的生效要件已经成就。在合同尚未经审批、未生效的情形下，给付股权转让款的合同义务尚不具有可履行性。

法院裁判

综上，再审法院裁定：驳回阳亨公司的再审申请。

案例启示

本案是与国有资产相关的股权回购的典型案例。与其他股权回购案例相比，本案的最典型特征在于：案涉各股东除约定上市指标未达标这一股权回购触发条件外，还根据股权回购方的国有独资企业特征，在后续签署的《股权转让专题会议纪要》中对股权转让或回购的条件再次进行了约定，即股权转让或回购需要“按规定履行股权受让相关程序”，而该表述最终被法院解读为“按规定履行股权受让的内外部审批手续”，满足该条件方能回购股权为各方所明知，而该条件具备与否取决于政府主管部门是否审批，并非盐业集团所单方可以决定，并由此最终认定股权回购条件不成立，判决驳回了阳亨公司的股权回购诉请。

对私募股权基金而言，本案带来的主要启示：在与国有企业进行投资交易时，需要特别注意国有企业关于投资交易方面的实体性和程序性要求，以免因为没有履行完毕所需的国有资产评估、批准甚至产权交易所公开交易等程序性要求而导致预期投资交易流产或无法按预期完成。这种程序性要求在实践中的应用主要表现为两个方面，其一是私募股权基金投资入股目标公司所需完成的程序，其二是私募股权基金投资退出目标公司所需完成的程序。换言之，如果只完成了投资入股所需的国有资产评估和批准等程序，而没有完成投资退出所需的国有资产评估和批准等程序，那么在私募股权基金要求国有企业承担股权回购责任时，即可能不得不面临诉求无法实现的风险。本案判决结果也正是这种风险的直接例证。私募股权基金在从事涉及国有资产投资交易时必须注意和克服投资退出环节的交易审批程序风险，因为投资和投资退出对私募股权投资同等重要，缺一不可。那么，私募股权基金是否有机会在投资入股目标公司时要求承担股权回购责任的国有企业原股东先行取得国有资产管理部门关于投资退出的批准呢？从国有资产现有管理体制来看，由于这种批准有可能被认定为对未来另一交易事项的批准，而且涉及未来交易时点之评估价格和进场交易等实体性和程序性事宜，似乎在实践中不太容易取得。

除前述外，本案还有一大特征需要注意，即案涉法律文件的处理比较随意，不太符合市场上的常规做法，比如既有案涉文件没有得到完整签署的情形，也有案涉关键文件以承诺函或纪要方式出现的情形，从而导致文件法律效力也成了争议时的重大焦点。一般而言，投融资交易难免会在投融资各方之间产生很多具有沟通性质的文件，比如纪要、备忘及通知等，这些未经签署的沟通性质的文件通常不会具有法律约束力。然而，这些文件一经相关方确认，亦会形成具有法律约束力的文件，并会成为各方未来推进交易和解决争议的依据，案涉《股权转让专题会议纪要》即属这一类型。此外，即使这些沟通性质的文件不会产生法律约束力，但在各方发生争议的情况下，这些文件也可能被相关方索引以用于证明各方关于交易的真实意思。忽视这些沟通性质的文件的作用，在股权投资实践中绝不可取。

此外，本案案涉《股权转让专题会议纪要》之所以被各方激烈争论，主要是在于：该纪要已经双方当事人相关人员签署但未经双方当事人盖章，法庭也花费了很多时间和精力来论证相关人员的签字是否能够代表其所在单位的意思，不仅增加了双方当事人之间法律关系的复杂性以及法庭审理的难度，而且在判定法律风险承担方面也增加了不确定性。对私募股权基金而言，这就特别需要注意交易相对方沟通人员的身份以及该等沟通人员是否有权代表交易相对方与私募股权基金进行与交易相关的沟通，在必要情况下也需要对交易相对方的内部治理机构进行适当调研，或者要求该等沟通人员提供交易相对方的相关单位授权文件，以免因为其不能代表交易相对方的真实意思而导致其签署的相关文件的法律效力被否定，特别是在交易相对方关联机构众多且交易参与人员身份比较复杂的情况下。

参考案例 1-25 （国资回购相关）

联大集团与安徽高速公司股权转让纠纷案

终审裁判：最高人民法院二审并于 2013 年 11 月 28 日作出（2013）民二终字第 33 号民事判决书

主要问题：股权回购涉及国有资产但未经评估的，股权回购协议效力如何认定?

基本事实：联大集团与安徽高速公司均为国有企业，原系安联高速公司股东，其中安联高速公司注册资本 7 亿元，联大集团出资 4.2 亿元（持股 60%），安徽高速公司出资 2.8 亿元（持股 40%）。2003 年 4 月 30 日，联大集团与安徽高速公司签订《股权转让协议书》，约定：（1）双方同意在约定条件下，由联大集团向安徽高速公司转让所持安联高速公司 49% 股权（以下简称“目标股权”）；同时，安徽高速公司同意在受让该股权后两年内，在符合约定回购条件下，联大集团可回购目标股权。（2）联大集团向安徽高速公司转让目标股权，转让对价为 4.5 亿元；安联高速公司工商登记档案中记载变更内容日为目标股权交割日；安徽高速公司自交割日始按约履行付款义务，联大集团回购目标股权的两年期限同时起算。（3）目标股权转让后，安联高速公司董事会由 5 名董事组成，联大集团推举 2 名，安徽高速公司推举 3 名，董事会按董事人数过半数原则表决，公司董事长（法定代表人）在联大集团推举的董事中选举产生。（4）安徽高速公司承诺：本次转股完成之日起两年内，目标股权不转让给第三方，如联大集团提出回购，在符合本协议约定条件下，安徽高速公司同意回购，回购金额由以下组成：本次转让金 + 本次转让金 ×（同期银行贷款年利率（自本次股权转让完成日至回购完成日）+ 1%（指同期银行贷款利率上浮一个点））。（5）本次转股完成日起两年内，如联大集团未行使回购权利（含未提出回购请求，或虽提出回购请求但未按约支付回购金额），则联大集团失去目标股权回购权，联大集团不得再就回购提出请求，或联大集团虽然提出请求但安徽高速公司可不予支持。（6）本协议在下列条件成就之日起生效：①经双方法定代表人签署……；②如有规定，取得政府有关部门对本协议的批准。该协议未经有关机关批准，但于 2003 年 4 月 30 日完成股权变更登记，安徽高速公司亦事后支付了股权转让款。自 2004 年 4 月 7 日至 2005 年 5 月 8 日，联大集团与安徽高速公司之间通过多次函件往来磋商股权回购事宜，但未达成一致，主要分歧在于：（1）联大集团要求另签《股权回购协议书》，安徽高速公司未能就草稿与其达成一致，后要求按《股权转让协议书》办理，不另签协议；（2）联大集团要求采用履行《股权回购协议书》的方式付款（即先转股后付款），安徽高速公司要求按《股权回购协议书》的约定付款（即不迟于股权交割付款），且《股权回购协议书》（如签）需获批后生效。后，诉至法院。

裁判要旨：《股权转让协议书》虽有关于取得政府部门批准的约定，但签约当天，当事人办理了股权变更工商登记，支付了股权转让款，联大集团最后也提出了回购股权的主张，已得实际履行，且双方以实际履行行为变更了该约定。1992 年国务院发布的《国有资产评估管理办法》性质为行政法规，第 3 条关于国有资产占有单位在资产拍卖、转让等 5 种情形下应进行评估的规定虽为强制性规定，但根据《合同法》第 52 条以及《合同法司法解释（二）》第 14 条[1]，并非效力性强制性规定。原国家国有资产管理局于 1992 年经国务院授权制定的《国有资产评估管理办法实施细则》（国资办发〔1992〕36 号）应属部门规章，不是法律、行政法规，不能根据《合同法》直接否认案涉《股权转让协议书》的效力。另《股权转让协议书》未约定关于质押借款的内容，并非名为股权转让但实为借贷的协议，亦非让与担保协议，内容合法有效。在案涉回购条件成熟时，当事人可直接按《股权转让协议书》约定履行，双方在股权回购磋商中的种种条件，在未达成一致前，均为单方意思表示，不构成对《股权转让协议书》的变更，亦不影响各方按照该协议履行各自义务。《股权转让协议书》明确约定：自本次股权转让完成日起两年内，联大集团没有行使约定的股权回购权（含没有提出回购请求，或虽提出回购请求但没有按约支付回购金额），则联大集团失去目标股权的回购权，不得再就购回目标股权提出请求或者虽提出请求但安徽高速公司可不予支持。据此，联大集团在合

1 《合同法司法解释（二）》第 14 条："合同法第五十二条第（五）项规定的'强制性规定'，是指效力性强制性规定。"该规定未直接体现于《民法典》条文中，但其所包含的合同不得违反法律、行政法规的强制性规定的内容已被《民法典》承继并体现在其第 153 条第 1 款中，即"违反法律、行政法规的强制性规定的民事法律行为无效。但是，该强制性规定不导致该民事法律行为无效的除外。"

同约定的期限内向安徽高速公司提出回购请求并支付回购款项是安徽高速公司将目标股权转让给联大集团和联大集团实现股权回购权的前提，由于联大集团仅向安徽高速公司提出回购股权的请求，未在股权转让完成之日起两年内履行支付股权回购款项的先合同义务，安徽高速公司有权拒绝向联大集团转让目标股权，联大集团依约丧失股权回购权，且不享有《合同法》第 68 条第 1 款第 3 项规定的不安抗辩权。[1] 综上，判决驳回联大集团的诉请。

参考案例 1-26

诚行企业与盐业集团股权转让纠纷案

终审裁判：最高人民法院再审并于 2016 年 3 月 31 日作出（2016）最高法民申 410 号民事裁定书

主要问题：应如何认定投资方与国有企业订立的股权回购条款的效力？

案件事实：盐业集团为国有独资有限公司，目标公司盐化公司为盐业集团控股的子公司。2011 年 4 月 12 日，诚行企业与目标公司签订《股权转让协议》，约定由诚行企业受让目标公司职工持股会及部分自然人股东所持公司股权。同日，诚行企业与目标公司签订《股权转让补充协议》，载明：如目标公司在办理股权变更登记后 5 年内仍未上市，由目标公司控股股东盐业集团收购诚行企业退出的股份或由目标公司进行减资以退还股份。目标公司、诚行企业分别在前述两份协议上签字盖章，盐业集团虽被列为两份协议当事人，但未签字盖章。2011 年 8 月 16 日，盐业集团出具承诺书 1 份，载明：（1）完成本次股权转让 5 年后，目标公司没有上市，同意诚行企业等 3 家公司以减资方式退出，股权退出价格按股权原始投资价格 + 股权持有期内银行贷款利息 – 股权持有期内累计分红；（2）盐业集团有权优先受让诚行企业等 3 家公司的股权，受让价格按股权原始投资价格 + 股权持有期内银行贷款利息 – 股权持有期内累计分红，此价格为不变价格。盐业集团及目标公司在承诺书上盖章确认。2013 年 6 月 23 日，

---

1 《合同法》第 68 条："应当先履行债务的当事人，有确切证据证明对方有下列情形之一的，可以中止履行：（一）经营状况严重恶化；（二）转移财产、抽逃资金，以逃避债务；（三）丧失商业信誉；（四）有丧失或者可能丧失履行债务能力的其他情形。当事人没有确切证据中止履行的，应当承担违约责任。"上述规定被《民法典》全文援用并作为其第 527 条。

诚行企业执行事务合伙人代表与盐业集团常务副总经理等人共同签署《股权转让专题会议纪要》1份，载明：（1）盐业集团同意受让诚行企业、阳亨公司所持目标公司股权……；（2）盐业集团同意于2015年12月31日内完成股权受让；（3）盐业集团按规定履行股权受让相关程序……。2014年1月8日，诚行企业向盐业集团发函，要求其支付股权转让款38,600,048.31元。盐业集团认为其并无受让诚行企业所持目标公司股权的义务，未予理会。诚行企业遂诉至法院。

裁判要旨：根据《股权转让专题会议纪要》，应视为盐业集团已与诚行企业就盐业集团购买诚行企业所持目标公司股权事宜达成了一致，但根据《合同法》第44条、[1]《企业国有资产法》第30条、[2]《企业国有资产监督管理暂行条例》(2011修订)第23条、[3]《公司法》(2013修正)第66条[4]等法律和行政法规规定的文义和立法目的，国有资产重大交易，应经国有资产管理部门批准，合同才生效。本案中，盐业集团系国有独资公司，其因对外重大投资而签订的案涉股权买卖合同需经国资管理部门审批后，合同才能生效。由此，案涉《股权转让专题会议纪要》中关于“江苏省盐业集团有限责任公司按规定履行股权受让相关程序”的表述应解读为“盐业集团按规定履行股权受让的内外部审批手续”，现上述审批手续未能完成，案涉股权转让合同应认定为未生效。此外，该条件具备与否取决于政府主管部门是否审批，并非盐业集团单方可决定，不能据此认定盐业集团“为自己的利益不正当阻止条件成就”，不能适用《合同法》第45条而认定合同的生效要件已经成就。在合同尚未经审批、未生效的情形下，给付股权转让款的合同义务尚不具有可履行性。综上，判决驳回诚行企业要求盐业集团支

1 《合同法》第44条：“依法成立的合同，自成立时生效。法律、行政法规规定应当办理批准、登记等手续生效的，依照其规定。”

2 《企业国有资产法》第30条：“国家出资企业合并、分立、改制、上市，增加或者减少注册资本，发行债券，进行重大投资，为他人提供大额担保，转让重大财产，进行大额捐赠，分配利润，以及解散、申请破产等重大事项，应当遵守法律、行政法规以及企业章程的规定，不得损害出资人和债权人的权益。”

3 《企业国有资产监督管理暂行条例》(2011修订)第23条：“国有资产监督管理机构决定其所出资企业的国有股权转让。……”

4 《公司法》(2013修正)第66条：“国有独资公司不设股东会，由国有资产监督管理机构行使股东会职权。国有资产监督管理机构可以授权公司董事会行使股东会的部分职权，决定公司的重大事项……”

付股权转让款的诉请。

参考案例 1-27

招深分行与省高速公路管理局、高速总公司合同纠纷案

终审裁判：最高人民法院于 2018 年 9 月 29 日作出（2018）最高法民申 4585 号民事裁定书

主要问题：（1）事业单位对外承诺提供担保是否有效？（2）若担保承诺无效，法律后果为何？

基本事实：2006 年 3 月 9 日，县政府与宜连公司签订《特许合同》，约定由县政府通过特许经营方式授予宜连公司对宜连高速公路进行投资、建设及经营。2009 年 8 月 10 日，省高速公路管理局向招深分行出具《承诺函》，内容为："宜连公司投资建设宜连高速公路项目，……工程量完成了 40% 之多，支付的款项从未拖欠…我局承诺：贵行对宜连公司提供的项目贷款，若该公司出现没有按时履行其到期债务等违反借款合同约定的行为，或者存在危及银行贷款本息偿付的情形，出于保护投资商利益，保障贵行信贷资金安全的目的，我局承诺按《特许合同》第 15.6 条之规定全额回购宜连高速公路经营权，以确保化解银行贷款风险，我局所支付款项均先归还贵行贷款本息。"2009 年 8 月 20 日，招深分行与其他银行作为贷款人，与宜连公司签订《银团贷款合同》，招深分行据此发放贷款 3.6 亿元。贷款发放后，宜连公司未能按约偿还贷款本息，招深分行与其他银行遂提起诉讼，要求宜连公司偿还贷款本息。后经调解，招深分行与宜连公司等相关方达成民事调解书，但宜连公司未履行调解书确定的义务，招深分行与其他银行遂申请强制执行。后，因宜连公司资产无人竞买流拍，招深分行以宜连公司资产长期难以处置，也未发现可供执行财产为由，申请终结执行，并取得终结执行裁定。2016 年 3 月 10 日，招深分行向省高速公路管理局发函，要求其按照《承诺函》履行宜连高速公路经营权的回购义务。省高速公路管理局未有响应，招深分行遂提起诉讼，要求省高速公路管理局赔偿经济损失并要求高速总公司对上述义务承担连带责任。法院另查明：高速总公司与省高速公路管理局系分别于 1993 年 3 月、1998 年 4 月经省人民政府和省机构编制委员会批准成立的企业法人和事业单位法人，实行

“两块牌子、一套班子、合署办公”，属省交通运输厅归口管理，是全省高速公路建设与管理机构，省高速公路管理局提交的事业单位法人证书上体现的名称为：高管局（高速总公司）。

裁判要旨：《承诺函》系针对特定银行贷款出具，已清楚表明当宜连公司出现没有按时履行其到期债务等违约行为，或者存在危及银行贷款本息偿付的情形时，高管局承诺以回购经营权方式确保招深分行债权实现，但由于高管局属于以公益为目的的事业单位，不得作为保证人，因此《承诺函》应因违反法律强制性规定而被认定为无效。关于《承诺函》无效，系高管局明知自身不具备保证人资格而出具，且招深分行亦明知高管局不能成为保证人仍要求高管局出具，双方均存在过错，应综合本案成讼原因、当事人的实际损失及过错程度等因素酌定双方承担责任的具体比例。此外，高管局作为事业单位法人，行使管理职能的目的主要为省高速公路建设、管理、确保畅通提供保障；高速总公司系企业法人，经营范围主要为全省高速公路建设、养护、管理和沿线开发，从事投资经营活动，二者主体性质、业务范围均不相同，没有证据证明二者存在财务混同情形。高管局与高速总公司虽为“一套班子、两块牌子”，两单位领导班子成员既担任高管局职务同时也担任高速总公司相应职务，但此种一人分任多职的行为并不为法律所禁止，不能仅以此作为高管局、高速总公司存在人员身份混同的依据。故，不应支持招深分行要求高速总公司承担连带清偿责任的诉请。综上，判决省高速公路管理局对宜连公司不能偿还招深分行的贷款本息承担 1/3 的赔偿责任。

优选案例 1-14（外资回购相关）

吉美公司与鹰城集团、张某某、张某股权转让纠纷案

阅读提示

诉讼背景：吉美公司与鹰城集团及案外人华丰集团共同设立中外合作经营企业鹰房公司，此后吉美公司与鹰城集团签署《股权转让合同》，约定将吉美公司持有的鹰房公司股权转让给鹰城集团，吉美公司据此要求鹰城集团支付股权转让价款。未果，诉至法院。

裁判索引：河南省高级人民法院一审并作出（2016）豫民初 19 号民事判决书（以

下简称“一审判决”)；最高人民法院二审并于2017年12月28日作出(2017)最高法民终651号民事判决书(以下简称“二审判决”)。

主要问题：(1)吉美公司与鹰城集团签署的股权转让合同效力如何及何时生效？(2)鹰城集团是否可以以股权转让合同未经审批、股权转让将导致外资比例低于25%及股权转让未经目标公司股东华丰集团同意为由主张股权转让合同未生效？

一审程序

事实认定：

一审法院查明事实如下：

(1) 2012年7月，吉美公司与鹰城集团及华丰集团，经河南省人民政府批准设立外商投资企业鹰房公司，其中鹰城集团出资13,000万元占55%权益，吉美公司出资15,000万元占40%权益，华丰集团出资2,000万元占5%权益。

(2) 2016年3月，吉美公司与鹰城集团、张某某、张某签署《股权转让合同》，约定：

吉美公司将其持有的鹰房公司40%股权15,000万元，以1亿元人民币转给鹰城集团，鹰城集团于2016年3月31日前支付股款，股款可延期支付，但需加计利息计算，利息以股款金额为基数按月息2%计算。鹰城集团应自2016年3月份起按期支付利息，若按期每月5号支付利息，则利息以1%计算，若不按期支付，利息以2%支付，鹰城集团应以现金支付利息。如鹰城集团各月应付股息均能在各月期限内按时足额支付，则吉美公司将减免鹰城集团于股款期限届满时应支付吉美公司的剩余1%利息。股款金额延期支付日期不得晚于2017年7月15日。

协议各方及涉及股权权益转让有关的申请批准手续由鹰城集团办理，吉美公司予以配合，在股权转让申请批准后，双方共同到工商行政管理部门办理变更登记。

鹰城集团承担办理相关申请批准的报批义务，如未能在合同签署后15个工作日内向主管部门提出符合审批条件的申请，则应承担吉美公司因此发生的全部损失，包括吉美公司为主张代为行使报批手续所产生的诉讼费、律师费及因此产生的以股权转让总价款为基数月息2%的利息损失。鹰城集团承诺依约按时足额支付吉美公司股权转让款项，如有拖欠，则按应付股权转让款总金额的日千分之一承担资金占用利息，直至支付全部股权转让款。

张某某、张某就鹰城集团在本合同项下的全部付款义务及因本合同产生的其他任何金钱给付义务向吉美公司承担连带保证责任（包括股权转让本金、利息及吉美公司为实现债权发生的所有费用等），连带保证责任期间为两年，自合同约定的支付股权转让款期限届满之日起算。……

本合同自各方签字或盖章之日起成立，自审批机关批准之日生效……

（3）2016年4月6日，鹰房公司召开董事会，同意吉美公司将所持鹰房公司全部股权转让给鹰城集团，同意修改的章程和合同，张某某、张某、杨储明等人在决议上签名。张某系华丰集团法定代表人，张某某系鹰房公司法定代表人。

（4）2016年4月11日，平顶山市商务局作出“关于对平顶山鹰城商务中心房地产开发有限公司股权变更的批复”（平商审〔2016〕8号），载明：同意吉美公司将持有的鹰房公司40%股权(15,000万元人民币)以1亿元人民币转让给鹰城集团，转让后鹰城集团占注册资本95%，华丰集团占5%，同意鹰房公司于2016年4月6日经董事会决议的《合同》《章程》，请凭此文于30日内到工商行政管理部门办理相关手续。同日，平顶山市商务局对鹰房公司发出《通知书》，载明：该局于同日收到鹰房公司递交的不再申办股权转让的申请，根据鹰房公司申请决定吉美公司股权全部转让给鹰城集团的事宜不再继续受理，退回一切申办资料。

（5）2016年7月29日，鹰城集团在回复一审法院询问时，答复“暂不再上报审批股权转让合同”。同年8月3日鹰城集团向一审法院提交“说明”，重申“暂不申请办理股权转让协议审批”手续。各方均认可股权转让的备案主体是鹰房公司。

(6)鉴于吉美公司2016年8月3日在一审法院笔录中声称要办理平商审(2016) 8号批复文件的确认手续，2016年8月30日平顶山市商务局相关人员称在资料齐全情况下1～3个工作日即可办理完毕股权变更延期确认手续，2016年9月1日一审法院指令吉美公司在10个工作日内办理股权转让报批手续。2016年9月13日吉美公司向鹰城集团和鹰房公司寄出函件，要求协助办理股权转让手续，致“鹰城集团总经理张某某”的函件显示要求于14日到“平顶山审批服务中心”配合办理相关手续。截止该期限届满，吉美公司未向一审法院提交《股权转让合同》经审批机关批准的手续。2016年10月11日，吉美公司向一审法院明确表述称虽通知鹰房公司但该公司没有协助办理相关审批手续。2016年10月18日庭审中，吉美公司代理人表述称己方没有河南省商务厅网站上公布的办理股权转让备案手续所需的材料，且备案主体是鹰房公司；鹰城集团明确表示不申请备案。

法院观点：

一审法院认为本案争议焦点为：（1）《股权转让合同》是否生效，如生效其效力应如何确认；鹰城集团应否向吉美公司支付1亿元股权转让款。（2）张某某、张某应否对1亿元股权转让款承担连带支付责任。

对争议焦点一，一审法院认为：

（1）截至2016年10月1日《股权转让合同》尚未生效：根据2000年10月31日修正的《中华人民共和国中外合作经营企业法》（2000年修正）（以下简称《中外合作经营企业法》）第7条[1]和第10条[2]的规定，《股权转让合同》签订时法律、行政法规均规定中外合作企业中合作者的一方转让其在合作企业合同中的全部或者部分权利、义务的，必须报审查批准机关批准。依据《合同法司法解释（一）》第9条的规定[3]，虽然平顶山市商务局对《股权转让合同》已做出批复予以同意，但根据工商总局、商务部、海关总署、外汇局《关于印发〈关于外商投资的公司审批登记管理法律适用若干问题的执行意见〉的通知》（工商外企字〔2006〕81号）第12条[4]、第13条[5]的规定以及《外商投资企业投资者股权变更的若干规定》[6]（以下

1 《中外合作经营企业法》（2000年修正）第7条："中外合作者在合作期限内协商同意对合作企业合同作重大变更的，应当报审查批准机关批准……"

2 《中外合作经营企业法》（2000年修正）第10条："中外合作者的一方转让其在合作企业合同中的全部或者部分权利、义务的，必须经他方同意，并报审查批准机关批准。"

3 《合同法司法解释（一）》第9条："依照合同法第四十四条第二款的规定，法律、行政法规规定合同应当办理批准手续，或者办理批准、登记等手续才生效，在一审法庭辩论终结前当事人仍未办理批准手续的，或者仍未办理批准、登记手续的，人民法院应当认定该合同未生效……"

4 工商总局、商务部、海关总署、外汇局《关于印发〈关于外商投资的公司审批登记管理法律适用若干问题的执行意见〉的通知》第12条："外商投资的公司申请变更登记的期限应当符合《公司登记管理条例》的规定。法律、行政法规规定或者国务院决定公司和公司登记事项在变更登记前须经批准的，应当自审批机关批准之日起30日内申请办理变更登记。逾期申请的，申请人应当报原审批机关确认文件效力或者另行报批。"

5 工商总局、商务部、海关总署、外汇局《关于印发〈关于外商投资的公司审批登记管理法律适用若干问题的执行意见〉的通知》第13条：外商投资的公司……因下列情形办理有关登记事项变更登记时还应当提交原审批机关的审批文件以及变更后的批准证书：……（八）有限责任公司股权转让或股份有限公司股份转让（不涉及营业执照和批准证书载明事项的除外）。……"

6 原对外贸易经济合作部、工商总局于1997年5月28日发布，已于2020年1月1日失效。

简称《外商投资企业股权变更规定》）第20条的规定[1]，平顶山市商务局的上述批复属于上述规定中的批准文件而非批准证书，各方自审批机关作出批复之日起30日未申请变更已逾期，至2016年10月1日前各方均未向本院提交报原审批机关确认文件效力或者另行报批的相关证据，也未提供批准证书。同时，《股权转让合同》第7条“合同生效”条款约定“本合同自甲、乙、丙3方签字或盖章之日起成立，自审批机关批准之日生效”。依据最高法院《关于外商投资企业纠纷的规定（一）》第9条的规定，[2]吉美公司亦未在本院指令期限内向本院提交审批机关对《股权转让合同》的批准证书，也认可其不是申请报批、备案的主体，鹰城集团也明确表示暂不申请、不配合办理股权转让协议审批、备案手续。综上，截至2016年10月1日《股权转让合同》尚未生效。

（2）华丰集团已同意本案股权转让：张某系华丰集团法定代表人，张某不仅作为保证人在《股权转让合同》上签字，且在董事会决议上也签名，故鹰城集团主张本案股权转让因未征得华丰集团同意而未生效的理由不能成立。

（3）《股权转让合同》自2016年10月1日起生效：2016年9月3日《中外合作经营企业法》被修订，自2016年10月1日起施行，对其第5条、第7条、第10条、第12条第2款、第24条规定的审批事项，修订为适用备案管理，根据规定的准入特别管理措施由国务院发布或者批准发布。由此，《股权转让合同》由行政审批事项转为适用备案管理，虽《股权转让合同》尚未备案，且相关方声明不申请、不协助办理备案手续，但备案与否属于《股权转让合同》的履行问题，不影响其因当事人达成合意且法律行政法规规定的效力待定情形已消灭而生效，故《股权转让合同》因法律规定的变化自2016年10月1日起生效。

（4）外资不低于25%的规定不会导致《股权转让合同》无效：《中华人民共和国中外合作经营企业法实施细则》（以下简称《中外合作经营企业法实施细则》）

1 《外商投资企业股权变更规定》第20条：“股权转让协议和修改企业原合同、章程协议自核发变更外商投资企业批准证书之日起生效。……”

2 最高法院《关于外商投资企业纠纷的规定（一）》第9条：“外商投资企业股权转让合同成立后，受让方未支付股权转让款，转让方和外商投资企业亦未履行报批义务，转让方请求受让方支付股权转让款的，人民法院应当中止审理，指令转让方在一定期限内办理报批手续。该股权转让合同获得外商投资企业审批机关批准的，对转让方关于支付转让款的诉讼请求，人民法院应予支持。”

第 18 条第 3 款第 1 句规定："在依法取得中国法人资格的合作企业中，外国合作者的投资一般不低于合作企业注册资本的 25%"；《外商投资企业股权变更规定》第 5 条也规定："除非外方投资者向中国投资者转让其全部股权，企业投资者股权变更不得导致外方投资者的投资比例低于企业注册资本的 25%。"但：《中外合作经营企业法实施细则》属于行政法规，其第 18 条规定并非《合同法司法解释（二）》第 14 条规定的效力性强制性规范；而《外商投资企业股权变更规定》属于部门规章，不属于因违反将导致合同无效的《合同法》第 52 条第 5 项[1]规定的法律、行政法规的范畴。此外，《股权转让合同》也没有其他法定无效情形，故认定其有效。

对争议焦点二，一审法院认为：即便《股权转让合同》已生效且有效，但合同约定股款金额延期支付日期不得晚于 2017 年 7 月 15 日，该最终付款期限尚未届至，吉美公司无权诉请鹰城集团、张某某、张某立即连带支付吉美公司股权转让款 1 亿元。故鹰城公司不应立即向吉美公司支付 1 亿元股权转让款，张某某、张某也不应对 1 亿元股权转让款承担连带支付责任。

法院裁判

综上，一审法院判决驳回吉美公司的诉请。

二审程序

上诉请求：

吉美公司不服一审判决，上诉请求撤销一审判决，改判支持吉美公司的全部诉讼请求，即鹰城集团、张某某、张某连带支付吉美公司股权转让款 1 亿元，并增加一项上诉请求，请求判令鹰城集团、张某某、张某按《股权转让合同》承担延期支付股权转让款利息 42,708,219.2 元（截至 2017 年 10 月 20 日），理由如下：

（1）《股权转让合同》在一审期间已生效，合同约定鹰城集团于 2016 年 3 月 31 日前支付吉美公司股权转让款 1 亿元，张某某、张某承担连带保证责任，在本案二审期间，合同约定的最后付款期限 2017 年 7 月 15 日也已届满。吉美公司有

1 关于《民法典》对《合同法》第 52 条的具体承继内容和方式，请参考本书其他相关内容。

权诉请鹰城集团一次性支付股权转让款 1 亿元。

（2）由于鹰城集团、张某某、张某均未支付过股权转让款或利息，因此其还应支付自 2016 年 3 月 1 日至 2017 年 7 月 15 日以月息 2% 计算的延期付款利息 33,008,219.2 元，以及自 2017 年 7 月 16 日至 2017 年 10 月 20 日以 1‰计算的资金占用利息 9,700,000 元，两项共计 42,708,219.2 元。

对吉美公司的上诉请求，鹰城集团、张某某、张某答辩认为应当驳回，理由如下：

（1）吉美公司要求支付延期付款利息和资金占用利息的上诉请求，在一审中并未提出，属于在二审中增加的诉讼请求，二审法院不应审理。

（2）一审判决认定《股权转让合同》有效存在错误，该合同系未生效合同。

鹰城集团、张某某、张某亦不服一审判决，上诉请求撤销一审判决，改判认定《股权转让合同》不生效，并驳回吉美公司的诉请，理由如下：

（1）一审判决认定《股权转让合同》有效，属事实认定和法律适用错误。首先，《股权转让合同》没有得到批准，属于不生效合同。虽然中外合作经营企业的股权转让自 2016 年 10 月 1 日起从审批制修改为备案制，但法律修改不应对本案合同的效力产生影响。其次，《股权转让合同》第 7 条约定合同自审批机关批准之日生效，表明当事人真实意思表示是以审批作为合同生效要件。再次，鹰房公司 2016 年 5 月 8 日的股东会决议已否定《股权转让合同》效力。针对案涉股权转让，鹰房公司并未召开股东会形成决议，5 名股东中仅有 3 名在《股权转让合同》上签字，且在该合同签订后，鹰房公司召开股东会形成决议，确认其无效并解除。鹰房公司已于 2016 年 5 月 8 日书面通知各股东解除了该合同。

（2）《股权转让合同》具有欺诈、胁迫、显失公平情形，鹰城集团享有撤销权，且已另案起诉，本案应中止审理。首先，吉美公司以承诺再投资 8,500 万元为诱饵，骗取鹰城集团签订该合同。其次，吉美公司在台湾限制张某某人身自由，张某某被迫签署合同。再次，吉美公司未履行承诺的投资义务，且在 2012 年 9 月至 2015 年 11 月期间抽逃鹰房公司资金总额达 11,315 万元。若按该合同约定，鹰城集团仍以 1 亿元购买吉美公司的股份，将显失公平。

（3）一审法官与吉美公司存在不正当利益关系，篡改庭审笔录，吉美公司代理人曾承认进行案涉股权转让的前提是对鹰房公司再投资 8,500 万元，但庭审笔录在“知道，中间人可能了解”的陈述前加上了“律师不”3 个字，使意思恰好相反。

（4）张某补充上诉意见称：《股权转让合同》没有加盖华丰集团公章，也没有华丰集团对张某的书面授权。华丰集团法定代表人张某是以个人名义在该合同上签字，华丰集团不应承担保证责任。《股权转让合同》不是张某的真实意思表示，其签字是因张某某在台湾被吉美公司限制人身自由，系受胁迫而签订合同。

对鹰城集团、张某某、张某的上诉请求，吉美公司答辩认为应当驳回，理由如下：

（1）《股权转让合同》于2016年4月11日生效。首先，鹰房公司股东会决议无权否定《股权转让合同》的效力，吉美公司也未在股东会决议上签字。其次，平顶山商务局《通知书》载明不再继续受理的理由系收到鹰房公司递交的不再申办股权转让的申请，报批材料本身并不具不予批准的事由。鹰房公司由鹰城集团实际控制，其出具不再申办股权转让的申请不能否定《股权转让合同》的效力。再次，《中外合作经营企业法》（2016年修正）于2016年10月1日施行，将中外合作经营企业股权转让的规定由行政审批制改为备案管理制，《股权转让合同》已不以审批为生效条件，故是否备案不妨碍合同效力。

（2）《股权转让合同》是在鹰城集团、华丰集团、吉美公司、张某某、张某等知情且一致同意的情况下签订，不存在欺诈、胁迫等情形。鹰城集团称吉美公司以再投资8,500万元诱骗的行为没有事实依据。吉美公司从未有过抽逃注册资本的行为，且鹰房公司处于鹰城集团控制中，也不存在吉美公司抽逃出资的条件。

（3）鹰城集团称吉美公司与一审法官存在不正当利益关系无任何事实依据。庭审笔录作为开庭记录，系书记员现场记录形成。

事实认定：

二审法院认可一审法院查明的事实，并补充查明：平顶山商务局没有将案涉批复送达当事人，其后平顶山商务局亦未向鹰房公司出具外商投资企业批准证书。

法院观点：

二审法院认为，上诉争议焦点为：（1）《股权转让合同》的效力；（2）鹰城集团、张某某、张某应否连带支付1亿元股权转让款及利息。

对争议焦点一，二审法院认为：

(1)《股权转让合同》截至2016年9月30日未生效：《股权转让合同》的履行期间跨越了外资审批制度改革期，需对其效力分阶段阐明。2016年9月30日前，《中外合作经营企业法》（2000年修正）实行外资审批制度，其第10条规定："中外合作者的一方转让其在合作企业合同中的全部或者部分权利、义务的，必须经他方同意，并报审查批准机关批准。"《中外合作经营企业法实施细则》第11条第1句规定："合作企业协议、合同、章程自审查批准机关颁发批准证书之日起生效。"根据《合同法》第44条的规定以及最高法院《关于外商投资企业纠纷的规定（一）》第1条第1款的规定[1]，中外合作经营企业股权转让合同自外资审批机关颁发批准证书之日起生效。因此，尽管本案中平顶山商务局就案涉股权转让作出了批复，但其没有作出外商投资企业批准证书，故至2016年9月30日，《股权转让合同》未经审批，合同法定生效要件未满足，处于合同成立但未生效状态。

（2）鹰城集团控制的鹰房公司虽违反《股权转让合同》项下报批义务以及民法的诚实信用原则，但不会导致《股权转让合同》的效力状态成为"不生效的合同"：平顶山商务局作出批复后没有颁发外商投资企业批准证书，是因为鹰房公司撤回了报批申请，并不是因为审批机关不同意转让。《合同法》第8条规定："依法成立的合同，对当事人具有法律约束力。当事人应当按照约定履行自己的义务，不得擅自变更或解除合同。依法成立的合同，受法律保护。"[2]《股权转让合同》未生效并不代表对当事人没有拘束力，相反鹰城集团负有报批促使合同生效的义务。鹰房公司在外资审批程序终结前单方撤回报批申请，不仅违反了其在《股权转让合同》下的报批义务，也违背了民法的诚实信用原则。鹰房公司撤回报批申请不影响《股权转让合同》的效力状态。最高法院《关于外商投资企业纠纷的规定（一）》第9条第1句规定："外商投资企业股权转让合同成立后，受让方未支付股权转让款，转让方和外商投资企业亦未履行报批义务，转让方请求受让方支付股权转让款的，人民法院应当中止审理，指令转让方在一定期限内办理报批手续。"本案一

1 最高法院《关于外商投资企业纠纷的规定（一）》第1条第1款："当事人在外商投资企业设立、变更等过程中订立的合同，以法律、行政法规的规定应当经外商投资企业审批机关批准后才生效的，自批准之日起生效；未经批准的，人民法院应当认定该合同未生效。当事人请求确认该合同无效的，人民法院不予支持。"

2 《合同法》该规定经修订已被《民法典》承继并体现于总则编第3条和第136条中，具体如下：第3条："民事主体的人身权利、财产权利以及其他合法权益受法律保护，任何组织或者个人不得侵犯。"第136条："民事法律行为自成立时生效，但是法律另有规定或者当事人另有约定的除外。行为人非依法律规定或者未经对方同意，不得擅自变更或者解除民事法律行为。"

审过程中，一审法院指令吉美公司办理报批手续，但因鹰城集团、鹰房公司不予配合，未能成功，故《股权转让合同》仍处于成立但未生效状态。

(3)《股权转让合同》自2016年10月起生效：2016年10月1日，《中外合作经营企业法》(2016年修正）正式施行，根据其相关规定，[1] 对外商投资准入特别管理措施（即外商投资准入负面清单）以外的外商投资企业的设立、变更，由行政审批制转为适用备案管理制，而备案管理的性质为告知性备案，不属于合同的效力要件。2016年10月，商务部发布《外商投资企业设立及变更备案管理暂行办法》(2016年版)，其第29条规定："本办法实施前商务主管部门已受理的外商投资企业设立及变更事项，未完成审批且属于备案范围的，审批程序终止，外商投资企业或其投资者应按照本办法办理备案手续。"由于鹰房公司经营范围不在外商投资准入负面清单之列，案涉股权转让依法不需提交行政审批。《立法法》第93条规定："法律、行政法规、地方性法规、自治条例和单行条例、规章不溯及既往，但为了更好地保护公民、法人和其他组织的权利和利益而作的特别规定除外。"我国立法在法律溯及力问题上，采用"从旧兼有利"原则。在因法律修改而使合同效力要件不复存在的情形下，则应适用新法而认定合同有效。一审判决关于《股权转让合同》因法律规定的变化自2016年10月1日起生效的认定正确。

(4) 关于《股权转让合同》是否存在受欺诈、胁迫签订以及显失公平等情形而应予撤销：《民事诉讼法司法解释》第109条规定："当事人对欺诈、胁迫、恶意串通事实的证明，以及对口头遗嘱或者赠与事实的证明，人民法院确信该待证事实存在的可能性能够排除合理怀疑的，应当认定该事实存在。"本案中，鹰城集团、张某某、张某提供的证据不足以证明吉美公司存在抽逃出资的情形，且鹰城集团作为鹰房公司的实际控制方，称签约时不知晓鹰房公司的抽逃出资情况，与常理不符。鹰城集团、张某某、张某所称的受胁迫签订《股权转让合同》，仅为单方陈述，事后亦没有形成报案记录。且《股权转让合同》对吉美公司1.5亿元出资对应的股权转让价约定1亿元，也不存在显失公平情形。

1 《中外合作经营企业法》(2016年修正）第25条："举办合作企业不涉及国家规定实施准入特别管理措施的，对本法第五条、第七条、第十条、第十二条第二款、第二十四条规定的审批事项，适用备案管理。国家规定的准入特别管理措施由国务院发布或者批准发布。"

（5）华丰集团已同意《股权转让合同》项下股权转让：张某作为华丰集团法定代表人在鹰房公司合同、章程修改协议以及同意吉美公司向鹰城集团转让股权的董事会决议上签字，其行为系法定代表人的职务行为，法律后果应由华丰集团承担。故《股权转让合同》不存在侵害其他股东同意权及优先购买权的应予撤销情形。

综上所述，《股权转让合同》是各方当事人真实意思表示，不违反法律、行政法规的强制性规定，合法有效。

对争议焦点二，二审法院认为：

（1）不予审理吉美公司主张利息的上诉请求：吉美公司未在一审程序中提出判令鹰城集团、张某某、张某承担延期支付股权转让款的利息，该项请求属于二审中增加的独立诉讼请求，鹰城集团、张某某、张某不同意二审一并审理。根据《民事诉讼法司法解释》第328条的规定[1]，对吉美公司该项上诉请求，不予审理，吉美公司可依法另行起诉。

（2）鹰城集团按《股权转让合同》支付1亿元股权转让款的义务已到期：《股权转让合同》约定股权转让款于2016年3月31日支付，可延期支付，但鹰城集团应按月支付利息，且延期支付日期不得晚于2017年7月15日。至2016年10月28日一审法院作出判决，《股权转让合同》已生效且鹰城集团的付款义务已到期，而鹰城集团并未请求延期支付并按月加付利息，故一审法院未判决鹰城集团承担付款责任，与合同约定不符，适用法律欠当，予以纠正。此外，二审程序中，鹰城集团的最迟付款履行期间也已届满，鹰城集团应即时向吉美公司支付股权转让款1亿元。

（3）张某某、张某的保证责任：张某某、张某在《股权转让合同》中均是以本人名义为鹰城集团的债务提供连带保证，是其真实意思表示，应依约承担连带保证责任。

---

1 《民事诉讼法司法解释》第328条："在第二审程序中，原审原告增加独立的诉讼请求或者原审被告提出反诉的，第二审人民法院可以根据当事人自愿的原则就新增加的诉讼请求或者反诉进行调解；调解不成的，告知当事人另行起诉。
双方当事人同意由第二审人民法院一并审理的，第二审人民法院可以一并裁判。"

法院裁判

综上，二审法院认为一审判决认定事实清楚，适用法律部分有误，判决撤销一审判决，并判令鹰城集团向吉美公司支付股权转让款 1 亿元，张某某、张某对前述债务承担连带清偿责任。

案例启示

本案是关于外商投资企业股权转让的典型案例，其中不仅涉及外商投资法律体系变化中的法律解读和适用问题，而且还对外商投资企业后续类似股权转让案例具有极大的参考意义。虽然本案不是私募股权投资中的对赌案例或股权回购案例，也不具有私募股权投资股权回购案例的典型特征，但本案关于股东之间实施股权转让的基本事实也能够为私募股权基金股权投资外商投资企业并要求原股东承担股权回购责任的情形提供司法案例上的重要参考。这种参考意义主要体现在如下三个方面。

首先，在对外商投资企业进行股权投资时，如果私募股权基金需要其原股东（无论是内资原股东还是外资原股东）承担股权回购责任，即需对外商投资企业这一目标公司的主营业务进行分析。如其主营业务属于外商投资准入负面清单之列，那么就需要进一步对相关股权投资及投资退出活动是否需要审批及所需审批程序进行研究。以本案中涉及的中外合作企业为例，依涉案《股权转让合同》签署时适用的 2000 年 10 月 31 日修订《中外合作经营企业法》的规定，中外合作企业一方股东在转让企业股权时必须取得其他股东同意并报审查批准机关批准；后在《股权转让合同》履行过程中，《中外合作经营企业法》（2016 年第一次修正）正式施行，外商投资准入负面清单以外的外商投资企业的设立、变更，由行政审批制转为适用备案管理制，而备案管理的性质为告知性备案，不属于合同的效力要件。换言之，在中外合作企业的主营业务属于外商投资准入负面清单之列时，企业股东之间的股权转让行为或股权回购行为不仅需要取得其他股东同意，而且需要取得审查批准机关批准，否则该等股权转让行为或股权回购行为就会因为法定的转让或回购条件无法成就或没有成就而无法继续或完成。如果股权转让或回购无法完成，私募股权基金自然也无法实现投资退出。本案中，吉美公司所面临的最大障碍即缘于此类原因，而其最终之所以能够获得司法审判机关支持也不是因为其签署的《股权转让合同》多么完备，而是因为中国外商投资法律发生变化所带来的便利。法律变化带有很大的不可预测性，私募股权基金不宜将相关法律风险的排除依赖于未来法律法规的变化。

其次，私募股权基金应充分关注投资法律文件所约束相关行为的相对性，特别是关于使股权转让条件或回购条件得以成就方面的行为，私募股权基金应注意在投资法律文件中明确该等使股权转让条件或回购条件得以成就的行为应由哪一方做出。本案中，鹰城集团即曾试图以不配合甚至撤销报批申请来阻止股权转让条件的成就，虽然二审法院认为撤回报批申请不影响《股权转让合同》的效力，但其裁判的法律基础是：鹰城集团单方撤回报批申请，违反了其在《股权转让合同》下的报批义务，也违背了民法的诚实信用原则。换言之，如果《股权转让合同》没有约定鹰城集团的报批义务，鹰房公司也不是由鹰城集团控制，或许二审法院也很难做出前述判定，毕竟根据《外商投资企业股权变更规定》相关规定，鹰房公司应为本案项下股权转让变更登记的报批主体，而不是鹰城集团，且各方当事人也同意这一观点。除本案之外，关于报批义务的设定问题，也曾出现在“仙源公司与中鑫公司、远兴公司、理财公司股权转让纠纷案”[1]等其他案例中。这些案例要求私募股权基金在投资业务中需要注意区分投资法律文件中的各类行为，并对相关行为的实施主体、实施时限、实施效果及其相关义务和责任进行明确，特别是涉及股权回购方面的前置审批内容和报批义务人，以免因为约定不明而导致争议发生，甚至导致无法实现投资退出目的。

再次，外商投资领域在历史上是国家法律规管比较严格的领域。除此之外，与内资法律体系相比，外商投资法律体系还具有很大的“碎片化”特征，对同一法律行为的规范不仅可能体现在不同法律、行政法规和部门规章之中，而且还可能因为法规之间的冲突而产生法规适用上的模糊。对司法审判实践而言，由此带来的最大问题是如何认定这些规定对合同效力的影响。根据《合同法》第52条及《合同法司法解释（二）》，在违反法律、行政法规的合同中，只有违反“效力性强制规范”的合同才能被认定为无效，仅仅违反“管理性规范”的合同原则上不应被认定为无

---

1 参见本书第二部分“法律规定的条件（外资回购相关）”之参考案例1-23。

效。[1]事实上，外商投资规管法规中存在大量这种规范，很难将之简单划分为“效力性强制规范”或“管理性规范”，这就需要在仔细甄别这些法规性质的基础上，通过在协议中为相关方设定义务等方式进行弥补，而不能放之任之。

参考案例 1-28 （外资回购相关）

仙源公司与中鑫公司、远兴公司、理财公司股权转让纠纷案

终审裁判：最高人民法院再审并于 2009 年 12 月 30 日作出（2009）民申字第 1068 号民事裁定书

主要问题：中外合作企业的股权转让合同未经报批的合同效力，以及一方拒不履行报批义务，另一方是否可以申请强制履行？

基本事实：远兴公司是二轻公司和香港卓康公司成立的中外合作经营房地产开发公司，公司注册资本为 720 万美元，其中二轻公司以提供土地使用权作为合作条件，卓康公司以投资 720 万美元作为合作条件，由双方对建成后的“环球大厦”的实际建筑总面积按约定比例进行分配。2007 年 1 月 9 日，中鑫公司和理财公司竞拍获得远兴公司 100% 出资额及权益，并与远兴公司原出资人签订《出资额及权益转让合同》，约定：转让价格为人民币 8,500 万元，50%（即人民币 4,250 万元）于合同签订后 10 日内付清。为取得融资，2007 年 4 月 28 日，中鑫公司、理财公司与仙源公司签署《股权转让及项目合作合同》，约定：（1）中鑫公司和理财公司出现资金缺口人民币 4,591.8 万元；（2）为弥补资金缺口且使远兴公司股权全部过户至中鑫公司和理财公司名下，由仙源公司代中鑫公司一次性垫付人民币 4,300 万元，作为其受让中鑫公司所持远兴公司 28.5% 股权的对价；（3）中鑫公司和理财公司在远兴公司产权交易完成后，负责办理股权变更登记手续，将该 28.5% 股权转让给仙源公司；（4）中鑫公司和理财公司应在合同签订后 20 日内完成远兴公司的股权变更手续，以保证中鑫公司与仙源公司的股权转让得以尽快履行；（5）若中鑫公司和理财公司不能依约完成全部股权转让法律手续，则视为中鑫公司和理

---

1 关于《民法典》对《合同法》（包括第 52 条）的具体承继内容和方式，请参考本书其他相关内容。

财公司违约，中鑫公司应无条件退还仙源公司投资款并承担仙源公司出资总额每天 1% 的违约金。同日，中鑫公司、仙源公司和理财公司与肖雨田等人签署《补充协议（保证函）》，约定由该等人为前述股权转让及项目合作承担连带保证责任。2007 年 7 月 20 日，中鑫公司确认收到仙源公司投资款 4,300 万元。2007 年 7 月 24 日，远兴公司合作方（投资者）由二轻公司和卓康公司变更登记为中鑫公司和理财公司。中鑫公司和理财公司未按《股权转让及项目合作合同》将中鑫公司所受让 40% 股权中的 28.5% 股权过户至仙源公司名下，亦未将该合同及其他相关文件报送相关主管机关审批。后，仙源公司要求中鑫公司、理财公司办理仙源公司的股权转让手续并承担违约责任。未果，诉至法院。

裁判要旨：《中外合作经营企业法》（2000 年修正）第 10 条规定："中外合作者的一方转让其在合作企业合同中的全部或者部分权利、义务的，必须经他方同意，并报审查批准机关批准。"但对于未经批准的，效力如何，该法没有明确规定。根据《合同法》第 44 条以及《合同法司法解释（一）》第 9 条的规定，该合同未办理批准等手续，应属于成立但未生效的合同。另由于该合同未生效原因是未经批准，而批准之前提是当事人报批，促成合同生效的报批义务在合同成立时即应产生，否则当事人可肆意通过不办理或不协助办理报批手续而恶意阻止合同生效，显然违背诚实信用原则。因未经批准而被认定未生效的合同，不影响合同中当事人履行报批义务条款及因该报批义务而设定的相关条款的效力。根据《合同法司法解释（二）》第 8 条[1]的规定，应当判决中鑫公司履行报请审查批准机关批准的义务。此外，根据《合同法司法解释（二）》第 8 条规定，有义务办理申请批准手续的一方当事人未按照法律规定或者合同约定办理申请批准手续的，法院可以判决相对

1 《合同法司法解释（二）》第 8 条："依照法律、行政法规的规定经批准或者登记才能生效的合同成立后，有义务办理申请批准或者申请登记等手续的一方当事人未按照法律规定或者合同约定办理申请批准或者未申请登记的，属于合同法第四十二条第（三）项规定的"其他违背诚实信用原则的行为"，人民法院可以根据案件的具体情况和相对人的请求，判决相对人自己办理有关手续；对方当事人对由此产生的费用和给相对人造成的实际损失，应当承担损害赔偿责任。"该规定并未全面体现于《民法典》中，但其第 502 条第 2 款对未履行报批义务一方应承担的责任作出了规定，即"依照法律、行政法规的规定，合同应当办理批准等手续的，依照其规定。未办理批准等手续影响合同生效的，不影响合同中履行报批等义务条款以及相关条款的效力。应当办理申请批准等手续的当事人未履行义务的，对方可以请求其承担违反该义务的责任。"

人自行办理有关手续，对方当事人对由此产生的费用和给相对人造成的实际损失，应当承担损害赔偿责任。据此，法院也可以根据当事人的请求判决义务人履行报请审批机关批准的义务。

参考案例 1-29

国华公司与向阳公司股权转让纠纷案

终审裁判：江苏省高级人民法院二审并于 2013 年 10 月 21 日作出（2013）苏商外终字第 0034 号民事判决书

主要问题：如目标公司是外商投资企业且涉及股权回购，股权回购的效力如何认定?

基本事实：帝杉公司成立于 2005 年 9 月 30 日，公司类型为中外合资企业。2008 年 10 月 23 日，林某某作为转让方、国华公司作为受让方，与帝杉公司的股东向阳公司等其他四方签署《股权转让协议》，约定：（1）帝杉公司注册资本 2,402 万美元，林某某出资 336.28 万美元，占 14%；向阳公司出资 1238.23 万美元，占 51.55%；金富春公司出资 491.21 万美元，占 20.45%……。（2）帝杉公司其他股东放弃优先受让权，同意林某某、国华公司根据本协议条款进行股权转让。（3）林某某将其在帝杉公司中的出资 163.82 万美元(占注册资本 6.82%)转让给国华公司，国华公司同意购买并受让林某某 6.82% 股权，转让对价为原出资价格（每 1 美元注册资本转让价格为 9.1590 元人民币）。（4）完成股权转让后，林某某承诺：确保帝杉公司 2009 年销售额不低于 4 亿元人民币，2010 年销售额不低于 8 亿元人民币。（5）在帝杉公司不能达到预期销售总额时，国华公司有权要求撤回投资；帝杉公司各方股东一致同意林某某、向阳公司分别按出资比例对国华公司股权进行回购。（6）如任何一方未按本协议规定适当全面地履行其义务，应该承担违约责任；未违约一方由此产生的任何责任和损害，应由违约一方赔偿未违约一方人民币 1,000 万元。2009 年 1 月 12 日，外资企业主管审批机关作出批复，同意林某某将其在帝杉公司中的出资 163.82 万美元（占注册资本 6.82%）转让给国华公司。2009 年 1 月 22 日，帝杉公司股东变更完成工商登记。审计显示：帝杉公司 2009 年营业收入为人民币 156,505,604.57 元，2010 年营业收入为人民币 126,895,689.29 元。2010 年

3月16日，国华公司向向阳公司发出函件，要求向阳公司回购其所持帝杉公司股份。其后，经多方协调未果，诉至法院，要求向阳公司按人民币1,500.39万元回购国华公司所持帝杉公司6.82%股份，并支付违约金人民币1,000万元。

裁判要旨：涉案《股权转让协议》包含两个股权转让协议，一是林某某将其所持帝杉公司股权转让给国华公司，另一是国华公司将其所受让股权附条件地转让给林某某和向阳公司。由于帝杉公司属于中外合资经营企业，案涉两个股权转让协议均应履行相应报批手续。2009年1月12日的批复仅同意林某某将其在公司的出资163.82万美元（占注册资本6.82%）转让给国华公司，并未涉及向阳公司回购国华公司股权的部分，因此涉案《股权转让协议》中的股权回购条款没有生效，国华公司据此要求向阳公司回购股权并承担违约责任，不予支持。一审法院以向阳公司所持帝杉公司股权为国有资产，其处置国有资产未经国有资产管理主管部门审批而损害社会公共利益为由，认定该股权回购条款无效不当，应予纠正。综上，一审判决虽适用法律不当，但处理结果正确，判决驳回国华公司的全部诉请。

参考案例 1-30

张某某等与旺达集团、林某某涉港股权转让合同纠纷案

终审裁判：广东省高级人民法院二审并于2014年9月18日作出（2014）粤高法民四终字第12号民事判决书

主要问题：在股权转让协议未生效的情况下，能否基于解除合同而要求按约定支付股权转让价款及约定投资回报?

基本事实：2009年10月8日，张某某与旺达集团签订《股权转让协议书》，约定：纸业股份公司是一家中外合资经营股份有限责任公司，计划于2012年6月30日前获批在中小板上市（第2条投资前提）；旺达集团在香港注册，持股份公司77.14%股份，共171,251,238股，拟将其所持股份公司股份中的14,134,275股股份转让给张某某；张某某同意支付旺达集团股权转让价款4,000万元；股权转让成立日后，旺达集团持有股份公司157,116,963股，占股份公司70.773%，张某某持有股份公司14,134,275股，占股份公司6.367%；本协议书经旺达集团和张某某双方签字盖章后即行生效。2009年10月9日，旺达集团、张某某及

其他相关方又签订了《转股补充协议书》，约定：（1）旺达集团计划股份公司在2012年6月30日前获批在中小板上市（第2条投资前提）。（2）在张某某投资股份公司期间，在获得审批上市前，旺达集团保证股份公司每年不低于15%的投资回报，且按月1.25%比率每6个月支付给张某某，如股份公司不能支付，则旺达集团保证代为支付；如股份公司在2012年6月30日前未能获批上市，则旺达集团及相关方同意再补充全部投资额每年10%的投资回报给张某某，即张某某合计应获得每年25%的投资回报；如股份公司在2012年6月30日前获批上市，则张某某同意将已收的每年15%投资回报退还给旺达集团（第3条投资回报）。（3）发生如下任一情形，张某某均有权要求旺达集团回购其所持股份公司的部分或全部股权：股份公司未能在2012年6月30日前通过上市审批；股份公司未能满足所约定各项投资前提……；在回购情形发生后，张某某有权要求旺达集团或第三方现金回购张某某所持股份公司的全部或部分股权，旺达集团及第三方应在张某某提出回购请求后履行回购义务，对回购股权数量及回购事件，张某某具有最终决定权；张某某有权要求如下较高者确定回购价款：股份公司如期将每年不低于15%的投资回报支付给张某某，在扣除已收投资回报情况下，张某某可主张以年收益率15%为基准，按投资额的年复合收益率确定回购价格，即投资额 $\times(1+15\%)^n$，n为出资日起至回购请求日的年数；股份公司并没有如期将每月不低于15%的投资回报支付给张某某，旺达集团也没有代为支付，张某某可主张以年收益率25%为基准，按投资额的年复合收益率确定回购价格，即投资额 $\times(1+25\%)^n$，n为出资日起至回购请求日的年数（第4条回购条款）。（4）旺达集团保证履行本补充协议中所约定的全部义务，不得拖延或迟缓，亦不得拒绝履行应尽义务；任何一方不得迟延履行义务，尤其是支付款项方面，如迟延履行，则守约方可要求违约方支付应付金额按银行借款利率4倍的利息以及每日2.1‰的迟延履行滞纳金。后，股权回购条件触发，张某某要求旺达集团按约定价格回购股权。未果，诉至法院，其后将诉请变更解除合同、返还3,800万元款项、支付投资回报及其利息和滞纳金。

裁判要旨：《股权转让协议》与《转股补充协议书》共同构成了确定双方权利义务的基础，且都是围绕张某某可否取得股份公司股权设定权利、义务内容，因此本案应定性为股权转让纠纷，而非民间借贷纠纷。股份公司登记性质为中外合资经营股份有限公司，依据法律规定，中外合资经营企业合营一方转让股权应报审批机关批准。未经批准，根据最高法院《关于外商投资企业纠纷的规定（一）》第1条的规定，双方签订的合同应认定为未生效。因此，案涉协议中涉及股权转让部分的权利、义务内容因未经审批而应认定合同未生效，但其中双方当事人为实现股权转让、张某某合理规避投资股权风险自行约定的股权价值估值调整条款，是双方为股权转让合同履行设定的前提条件，不应受股权转让合同是否审批影响，应认定有效。两份协议中有关股权转让法律关系的权利义务内容不产生法律效力，本应产生解除合同、返还款项、赔偿损失的责任后果，但由于双方设定的股权转让成就条款有效，且对股权转让不能成就的后果做出约定，因此对合同解除的后果应照此履行。鉴于张某某已变更诉请为解除合同、返还3,800万元款项、支付投资回报及其利息和滞纳金，且依合同中有效条款的约定，如股份公司在2012年6月30日不能获批上市，旺达集团应按每年25%的投资回报支付给张某某，否则依约应按应付金额按银行借款利率4倍利息支付给张某某。由于张某某已向旺达集团请求迟延付款利息，不应再向旺达集团重复主张日2.1‰计算迟延履行滞纳金。综上，判决向张某某返还3,800万元投资款、支付25%投资回报以及按银行借款利率4倍支付迟延履行利息。

延伸阅读 股权回购涉及国有资产或外商投资企业的合同效力问题

在投融资实践中，投融资各方之间形成的投融资关系复杂多变，可能是借贷关系，也可能是股权投资关系，还可能是部分借贷加部分股权投资的关系或者债转股关系，基本是由投融资各方根据情况自行协商决定。然而，当事人自由协商确定和签署的合同，并不意味着必然能够生效，因为中国法律在肯定当事人意思自治的同时，还规定了当事人通过意思自治也不能自行约定的情形，包括相关合同的法定生效条件，而此类生效条件所引发的法律问题在股权投资交易涉及国有资产和外商投资企业时显得尤为突出，包括股权回购交易。

涉及国有资产的股权投资交易虽然在性质上与涉及外商投资企业的股权投资交易不同，但在交易合同生效条件上却具有较大的相似性，即此类合同生效都可能需以获得相应审批为前提，否则即使合同各方签署了合同，也可能面临无法实现签约预期目标的风险，包括所签合同无效、可撤销、未生效或效力待定等方面的风险。

在股权投资交易涉及国有资产或外商投资企业时，这些合同效力风险是私募股权基金首先需要考虑的风险，而股权回购作为股权投资交易的一种形式，同样亦会面临类似风险，因此需要私募股权基金在从事股权投资交易时同时从投资和回购两方面对这些合同效力风险予以考量。

在《民法典》颁布前的司法审判实践中，最常被索引的关于合同无效的规定是《合同法》52 条，而在股权投资交易涉及国有资产或外商投资企业时，关于合同因“违反法律、行政法规的强制性规定”无效的规定以及关于合同因“损害社会公共利益”无效的规定又尤为容易引起争议[1]，而且争议焦点往往集中在所违反的规定是不是法律或行政法规性质的规定以及是否属于效力性强制性规定这两点上。一般而言，合同违反法律和行政法规的效力性强制性规定的，合同无效；合同违反管理性强制性规定的，合同不必然无效，合同效力需要通过综合考量具体情形来认定，并可在没有其他影响效力情形的情况下认定合同有效。与违反法律和行政法规不同，合同违反规章、监管政策等规范性文件的，合同通常不会认定为无效，但有时违反规章、监管政策等规范性文件的情形也可能会与涉及损害社会公共利益无效的情形相互交叉，由此使得合同在违反规章、监管政策的同时又因损害社会公共利益而被认定为无效。在司法审判实践中，司法审判机关在认定是否损害社会公共利益或公序良俗时，一般会从规范内容、监管强度以及法律后果等方面进行综合考量，并会严格限制因违反社会公共利益或违背公序良俗而认定合同无效的范围。

未生效合同是指欠缺生效条件的合同，包括合同欠缺约定生效条件和欠缺法定生效条件两种情形。在股权投资交易涉及国有资产或外商投资企业时，欠缺法定生效条件主要是指未获相应审批的情形。一般而言，如法律、行政法规规定某类合同应办理相应审批后才能生效，那么获得批准即是合同的法定生效条件；未获批准的，合同即会因为欠缺法定生效条件而未生效。合同未生效，并不意味着没有任何效力，其效力作用主要表现在以下三个方面。其一，具有形式拘束力。

1 与此相关的法律规定已被《民法典》承继并体现在其第 153 条中，即“违反法律、行政法规的强制性规定的民事法律行为无效。但是，该强制性规定不导致该民事法律行为无效的除外。违背公序良俗的民事法律行为无效。”

任何当事人都不得擅自变更合同。其二，当事人负有报批义务。如合同对报批义务有明确约定的，尽管此时整个合同未生效，但有关报批义务的约定仍会独立生效。在此情况下，报批义务即属于约定义务；如合同又专门针对报批义务约定违约责任的，违约责任也会具有约束力。当事人可请求法院要求报批义务人履行报批义务，通过办理报批手续促成合同生效。报批后未获批准的，合同不生效；如报批义务人拒不履行生效判决确定的报批义务的，当事人可另行起诉，请求赔偿相关损失。其三，不具有实质拘束力。合同未生效毕竟属于欠缺生效要件的合同，当事人不能直接请求全面履行或承担合同约定的违约责任。这一点在《民法典》中亦可得到印证[1]。

效力待定合同不同于未生效合同，主要是指欠缺行为能力或代理权、代表权的主体所签署的合同。在商事实践中，在公司法定代表人或代理人从事相应行为后，公司有时会以所盖之章为假公章、与备案公章不一致、行为人没有代表权或没有代理权等理由来否定合同效力。在此情况下，认定合同效力的关键将不仅包括公章真伪，还要看行为人在盖章时是否有代表权或代理权，从而根据代表或代理的相关规则来确定合同的效力。此外，对于无权代理行为而言，除构成表见代理情形的外，行为人签署的合同原则上亦属于效力待定合同。根据《合同法》第49条[2]的规定，表见代理不仅要求行为人的无权代理行为在客观上形成具有代理权的表象，而且要求相对人在主观上善意且无过失地相信行为人有代理权。合同相对人主张构成表见代理的，应当承担举证责任，不仅需要举证证明代理行为具有有权代理的客观表象形式要素，而且需要证明其系善意且无过失地相信行为人具有代理权。从此角度讲，要求行为人提供相关书面授权，不失为一种可使合同效

---

1 《民法典》第502条："依法成立的合同，自成立时生效，但是法律另有规定或者当事人另有约定的除外。依照法律、行政法规的规定，合同应当办理批准等手续的，依照其规定。未办理批准等手续影响合同生效的，不影响合同中履行报批等义务条款以及相关条款的效力。应当办理申请批准等手续的当事人未履行义务的，对方可以请求其承担违反该义务的责任。依照法律、行政法规的规定，合同的变更、转让、解除等情形应当办理批准等手续的，适用前款规定。"

2 《合同法》第49条："行为人没有代理权、超越代理权或者代理权终止后以被代理人名义订立合同，相对人有理由相信行为人有代理权的，该代理行为有效。"该规定已被《民法典》承继并作为其第172条，即"行为人没有代理权、超越代理权或者代理权终止后，仍然实施代理行为，相对人有理由相信行为人有代理权的，代理行为有效。"

力风险有效降低的经济方法。

与合同无效自始无效不同，可撤销合同是指可经由当事人行使撤销权而使合同效力归于无效的合同，但合同在被撤销前是有效的。此外，与司法审判机关可依职权认定合同无效不同，可撤销合同只能由撤销权人向司法审判机关申请，并由司法审判机关据此进行裁判，司法审判机关不能依职权自行撤销合同。

近年来，与国有资产和外商投资企业相关的投融资合同的效力认定问题在实践中争议较大，特别是与外商投资企业相关的投融资合同效力认定问题，而这一问题又因外商投资企业法律体系的变化而显得尤为突出。为解决这一问题，最高人民法院于 2019 年 12 月 26 日发布了《外商投资法司法解释》，对外商投资体制改革后涉及的外商投资合同的效力认定问题进行了重点诠释，[1] 有利于“定纷止争”外商投融资合同方面的效力认定问题，值得特别关注。换言之，在外商投资从行政审批制转为适用备案管理制后，除负面清单内的外商投资外，负面清单内的外商投资涉及的投融资合同效力认定问题将适用国民待遇，不仅需要考量《外商投资法》《外商投资法实施条例》《外商投资法司法解释》等关于合同审批或备案方面的规定，还要通盘考量其他法律法规中涉及的相关合同审批或备案规定。

基于前述，在股权投资交易涉及国有资产或外商投资企业的情况下，根据《合

1 《外商投资法司法解释》第 2 条：“对外商投资法第四条所指的外商投资准入负面清单之外的领域形成的投资合同，当事人以合同未经有关行政主管部门批准、登记为由主张合同无效或者未生效的，人民法院不予支持。前款规定的投资合同签订于外商投资法施行前，但人民法院在外商投资法施行时尚未作出生效裁判的，适用前款规定认定合同的效力。”

《外商投资法司法解释》第 3 条：“外国投资者投资外商投资准入负面清单规定禁止投资的领域，当事人主张投资合同无效的，人民法院应予支持。”

《外商投资法司法解释》第 4 条：“外国投资者投资外商投资准入负面清单规定限制投资的领域，当事人以违反限制性准入特别管理措施为由，主张投资合同无效的，人民法院应予支持。人民法院作出生效裁判前，当事人采取必要措施满足准入特别管理措施的要求，当事人主张前款规定的投资合同有效的，应予支持。”

《外商投资法司法解释》第 5 条：“在生效裁判作出前，因外商投资准入负面清单调整，外国投资者投资不再属于禁止或者限制投资的领域，当事人主张投资合同有效的，人民法院应予支持。”

同法司法解释（一）》第 9 条的规定，[1] 如果股权投资交易合同是以获得相应审批为生效条件，未获批准并不必然导致合同无效，而是未生效，合同当事人可要求报批义务人履行报批义务以使合同生效，同时还可请求司法审判机关要求报批义务人履行报批义务并承担关于不履行报批义务的违约责任。如果报批义务人拒不履行生效判决确定的报批义务，合同当事人则可另行起诉，请求司法审判机关判决其赔偿包括差价损失、合理收益以及其他损失在内的预期利益损失。从此角度讲，在股权投资交易需要履行相关法定报批程序时，在投资交易法律中对报批义务、报批义务人及相关违约责任进行设定，也不失为一种降低交易风险的保障方法。

第四节 合同适用

司法审判机关在审理案件时总会问当事人"你起诉的依据是哪一份合同？"，这其实是一个关于合同适用的问题。事实上，忽视合同适用问题或者忽视提起诉讼请求所依据的合同或所依据的合同条款，不仅不利于司法审判机关查明事实，甚至还有可能因为合同相对性等方面出现问题而导致相关方不得不承担败诉的后果。基于私募股权投资在交易背景和交易方式上的复杂性以及投资法律文件在种类和构成上的复杂性，合同适用问题始终是

1 《合同法司法解释（一）》第 9 条："依照合同法第四十四条第二款的规定，法律、行政法规规定合同应当办理批准手续，或者办理批准、登记等手续才生效，在一审法庭辩论终结前当事人仍未办理批准手续的，或者仍未办理批准、登记等手续的，人民法院应当认定该合同未生效；法律、行政法规规定合同应当办理登记手续，但未规定登记后生效的，当事人未办理登记手续不影响合同的效力，合同标的物所有权及其他物权不能转移。合同法第七十七条第二款、第八十七条、第九十六条第二款所列合同变更、转让、解除等情形，依照前款规定处理。上述规定未全面体现于《民法典》条文中，但其第 502 条第 2 款和第 3 款对批准手续的办理及对合同效力的影响作出了规定，即"依照法律、行政法规的规定，合同应当办理批准等手续的，依照其规定。未办理批准等手续影响合同生效的，不影响合同中履行报批等义务条款以及相关条款的效力。应当办理申请批准等手续的当事人未履行义务的，对方可以请求其承担违反该义务的责任。依照法律、行政法规的规定，合同的变更、转让、解除等情形应当办理批准等手续的，适用前款规定。"

私募股权投资以及投资纠纷解决方面无法忽视的一个重要问题，特别是在存有“阴阳合同”的情况下。

参考案例 1-31

三环公司与北京侏罗纪公司等及第三人大正公司其他合同纠纷案

终审裁判：最高人民法院再审并于 2015 年 9 月 25 日作出（2015）民申字第 732 号民事判决书

主要问题：在存在“阴阳合同”的情况下，应以哪份合同作为判定股权回购责任的依据?

基本事实：为开发梦幻城项目，北京侏罗纪公司与美国侏罗纪公司注册成立项目公司圣地公司，注册资本 3,000 万美元，北京侏罗纪公司占 62%，美国侏罗纪公司占 38%。2012 年 1 月 1 日，北京侏罗纪公司与三环公司签订《股权转让合同》，约定：北京侏罗纪公司将其所持圣地公司 24.5% 股权转让给三环公司，转让价款人民币 1.733，3 亿元。同日，北京侏罗纪公司与大正公司签订《股权转让合同》，约定：北京侏罗纪公司将其所持圣地公司 24.5% 股权转让给大正公司，转让价款为人民币 6,000 万元和“中华建筑”未来上市后 30% 的原始股。2012 年 11 月 16 日，北京侏罗纪公司又分别与三环公司、大正公司签订《股权转让合同》，载明：转让价款 735 万美元，已于合同签订前支付给北京侏罗纪公司；同日，圣地公司召开董事会，审议通过了北京侏罗纪公司向三环公司转让股权 24.5%、向大正公司转让股权 24.5%、董事会重组、监事会重组、公司章程修订、报请商务部门批准等事项。其后，商务部门于 2012 年 12 月 4 日批复同意，圣地公司于同年 12 月 6 日办理了股权、董事、监事、经理及章程等变更登记。2013 年 4 月 24 日，三环公司与北京侏罗纪公司签订《股权转让合同》，约定：（1）三环公司将其所持圣地公司 24.5% 股权转让给北京侏罗纪公司，转让价款人民币 1.771 亿元，从双方 2013 年 3 月 27 日梦幻城项目已确定往来应付款项中扣减，不足部分从北京侏罗纪公司有权处置的相关房产进行抵减；（2）双方为办理股权转让工商变更登记而另签总额为 735 万美元对价的股权转让合同，仅为办理工商手续之用，其约定内容不得对抗本合同。合同签订后，双方未予清算。后，三环公司要求北京侏罗纪公司支付人民币1.771亿元股权转让款或用北京侏罗纪公司约定房产抵顶。未果，诉至法院。

裁判要旨：北京侏罗纪公司将其所持圣地公司24.5%股权转让给三环公司时，曾先后签订两份合同，一份签订于2012年1月1日，转让价款人民币1.733，3亿元，另一份签订于同年11月16日，转让价款735万美元。三环公司将该部分股权再转回北京侏罗纪公司时，除约定1.771亿元股权转让款外，还约定了为办理股权转让工商变更登记而另行签订总额为735万美元对价的股权转让合同。由此可见，北京侏罗纪公司将案涉股权转让给三环公司时，双方实际履行的是2012年1月1日的合同，三环公司实际支付的转让款是人民币1.733，3亿元，而非735万美元，且针对该部分股权转让，北京侏罗纪公司、圣地公司已履行了相关程序，并已得到主管商务部门批准。原审认定实际履行的是2012年11月16日的合同，与事实不符。三环公司与北京侏罗纪公司于2013年4月24日所签《股权转让合同》，是当事人真实意思表示，且双方在签订该合同时都是合营公司的股东，属合营公司股东内部之间的股权转让，北京侏罗纪公司以《中华人民共和国中外合资经营企业法实施条例》第20条关于"合营一方向第三者转让其全部或者部分股权的，须经合营他方同意，并报审批机构批准，……违反上述规定的，其转让无效"的规定而认定该转让合同"成立而未生效"不能成立。三环公司与北京侏罗纪公司于2013年4月24日签订的《股权转让合同》不违反法律行政法规的强制性规定，应为有效合同。综上，判决北京侏罗纪公司应向三环公司支付转让款1.771亿元，并先以其有权处置的相关房产进行充抵，不足部分由其以金钱方式给付。

参考案例 1-32

汇商公司、汇银公司与汪某某、杨某某股权转让纠纷案

终审裁判：最高人民法院再审并于2014年12月4日作出（2014）民申字第1934号民事裁定书

主要问题：在股权回购条款转化为股权转让协议后，提起诉讼请求的依据是股权回购条款还是股权转让协议？

基本事实：2007年12月14日，汇商公司和汇银公司作为投资者与目标公司飞

马公司及其原股东汪某某、杨某某等相关方签订《增资协议》，约定：(1)汇商公司向飞马公司增资3,000万元，获600万股股份，汇银公司增资4,000万元，获800万股股份；(2)飞马公司及汪某某、杨某某等原股东承诺，飞马公司2007年、2008年、2009年净利润分别不少于5,000万元、8,000万元、11,000万元，如未能达到承诺利润，由飞马公司按协议约定向汇商公司、汇银公司现金补偿，且飞马公司保证在收到投资款之日起30个月内实现国内A股上市，逾期不能上市，或者因飞马公司自身客观原因导致30个月内上市的承诺明显无法实现，则汇商公司、汇银公司有权要求飞马公司回购所持股份，回购价格为原始投资加年15%的投资收益；原股东对公司所约定回购事宜提供担保。增资完成后，飞马公司2008年利润大幅下降，未能实现2008年净利润指标，飞马公司无法在预定期限内上市。2009年9月21日，汇商公司、汇银公司与飞马公司及其原股东汪某某、杨某某等相关方签订《股份转让协议》，约定：汇商公司将600万股飞马公司股份转让给汪某某，转让价为3,000万元；汇银公司将700万股飞马公司股份转让给杨某某，转让价为3,500万元，将100万股股份转让给汪某某，转让价为500万元；上述股份转让价款应在2009年10月16日前支付给汇商公司和汇银公司。《股份转让协议》签订后，汪某某、杨某某并未在约定期限内付款。2010年1月12日，汇商公司、汇银公司与飞马公司及其原股东汪某某、杨某某等相关方又签订《转股补充协议》，约定：汪某某、杨某某应在2010年3月31日前受让汇商公司、汇银公司所持飞马公司股份，并支付股份转让价款；如汪某某、杨某某在2010年3月31日前未能付款，则未支付价款应按15%的年利率从2007年12月14日起算相应本息。《转股补充协议》签订后，汪某某、杨某某未在2010年3月31日之前向汇商公司、汇银公司支付上述股份转让款。后，汇商公司和汇银公司要求汪某某、杨某某履行《股份转让协议》及《转股补充协议》并要求支付股份转让价款及相关逾期付款利息。未果，诉至法院。

裁判要旨：从法律关系性质及其主体看，《增资协议》发生在汇银公司、汇商公司与飞马公司之间，设立的是增资入股法律关系，《股份转让协议》及《转股补充协议》发生在飞马公司股东汇商公司、汇银公司与汪某某、杨某某之间，设立的是股权转让法律关系，二者完全不同，《股份转让协议》及《转股补充协议》具有独立性。《股份转让协议》及《转股补充协议》签订后，汇银公司、汇商公司因飞马公司未能实现上市目标而享有了两种选择性的救济途径，即：既可依据《增资协议》要求飞马公司回购股份，也可依据《股份转让协议》及《转股补充协议》要求汪某某、杨某某受让股权并支付股权转让款。虽汇商公司曾向飞马公司主张股份回购，但在其权利未实现的情况下，并不妨碍汇银公司、汇商公司依据《股份转让协议》及《转股补充协议》向汪某某、杨某某主张受让股权并支付股权转让款。因汇银公司、汇商公司并未依据《增资协议》起诉主张履行对赌条款，故法院对《增资协议》中对赌条款的效力不予审查。综上，判决支持汇银公司、汇商公司关于支付股份转让价款及逾期付款利息的诉请。

延伸阅读 协议适用方面的主要法律问题

在发生股权回购争议时，并非所有私募股权基金都会立即提起股权回购诉讼。相反，很多私募股权基金都会在发现股权回购触发条件成就后，依据原先所签投资法律文件的规定，通过协商等方式尝试要求股权回购方支付股权回购款，并在股权回购方支付能力有所欠缺时，通过另行签署股权回购/转让协议、还款协议或其他协议等新签协议的方式，对其投资退出权益进行进一步明确和保障。事实上，这种方式如果运用得当，可以起到良好效果，包括以新签协议取代原签协议，并借此避免更为复杂的股权回购法律关系的适用，从而为降低案件审理难度以及为提高投资争议解决处理速度打下基础。

需要指出的是，虽然新签协议有诸多便利，但新协议最终能否签署却会面临很多变数。首先，在预期投资目标无法实现时，通常意味着投融资各方之间的利益共同体开始瓦解，利益诉求的差异使得股权回购方未必会同意按私募股权基金的意愿再行新签协议。其次，即使需要新签协议，新签协议的文件基础也可能是各方之间争议的焦点，特别是在原先所签投资法律文件属于“阴阳合同”的情况下。在此情况下，由于提交政府机关备案或登记的“阳合同”往往只是为了“走过场”，是为了刻意满足或规避政府规管之用，甚至可能没有关于股权回购条款的相关约定，因此往往对股权回购方更为有利；而未提交政府机关备案或登记的“阴合同”则不仅会对投资条款进行详细约定，而且会对股权回购等投资退出条款进行详细约定，因此往往对私募股权基金更为有利。两权相较，便很容易理解股权回购方拒绝新签协议的原因，毕竟其股权回购责任不会因为新签协议而发生于己有利的根本性变化。如此一来，股权回购方是应依据“阳合同”还是“阴合同”来承担股权回购责任以及是否或如何承担股权回购责任，可能就只能由司法审判机关来判断了。

除前述外，由于“阳合同”是投融资各方在实践中据以办理各种政府机关审批或备案手续的依据，因此对于法院及其他协议外的第三方而言，“阳合同”通常具有更大的可信度，而这一点“阴合同”并不具备，因此会给应以“阴合同”作为裁判协议依据的主张带来巨大挑战。虽然前述“大庆市三环钻井工程有限公司与梦幻侏罗纪探险时代（北京）投资管理有限责任公司、大庆万年房地产开发有限公司及第三人大庆市大正建筑安装有限公司其他合同纠纷案”的终审裁判最终系依据“阴合同”做出，但其一审法院以“阳合同”作为裁判依据的事实也足以说明“阳合同”的杀伤力。当然，从该案二审判决来看，当事人也有机会通过协议方式来明确“阳合同”和“阴合同”之间的法律关系，从而尽量降低投资方的风险，即：在“阴合同”中明确书明两份合同之间的法律关系，比如“阳合同”仅供备案或登记之用，“阴合同”是各方之间真实意思表示，等等，但在具体书写方式以及如何匹配两份合同间的关系等方面，还需要根据具体交易性质和交易情况进行针对性研究和设计，以免因为违反法律规定[1]而导致所签“阴合同”的效力发生问题。

至于新签协议的具体内容，则需考虑 3 个方面的基本问题。首先，需要考虑尽量将新签协议作为一份独立的协议签署，而不是作为原先所签投资法律文件的组成部分签署，以便解决不同协议之间的冲突和适用问题。其次，新签协议应在内容上与原先所签投资法律文件保持一致或延续，特别是股权回购价款方面的内容，以免股权回购方因为内容出入较大而拒绝签署。再次，新签协议的内容还应以尽量简化投融资各方之间的法律关系为目标，从便利协议履行和执行的角度对协议内容及性质进行设定，根据情况将其书写为股权转让协议、股权回购协议、还款协议或其他协议，等等，具体亦需视原先所签投资法律文件的内容以及投融

---

1 比如《民法典》第 146 条：“行为人与相对人以虚假的意思表示实施的民事法律行为无效。以虚假的意思表示隐藏的民事法律行为的效力，依照有关法律规定处理。”《民法典》第 154 条：“行为人与相对人恶意串通，损害他人合法权益的民事法律行为无效。”

资各方之间的具体沟通而定。

第五节 公司清算

从法理上讲，股权回购应以目标公司及股权存在为前提。如目标公司及股权灭失，股权回购将无从谈起，而目标公司主体资格消灭及股权灭失却非股东所能完全掌控的事项。根据《公司法》第180条[1]和第182条[2]的规定，公司不仅可能被主管机关“吊销营业执照、责令关闭或者被撤销”而进入解散、清算和注销程序，而且可能在特定情况下被法院基于“持有公司全部股东表决权10%以上的股东”请求强制进入解散、清算和注销程序，公司股东所能参与或影响的公司解散事项仅限于“公司章程规定的营业期限届满或者公司章程规定的其他解散事由出现”“股东会或者股东大会决议解散”及“因公司合并或者分立需要解散”等几个有限领域。换言之，作为目标公司小股东，私募股权基金对目标公司及其所持目标公司股权的灭失影响力更小，而股权回购方则完全可能通过消灭目标公司和被回购股权的方式来规避股权回购责任。

参考案例 1-33

金控公司与任某某、武某强、武某富、武某宏、魏某某增资扩股协议纠纷案

终审裁判：江苏省高级人民法院一审并于2015年3月4日作出（2014）苏商初字第00029号民事判决书

---

1 《公司法》第180条：“公司因下列原因解散：（一）公司章程规定的营业期限届满或者公司章程规定的其他解散事由出现；（二）股东会或者股东大会决议解散；（三）因公司合并或者分立需要解散；（四）依法被吊销营业执照、责令关闭或者被撤销；（五）人民法院依照本法第一百八十二条的规定予以解散。”

2 《公司法》第182条：“公司经营管理发生严重困难，继续存续会使股东利益受到重大损失，通过其他途径不能解决的，持有公司全部股东表决权百分之十以上的股东，可以请求人民法院解散公司。”

主要问题：原股东可否以目标公司已进入破产重整程序导致回购履行不能为由而拒绝承担股份回购责任?

基本事实：2011 年 12 月 13 日，金控公司及其他投资方（甲方）、德勤公司、（乙方）任某某、武某强、武某富、武某宏、魏某某（合称“5 名原股东”）（丙方）签订《增资扩股协议》，约定：（1）德勤公司注册资本为 2 亿元，德勤公司向投资方发行 3,600 万股新股，新股每股面值 1 元，每股价格 11.53 元；金控公司认购 1,000 万股新股，合计认购款为 1.153 亿元，其中 1,000 万元计入注册资本，持德勤公司 4.237,29% 股份（10,000,000 股 ÷236,000,000 股 = 4.237,29%），剩余价款计入资本公积。（2）5 名原股东分别持有德勤公司 14.187,62% 股份，增资扩股后分别持有德勤公司 12.023，408% 股份。2011 年 12 月 13 日，金控公司（甲方）、德勤公司（乙方）、5 名原股东（丙方）签订《增资补充协议》，约定：（1）如德勤公司未能在 2012 年 12 月 31 日前实现在境内上市，金控公司有权要求实际控制人或其指定第三方回购金控公司所持全部或部分德勤公司股份。（2）回购价格应为下列较高者：①增资款 + 增资款 ×15%×《增资扩股协议》签订日到回购价款支付日天数 / 365- 回购价款支付日前金控公司已获现金红利 – 已补偿金额；②德勤公司届时净资产总额 × 投资方届时所持德勤公司股份比例 – 回购价款支付日前投资方已获现金红利 – 已补偿金额。（3）当出现德勤公司破产或清算等情况时，回购价格为下列较高者：①增资款 + 增资款 ×20%×《增资扩股协议》签订日到回购价款支付日天数 / 365- 回购价款支付日前金控公司已获现金红利；②德勤公司届时净资产总额 × 投资方届时所持德勤公司股份比例 – 回购价款支付日前投资方已获现金红利。后，德勤公司未在 2012 年 12 月 31 日前实现上市。2014 年 3 月 31 日，金控公司发函要求 5 名原股东依约回购金控公司所持德勤公司全部股份并支付股份回购款及相应利息，但 2014 年 6 月 20 日相关人民法院裁定受理德勤公司的重整申请，未果，诉至法院。

裁判要旨：金控公司作为投资方以每股 11.53 元的价格获得德勤公司股份，而德勤公司实际控制人、股东在增资前后均以每股 1 元的价格持有德勤公司股份。这些约定反映了投资方与融资方间融资契约的要件之一，即融资方的目的在于为公司经营展业争取资金，投资方则基于多种因素判断该公司未来可能达到的股权价值并进行投资以实现投资利益。在《增资补充协议》中，实际控制人也做出了业绩承诺并约定实际控制人在业绩未达到承诺标准时对投资方的补偿金额；各方还约定了投资方有权要求实际控制人回购股份的情形，包括德勤公司未能在2012年12月31日前实现上市、德勤公司破产或清算等。前述约定属于投资方行使估值调整权利的约定，以弥补投资方高估企业价值的损失，也是融资方，即实际控制人对投资方投资收益的一种担保，有利于促成融资，也有利于促使融资方、实际控制人积极经营，提升公司业绩，是各方当事人真实意思表示，不损害德勤公司及其其他股东、债权人的利益，不违反法律、行政法规的禁止性规定，合法有效。德勤公司未能在2012年12月31日前实现上市，投资方要求实际控制人回购股份的条件已经成就，5名原股东就股份回购这一约定所负有的合同义务即为支付约定的股份回购款。德勤公司进入破产重整程序并不影响金控公司主张5名原股东回购股份。在德勤公司破产清算或重整状态下，金控公司的投资利益不能以持有德勤公司股份或向他人转让股份实现，其依据《增资补充协议》主张5名原股东回购股份，既符合其签订《增资扩股协议》《增资补充协议》的合同目的，也不违反举轻以明重的法律原则。在公司进入破产重整，股权价值严重贬损的情形下，实际控制人更应满足金控公司作为投资方基于合同约定及其对目标公司发展趋势判断要求实际控制人回购股份的主张。根据《增资补充协议》，在德勤公司未按时上市以及破产或清算的情形下，金控公司均可主张5名原股东回购股份，后者较之前者回购价格更高，而重整属于公司具备破产原因时的一种情形，但金控公司选择以德勤公司未按时上市情形下的股份回购标准主张回购款，属于其对自己权利的处分，依法予以确认。综上，判决支持金控公司的诉请。

参考案例 1-34

文宝公司与天马公司清算小组损害公司利益责任纠纷案

终审法院：上海市第一中级人民法院与2002年8月20日二审并作出（2002）沪一中民三（商）终字第292号民事判决书

主要问题：公司股东行使"一票否决权"可否阻止公司在法定情形下成立清算组？

基本事实：天马公司是由川崎公司、上影集团及文宝公司共同组建，其章程规定：（1）川崎公司出资560万元，文宝公司出资240万元、上影集团出资200万元；（2）公司董事长由川崎公司委派，总经理由董事会聘请；董事会负责召集股东会，聘任或解聘总经理；（3）总经理对董事会负责，主持公司经营管理；（4）股东会所议事项须经全体股东一致通过。1996年4月，经股东会及董事会决议，选举川崎公司负责人为天马公司法定代表人、董事长，聘任文宝公司负责人吴某某为总经理，聘期3年。同年5月，天马公司经核准领取企业法人营业执照，营业期限自1996年5月21日至2001年5月21日。吴某某在负责经营期间，设立公司银行账户，保管公司公章、执照等证照，并负责聘用财务人员做账。1998年12月23日，天马公司董事长发函通知文宝公司召开董事会，主要内容为由吴某某述职。文宝公司收函后，明确表示"不予支持"。1999年1月6日，天马公司相关董事提出解除吴某某总经理职务的动议。当日，天马公司在文宝公司董事缺席的情况下召开董事会，以2/3多数通过决议："解除吴某某总经理职务，由董事长代理行使总经理职权；冻结天马公司原账户；对原财务、账务及业务进行审计，移交文档并接手天马公司；原公章、合同章、财务章、银行印鉴登报宣布作废；重新启用新的公章、合同章、财务章及银行印鉴。"当月15日，天马公司以董事会名义在相关媒体上将董事会决议有关内容公告。文宝公司及吴某某对董事会决议及公告不予理睬，并将经营场所及有关财务账册移至他处，继续以天马公司名义对外经营，且未将有关公司经营情况及诉讼情况告知董事会。1999年、2000年吴某某未经公司董事长同意向公司登记机关申报年检并获通过。2000年6月，上影集团向川崎公司发函，希望妥善处理天马公司善后事宜。天马公司董事会亦向公司登记机关反映情况，请求处理，未果。2001年9月14日，因在申报年检中弄虚作假，天马公司被公司登记机关吊销企业法人营业执照。2001年12月25日，天马公司召开股东会讨论成立清算组，文宝公司反对成立清算组，川崎公司、上影集团均表示同意成立清算组，并于此后形成了清算决议。

裁判要旨：根据《公司法》规定，公司经营期届满后，可以解散公司，并应在15

日内成立清算组。本案中，天马公司的经营期限已经届满，各方股东均没有继续合作的意思表示，且公司登记机关已吊销天马公司营业执照，故各股东均有义务立即成立清算组对公司债权债务等财产进行清理。天马公司现已召开成立清算组的股东会，三方股东均参加了该会议，川崎公司、上影集团（出资合计达76%）均表示同意成立清算组，并将两方盖章确认的清算决议送交了股东文宝公司。尽管文宝公司依公司章程在该股东会上行使了“一票否决权”反对成立清算组，但其行使该“一票否决权”与《公司法》关于应当成立清算组的法定义务有悖，其以此阻碍天马公司股东会依法形成成立清算组的决议，于法无据。吴某某基于天马公司总经理职务掌管天马公司的印章、财务资料等财产，但天马公司现已依法成立清算组，吴某某应已丧失继续掌管上述财产的依据，应当返还上述公司财产。

延伸阅读 目标公司解散和清算给股权回购带来的主要法律问题

目标公司解散或清算永远都是私募股权基金最不愿意看到的现象，因为这种现象一旦发生通常即意味着投资彻底失败，不仅其所持目标公司股权严重贬值，投资收益无法通过继续持有或向第三方转让股权来实现，而且其对目标公司的影响力还会进一步降低，因为公司解散和清算需遵循特定法定程序，绝非股东个人所能掌控。在此情况下，如果私募股权基金无法行使股权回购权，那么所面临的境地或许只有一种，即：坐等目标公司被清算完毕并被注销，导致公司法人人格和股权灭失，最终彻底丧失股权回购权及其他保障性权益，寄希望于取得尽可能多一点点的剩余财产。为避免这种现象发生，私募股权基金在投资实践中通常都会将目标公司进入解散、清算或注销程序作为股权回购的一个触发条件，以免在目标公司进入解散、清算或注销程序后只能坐等股权回购权彻底消失。问题是，如果私募股权基金就目标公司解散或清算事件拥有股权回购权，那么在目标公司进入解散或清算程序之后及完成注销程序之前，私募股权基金在法律上能否行使以及如何行使股权回购权呢？

根据《民法典》第72条[1]《破产法》第121条[2]及最高人民法院经济审判庭《关于人民法院不宜以一方当事人公司营业执照被吊销，已丧失民事诉讼主体资格为由，裁定驳回起诉问题的复函》(法经〔2000〕23号函)[3]的规定，公司主体资格在被注销之前一直存续，股东所持公司股权也不会因为公司进入解散或清算程序而灭失，而且在公司破产重整及破产清算程序期间，申请破产的公司的主体资格亦不会消失，因此在目标公司完成注销程序之前，私募股权基金向股权回购方主张股权回购责任的权利基础应会一直存在。然而，拥有权利基础并不代表权利一定可以实际行使。在司法实践中，股权回购主要由两部分构成，即（1）股权回购方支付回购价款，（2）向股权回购方交付股权。其中，前者属于金钱之债，在目标公司主体资格灭失之前不存在无法履行的情形，后者则可能因为公司主体资格灭失而导致法律上和事实上的不能履行[4]或者无法完成，甚至演变成为新的争议焦点。尽管本书认为股权转让应在对合同当事人的效力、对公司的效力、对第三人的效力三个层面上加以讨论，且股权转让不能进行公司变更登记只能产生无法对

1 《民法典》第72条："清算期间法人存续，但是不得从事与清算无关的活动。法人清算后的剩余财产，按照法人章程的规定或者法人权力机构的决议处理。法律另有规定的，依照其规定。清算结束并完成法人注销登记时，法人终止；依法不需要办理法人登记的，清算结束时，法人终止。"

2 《破产法》第121条："管理人应当自破产程序终结之日起十日内，持人民法院终结破产程序的裁定，向破产人的原登记机关办理注销登记。"

3 最高人民法院经济审判庭《关于人民法院不宜以一方当事人公司营业执照被吊销，已丧失民事诉讼主体资格为由，裁定驳回起诉问题的复函》(法经[2000]23号函)："……根据《民法通则》第四十条、第四十六条和《企业法人登记管理条例》第三十三条的规定，企业法人营业执照被吊销后，应当由其开办单位（包括股东）或者企业组织清算组依法进行清算，停止清算范围外的活动。清算期间，企业民事诉讼主体资格依然存在。……"

4 《合同法》第110条："当事人一方不履行非金钱债务或者履行非金钱债务不符合约定的，对方可以要求履行，但有下列情形之一的除外：（一）法律上或者事实上不能履行；（二）债务的标的不适于强制履行或者履行费用过高；（三）债权人在合理期限内未要求履行。"该规定被《民法典》适当修订后作为其第580条第1款，同时《民法典》第580条增加第2款内容，即"当事人一方不履行非金钱债务或者履行非金钱债务不符合约定的，对方可以请求履行，但是有下列情形之一的除外：（一）法律上或者事实上不能履行；（二）债务的标的不适于强制履行或者履行费用过高；（三）债权人在合理期限内未请求履行。有前款规定的除外情形之一，致使不能实现合同目的的，人民法院或者仲裁机构可以根据当事人的请求终止合同权利义务关系，但是不影响违约责任的承担。"

抗善意第三人的效果，并不应成为当事人之间不能履行的理由，但毕竟学界和实务界在此领域仍然存有争议，法律风险不可谓不存在。

对私募股权基金而言，目标公司进入解散或清算程序并不必然影响其股权回购权，虽然可起到一定安慰作用，但为防范前述风险且为保护自身权益计，私募股权基金不仅需要考虑是否将目标公司进入解散或清算程序作为股权回购的触发条件，以及是否对目标公司解散或清算享有“一票否决权”，而且还需要考虑股权回购涉及的相关程序性问题，比如：在股权回购触发条件成就时是否不将完成股权转让登记或签署新股权转让协议作为支付回购价款的前提，或者在投资法律文件中是否要求将股权回购所致的公司变更登记置于收到回购款后进行，或者在目标公司主体资格灭失的情况下是否保留要求原股东赔偿相关损失的权利，等等。

第二章

CHAPTER 02

补偿条款

在对赌指标未达标时，私募股权基金除了会考虑首选适用投资退出条款外，有时也会根据情况选择适用补偿条款，要求目标公司及/或其原股东等相关方向其进行股权或现金补偿。与股权回购条款相比，补偿条款不属于投资退出，而是为了使私募股权基金能够适时收回相关投资款本金甚至收益，并为未来投资退出做好准备，而这一功能又使补偿条款在补偿主体、补偿成本、触发条件等内容上与股权回购条款具有了很多类似之处，包括法律适用上的类同，有些补偿案例所援引的法律规定甚至与股权回购案例所援引的法律规定完全一样，因此本部分内容不再就补偿条款涉及的补偿主体、补偿成本、触发条件等事项逐一进行案例考察。

第一节 现金补偿

对私募股权基金而言，现金补偿应比股权补偿更符合其诉求，毕竟私募股权基金是财务投资者，投资的终极目标不是持续持有目标公司股权，而是通过股权投资取得变现收入并在其投资人之间进行分配。以补偿主体为标准，现金补偿在实践中主要分为原股东现金补偿和目标公司现金补偿两种。原股东现金补偿类似于原股东股权回购，二者都发生在股东之间且都需要原股东支付价款，只是前者并不涉及股权交割事宜。目标公司现金补偿类似于目标公司股权回购，都涉及资本维持以及公司小股东和债权人权益保护等法律问题，只是前者涉及的主要是公司利润分配问题，后者涉及的主要是公司减资和股权注销问题。因此，在具体法律适用上，现金补偿与股权回购仍有很多地方需要特别注意区别。

优选案例 2-1

世恒公司、迪亚公司与海富公司、陆某增资纠纷案

阅读提示

诉讼背景：海富公司作为目标公司世恒公司（曾用名众星锌业公司）的投资者股东，认为目标公司净利润指标未达标，现金补偿条款已被触发，要求目标公司及其原股东香港公司迪亚公司和法定代表人陆某向其支付协议补偿款 19,982,095 元。未果，诉至法院。

裁判索引：甘肃省兰州市中级人民法院一审并作出（2010）兰法民三初字第 71 号民事判决书（以下简称“一审判决”）；甘肃省高级人民法院二审并作出（2011）甘民二终字第 96 号民事判决书（以下简称“二审判决”）；最高人民法院再审并于 2012 年 11 月 7 日作出（2012）民提字第 11 号民事判决书（以下简称“再审判决”）。

主要问题：（1）《增资协议书》第 7 条第 2 项内容是否具有法律效力？（2）如《增资协议书》第 7 条第 2 项有效，世恒公司、迪亚公司、陆某应否承担补偿责任？

一审程序

事实认定：

一审法院查明事实如下：

(1) 目标公司注册资本为 384 万美元，迪亚公司占投资 100%。2007 年 11 月 1 日前，目标公司、海富公司、迪亚公司、陆某共同签订《增资协议书》，约定：

各方同意海富公司对目标公司现金增资 2,000 万元人民币，占目标公司增资后注册资本 3.85%，迪亚公司占 96.15%。

迪亚公司与海富公司签订合营企业合同及修订公司章程，并于合营企业合同及修订后的章程被批准之日起 10 日内一次性将认缴增资款汇入目标公司指定账户。合营企业合同及修订后的章程，在报经商务主管部门批准后生效。

海富公司在履行出资义务时，陆某承诺于 2007 年 12 月 31 日之前将四川省峨边县五渡牛岗铅锌矿过户至目标公司名下。

本协议签订后，目标公司应尽快成立“公司改制上市工作小组”，着手筹备安

排公司改制上市前期准备工作，工作小组成员由股东代表和主要经营管理人员组成。各方应在条件具备时将公司改组成规范的股份有限公司，并争取在境内上市(第7条特别约定第1项)。

目标公司2008年净利润不低于3,000万元人民币。如目标公司2008年实际净利润完不成3,000万元，海富公司有权要求目标公司予以补偿，如目标公司未能履行补偿义务，海富公司有权要求迪亚公司履行补偿义务。补偿金额＝（1－2008年实际净利润／3,000万元）×本次投资金额（第7条特别约定第2项)。

如至2010年10月20日，由于目标公司原因造成无法完成上市，则海富公司有权在任一时刻要求迪亚公司回购届时海富公司所持目标公司全部股权，迪亚公司应按以下约定回购金额向海富公司一次性支付全部价款。若自2008年1月1日起，目标公司净资产年化收益率超过10%，则迪亚公司回购金额为海富公司所持目标公司股份对应的所有者权益账面价值；若自2008年1月1日起，目标公司净资产年化收益率低于10%，则迪亚公司回购金额为（海富公司原始投资金额－补偿金额）×（1+10%×投资天数／360）(第7条特别约定第4项)。

本协议自各方授权代表签字并加盖公章，于协议文首签署日期生效。协议未作规定或约定不详的，参照经修改后的目标公司章程及股东间的投资合同（若有）办理。

(2) 2007年11月1日，海富公司、迪亚公司签订《合资合同》，约定：

目标公司注册资本增加至399.38万美元，海富公司决定受让部分股权，将目标公司由外资企业变更为中外合资经营企业。各方以各自认缴的合资公司注册资本出资额或提供的合资条件为限对合资公司承担责任。海富公司出资15.38万美元，占注册资本3.85%；迪亚公司出资384万美元，占注册资本96.15%。

海富公司应于本合同生效后10日内一次性向合资公司缴付人民币2,000万元，超过其认缴注册资本的部分，计入合资公司资本公积金。

合资公司依法缴纳所得税和提取各项基金后的利润，按合资方持股比例分配。合资公司上一个会计年度亏损未弥补前不得分配利润。上一个会计年度未分配利润可并入本会计年度利润分配（第68、第69条关于利润分配部分的约定)。

合资公司完成变更后，应尽快成立“公司改制上市工作小组”，着手筹备安排公司改制上市的前期准备工作，工作小组成员由股东代表和主要经营管理人员组成。合资公司应在条件具备时改组成为股份有限公司，并争取在境内上市。如至2010年10月20日，由于合资公司自身原因造成无法完成上市，则海富公司有权在任一时刻要求迪亚公司回购届时海富公司所持合资公司全部股权。

本合同于审批机关批准之日起生效。本合同取代双方就上述交易事宜做出的任何口头或书面的协议、合同、陈述和谅解（第97条）。

(3) 目标公司的《公司章程》第62条、63条与《合资合同》第68条、69条内容相同。

(4) 2007年11月2日，海富公司向目标公司银行账户缴存人民币2,000万元，其中新增注册资本114.771，7万元，资本公积金1,885.228，3万元。

(5) 2008年2月29日，商务主管机关批复同意增资及股权变更，并批准“投资双方于2007年11月1日签订的增资协议、合资企业合营合同和章程从即日起生效”。

(6) 2009年6月，目标公司依据该批复办理了相应工商变更登记。

(7) 根据工商年检报告登记，目标公司2008年生产经营利润总额为26,858.13元，净利润为26,858.13元。

法院观点：

一审法院认为，本案争议焦点为：(1)《增资协议书》第7条第2项内容是否具有法律效力；(2) 世恒公司、迪亚公司、陆某应否承担补偿责任。

对争议焦点，一审法院认为：

(1)《增资协议书》系双方真实意思表示，但第7条第2项关于目标公司2008年实际净利润完不成3,000万元，海富公司有权要求世恒公司补偿的约定，不符合《中华人民共和国中外合资经营企业法》(2001修正)（以下简称《中外合资经营企业法》）第8条[1]关于企业利润应根据合营各方注册资本比例进行分配的规定，不符合《公司法》第20条第1款的规定，亦与《公司章程》有关条款不一致，损

1 《中外合资经营企业法》(2001修正) 第8条：“合营企业获得的毛利润，按中华人民共和国税法规定缴纳合营企业所得税后，扣除合营企业章程规定的储备基金、职工奖励及福利基金、企业发展基金，净利润根据合营各方注册资本的比例进行分配。合营企业依照国家有关税收的法律和行政法规的规定，可以享受减税、免税的优惠待遇。外国合营者将分得的净利润用于在中国境内再投资时，可申请退还已缴纳的部分所得税。”

害公司利益及公司债权人的利益。根据《合同法》第 52 条第 5 项[1]，该约定应因违反了法律、行政法规的强制性规定而无效，不能支持海富公司要求目标公司承担补偿责任的诉请。

（2）《增资协议书》第 7 条第 2 项内容与《合资合同》中相关约定不一致，依据《中华人民共和国中外合资经营企业法实施条例》（2001 修正）（以下简称《中外合资经营企业法实施条例》）第 10 条第 2 款[2]，应以《合资合同》内容为准，不能支持海富公司要求迪亚公司承担补偿责任的主张。

（3）陆某虽是目标公司法定代表人，但其在目标公司的行为代表的是公司，且《增资协议书》第 7 条第 2 项内容中没有关于由陆某个人承担补偿义务的约定。至于陆某未按承诺在 2007 年 12 月 31 日前将四川省峨边县五渡牛岗铅锌矿过户至目标公司名下，涉及对目标公司及其股东违约，不构成陆某在本案承担补偿责任的理由。

法院裁判

综上，一审法院判决：驳回海富公司的全部诉请。

二审程序

上诉请求：

海富公司不服一审判决，上诉请求撤销一审判决，支持其诉请。

事实认定：

二审法院认可一审法院查明的事实。

法院观点：

二审法院认为上诉争议焦点为：《增资协议书》第 7 条第 2 项是否具有法律效力。

对争议焦点，二审法院认为：

（1）纵观《增资协议书》全部内容，海富公司支付 2,000 万元并非仅为享有

1 关于《民法典》对《合同法》（包括第 52 条）的具体承继内容和方式，请参考本书其他相关内容。

2 《中外合资经营企业法实施条例》（2001 修订）第 10 条第 2 款："合营企业协议与合营企业合同有抵触时，以合营企业合同为准。"

目标公司3.85%的股权（计15.38万美元，折合人民币114.771万元），期望目标公司成功上市后获取增值股权价值才是其缔结协议并出资的核心目的。基于上述目的，海富公司等当事人在《增资协议书》第7条第2项就业绩目标进行了约定，即“目标公司2008年净利润不低于3,000万元，海富公司有权要求目标公司予以补偿，如世恒公司未能履行补偿义务，海富公司有权要求迪亚公司履行补偿义务。补偿金额＝（1−2008年实际净利润／3,000万元）×本次投资金额”。当事人就目标公司2008年净利润不低于3,000万元人民币的约定，仅是对目标公司盈利能力提出要求，并未涉及具体分配事宜；且约定利润如实现，目标公司及其股东均能依据《公司法》《合资合同》《公司章程》等相关规定获得各自收益，也有助于债权人利益实现，并不违反法律规定。

（2）关于目标公司2008年实际净利润完不成3,000万元，海富公司有权要求目标公司及迪亚公司以一定方式予以补偿的约定，违反了投资领域风险共担的原则，使海富公司作为投资者不论目标公司经营业绩如何，均能取得约定收益而不承担任何风险。参照最高法院《关于联营合同纠纷案件的解答》第4条第2项第1句关于“企业法人、事业法人作为联营一方向联营体投资，但不参加共同经营，也不承担联营的风险责任，不论盈亏均按期收回本息，或者按期收取固定利润的，是明为联营，实为借贷，违反了有关金融法规，应当确认合同无效”之规定，《增资协议书》第7条第2项部分的约定因违反《合同法》第52条第5项之规定应认定无效。

（3）海富公司除已计入目标公司注册资本的114.771万元外，其余1,885.228，3万元资金性质应属名为投资，实为借贷。虽目标公司与迪亚公司的补偿承诺归于无效，但海富公司系基于对其承诺的合理依赖而缔约，故目标公司、迪亚公司对无效的法律后果应负主要过错责任。根据《合同法》第58条之规定，目标公司与迪亚公司应共同返还海富公司1,885.2283万元及占用期间的利息，因海富公司对无效的法律后果亦有一定过错，如按同期银行贷款利率支付利息不能体现其应承担的过错责任，故世恒公司与迪亚公司应按同期银行定期存款利率计付利息。

（4）对目标公司、迪亚公司关于《增资协议书》已被《合资合同》所取代以及《增资协议书》第7条第2项对各方已不具有法律约束力的主张，不予支持，因为《增资协议书》与《合资合同》缔约主体不同，各自约定的权利义务也不一致，而且主管商务机关批复认为"投资双方2001年11月1日签订的增资协议、合资企业合营合同和章程从即日起生效"。

(5) 陆某个人未就《增资协议书》第7条第2项所涉补偿问题向海富公司做出承诺，且其是否于2007年12月31日前将四川省峨边县五渡牛岗铅锌矿过户至目标公司名下与本案不属同一法律关系，故不支持海富公司要求陆某承担补偿责任的诉请。

法院裁判

综上，二审法院判决：撤销一审判决；目标公司、迪亚公司共同返还海富公司1,885.228,3万元及利息（按人民银行同期银行定期存款利率自2007年11月3日起计算至付清之日）。

再审程序

再审请求：

目标公司、迪亚公司不服二审判决，再审请求撤销二审判决，维持一审判决，理由如下：

（1）海富公司的诉讼请求是要求目标公司、迪亚公司和陆某支付利润补偿款19,982,095元，没有请求返还计入资本公积金的18,852,283元及利息。二审判决判令目标公司、迪亚公司共同返还18,852,283元及利息超出了海富公司的诉请，程序违法。另，18,852,283元及利息已超过2,200万元，显超诉讼标的。

（2）二审判决将海富公司缴付并计入资本公积金的18,852,283元认定为"名为投资实为借贷"，没有证据证明，也违反法律规定。

（3）海富公司与迪亚公司、目标公司之间不存在联营关系。二审判决参照最高法院《关于联营合同纠纷案件的解答》，适用法律错误。

（4）《合资合同》第97条约定：该合同取代双方就上述交易事宜做出的任何口头或书面的协议、合同、陈述和谅解。所以《增资协议书》已不具有约束力。迪亚公司未依《增资协议书》第7条第2项或《合资合同》取得任何款项，判令迪亚公司承担共同返还本息的责任，没有事实根据。

对世恒公司、迪亚公司的再审请求，海富公司答辩认为：

（1）《增资协议书》是当事人为达到上市目的而签订的融资及股份制改造一揽子协议书，非《合资合同》能容纳。

（2）二审法院判令目标公司和迪亚公司返还的是股本金外的有特别用途的溢价款，不涉及抽逃出资问题。

（3）陆某在《增资协议书》中只代表其个人，是合同当事人的个人行为，因其违反《增资协议书》的约定应承担补偿责任。

事实认定：

再审法院查明的事实与原审法院查明的事实一致。

法院观点：

（1）海富公司向一审法院提起的诉讼请求是请求判令目标公司、迪亚公司、陆某向其支付协议补偿款19,982,095元并承担其他费用，没有请求返还投资款。二审判决判令目标公司、迪亚公司共同返还投资款及利息超出了海富公司的诉请，是错误的。

（2）《增资协议书》约定：如目标公司实际净利润低于3,000万元，海富公司有权从目标公司处获得补偿，并约定了计算公式。该约定使海富公司的投资可取得相对固定收益，脱离了目标公司的经营业绩，损害了公司利益和公司债权人利益，原审法院根据《公司法》第20条和《中外合资经营企业法》第8条的规定而认定《增资协议书》该条款无效正确。但二审法院认定海富公司18,852,283元投资是名为联营实为借贷，并判决目标公司和迪亚公司返还该笔投资款，没有法律依据，予以纠正。

（3）在《增资协议书》中，迪亚公司对海富公司的补偿承诺并不损害公司及公司债权人利益，不违反法律法规的禁止性规定，是当事人真实意思表示，应属有效。迪亚公司对海富公司承诺了目标公司2008年的净利润目标，并约定了补偿金额的计算方法。在目标公司2008年利润未达到约定目标的情况下，迪亚公司应依约应海富公司的请求对其进行补偿。迪亚公司对海富公司请求的补偿金额及计算方法没有提出异议，予以确认。

（4）《增资协议书》中没有关于陆某对海富公司进行补偿的约定，海富公司请求陆某进行补偿，没有合同依据。

法院裁判

综上，再审法院判决：一、撤销二审判决；二、迪亚公司应向海富公司支付协议补偿款 19,982,095 元；三、驳回海富公司的其他诉请。

案例启示

本案是关于现金补偿的典型案例，不仅分别深入探讨了与目标公司现金补偿和与原股东现金补偿相关的法律问题，而且还对私募股权投资是否属于“联营”以及被计入目标公司资本公积的款项的性质进行了探讨。此外，在本案终审判决公布后，本案相关裁判观点还长期被学界和实务界广泛关注和引用，无论是从司法实践的角度，还是从社会影响力的角度，本案都可称为私募股权投资对赌第一案，尽管本案中相关裁判观点在后续案例审判中正在被慢慢修订、补充和完善。

对私募股权基金而言，本案最为重要的意义莫过于能够使其确立一项基本法律意识，即：与目标公司对赌的法律风险更大，无论是由目标公司回购私募股权基金股东所持的目标公司股权，还是由目标公司对私募股权基金股东实施现金补偿；与原股东对赌的风险更小，无论是由原股东回购私募股权基金所持的目标公司股权，还是由原股东对私募股权基金实施现金补偿，因为股东之间的这种安排至少不会因为涉嫌违反公司资本维持原则以及《公司法》关于公司股东和债权人权益保护等方面的规定而被回购方或补偿方所质疑和挑战。从某种程度上讲，本案对私募股权基金投资法律意识方面的影响甚至可能远远超过了本案在法律知识和经验传播方面的影响。

除前述外，本案还有一大特征，即：本案各方不仅签署了股权投资所需的《增资协议书》《合资合同》及《公司章程》等投资法律文件，而且也取得了商务主管机关的批准并完成了公司变更登记，履行了必备的法律程序，法律关系本应是清晰而明确的，投资争议本应能够得到较快速度的解决。然而，本案却历时数年，历经了“三审”方才定论，而且三审法院观点之间还存在出入。那么，究竟为什么会发生这种情形呢？原因或许如下：

其一，在本案发生之前，业界对“对赌”这一“舶来品”的法律属性没有足够重视，对投资法律文件的撰写，照抄照搬者居多，根据投资项目具体特征及中国法律规定进行针对性设计者居少，因此忽略了“对赌”在中国的法律本土化问题，而事实上，公司资本维持原则一直是中国公司法的基本原则，《公司法》关于公司小股东和债权人权益保护等方面的规定也一直存在，并不是本案发生后才有。

其二，股权投资活动是一项复杂的聚合行为，无法通过签署单一交易法律文件来完成，而且所需签署的投资法律文件通常都是由多份文件构成，且各文件在功能、种类和内容上又有不同，特别需要注意其间的内容匹配关系以及效力和适用关系。比如，《增资协议书》中规定了案涉现金补偿条款，随后签订的《合资合同》且对此没有规定，且该《合资合同》又对文件间的效力和适用关系进行了约定，即“该合同取代双方就上述交易事宜做出的任何口头或书面的协议、合同、陈述和谅解”，而这种约定是一种常用写法，显然没有根据交易具体情况进行针对性处理。这最后恰恰反成了目标公司和迪亚公司对抗海富公司诉请的一个依据。虽然目标公司和迪亚公司未获法院支持，但这些协议在内容上的问题以及和协议间的匹配问题或许也是导致本案最终走向法庭的一个原因。

前述问题同时也可以说明：在从事股权投资业务时，私募股权基金不仅需要具有敏锐的商业风险意识，而且需要具有良好的法律风险意识，并根据项目具体交易情况对所涉相关法律问题进行充分论证，做好所需签署投资法律文件的撰写工作，绝不可按照范本照抄照搬或生搬硬套。此外，还需特别注意各法律文件在逻辑和内容上的关联性和匹配性，以尽量避免因为约定不清或约定冲突而产生争议，甚至不得不最终走向法庭。

优选案例 2-2

李某、刘某某、博杰合伙企业、博萌合伙企业与赵某某合同纠纷案

阅读提示

诉讼背景：赵某某作为蓝标公司实际控制人，对目标公司博杰广告公司原股东李某、刘某某、博杰合伙企业、博萌合伙企业（合称“李某一方”）未达业绩承诺指标所产生的蓝标公司股份和奖励损失出具单方差额补足《承诺函》。后李某一方被诉至法院，请求确认《承诺函》合法有效，并判令赵某某向李某一方支付 3 亿元及按银行同期贷款利率支付从 2016 年 7 月 1 日起的逾期付款利息。

裁判索引：北京市高级人民法院一审并作出（2016）京民初53号民事判决书（以下简称“一审判决”）；最高人民法院二审并于2018年6月29日作出（2018）最高法民终127号民事判决书（以下简称“二审判决”）；最高人民法院再审并于2018年12月28日作出（2018）最高法民申5890号民事裁定书（以下简称“再审裁定”）。

主要问题：（1）《承诺函》的性质与效力如何？（2）赵某某应付款项的数额如何确定；（3）应付款项的利率标准如何确定？

一审程序

事实认定：

一审法院查明事实如下：

（1）2013年4月10日，蓝标公司与李某一方签订《以现金及发行股份购买资产协议书》（以下简称《购买资产协议书》），约定：①蓝标公司拟收购李某一方所持目标公司博杰广告89%股权；②若博杰广告2013年、2014年、2015年实际利润合计超过93,366万元，则交易价格调整为现作价1.25倍，即20.025亿元；③如博杰广告在2013年、2014年、2015年、2016年实际利润低于承诺，对价调整及利润补偿具体安排由各方另行签署盈利预测补偿协议书约定。

（2）2013年4月10日，蓝标公司与李某一方签订《现金及发行股份购买资产之盈利预测补偿协议书》（以下简称《预测补偿协议书》），约定：①如博杰广告2013年、2014年、2015年任一年实际利润增长率为负（以1.8亿元作为博杰广告2012年净利润基数），应立即启动减值测试，并根据减值测试结果调整交易价格；②蓝标公司应聘请会计师事务所对拟购买资产进行减值测试，并在博杰广告前一年专项审计报告出具后30个工作日内出具减值测试结果，蓝标公司应在每一会计年度审计报告、减值测试报告出具后30个工作日内召开董事会，确定以1元总价回购并注销或无偿划转补偿义务人当年应补偿的股份数量，并以书面方式通知补偿义务人。

（3）2014年，蓝标公司作为甲方与李某一方签订《关于提前支付调增价款的补充协议》（以下简称《调价协议》），约定：

鉴于：根据《购买资产协议书》5.2条，在博杰广告2013年、2014年、2015

年任何一年截至当期期末累计实际利润均不低于转让方承诺利润时，各方同意按照协议约定调整本次交易拟购买资产价格，结算时间在博杰广告 2015 年审计报告出具后。购买资产价格调整增加的金额（以下简称“调增价款”），甲方将在博杰广告 2015 年审计报告出具后 60 个工作日内现金支付给转让方。

第 2 条：从预支款项扣除 1,500 万元团队奖励后，蓝标公司实际应向李某一方支付的调增价款为 1 亿元。

第 3 条：转让方同意从调增价款中拿出税前 6,000 万元奖励博杰广告业务团队，由甲方直接分配给博杰业务团队。前述 1,500 万元包括在该 6,000 万元中。

本案审理期间，蓝标公司与李某一方均认可前述 1 亿元款项已支付。

（4）2014 年 7 月 25 日，李某向蓝标公司董事会提交函件，认为对第三届董事会第十二次会议各项议案均无法发表意见，将投反对票并请求辞去蓝标公司董事职务。此后，博杰广告股东会决议免去李某经理职务及法定代表人身份，蓝标公司在股东位置加盖公章，博杰广告在该决议上加盖公章。此后，博杰广告修改公司章程，变更其法定代表人及董事会成员，免除李某的博杰广告董事职务。

（5）2014 年 11 月 16 日，赵某某向李某一方出具《承诺函》，承诺：①如博杰广告实际经营业绩未能完成《购买资产协议书》5.2.1 条约定的业绩承诺，导致李某及其他转让方未能获得 4 亿元奖励，本人承诺将差额补足并支付给李某及其他转让方，确保李某及其他转让方获得第 5.2.1 条项下所有利益，包括李某及其他转让方根据《购买资产协议书》得到的所有股份及 4 亿元奖励。法律法规规定蓝标公司有代扣代缴义务的，蓝标公司予以代扣代缴。②如李某及其他转让方因未能达到《购买资产协议书》约定的业绩承诺标准而导致李某及其他转让方所持蓝标公司股份被注销或承担现金补偿义务，本人将对李某及其他转让方的前述损失承担赔偿责任。③所有承诺的补偿应在 2016 年 6 月 30 日之前履行。该《承诺函》已办理公证。

（6）2016 年 4 月 13 日，蓝标公司出具相关公告，写明：博杰广告完成了 2013 年、2014 年业绩承诺，未能完成 2015 年业绩承诺。

一审法院另查明，2016 年 6 月 2 日，蓝标公司以李某、博杰合伙企业、博萌合伙企业为被申请人，向贸仲委申请仲裁。另，李某、博萌合伙企业等也分别就蓝标公司作出的相关股东大会决议、董事会决议提起了相应诉讼。

法院观点：

(1)《承诺函》系赵某某真实意思表示，未违反法律、行政法规的强制性规定，应为有效。按《承诺函》承诺，只要博杰广告未能完成《购买资产协议书》项下业绩承诺，导致李某一方未能获得4亿元奖励，赵某某就负有差额补足义务，确保李某一方获得根据《购买资产协议书》项下应得的所有股份及4亿元奖励。因博杰广告未完成约定业绩承诺，赵某某应据《承诺函》向李某一方支付4亿元。李某一方认可扣减已收的1亿元，仅对剩余的3亿元提起诉讼，应予支持。

(2) 双方基于《承诺函》形成的并非借贷法律关系，对赵某某未付款项应按银行同期存款利率计付从2016年7月1日起的利息。

(3) 赵某某主张：李某一方应从调增价款中拿出6,000万元奖励博杰广告的业务团队，该笔款项应从应付款项中予以扣减。法院认为：《调价协议》是有关李某一方奖励博杰广告团队的约定，而《承诺函》约定的是赵某某对李某一方的补偿，二者主体不同，给付条件不同，并非同一法律关系，不应支持赵某某有关扣减该笔款项扣除的主张。赵某某还以李某一方与蓝标公司之间存在其他纠纷，且其承担的并非连带责任为由，主张本案应中止审理。鉴于赵某某所列相关案件的当事人与本案当事人不同，所涉事项亦与本案不同，不应中止审理。

法院裁判

综上，一审法院判决：一、赵某某于2014年11月16日出具的《承诺函》有效；二、赵某某应向李某一方支付3亿元；三、赵某某以3亿元为本金按银行同期存款利率向李某一方支付自2016年7月1日起至付清之日止的利息；四、驳回李某一方的其他诉请。

二审程序

上诉请求：

赵某某不服一审判决，上诉请求撤销一审判决，驳回李某一方的全部诉请，理由如下：

(1) 二审程序中，赵某某与李某一方签订了《和解协议书》，约定：赵某某只需向李某一方支付 1 亿元，并在满足以下条件时无需再履行《承诺函》项下剩余 2 亿元债务，即：由赵某某替李某、博杰合伙企业、博萌合伙企业履行贸仲委（2017）中国贸仲京裁字第 1507 号仲裁裁决（以下简称“1507 号仲裁裁决”）确定的所有义务，同时敦促蓝标公司办理李某一方所持该公司 117,211,662 股股份的解除限售手续以及 1507 号仲裁案件中对李某一方的财产保全措施解除。赵某某已履行大部分义务，应依据《和解协议书》来重新确定各自权利义务关系。

（2）《承诺函》是蓝标公司对李某一方所负债务的一般保证，在 1507 号仲裁裁决已认定蓝标公司对李某一方不负债务，即主债务并未实际发生的前提下，赵某某作为担保人，无需承担担保责任，一审判决赵某某依据《承诺函》向李某一方支付 3 亿元及利息，缺乏事实依据。

（3）退一步说，即使赵某某应向李某一方承担差额补足责任，也应扣除应给付博杰广告业务团队的 6,000 万元奖励款、李某向蓝标公司承诺给付的 1,400 万元以及应由蓝标公司代扣代缴的 20% 个人所得税，一审判决未扣除前述款项，判令赵某某向李某一方支付 3 亿元本金及利息，适用法律错误。另，赵某某依《和解协议书》向李某一方支付的 4,500 万也应从本案应付款项中予以扣除。

（4）《承诺函》没有约定利息，一审判决判令赵某某支付利息缺乏依据。

对赵某某的上诉请求，李某一方答辩认为应当予以驳回，理由如下：

（1）《和解协议书》未经法院确认，且因赵某某未依约履行协议，李某一方已依法解除，不再具有法律约束力；《承诺函》系赵某某单方承诺，李某一方予以认可，在该承诺所约付款条件成就情况下，判令赵某某承担付款责任并无不当。

（2）赵某某主张从其应付款项中扣除 20% 个税、团队奖励 6,000 万元以及李某个人承诺的 1,400 万元，缺乏法律依据。

李某一方亦不服一审判决，上诉请求撤销一审判决第 3 项，改判赵某某以 3 亿元为本金按银行同期贷款利率向李某一方支付自 2016 年 7 月 1 日起至付清之日止的利息，理由为：根据最高人民法院《关于逾期付款违约金应当按照何种标准计算问题的批复》有关“对于合同当事人没有约定逾期付款违约金标准的，人民法院可以参照人民银行规定的金融机构计收逾期贷款利息的标准计算逾期付款违约金”的规定，应按银行同期贷款利率支付利息。

对李某一方的上诉请求，赵某某答辩认为应当驳回，理由为：《承诺函》未约定利息，一审判决按同期存款利率计付利息已缺乏依据，勿论按同期贷款利率给付利息。

事实认定：

二审法院认可一审法院查明的事实，并补充查明：2017 年 12 月 14 日，贸仲委作出 1507 号仲裁裁决，认定：因李某、博杰合伙企业、博萌合伙企业未完成《预测补偿协议书》约定的业绩承诺，蓝标公司不负有给付调整价款的义务，李某、博杰合伙企业、博萌合伙企业应返还蓝标公司提前支付的调增价款。

法院观点：

二审法院认为，上诉争议焦点为：（1）《承诺函》的性质与效力如何；（2）赵某某应付款项的数额如何确定；（3）应付款项的利率标准如何确定。

对争议焦点一，二审法院认为：

（1）《承诺函》是赵某某向李某一方作出的单方意思表示，自意思表示到达李某一方时起生效。赵某某在《承诺函》中承诺，因博杰广告未完成《购买资产协议书》约定的业绩承诺导致李某一方未能获得 4 亿元奖励的，由其补足差额，以确保李某一方获得《购买资产协议书》项下应得的所有股份及 4 亿元奖励。根据查明的事实，赵某某履行差额补足义务的条件已经成就，1507 号仲裁裁决认定的事实进一步佐证了该项事实，赵某某依约负有向李某一方支付 4 亿元款项的义务。就李某一方而言，如博杰广告完成了《购买资产协议书》约定的业绩承诺，可据《购买资产协议书》约定从蓝标公司获得 4 亿元奖励；反之，可据《承诺函》从赵某某处获得等额补偿。可见，即便 1507 号仲裁裁决判令李某一方向蓝标公司返还相关款项，李某一方也可通过向赵某某另行求偿的方式实现自身利益。另一方面，在赵某某出具《承诺函》的情况下，无论李某一方是否完成约定业绩承诺，均能获得相同补偿。就此，《承诺函》构成对李某一方利益的有力保障。但《承诺函》本身是独立的单方意思表示，与《购买资产协议书》项下蓝标公司对李某一方负有的义务属于并列的、选择行使的关系，而非主合同与担保合同的关系。赵某某有关《承诺函》性质上属于一般保证，并以主合同债务并未实际发生为由抗辩，缺乏事实和法律依据，不予支持。

（2）赵某某主张《和解协议书》已变更《承诺函》内容，应依《和解协议书》约定来确定双方的权利义务关系。《和解协议书》涉及的案外人蓝标公司既非本案当事人，亦非《和解协议书》当事人；且协议尽管约定由赵某某一方敦促蓝标公司办理李某一方所持该公司的股份解除限售手续，但双方均声称该股份限售手续能否解除、何时解除及能否一次性全部解除均具有很大不确定性；双方亦未就不能如期解除限售手续的后果达成一致；在《和解协议书》约定的内容本身不具体、不确定，且双方在本院审理期间就已针对《和解协议书》的履行及解除问题产生争议的情况下，对《和解协议书》不予确认。根据《民事诉讼法司法解释》第148条第1款有关“当事人自行和解或者调解达成协议后，请求人民法院按照和解协议或者调解协议的内容制作判决书的，人民法院不予准许”的规定，对赵某某依据《和解协议书》的约定确定双方权利义务内容的主张，不予支持。

对争议焦点二,二审法院认为：

（1）关于6,000万元奖励款。从《调价协议》看，该款项以博杰广告完成业绩承诺从而应支付调增价款为前提，由蓝标公司直接分配给业务团队。1507号仲裁裁决已认定：李某、博杰合伙企业、博萌合伙企业未完成《预测补偿协议书》约定的业绩承诺，蓝标公司不负有给付调整价款的义务，李某、博杰合伙企业、博萌合伙企业应返还蓝标公司支付的调增价款。但该款项返还的对象是蓝标公司，而《承诺函》确定的付款义务人是赵某某。二者义务主体不同，不符合抵销制度有关“当事人互负到期债务”的适用条件，赵某某有关应扣除该6,000万元奖励款的主张，不予支持。

（2）关于李某承诺支付的1,400万元。李某曾于2014年11月16日向蓝标公司承诺支付1,400万元，该款项的义务人是李某个人，而本案债权的债权人是包括李某在内的4人；该款项的债权人是蓝标公司，而本案债务人是赵某某个人。可见，该款项的当事人与本案当事人不同，也不符合抵销的法定条件。

（3）关于税款的预先代扣代缴。虽《承诺函》有关于税款代扣代缴的约定，但并未明确应缴纳数额，赵某某也没有实际缴纳税费，其主张将李某一方应付的相关税费从应付款金额中扣除，没有事实依据。即便需代扣代缴，也应由蓝标公司而非赵某某扣缴。对赵某某有关代扣代缴李某一方应缴纳20%个人所得税的上诉主张，不予支持。

（4）至于赵某某基于《和解协议书》所为的给付，因本院未对《和解协议书》予以确认，赵某某可主张返还，亦可在执行程序中进行相应扣减。

对争议焦点三，二审法院认为：

（1）《承诺函》未对逾期付款违约金做出约定，根据最高人民法院《关于逾期付款违约金应当按照何种标准计算问题的批复》的规定，法院可参照人民银行规定的金融机构计收逾期贷款利息的标准计算逾期付款违约金。但该批复用的是“可以”而非“应当”，法院可根据具体情形进行裁量。

（2）考虑到赵某某是无偿支付案涉补偿款项，而李某一方亦未实际支出案涉款项，就此而言，一审判决赵某某就其未付款项按银行同期存款利率支付利息并无不当，不能支持李某一方就案涉款项按银行同期贷款利率计算利息的上诉主张。

法院裁判

综上，二审法院认为赵某某及李某一方的上诉请求均不能成立，判决驳回了赵某某及李某一方的上诉请求，维持一审判决。

再审程序

再审请求：

赵某某不服二审判决，再审请求撤销一审判决及二审判决，驳回李某一方的全部诉请，理由如下：

（1）原审判决认定事实错误。本案当事人在原审期间自愿签署的《和解协议书》合法有效，依法变更了包括《承诺函》和一审判决在内的债权债务关系，且赵某某已履行《和解协议书》约定的大部分义务，并为李某一方所全部接受，本案应依据《和解协议书》重新认定赵某某与李某一方之间的权利义务关系，原审判决依据《承诺函》认定赵某某应向李某一方支付3亿元款项及利息严重错误。

（2）原审判决适用法律错误。根据《民事诉讼法司法解释》第148条关于“当事人自行和解或者调解达成协议后，请求人民法院按照和解协议或者调解协议的内容制作判决书的，人民法院不予准许”的规定，赵某某并未主张法院直接按《和解协议书》出具判决，而是基于《和解协议书》依法变更了《承诺函》和一审判决在内的债权债务的事实，请求依据《和解协议书》重新认定双方之间的权利义务关系，作为法院认定事实的根据。原审判决适用《民事诉讼法司法解释》第

148条之规定，对赵某某主张依据《和解协议书》重新认定双方之间的权利义务关系不予支持，存在错误，混淆了公权力运用和当事人私权利自治的界限。

对赵某某的再审请求，李某一方答辩认为应当予以驳回，理由如下：

（1）签订的《和解协议书》属于原审期间由法院主持调解活动的一部分。

（2）赵某未履行《和解协议书》约定的义务，李某一方有权解除协议，并依“调解自愿”原则，有权终止调解。

（3）原审诉讼调解期间，法院没有制作（李某一方更未签收）正式的《民事调解书》。原审法院尊重当事人意愿，坚持“调解自愿”原则，调解不成及时判决，符合民事诉讼法的规定。

（4）原审法院对《和解协议书》的内容依法进行审查，是正当行使司法审判权，符合民事诉讼法相关规定，对该协议作出的认定，与协议内容及调解真实过程相符，并无不当。

法院观点：

对原审判决事实认定部分，再审法院认为：

(1) 从协议形式看，《和解协议书》系赵某某与李某、刘某某、博杰合伙企业与博萌合伙企业共同签订，但刘某某的诉讼代理人于原审庭审中提出《和解协议书》上刘某某的签名非其本人所签，主张和解协议未生效。赵某某申请再审也承认刘某某签字非其本人所为，而是由李某代签，且没有证据证明刘某某实际知晓《和解协议书》并接受赵某某的履行。由此，《和解协议书》在形式上存在重大瑕疵。

(2) 从协议内容看，赵某某具有督促和协助案外人蓝标公司办理股份解除限售手续的义务。蓝标公司是办理该限售手续的主体，但其并非本案当事人，亦非《和解协议书》当事人，只属于案外人。且《和解协议书》内容表明，双方对该限售手续能否解除、何时解除以及能否一次性全部解除均具有很大程度的不确定性；双方亦未就不能如期解除限售手续的后果达成一致。

(3) 从协议履行看，赵某某未按约定时间完成付款义务，李某一方以赵某某未及时、完全履行付款义务为由发出解除协议的通知，赵某某随后出具不同意解除协议的函告，这可证明双方对《和解协议书》的履行和解除已存在争议。

(4) 综上，《和解协议书》在形式、内容和履行方面均存在问题，具有不确定性，不能改变双方债权债务的法律关系，原审判决对《和解协议书》的效力不予确认并无不当。赵某某关于《和解协议书》已改变双方权利义务内容，其关于在 2018 年 6 月 20 日向李某一方付款 1,500 万元已再次确认这一点的主张，不能成立。

对原审判决适用法律部分，再审法院认为：根据最高人民法院《关于人民法院民事调解工作若干问题的规定》第 4 条第 1 款关于“当事人在诉讼过程中自行达成和解协议的，人民法院可以根据当事人的申请依法确认和解协议制作调解书。双方当事人申请庭外和解的期间，不计入审限”的规定，鉴于双方在原审期间达成的《和解协议书》存在上述较大争议，法院未对《和解协议书》予以确认。赵某某又提出应将《和解协议书》作为证据确定双方的权利义务关系，实际上是请求法院认可《和解协议书》，将其作为认定双方权利义务关系的主要依据并作出裁判，该种主张不符合法律规定的精神。赵某某关于原审判决适用法律错误的主张，不予支持。

法院裁判

综上，裁定驳回赵某某的再审申请。

案例启示

本案是上市公司发行股份并购买资产的重大资产重组过程中因上市公司所购买目标资产业绩承诺未达标而产生的由目标资产原股东实施补偿的典型案例。本案中，由于上市公司采用了基于未来收益预期的估值方法对拟购买目标资产（即目标公司博杰广告）进行评估，因此为了保证重大资产重组不会损害上市公司的社会公众股东利益，本案交易参与方在签署《购买资产协议书》的基础上，又通过签署《预测补偿协议书》的方式，对目标资产原股东在承诺业绩未达标时如何现金补偿上市公司进行了约定。在股权投资实践中，这种资产重组方式有时亦被称为“股权置换”或“换股”，而其中涉及的交易价格调整及补偿也是市场上比较常见的“对赌”操作方式。

通过股权置换或换股方式参与上市公司重组，也是私募股权基金较常采用的一种重要资本运作方式。事实上，通过这种方式不仅可以将目标公司纳入上市公司体系，使上市公司实力得以增强，同时也可以使目标公司原股东（包括私募股权基金等投资者股东）转换成为上市公司股东，进而通过二级市场出售股票的方式实现投资退出。对私募股权基金而言，在目标公司自身无法实现上市而又具有很大价值的情况下，通过与上市公司进行股权置换来实施投资退出也不失为一种可选方案，而且这种方案因为能够赋予私募股权基金更高的退出自主权而被通常视为比一般股权转让投资退出方案更优。在此情况下，如果上市公司实际控制人能够给予相应对赌补足承诺，这无疑又会为私募股权基金的投资权益提供进一步保障，有利于其收回投资成本和预期投资收益。

需要指出的是，本案的核心争议焦点不是案涉重大资产重组所涉交易价格调整及补偿安排是否有效的问题，因为该等交易价格调整及补偿安排已另案由贸仲委于 2017 年 12 月 14 日作出 1507 号仲裁裁决，认定因李某一方未完成《预测补偿协议书》约定的业绩承诺，蓝标公司不负有给付调整价款的义务，且李某一方还须返还蓝标公司提前支付的调增价款。本案的核心争议焦点在于：在李某一方因业绩对赌失败而无法取得预期收益的情况下，赵某某作为上市公司实际控制人，其向李某一方所单方出具的《承诺函》的性质、效力以及补足触发条件是否成就的问题。虽然法院最终认为《承诺函》是一份独立的法律文件，不是《购买资产协议书》项下其他法律义务的从义务或担保义务，并据此判决赵某某承担《承诺函》项下的承诺责任，但赵某某在本案中就其所签《承诺函》涉及的承诺性质、承诺范围、承诺触发条件等方面的抗辩却对私募股权基金具有很大的参考价值。

在私募股权投资实践中，目标公司原股东对私募股权基金做出的股权回购或补偿承诺有时并非一定会通过股东协议或补充协议的方式予以体现，有时也会体现为原股东单方另行签发的承诺函。换言之，在未来发生投资争议时，原股东也可能会采取与本案赵某某相类似的抗辩方法，以便不承担或者少承担其在承诺函项下的义务。为降低这种风险，私募股权基金在要求原股东签发这种承诺函时就需要注意如下方面的问题。首先，承诺函的内容，特别是与补偿/补足权利和义务相关的具体内容，包括相关权利和义务的主体、补偿 / 补足义务的触发条件等；其次，承诺函与其他相关协议之间的匹配关系，既要力使该等承诺函独立存在，以免因为过度依赖其他协议而致使法律关系复杂化，又要力使该等承诺函的存在具有合理性基础，以应对未来发生争议时可能出现的抗辩。当然，对意欲出具该等承诺的原股东或上市公司实际控制人而言，相关操作或恰好相反。

参考案例 2-1

金某某与日月集团、丁某某等公司增资纠纷案

终审裁判：山东省高级人民法院二审并于 2016 年 11 月 15 日作出（2016）鲁民终 1957 号民事判决书

主要问题：（1）目标公司能否向投资者股东承诺最低现金分红？（2）如目标公司原股东对目标公司最低现金分红进行承诺，能否得到法律支持？（3）如第三方对原股东的承诺再行提供担保，能否得到法律支持？

基本事实：2009 年 7 月 8 日，光化公司设立，注册资本 2,000 万元，股东为丁某某、李某某、陈某某。2011 年 8 月，光化公司及其股东丁某某、李某某与金某某等投资人签订《增资协议》，约定：金某某增资 2,000 万元，1,600 万元作为注册资本，400 万元计入资本公积；增资完成后，金某某持有光化公司 8% 股权。2011 年 8 月，金某某与丁某某、李某某、日月集团及光化公司签订《补充协议》，约定：（1）增资后，光化公司及丁某某、李某某应保证公司每年向金某某分配股利，年度分红不低于其增资额 6%，年度可分配利润高于增资额 6% 的，按董事会关于年度分红决议分配，如金某某所得年度分红低于增资额 6%，则差额部分由丁某某、李某某现金向金某某补足，该现金补足系丁某某、李某某无偿赠与，金某某在任何条件下均无需返还。（2）光化公司和丁某某、李某某承诺公司 2011 年和 2012 年净利润分别不低于 2,000 万元和 4,000 万元，若低于承诺值 90%，由丁某某、李某某对金某某现金补偿，当年现金补偿额 = 金某某投资金额 –（公司整体估值 ÷ 当年利润承诺）× 当年实际净利润 × 金某某股权比例；各方应共同努力，促使公司在 2014 年 12 月 31 日前成功上市，如公司未能在 2014 年 12 月 31 日前上市，金某某有权要求丁某某、李某某或其指定第三方现金收购金某某所持光化公司股份，收购价格为金某某增资额 +（金某某增资额 ×10%× 成交日到赎回日天数 / 365），丁某某、李某某、光化公司承诺进行股权收购。（3）日月集团同意为金某某全部增资 2,000 万元的安全及合规使用，及对光化公司全面履行《增资协议》及协议义务，提供连带责任保证。2011 年 8 月 24 日，金某某向光化公司电汇 2,000 万元。2011 年 9 月 15 日，光化公司完成工商变更登记，增加注册资本 8,000 万元，金某某为新增股东，持股 8%。作为投资人股东，金某某未实际参与光化公司经营管理。光化公司未曾进行利润分配，

2011 年、2012 年净利润未达到约定承诺值 90%，亦未能按期成功上市。后，金某某要求丁某某、李某某支付股权红利款 1,522 万元、股权回购款 2,833 万元，并要求日月集团对上述款项承担连带清偿责任。未果，诉至法院。

裁判要旨：《补充协议》关于“光化公司及丁某某、李某某应保证公司每年向金某某分配股利，年度分红不低于增资额 6%”的约定，违反了《公司法》(2013 修正)第 166 条[1]的规定，损害公司及公司债权人利益，属于无效条款，但关于“如金某某所得年度分红金低于增资额 6%，则差额部分由丁某某、李某某现金向金某某补足”的约定、关于“如光化公司 2011 年和 2012 年净利润分别低于 2,000 万元和 4,000 万元，且低于承诺值 90%，由丁某某、李某某对金某某的投资现金补偿及补偿金计算方法”的约定、关于“在公司未能上市时金某某有权要求丁某某、李某某收购其所持股份”的约定，不存在强迫目标公司违反规定进行分红的意思，不存在危害公司利益和公司债权人利益的情形，也不存在违反《公司法》第 74 条规定的情形，是当事人的真实意思表示，不违反法律、法规的禁止性规定，应为有效。根据《补充协议》，日月集团同意对协议下全部增资 2,000 万元的安全及合规使用，及对光化公司全面履行增资协议和协议义务，提供连带责任担保。其中关于“协议下全部增资 2,000 万元的安全”的约定，主要体现在丁某某、李某某承诺补偿分红差额、公司利润差额和回购股权的义务这 3 方面，故应认定日月集团的担保范围包括为丁某某、李某某的合同义务提供担保。日月集团亦认可其负有付款责任，且付款责任是连带保证责任，因此应对丁某某、李某某的付款义务承担连带清偿责任。综上，判决：丁某某、李某某支付金某某协议补偿款 10,120,000 元；丁某某、李某某支付金某某股权转让款 28,169,863 元；日月集团对丁某某、李某某的前述付款义务承担连带清偿责任。

---

1 《公司法》(2013 修正)第 166 条：“……公司弥补亏损和提取公积金后所余税后利润，有限责任公司依照本法第三十四条的规定分配；股份有限公司按照股东持有的股份比例分配，但股份有限公司章程规定不按持股比例分配的除外。股东会、股东大会或者董事会违反前款规定，在公司弥补亏损和提取法定公积金之前向股东分配利润的，股东必须将违反规定分配的利润退还公司。……”

参考案例 2-2

金泰企业与骆某、雷迪公司增资纠纷案

终审裁判：福建省厦门市中级人民法院一审并于 2014 年 12 月 17 日作出（2014）厦民初字第 137 号民事判决书

主要问题：（1）在目标公司属非上市股份公司时，投资者可否要求目标公司及其原股东承担现金补偿责任？（2）原股东承担的现金补偿责任是担保责任还是投资补偿责任？

基本事实：目标公司雷迪公司系非上市股份有限公司。2010 年，金泰企业作为投资者与雷迪公司及其原股东骆某等各方签订《增资协议》，约定：金泰企业以增资扩股方式投资雷迪公司，其中金泰企业投资 3,000 万元，占雷迪公司增资后的股比 1.39%；以雷迪公司 2010 年预测净利润 2.4 亿元为计算依据，按全面摊薄后约 9 倍市盈率作价，确定雷迪公司作价为 21.5 亿元。同年，各方又签订《补充协议》，约定：雷迪公司承诺 2010 年实现净利润不低于 2.4 亿元，2011 年实现利润不低于 5 亿元。如雷迪公司 2010 年实现净利润低于 2.4 亿元，雷迪公司应对投资者进行补偿，骆某承诺担保赔偿，现金赔偿金额为（2010 年目标利润 2.4 亿元 –2010 年公司扣除非经常性损益后的净利润）×9× 股权比例，确保投资作价依据不变；如雷迪公司 2011 年实现净利润低于 5 亿元，雷迪公司应对投资者进行补偿，骆某承诺担保赔偿，现金赔偿金额为（2011 年目标利润 5 亿元 –2011 年公司扣除非经常性损益后的净利润）×4.3× 股权比例，确保投资作价依据不变。后，雷迪公司未达到业绩指标。金泰企业要求雷迪公司及原股东骆某进行现金补偿。雷迪公司和原股东骆某答辩认为：补偿条款系对赌条款，赔偿责任过高，使金泰企业实际无须承担任何风险；向保证人骆某主张承担保证责任的时间超出了法定保证期间，保证人依法应免除保证责任；2011 年欧美对华光伏产业实行反补贴、反倾销策略使雷迪公司生产和销售遭受重创，属于情势变更。

裁判要旨：案涉补偿条款属于“对赌”条款，即估值调整机制，是创业投资领域的一项金融创新，旨在破解创业企业的估值困境，但股东与公司的“对赌”，使股东投资可取得相对固定收益，脱离公司经营业绩，损害公司和债权人利益，违反《公

司法》第20条之规定，根据最高人民法院《关于人民法院为企业兼并重组提供司法保障的指导意见》[1]以及参照“海富与世恒案”，应认定为无效。关于骆某的“承诺担保赔偿”条款，虽其字面表现为“担保赔偿”，但骆某是雷迪公司控股股东，基于其对公司的控制力，激励公司实现业绩目标，系以控股股东身份对投资者承诺进行业绩补偿，且本案不存在主、从合同关系，不符合保证合同法律关系的特征，骆某承诺的“担保赔偿”非担保法意义上的保证，而是控股股东与投资者就未来一段时间内雷迪公司经营业绩进行约定，如雷迪公司未实现约定业绩，则需按一定标准与方式对投资者进行补偿的条款。骆某作为“对赌”条款相对方应对投资者直接承担补偿责任而非担保责任，因此本案亦不存在超过保证期间的问题。此外，作为一国贸易保护措施，进口国对出口国产品进行“双反”调查并非不可预见的情形，属于正常的商业风险，根据《合同法司法解释（二）》第26条之规定[2]，不构成情势变更。综上，最终判决由骆某而非雷迪公司支付金泰企业诉请的补偿款。

参考案例 2-3

凯成公司与瑞赛公司、中凯公司合同纠纷案

终审裁判：安徽省高级人民法院二审并于2017年6月23日作出（2016）皖民终

---

1 最高人民法院《关于人民法院为企业兼并重组提供司法保障的指导意见》（法发〔2014〕7号）第2部分第6条：“依法认定兼并重组行为的效力，促进资本合法有序流转。要严格依照合同法第五十二条关于合同效力的规定，正确认定各类兼并重组合同的效力。结合当事人间交易方式和市场交易习惯，准确认定兼并重组中预约、意向协议、框架协议等的效力及强制执行力。要坚持促进交易进行，维护交易安全的商事审判理念，审慎认定企业估值调整协议、股份转换协议等新类型合同的效力，避免简单以法律没有规定为由认定合同无效。……”

2 《合同法司法解释（二）》第26条：“合同成立以后客观情况发生了当事人在订立合同时无法预见的、非不可抗力造成的不属于商业风险的重大变化，继续履行合同对于一方当事人明显不公平或者不能实现合同目的，当事人请求人民法院变更或者解除合同的，人民法院应当根据公平原则，并结合案件的实际情况确定是否变更或者解除。”该规定经修订已基本被《民法典》承继并体现为其第533条，即“合同成立后，合同的基础条件发生了当事人在订立合同时无法预见的、不属于商业风险的重大变化，继续履行合同对于当事人一方明显不公平的，受不利影响的当事人可以与对方重新协商；在合理期限内协商不成的，当事人可以请求人民法院或者仲裁机构变更或者解除合同。人民法院或者仲裁机构应当结合案件的实际情况，根据公平原则变更或者解除合同。”

1067 号民事判决书

主要问题：作为同为收购者的目标公司股东，二者之间是否可以约定现金补偿?

基本事实：2012 年 7 月 9 日，瑞赛公司与凯成公司签订《合作框架协议》，约定：共同出资收购中凯公司，运营旧城改造项目，瑞赛公司占股 70%，凯成公司占股 30%。2013 年 1 月 18 日，双方又签订《补充协议》，约定：由瑞赛公司推荐中凯公司总经理，全面负责经营、自负盈亏；不论盈亏，瑞赛公司确保凯成公司获得 1.85 亿元保底利润；瑞赛公司支付凯成公司保底利润 1.85 亿元，4 号地预分配利润 9,500 万元，按实现销售的比率分 4 期（25%）支付，3 号地预分配利润 9,000 万元，按实现销售的比率分 4 期（25%）支付，未销售部分可用房产抵扣，项目全部完成时，双方进行利润清算，超过本合同确定的项目利润，按协议比例进行分配。后，凯成公司要求中凯公司与瑞赛公司共同给付《补充协议》项下的相关保底利润 2,250 万元。未果，诉至法院。

裁判要旨：凯成公司与瑞赛公司同为中凯公司股东。凯成公司让渡其享有的总经理推荐权，以此换得相对固定报酬收益；而瑞赛公司基于对其自身经营能力和中凯公司发展前景的信心，愿意承担未来收益的不确定性。作为两股东间的约定，《补充协议》实系公司全体股东对各自如何行使《公司法》规定的资产收益、参与重大决策和选择管理者等股东权利的概括性安排，符合意思自治原则。从该协议相关内容看，保底利润的支付主体是瑞赛公司，而非中凯公司，与《公司法》及中凯公司章程中关于公司利润分配的规定无涉，亦不当然损害中凯公司及其债权人的利益。中凯公司系由凯成公司、瑞赛公司收购取得的有限责任公司，并非双方成立的联营体，不属于最高法院《关于联营合同纠纷案件的解答》第 4 条第 1 款[1]的适用情形。综上，案涉《补充协议》中的“保底条款”系瑞赛公司和凯成公司双方真实意思表示，不违

1 最高法院《关于联营合同纠纷案件的解答》第 4 条第 1 款：“联营合同中的保底条款，通常是指联营一方虽向联营体投资，并参与共同经营，分享联营的盈利，但不承担联营的亏损责任，在联营体亏损时，仍要收回其出资和收取固定利润的条款。保底条款违背了联营活动中应当遵循的共负盈亏、共担风险的原则，损害了其他联营方和联营体的债权人的合法权益，因此，应当确认无效。联营企业发生亏损的，联营一方依保底条款收取的固定利润，应当如数退出，用于补偿联营的亏损，如无亏损，或补偿后仍有剩余的，剩余部分可作为联营的盈余，由双方重新商定合理分配或按联营各方的投资比例重新分配。”

反法律、行政法规的强制性规定，应为合法有效，依法应支持凯成公司要求瑞赛公司给付《补充协议》项下保底利润的诉请。

参考案例 2-4

天创企业与卢某某合同纠纷案

终审裁判：武汉市中级人民法院一审并于 2014 年 8 月 19 日作出（2014）鄂武汉中民商初字第 00304 号民事判决书

主要问题：在目标公司业绩指标未达标时由控股股东支付补偿款，属于承担合同义务还是违约责任？

案件事实：2010 年，目标公司泓锦公司及其原股东卢某某等与投资方天创企业共同签署《增资协议》，约定：投资方溢价增资目标公司，增资单位价格为每新增 1 元出资按 5.36 元认购，认购款总额为 4,395.2 万元，其中 820 万元为泓锦公司新增注册资本，3,575.2 万元为泓锦公司资本公积，增资后持股比例为 10.21%。同年，目标公司、卢某某及投资方签订《补充协议》，约定：（1）卢某某及目标公司承诺 2011 年、2012 年、2013 年实现净利润分别不低于 5,000 万元、6,500 万元、8,500 万元；（2）如目标公司无法实现以上业绩承诺的，卢某某应按下述方式给予投资方现金补偿，补偿金额 = 增资方的股权认购款 ×（1 – 实际实现净利润 / 承诺净利润）；（3）如 2015 年 12 月 31 日前目标公司没有通过证监会主板或创业板发审委审核，投资方有权要求卢某某收购投资方本次增持所持目标公司股权；（4）如《增资协议》与本协议不一致的，以本协议为准；本协议在泓锦公司向证监会上报股票发行上市材料后自动失效，若未能上市或取消上市计划时，本协议恢复生效。后，泓锦公司 2012 年向公司登记机关提交的年检报告书中载明："全年净利润 2,658,455.29 元"，未能完成业绩承诺。天创企业要求卢某某支付现金补偿款。未果，诉至法院。

裁判要旨：《补充协议》是基于私募股权投资交易需要，为实现及时促成交易、发现并合理确定股权价值、降低并分配投资风险、激励管理层、催化企业成长等多目标而创造的非典型合同，其合同内容不符合任何有名合同要件，其法律关系应依合同约定、诚实信用原则，并斟酌交易惯例综合加以认定。[1]根据《补充协议》的约定及商业惯例，在无法实现预定目标的情形下由泓锦公司控股股东卢某某对投资方支付现金补偿本身就是合同义务，而非违约责任。法律仅赋予了当事人请求法院参考实际损失对畸高违约金予以调减的权利，现金补偿款作为合同义务不仅当事人应严格依约履行，法院亦不能随意干涉。本案天创企业是从事股权投资的专业机构，卢某某是泓锦公司的控股股东和实际控制人，双方都有大量商事活动经验，在缔约时有自身商业判断，法院应尊重当事人法律限度内的意思自治。在不存在合同无效或依法主张可变更可撤销事由的情形下，卢某某仅以补偿条款对业绩约定脱离企业经营实际、脱离行业整体平均利润率和整体经济走势致使合同履行后利益失衡为由请求法院干预合同，不应得到支持。此外，《增资协议》及《补充协议》仅就应支付补偿款及款项计算方法进行了约定，未提及支付时间，应视为对履行期限约定不明。根据《合同法》第61条[2]、第62条第4项[3]的规定，且因天创企业未能举证证实其在发起本次诉讼前进行了催告，卢某某亦否认接到过口头催告，应酌情以其起诉之日作为合同履行期限。此后，因卢某某迟延履行造成天创企业的资金占用损失，应以人民银行

1 参见《民法典》第467条第1款："本法或者其他法律没有明文规定的合同，适用本编通则的规定，并可以参照适用本编或者其他法律最相类似合同的规定。"

2 《合同法》第61条："合同生效后，当事人就质量、价款或者报酬、履行地点等内容没有约定或者约定不明确的，可以协议补充；不能达成补充协议的，按照合同有关条款或者交易习惯确定。"该规定被《民法典》全文援用并作为其第510条。

3 《合同法》第62条经修订已基本被《民法典》承继并体现为其第511条，即"当事人就有关合同内容约定不明确，依据前条规定仍不能确定的，适用下列规定：（一）质量要求不明确的，按照强制性国家标准履行；没有强制性国家标准的，按照推荐性国家标准履行；没有推荐性国家标准的，按照行业标准履行；没有国家标准、行业标准的，按照通常标准或者符合合同目的的特定标准履行。（二）价款或者报酬不明确的，按照订立合同时履行地的市场价格履行；依法应当执行政府定价或者政府指导价的，依照规定履行。（三）履行地点不明确，给付货币的，在接受货币一方所在地履行；交付不动产的，在不动产所在地履行；其他标的，在履行义务一方所在地履行。（四）履行期限不明确的，债务人可以随时履行，债权人也可以随时请求履行，但是应当给对方必要的准备时间。（五）履行方式不明确的，按照有利于实现合同目的的方式履行。（六）履行费用的负担不明确的，由履行义务一方负担；因债权人原因增加的履行费用，由债权人负担。"其中，《合同法》第62条第4项规定的履行期限不明确的情形，已被《民法典》全文援用作为其第511条第4项。

同期贷款利率计息，不支持天创企业关于按人民银行同期同类贷款利率4倍计算迟延利息的诉请。

参考案例 2-5

黎某某与卓景公司、金茂公司增资纠纷案

终审裁判：最高人民法院再审并于2015年12月19日作出（2015）民申字第2593号民事裁定书

主要问题：业绩补偿条款是违约金条款，还是合同义务条款?

基本事实：2012年4月13日，金茂公司召开股东会，同意接纳卓景公司为公司新股东，通过增资议案，同意修改公司章程等，并形成《决议》。2012年4月18日，卓景公司、黎某某和金茂公司签订《增资协议》，约定：（1）乙方（金茂公司）注册资本由8,700万元增加至11,000万元，股东放弃优先认购权，增资由甲方（卓景公司）认购；（2）甲方以12,880万元溢价认购乙方2,300万元新增出资。同日，卓景公司、黎某某和金茂公司签订《补充协议》，约定：（1）乙方（金茂公司）与丙方（黎某某）承诺，金茂公司2012年、2013年和2014年的净利润不低于：2012年8,000万元，2013年1.5亿元，2014年2亿元。（2）若金茂公司实际利润未达到上述指标，丙方应给予甲方现金补偿，金额计算公式为：（1– 实际完成净利润 / 承诺完成净利润）× 甲方实际投资总额。（3）乙方与丙方同意并保证，以金茂公司为未来A股市场上市主体；若乙方未能在2014年12月31日前在国内上市或乙方明确放弃上市计划，则甲方有权要求丙方回购甲方所持金茂公司股份。后，卓景公司向金茂公司支付投资款12,880万元，各方按协议约定修改了《章程》，并办理完毕工商变更登记。经审计，金茂公司2012年净利润3,489.1787万元、2013年净利润2,562.560，9万元，均未达到约定承诺值，且客观上已不可能在2014年12月31日前上市。后，卓景公司要求黎某某向支付业绩补偿款17,942.036，5万元以及按银行同期贷款利率计算的相应利息。未果，诉至法院。

裁判要旨：金茂公司增资事项及内容，经过了金茂公司股东会决议，《补充协议》中黎某某个人与卓景公司约定的业绩补偿条款与金茂公司无法律关系，不

以金茂公司股东会通过为生效的前提条件。该约定也只涉及卓景公司与黎某某个人，并不损害金茂公司及其债权人的利益，不违反法律法规的禁止性规定，故判决黎某某承担给付责任，有合同及法律依据。另外，案涉业绩补偿条款非基于违约产生，其性质并非违约金，[1] 且黎某某在一审期间也未主张调减，故黎某某关于应调整业绩补偿条款所涉金额的理由缺乏依据。综上，判决支持卓景公司的诉请。

参考案例 2-6

齐桓中心、晋文中心、楚庄中心与邓某某、马某某、南菱公司合同纠纷案

终审裁判：广东省高级人民法院再审并于 2016 年 7 月 6 日作出（2016）粤民申 2202 号民事裁定书

主要问题：业绩补偿条款是违约金条款，还是合同义务条款？

基本事实：2011 年 12 月 2 日，齐桓中心、晋文中心、楚庄中心（甲方）与邓某某、马某某、目标公司南菱公司（非上市股份公司）签订《增资协议》及《补充协议》，其中《补充协议》约定：如果南菱公司 2012 年、2012 年和 2013 年任一年度业绩未达到承诺水平，司齐桓中心、晋文中心、楚庄中心可要求邓某某、马某某以自有资金予以现金补偿。后，南菱公司 2012 年、2013 年净利润未达到《补充协议》约定的业绩承诺，齐桓中心、晋文中心、楚庄中心提起诉讼，起诉状中载明："……邓某某、马某某却存在严重的违约行为，包括未能兑现《补充协议》中约定

1 卓景公司在二审程序中关于"对赌"的抗辩观点很有代表性，可供参考，即《补充协议》第 3.2 条性质为合同义务条款，并非违约金条款，黎承健不履行该条义务构成违约，应承担"继续履行该条款义务"的违约责任。最高人民法院（2012）民提字第 11 号判决对效力问题作出认定，只要对赌协议不损害公司和其他股东，未违反法律强制性规定，系当事人真实意思表示，就应该遵循意思自治原则和鼓励商事交易原则，认定"对赌协议"合法有效。对于"对赌协议"的性质，目前尚存在很多种观点，如"无偿捐赠说""保证合同说""合同违约金说""合同价款调整说"，等等，黎承健的"合同违约金说"不能成立，违约金（违约责任）是指合同当事人因违反合同义务所应承担的责任，是不履行合同义务所导致的结果，首先以合同义务存在为前提。而本案中的业绩补偿条款是在出现某种约定的条件时应履行的合同义务。

的有关南菱公司业绩的承诺；因经营管理不善，导致南菱公司的营业收入和净利润下降，上市目标无法实现等。邓某某、马某某上述行为已使齐桓中心、晋文中心、楚庄中心的高额溢价投资目的无法实现，构成根本性违约……"，要求邓某某、马某某支付业绩补偿金 73,794,109.27 元。

裁判要旨：根据齐桓中心、晋文中心、楚庄中心的起诉请求，其主张本案业绩补偿金的前提是邓某某、马某某违反了《补充协议》的合同义务。再根据《补充协议》的业绩承诺条款，业绩补偿金系齐桓中心、晋文中心、楚庄中心与邓某某、马某某对南菱公司未达到利润目标而设定的补偿款项，其性质符合违约金的法律特征。根据法院查明的事实，因南菱公司未达到 2012 年、2013 年的约定利润指标给齐桓中心、晋文中心、楚庄中心造成的损失，主要应是未达到部分利润的分红损失，即 12,789,973.88 元，因此按《补充协议》违约补偿标准计得的违约金（业绩补偿金）明显高于因邓某某、马某某未完成承诺业绩而造成的实际损失。根据《合同法司法解释（二）》第 29 条规定，以实际损失上浮 30% 计，判令邓某某、马某某向齐桓中心、晋文中心、楚庄中心支付违约金 16,626,966.04 元[12,789,973.88 ×（1 + 30%）]。

参考案例 2-7

深投公司与华乐集团等与公司有关的纠纷上诉案

终审裁判：山东省高级人民法院二审并于 2016 年 12 月 28 日作出（2016）鲁民终 1620 号民事判决书

主要问题：（1）在业绩指标未达标时，目标公司原股东是否应当就现金补偿或股权回购承担连带责任？（2）投资者是否有权要求原股东同时支付股权回购款和现金补偿款？

基本事实：2011 年 5 月 31 日，深投公司（作为甲方）、新材料公司（作为丙方）以及华乐集团、嘉诚公司等丙方 7 名原股东（作为乙方）签订《增资合同书》，约定：（1）甲方向丙方投资 2,296 万元，其中 1,000 万元作为股本投入，取得公司 11.11% 股权，1,296 万元记入资本公积；（2）乙方作为新材料公司原股东，向甲方保证公司全面履行合同义务，保证方式为连带责任保证，保证期间为自公司违约行为发生之日起 2 年。同日，前述三方签订《补充协议》，约定：（1）乙方共同向甲方承诺，公司应实现2011年净利润不低于3,000万元，2012年净利润不低于4,000万元（第2条）；（2）由甲方认可的会计师事务所对公司每年经营财务状况进行核查，核查报告作为确认公司实际经营情况的最终依据（第3.1条）；（3）若公司未能实现约定经营目标，甲方有权要求原股东或公司无条件将其所持部分公司股权无偿转让给甲方或无偿支付现金给甲方，作为对甲方补偿，并约定了具体现金补偿计算标准（第3.3条）；（4）第3.3条项下的股权转让或现金补偿应在第3.1条项下的核查报告做出之日起60个工作日内完成（第5条）；（5）如公司在2013年12月31日未上市，甲方可要求公司或公司实际控制人回购其全部或部分股份，甲方可在其回购通知中要求公司原股东即乙方收购甲方所持公司股权，回购价格为按银行同期贷款利率计算的投资本金和利息之和（第6条）。其后，深投公司如约向新材料公司投资2,296万元。新材料公司2011年完成净利润2,027万元，2012年完成净利润932万元，2013年12月31日未能上市。2013年5月，深投公司与华乐集团及新材料公司签订《回购协议》，约定：（1）华乐集团回购深投公司所持新材料公司11.11%股权，于2013年6月30日和2013年12月31日分两次回购，每次500万股（对应1,148万元投资额），回购价格为投资额加上分段收益；（2）华乐集团承诺2013年6月30日支付回购款14,704,903.24元，2013年12月31日支付回购款12,348,076.71元；（3）若华乐集团未在2013年12月31日前支付全部回购款，深投公司有权要求重新确定收益计算期、收益及相应回购金额，同时要求华乐集团按《补充协议》第2条、第3条全额履行业绩补偿义务。华乐集团于2014年分3次向深投公司支付股权回购款共计400万元。2014年4月8日，深投公司向华乐集团、嘉诚公司等7名原股东寄送关于要求依约回购股权的催告函，被拒收。后，诉至法院，要求判令华乐集团等7名原股东补偿现金28,313,300元，回购所持新材料公司股权并支付回购款30,595,372元（暂算至2015年9月31日）。

裁判要旨：根据《补充协议》第3.3条约定，因新材料公司未能实现约定经营目标，故深投公司向新材料公司原股东主张现金补偿款具备合同依据。根据《民法通则》

第87条[1]的规定，构成连带之债必须具备明确法律依据或合同依据，除有法律规定或者当事人特别约定，不得适用连带之债。因《补充协议》第3.3条未明确约定原股东的现金补偿义务系连带义务，故新材料公司原7名股东对支付现金补偿款不构成连带之债，而深投公司请求新乐集团外其他原股东支付28,313,300元现金补偿已超过诉讼时效。此外，深投公司先与原7名股东签订《补充协议》，后与华乐集团签订《回购协议》，由华乐集团回购深投公司所持新材料公司11.11%股权。签署《回购协议》表明深投公司已选择华乐集团作为股权回购义务主体，变更了《补充协议》中股权回购的义务主体。因《补充协议》与《回购协议》均为有效协议，在《回购协议》并未解除的情况下，深投公司无权向华乐集团外的其他原6方股东主张回购股权。另，《补充协议》虽约定"股权回购价格为按银行同期贷款利率计算的投资本金和利息之和"，但深投公司既主张股权回购款利息又主张现金补偿款，二者性质均为对深投公司股权投资款的补偿，深投公司可选择但不能同时主张，故股权回购款数额中不应包含利息损失。综上，判决：一、华乐集团支付深投公司股权回购款1,896万元；二、华乐集团向深投公司补偿现金28,313,300元；三、驳回深投公司的其他诉请。

参考案例 2-8

泰泓企业与科技公司、光电公司合同纠纷案

终审裁判：杭州市中级人民法院二审并于2015年3月12日作出（2014）浙杭商

1 《民法通则》第87条："债权人或者债务人一方人数为二人以上的，依照法律的规定或者当事人的约定，享有连带权利的每个债权人，都有权要求债务人履行义务；负有连带义务的每个债务人，都负有清偿全部债务的义务，履行了义务的人，有权要求其他负有连带义务的人偿付他应当承担的份额。"上述规定经修订已被《民法典》承继并细化，主要条款为：第518条："债权人为二人以上，部分或者全部债权人均可以请求债务人履行债务的，为连带债权；债务人为二人以上，债权人可以请求部分或者全部债务人履行全部债务的，为连带债务。连带债权或者连带债务，由法律规定或者当事人约定。"第519条："连带债务人之间的份额难以确定的，视为份额相同。实际承担债务超过自己份额的连带债务人，有权就超出部分在其他连带债务人未履行的份额范围内向其追偿，并相应地享有债权人的权利，但是不得损害债权人的利益。其他连带债务人对债权人的抗辩，可以向该债务人主张。被追偿的连带债务人不能履行其应分担份额的，其他连带债务人应当在相应范围内按比例分担。"

终字第 2488 号民事判决书

主要问题：目标公司经营利润完成额为负数且根据对赌条款中的现金补偿计算公式确定的现金补偿额超出投资方的投资额时，应当如何确定补偿金额？

案件事实：2011 年 1 月 20 日，投资方泰泓企业与目标公司光电公司签订《增资协议》，约定：光电公司系股份有限公司向泰泓企业发行且泰泓企业意认购新增股份 100 万股，认股价格为 8.7 元 / 股，泰泓企业需向光电公司缴纳认股价款 870 万元。同日，投资方与目标公司及其原股东科技公司签订《补充协议》，约定：目标公司承诺如果 2011、2012 两年净利润总和低于 7,700 万元，由目标公司原股东以现金方式进行补偿，补偿额 =（1– 实际完成额 / 承诺额）X 增资方增资款总额。后根据会计师事务所出具的审计报告，目标公司 2011 年的合并净利润为 –37,191,305.44 元，2012 年的合并净利润为 –50,029,300.79 元。投资方要求目标公司及原股东向其支付现金补偿款。未果，诉至法院。

裁判要旨：《补充协议》意思表示真实，未违反法律、行政法规的效力性强制性规定，依法有效。根据会计师事务所出具的审计报告，光电公司 2011、2012 两年的合并净利润之和为 –87,220,606.23 元，科技公司理应根据《补充协议》的约定向泰泓企业进行补偿，但问题是：在光电公司利润亏损时，如何计算科技公司应支付的补偿金额。科技公司认为最大补偿金额不超过增资款总额即 870 万元，泰泓企业认为应以全部亏损额为基数计算补偿金额。《补充协议》约定的“实际净利润”的确可能包括负数的情况，但却在公式中约定了“实际完成额”，两者并非同一概念。在目标利润为 7,700 万元的情况下，当全部完成即实现实际净利润 7,700 万元时，则科技公司无需补偿；当实际净利润为零时，科技公司的补偿金额达 870 万元；当实际净利润为负数时，应视为光电公司没有实际完成额。现光电公司实际净利润为负，如将负的净利润直接等同于公式中的“实际完成额”，并以此计算科技公司的补偿金额，则可能出现光电公司亏损越多，泰泓企业获得补偿越多的现象，有违诚实信用和公平合理原则。综上，判决科技公司向泰泓企业支付补偿款 870 万元及相应违约金。

参考案例 2-9

盛彦企业与宋某某公司增资纠纷案

终审裁判：辽宁省高级人民法院于2015年6月17日作出（2015）辽民二初字第00029号民事判决书

主要问题：对赌条款触发后根据约定的现金补偿计算公式计算出的补偿额为负数时，投资方是否有权主张现金补偿？

案件事实：2011年7月9日，盛彦企业与目标公司曙光公司及其股东宋某某签订《增资合同》，约定由盛彦企业向曙光公司增资5,000万元。同日，盛彦企业与宋某某签订《补充合同》，约定：（1）曙光公司2011—2013年的净利润目标分别为1亿元、1.3亿元、1.69亿元；或以曙光公司2011年实际完成的净利润为基础，宋某某保证2012—2013年年均实现净利润增长不低于30%。（2）如2011—2013年的实际经营业绩低于上述经营目标，则宋某某对盛彦企业进行现金补偿，补偿额计算方式如下：2011年补偿额 = 5,000万元 ×（6,666.67万元 − 实际完成净利润）÷ 6,666.67万元（实际完成的净利润低于6,666.67万元时适用本公式，达到或超过6,666.67万元时，无需补偿）。2012年补偿额为按下列两公式所计算款项的较低者：① 2012补偿额 =7,500万元 ×（5,000万元 − 实际完成净利润）÷ 5,000万元；② 2012年补偿额 = 实际投资额 ×（2011年实际完成净利润 × 130%−2012年实际完成净利润）÷（2011年实际完成净利润 ×130%）。当2012年净利润较2011年净利润增长达到或超过5%时，无需补偿。（3）2013年补偿额为按下列两公式所计算款项的较低者：① 2013补偿额 =7,500万元 ×（1.69亿元 − 实际完成净利润）÷ 1.69亿元；② 2013年补偿额 = 实际投资额 ×（2012年实际完成净利润 ×130%−2013年实际完成净利润）÷（2012年实际完成净利润 ×130%）；当2013年净利润较2012年净利润增长达到或超过5%时，无需补偿。后经会计师事务所审计，目标公司2011—2013年的经营净利润分别为9.241.651，6万元、−5,254.84万元、−7,456.74万元。投资方要求宋某某支付补偿金。未果，诉至法院。法院另查明：盛彦企业实际向曙光公司支付的投资款为2,750万元。

裁判要旨：《增资合同》及《补充合同》是当事人真实意思表示，不违反法律、行政性法规的强制性规定，合法有效。根据会计师事务所的审计报告，曙光公司 2011 年的实际净利润为 92,416,515.41 元，虽未达约定的 1 亿元目标，但已超过 6,666.67 万元，宋某某依约无需进行现金补偿；曙光公司 2012 年和 2013 年的实际净利润分别为 −52,548,419.38 元和 −74,567,427.93 元，两年均为负值，且均未达到约定的 1.3 亿元和 1.69 亿元经营目标，故宋某某应依约对盛彦企业进行现金补偿。按《增资补充合同》约定的公式计算，且取其中较低者，盛彦企业应获 2012 年补偿款为 3,952.86 万元。至于 2013 年的补偿款，按《增资补充合同》约定的公式一计算 =7,500 万元 ×［16,900 万元 −（−7,456.74 万元）］÷16,900 万元 =10,809.2 万元，按公式二计算 =2,750×［（−5,254.84 万元）×130%−（−7,456.74 万元）］÷［（−5,254.84 万元）×130%］=−251.78 万元，两公式计算结果中较低者为 −251.78 万元，因该结果出现负值，无法支持盛彦企业要求宋某某给付 2013 年补偿款及利息的诉请。

参考案例 2-10

经纬公司与工程公司、董某某、陈某某及农机公司股权转让纠纷案

终审裁判：北京市第三中级人民法院二审并于 2015 年 6 月 5 日作出（2015）三中民终字第 00923 号民事判决书

主要问题：目标公司原股东将部分股权转让价款支付至目标公司，是否可以约定如对赌目标未实现，由目标公司向投资方支付该笔价款?

基本事实：投资方经纬公司与目标公司农机公司及其原股东工程公司、陈某某（两者合称为“转让方”）及董某某（农机公司和工程公司实际控制人）签订《股权转让协议》，约定：（1）转让方将其所持目标公司 51% 股份作价 2,865.54 万元转让给经纬公司，其中 1,000 万元转让价款支付至目标公司账户，1,528.42 万元支付至工程公司账户，337.12 万支付至陈某某账户。（2）工程公司承诺将该 1,000 万元作为其对目标公司业绩承诺的保障款。（3）转让方、董某某和农机公司共同承诺 2010—2012 年农机公司净利润不低于如下指标：2010 年 1,500 万元、2011 年 2,250 万元、2012 年 3,750 万元，未来 3 年合计 7,500 万元；如农机公司完成所

列业绩，则工程公司自2011年至2013年每年可分别从1,000万元保障款中提取300万元、300万元、400万元；如未能完成所列业绩，则经纬公司可按以上同样方式提取相应金额；如农机公司自2010年至2012年3年合计实现净利润7,500万元或以上，则转让方有权从农机公司累计获得1,000万元；如农机公司自2010年至2012年3年合计实现净利润低于3,750万元，则经纬公司有权自农机公司累计获得1,000万元；如经纬公司未能实现1,000万元收入，则农机公司应在收到经纬公司书面通知后15天内按通知所列金额向其补足；如经纬公司向农机公司发出书面通知后30日内未收到补足金额，有权要求董某某补足金额，即董某某为农机公司对经纬公司最高额1,000万元债务承担连带保证责任。同日，经纬公司作为债权人与工程公司、董某某及债务人农机公司签订了《保证协议》确认了前述连带保证责任。后，海虹农机公司3年均未完成业绩指标，经纬公司要求董某某、工程公司向其支付1,000万元。未果，诉至法院。

裁判要旨：经纬公司与工程公司、董某某、陈某某签订的《股权转让协议》系当事人真实意思表示，协议中关于股权转让的约定以及关于1,000万元的支付约定实际上是投资者与目标公司股东之间对于股权的估值调整约定。虽各方约定农机公司51%股权的对价为2,865.54万元，但工程公司同意将其中1,000万元支付至农机公司，并根据3年经营业绩来确定该笔款项最终归属，如未达到约定的经营业绩，则经纬公司有权获得该1,000万元。该约定并未损害农机公司及其债权人的利益，亦不违反法律、行政法规的强制性规定，应属合法有效，对当事人具有法律约束力。《保证协议》也系当事人真实意思表示，且内容不违反法律、行政法规的强制性规定，应为合法有效。工程公司和董某某主张《股权转让协议》作为主合同无效，故《保证合同》无效，于法无据，不予采信。至于工程公司、董某某、陈某某关于农机公司3年经营业绩未完成甚至亏损是由经纬纺织公司造成的主张，因缺乏事实依据，亦不予采信。综上，支持经纬公司的诉请。

延伸阅读 不同现金补偿方式所涉及的主要法律问题

现金补偿是私募股权投资中常用的主要补偿方式，通常基于目标公司财务业绩指标设定，主要是为了补偿投资者股东因目标公司财务业绩指标未达标而遭受的预期收益损失，因此现金补偿金额通常基于财务业绩未达标而产生的投资估值差额来计算，比如以“投资款本金 ×（1– 当年实际净利润 / 当年净利润指标）”来计算，或者以“投资款本金 – 当年实际净利润 / 当年净利润指标 × 目标公司当年估值 × 投资者持股比例”来计算，等等[1]。需要指出的是，如果这些投资估值差额系支付给目标公司，那就应是补足利润差额的概念；如果这些投资估值差额是支付给投资者股东，那就不应属于补足利润差额的概念，或者应视为向投资者股东补足投资估值差额的概念。由此产生了一个问题：投资者股东有无权利收取这种本可支付给目标公司的利润差额？由于在这种利润差额支付给目标公司的情况下，投资者股东只能按其持股比例分享这一利润差额，投资者股东直接主张这一差额是基于其股东权利，还是基于其合同权利？换言之，这是一种投资收益权，还是利润分配请求权？在投资者股东主张这种差额补偿后，如果后续又通过股权回购条款要求股权回购方回购股权，且股权回购方又恰恰是原来的差额补偿方，这种“二次惩罚”是否对回购方公平？总之，私募股权投资领域的现金补偿，并不一定是利润差额补偿的概念，还有可能是投资估值差额补偿的概念。目前的公开案例似乎还没有关于这一问题的相关论证和分析。

从现金补偿的具体方式来讲，现金补偿在实践中主要表现为如下几种方式且可能会在同一股权投资交易中一并使用：（1）由目标公司直接以现金补偿投资者股东；（2）由原股东以现金补偿投资者股东；（3）对目标公司和 / 或原股东不能补偿的部分，由第三人以现金补偿投资者股东；（4）由原股东或第三人现金补偿目标公司，等等。在这些补偿方式中，除第（4）种补偿方式简单易行且没有实质性法律障碍外，其他 3 种补偿方式或多或少都有些可以探讨的法律问题。

对目标公司直接以现金补偿投资者股东而言，如果目标公司当年实现的净利润超过了应予现金补偿的金额且投资者股东签有优先分红权条款，那么投资者股

1 比如，如果目标公司某年预期实现利润 10,000 万元，投资者股东以 10 倍市盈率对目标公司估值，占目标公司投后 10% 股权，那么就意味着投资者股东需要对目标公司投资 10,000 万元。在假设目标公司当年实际实现净利润 4,000 万元，利润差额为 6,000 万元的情况下，如以“投资款本金 ×（1– 当年实际净利润 / 当年净利润指标）”计算补偿金额，则补偿金额应为 6,000 万元 =10,000 万元 ×（14,000 万元 /10,000 万元）；如以“投资款本金 – 当年实际净利润 / 当年净利润指标 × 目标公司当年估值 × 投资者持股比例”计算补偿金额，则补偿金额应为 6,000 万元 =10,000 万元 –4,000 万元 /10,000 万元 ×100,000 万元 ×10%。

东依据《公司法》第34条[1]的规定取得现金补偿应无问题。然而，如果目标公司当年实现的净利润不足以向投资者股东支付现金补偿，那么目标公司是否仍需以其他资金进行现金补偿或者投资者股东是否仍有权要求目标公司进行现金补偿呢？根据《九民会议纪要》关于“投资方请求目标公司承担金钱补偿义务的，人民法院应当依据《公司法》第35条关于股东不得抽逃出资和第166条关于利润分配的强制性规定进行审查。经审查，目标公司没有利润或者虽有利润但不足以补偿投资方的，人民法院应当驳回或者部分支持其诉讼请求。今后目标公司有利润时，投资方还可以依据该事实另行提起诉讼”的规定，投资者股东要求目标公司进行现金补偿的，至少应同时满足不违反公司资本维持原则、公司股东和债权人保护规定以及目标公司拥有法定可分配利润3项基本条件，否则仅以目标公司签署补偿条款为基础的现金补偿请求将很难获得司法审判机关的支持。需要指出的是：自“海富与世恒案”后，关于股权回购的司法审判实践已经有了很大发展，并且产生了由目标公司通过“担保”等方式实施股权回购的可能，但目前可查询的现金补偿案例大部分仍沿用了“海富与世恒案”的司法观点，认为目标公司实施现金补偿会违反公司资本维持原则以及公司股东和债权人保护等方面的规定，不应支持。基于《九民会议纪要》的规定以及司法审判机关在股权回购案例中对“目标公司同样因私募股权溢价投资而受益”观点的应用，目标公司支付现金补偿的司法审判实践未来亦有进一步发展变化的可能。

对于由原股东向投资者股东进行现金补偿，目前司法审判机关的观点基本与原股东承担股权回购的观点一致，即这种安排是投融资各方意思自治的产物，是各方对商业风险的自主安排，不会危害公司以及公司股东和债权人利益，应为合法有效。同时，司法审判机关通常也认为：原股东承诺进行现金补偿应不构成担保，不适用担保法的相关规定，也不存在强迫目标公司违反规定进行分红的意思，而这些观点与原股东承担股权回购的观点也有很大相似之处，充分体现了对合同当事人意思自治的尊重。换言之，在目标公司补偿不能或补偿法律风险较高的情况下，

---

1 《公司法》第34条：“股东按照实缴的出资比例分取红利；公司新增资本时，股东有权优先按照实缴的出资比例认缴出资。但是，全体股东约定不按照出资比例分取红利或者不按照出资比例优先认缴出资的除外。”

由原股东对投资者进行现金补偿应是一种比较可行且风险相对可控的方式，只是现金补偿标准是否过高还需从商业和法律角度进行双重考量。

对于由第三人对目标公司和/或原股东不能补偿的部分向投资者股东进行现金补偿，情况则更为复杂。这种差额式补偿是属于债务加入，还是保证担保，抑或合同义务或其他，目前尚无统一定论。如果是债务加入，除各方对责任承担方式另有约定外，差额补偿权利人通常可以直接要求补足义务人与债务人共同承担责任，法律关系相对简单。如果是独立的合同义务，则应按合同约定承担补足责任，法律关系亦相对简单。然而，如果是保证担保，则还会受制于《物权法》《担保法》[1]《公司法》等法律关于保证人主体、保证期间、对外担保审议程序等方面规定的约束。从前述“李某、刘某某、博杰合伙企业、博萌合伙企业与赵某某合同纠纷案”以及下述“山东地矿与山东华源、山东地利等股权转让纠纷案”来看，司法审判机关有将对赌补偿项下的这种差额补足安排看成独立合同义务的可能。此外，从最高人民法院于2017年8月4日发布的《关于进一步加强金融审判工作的若干意见》（法发〔2017〕22号）第2条第3款[2]的规定来看，基于中小微企业融资担保交易而产生的新类型担保合同，只要不因《合同法》第52条[3]的规定无效，原则上也会视为有效。换言之，在第三人以货币资金提供差额补偿的情况下，即使构成担保，也依然可能被认定为有效。

第二节　股权补偿

与现金补偿相比，由于股权补偿不能帮助私募股权基金提前收回投资，因

1　在《民法典》施行后，如发生保证担保的，应受《民法典》物权编等相关编章的规制，而不是原《物权法》《担保法》的规制。

2　最高法院《关于进一步加强金融审判工作的若干意见》（法发〔2017〕22号）第2条第3款：“依法认定新类型担保的法律效力，拓宽中小微企业的融资担保方式。丰富和拓展中小微企业的融资担保方式，除符合合同法第五十二条规定的合同无效情形外，应当依法认定新类型担保合同有效；符合物权法有关担保物权的规定的，还应当依法认定其物权效力，以增强中小微企业融资能力，有效缓解中小微企业融资难、融资贵问题。”

3　关于《民法典》对《合同法》第52条的具体承继内容和方式，请参考本书其他相关内容。

此在目标公司对赌指标未达标时通常不是私募股权基金的首选补偿方案，尽管彼时私募股权基金可以低价甚至无偿地通过增资或者受让股权来增持目标公司更多股权。事实上，实践中的股权补偿纠纷案例的数量也是远远少于现金补偿纠纷案例的数量，而且有很多股权补偿纠纷案例虽是由投资“对赌”引发却不属于私募股权基金主导或参与的投资对赌。

优选案例 2-3

山东地矿与山东华源、山东地利等股权转让纠纷案

阅读提示

诉讼背景：泰复股份（后更名为“山东地矿”）作为鲁地矿业、徐楼矿业、娄烦矿业的投资者股东，认为上述公司未达到利润承诺指标，触发股权补偿条款，要求上述公司原股东山东地利、山东华源、宝德瑞公司、褚某某承担股权补偿义务及支付相应违约金。未果，诉至法院。

裁判索引：山东省高级人民法院一审并作出（2015）鲁商初字第48号民事判决书（以下简称“一审判决”）；最高人民法院二审并于2016年12月21日作出（2016）最高法民终472号民事判决书（以下简称“二审判决”）；最高人民法院再审并于2017年12月26日作出（2017）最高法民申2731号民事裁定书（以下简称“再审裁定”）。

主要问题：（1）《补偿协议》中的股权补偿条款是否有效？（2）业绩承诺方可否通过签署《补充协议》转让《补偿协议》中的股权补偿义务？

一审程序

事实认定：

一审法院查明事实如下：

(1) 2012年9月26日，泰复股份作为甲方与山东地利、山东华源、宝德瑞公司、褚某某及案外人鲁地控股（以下简称“地矿集团”）、山东国投、测绘院、北京正润在内的8个交易对方（以下简称“交易八方”）作为乙方签订了《发行股份购买资产协议》（以下简称《资产重组协议》），约定：①泰复股份拟通过重大资产出售及发行股份购买资产进行重大资产重组，向北京正润出售蚌埠丰泰生

物科技有限公司 100% 股权；②向鲁地控股、北京正润、山东国投、宝德瑞公司、山东地利发行股份购买其所持鲁地矿业 100% 股权，其中鲁地控股持有 56.82%，北京正润持有 19.29%，山东国投持有 13.54%，宝德瑞公司持有 7.22%，山东地利持有 3.13%；③向山东华源、宝德瑞公司发行股份购买其分别所持徐楼矿业 42.47%、6.53% 股权；④向测绘院、褚某某发行股份购买其分别所持娄烦矿业 30%、10% 股权；⑤根据鲁地矿业 100% 股权、徐楼矿业 49% 股权及娄烦矿业 40% 股权的评估值 180,499.78 万元，泰复股份向山东地利发行 6,228,067 股股份，向山东华源发行 71,212,506 股股份，向宝德瑞公司发行 25,315,661 股股份，向褚某某发行 5,048,396 股股份，向鲁地控股发行 113,060,314 股股份，向山东国投发行 26,941,863 股股份，向测绘院发行 15,145,190 股股份，向北京正润发行 38,383,200 股股份，每股 5.99 元。

（2）同日，上述各方又签订《盈余预测补偿协议》（以下简称《补偿协议》）。约定：①乙方（交易八方）承诺拟购买资产在 2013—2015 3 个会计年度截至当期期末累积的扣除非经常性损益后的实际净利润不低于评估报告中拟购买资产对应的截至当期期末累积的预测净利润，3 个年度预测净利润分别为 12,857.6 万元、15,677.86 万元、21,439.65 万元，合计 49,975.11 万元。②若拟购买资产在 2013—2015 3 个会计年度的实际净利润未达到乙方承诺的截至当期期末累积净利润，乙方应进行补偿，并约定了每年补偿股份数及乙方各自所应承担补偿股份数的计算公式，补偿股份由甲方（泰复股份）以 1 元价格进行回购、注销。③如乙方补偿义务产生时，乙方所持甲方股份数不足以补偿盈利专项审核意见所确定净利润差额时，乙方将从证券交易市场购买相应数额的甲方股份弥补不足部分，并由甲方进行回购；如回购股份并注销事宜由于甲方减少注册资本事宜未获相关债权人认可或未经股东大会通过等原因而无法实施的，则乙方承诺 2 个月内将等同于上述回购股份数的股份赠送给其他股东（其他股东是指甲方赠送股份实施公告中所确定的股权登记日登记在册的除交易对方之外的股份持有者），其他股东按其持有股份数占股权登记日扣除交易对方持有的股份数后甲方的股份数的比例享有获赠股份。④乙方未按本协议约定向甲方及时、足额支付补偿的，甲方有权要求乙方每逾期一日，按未能支付的需补偿股份市值的 5‰向甲方支付违约金。

（3）后经审计，负责山东地矿年度审计的会计师事务所出具专项审核意见，山东地矿2013年度业绩承诺已实现，但2014年度扣除非经常性损益后的合并净利润为 -1,199.16万元，该年度业绩承诺未能实现。

（4）2015年5月12日，山东地矿召开董事会，通过了《关于回购公司重大资产重组标的资产未完成业绩承诺对应股份的议案》《关于采用回购并注销股份补偿方式时重大资产重组参与股东全额注销股份的议案》《关于采用股份赠与补偿方式时重大资产重组参与股东全额赠与股份的议案》和《关于采用股份赠与补偿方式时重大资产重组参与股东组合赠与股份的议案》，并发布了《关于回购公司重大资产重组标的资产未完成业绩承诺对应股份的公告》及《关于公司2014年业务承诺未完成时重大资产重组参与股东股份补偿方式的公告》。据《补偿协议》及2014年山东地矿所购买资产的净利润，确定了2014年交易八方分别应补偿的股份数，其中山东地利、山东华源、宝德瑞公司、褚某某应补偿的股份数分别为2,094,186股、23,945,190股、8,512,386股、1,697,522股。

（5）2015年5月28日，山东地矿召开临时股东大会，通过了《关于采用股份赠与补偿方式时重大资产重组参与股东全额赠与股份的议案》及《关于提请股东大会授权公司董事会全权办理回购或者股份赠与相关事宜的议案》，即交易8方应将其补偿股份全额赠与给山东地矿其他股东。鲁地控股、山东国投、测绘院、北京正润履行了补偿义务，但山东地利、山东华源、宝德瑞公司、褚某某未履行补偿义务，其应补偿及现持股情况分别为：山东地利本次应补偿2,094,186股，现持限售股1,557,017股，不足部分为537,169股；山东华源本次应补偿23,945,190股，现持限售股17,803,126股且已被质押，不足部分为6,142,064股；宝德瑞公司本次应补偿8,512,386股，现持限售股6,328,916股，不足部分为2,183,470股；褚某某本次应补偿1,697,522股，现持限售股2,019,359股。

一审法院另查明事实如下：

（1）山东华源曾于2012年9月26日与地矿集团、北京正润签订《关于ST泰复资产重组盈余预测补偿事宜之补充协议》（以下简称《补充协议》），第2条关于业绩补偿承诺的内部补充约定载明："虽然山东华源作为重组方之一，为支持ST泰复本次重大资产重组，就盈利预测补偿事宜在对外承诺时按照上市要求签署了《补偿协议》等相关协议、承诺等法律性文件，但是鲁地控股、北京正润共同承诺，其是盈利预测补偿事宜的实际补偿义务方和连带责任方，将采取多种措施确保完成拟购买资产的盈利预测指标，保证山东华源不因参与ST泰复本次重大资产重组事宜承担补偿义务。”

就前述《补充协议》，山东华源另提交其委托山东政法学院司法鉴定中心作出的司法鉴定意见书，载明：①委托人提供的《补充协议》落款页上“山东鲁地投资控股有限公司”的公章印文、“北京正润创业投资有限责任公司”的公章印文分别与委托人提供的同名样本印文是同枚印章所形成；②委托人提供的《补充协议》落款页上鲁地控股处“刘某某”的签名字迹与委托人提供的“刘某某”签名字迹样本是同一人所写。

(2) 2015年5月，山东华源以地矿集团、北京正润为被告，以山东地矿为第三人，向相关法院提起诉讼，请求确认《补充协议》合法有效。2015年11月3日，该法院作出（2015）历商初字第1141号民事裁定，认为此案虽是确认之诉，但是涉及重大财产纠纷，合同无论确认有效还是无效，其涉及金额都是4亿余元，且《补充协议》是补充协议，与之密切相关的主协议《补偿协议》诉讼已在山东省高级人民法院立案，据此该法院裁定驳回了山东华源的起诉。

法院观点：

一审法院认为，本案争议焦点为：(1)应否追加地矿集团、北京正润为本案当事人；(2)四被告（山东地利、山东华源、宝德瑞公司和褚某某）应否承担补偿义务；(3)山东地矿主张的违约金应否支持。

对争议焦点一，一审法院认为不应支持山东华源关于追加地矿集团、北京正润为本当事人的请求，理由如下：

(1)《补偿协议》是为保证重大资产重组不损害山东地矿社会公众股股东利益，由山东地矿与包括四被告在内的交易八方在平等自愿协商基础上，就本次重大资产重组所涉利润补偿事项达成的协议，并未约定《补充协议》是其生效前提和基础，故《补偿协议》的效力不受《补充协议》的影响。

(2)《补充协议》即使真实，该协议也是山东华源与地矿集团、北京正润就盈利预测补偿事项达成的三方内部协议，与《补偿协议》所形成的是不同的法律关系；根据合同相对性，山东地矿依据《补偿协议》要求山东华源承担补偿责任，山东华源只能依据《补充协议》要求地矿集团、北京正润承担相应合同责任。

(3) 山东地矿并非《补充协议》当事人，山东地矿知晓《补充协议》与否均不影响其向山东华源主张权利，至于山东华源与地矿集团、北京正润内部之间的责任承担问题，三方可另行协商解决。

对争议焦点二及相关事项，一审法院认为山东地矿请求山东地利、山东华源、宝德瑞公司、褚某某分别交付股份 2,094,186 股、23,945,190 股、8,512,386 股、1,697,522 股，并由其代为赠与，应予支持，理由如下：

（1）经审计，山东地矿所购买资产 2014 年的实际利润为 -1,199.16 万元，未达到包括四被告在内的交易八方承诺的净利润 15,677.86 万元，根据《补偿协议》关于"山东地矿购买资产在 2013—2015 会计年度的实际净利润，未达到交易八方承诺的截至当期期末累积净利润，交易八方应进行补偿"的约定，四被告应承担相应补偿义务。

（2）根据《补偿协议》约定的应补偿股份的计算公式，山东地利应补偿股份 2,094,186 股、山东华源应补偿股份 23,945,190 股、宝德瑞公司应补偿股份 8,512,386 股、褚某某应补偿股份 1,697,522 股。对于补偿方式，经山东地矿股东大会决议，决定采用全额赠与股份的方式。

对争议焦点三及相关事项，一审法院认为：

（1）关于违约金的起算时间，《补偿协议》约定："如上述回购股份并注销事宜由于甲方（泰复股份）减少注册资本事宜未获相关债权人认可或未经股东大会通过等原因而无法实施的，则乙方（交易八方）承诺 2 个月内将等同于上述回购股份数量的股份赠送给其他股东（其他股东是指甲方赠送股份实施公告中所确定的股权登记日登记在册的除交易对方之外的股份持有者），其他股东按其持有股份数量占股权登记日扣除交易对方持有的股份数后甲方的股份数量的比例享有获赠股份。"2015 年 5 月 28 日山东地矿召开股东大会，股份回购并注销的议案未能通过，而是决议采用全额赠与股份方式进行补偿。根据上述约定，四被告应自 2015 年 5 月 28 日起 2 个月内，即 2015 年 7 月 28 日前履行赠送股份的补偿义务，但四被告未按期履行，构成违约，应承担相应违约责任。山东地矿主张自 2015 年 6 月 8 日起承担违约责任，与协议不符，不予支持。

（2）关于违约金的标准，《补偿协议》约定："乙方未按本协议约定向甲方及时、足额支付补偿的，甲方有权要求乙方每逾期一日，按未能支付的需补偿股份市值的 5‰向甲方支付违约金。"该约定不违反法律、行政法规的禁止性规定，故四被告每日应按未支付的需补偿股份市值的5‰承担违约金。2015年7月28日山东地矿的股份市值为每股9.43元。山东地矿以2015年6月8日收盘价为违约金的计算基数，不予支持。

（3）由于山东地矿仅主张山东地利、山东华源、宝德瑞公司应补偿数额与现持数额的差额部分股份对应的违约金，据以上关于违约金起算时间及标准，山东地利、山东华源、宝德瑞公司应承担的违约金均应自2015年7月29日起，每日按2015年7月28日其各自应补偿的差额部分的股份市值的5‰计算，其中山东地利差额部分的股份市值为5,065,503.67元（9.43元/股×537,169股），山东华源差额部分的股份市值为57,919,663.52元（9.43元/股×6,142,064股），宝德瑞公司差额部分的股份市值为20,590,122.1元（9.43元/股×2,183,470股）。

法院裁判

综上，一审法院判决：一、山东地利交付山东地矿股份2,094,186股，由山东地矿代为赠与；二、山东地利向山东地矿支付违约金（自2015年7月29日起以5,065,503.67元为基数，每逾期一日按5‰计算至实际支付之日）；三、山东华源交付山东地矿股份23,945,190股，由山东地矿代为赠与；四、山东华源向山东地矿支付违约金（自2015年7月29日起以57,919,663.52元为基数，每逾期一日按5‰计算至实际支付之日）；五、宝德瑞公司交付山东地矿股份8,512,386股，由山东地矿代为赠与；六、宝德瑞公司向山东地矿支付违约金（自2015年7月29日起以20,590,122.1元为基数，每逾期一日按5‰计算至实际支付之日）；七、褚某某交付山东地矿股份1,697,522股，由山东地矿代为赠与。

二审程序

上诉请求：

山东华源不服一审判决，上诉请求撤销二审判决，驳回山东地矿全部诉请或发回重审，理由如下：

(1)《补充协议》是案涉《补偿协议》的生效前提和条件，并对《补偿协议》

进行了修正。《补偿协议》中约定的由山东华源等交易八方因未达承诺净利润而产生的向山东地矿进行补偿的真正义务人是《补充协议》中的地矿集团和北京正润。一审判决没有对山东华源提交的《补充协议》的内容和效力予以认定。

（2）一审法院未对《补充协议》和《补偿协议》的内在关系和逻辑进行充分调查和论证，遗漏追加地矿集团和北京正润作为第三人参与诉讼，程序明显违法。

山东地矿答辩认为一审判决认定事实和适用法律正确，理由如下：

（1）案涉《补偿协议》并未约定《补充协议》是其生效前提和基础，效力不受《补充协议》影响，山东地矿不受《补充协议》的当事人权利义务的约束。

（2）即使《补充协议》真实，该协议也是山东华源与地矿集团、北京正润就补偿事项达成的三方内部协议，与《补偿协议》所形成的是不同的法律关系。山东华源以《补充协议》要求追加当事人是企图逃避补偿义务，没有事实和法律依据。

山东地利、宝德瑞公司和褚某某未提交书面答辩意见。

事实认定：

二审法院认可一审法院查明的事实。

法院观点：

二审法院认为上诉争议焦点为：《补充协议》是否是《补偿协议》生效的前提和条件。

对此争议焦点，二审法院认为：

（1）山东地矿是依《资产重组协议》和《补偿协议》向山东华源主张履行补偿义务并要求支付违约金。《补充协议》只涉及山东华源、鲁地控股（地矿集团），是三方对其权利和义务的内部约定，内容并未在《资产重组协议》和《补偿协议》中提及。山东华源要求一审法院直接判令地矿集团和北京正润承担补偿责任缺乏合同和事实依据。《补充协议》中"内部补偿的执行方式"约定的是：山东华源先行对山东地矿补偿，然后才由鲁地控股和北京正润承担补偿义务，即"自丙方（山东华源）对ST泰复（山东地矿）补偿股份起30个工作日内，实际补偿义务方（鲁地控股和北京正润）应将相当于非义务方已垫付补偿给ST泰复的股份数分别质押给丙方，并待该部分股份符合转让条件之日起30个工作日内无偿转让给丙方"。因此，山东华源关于《补充协议》是《补偿协议》生效前提和条件，一审判决未对《补充协议》内容和效力予以认定，属认定事实不清的上诉理由，缺乏事实和法律依据，不予支持。

(2) 山东地矿依《资产重组协议》和《补偿协议》向山东华源主张补偿义务并要求支付违约金，地矿集团和北京正润不是本案必须参加诉讼的当事人；华源公司可依《补充协议》向地矿集团和北京正润另行主张权利。

(3) 关于一审法院判决山东地矿承担股份赠与的问题。公司董事会只是公司的管理机构，不是一个独立的权利义务主体，董事会实施相关法律行为只能以公司名义，一审法院有权根据公司董事会决议判决公司履行赠与行为有利于股东大会决议的实施。

法院裁判

综上，二审法院判决驳回山东华源的上诉请求，维持原判。

再审程序

再审请求：

山东华源不服二审判决，申请再审，理由如下：

(1) 一审法院没有追加地矿集团和北京正润为本案当事人，判令山东华源交付股份、支付违约金缺乏证据支持。

(2) 山东华源针对地矿集团、北京正润应承担业绩补偿责任向山东地矿提出了书面建议、提案，其置之不理，后又将书面建议、提案作为证据提交一审法院，一审法院对此没有进行质证，依法应进行再审。

(3) 本案补偿协议属对赌协议性质，应适用相关指导案例的审判原则认定为无效。

其他各方当事人均未向再审法院提交书面意见。

事实认定：

再审法院认可原审法院查明的事实。

法院观点：

再审法院认为，山东华源再审申请不能成立，理由如下：

(1) 关于原审未追加地矿集团、北京正润为当事人是否会导致原判认定基本事实缺乏证据证明的问题。《补偿协议》是为保证重大资产重组不损害山东地矿社会公众股股东利益，由山东地矿与包括山东华源在内的交易八方在平等自愿协商基础上，就案涉重大资产重组所涉利润补偿事项达成的协议，而《补充协议》是山东华源与地矿集团、北京正润就盈利预测补偿事项达成的三方内部协议，与《补偿协议》所形成的是不同的法律关系。根据合同相对性，山东地矿只能依据《补偿协议》要求山东华源承担补偿责任，而山东华源要求地矿集团、北京正润承担合同责任应据其所签《补充协议》另行依法主张。原审不追加地矿集团、北京正润为当事人并无不当，不会导致本案事实认定缺乏证据证明。

（2）关于山东华源就地矿集团、北京正润应代其承担业绩补偿责任而提交的相关证据的质证问题。本案是山东地矿依据《补偿协议》要求山东华源等当事人承担协议约定的补偿责任，而山东华源要求地矿集团、北京正润承担三方所签《补充协议》的合同责任应另行依法主张，故本案无需对山东华源要求地矿集团、北京正润依《补充协议》代其承担业绩补偿责任的请求进行审理，对山东华源提交的相关证据不予质证并无不当。

（3）关于《补偿协议》的效力问题。《补偿协议》是为保证重大资产重组不损害山东地矿社会公众股股东利益，由山东地矿与包括山东华源在内的交易八方就案涉重大资产重组所涉利润补偿事项达成的协议，由各方平等自愿协商形成，不违反法律、行政法规的强制性规定，山东华源在原审中未主张、亦未提交证据和充足的理由证明《补偿协议》存在应当被认定无效的法定情形，山东华源认为《补偿协议》应认定无效的主张缺乏事实和法律依据，不能成立。

法院裁判

综上，再审法院裁定：驳回山东华源的再审申请。

案例启示

本案与前述“李某、刘某某、博杰合伙企业、博萌合伙企业与赵某某合同纠纷案”（以下简称“博杰纠纷案”）有很大相似性，都是在上市公司以股权置换方式实施重大资产重组过程中因业绩承诺未达标所产生的补偿纠纷案例，而且本案上市公司的实际控制人地矿集团也通过另行签署《补充协议》

的方式，确认了其系盈利预测补偿事宜的实际补偿义务方和连带责任方，以保证山东华源不因参与本次重大资产重组而承担补偿义务，与“博杰纠纷案”项下赵某某签发承诺函具有异曲同工之妙，而且审理两案的法院的审判思路也比较类似，即上市公司实际控制人另行签署的协议或签发的承诺函应视为一份独立的协议，与相关方就重大资产重组所签资产购买协议和补偿协议等交易协议分属不同的法律关系，不应合并处理，并最终据此驳回了山东华源的诉请。可以想见，为维护自身权益，山东华源无疑将另起一诉，根据《补充协议》要求地矿集团最终承担补偿责任。

本案与“博杰纠纷案”之间的不同之处主要是补偿标的不同。本案补偿标的是上市公司股票,而非现金。根据相关媒体公开报道,[1] 在目标资产遭遇业绩“爆雷”后，山东地矿曾提出回购山东华源等业绩承诺方股票并注销的方案以及全额赠与的方案两种方案，但前者在 2015 年召开的股东大会上被高票否决，后者则获得通过。换言之，本案本来有可能演变成为一个类似于上市公司股票回购的案例，但最终因为股东大会的决议而成为一个股票补偿案例。

对私募股权基金而言，本案值得深思之处首先有两点。其一，本案“对赌”失败的原因是什么？是不是因为地矿集团在《补充协议》这一“抽屉协议”中的最终补偿承诺使山东华源等业绩承诺方失去了实现业绩的动力，抑或是纳入本次重组的目标资产本身就存在问题？其二，作为财务投资人，虽然私募股权基金通常不会承担任何补偿义务，但如果置入上市公司的目标资产本身存在问题，其通过股权置换所得上市公司股票价格一样会遭受下跌风险，并可能因此遭受重大损失。换言之，在参与上市公司重大资产重组时，为了切实保障自身投资权益，如何衡量及确定拟置入上市公司目标资产的价值也是需要仔细思考的问题。

参考案例 2-11

翰林公司、杨某某与招银叁号合伙协议纠纷案

终审裁判：最高人民法院再审并于 2018 年 9 月 26 日作出（2018）最高法民申

---

1 岳微：《山东地矿业绩对赌案始末》，载中国证券报网站：http://www.cs.com.cn/ssgs/gsxw/ 201703/t20170322_5215822.html，最后访问日期：2020 年 3 月 5 日。

3275号民事判决书

主要问题：(1)在目标公司借壳上市未成功时，投资方可否要求目标公司原股东将所持上市公司股份用于回购其所持目标公司股权？(2)或这种股权置换方式是否可行？

基本事实：2015年2月16日，招银叁号的股东千和资本与杨某某、翰林公司签署《投资框架协议》，约定双方共同收购目标上市公司合金公司的股权，并同时与目标上市公司的控股股东辽机集团签署关于合金公司的《股份转让合作协议》，约定由杨某某和招银玖号共同收购辽机集团所持合金公司股权。2015年4月2日，招银叁号与杨某某、翰林公司签订《合作协议》，约定：(1)招银叁号以3,000万元通过《股权转让协议》受让翰林公司30%股权；(2)以6.7亿元通过《借款合同》提供给杨某某使用，其中部分金额通过《股份转让协议》受让合金公司约5,260万股股份，并在持有5,260万股股份后质押给招银叁号……。2015年4月2日，杨某某与招银叁号签订《关于翰林公司股权转让协议》，约定：杨某某向招银叁号转让其所持翰林公司30%股权，转让价格为3,000万元。2015年4月2日，招银叁号与杨某某签订《借款协议》，约定：招银叁号向杨某某出借资金4.7亿元，全部用于受让合金公司5,260万股股份，所收购5,260万股股份质押给招银叁号。同日，招银叁号与杨某某签订了另一份《借款协议》，约定招银叁号另行向杨某某出借资金2亿元。2015年4月22日，招银叁号与杨某某、翰林公司签订一份《备忘录》，约定：(1)杨某某收购并持有合金公司5,260万股股份后，将翰林公司资产注入合金公司；(2)杨某某应于翰林公司借壳上市前完成对翰林公司10,000万元注册资本的出资；(3)以翰林公司2015年度经审计的净利润为基准进行对赌，业绩对赌期间翰林公司未进行增资事宜的前提下，待翰林公司2015年审计报告出具后，若2015年净利润大于或等于3.5亿元，招银叁号将实际所持翰林公司股权调整为20%，即招银叁号以1,000万元为对价向杨某某转让10%翰林公司股权；若2015年净利润小于3.5亿元，则根据翰林公司业绩实际完成情况调整招银叁号实际持有翰林公司的股权比例；(4)若翰林公司于2016年9月30日仍未取得政府部门等有权机关、机构(包括证监会)同意将其资产注入合金公司的批复，2016年10月8日起，杨某某以其所持合金公司5,260万股股票作为对价回购招银叁号所持翰林公司全部股权，各方须无条件配合上述回购安排，违约方应每迟延一日按照7亿元的0.05%向守约方支付逾期履行违约金直至回购安排完成。其后，招银叁号以3,000万元股权转让款受让了杨某某持有的翰林公司30%股权，向杨某某支付了6.7亿元借款，杨某某将其所持合金公司5,260万股股票质押给了招银叁号，但杨某某、翰林公司未能通过业绩对赌，调整招银叁号对翰林公司的持股比例。其后，招银叁号对杨某某的财务数据真实性产生怀疑，杨某某拒绝了派专业团队进场专项审计的要求，各方矛盾迅速升级。其后，招银叁号要求杨某某立即向其转让所持合金5,260万股股票，用以回购招银叁号所持翰林公司30%股权，要求翰林公司对回购股权事项承担协助义务，配合办理翰林公司股东工商变更登记。未果，诉至法院。

裁判要旨：案涉交易的实质是招银叁号出资给杨某某用于购买合金公司股份，以此换取翰林公司30%股权，并通过设定对赌条款锁定翰林公司业绩，从而最终实现将翰林公司优质资产注入合金公司以获得投资收益的目的。对于案涉借壳上市交易失败情形下招银叁号的退出渠道，《备忘录》约定的内容明确，杨某某据此应承担附条件的回购义务，即在2016年9月30日翰林公司仍未取得政府部门等有权机关、机构（包括证监会）同意将其资产注入合金公司的批复的情况下，应以其所持合金公司5,260万股股票作为对价，履行回购招银叁号所持翰林公司全部股权的义务。招银叁号之所以愿意出资给杨某某购买合金公司股份，并以此换取翰林公司30%股权，从而最终实现借壳上市，是因为双方合作之初杨某某提交的翰林公司2011—2013年财务报表业绩非常优秀，招银叁号认为是可以注入壳公司的优质资产，但在翰林公司借壳上市的推进过程中，招银叁号对杨某某提供的翰林公司财务数据真实性产生怀疑，但专项审计要求遭到拒绝，且杨某某也一直未提供2015年审计报告，致使招银叁号无法核实翰林公司真实资产状况，由此导致《备忘录》约定的业绩对赌条款不能继续履行，更无法实现借壳上市以获取投资收益的缔约目的。综上，判决杨某某向招银叁号转让其所持合金公司5,260万股股票，用以回购招银叁号所持翰林公司30%股权，翰林公司对杨某某回购股权事项承担协助义务，配合办理翰林公司工商变更登记手续。

延伸阅读 股权补偿所涉及的履行问题

与现金补偿类似，股权补偿通常也是基于目标公司财务业绩指标设定，主要也是为了补偿投资者股东因目标公司财务业绩指标未达标而遭受的预期收益损失，故股权补偿额也是通常基于因财务业绩未达标而产生的投资估值差额来计算，比如以“投资者股东所持出资额 ×（当年净利润指标 / 当年实际净利润 –1）”来计算，等等。然而，无论股权补偿额如何计算，实施股权补偿的后果必然是使投资者股东持有的目标公司股权增加，从而增加对目标公司的影响力和控制力。此外，由于股权补偿无助于投资者股东收回投资成本，因此除非出于战略投资或并购目的，投资者股东通常不会在目标公司业绩指标未达标时首选适用股权补偿。尽管如此，适用股权补偿的投资者股东在实践中并不是不存在，由此也产生了一个问题，即如果投资者股东要求实施股权补偿，应当如何处理?

在私募股权投资实践中，对投资者股东实施股权补偿主要表现为如下几种方式，即（1）由目标公司低价或无偿地向投资者股东进行定向增资；及/或（2）由原股东低价或无偿地向投资者股东转让其所持目标公司股权。股权补偿之所以只有这些有限的表现形式，主要是因为股权补偿下的补偿标的是目标公司股权，而不是现金这一一般等价物，原则上无法由目标公司和原股东以外的人补足。这就要求投资者股东在实施股权补偿时考虑一个问题：股权补偿方能否完整履行股权补偿义务并完成相应股权交割? 特别地，如果股权补偿需要通过前述第（2）种方式完成且所涉股权存在质押或者司法查封或冻结等状况，这些股权能否完成交割就会成为一个重要问题。

一般而言，投资者股东通常都会在投资法律文件中明确要求原股东不得向第三人质押其所持的目标公司股权，目标公司亦不得协助原股东办理任何股权质押手续，除非事先征得投资者股东同意。问题是，股权是一种物权，一经确权登记或质押登记即具有对抗第三人的效力，因此尽管原股东负有不得质押股权的合同限制性义务，但实践中无法全面排除原股东将其所持目标公司股权质押给第三人的可能，而且质押登记一旦完成，就会产生对抗第三人的效力，并可能导致投资者股东的股权补偿诉求无法完成，而此时投资者股东的选择也可能会变得十分局限，要么基于原股东违约质押股权或者股权补偿无法完成来追究原股东的违约责任，要么基于投资法律文件其他约定来追究原股东的其他责任。除此之外，如果用于补偿的股权还存在司法查封或冻结等情形，那么投资者股东的股权补偿诉求甚至可能会彻底落空，而且即使启动案外人执行异议之诉，也最终很可能因为物权优于债权而无法获得支持。

为尽量降低前述风险，或许可从证监会 2019 年 3 月 22 日发布的《关于业绩承诺方质押对价股份的相关问题与解答》[1] 中找到一些指引，即在与原股东等相关方签署投资法律文件时，要求原股东在其中明确承诺，如其未来与股权质权人签署股权质押协议，应征得投资者股东同意，并应明确告知质权人其所持股权存在因业绩指标未达标而被用作股权补偿的可能，并由此要求质权人同意在业绩未达标时将该等股权优先用于补偿投资者股东。然而，仅仅采取此种措施仍然不够，还需考虑通过目标公司章程条款设计等方式让质权人有机会了解投资者股东和原股东之间的这种股权补偿安排，比如质押目标公司股权需要目标公司内部有权机关决议以及投资者股东的决议同意等内容。问题是，这种安排亦可能最终无法起到《公司法》和《担保法》上使目标公司股权质押无效的效果，因为这种股权质押不是目标公司质押其持有的股权，而是原股东质押其所持的目标公司股权，合同法或公司法上的约定未必能够起到拘束原股东基于物权法所享权利的作用。换言之，

---

1 《关于业绩承诺方质押对价股份的相关问题与解答》，载证监会网站：http://www.csrc.gov.cn/pub/newsite/ssgsjgb/ssbssgsjgfgzc/ywzx/201903/t20190322_353195.html，最后访问日期：2020 年 3 月 5 日，其中包括：

"问：对上市公司并购重组业绩承诺方保障业绩补偿义务实现有何要求?

答：上市公司重大资产重组中，交易对方拟就业绩承诺作出股份补偿安排的，应当确保相关股份能够切实用于履行补偿义务。如业绩承诺方拟在承诺期内质押重组中获得的、约定用于承担业绩补偿义务的股份（以下简称对价股份），重组报告书（草案）应当载明业绩承诺方保障业绩补偿实现的具体安排，包括但不限于就以下事项作出承诺：业绩承诺方保证对价股份优先用于履行业绩补偿承诺，不通过质押股份等方式逃废补偿义务；未来质押对价股份时，将书面告知质权人根据业绩补偿协议上述股份具有潜在业绩承诺补偿义务情况，并在质押协议中就相关股份用于支付业绩补偿事项等与质权人作出明确约定。上市公司发布股份质押公告时，应当明确披露拟质押股份是否负担业绩补偿义务，质权人知悉相关股份具有潜在业绩补偿义务的情况，以及上市公司与质权人就相关股份在履行业绩补偿义务时处置方式的约定。……"

这种风险的最终有效防范措施还有待在私募股权投资实践和司法审判实践中进一步验证。

第三节 优先分红

优先分红与现金补偿具有较大相似性，二者都赋予了投资者股东取得相关现金类补偿的权利。二者不同的是，现金补偿主要是为了补偿投资者股东因投资估值差额而遭受的损失，而优先分红则主要是为了保障投资者股东能够取得预期利润收入或取回投资本金。在实践中，优先分红权主要是体现为投资者股东优先于原股东取得目标公司利润的权利或者要求相关补偿方就此向其补足预期利润差额的权利，甚至是优先于目标公司其他股东取得相应固定收益的权利。

参考案例 2-12

正银公司、中盛公司与金控财富等与公司有关的纠纷案

终审裁判：最高人民法院二审并于 2018 年 10 月 29 日作出（2018）最高法民终 765 号民事判决书

主要问题：（1）投资协议中约定原股东补足投资者股东投资利润以及回购投资者股东所持目标公司股权的条款是否有效？（2）投资协议中的股权回购条件如何认定以及股权回购价格如何确定？

基本事实：2012 年 2 月 24 日，金控旅游作为甲方、金控财富作为乙方、中盛公司作为丙方、正银公司作为丁方、中银公司作为戊方，共同签订《投资协议》，约定：（1）2011 年 2 月 21 日，中盛公司与正银公司设立中银公司；金控财富于 2011 年 6 月 30 日委托银行向中银公司发放 14,735 万元贷款，中盛公司、正银公司将其所持中银公司 100% 股权质押给金控财富。（2）将中银公司注册资本从 3,000 万元增加至 5,866 万元，由金控财富、金控旅游、正银公司出资补足，并形成股权结构：金控旅游出资 1,923.5 万元，持股 32.79%；金控财富出资 910.5 万

元，持股 15.52%；中盛公司出资 1,650 万元，持股 28.13%；正银公司出资 1,382 万元，持股 23.56%；另金控旅游出资 10,000 万元增资，其中 1,923.5 万元计入中银公司注册资本，8,076.5 万元计入资本公积；金控财富以其所持对中银公司 14,735 万元债权中的 4,735 万元对中银公司增资，其中 910.5 万元计入注册资本，3,824.5 万元计入资本公积；正银公司出资 32 万元增资中银公司，全部计入注册资本。（3）各方同意：①中盛正银公司董事会由 4 人组成，其中金控旅游、金控财富、中盛公司、正银公司各委派一人；董事长由金控旅游人员担任；首任总经理由正银公司提名报公司董事会聘任，并出任公司的法定代表人。②中盛正银公司实行董事会领导下的总经理负责制。除财务总监外，公司经营高管由正银公司提名报公司董事会聘任；财务总监由金控旅游提名报公司董事会决议聘任。（4）根据项目测算，中银公司此次增资后 5 年内应实现利润不少于 2.6 亿元且中银公司应每年向股东分红；鉴于金控旅游、金控财富的增资溢价以及中盛公司、正银公司负责中银公司实际经营等因素，各方同意中银公司利润按以下方式分配：增资后 5 年内，中银公司每年可分配利润应分配给金控旅游、金控财富的金额为：2013 年 2 月底，金控旅游 1,500 万元、金控财富 711 万元；2014 年 2 月底，金控旅游 1,725 万元、金控财富 817 万元；2015 年 2 月底，金控旅游 1,984 万元、金控财富 939 万元；2016 年 2 月底，金控旅游 2,282 万元、金控财富 1,080 万元……；可分配利润分配给金控旅游、金控财富后如有剩余，剩余部分按股权比例分配给中盛公司、正银公司。（5）如金控旅游、金控财富在增资后 5 年内总计所获利润少于 10,114 万元和 4,789 万元，中盛公司和正银公司应在收到金控旅游、金控财富书面通知后 10 个工作日内分别一次性补足差额；中盛公司和正银公司以所持全部中银公司股权质押给金控旅游、金控财富；龙马公司为中盛公司和正银公司在本协议项下的补足差额义务的履行提供连带责任保证担保。（6）金控旅游、金控财富有权于任何时候要求中盛公司、正银公司任一方或共同回购金控旅游、金控财富所持中银公司全部股权，回购价格应不低于约定价格或第三方评估机构出具的评估价格（以前述二者较高者为准），且后者应在金控旅游、金控财富函件送达之日起 10 个工作日内足额支付回购款项；中盛公司、正银公司以双方所持全部中银公司股权为支付回购款项提供质押担保，龙马公司为支付回购款项提供连带责任保证担保。另，中盛正银公司章程载明：……公司注册资本为 5,866 万元，中盛公司出资 1,650

万元（比例 28.13%）、正银公司出资 1,382 万元（比例 23.56%）、金控旅游出资 1,923.5 万元（比例 32.79%）、金控财富出资 910.5 万元（比例 15.52%）；……股东可不按出资比例分取红利，按股东各方及公司签署的《投资协议》执行。后至 2016 年 12 月 15 日，中银公司未按约定向金控财富进行利润分配，金控财富要求中盛公司、正银公司共同回购其所持中银公司 15.52% 股权。未果，诉至法院。

裁判要旨：（1）关于正银公司和中盛公司补足金控财富投资利润及回购其所持中银公司股权条款的效力。首先，根据已查明的事实，在 2011 年 2 月 21 日中盛公司和正银公司引入新投资者金控旅游和金控财富后，中银公司全部股东即为中盛公司、正银公司、金控旅游和金控财富，该 4 名股东均为案涉《投资协议》当事人，中盛公司和正银公司不属于《公司法》第 20 条第 1 款规定的“其他股东”。其次，金控财富作为增资入股股东，已按公司章程通过债转股完成出资义务，不存在滥用公司法人独立地位和股东有限责任的情形。再次，《投资协议》关于利润分配的约定是基于对公司预期利润的估算以及金控财富增资的溢价等因素，属于商事主体的自主交易安排，应予尊重。从文字表述看，金控财富参与分配的是中银公司每年的“可分配利润”，而享有可分配利润是股东资产收益权的内容，不违反法律规定，而因为考虑到预期利润并不一定真正实现，该条又对可分配利润超过预期利润和低于约定利润时各方的权利义务进行了明确约定，使得享有固定数额的可分配利润与原股东补足责任，相辅相成，相互补充，不能割裂，因此虽然协议明确约定了金控财富应分得的固定利润数额，但该数额是以公司有可供分配的利润为前提，并以原股东承诺对预期利益进行补足为保障，不损害公司和公司债权人利益。原股东承担的为补充责任，并非担保责任。从次，《投资协议》约定的负有股权回购义务的主体为中银公司的原股东正银公司和中盛公司，而非中银公司本身，系目标公司股东与投资者之间对投资风险分担及投资收益分配的意思自治范畴，且中银公司章程明确约定，中盛公司和正银公司购买金控财富所持股权时，按《投资协议》约定执行，并不损害公司及公司债权人利益，合法有效。然后，股东以其认缴出资额为限对公司承担责任，是针对公司债权人而言，主要规范公司外部关系，与股东间的利润补足和股权回购约定并不矛盾。最后，根据《公司法》第 34 条规定，有限责任公司全体股东可对不按出资比例分取红利做出特别约定，因此所谓股东同权同利原则并非强制性规定，全体股东之间可以通过约定进行变更，且《投资协议》为中银公司全体股东所签，公司章程也再次明确："股东可以不按出资比例分取红利，按股东各方及公司于2012年2月2日签署的《投资协议》约定执行。"综上，《投资协议》关于正银公司和中盛公司补足成控财富投资利润以及回购其所持中银公司股权的条款，合法有效。

（2）关于是否约定了股权回购条件。首先，《投资协议》明确约定：金控财富有权于任何时候要求中盛公司、正银公司任一方或共同回购其所持中银公司全部股权，回购价格应不低于约定价格或第三方评估机构出具的评估价格（以二者较高者为准）。其次，《投资协议》未约定金控财富在债转股后尚有后续投资义务，中盛公司、正银公司以金控财富没有进行后续投资为由主张股权回购条件未成就，依据不足。

（3）关于股权回购价格应如何确定。《投资协议》合法有效，对各方具有法律约束力，各方应按约定履行。《投资协议》赋予了金控财富在回购价格方面的选择权，即有权选择"约定价格"和"评估价格"两者中的较高者。金控财富诉请按其中的约定价格回购股权，应视为其已按《投资协议》的约定行使了选择权。综上，判决中盛公司、正银公司向金控财富支付股权回购价款9,269.032，9万元及逾期支付股权回购价款的违约金（违约金以9,269.032，9万元为基数按人民银行同期贷款基准利率自2016年12月30日起计算至股权回购价款付清之日止），龙马公司对中盛公司、正银公司的上述债务承担连带清偿责任，金控财富有权以正银公司所持中银公司16.61%股权（出资额974.3万元）的折价款或拍卖、变卖款优先受偿。

参考案例 2-13

吴某甲、吴某乙公司增资纠纷案

终审裁判：最高人民法院再审并于2018年12月17日作出（2018）最高法民申6136号民事裁定书

主要问题：利润差额补偿承诺是否合法有效?

基本事实：2013年12月12日，贵航公司为甲方、吴某乙为乙方、吴某甲为丙方签订《增资协议》，约定：（1）目标公司增资前注册资本为30万元，乙方持股70%，丙方持股30%。（2）接受甲方为新股东，公司注册资本由30万元增至61.22万元，公司增资后注册资本及股权结构：注册资本为61.22万元，其中甲方货币出资31.22万元，持股51%；乙方货币出资21万元，持股34.3%；丙方货币出资9万元，持股14.7%。（3）新目标公司正式工商注册前，公司所发生的一切法律纠纷、债权债务和欠税欠费均由乙、丙双方负责，并对此承担连带责任，新目标公司及甲方对此不承担任何责任。（4）甲方在认缴31.22万元注册资本的同时向目标公司投入现金172.78万元，作为资本溢价计入资本公积。2013年10月20日，吴某甲、吴某乙向贵航公司出具《未来收益承诺书》，内容为：贵司拟按《增资协议》约定对目标公司增资，因本次增资所采用收益法估价是基于对目标公司的未来盈利测算，为实现（提高）目标公司估值，保障贵司投资利益，我方（吴某甲、吴某乙）作为目标公司原股东自愿并连带承诺如下：（1）增资后目标公司2014年预计实现收入1,527万元，净利润42万元；2015年预计实现收入1,668万元，净利润42万元；2016年预计实现收入1,826万元，净利润50万元；2017年预计实现收入2,003万元，净利润40万元；2018年预计实现收入2,021万元，净利润54万元；2019年预计实现收入2,021万元，净利润54万元。（2）目标公司将按利润表相关科目将公司经营成果和实际收益在其2014年起连续6个会计年度的财务报表中披露，详细说明当期及当年会计年度内公司实际净利润数与净利润预测数之间的差额情况。（3）贵司对财务报告专项审核通过后，当年会计年度公司实际净利润数高于或等于我方在本承诺书中承诺的净利润预计数，则我方无需对贵司进行补偿；若当年会计年度公司实际净利润数低于我方在本承诺书中承诺的净利润预计数，则我方将就实际净利润与预测净利润的差额对贵司进行补偿，且我方会在公司年报披露日起30个工作日内一次性补偿完毕；公司差额的计算方式如下：净利润＝净利润预测数的当年净利润数－实际净利润数。后，目标公司经营发生问题，2014年、2015年、2016年实际净利润分别为85,255.22元、11,236.21元、－1,505,575.71元。贵航公司要求吴某乙、吴某甲共同向其支付2014年、2015年、2016年的利润差额共计2,749,084.28元及违约金10,200元。未果，诉至法院。

裁判要旨：民事主体从事民事活动，应当遵循诚信原则，秉持诚实，恪守承诺。《公司法》第34条虽规定股东按照实缴的出资比例分取红利，但同时也规定全体股东可以约定不按照出资比例分取红利。本案中，吴某甲、吴某乙不仅《未来收益承诺书》中对目标公司的利润作出承诺，而且向新投资者贵航公司承诺进行利润差额补偿，其关于不按照出资比例分取红利的承诺符合《公司法》上述规定。《未来收益承诺书》与《增资协议》有密切联系，是为实现贵航公司对目标公司增资及保障贵航公司的投资利益。此外，《未来收益承诺书》签订于2013年10月20日，后在明知目标公司2013年7—12月的营业收入为1,254万元，净利润为-63万元的情况下，吴某甲、吴某乙也未对即将履行的承诺提出异议，反而直至2017年9月26日方才提出撤销《未来收益承诺书》。根据《民法总则》第152条[1]的规定，吴某甲、吴某乙提出撤销《未来收益承诺书》已超过一年的除斥期间，撤销权已消灭，《未来收益承诺书》不可撤销。综上，判决吴某乙、吴某甲共同向贵航公司支付2014年、2015年、2016年的利润差额共计2,749,084.28元及违约金10,200元。

延伸阅读 优先分红所面临的主要法律问题

与现金补偿类似，优先分红所面临的主要法律问题也主要集中于补偿差额的计算和补偿方式的应用两个方面。

对于补偿差额的计算，有的投资者股东会采用“投资者股东持股比例 ×（当年净利润指标 - 当年实际净利润）”来计算所需补偿的利润差额，但也有的投资者股东会直接采用“当年净利润指标 - 当年实际净利润”来计算所需补偿的利润差

1 《民法总则》第152条：“有下列情形之一的，撤销权消灭：（一）当事人自知道或者应当知道撤销事由之日起一年内、重大误解的当事人自知道或者应当知道撤销事由之日起三个月内没有行使撤销权；（二）当事人受胁迫，自胁迫行为终止之日起一年内没有行使撤销权；（三）当事人知道撤销事由后明确表示或者以自己的行为表明放弃撤销权。当事人自民事法律行为发生之日起五年内没有行使撤销权的，撤销权消灭。”《民法总则》第152条经修订已基本被《民法典》承继并体现为《民法典》第152条：“有下列情形之一的，撤销权消灭：（一）当事人自知道或者应当知道撤销事由之日起一年内、重大误解的当事人自知道或者应当知道撤销事由之日起九十日内没有行使撤销权；（二）当事人受胁迫，自胁迫行为终止之日起一年内没有行使撤销权；（三）当事人知道撤销事由后明确表示或者以自己的行为表明放弃撤销权。当事人自民事法律行为发生之日起五年内没有行使撤销权的，撤销权消灭。”

额，而不会考虑再乘以其所持目标公司的股权比例。如果说前一公式能够充分体现投资者股东作为目标公司股东的分红诉求，而后一公式则完全不同，因为按照后一公式投资者股东还会取得本应归属于目标公司其他股东的利润，而这也产生了一个与现金补偿非常类似的法律问题，即在投资者股东要求按“当年净利润指标 – 当年实际净利润”来计算所需补偿的利润差额时，这种主张是基于其股东权利，还是基于其合同权利呢？在投资者股东主张这种差额补偿后，如果后续又通过股权回购条款要求回购方回购股权，而如果回购方又恰恰是原来的差额补偿方，这种“二次惩罚”是否对回购方公平？从目前公开案例来看，这些问题似乎也还没有相关深入论证和分析。

就补偿方式的应用而言，前述利润差额的补偿方式与现金补偿下的补偿方式比较相似，但前者通常不会包括由第三人进行差额补足的情况，因此又有不同。利润差额的补偿方式主要包括如下几种：(1)由目标公司直接补偿投资者股东；(2)对目标公司不能补偿的部分，由原股东补偿投资者股东；(3)由原股东补偿目标公司。在这些补偿方式中，除第(3)种补偿方式简单易行且没有实质性法律障碍外，其他两种补偿方式所面临的法律问题与现金补偿类似，但又有所不同，主要是因为在目标公司直接补偿投资者股东的情况下，需以目标公司存有可分配利润为前提，而这一点是利润差额补偿与现金补偿最主要的不同之处。换言之，在实施利润差额补偿的情况下，目标公司是否具备《公司法》第166条[1]所规定的盈余分配条件，才是决定目标公司能否进行利润差额补偿的关键。根据《公司法》第166条及《九民会议纪要》的相关规定，目标公司只有在弥补亏损和提取公积金后仍有利润的

---

1 《公司法》第166条：“公司分配当年税后利润时，应当提取利润的百分之十列入公司法定公积金。公司法定公积金累计额为公司注册资本的百分之五十以上的，可以不再提取。公司的法定公积金不足以弥补以前年度亏损的，在依照前款规定提取法定公积金之前，应当先用当年利润弥补亏损。公司从税后利润中提取法定公积金后，经股东会或者股东大会决议，还可以从税后利润中提取任意公积金。公司弥补亏损和提取公积金后所余税后利润，有限责任公司依照本法第三十四条的规定分配；股份有限公司按照股东持有的股份比例分配，但股份有限公司章程规定不按持股比例分配的除外。股东会、股东大会或者董事会违反前款规定，在公司弥补亏损和提取法定公积金之前向股东分配利润的，股东必须将违反规定分配的利润退还公司。公司持有的本公司股份不得分配利润。”

情况下才能进行分配，包括向投资者股东定向分配利润[1]。根据《公司法》第 166 条的规定，如果目标公司存有可分配利润，即使这些利润全部分配给某一个股东，也不会违反公司资本维持原则或者其他与保护公司股东和债权人权益相关的规定，只要有限责任公司的股东约定了或者股份有限公司的章程规定了该股东的优先分红权。

就由原股东对目标公司利润分配不足或不能补偿的部分向投资者股东进行补偿而言，其中涉及的法律问题基本与以同样方式实施现金补偿所涉及的法律问题类似，具体可参考本书关于现金补偿方面的相关评述，在此不再一一累述。

第四节 反稀释

从法律后果角度讲，反稀释可以看作股权补偿和现金补偿在某种程度上的集合，因为适用反稀释条款引发的法律后果主要是由目标公司及 / 或原股东等相关方向私募股权基金等投资者股东进行相关现金补偿及 / 或股权补偿。与现金 / 股权补偿不同的是：现金 / 股权补偿通常是因为目标公司业绩指标未达标所引发，而反稀释条款则主要是因为目标公司后续股权融资估值下降所引发，二者应用场景不同。

参考案例 2-14

林某与北科中心股权转让纠纷案

终审裁判：北京市第三中级人民法院二审并于 2019 年 6 月 18 日作出（2019）京

1 《九民会议纪要》第 2 部分第 1 条第 5 款“与目标公司‘对赌’”：“……投资方请求目标公司承担金钱补偿义务的，人民法院应当依据《公司法》第 35 条关于‘股东不得抽逃出资’和第 166 条关于利润分配的强制性规定进行审查。经审查，目标公司没有利润或者虽有利润但不足以补偿投资方的，人民法院应当驳回或者部分支持其诉讼请求。今后目标公司有利润时，投资方还可以依据该事实另行提起诉讼。”

03民终6335号民事判决书

主要问题：《增资协议》是否因包含同售权（随售权）条款、反稀释条款、优先清算权条款而无效?

基本事实：校园院线公司成立于2008年4月17日，原为有限责任公司，2015年8月19日注册资本为2,650万元，股东为林某、林某甲、吴某某、吴某、黄某、张某某、罗某某、曲某某、谢某某、北京宸业公司、星球合伙企业。2015年9月24日，北科中心（甲方）、林某（乙方）、林某甲（丙方）、吴某某（丁方）、校园院线公司（戊方）签订《增资协议》，约定：（1）北科中心投资目标公司630万元，认购其新增注册资本105万元，占增资后注册资本3.81%，剩余525万元计入资本公积金。（2）如2015年和2016年的经营业绩和利润目标未能达成，则林某、林某甲和吴某某按约定计算方法向北科中心无偿转让其所持目标公司股权。（3）林某、林某甲、吴某某股权处置及其对外转让股权时，北科中心有优先购买权（第10条）。（4）北科中心的同售权：如林某、林某甲、吴某某向第三方直接或间接出售其所持目标公司部分或全部股权，均应至少提前30日书面通知北科中心，并获得北科中心书面同意方可实施，且北科中心可主张其所持目标公司部分和全部股权出售给拟受让林某、林某甲、吴某某所持目标公司股权的交易方（第11条）。（5）反稀释条款：①在完成本次增资后，目标公司新三板挂牌/上市前，除非获甲方书面同意，目标公司不得以低于融资前估值2.5亿元发行新的权益类证券，包括普通股、优先股、可转换债券等；即使甲方同意发行该等新的权益类证券，在同等条件下，甲方享有将所持目标公司股份增持到350万股（且不低于目标公司在新三板挂牌/上市时总股本的10%）的优先认购权……②在完成本次增资后，目标公司新三板挂牌/上市前，如目标公司新增注册资本价格低于甲方本次增资价格（股权激励除外），则乙方、丙方、丁方应按上述新增注册资本价格与甲方本次增资价格的差额对甲方的损失进行补偿（补偿金额=（甲方认购本次增资的每股单价－目标公司该次新增股本的每股单价）×甲方本次增资认购的股数×1.5）。调整可通过乙方向甲方现金补偿相应差价的方式进行，亦可通过乙方向甲方无偿转让部分股权（无偿转让部分股权的数量=补偿金额/甲方认购本次增资的每股单价）的方式进行，上述调整的最终方式由双方协商确定，协商不成则以现金方式补偿（第

14 条)。(6)优先清算权:目标公司如因破产或其他原因实施清算,则在分别支付清算费用、职工工资、社会保险费用和法定补偿金,缴纳所欠税款,清偿公司债务后,对目标公司剩余财产进行分配时,乙方、丙方、丁方应保证甲方优先获得本次增资中其对目标公司的全部投资加上对应的在目标公司已公布分配方案但还未执行的红利中投资方应享有的部分(第 15 条)。(7)目标公司分别于 2016 年 12 月 31 日和 2019 年 12 月 31 日完成新三板挂牌和上市;如新三板挂牌承诺未完成,林某、林某甲和吴某某合计按目标公司总股本 1.5% 无偿向北科中心转让目标公司股份,或北科中心可要求林某、林某甲和吴某某承担回购其所持目标公司全部股份的责任,回购总价为 630 万元及按年利率 15% 计算的利息;如上市承诺未完成,则林某、林某甲和吴某某承担回购北科中心所持目标公司全部股份的责任,回购总价为 630 万元及按年利率 15% 计算的复利利息,或北科中心将其所持目标公司股份向公司股东以外的第三方转让(第 18 条)。

2016 年 1 月 19 日,目标公司由有限责任公司变更为股份有限公司。2017 年 6 月 18 日,林某、林某甲和吴某某和北科中心、目标公司签订《补充协议》,约定:(1)鉴于目标公司 2015 年和 2016 年的经营业绩和利润均未达《增资协议》约定,如严格依据《增资协议》,林某、林某甲和吴某某应合计向北科中心无偿转让超过 137.5 万股股份(合计超过目标公司股本 5%),北科中心自愿降低补偿数额,由林某将其所持目标公司 82.65 万股股份(占目标公司总股本 3%)无偿转让给北科中心;(2)股份转让后北科中心将不再依据《增资协议》"估值调整条款"的约定要求林某、林某甲和吴某某给予新的股份补偿;(3)修改《增资协议》第 18 条的内容,将其中未完成上市约定的回购股权的成本的复利计算方法改为单利计算;(4)《增资协议》第 17 条以外的其他条款的效力不变,投资方根据《增资协议》享有的其他权利依法有效,该等权利包括:《增资协议》第 10 条、第 11 条、第 12 条、第 13 条、第 14 条、第 15 条、第 16 条、第 18 条中的权利。

2018 年,目标公司仍未完成新三板挂牌。北科中心诉至法院,要求判令林某回购其所持校园院线公司股份并支付利息,林某主张案涉《增资协议》中的同售权、反稀释、优先清算权等约定违反全国中小企业股份转让系统发布实施的《关于发布〈挂牌公司股票发行常见问题解答(三)——募集资金管理、认购协议中特殊条款、特殊类型挂牌公司融资〉的通知》[1]（以下简称《新三板公司股票发行解答三》）及相关法律法规，协议应属无效。

裁判要旨：关于《增资协议》是否因包含同售权、反稀释和优先清算权等条款而无效。首先，根据《增资协议》第14条关于"反稀释"的约定，各方就目标公司校园院线公司的融资、股权激励等的限制时间均限定在"完成本次增资后，目标公司新三板挂牌/上市前"，并不违反法律法规的强制性规定。其次，根据《增资协议》第11条"股权（份）同售权"约定，当林某、林某甲、吴某某出售股权时，北科中心享有同等出售的权利，不违反《公司法》等相关法律法规对股权转让的强制性规定。再次，根据《公司法》第186条的规定，公司清算时，清算费用、职工的工资、社会保险费用和法定补偿金、所欠税款、公司债务优先于股东分配。《增资协议》第15条"优先清算权"约定，在支付法定优于股东分配的款项后，股东内部对分配顺序进行约定，不违反《公司法》第186条的规定。根据《合同法司法解释（一）》第4条[2]和《合同法司法解释（二）》第14条[3]，只有违反法律、行政法规效力性强制性规定才导致合同无效。[4]《增资协议》约定的内容均并不违反法律法规的强制性规定，林某主张《增资协议》因包含同售权、反稀释、优先清算权等条款而无效，缺乏法律依据，不予支持。

关于《增资协议》是否存在违反股转系统相关规定的情形。首先，《新三板公司股票发行解答三》系全国中小企业股份转让系统发布的行业规则，规范的是已挂牌公司发行股票募集资金的情形，并非针对"挂牌业务"，即并非针对股份有限公司首次新三板挂牌的情况。林某、林某甲、吴某某在《增资协议》第18条中的承诺是新三板挂牌，林某亦主张系《增资协议》违反《新三板公司股票发行解答

---

1 该解答已于2018年10月25日被全国中小企业股份转让系统有限责任公司《关于发布〈关于挂牌公司股票发行有关事项的规定〉等业务规则的公告》修改。

2 《合同法司法解释（一）》第4条："合同法实施以后，人民法院确认合同无效，应当以全国人大及其常委会制定的法律和国务院制定的行政法规为依据，不得以地方性法规、行政规章为依据。"

3 《合同法司法解释（二）》第14条："合同法第五十二条第（五）项规定的'强制性规定'，是指效力性强制性规定。"

4 《合同法司法解释（一）》第4条和《合同法司法解释（二）》第14条所体现的原则已被《民法典》承继并体现在其第153条中，即"违反法律、行政法规的强制性规定的民事法律行为无效。但是，该强制性规定不导致该民事法律行为无效的除外。违背公序良俗的民事法律行为无效。"

三》导致目标公司无法完成新三板挂牌，均系指向新三板挂牌而非《新三板公司股票发行解答三》所规范的已挂牌公司发行股票募集资金，且《增资协议》是针对有限责任公司增资签订的协议，并非《新三板公司股票发行解答三》中所指的股票发行认购协议，因此《新三板公司股票发行解答三》的规定不适用于规范《增资协议》。其次，《新三板公司股票发行解答三》规定了挂牌公司股票发行认购协议中业绩承诺及补偿、股份回购、反稀释等特殊条款（以下简称“特殊条款”）应符合的监管要求，[1] 但是：（1）目标公司在《增资协议》中并未承担业绩承诺及补偿、股份回购等条款义务，《增资协议》不能证明目标公司会成为挂牌公司业绩承诺及补偿、股份回购等特殊条款的义务承担主体；（2）《新三板公司股票发行解答三》规定的融资限制时间应限定于目标公司新三板挂牌/上市后，《增资协议》第14条则是规定目标公司融资、股权激励等的限制时间是在“完成本次增资后，目标公司新三板挂牌/上市前”，其约定并未违反《新三板公司股票发行解答三》的规定；（3）《增资协议》第11条约定：“根据上述约定，当林某、林某甲、吴某某出售股权时，北科中心享有同等出售的权利”，并不适用《新三板公司股票发行解答三》规定的“优于本次发行的条款自动适用于本次发行认购方”的情况。

关于《增资协议》约定内容导致挂牌障碍时的责任承担问题。首先，林某虽主张未能挂牌成功系《增资协议》违反《新三板公司股票发行解答三》相关规定所致，但并未提交证据证明校园院线公司已向全国中小企业股份转让系统申请股

---

1 《新三板公司股票发行解答三》中规定：“……二、挂牌公司股票发行认购协议中签订的业绩承诺及补偿、股份回购、反稀释等特殊条款（以下简称‘特殊条款’）应当符合哪些监管要求？答：挂牌公司股票发行认购协议中存在特殊条款的，应当满足以下监管要求：（一）认购协议应当经过挂牌公司董事会与股东大会审议通过。（二）认购协议不存在以下情形：1. 挂牌公司作为特殊条款的义务承担主体。2. 限制挂牌公司未来股票发行融资的价格。3. 强制要求挂牌公司进行权益分派，或不能进行权益分派。4. 挂牌公司未来再融资时，如果新投资方与挂牌公司约定了优于本次发行的条款，则相关条款自动适用于本次发行认购方。5. 发行认购方有权不经挂牌公司内部决策程序直接向挂牌公司派驻董事或者派驻的董事对挂牌公司经营决策享有一票否决权。6. 不符合相关法律法规规定的优先清算权条款。7. 其他损害挂牌公司或者挂牌公司股东合法权益的特殊条款。（三）挂牌公司应当在股票发行情况报告书中完整披露认购协议中的特殊条款；挂牌公司的主办券商和律师应当分别在‘主办券商关于股票发行合法合规性意见’‘股票发行法律意见书’中就特殊条款的合法合规性发表明确意见。……”

票挂牌，且并未提交证据证明校园院线公司已申请挂牌而未成功完成系《增资协议》违反《新三板公司股票发行解答三》相关规定所致，亦未提交证据证明其曾就修改《增资协议》与北科中心协商且系北科中心拒绝修改《增资协议》导致校园院线公司无法完成挂牌。其次，《增资协议》第 18 条载明了林某、林某甲、吴某某在未达成新三板挂牌或上市承诺时应履行的补偿或回购义务。再次，校园院线公司于 2016 年 12 月 31 日前完成新三板挂牌系林某、林某甲、吴某某所做承诺，北科中心无需承担任何协助或配合义务；当目标公司未能按约实现新三板挂牌时，北科中心可选择要求林某、林某甲、吴某某回购其股权，即当目标公司未能按约实现新三板挂牌时，林某、林某甲、吴某某的回购义务即被触发，且该回购义务并非林某、林某甲、吴某某承担的违约责任。故，即使北科中心过错导致新三板挂牌未能实现，亦不必然导致林某、林某甲、吴某某的回购义务灭失。综上，判决支持北科中心关于回购股份并支付利息的诉请。

延伸阅读 关于行使反稀释权的相关注意事项

反稀释条款是私募股权基金应对目标公司估值下降的重要工具，可以使私募股权基金在目标公司估值下降时有机会通过获得股权补偿及 / 或现金补偿的方式来防止其所持股权贬值或所持股权比例被稀释。然而，由于反稀释条款的应用场景通常发生在目标公司新一轮股权融资之时，因此私募股权基金行使反稀释权的具体场景可能又会有所不同，从而导致相关关联法律关系的适用，特别是在实施股权补偿的情况下。

实施股权补偿的特殊性在于，无论股权补偿是通过由原股东向私募股权基金无偿转让目标公司股权的方式来实现，还是通过由目标公司向私募股权基金以法律允许的最低价格定向增资的方式来实现，根据《公司法》及《公司登记管理条例》的规定，都需要目标公司股东会会议做出相关决议并在公司登记机关完成股权变更登记，不可能不让目标公司股东及新投资者股东知晓，由此产生了一个问题，即如果目标公司中还有其他投资者股东且其在此种情况下亦享有反稀释权，那么原股东对目标公司的控制力就可能会因为股权补偿的实施而进一步降低，而这又可能影响新投资者对目标公司的投资意愿。

除前述外，在股权补偿和新投资者股权投资同时进行的情况下，如果股权补偿是通过目标公司定向增资的方式实施，还可能涉及具体操作层面上的目标公司其他股东对所享优先认购权的放弃问题，虽然实施股权补偿的基础是反稀释条款而非优先认购权条款。当然，如果股权补偿是通过原股东转让股权的方式实施，则通常不会涉及优先购买权的放弃问题，因为毕竟这种股权转让发生在目标公司股东之间，而非目标公司股东与第三人之间。对于新投资者认购的目标公司增资或受让的目标公司股权，则需要目标公司所有股东放弃优先认购权或优先购买权，从而能够使新投资者顺利成为目标公司股东。由此可见，在触发反稀释条款且需实施股权补偿时，实施股权补偿的时机和方式都是投融资各方需要慎重考虑的事项，包括考虑在投资法律文件中事先约定由其他股东在触发反稀释股权补偿时放弃优先购买权及优先认购权等相关权利。

第三章

CHAPTER 03

辅助条款

在对赌纠纷案例中，辅助条款通常不会成为各方当事人之间的争议焦点，其主要作用是给退出条款或补偿条款应否得到司法审判机关支持提供证据支撑。然而，这并不是说辅助条款不重要，因为有的辅助条款（如知情权和检查权条款）可能是决定案件胜负的关键，有的辅助条款（如竞业限制条款）可能是回购责任或补偿责任的触发条件，有的辅助条款（如经营管理参与权条款）甚至可能会因为未被适当履行而导致触发条件被视为未成就。为更好说明辅助条款的含义和作用，本部分内容将主要选取相关公司纠纷案例（不限于私募股权投资纠纷）进行考察，并对这些案例能够给私募股权投资带来的启示进行简要评价，以期对私募股权投资的交易实践和争议解决实践有所裨益。

第一节　经营管理参与权

经营管理参与权是一个基于目标公司经营管理所产生的可由多方股东享有和行使的权利，不仅是私募股权基金实施投后管理和影响目标公司经营管理决策的重要基础，也是目标公司原股东持续经营管理目标公司的重要基础。因此，在对赌失败时，经营管理参与权是否行使得当往往就会成为相关方应否承担对赌责任的争议焦点。事实上，在对赌纠纷案例中，特别是在私募股权基金较深程度地参与目标公司经营管理的情况下，目标公司原股东往往会基于私募股权基金不当行使经营管理参与权而主张拒绝承担对赌责任，比如恶意干涉目标公司经营管理、承诺的投资没有兑现、承诺的资源没有到位，等等。虽然这些主张未必会被司法审判机关采纳，但也不能认为不存在被采纳的可能。这就需要私募股权基金对经营管理参与权的权利边界和行权方式慎重进行考量和评估，以尽量避免投资退出通道被阻碍的风险。

参考案例 3-1

瑞锋建设公司、瑞锋投资公司、门瑞建材公司与劳莱斯公司、神飞公司及艾某某公司合并纠纷案

终审裁判：上海市第一中级人民法院二审并于 2014 年 6 月 20 日作出（2014）沪一中民四（商）终字第 105 号民事判决书

主要问题：在原始股东无法担任目标公司总经理的情况下，可否要求投资人赔偿损失?

基本事实：瑞锋门业于 2010 年 7 月 12 日更名为瑞锋投资公司，瑞锋建筑于 2011 年 7 月 1 日更名为瑞锋建设公司，二者共同股东为艾某某。2009 年 12 月 10 日，瑞锋门业、瑞锋建筑、门瑞建材公司作为转让方，艾某某作为转让方股东，神飞公司作为投资方，共同签署《资产收购协议》，约定：（1）投资方和转让方股东共同成立公司作为收购方以收购并经营转让方名下的资产，收购价款分两笔，由收购方用其注册资本金支付；（2）如收购方未能达成 2010 年和 2011 年的经营目标，收购方无义务支付第二笔对价款的全部或部分金额；（3）投资方应向收购方提供不超过 1,000 万元的资金支持，若因投资方未能提供资金支持直接导致收购方无法完成已取得的订单，从而导致收购方无法实现经营目标，则收购方仍应支付第二笔对价款；（4）收购方对目标资产的经营、运作将由转让方股东负责，收购方总经理由转让方股东担任，收购方 3 名董事中的 1 名由转让方股东任免，两名董事（包括董事长）由投资方任免；（5）收购方向投资方按市场价对折承租其所持厂房。2010 年 4 月 26 日，作为收购方的劳莱斯公司成立。后，转让方认为其已按约交付资产，但投资方拒绝支付第一笔收购款并拒绝转让方担任收购方总经理及拒绝履行厂房低价出租义务，致使转让方无法取得收购方的经营权，诉至法院，要求投资方神飞公司、收购方劳莱斯公司共同偿付收购价款 1,800 万元并偿付逾期支付违约金 360 万元。另，收购方未完成 2010 及 2011 年业绩指标。

裁判要旨：投资方和转让方股东签订资产收购协议，共同设立一家有限责任公司

作为收购方以收购并经营转让方名下的目标资产。投资方向转让方股东支付第二笔资产转让对价的前提，是收购方连续两年均达到业绩目标。系争资产收购协议还约定了转让方股东对目标资产的经营和运作权，由转让方股东担任收购方的总经理，但投资方却拒绝按约定任命转让方股东担任收购方总经理，并以 2010 年、2011 年的经营业绩未达协议约定为由拒绝向收购方支付第二笔资产转让对价，而总经理是公司经营的实际运作人，对公司经营至关重要，转让方股东是否担任收购方总经理并负责经营该公司系实现对赌业绩的前提。因此，投资方未按约任命转让方股东担任收购方总经理负责目标资产经营，直接影响到对赌业绩的实现。依据《合同法》第 45 条第 2 款[1]之规定，当事人为自己的利益不正当地阻止条件成就，应视为条件已成就，投资方应为其行为承担违约赔偿责任。此外，由于转让方股东即使担任了劳莱斯公司总经理并负责公司经营，能否达到收益目标亦均有可能。如视为条件完全成就，有失双方利益平衡，故依据已转让资产等实际损失为基础，酌定收购方、投资方向转让方赔偿损失 300 万元。综上，判决劳莱斯公司、神飞公司支付违约赔偿金人民币 300 万元。

参考案例 3-2

王某某与生力集团、富能公司损害股东利益责任纠纷案

终审裁判：内蒙古自治区高级人民法院一审并于 2014 年 4 月 4 日作出（2013）内商初字第 9 号民事判决书

主要问题：目标公司未经全体股东一致通过的股东会决议是否有效?

基本事实：2008 年 6 月 1 日，经股权转让，富能公司变更为两位股东，其中生力集团出资 1,600 万元，持股 80%，王某某出资 400 万元，持股 20%。2010 年 1 月 18 日，富能公司召开股东会，生力集团和王某某均委派代理人参会，经全体股东表决形成《股东会决议（三）》，代表 80% 表决权的股东同意就原公司章程的部分条文进行修正，其中章程第 33 条将原章程中的“修改章程应由全体股东表决

1 该规定已被《民法典》承继并体现在其第 159 条中，即“附条件的民事法律行为，当事人为自己的利益不正当地阻止条件成就的，视为条件已经成就；不正当地促成条件成就的，视为条件不成就。”

通过”修改为“修改章程应由全体股东所持表决权 2/3 以上通过”。王某某方未在决议上签字。2010 年 8 月 2 日，富能公司召开股东会，就增资事宜形成《股东会决议（二）》，载明：为争取银行贷款，公司决定增资 10,000 万元，生力集团认缴 8,000 万元，王某某认缴 2,000 万元；如任一股东未按股权比例认缴出资或未足额缴纳出资，其他股东有权补认缴出资；并对出资程序、方式及时间予以约定。王某某代表 20% 表决权经报纸公告通知但未参会、未表决，亦未在决议规定时间内认缴出资，也未实缴出资。2010 年 9 月 29 日，富能公司召开股东会，并形成《股东会决议》，就增资事项修改公司章程，章程第 5 条修改为：生力集团货币出资 11,600 万元，为货币出资，占股 96.67%；王某某货币出资 400 万元，为货币出资，占股 3.33%。王某某方仍未参会也未表决。2012 年 7 月 24 日，内蒙古自治区鄂尔多斯市中级人民法院作出（2011）鄂中法执字第 158–3 号执行裁定书，就申请执行人内蒙古准格尔旗薛家湾镇柳清梁村民委员会申请执行王某某煤矿转让合同纠纷一案，裁定被执行人王某某在富能公司所有的 400 万元股权，占出资额 3.33% 的所有权及相应其他权利归买受人杨某某所有。本案经过多次调解，形成由生力集团出资收购王某某在富能公司全部股权的调解方案，但最终由于王某某一方拒绝在达成一致的调解协议上签字而调解未果。王某某主张公司章程赋予其就公司增资和章程修改事项上的同意权和一票否决权，目标公司的三次股东会决议侵害了其前述权利，属于无效股东会决议，遂诉至法院。

裁判要旨：判断股东会决议无效的衡量标准是股东会决议的内容存在违反法律、行政法规效力性强制性规定的情形。首先，在决议内容上，案涉三次股东会决议的内容属于《公司法》（2005 修订）第 38 条规定的股东会职权范围内的具体事项，并不违反法律、行政法规的强制性规定。其次，2010 年 1 月 18 日的《股东会决议（三）》并未改变原章程已确定的股东会表决方式，只是对原章程部分内容的完善和补充，且章程关于股东会表决机制的约定亦符合《公司法》（2005 修订）第 44 条第 2 款的规定，章程中增加的关于股东会召开的通知方式也是合法有效的途径之一，该决议并不存在控股股东滥用股东权利、损害其他股东利益的情形。再次，2010 年 8 月 2 日及 2010 年 9 月 29 日有关增资的股东会决议，从股东会召集程序上看，通过报纸公告的形式通知王某某参会及会议内容，并不存在违反法律、行政法规及章程的情形；王某某已知晓股东会决议内容，且并未行使《公司法》

（2005 修订）第 22 条规定的股东撤销之诉的权利，意味着该决议产生法律效力，基于此而修改的公司章程生效，并对各股东具有相应的约束力，不存在违反法律规定和章程约定的情形；从股东会决议内容看，增资及生力集团补认缴增资并不存在控股股东滥用股东权利、损害公司及股东利益的情形，2010 年 8 月 2 日决议增资是为了争取银行贷款，在增资形式上完全符合《公司法》（2005 修订）第 35 条规定，2010 年 9 月 29 日决议仅是对增资后的增资数额及股权变化的确认，亦不存在违反法律、行政法规效力性强制性规定的情形。最后，关于股东会的表决方式，股东会决议是否能够通过须依照法律规定及章程约定的表决方式和议事规则而定，而非某一股东的一票否决或是否同意才能使股东会决议形成并生效。如公司召开股东会并形成有效决议的前提是所有股东全部同意，只要其中一个股东不同意或否决，即无法召开会议或形成决议，这样既影响公司的正常经营和决策，也不利于股东利益的维护和实现，股东会的召开及决议的形成还是应遵从公司章程的约定及法律的明确规定，况且王某某在增资前持股 20%，在表决权比例上并未达到资本多数决的程度，其不具有一票否决权的事实和法律依据。综上，判决 3 份《股东会决议》有效。

参考案例 3-3

蒋某某与老友计公司、胡某及三六零公司请求变更公司登记纠纷案

终审裁判：上海市第二中级人民法院二审并于 2014 年 6 月 10 日作出（2014）沪二中民四（商）终字第 330 号民事判决书

主要问题：未在公司章程中明确体现的投资人一票否决权能否对其他股东转让股权构成限制？

基本事实：2011 年 6 月，三六零公司与老友计公司及其股东胡某、李某签订《投资协议书》，约定：（1）三六零公司现金出资 3,500,000 元认购老友计公司新增注册资本，占增资后公司注册资本的 38%；（2）三六零公司对老友计公司股份结构或公司形式发生变更（包括公司的融资计划、重组、上市计划、对外投资、期权计划、公司及其子公司的收购、合并、变更注册资本或股本，以及任何股份的出售、转让、质押或股东以任何方式处置其持有的公司股权的部分或全部等事项）享有

一票否决权。老友计公司 2011 年 6 月 13 日的章程规定：董事会对所议事项作出的决定由 1/2 以上的董事表决通过方为有效，但以下事项的表决还需取得三六零公司委派的董事的书面同意方能通过：(根据协议添加至此处)；董事会决议的表决，实行一人一票；股东向股东以外的人转让股权，应当经其他股东过半数同意，其他股东自接到书面通知之日起满 30 日未答复的，视为同意转让；不同意转让的股东应当购买该转让的股权。2013 年 8 月 12 日，胡某向三六零公司及李某发出《股权转让通知书》，告知拟将其所持老友记公司 37.2% 股权转让给蒋某某的事宜，三六零公司未作出书面答复，后老友计公司股东与蒋某某签订《股权转让协议》，三六零公司对之主张一票否决权。蒋某某诉请相关法院判令老友计公司办理胡某所持股权的变更登记，并由胡某及三六零公司予以协助。

裁判要旨：关于章程能否对股权转让设定限制条款，《公司法》对有限责任公司和股份有限公司作了不同规定，其中涉及有限责任公司股权转让部分的，《公司法》第 71 条第 4 款规定："公司章程对股权转让另有规定的，从其规定"，即有限责任公司的章程可以约定对股份转让的限制。为维护股东间关系及公司自身的稳定性，章程可以对有限公司的股权转让作出相应限制和要求，这是公司自治及人合性的重要体现，同时也是诚实信用原则和当事人意思自治原则的体现。公司章程中对股权转让所作的特别规定，各方均应遵守。本案中，赋予三六零公司对一些事项，包括股权转让的一票否决权，系三六零公司认购新增资本的重要条件，这种限制是各方出于各自利益需求协商的结果，符合当时股东的真实意思表示，未违反《公司法》的强制性规定，应认定符合公司股东意思自治的精神，其效力应得到认可。因老友计公司章程中关于一票否决权的内容并不明晰，工商登记备案的信息对此也未有反映，股权转让方胡某并无证据证明其在上述过程中已向股权受让方蒋某某告知过三六零公司对于股权转让事项拥有否决权，也无证据证明蒋某某与胡某存在恶意串通的情形，从维护商事交易安全考虑，应遵循商事外观主义原则，对善意第三人的信赖利益应予保护，老友计公司股东之间的内部约定不能对抗善意第三人。系争股权转让协议的效力应予认可，股权转让方蒋某某要求继续履行协议办理工商变更登记的诉请应予以支持。

参考案例 3-4

党某与赛世房产公司及计某、史某某公司决议效力确认纠纷案

终审裁判：南京市中级人民法院二审并于 2017 年 12 月 5 日作出（2017）苏 01 民终 8178 号民事裁定书

主要问题：董事会决议在特定董事未出席的情况下得以通过，其效力如何认定?

基本事实：赛世房产公司系于 2004 年 1 月 13 日登记成立的有限责任公司。2010 年 6 月 8 日，赛世房产公司作出股东会决议：同意党某受让赛世实业公司持有的 3,000 万元股权（占 50%）、计某受让鼎力公司持有的 3,000 万元股权（占 50%）；2 人成为赛世房产公司董事，并共同推举史某某为公司另一董事，组成公司新一届董事会。同日，赛世房产公司董事会决议：选举党某担任公司董事长及法定代表人，聘请史某某担任公司总经理。2010 年 6 月 8 日的赛世房产公司《章程》约定：公司召开股东会临时会议、董事会应当于会议召开五日以前通知全体股东；公司章程规定股东会作出普通决议或特别决议，都应当经全体代表表决权的股东一致通过，所作的股东会决议方可生效；公司增加或者减少注册资本等事项需股东会以特别程序通过，其他事项由股东会以普通决议通过；召开董事会临时会议，应当于会议召开 5 日以前通知全体董事，董事会召开临时董事会会议的通知方式为电话、传真或邮件；董事会会议应由全体持有股权的董事出席方能举行；董事会决议的表决实行一人一票表决权，持有股权的董事对公司所有事项有一票否决权；董事会议定事项须经过全体持有股权董事同意，即经过全体持有表决权的董事一致同意方可作出。2015 年 5 月 7 日，党某被拘留。2015 年 6 月 9 日，党某因挪用资金罪被逮捕。2015 年 6 月 13 日，公司董事兼总经理史某某以电子邮件向其发送召开 2015 年 6 月 28 日召开临时股东会的通知，党某未参加亦未派人参加，会议形成《董事会决议》：免去史某某总经理职务，聘请新的总经理，任期 3 年；公司营业执照、行政公章、合同章、财务章等证章统一由新总经理负责持有和用印审批，由董事会负责监管。后党某被释放，得知 2015 年 6 月 28 日董事会决议内容后，主张决议无效，诉至法院，在二审期间，《公司法司法解释（四）》发布和实施。

裁判要旨：章程是有关公司组织和行为的基本准则和规范性文件，对公司、股东、董事、监事、高级管理人员均具有法律约束力。董事召开董事会会议应遵守

法律、行政法规和公司章程的规定。《公司法司法解释（四）》第 5 条规定："股东会或股东大会、董事会决议存在下列情形之一的，当事人主张决议不成立的，人民法院应当支持：……（三）出席会议的人数或股东所持表决权不符合公司法或公司章程规定的；（四）会议的表决结果未达到公司法或公司章程规定的通过比例的……。"本案中，赛世房产公司的章程对于董事会召开的程序和表决方式有明确约定。2015 年 5 月 7 日党某被限制人身自由，其作为赛世房产公司的董事长，不能至公司正常开展经营管理工作，赛世房产公司股东计某、董事兼总经理史某某明知或应知道此事，史某某却于 2015 年 6 月 13 日向党某发送电子邮件通知党某召开临时股东会会议，党某当时显然不能收到该通知，故本次会议通知程序存在重大瑕疵，对党某不发生法律效力。退一步讲，即便通知合法，2015 年 6 月 28 日董事会决议未经持股董事党某的同意，违反了"董事会议定事项须经过全体持有表决权的董事一致同意方可作出"的章程约定，该次会议的表决结果未达到公司章程规定的通过比例，该决议依法不成立。鉴于党某起诉请求判决董事会决议无效，且起诉之时《公司法司法解释（四）》尚未发布和实施，而董事会决议无效和不成立对公司及董事的法律效果一致，即不具有法律约束力，因此为避免当事人诉累，判决维持董事会决议无效的一审判决。

参考案例 3-5

张某某、周某某与华电公司公司决议撤销纠纷案

终审裁判：江西省高级人民法院再审并于 2017 年 6 月 26 日作出（2017）赣民申 367 号民事判决书

主要问题：签订一致行动协议的股东在行使投票权时违反自身作出的承诺的，相关决议效力应如何认定?

基本事实：2009 年 12 月 29 日，华电公司及其第一大股东、法定代表人胡某与投资方张某某签署《股份认购协议》与《期权授予协议》，约定：（1）华电公司向张某某定向增发股权；（2）在华电公司股份上市交易前，张某某承诺其所持华电公司股份的投票意见与胡某保持一致。2 份协议均约定协议经双方签字后生效，且上述协议约定事项已于 2010 年 6 月 10 日形成董事会决议。华电公司于 2014 年 6

月 25 日订立的公司章程第 16 条规定："股东会会议必须经股东所持表决权过半数通过。但修改公司章程、增加或减少注册资本的决议，以及公司合并、分立、解散或者变更公司形式的决议，必须经代表 2/3 以上表决权的股东通过。" 2015 年 8 月 20 日，华电公司召开 2015 年度第四次股东会，就华电公司增资扩股议案等事项进行了投票表决，张某某（持有华电公司 21.3889% 股份）投反对票，但华电公司第四次股东会基于胡某与张某某签订的《期权授予协议》，将张某某所投反对票统计为同意票，并形成股字（2015）第 6 号股东会决议："一、关于解救公司经营危机的建议方案，同意占 77.110,7% 股权比例；反对占 16.111,1% 股权比例；弃权占 6.778,2% 股权比例。二、关于公司增资扩股纠纷案判决结果通报及增资扩股决议继续执行的议案，同意占 77.110,7% 股权比例；反对占 0% 股权比例；弃权占 22.889,3% 股权比例。" 张某某认为其就本次股东会所投反对票被错误统计为同意票，股东会决议实际仅获得股权表决权 56.770,6% 的同意票，违反《公司法》对该类议案须经出席会议的股东所持表决权的 2/3 以上通过之强制性规定，股东会决议的形成显属非法，依法应予撤销，遂诉至法院。

裁判要旨：《股份认购协议》和《期权授予协议》约定，在华电公司股份上市交易前，张某某承诺其所持华电公司股份的投票意见与胡某保持一致。胡某作为华电公司法定代表人在两份协议上签字，并加盖了华电公司公章。两份协议约定的事项也形成了董事会决议。上述协议是当事人真实意思表示，不违反法律法规禁止性规定，经董事会决议通过，未损害华电公司及其他股东合法权益，内容合法有效，且当事人已实际履行协议，张某某应受协议条款约束。后华电公司股东会就增资扩股等事项进行投票表决，胡某对股东会各项议案均投同意票，虽张某某投反对票，但华电公司根据《股份认购协议》和《期权授予协议》将张某某所投票计为同意票并形成华电公司股字（2015）第 6 号股东会决议，华电公司的行为符合两份协议的约定，决议形成程序符合华电公司章程及《公司法》规定。张某某主张即使两份协议有效，也只能追究张某某违约责任，不能强行将其反对票统计为赞成票的请求不能成立，请求撤销股东会决议没有事实法律依据。签订一致行动协议的股东在行使投票、提案或提名权时违反自身作出的承诺的，股东会应根据协议将违约投票直接按照一致行动协议的规定进行计票。

参考案例 3-6

嘉豪企业与周某某、邹某某及超拓公司股权转让纠纷案

终审裁判：北京市第一中级人民法院二审并于2019年3月26日作出（2019）京01民终3192号民事判决书

主要问题：业绩承诺方可否以投资方滥用一票否决权影响目标公司业绩为由，主张投资方不当促成了回购条款的触发？

案件事实：2015年4月，嘉豪企业与目标公司超拓公司及其控股股东周某某及其他股东签订《增资协议》，约定：嘉豪企业向超拓公司投资490万元，占股2%。同日，嘉豪企业与超拓公司及案外人乾坤公司签署《增资补充协议》，约定由乾坤公司对嘉豪企业进行第一次业绩补偿。2016年9月，嘉豪企业及其他投资人（作为甲方）与周某某（作为乙方）及目标公司签署《补充协议》，约定：除甲方的一票否决权相关条款外，原增资协议及补充协议中涉及对赌的条款原则上全部废止，但若标的公司2016年完成的净利润低于1,500万或2017年完成的净利润低于2,000万元，则甲方有权选择下面任何一种方式要求补偿：①乙方应以现金方式向投资方退还按如下公式计算的多支付的投资款，退还的投资款由投资方按各自对标的公司的持股比例进行分配：补偿金额＝投资方投资总额－对应年度公司实际估值×投资方持股比例（对应年度公司实际估值＝实际完成净利润承诺净利润×投资后公司估值）；②乙方应在投资方提出现金补偿要求后一个月内支付，乙方延迟履行支付现金补偿款义务的，应自投资方提出补偿要求后按现金补偿金额每日1‰向投资方支付违约金，直至上述补偿事项履行完毕；③乙方延迟履行超过两个月且未与投资方就延迟履行事宜达成一致意见的，投资方有权要求乙方回购投资方的部分或全部股权，回购价格按以下两者较高者确定："投资方全部出资额以及自出资日起至回购价款支付完毕之日按年利率12%计算的利息（单利）－投资期间支付给投资方的红利"，或者"回购时投资方所持股权所对应的公司净资产"。后，目标公司未完成2016年净利润指标，嘉豪企业要求周某某按《补充协议》约定进行业绩补偿。周某某认为嘉豪企业滥用"一票否决权"，导致公司经营失败，拒绝支付补偿款。嘉豪企业诉至法院，请求判令周某某回购其所持目标公司股权。法院另查明：目标公司未曾分配任何红利给嘉豪企业。

裁判要旨：《增资协议》及相关补充协议均系当事人真实意思表示，且不违反法律、行政法规的强制性规定，合法有效，当事人应依约履行合同义务。对于投资方在目标公司经营管理过程中是否滥用一票否决权：首先，对于周某某有关嘉豪企业在超拓公司准备新三板挂牌临时股东会会议上滥用一票否决权的主张，其提供的该股东会决议并没有嘉豪企业签字、盖章，且其亦未提交该股东会会议记录以及通知嘉豪企业参加该股东会会议的通知证明，不足以证明嘉豪企业参加了该股东会会议并行使了一票否决权；其次，对于周某某有关嘉豪企业在超拓能源公司（超拓公司子公司）增加天然气经营项目时滥用过一票否决权的主张，其主要依据是微信聊天记录，且其中没有嘉豪企业工作人员行使一票否决权的明确表示，而各方亦均认可嘉豪企业作为超拓公司股东享有一票否决权，但对超拓能源公司并不享有一票否决权，在超拓公司未就该事项召开股东会或董事会的情形下，仅凭微信聊天记录不足以证明嘉豪企业在超拓能源公司增加经营范围事项上滥用一票否决权。至于周某某有关嘉豪企业在超拓公司融资过程中滥用一票否决权的主张，其提供的证据中虽有案外人关于嘉豪企业阻碍其加入超拓公司的陈述，但仅属案外人的陈述意见，且超拓公司未就此召开股东会或董事会，不存在嘉豪企业行使过一票否决权的事实。退一步讲，即便嘉豪企业就超拓公司融资事项提出过反对意见，也不能排除系基于正常商业利益和商业风险的考虑而作出的可能。综上，判决周某某回购嘉豪企业所持超拓公司全部股份。

延伸阅读 行使经营管理参与权的相关注意事项

作为目标公司的投资者股东，拥有对目标公司的经营管理参与权是私募股权基金在公司法上所享有的法定权利。通过行使经营管理参与权，私募股权基金不仅可以获得关于目标公司的更多资料和信息，对其知情权和检查权形成有益补充，而且还有机会适时发现目标公司可能存在的问题，并可通过行使表决权（包括一票否决权）等权利对此予以规制，甚至还可提早制定相关投资退出方案，及时实现投资退出。

一般而言，私募股权基金行使经营管理参与权主要体现为行使参与目标公司相关内部治理机构会议并就会议议案进行审议和表决的权利，比如委派人员参与目标公司股东会会议、董事会会议或监事会会议并就会议议案进行审议和表决，等等，通常不会体现为直接委派人员参与目标公司的具体经营管理。至于哪些事项应被目标公司哪种内部治理机构会议审议并由私募股权基金参与表决，通常都会由投融资各方在商谈投资法律文件时通过讨论加以确定，讨论确定的审议事项范围也有可能超过《公司法》所规定的审议事项范围，比如股东会会议的审议事项范围超过《公司法》第 37 条规定的股东会会议审议事项范围。然而，根据《公司法》第 37、第 46 条和第 53 条的规定，公司股东会会议、董事会会议和监事会会议的审议事项应由公司章程规定，这就产生了一个问题：如果约定审议事项范围超过《公司法》规定的审议事项范围但没有写入公司章程，会产生何种法律后果呢? 在私募股权基金握有“一票否决权”的情况下，这种问题会显得尤为明显，可以“一票否决权”为例进行分析。

“一票否决权”是一种比较特殊的权利，既可能是公司股东会会议审议事项的“一票否决权”，也可能是公司董事会会议或监事会会议审议事项的“一票否决权”，既可以针对特定审议事项设立，也可以针对多项审议事项设立。一般而言，投融资各方通常都会对“一票否决权”的行使范围和行使方式加以细致规定，但实践中却未必一定会同样细致地写入目标公司章程，甚至用于公司登记机关备案的公司章程也不一定会包含与“一票否决权”相关的任何内容。从前述“蒋某某与老友计公司、胡某及三六零公司请求变更公司登记纠纷案”和“党某与赛世房产公司及计某、史某某公司决议效力确认纠纷案”可以看出：如果私募股权基金意欲在此情况下行使“一票否决权”，其权利基础可能仅仅是合同法上的权利，而不是公司法上的权利，无法产生公司法上对抗善意第三人的法律效果。如果私募股权基金希望其“一票否决权”同时具有公司法上的效果，则需考虑将该等“一票否决权”事项纳入目标公司章程，否则不仅可能无法阻止目标公司做出相关决议，使投后管理目标落空，而且可能只能通过追究相关方违约责任的方式来维护自身权益，增加争议解决难度。

此外，如果私募股权基金决意行使“一票否决权”，还需谨慎考虑由此可能对目标公司产生的不利影响，比如是否可能阻碍目标公司发展或者获得相关融资等，以免私募股权基金在要求行使股权回购权或其他投资保障权利时，被相关责任方以其不当行使“一票否决权”而导致对赌触发条件被不正当成就为由进行抗辩。事实上，“不当”行使经营管理参与权通常亦是股权回购方等相关责任方在司法实践中用于抗辩私募股权基金诉求的重要支撑。虽然“不当”行使经营管理参与权与对赌指标未达标之间的因果关系很难证明，但这种抗辩本身也说明私募股权基金在行使经营管理参与权时不能毫无顾忌，而是需要秉持谨慎和善意的基本原则行事。

第二节 知情权和检查权

作为目标公司小股东，知情权和检查权既是私募股权基金据以实施投后管理或做出相关判断的重要前提，也是私募股权基金据以维护自身权益的重要保障。事实上，在因目标公司财务指标未达标引起的对赌纠纷案例中，私募股权基金是否享有对目标公司的知情权和检查权亦经常会成为争议焦点，并最终可能成为影响案件胜负的关键。这不仅需要私募股权基金重新考虑知情权和检查权的权利边界，而且需要重新考虑知情权和检查权的行权基础。

参考案例 3-7

李某某、吴某、孙某、王某某诉佳德公司股东知情权纠纷案

终审裁判：宿迁市中级人民法院二审并于 2010 年 1 月 6 日作出（2009）宿中民二终字第 319 号民事判决书

主要问题：（1）股东提起知情权诉讼的前置条件？（2）股东行使知情权的范围、时间和地点？

案件事实：佳德公司是成立于 2003 年 10 月 15 日的有限责任公司。截至 2004 年 8 月 7 日，公司持股情况为：施某某 460 万元、王某某 250 万元、张某某 160 万元、孙某 65 万元、吴某 65 万元。2007 年 9 月 7 日，张某某将其所持全部股份转让给李某某。2009 年 4 月 8 日，包括李某某在内的 4 名股东向佳德公司递交申请书，以 4 名股东不知晓公司经营现状、公司从未发放红利并对

外拖欠大量债务使其股东权益受到严重侵害为由，主张依法行使股东对公司的知情权，申请于 2009 年 4 月 23 日前，在公司住所地查阅或复制公司的所有资料（含公司所有会计账簿、原始凭证、契约、通信、传票、通知等）。申请书落款为王某某、孙某、吴某、张某某（代），后李某某就落款解释称因其不在现场故委托张某某签署相关文件。2009 年 4 月 20 日，佳德公司函复四股东，表明已收到前述申请书，并委托律师代表公司处理该申请事项。佳德公司复函之前，上述诉求已于 2009 年 4 月 14 日由四股东诉至法院并被法院受理。2009 年 4 月 27 日，法院向佳德公司送达应诉材料。法院另查明：佳德公司曾与案外人广厦公司于 2005 年 5 月 26 日签订《宿迁市“颐景华庭”住宅工程建设工程施工合同》，广厦公司派驻管理工程的项目经理为张某某，其时为佳德公司股东。2009 年 1 月 18 日，广厦公司以佳德公司拖欠其 19,954,940.05 元工程款为由提请仲裁。

裁判要旨：关于 4 名股东提起知情权诉讼是否符合法律规定的前置条件。股东知情权是指法律赋予股东通过查阅公司财务会计报告、会计账簿等相关公司经营、管理、决策资料，以实现了解公司经营状况和监督公司高管人员活动的权利。股东知情权分为查阅权、检查人选任请求权和质询权。本案中，4 名股东诉请的性质为查阅权。根据《公司法》（2005 修订）第 34 条第 2 款[1]的规定，股东提起账簿查阅权诉讼的前置条件是股东向公司提出了查阅的书面请求且公司拒绝提供查阅。这一前置条件设定目的在于既保障股东在其查阅权受侵犯时有相应的救济途径，也防止股东滥用诉权，维护公司正常经营。本案中，4 名股东于 2009 年 4 月 8 日向佳德公司提出要求查阅或复制公司所有资料（含公司会计账簿、原始凭证、契约、通信、传票、通知等）以了解公司实际财务状况的书面请求，虽 4 月 14 日 4 名股东至法院起诉时佳德公司尚未做出书面回复，但佳德公司在 4 月 20 日复函中并未对其申请事项予以准许，且目前仍明确表明拒绝 4 名股东查阅、复制申请书及诉状中所列明的各项资料。至此，四股东有理由认为其查阅权受到侵犯进而寻求相

---

1 《公司法》（2005 修订）第 34 条第 2 款：“股东可以要求查阅公司会计账簿。股东要求查阅公司会计账簿的，应当向公司提出书面请求，说明目的。公司有合理根据认为股东查阅会计账簿有不正当目的，可能损害公司合法利益的，可以拒绝提供查阅，并应当自股东提出书面请求之日起十五日内书面答复股东并说明理由。公司拒绝提供查阅的，股东可以请求人民法院要求公司提供查阅。”

应的法律救济途径，此时不宜再以4名股东起诉时15天答复期未满而裁定驳回其起诉，而应对本案做出实体处理，以免增加不必要讼累。

关于4名股东要求行使知情权是否具有不正当目的。由于股东知情权涉及股东和公司之间的利益冲突，在保护股东利益的同时也应适当照顾公司利益，使双方利益衡平，故行使知情权应符合一定条件并受有一定限制。本案中，4名股东向佳德公司提出书面请求说明其行使知情权的目的是了解公司实际经营现状，属其作为有限责任公司股东应享有的知情权。佳德公司以4名股东具有不正当目的为由拒绝其查阅，应对4名股东具有不正当目的并可能损害其合法利益承担举证责任。佳德公司认为4名股东查阅会计账簿的目的是收集并向广厦公司提供工程款纠纷仲裁案中对佳德公司不利的证据，损害佳德公司及其他股东合法利益，其主要证据是4名股东提交的申请书、诉状及授权委托书中均有张某某代李某某签名，而张某某系广厦公司派驻佳德公司的工程项目经理，且直接参与了广厦公司与佳德公司的仲裁案。该等证据不足以证明4名股东查阅公司会计账簿具有不正当的目的，且可能损害佳德公司合法利益。

关于4名股东主张行使知情权的范围是否符合法律规定。股东知情权是股东享有对公司经营管理等重要情况或信息真实了解和掌握的权利，是股东依法行使资产收益、参与重大决策和选择管理者等权利的基础性权利。从立法价值取向上看，其关键在于保护中小股东合法权益。根据《公司法》（2005修订）第34条第2款的规定，账簿查阅权是股东知情权的重要内容。另《会计法》（1999修订）第9条[1]、第14条[2]、第15条第1款[3]的规定，公司的具体经营活动只有通过查阅原始凭证才能知晓，不查阅原始凭证，中小股东可能无法准确了解公司真正的经营状况。根据会计准则，相关契约等有关资料也是编制记账凭证的依据，应作为原始凭证

---

1 《会计法》（1999修订）第9条：“各单位必须根据实际发生的经济业务事项进行会计核算，填制会计凭证，登记会计账簿，编制财务会计报告。……”

2 《会计法》（1999修订）第14条：“会计凭证包括原始凭证和记账凭证。办理本法第十条所列的各项经济业务事务，必须填制或者取得原始凭证并及时送交会计机构。
……记账凭证应当根据经过审核的原始凭证及有关资料编制。”

3 《会计法》（1999修订）第15条第1款：“会计账簿登记，必须以经过审核的会计凭证为依据，并符合有关法律、行政法规和国家统一的会计制度的规定。……”

的附件入账备查。据此，4 名股东查阅权行使的范围应包括会计账簿（含总账、明细账、日记账和其他辅助性账簿）和会计凭证（含记账凭证、相关原始凭证及作为原始凭证附件入账备查的有关资料）。对于 4 名股东要求查阅其他公司资料的诉请，因超出了《公司法》(2005 修订）第 34 条规定的股东行使知情权的查阅范围，不予支持。

关于查阅的时间和地点。《公司法》赋予股东知情权的目的和价值在于保障股东权利的充分行使，但行使该权利也应在权利平衡的机制下进行，即对于经营效率、经营秩序等公司权益不会形成不利影响。因此 4 名股东查阅的应是和其欲知情的事项相互关联的材料，而非对公司财务全面审计，故查阅应在公司正常业务时间内且不超过 10 个工作日，查阅地点应在佳德公司。

关于 4 名股东要求复制佳德公司会计账簿及其他公司资料的诉请。公司法赋予了股东获知公司运营状况、经营信息的权利，但也规定了股东行使知情权的范围。《公司法》(2005 修订）第 34 条第 1 款将股东有权复制的文件限定于公司章程、股东会会议记录、董事会会议决议、监事会会议决议和财务会计报告，第 2 款仅规定股东可要求查阅公司财务会计账簿，并未规定可以复制，佳德公司章程亦无相关规定，因此 4 名股东要求复制佳德公司会计账簿及其他公司资料的诉请既无法律规定，又超出了公司章程约定，不予支持。综上，判令佳德公司提供自公司成立以来的公司会计账簿（含总账、明细账、日记账、其他辅助性账簿）和会计凭证（含记账凭证、相关原始凭证及作为原始凭证附件入账备查的有关资料）供李某某、吴某、孙某、王某某查阅。

参考案例 3-8

宋某某与灏漫中心合伙企业纠纷案

终审裁判：上海市第二中级人民法院二审并于 2016 年 10 月 18 日作出（2016）沪 02 民终 7051 号民事判决书

主要问题：有限合伙人是否有权查阅、复制合伙企业的财务资料，如是，可以查阅哪些财务资料?

基本事实：灏漫中心于2014年10月23日成立，性质为有限合伙企业，由徐某某、赵某某2人合伙出资成立，其中徐某某为普通合伙人，认缴出资9.9万元，赵某某为有限合伙人，认缴出资1,000元。2014年12月10日，宋某某受让赵某某的合伙份额，成为灏漫中心有限合伙人。同日，徐某某和宋某某达成《合伙协议》，约定：委托徐某某为执行事务合伙人，负责灏漫中心日常事务和对外代表企业；不执行合伙事务的合伙人有权监督执行事务合伙人执行合伙事务的情况，执行事务合伙人应定期向其他合伙人报告事务执行情况以及合伙企业的经营和财务状况，其执行合伙事务所产生的收益归合伙企业，所产生的费用和亏损由合伙企业承担等等。灏漫中心成立后，徐某某为执行事务合伙人，至2016年6月30日从未直接向宋某某报告灏漫中心的经营和财务状况。宋某某诉至法院请要求查阅、复制2014年10月23日至2016年6月30日期间灏漫中心的财务资料，包括会计凭证、会计账簿及会计报表。

裁判要旨：有限合伙人应在法律规定的范围内合理行使自己的权利。《合伙企业法》第28条第2款规定："合伙人为了解合伙企业的经营状况和财务状况，有权查阅合伙企业会计账簿等财务资料。"根据《会计法》相关规定，会计账簿是重要的、但并非唯一的会计资料，只有会计账簿全面、真实、客观地反映会计凭证，才能真实反映合伙企业的资产经营状况；合伙人也只有通过查阅原始凭证才能知晓会计账簿的记录与合伙企业的实物、款项的实有数额是否相符，与会计凭证的有关内容是否相符，才能真正地使合伙人了解和掌握合伙企业的经营和财务状况，充分保护合伙人的知情权。由此，宋某某主张的财务报表，属于会计资料中财务会计报告的一部分，其范围并未超越会计法中会计资料的相关规定，宋某某主张其享有合伙企业知情权的范围包括财务账簿（包括总账、明细账、日记账和其他辅助性账簿）、会计凭证（银行资金往来明细、对外签订的相关协议、发票、收据、收条等）、会计账簿、会计报表（收益表、资产负债表、损益表的月季度报表和年度报表）符合法律的规定，应予支持。但《合伙企业法》第28条赋予合伙人的知情权仅限于查阅，并未赋予合伙人复制权。《公司法》尚且对股东知情权范围中的复制权做出了相关限制，何况是合伙企业中的有限合伙人可能存在与合伙企业进行交易或产生同业竞争的情况。如任由有限合伙人复制合伙企业财务资料，可能损害合伙企业的正当利益。故在目前法律无明确规定合伙人可以复制相关财务资料的情况下，不应对法律规定随意进行扩大理解，不能支持宋某某要求复制财务资料的主张。

参考案例 3-9

华玮公司、龙某某股东知情权纠纷

终审裁判：贵州省高级人民法院二审并于 2017 年 2 月 27 日作出（2016）黔民终 744 号民事判决书

主要问题：股东提起知情权诉讼的前置条件是什么?

基本事实：华玮公司成立于 2000 年 11 月 30 日，注册资本 5,000 万元，法定代表人吴某某，经营范围为房地产开发、销售、建筑材料、装潢材料等，营业期限至 2020 年 5 月 25 日。2016 年 2 月 23 日，股东龙某某邮寄一份《查阅公司会计账簿申请书》，要求查阅华玮公司财务会计账簿等有关资料并说明目的，申请书的收件人为华玮公司职工罗某。华玮公司拒绝龙某某的查阅申请。龙某某诉至法院，要求行使股东知情权，查阅公司财务会计账簿，请求法院判令被告华玮公司提供公司章程、股东会会议记录、财务会计报告供原告查阅、复制，并提供财务账簿（包括总账、明细账、日记账和其他辅助性账簿）和会计凭证（包含记账凭证、相关原始凭证及作为原始凭证附件入账备查的有关资料）供原告及原告委托的注册会计师查阅。一审法院将案件争议焦点归纳为龙某某提起股东知情权诉讼是否构成滥用诉权，以及龙某某要求行使知情权是否具有不正当目的。

裁判要旨：股东知情权是法律赋予股东通过查阅公司财务会计报告、会计账簿等有关公司经营、管理、决策资料，了解公司经营状况和监督公司高管人员活动的权利。龙某某系华玮公司股东，依法享有股东知情权，应予保障。龙某某诉请查阅、复制公司章程、股东会会议记录、财务会计报告，查阅公司财务账簿、会计凭证，未超出《公司法》第 33 条规定的股东知情权范围，是依法行使自己的权利。另根据《公司法》第 33 条规定，股东提起知情权诉讼的前置条件，是股东以书面方式向公司提出查阅相关资料的请求且公司拒绝提供查阅，设定该前置程序的目的是让股东先穷尽其内部救济程序，并在无法获得权益保障后能够诉诸司法程序，同时降低避免司法诉累。鉴于龙某某已将查阅申请书、授权委托书等材料寄给华玮公司的罗某（载明联系电话，邮寄地址），且华玮公司已签收，应认定龙某某已完成以书面方式向公司提出查阅相关资料请求的程序，而华玮公司目前仍明确表示拒绝其查阅、复制相关资料。龙某某有理由认为其知情权受到侵犯进而寻求司法救济，此时应对案件做出实体处理，既避免当事人讼累，又促进案件纠纷的有效解决。龙某某起诉要求行使知情权，不属滥用诉权。此外，龙某某股东知情权诉讼是因为华玮公司未依法向其提供财务会计报告，其对公司经营状况不清楚；华玮公司认为龙某某诉讼的真实目的是要求公司高价回购股权，因此才不提供相关财务账簿、会计凭证、股东会会议记录等资料，但不能证明龙某某存在滥用诉权的情形，应承担举证不能的法律后果。《公司法》第 33 条第 2 款仅规定股东可以要求查阅公司财务会计账簿，并未规定可以复制，[1] 而龙某某诉请华玮公司提供财务账簿、会计凭证供其及委托的会计师查阅，并无复制的诉讼请求。综上，判决华玮公司将公司财务账簿（包括总账、明细账、日记账和其他辅助性账簿）和会计凭证（包含记账凭证、相关原始凭证附件入账备查的有关资料）供龙某某及其委托的注册会计师查阅，并判决龙某某及其委托的会计师在华玮公司正常营业时间内查阅，查阅时间不得超过 15 个工作日。

延伸阅读 行使知情权和检查权的相关注意事项

在私募股权投资实践中，私募股权基金通常会就知情权和检查权事宜对目标公司及其原股东提出如下几个层面的要求：（1）享有与行使与目标公司经营管理参与权相关的知情权，包括获取相关会议的召集通知；（2）享有定期或不定期获取目标公司财务资料和信息的权利，包括审计后的相关财务资料；（3）享有指定或参与指定目标公司审计机构的权利，包括与变更审计机构相关的权利；（4）享有在特定情况下对目标公司展开检查的权利；（5）享有查阅或复制目标公司相关财务资料和其他资料的权利，等等。

虽然前述要求与《公司法》关于不同类型公司股东应享有不同知情权和检查权范

1 《公司法司法解释（四）》第 7 条第 1 款规定："股东依据公司法第三十三条、第九十七条或者公司章程的规定，起诉请求查阅或者复制公司特定文件材料的，人民法院应当依法予以受理。"

围的规定不同，但在前述要求被明确写入投资法律文件的情况下，私募股权基金关于知情权和检查权的诉求原则上应可以得到满足。当然为尽量防止可能的争议，优选肯定是在投资法律文件中对前述权利的边界和行使方式进行清晰划定，包括是否有权复制财务资料以及哪些财务资料等。

需要指出的是，如果一旦发生对赌指标可能无法达标的情形，目标公司及其原股东等相关方即可能会开始拒绝向私募股权基金提供关于目标公司的相关资料和信息，从而使私募股权基金行使知情权和检查权陷入困境。在此情形下，各方之间的争议焦点往往不是私募股权基金享有哪些知情权和检查权，而是目标公司及其原股东是否有权拒绝向私募股权基金提供目标公司的资料和信息，包括拒绝私募股权基金委派的人员按约定对目标公司进行检查，而拒绝的理由则可能是私募股权基金行使知情权不具有《公司法司法解释（四）》第 8 条规定的正当目的，[1] 且这一理由在私募股权基金同时投资目标公司及其多家同业公司时又特别容易被提及，因此对“正当目的”的合理解读至关重要。

一般而言，行使知情权的正当目的首先应是指私募股权基金基于其股东身份行使知情权的目的，其次才会涉及行使知情权是否与其股东身份具有关联性以及行使知情权是否属于善意且不会侵害或违背公司利益，而这需要通过提供证据加以证明，此亦为《公司法》基于平衡股东与公司之间利益所做出的安排。然而，在私募股权基金对目标公司的很多同行业公司进行投资的情况下，目标公司及其原股东很可能会以私募股权基金从事竞争业务且可能泄露目标公司商业秘密为借口拒绝认可私募股权基金行使知情权之目的的正当性，并进而拒绝私募股权基金关于获取目标公司资料和信息的要求。换言之，此种情形一旦发生，即意味着私募股权基金将不得不通过司法程序寻求救济。为尽量降低这一风险，这就需要私募股权基金考虑是否需要在进行股权投资时向目标公司及其原股东披露其已投资

---

1 《公司法司法解释（四）》第 8 条：“有限责任公司有证据证明股东存在下列情形之一的，人民法院应当认定股东有公司法第三十三条第二款规定的‘不正当目的’：（一）股东自营或者为他人经营与公司主营业务有实质性竞争关系业务的，但公司章程另有规定或者全体股东另有约定的除外；（二）股东为了向他人通报有关信息查阅公司会计账簿，可能损害公司合法利益的；（三）股东在向公司提出查阅请求之日前的三年内，曾通过查阅公司会计账簿，向他人通报有关信息损害公司合法利益的；（四）股东有不正当目的的其他情形。”

或可能投资目标公司的同行业公司的情形，并考虑是否需要在投资法律文件中明确约定此类投资不应成为影响其对目标公司行使任何知情权和检查权的障碍。

除前述外，知情权还是一个与商业秘密密切相关的概念。根据《公司法司法解释（四）》第 11 条的规定，股东行使知情权后泄露公司商业秘密导致公司合法利益受到损害的，公司有权请求该股东赔偿损失。换言之，在私募股权基金行使知情权和检查权并获取目标公司相关资料和信息后，还负有对该等资料和信息的保密义务，不应将之披露给任何第三方，特别是不应披露给其投资的与目标公司同行业的其他公司，否则即可能会就目标公司因此遭受的损失而承担赔偿责任。这一点特别需要私募股权基金注意，包括在基金募集资金或对基金进行其他推介活动时予以注意。

第三节 股权转让限制

股权转让限制是私募股权基金“锁定”原股东并使其忠实于目标公司的主要手段，也是防止原股东“意外”套现甚至“抛弃”私募股权基金的重要方法。因此，在具体实施上，私募股权基金通常不仅会要求享有与此相关的“一票否决权”，而且会要求享有与此相关的随售权。如果随售权可以使其实现投资退出，股权转让限制自然也就不会产生问题。然而，如果随售权无法使其实现投资退出，行使“一票否决权”否决原股东的股权转让就可能会成为私募股权基金的选择。问题是，股权转让限制有法定限制和约定限制之分，而约定限制有时未必能够起到预期的限制效果。

参考案例 3-10

天泺公司、唐某某执行异议之诉

终审裁判：山东省高级人民法院再审并于 2018 年 12 月 13 日作出（2018）鲁民再 189 号民事裁定书

主要问题：公司发起人违反《公司法》第 141 条及公司章程转让股权是否会导致

所签署的股权转让协议无效?

基本事实：2011 年 11 月，天业小贷公司成立，天泺公司与郭某某均为天业小贷公司的发起人股东,后郭某某被选举为公司董事。天业小贷公司章程第 17 条规定："股东可以转让其全部或者部分出资。天业矿业公司作为主发起人，其所持股份自公司成立之日起 3 年内不得转让，其他股东所持股份 2 年内不得转让。公司董事、高级管理人员所持股份，在任职期间内不得转让。……股东依法转让其出资后，由公司将受让人名称或姓名、住所及受让的金额记载于股东名册，并办理相关工商变更登记。" 2012 年 7 月，郭某某与天泺公司签订《股权转让协议》，约定由郭某某将所持天业小贷公司 5% 股权以 550 万元的价款转让给天泺公司。天泺公司和郭某某在签订《股权转让协议》并支付股权转让价款后，并未完成股权变动。此后，郭某某因给他人借款提供担保，需承担连带还款责任，被法院采取财产保全措施，其在天业小贷公司所持 1,000 万元股权被查封，天泺公司主张该股权应由其实际持有，提起执行异议之诉，请求立即停止强制执行。一审法院和二审法院认为《股权转让协议》无效并驳回天泺公司诉请。天泺公司申请再审。

裁判要旨：《公司法》第 141 条[1]规定的目的在于加重发起人和董事等高级管理人员股东对公司的责任，通过限定转让股份时间，减少其谋取不法利益的可能。该规定是限制股份转让，并非禁止股份转让，不属于法律法规的效力性强制性规定，违反该规定的股份转让并不当然无效。违反天业小贷公司的公司章程亦非导致股权转让无效的事由。本案中，判断天泺公司执行异议的诉请是否成立，应结合天泺公司提交的相关证据，通过对天泺公司与郭某某签订的《股权转让协议》是否为双方真实意思表示、签订时间是否真实、协议是否实际履行以及具体履行情况等事实进行审查，进而判断天泺公司对涉案股权是否享有足以排除强制执行的实

---

1 《公司法》第 141 条："发起人持有的本公司股份，自公司成立之日起一年内不得转让。公司公开发行股份前已发行的股份，自公司股票在证券交易所上市交易之日起一年内不得转让。公司董事、监事、高级管理人员应当向公司申报所持有的本公司的股份及其变动情况，在任职期间每年转让的股份不得超过其所持有本公司股份总数的百分之二十五；所持本公司股份自公司股票上市交易之日起一年内不得转让。上述人员离职后半年内，不得转让其所持有的本公司股份。公司章程可以对公司董事、监事、高级管理人员转让其所持有的本公司股份作出其他限制性规定。"

体民事权益。一审法院和二审法院对上述基本事实未予审查，而直接以股权转让违反《公司法》及公司章程相关规定为由，并依照权利外观审查认定案涉股权的权利人不当，应予纠正。综上，裁定发回重审。[1]

参考案例 3-11

天御公司、璞信中心确认合同无效纠纷案

终审裁判：山东省烟台市中级人民法院二审并于 2019 年 2 月 20 日作出（2019）鲁 06 民终 11 号民事判决书

主要问题：《公司法》第 141 条关于限制股份转让的规定是管理性规定，还是强制性规定?

基本事实：2015 年 5 月 4 日，栖霞合作社申请公司股份制改制，改制后名称为栖霞农商行公司，公司设立方式为发起设立，鸿诚公司作为发起人认缴出资 1,000 万元，认缴出资比例为 1.45%。栖霞农商行公司经董事会决议，通过公司章程，其第 20 条载明：鸿诚公司作为栖霞农商行公司的发起人，认购股份 1,000 万股，出资 1,000 万元，实缴 1,000 万元；其第 32 条载明：发起人持有的本行的股份，自本行成立之日起 3 年内不得转让，本行公开发行股份前已发行的股份，自本行股票上市交易之日起 1 年内不得转让。2016 年 1 月 11 日，鸿诚公司、天御公司、栖霞农商行公司签订《股权转让协议》，约定：鸿诚公司将其所持栖霞农商行公司 1,000 万股份全部转让给天御公司，天御公司虽在栖霞农商行公司办理了股东、股权变更，但并未在工商机关办理股东、股权变更登记及信息公示。鸿诚公司的债权人以该股权转让行为影响鸿诚公司对外债务偿还能力为由诉至法院，主张该《股权转让协议》无效。

裁判要旨：根据《公司法》第 141 条第 1 款规定，发起人持有的本公司股份，自公司成立之日起一年内不得转让。该条关于股份公司发起人股份转让的期限限制，不仅涉及公司运营的稳定性和连续性，也涉及第三方或社会经济秩序等公共利益，并非单纯着眼于“公司内部控制和管理”，故不属于管理性规定。《股权转

1　目前通过公开渠道尚未查询到相关重审法律文书。

让协议》因违反《公司法》该条款规定，依据《合同法》第 52 条第 5 项[1]，应认定无效。

参考案例 3-12

上海天添爱、九江天爱股权转让纠纷案

终审裁判：山东省青岛市中级人民法院二审并于 2019 年 7 月 29 日作出（2019）鲁 02 民终 4542 号民事裁定书

主要问题：《增资协议》《合资合同》和公司章程关于股权转让限制的约定是否有效?

基本事实：九江天爱、上海天添爱及上海如创均为目标公司青岛天添爱的股东，其中上海天添爱持股 42%，九江天爱持股 41%，上海如创持股 17%。2016 年 5 月，九江天爱、上海天添爱、上海如创与汪某某四方签订《股权优化协议》，约定：（1）同意对青岛天添爱进行股权优化，股权优化方案与引进新投资人大华基金同时进行；（2）九江天爱将所持青岛天添爱 15% 股权无偿赠与上海天添爱，同时九江天爱有意对外转让所持青岛天添爱 13% 股权，其他股东愿意配合并放弃优先购买权。2016 年 5 月，九江天爱、上海天添爱、上海如创签订《股东承诺》：（1）根据《股权优化协议》，九江天爱同意将所持青岛天添爱 15% 股权无偿赠送上海天添爱，且九江天爱有意愿对外转让所持青岛天添爱 13% 股权；（2）若九江天爱未能实现对外转让所持青岛天添爱 13% 股权，上海天添爱承诺将无偿回赠 15% 股权给九江天爱。2016 年 5 月 16 日，九江天爱、上海天添爱、上海如创及大华基金达成《股东会决议（增资后）》，决议公司由其他有限责任公司变更为中外合资企业。2016 年 5 月 16 日，九江天爱、上海天添爱、上海如创、汪某某及大华基金签署《增资协议书》，约定：（1）大华基金以人民币 2,500 万元的等值美元对公司进行增资，其中人民币 651,700 元计入注册资本，余下人民币 24,348,300 元计入资本公积，获得 6% 公司股权；（2）增资完成后至公司成功新三板挂牌或上市前，公司下列重大事项须经董事会全体董事 2/3（含增资方委派的董事）以上表决通过方可作出有效决议：……

1　该项规定已被《民法典》承继并体现在其第 153 条第 1 款中，即“违反法律、行政法规的强制性规定的民事法律行为无效。但是，该强制性规定不导致该民事法律行为无效的除外。”

原股东将其部分或全部股权转让给其关联人；（3）公司承诺，在相关政策未做重大调整的情况下于 2017 年 12 月 31 日前成功在新三板挂牌；（4）除非取得增资方事先书面同意或增资交易文件另有约定，增资完成后至公司成功新三板挂牌或上市前，原股东不得将所持公司任何股权直接或间接出售、赠予、质押、设定产权负担或以其他方式加以处分（统称“转让”）；（5）原股东不得在增资方不同意其转让时要求增资方购买其股权，对外转让的条件不得优于本次增资，也不得将增资方不购买其股权视为同意其转让。同日，九江天爱、上海天添爱、青岛天添爱、上海如创、汪某某及大华基金签署《合资合同》，在股权转让限制方面做了与《增资协议书》同样的约定，并约定投资方对现有股东出售的公司股权享有优先购买权。同日，前述五方签署青岛天添爱章程，约定：本章程未有规定或本章程规定与合资合同约定不一致的，以合资合同约定为准。2016 年 11 月，九江天爱与济南嘉润合伙签订《股权转让协议》，约定：九江天爱将所持青岛天添爱 3% 股权以 1,260 万元的价格转让给济南嘉润合伙。2016 年 12 月 6 日，上海天添爱向九江天爱出具《放弃优先购买权的通知函》，放弃对该 3% 股权的优先购买权。2017 年 1 月 20 日，青岛天添爱召开董事会，讨论九江天爱将所持青岛天添爱 3% 股权转让给济南嘉润合伙事宜，表决结果为：董事会不同意此项转让。后，九江天爱诉至法院，请求判令上海天添爱履行回赠义务。

裁判要旨：《股权优化协议》与《股东承诺》密切相关，而非相互独立，是九江天爱与上海天添爱的真实意思表示，内容不违反法律法规的规定，合法有效，对双方具有法律拘束力。《增资协议书》《合资合同》、章程虽对股权约定了“锁定期”，但亦约定以 2017 年 12 月 31 日作为青岛天添爱在“新三板挂牌"的对赌时间目标，即股权限售仅限定在一定期限内，且上述条款亦约定只要新股东大华基金同意，也可对外转让。因此，上述限售期约定仅是对公司股东对外转让股权在一定时间一定条件限制出售的约定，并非从根本上限制股东对外转让股权，与相关法律或证券交易所条例、上市规则等并不相悖，不宜认定无效，且该 3 份文件系由公司各股东签字确认，内容合法有效，对公司各股东均有拘束力。青岛天添爱在“新三板挂牌”的对赌时间已经届至但未能在新三板挂牌，九江天爱上述股权转让契机已不存在，且《股东承诺》对上海天添爱回赠股权的条件仅为九江天爱对外转让股权未能实现这一结果性条件，只要存在九江天爱股权未能对外转让的结果，股权回赠条件即成就，此为上海天添爱对九江天爱的应负义务，不能任意撤销。综上，判令上海天添爱向九江天爱返还相应股权。

延伸阅读 实施股权转让限制的相关注意事项

在私募股权投资领域，股权转让限制绝非仅仅限于与优先购买权相关的限制，还包括私募股权基金为防止其投资权益遭受不利影响而对其他股东拟进行的目标公司股权转让施加的其他限制，比如禁止原股东以低于目标公司投资估值的价格转让股权、禁止将目标公司股权转让给目标公司竞争者、禁止股权转让导致目标公司实际控制人发生变更，等等。在实践中，为了使这些股权转让限制发挥作用，私募股权基金通常都会明确要求转让目标公司股权（无论股东间转让，还是转让给第三人）必须经目标公司股东会决议通过并取得私募股权基金同意该等股权转让的表决意见，否则股权转让不得实施。

对有限责任公司类型的目标公司而言，私募股权基金的上述安排原则上应起到限制目标公司原股东转让股权的目的，因为根据《公司法》及《公司登记管理条例》等相关法律法规的规定，完成股东会决议程序是办理股权转让公司变更登记手续以及使股权受让者的股东身份得以公告的前提，因此私募股权基金有机会基于这一程序而知晓股权转让事宜，并据以判断是否行使“一票否决权”或随售权等相关权利以及如何行使这些权利。问题是：《公司法》第 71 条规定股东之间可以转让股权，且“公司章程对股权转让另有规定的，从其规定”，而并未规定“股东协议另有规定的，从其规定”，因此在股权转让限制条款仅仅写入股东协议而未写入公司章程的情况下，私募股权基金能否真正否决股权转让交易也可能存疑。比如，如果可以通过股东会会议进行否决，依据是什么？如果不可以，依据又是什么？

一般而言，股权转让限制在实践中通常会以专条专款的形式详细写入股东协议，但却不会同样详细地写入公司章程，公司章程的规定往往要简单很多，其中关于股权转让限制的规定甚至可能是《公司法》第 71 条的原文重述，从而导致股东协议和公司章程在股权转让限制方面的规定产生差异。由于股东协议更多体现股东之间的意思自治，且其并非法定的公司披露文件，而公司章程才是公司的“宪法”及组织和行为规则，是法定的公司披露文件，因此对这些写入股东协议但未写入公司章程的股权转让限制规定而言，就可能很难产生对抗善意第三人的效果。换言之，私募股权基金此时的行权基础可能仅限于《合同法》上的权利，而不是《公司法》上的权利，无法起到《公司法》上的否决股权转让交易的效果。为解决这一问题，比较好的做法或许是将股东协议的股权转让限制条款同样写入公司章程，消除二者之间的差异，并将该公司章程在公司登记机关进行登记备案，通过备案使股权转让限制获得对抗第三人的效力。除此之外，实践中还有要求原股东将所持股权质押给私募股权基金以达到股权转让限制目的的做法，但这种做法并非常态，不宜推广。

对股份有限公司而言，《公司法》在股份转让限制方面实施的是不同于有限责任公司的规制制度。除了第141条明确规定的不得转让股份有限公司股份的特殊情形外，《公司法》没有对股份有限公司股份的转让施加类似于有限责任公司股权转让的限制性规定。在实践中，关于股份有限公司的股份转让限制或不得不更多依赖于投融资各方之间的协议约定。

第四节 关联交易限制

作为目标公司小股东，私募股权基金设置关联交易限制条款绝不是为了禁绝关联交易，而是为了防止原股东等相关方通过关联交易转移目标公司利润或者实施其他侵犯目标公司利益的行为，从而最终危害私募股权基金的投资权益。然而，由于私募股权基金通常不会实质参与目标公司的日常经营管理，无法从日常经营管理角度对目标公司的关联交易进行管理，因此私募股权基金在实践中通常会就不同属性的关联交易与原股东分别协商确定关联交易限额，并要求超限额的关联交易须经其同意方可进行或者须经其在股东会会议或董事会会议上表决同意方可进行。从此角度讲，关联交易限制也是一个与目标公司经营管理参与权紧密相关的概念，亦存在权利边界和行权方式方面的问题。

参考案例 3-13

通矿集团、李某与公司有关的纠纷案

终审裁判：最高人民法院再审并于 2017 年 12 月 25 日作出（2017）最高法民再 8 号民事裁定书

主要问题：关联交易损害公司利益时，公司前股东可否以自身股东利益受损为由提起一般侵权之诉?

基本事实：选煤公司于 2006 年 3 月 20 日成立，注册资本 1,000 万元，其中通矿集团投资 700 万元，占股 70%，保利煤业公司投资 300 万元，占股 30%。2009 年经选煤公司董事会决定，通矿集团转让给通矿集团扶贫济困基金会 5% 股权；保利煤业公司转让给自然人李某股权 30%。股权变更后，通矿集团投资 650 万元，占股 65%；李某投资 300 万元，占股 30%；通矿集团扶贫济困基金会投资 50 万元，占股 5%；注册资本 1,000 万元。2010 年 7 月 19 日，会计师事务所出具《审计报告》显示，选煤公司与通矿集团之间在采购货物、销售货物、未结算项目款项和关联方交易定价政策等方面存在关联交易。2010 年 10 月 12 日，李某与通矿集团签订《股权转让合同书》，将其所持选煤公司 30% 股份以 2,764.19 万元转让给通矿集团。此后，李建发现选煤公司与通矿集团之间存在关联交易，遂提起诉讼，请求通矿集团赔偿李某因不公平关联交易所造成的经济损失。另，本案审理其间，相关法院曾委托会计师事务所出具司法鉴定意见，显示：2008 年至 2010 年 6 月 30 日止，受分析说明中所陈述的各种因素影响，选煤公司少计所有者权益 167,439,301.83 元（其中少计入未分配利润 136,479,879.75 元，少计入盈余公积 30,959,422.08 元），其中归属于少数股东（李某）的权益（占 30%）共计 50,231,790.55 元。2011 年 9 月 29 日，前述会计师事务所将鉴定意见部分内容更正为：由于通矿集团高价销售原煤给选煤公司影响权益的金额如下（即关联交易影响金额）：影响选煤公司所有者权益 161,323,735.58 元，其中归属于股东李某的权益为 48,397,120.67 元。

裁判要旨：根据《公司法》（2013修正）第3条[1]和第4条[2]的规定，有限责任公司设立后，股东向公司认缴的出资即转化为公司财产，公司作为独立法律主体，依法对公司财产享有所有权，公司经营期间的收益亦归属于公司，成为公司的财产。股东通过对公司出资向公司让渡其对出资财产的所有权而持有公司股权，并根据公司章程及《公司法》的规定享有从公司获取经济利益并参与公司经营管理的权利。根据《公司法》关于有限责任公司的相关规定，有限责任公司股东对公司享有的资产收益权，通过依法行使包括股息红利分配、公司清算后取回剩余财产等股东权利实现。本案中，李某以其为选煤公司股东期间，通矿集团滥用股东权利与选煤公司进行不公允关联交易给其造成损害应当承担赔偿责任为由提起诉讼，诉请主张的侵害行为系选煤公司与通矿集团的原煤销售行为，主张受损害的是应归属于李某的所有者权益，主张赔偿的损失数额依据为案涉会计师事务所的司法鉴定意见。根据《公司法》（2013修正）第21条[3]以及公司法人独立财产制度，选煤公司经营行为产生的收益或亏损均归属于选煤公司，属于选煤公司的资产盈亏范畴，因此即使本案李某主张的通矿集团滥用股东权利进行不公允关联交易行为造成财产损害的事实成立，该不公允关联交易所减少的是选煤公司应该取得而没有取得的收益，侵害的对象是选煤公司的财产权，造成的亦是选煤公司的财产损失。案涉司法鉴定结论亦明确因关联交易影响选煤公司少计所有者权益1.6亿余元，包括少计入未分配利润和盈余公积两项，显然该1.6亿余元财产的所有权权利主体为选煤公司。本案的关键在于能否基于李某的持股比例得出因关联交易少计的选煤公司1.6亿余元中的30%的财产所有权人应认定为李某，并因此认定通矿集团与选煤公司进行的不公允关联交易损害了李某的财产权，造成了李某的财产损失。虽然李某在其主张的案涉关联交易发生时为选煤公司股东，因公司财产最终应归属于股东，也可认定案涉关联交易行为影响了作为股东李某的利益，但如前所述，在公司法人存续期间，股东权利与公司财产权相分离，李某对选煤公司的财产并不直接享有所有权，作为公司股东李某享有的是股东权利，对公司享有的财产权

---

1 《公司法》（2013修正）第3条第1款："公司是企业法人，有独立的法人财产，享有法人财产权。公司以其全部财产对公司的债务承担责任。"

2 《公司法》（2013修正）第4条："公司股东依法享有资产收益、参与重大决策和选择管理者等权利。"

3 《公司法》（2013修正）第21条："公司的控股股东、实际控制人、董事、监事、高级管理人员不得利用其关联关系损害公司利益。违反前款规定，给公司造成损失的，应当承担赔偿责任。"

益体现为基于其出资而取得的公司股权，以及作为股东依法享有的资产收益等股东权利。因此，即使案涉 1.6 亿余元收益没有因关联交易而减少，计入了选煤公司资产范畴，亦属于选煤公司经营所得收益，属于选煤公司的未分配利润和盈余公积，是否能够按照股东持股比例归属股东所有，尚需通过公司内部分配机制决定。在公司没有进行清算也没有通过利润分配将该部分属于公司的资产转化为股东财产的情形下，直接按照股东持股比例将股东确定为公司特定财产的所有权人，与公司法规定的股东与公司财产权相分离、股东收益取得遵从公司收益分配机制等股东之间及股东与公司之间的基本法律关系以及公司法人独立人格地位的基本规则不相符。因此，李某提起本案诉讼主张的不公允关联交易损害行为即使成立，损害的亦是交易相对方即选煤公司的利益。虽然李某主张其提起的系一般侵权之诉，《公司法》(2013 修正) 第 20 条是李某的权利受到侵犯有权获得赔偿的依据，《侵权责任法》及《民法通则》第 106 条 [1] 是李某提起本案侵权之诉的请求权基础。但《侵权责任法》的宗旨在于对受侵害的民事权益进行保护。被侵权人应是侵权行为直接侵害的权利主体，通过提起侵权诉讼填补的亦是被侵权人的损失。根据《侵权责任法》第 2 条 [2] 规定，侵权责任法保护的民事权益包括股权、所有权、用益物权等财产权益，而李某诉请的关联交易侵害的是选煤公司的财产所有权，造成的是选煤公司的财产损失，与李某享有的财产权之间并无直接因果关系。《公司法》(2013 修正)第 20 条 [3] 规定的亦是公司股东滥用股东权利给公司或者其他股东

---

1 《民法通则》第 106 条："公民、法人违反合同或者不履行其他义务的，应当承担民事责任。公民、法人由于过错侵害国家的、集体的财产，侵害他人财产、人身的应当承担民事责任。没有过错，但法律规定应当承担民事责任的，应当承担民事责任。"《民法典》并未完全承继上述规定，而是将其概括成了《民法典》第 176 条，即"民事主体依照法律规定或者按照当事人约定，履行民事义务，承担民事责任。"

2 对《侵权责任法》第 2 条规定的民事权益的类型，《民法典》中并未详细列举，而是在其第 120 条中规定："民事权益受到侵害的，被侵权人有权请求侵权人承担侵权责任"，并在《民法典》第 3 条中规定："民事主体的人身权利、财产权利以及其他合法权益受法律保护，任何组织或者个人不得侵犯。"

3 《公司法》(2013 修正) 第 20 条："公司股东应当遵守法律、行政法规和公司章程，依法行使股东权利，不得滥用股东权利损害公司或者其他股东的利益；不得滥用公司法人独立地位和股东有限责任损害公司债权人的利益。公司股东滥用股东权利给公司或者其他股东造成损失的，应当依法承担赔偿责任。公司股东滥用公司法人独立地位和股东有限责任，逃避债务，严重损害公司债权人利益的，应当对公司债务承担连带责任。"

造成损失的情形下应承担赔偿责任，根据该条规定并不能够得出案涉因关联交易直接损害公司财产权而间接影响到股东利益的情形可以认定为给股东造成了损失。因此基于一般侵权之诉，李某主张的侵权行为与其自身财产损失之间并没有直接因果关系，其诉请不能得到支持。由于李某系基于其曾是选煤公司股东时通矿集团作为控股股东滥用股东权利与选煤公司进行不公允关联交易损害其利益提起的本案侵权之诉，因此本案并非一般意义上的侵权之诉，应当优先适用《公司法》的相关规定审查李某是否具备本案适格原告主体资格，而案涉李某主张的不公允关联交易损害的是选煤公司的利益，李某在起诉时已经不具备选煤公司的股东身份，其基于所有者权益受损害提起本案诉讼不符合《民事诉讼法》第 119 条原告应与本案有直接利害关系的规定。李某如认为案涉其主张的通矿集团滥用股东权利损害了其作为选煤公司股东之时享有的民事权益并给其自身造成损失，可另循法律途径解决。综上，驳回李某诉请。

参考案例 3-14

亿达信公司、现代钢铁公司买卖合同纠纷案

终审裁判：最高人民法院二审并于 2017 年 5 月 15 日作出（2017）最高法民终 87 号民事判决书

主要问题：债权人可否依据债务人与关联方间的关联交易而要求关联方对债务承担连带责任?

基本事实：2012 年 3 月 21 日，亿达信公司（供方）与现代钢铁公司（需方）签订《焦炭购销合同》，主要规定了产品名称、规格、交货时间、执行标准、产品数量、产品价格及货款结算方式等内容。2012 年 6 月 4 日，亿达信公司与现代钢铁公司签订《焦粉购销合同》，除供货品种、规格、数量、单价、交货时间外，其他主要内容基本与 2012 年 3 月 21 日的《焦炭购销合同》一致。2012 年 10 月 9 日、2013 年 1 月 4 日、2014 年 1 月 1 日、2015 年 1 月 8 日，亿达信公司与现代钢铁公司又多次签订《焦炭购销合同》，除供货数量、单价、交货时间外，其他主要内容基本与 2012 年 3 月 21 日的《焦炭购销合同》一致。2012 年至 2015 年，亿达信公司根据前述合同持续向现代钢铁公司供货，现代钢铁公司向亿达信公司以汇票、汇款等方式给付货款。期间，双方多次对账，签订多份《债务确认函》《抹账

协议》《结算单》，现代钢铁公司亦多次出具《说明》。双方均认可自 2012 年 2 月至 2015 年 8 月 14 日，现代钢铁公司共计拖欠亿达信公司货款 67,091,002.59 元。另，2014 年 3 月 18 日，红嘴集团将其所持现代钢铁公司 99.815% 股权以零元对价转让给李某某。2015 年 6 月 17 日，红嘴集团将其所持现代钢铁公司 0.037% 股权以 1 元对价转让给李某某。2015 年 6 月 17 日，李某某将其所持现代钢铁公司 29.916% 股权以 1 元对价转让给刘某，将其所持现代钢铁公司 19% 股权以 1 元对价转让给高某某。因现代钢铁公司未给付上述所欠货款，亿达信公司遂诉至法院，主张现代钢铁公司向其给付拖欠的货款，并由红嘴集团、李某某对现代钢铁公司前述给付义务承担连带清偿责任，理由为：红嘴集团和李某某作为现代钢铁公司股东，恶意转让股权，逃避公司债务；红嘴集团和现代钢铁公司之间存在关联交易行为，红嘴集团作为股东与公司存在资产混同、业务混同，现代钢铁公司的人格被红嘴集团所吸收而不独立，且红嘴集团存在虚假出资、出资不到位、抽逃出资，严重侵害亿达信公司等债权人的合法权益。

裁判要旨：《公司法》(2013 修正)第 21 条[1]和第 216 条第 4 项[2]限制大股东及公司高级管理人员与公司进行关联交易，损害公司利益，但并非对关联交易一律禁止，对于不损害公司利益的关联交易在一定程度上是允许的，故《公司法》(2013 修正)第 21 条规定的赔偿责任应以关联交易损害公司利益为前提，且关联交易所产生的责任是从事关联交易的公司控股股东及高级管理人员对公司的损害赔偿责任，责任的受偿主体是公司而不是公司债权人。亿达信公司主张红嘴集团对现代钢铁公司享有债权属于关联交易，红嘴集团对其享有现代钢铁公司债权的事实亦不否认，且主张该集团已在现代钢铁公司破产清算程序中申报了债权，但亿达信公司并未举证证明红嘴集团与现代钢铁公司之间的交易行为损害了现代钢铁公司的利益。退一步讲，即便红嘴集团对现代钢铁公司享有债权是基于关联交易且关联交易损害了现代钢铁公司的利益，其产生的责任也是股东红嘴集团对现代钢铁公司负有

1 《公司法》(2013 年修订)第 21 条："公司的控股股东、实际控制人、董事、监事、高级管理人员不得利用其关联关系损害公司利益。违反前款规定，给公司造成损失的，应当承担赔偿责任。"

2 《公司法》(2013 年修订)第 216 条第 4 项："关联关系，是指公司控股股东、实际控制人、董事、监事、高级管理人员与其直接或者间接控制的企业之间的关系，以及可能导致公司利益转移的其他关系。但是，国家控股的企业之间不仅因为同受国家控股而具有关联关系。"

的损害赔偿责任，亿达信公司作为债权人无权要求红嘴集团承担现代钢铁公司的债务清偿责任。据此，亿达信公司以关联交易为由要求红嘴集团对现代钢铁公司的欠款债务承担连带清偿责任，依据不足，不予支持。

延伸阅读 实施关联交易限制的相关注意事项

在私募股权投资实践中，私募股权基金意欲限制的关联交易主要是指目标公司与其原股东之间或者与其原股东所控制或持股企业之间的交易，通常不包括目标公司与其董事或其他人员之间或者与其董事或其他人员所控制或持股企业之间的交易，因为这些人员通常不是股权投资的交易主体，且其从事与目标公司相关的关联交易另有《公司法》第 21 条等相关规定加以规管，通常不会在目标公司章程以外的股东协议等其他投资法律文件中加以特别规制。

对目标公司原股东而言，私募股权基金施加关联交易限制的方式主要有如下几种。其一，针对不同属性的关联交易（比如关联担保、借款、采购或销售），施加不同的针对性限制，要么加以禁绝（比如禁止目标公司向原股东提供借款），要么加以限额限制（比如目标公司关联采购超过一定限额的，应经私募股权基金或目标公司董事会 / 股东会决议同意）；其二，未经私募股权基金同意或者未经目标公司相关内部治理机构决议通过及私募股权基金表决同意，关联交易不得进行；其三，关联交易造成目标公司损失的，私募股权基金有权要求原股东赔偿，或赔偿给目标公司，或赔偿给私募股权基金，等等。问题是，与原股东相关的关联交易限制条款并非公司章程的必备条款，如果目标公司章程中没有关于关联交易需经公司内部治理机构决议的相关规定，这些关联交易限制能否得到法律支持呢？或者能在多大程度上得到法律支持呢？

从前述案例可以看出，在私募股权基金仅能依据《公司法》第 20 条和第 21 条等相关规定索赔的情况下，私募股权基金或很难以目标公司股东身份直接分享索赔所得或与此相关的股东权益，因为这会涉嫌否认目标公司独立法人人格和独立法人财产权。换言之，私募股权基金在此情形下取得的索赔所得不能归属于其自身，而只能归属于目标公司。如果私募股权基金希望直接取得索赔所得或与此相关的股东权益，或只能通过协议方式将公司法上的权利转换成合同法上的权利，要求原股东将目标公司的关联交易损失或股东权益损失直接赔偿给私募股权基金，而非赔偿给目标公司，并将之明确写入投资法律文件，否则即很难克服公司独立法人人格和独立法人财产权所带来的挑战。

需要指出的是：由于关联交易通常发生在目标公司与其关联方之间，因此交易各方之间对交易的关联性多是明知，不会存在善意第三人的情形，这或许也是《公司法司法解释（五）》第1条明确规定“关联交易损害公司利益，原告公司依据公司法第二十一条规定请求控股股东、实际控制人、董事、监事、高级管理人员赔偿所造成的损失，被告仅以该交易已经履行了信息披露、经股东会或者股东大会同意等法律、行政法规或者公司章程规定的程序为由抗辩的，人民法院不予支持”的重要原因。此外，在投融资各方约定相关关联交易须经目标公司相关内部治理机构决议通过且私募股权基金就此还握有“一票否决权”的情况下，如果目标公司未经私募股权基金表决同意而实施关联交易，私募股权基金还有机会根据《公司法司法解释（四）》以及《公司法司法解释（五）》的相关规定提起确认关联交易合同无效或撤销之诉。

综上可见，从限制原股东行为的角度限制目标公司从事关联交易的重点在于如何在投资法律文件中进行有效约定，而投资法律文件的约定也是私募股权基金能否直接就目标公司从事关联交易所遭受损失获得补偿的关键。由于目标公司的董事、监事、高级管理人员往往不是投资法律文件的签约方，或不是以目标公司股东身份签署投资法律文件，因此对其从事关联交易的限制或只能通过另签协议的方式或通过目标公司章程另行规定的方式加以规制。

第五节　竞业限制

与股权转让限制类似，竞业限制也是私募股权基金“锁定”原股东并使其忠实于目标公司的主要手段，但二者不同之处在于：竞业限制的主要目标不只是为了限制而是要禁绝原股东从事与目标公司相竞争的业务，否则原股东就可能会因为另有“发财之路”而置目标公司利益于不顾，从而最终损害私募股权基金的投资权益。事实上，法律法规也缺乏关于“竞业”或“竞争性业务”的统一规定，因此实践中也产生了很多因投融资各方对“竞业限制”或“竞业禁止”约定不明而产生的纠纷案例，而实施被限制或禁止的“竞业”却是很多原股东意欲摆脱私募股权基金“控制”时选择的重要途径。

参考案例 3-15

华富公司与刘某某、贝瑞公司与公司有关的纠纷案

终审裁判：江苏省高级人民法院二审并于 2015 年 3 月 27 日作出（2015）苏商终字第 135 号民事判决书

主要问题：目标公司原股东违反竞业禁止承诺是否导致股权回购义务触发？

基本事实：2010 年 12 月 28 日，投资方华富公司与目标公司贝瑞公司及其原股东签订《增资协议》《承诺函》和《协议书》3 份文件。《增资协议》约定：华富公司以 300 万元认购目标公司增资并持有 5% 股权。在《承诺函》中，目标公司原股东做出竞业禁止承诺：在其作为目标公司股东及停止作为股东后 2 年内，其本人及关联方不会直接或间接从事与目标公司业务相同或类似的、可能会产生竞争的业务；不会招揽目标公司客户；不会诱使目标公司员工终止其与目标公司的聘用关系，否则应给目标公司及投资方造成的损失承担赔偿责任。《协议书》约定：目标公司原股东承诺将其所持关联公司股权及相关权益转让给目标公司，并将该关联公司现有营业及资源一并转让给目标公司，各方促使目标公司变更为股份有限公司并申请上市，原股东不会以自己或亲属控制的与目标公司经营范围相同或相近的公司主体申请上市；若违约，投资方有权要求目标公司原股东回购其所持目标公司股份，目标公司对该回购款支付义务承担连带责任保证。增资完成后，目标公司原股东于 2011—2014 年通过自身及其配偶设立了多家与目标公司经营范围近似的公司。2013 年 8 月，目标公司原股东未经其他股东同意擅自将目标公司所持相关子公司的 60% 的股权转让给目标公司原股东，并完成了工商登记。此后，投资方认为目标公司原股东刘某某违约，要求其回购所持 5% 股权并支付回购款 4,012,499.92 元（本金 300 万元及自 2011 年 7 月 4 日暂计算至 2014 年 10 月 31 日按年利率 10% 计算的利息），并要求目标公司承担连带清偿责任。未果，诉至

法院。

裁判要旨：目标公司原股东刘某某向投资者做出一系列竞业禁止承诺，以及其他关联公司股权转让的承诺，并约定若出现违反承诺和保证或违约的情况，投资者有权要求原股东按照一定价格回购其在目标公司的股权，目标公司对原股东的前述股权回购义务承担连带责任。原股东违反承诺保证条款，应该承担回购义务。但当事人约定目标公司对股东回购义务承担连带责任，损害了公司利益和公司债权人利益，违反《公司法》第20条的规定，约定无效。综上，判决目标公司原股东承担股权回购款支付义务，判决不支持目标公司的连带清偿责任。

参考案例 3-16

修某某与聂某、李某某、文某其他合同纠纷案

终审裁判：上海市第一中级人民法院二审并于2017年12月12日作出（2017）沪01民终12807号民事判决书

主要问题：诉请承担竞业禁止责任需要注意哪些问题?

基本事实：2015年3月7日，修某某与目标公司潭雅公司法定代表人陈某及聂某签订《投资协议》，约定：（1）由修某某受让取得潭雅公司共计25%股权，股权转让后公司股权结构为：陈某持股41%，聂某持股15%，贺某某持股5%，龚某持股7%，文某持股7%，修某某持股25%，陈某所持公司41%股权中有3%系为李某某和张某代持及有11%系为股权公共池代持；（2）现有股东及公司高级管理人员应在签署本协议的同时签署《保密和不竞争承诺》，承诺不进行任何形式的竞争新业务，承诺在中国境内外任何地方不以任何方式从事对公司业务构成或可能构成直接或间接竞争关系的业务；（3）违约方应对履约方的所有损失、损害、责任、诉讼及合理的费用和开支承担赔偿责任。投资方及目标公司全体股东均在协议上签名。2016年1月22日，目标公司召开股东会并形成决议，决议公司进行重组，重组后公司股权结构为：修某某持股32%、文某持股25%、贺某某持股10%、陈某持股4%、聂某持股2%、龚某持股2%、李某某持股1%、张某持股1%，股权公共池持股23%（用于激励公司股东外的员工和加盟专家）。2016年1月22日，聂某、李某某另外成立云坚公司，经营范围为网络技术、软件技术、电

子技术、医药科技领域内的技术开发、技术服务……。2016 年 8 月 17 日，聂某代表云坚公司出席大兴云医公司董事会，决议显示云坚公司是大兴云医公司两名股东之一，大兴云医公司经营范围中与医疗、医药相关的内容为：医疗器械技术推广服务，中医药推广，中医药文化推广，医疗信息。2016 年 9 月与 10 月，大兴云医公司为目标公司股东文某缴纳了 2016 年 6 月至 2016 年 11 月的半年社保金。投资方修某某认为文某、聂某、李某某违反竞业禁止义务，诉至法院，请求判令 3 人共同赔偿投资款及相应利息损失。

裁判要旨：依据《民事诉讼法司法解释》第 90 条的规定，当事人对自己诉讼请求所依据的事实或者反驳对方诉讼请求所依据的事实，应当提供证据加以证明；在作出判决前，当事人未能提供证据或者证据不足以证明其事实主张的，由负有举证证明责任的当事人承担不利后果。本案中，修某某依据《投资协议》及文某、聂某、李某某 3 人与潭雅公司所签劳动合同的约定，主张 3 人承担违反保密及竞业禁止条款所造成的损失，焦点争议在于修某某向 3 人主张违约损失赔偿是否具有合同及法律依据。首先，《投资协议》系为修某某投资潭雅公司，修某某与潭雅公司间就相关权利义务所作的约定，3 人作为潭雅公司现有股东及实际控制人，对该投资协议予以确认，但 3 人并非该协议的相对方，修某某直接以该协议主张 3 人承担违约责任缺乏依据。同理，修某某以 3 人与潭雅公司间所签劳动合同的约定作为其向 3 人主张违约责任的依据亦缺乏对其有约束力的合同依据。其次，修某某未能提供实质性证据证明 3 人实施了具有违反保密及竞业禁止条款的行为。再次，修某某所主张的损失赔偿系其对潭雅公司的实际投资损失，并非其因 3 人违约行为给其造成的实际经济损失，故仅就修某某的实际损失而言，修某某的主张即缺乏事实及法律依据。综上，判决驳回修某某的诉请。

参考案例 3-17

东方公司与李某滨、泰威公司损害公司利益责任纠纷案

终审裁判：山东省高级人民法院二审并于 2015 年 12 月 28 日作出（2015）鲁商终字第 532 号民事判决书

主要问题：（1）如何衡量竞业限制义务违反者应承担的赔偿数额？（2）“竞业”

公司是否应就赔偿责任承担连带责任?

基本事实：东方公司系 2002 年 12 月 18 日成立的有限责任公司，股东为李某滨、刘某某、李某朴、张某某、李某均，其中李某滨出资 65 万元，持股 4.33%，公司经营范围为 D1 级第一类压力容器，D2 级第二类低、中压容器的制造、销售；A（1）（3）、B 级钢制无缝管件、B1 级钢制有缝管件、B 级锻制管件（限机械加工）等。李某滨系东方公司董事并担任东方公司副总经理，负责销售工作。泰威公司系 2012 年 6 月 20 日成立的有限责任公司，李某滨系出资人之一，持股 55%，李某滨担任泰威公司执行董事、经理，系公司法定代表人。泰威公司的经营范围与东方公司的经营范围部分相同或相似。2012 年 9 月 24 日，泰威公司股东会决定免去李某滨执行董事兼经理职务，不再担任公司法定代表人，选举李某滨担任公司执行董事，聘任孟繁浦为公司经理并担任法定代表人。2012 年 12 月 30 日，东方公司在其公司网站发布《关于李某滨副总经理离职的声明》，载明：李某滨已于 2012 年 7 月自动离职，不再担任东方公司副总经理职务及与本公司解除劳动合同关系。东方公司工商登记显示李某滨目前仍为东方公司董事。后，东方公司以李某滨违反《公司法》规定的竞业禁止义务，与泰威公司共同损害本公司合法权益为由诉至法院，请求判令二者停止侵权并赔偿损失。

裁判要旨：在担任东方公司董事、副总经理期间，李某滨系东方公司高级管理人员，其发起成立泰威公司并担任执行董事、法定代表人和经理职务，此后其虽不担任泰威公司法定代表人，但仍担任执行董事，而泰威公司与东方公司的经营范围部分相同，属同类经营。李某滨的行为违反了《公司法》（2013 修正）第 147 条[1]和第 148 条第 1 款第 5 项规定的忠实义务。东方公司请求判决李某滨停止担任泰威公司执行董事符合法律规定。根据《公司法》（2013 修正）第 148 条第 2 款规定，违反忠实义务的赔偿责任主体仅为侵权的董事、高级管理人员，并不包括其所就任公司。另，东方公司没有证据证明泰威公司的主营业收入系开展同业竞争业务所得，故东方公司主张泰威公司的主营业务收入应为东方公司的损失，东方公司主营业务的减少也

1 《公司法》（2013 修正）第 147 条："董事、监事、高级管理人员应当遵守法律、行政法规和公司章程，对公司负有忠实义务和勤勉义务。董事、监事、高级管理人员不得利用职权收受贿赂或者其他非法收入，不得侵占公司的财产。"

应为其公司的损失，从而要求李某滨、泰威公司连带赔偿的请求没有事实和法律依据，不予支持。基于李某滨在担任泰威公司执行董事期间，自 2013 年 8 月 31 日至 2015 年 5 月 31 日的工资薪金所得为 71,300 元，判决将该部分薪金属东方公司所有，并无不当。关于东方公司认为赔偿数额过低，应赔偿其至少 350 万元的主张，因没有证据证明其损失实际数额，以及其损失与李某滨违反董事及高管人员忠实义务的行为存在因果关系，不予支持。

延伸阅读 实施竞业限制的相关注意事项

在私募股权投资实践中，私募股权基金要求实施的竞业限制主要针对的是目标公司原股东，通常不包括目标公司董事或其他人员，因为这些人员通常不是股权投资的交易主体，且其从事与目标公司相竞争的业务另有《公司法》[1] 加以规管，通常无需在投资法律文件中予以特别规制。

对目标公司原股东而言，私募股权基金要求的竞业限制通常基于如下方式做出：首先，对何谓“竞业”或“竞争性业务”进行界定，这种界定通常是由投融资各方以目标公司的主营业务为基础协商确定，即可能仅指目标公司的主营业务本身，也可能包括与目标公司主营业务类似或相关的周边业务。其次，对原股东从事“竞业”的方式进行界定，通常包括投资、受雇、服务于以及利用第三人投资、受雇或服务于与目标公司存在“竞业”关系的企业或其他组织等形式。再次，对竞业造成的损失赔偿进行约定，比如私募股权基金有权要求原股东赔偿，或由原股东赔偿给目标公司，或由原股东赔偿给私募股权基金等。与关联交易类似，竞业限制涉及的问题同样是：竞业限制并非公司章程的必备事项，私募股权基金关于原股东竞业限制义务的约定能否以及如何得到法律上的支持？

从前述案例可以看出，在私募股权基金仅能依据《公司法》第 20 条和第 21 条等相关规定索赔的情况下，私募股权基金或很难以目标公司股东身份直接分享

1 比如，《公司法》第 148 条：“董事、高级管理人员不得有下列行为：……（五）未经股东会或者股东大会同意，利用职务便利为自己或者他人谋取属于公司的商业机会，自营或者为他人经营与所任职公司同类的业务…（八）违反对公司忠实义务的其他行为。……”

索赔所得或与此相关的股东权益，因为这亦会涉嫌否认目标公司独立法人格和独立法人财产权。换言之，私募股权基金在此情形下即便可以诉请索赔，索赔所得也不能归属于其自身，而只能归属于目标公司。如果私募股权基金希望直接取得索赔所得或与此相关的股东权益，就只能通过协议方式将公司法上的权利转换成合同法上的权利，要求原股东直接向私募股权基金承担违约责任或者将其违反竞业限制所导致的目标公司损失或股东权益损失直接赔偿给私募股权基金，而不是赔偿给目标公司，而这需要明确写入投资法律文件，否则也很难克服公司独立法人格和独立法人财产权所带来的难题。

综上，从限制原股东的角度对竞业行为进行法律限制的重点在于投资法律文件的约定，而投资法律文件的约定也是私募股权基金能否直接取得违约赔偿或目标公司因竞业行为所遭受损失的关键。由于目标公司的董事、监事、高级管理人员往往不是投资法律文件的签约方，或不是以目标公司股东身份签署投资法律文件，因此对其从事竞业行为的限制或只能通过另签协议或写入目标公司章程等其他法律方式予以另行规制。

第四章

/ CHAPTER 04

增益条款

在私募股权投资实践中，由于增益条款通常仅在目标公司发展良好且价值增值时加以适用，因此实践中的增益条款纠纷案例并不多见。事实上，在目标公司发展良好且价值增值时，目标公司、原股东及私募股权基金亦多是通过沟通来协商解决私募股权基金对目标公司的股权增持问题，而且基于过往合作历史，各方通常比较容易达成股权增持协议，有利于节约交易成本。本部分内容将主要选取优先认购权和优先购买权方面的投资纠纷案例进行考察。虽然这些案例并非私募股权投资争议案例，但应会对理解私募股权投资领域的增益条款操作实践和争议解决有所裨益。

第一节　优先认购

在目标公司发展良好且价值增值时，优先认购权是保障私募股权基金优先于第三方其他股东认购目标公司新增注册资本来增持目标公司股权的重要手段。事实上，即使私募股权基金不享有优先认购权，在目标公司增资时，其增资行为亦将会为私募股权基金所知并需征求私募股权基金的意见，因为有限责任公司因增资而办理股权变更登记终须根据《公司法》及《公司登记管理条例》等相关法律法规的规定取得公司股东会决议同意。在此情况下，私募股权基金通常需要尽快考虑并决定是否行使优先认购权，而不是横加否决，以使目标公司尽快融取新的资金。

参考案例 4-1

八一农场、金泥公司公司决议效力确认纠纷案

终审裁判：最高人民法院再审并于 2019 年 5 月 31 日作出（2019）最高法民再 152 号民事裁定书

主要问题：股东在提起股东会决议无效之诉时，又请求确认该股东会决议增资对应的股东权益归其所有，是否会因诉讼请求相互矛盾导致法院不予受理?

基本事实：1999 年 11 月 5 日，县计划经济局、乡镇企业管理局和八一农场达成协议，决定进行资产重组，以评估确定的各方净资产出资组建金泥公司，并于 2000 年 4 月 26 日登记设立。金泥公司注册资本为 7,218.8 万元，其中：八一农场实物出资 3,888.84 万元（含土地使用权 1,189.77 万元），出资比例 53.87%；县计划经济局出资 2,479.88 万元（含土地使用权 781.85 万元），出资比例 34.36%；乡镇企业管理局出资 850.08 万元（含土地使用权 721.07 万元），出资比例 11.77%。2002 年 4 月，县计划经济局用于出资的土地使用权被县人民政府收回，金泥公司注册资本减少，八一农场、县计划经济局、乡镇企业管理局的出资比例分别变更为 59.43%、35.54% 和 5.03%。2011 年 4 月 12 日，市人民政府决定将金泥公司相关股权划转由市国资委管理。金泥公司股东变更为八一农场和市国资委，出资额分别为 4,126.54 万元、2,816.86 万元，出资比例分别为 59.43%、40.57%。2014 年 10 月 22 日，金泥公司召开股东会通过增资决议：金泥公司使用的国有划拨土地依照基准价重新评估，依照重新评估的土地价值进行增资，金泥公司的注册资本由 6,943.4 万元变更为 10,997.4 万元，其中八一农场的出资额未增加，仍为 4,126.54 万元，出资比例由 59.43% 变更为 37.52%；市国资委的出资额由 2,816.86 万元增加为 6,870.86 万元，出资比例变更为 62.48%。2014 年 11 月，金泥公司根据股东会决议向县工商行政管理局办理了变更登记。金泥公司对该公司使用的 8 宗土地依照基准地价重新评估，以重新评估价值和增值部分作为市国资委单方增资，8 宗土地中包括了 2,000 年金泥公司组建时已作为原股东出资的 2 宗土地。后，八一农场诉至法院，请求确认 2014 年 10 月 22 日的金泥公司股东会决议无效，确认八一农场享有金泥公司增资 2,404.292,2 万元资产所对应的股权，撤销增资变更登记。

裁判要旨：股东会决议存在无效因素时，股东可以请求认定股东会决议无效。八一农场作为金泥公司股东，享有请求认定公司股东会决议无效的诉权，其起诉请求确认金泥公司股东决议无效及办理相应变更登记，符合《民事诉讼法》规定的受理条件，应依法受理。根据《公司法》第 34 条关于有限责任公司股东享有优先认缴新增资本权利的规定，八一农场认为金泥公司增资时侵犯其股东权益，依法应享有诉讼权利。八一农场在提起股东会决议无效之诉时，又请求确认该股东会决议增资对应的股东权益归其所有，两个诉请虽相互矛盾，但八一农场提起的两个诉，诉讼要素齐全，均符合《民事诉讼法》规定的立案标准，当事人可在前一诉请不被支持时，退一步选择主张后一诉请，对当事人两个诉请，法院均应立案受理。

参考案例 4-2

浙汇能源公司、市国资委公司增资纠纷案

终审裁判：安徽省高级人民法院二审并于 2019 年 6 月 24 日作出（2019）皖民终 515 号民事判决书

主要问题：目标公司原股东在何种情况下可主张优先认购权而拒绝新股东增资入股？

基本事实：市经济技术开发区管委会与浙汇集团于 2014 年 1 月 28 日达成《合作意向书》，约定：浙汇集团投资城东供热项目，由浙汇集团、浙汇能源公司、鲁某某、沈某共同出资成立目标公司。2015 年 2 月 1 日，市经信委（市国资委）与目标公司达成《城东热电项目建设协议》，约定："热电厂老城区热负荷随供热管网、客户资源按国有资产交易规定，经第三方评估机构评估后，由工投公司作为地方国有资本出资人，以现有可用管网实物参股。"同年 10 月 27 日，浙汇集团与浙汇能源公司签订股权转让协议，将其所持目标公司股权全部转让给浙汇能源公司。2016 年 2 月 18 日，市国资委向浙汇集团发出《关于要求履行合作协议的函》，要求浙汇集团履行《合作意向书》，使国有资本参股。同年 3 月 2 日，浙汇集团复函称，股权转让不会对原相关承诺有任何影响。2016 年 3 月 28 日、7 月 7 日，浙汇集团又先后被两次致函并被要求尽快协商解决以管网、客户资源参股事宜。

同年4月1日，浙汇集团回函表示，对国有资本参股事宜，同意按照市政府相关文件精神协商洽谈。2016年7月29日，市经信委主任召开会议，研究国资入股目标公司等相关事宜。浙汇集团委托其公司副总裁兼目标公司董事长参会，浙汇能源公司总经理、目标公司总经理一同参会，双方共同确认：浙汇集团对政府的承诺在其持股转让给浙汇能源公司后，由浙汇能源公司全部承担；浙汇能源公司承认《合作意向书》中由当地国有企业入股目标公司条款的有效性……；浙汇集团依然欢迎国资机构入股目标公司。2016年8月5日，各方经协商形成《关于市经信委（国资委）入股目标公司等有关情况会议备忘录》。2016年9月1日，浙汇集团再次被致函《关于要求明确地方国有资本入股目标公司的函》。浙汇能源公司于2016年9月5日回以《关于国资入股目标公司热电的情况汇报》，以目标公司各股东不能达成一致意见为由，表示无法通过国有资本参股决议。后，市国资委诉至法院，请求目标公司为工投公司办理以现有可用供热管网作价3,922.21万元增资入股目标公司手续并持有目标公司28.17%股权的变更登记（增资后，浙汇能源公司持股46.69%，工投公司持股28.17%，沈某持股17.96%、鲁某某持股7.18%）。

裁判要旨：市人民政府与目标公司就城东热电项目协议合作事项进行过多次沟通，沈某作为目标公司股东及该公司董事兼总经理，知晓市人民政府要求以原热电厂拥有的已为目标公司实际使用的供热管网作价入股目标公司；2015年2月1日，市经信委（国资委）与目标公司签订的《城东热电项目建设协议》也经其手洽谈签署。增资扩股是公司重大事项，该意思表示应是目标公司内部股东会成员的集体意思表示。各方当事人均表示同意工投公司以实物管网作价入股，该意思表示实质上排除了目标公司各股东对工投公司以现有可用管网实物参股增资部分的优先认购权。因此，沈某主张其对工投公司以现有可用管网实物参股的增资享有优先认购权，既违反了其经手签署的《城东热电项目建设协议》的约定，也有违诚实信用原则，对其抗辩意见不予支持。此外，浙汇集团、浙汇能源公司关于“对于新增资本，目标公司的股东有权优先按照实缴的出资比例认缴出资，对于工投公司能否参股，有赖于目标公司的全体股东是否一致同意”的主张，也与目标公司及市国资委所作意思表示相悖，不予采信。

延伸阅读 行使优先认购权的相关注意事项

作为目标公司的投资者股东，私募股权基金在投资法律文件中通常都会对优先认购权进行细致约定，包括行权方式和行权程序，等等，这使得私募股权基金拥有了合同法及/或公司法上的关于优先认购权的行权基础。此外，由于目标公司增资所需股权变更登记亦需目标公司股东会决议通过，甚至还需取得私募股权基金的同意方可，私募股权基金通常也会因而取得关于目标公司增资及其行使优先认购权所需的相关资料和信息，因此实践中通常较少发生私募股权基金所享优先认购权被侵害的情形。

尽管如此，在目标公司进行新一轮股权融资时，私募股权基金仍需要注意一些事项。首先，新一轮股权融资是否会导致目标公司的投资估值下降。如是，则会涉及反稀释条款的适用，目标公司或其原股东需要向私募股权基金实施相关股权或现金补偿；如不是，私募股权基金则需要尽快做出是否行使优先认购权的决定，以免导致目标公司股权融资进度受阻，并最终影响自身的投资权益。其次，在考虑是否行使优先认购权时，私募股权基金既需要考虑不行使优先认购权的后果，包括持股比例的稀释以及可能由此导致的董事会席位丧失及部分经营管理参与权的削弱，而且需要考虑其增持目标公司股权是否会产生风险叠加问题，特别是在其预期投资收益目标尚未实现且实现时机亦无法确定同时又需对目标公司额外增加投资时。

此外，由于是否行使优先认购权还涉及目标公司股东会决议等相关事项，因此私募股权基金需就此行使其享有的经营管理参与权（比如股东会会议表决权，包括“一票否决权”）。私募股权基金在行使该等经营管理参与权时亦需基于其自身以及目标公司的利益予以综合考量并慎重做出判断和表决，以免该等表决在对赌指标未来未达标时成为目标公司或相关方主张其行权不当并由此拒绝承担对赌责任的抗辩理由。

第二节 优先购买

与优先认购权类似，在目标公司发展良好且价值增值时，优先购买权亦是保障私募股权基金来增持目标公司股权的重要手段，只是其增持方式是受让目标公司其他股东所转让的股权，而不是认购目标公司的增资。事实上，即使私募股权基金不享有优先购买权，在目标公司发生股东向第三方进行股权转让情形时，亦需征求私募股权基金的意见并被私募股权基金所知，因为有限责任公司因股权转让而办理股权变更登记亦须根据《公司法》及《公司登记管理条例》等相关法律法规的规定取得公司股东会决议同意。

参考案例 4-3

王某、贺某股权转让纠纷案

终审裁判：贵州省高级人民法院二审并于 2018 年 6 月 22 日作出（2018）黔民终 415 号民事判决书

主要问题：公司股东对外转让股权时，其他股东行使优先购买权的期限如何计算？

基本事实：博德公司成立于 2011 年 7 月 19 日，成立之初的股东及持股比例为：金某某 30%，熊某某 30%，李建某 40%，后公司股东及持股比例变更为：熊某某 75.04%，王某 10%，李忠某 9.01%，何某某 4.72%，贺某 1.23%。博德公司 2015 年 6 月 26 日的章程修正案显示：根据同日召开的股东会会议决议，公司股东及持股比例变更为：熊某某 30.45%，王某 10%，李忠某 9.01%，何某某 4.72%，贺某 1.23%，黄某 44.59%。王某、何某某、贺某对上述股东会决议有异议，认为该决议上的签字并非自己所签。该股东会决议载明："一、同意公司股东由熊某某、李忠某、何某某、贺某、王某变更为：熊某某、李忠某、何某某、贺某、王某、黄某。二、同意股东熊某某将占公司注册资本 44.59% 共 1,471.47 万元出资转给黄某，其他股东放弃优先购买权。"同日，博德公司完成前述股权变更工商登记。2015 年 6 月 26 日，熊某某与黄某签订两份《股权转让协议》，其中一份约定：因李建某借黄某 1,050 万元，2014 年 11 月 17 日李建某请熊某某为其担保，并将李建某所持博德公司股份 44.59% 转给熊某某名下代持，熊某某担保李建某在 2015 年 5 月 31 日前归还黄某上述借款，如到期不能归还，将李建某所持博德公司股份 44.59%（由熊某某代持）转给黄某，李建某在博德公司所享有的权利和义务由黄某继续履行。该协议上有熊某某和黄某签名及指印；另一份《股权转让协议》约定：2015 年 6 月 26 日熊某某将所持公司 44.59% 股份作价 1,050 万元转让给黄某，博德公司股份所享有的权利和义务由黄某继续履行。该份协议有黄某、熊某某签字，博德公司加盖公章。黄某、熊某某均认可上述两份《股权转让协议》的真实性，主张上述第二份《股权转让协议》是提交给工商部门登记的协议。后，博德公司分别于 2015 年 7 月初、2015 年 7 月末、2016 年 6 月多次形成股东会决议，对公司股权结构进行多次变更。2015 年 7 月初的股权转让中，黄某将其股权转让给徐某某，此次股权变更登记时间为 2015 年 7 月 14 日。王某、贺某、何某某于 2017 年 6 月底到工商登记机关调取工商登记信息才知晓熊某某将代持李建某的股权转让给第三人黄某，并于 2017 年 7 月 15 日诉至法院，请求确认熊某某与第三人黄某的股权转让协议无效以及确认王某、何某某、贺某对诉争股权享有优先购买权。一审法院作出（2017）黔 01 民初 715 号民事判决书，不予支持王某、何某某、贺某的诉讼请求。后王某、何某某、贺某上诉至贵州省高级人民法院，主张合同无效属于形成权范畴，不受诉讼时效限制，且原告从知晓诉争股权转让到向一审法院提起诉讼，并未超过 30 天，因此一审判决适用《公司法司法解释（四）》第 21 条之规定驳回原告诉讼请求不当。

裁判要旨：本案中熊某某将其所代持股份转让给黄某的股权变更登记时间为 2015 年 6 月 26 日，黄某将股份转让给徐某某的股权变更登记时间为 2015 年 7 月 14 日，至王某、何某某、贺某诉至一审法院的时间已超过一年。根据《公司法司法解释（四）》第 21 条第 1 款[1]的规定，该"一年"的期间属于除斥期间，是不变期间，不发生

---

1 《公司法司法解释（四）》第 21 条第 1 款："有限责任公司的股东向股东以外的人转让股权，未就其股权转让事项征求其他股东意见，或者以欺诈、恶意串通等手段，损害其他股东优先购买权，其他股东主张按照同等条件购买该转让股权的，人民法院应当予以支持，但其他股东自知道或者应当知道行使优先购买权的同等条件之日起三十日内没有主张，或者自股权变更登记之日起超过一年的除外。"

期间的中断、中止或延长问题，权利人在该期间内不行使其权利，其权利即被除斥，王某、何某某、贺某关于请求享有优先购买权的诉请应予驳回。另，虽确认合同无效属于形成权的范畴，不受诉讼时效的限制，但是转让股东与股东以外的他人签订股权转让合同，通过合同建立的是一种债权关系，债权有相对性，对合同之外的人没有约束，故该股权转让合同的存在及效力如何，不影响公司其他股东依据《公司法》享有的法定优先权。由于王某、何某某、贺某要求确认优先购买权已超过法律规定的除斥期间，已无法实现，且其与该股权转让协议没有法律上的利害关系，故不支持其关于确认股权转让协议无效的诉请，亦无不当。综上，判决驳回王某、何某某、贺某的诉请。

参考案例 4-4

刘某某与戚某某、杨某某股权转让纠纷案

终审裁判：江西省高级人民法院一审并于 2018 年 6 月 8 日作出（2018）赣民初 37 号民事判决书

主要问题：有限责任公司股东对外转让股权时，其他股东行使优先购买权的期限如何计算？同等条件如何判断？

基本事实：新余康富公司于 2010 年 1 月 13 日成立，江西康富公司与刘某华分别出资 1,020 万元、980 万元，分别持股 51%、49%。其中，49% 股权的股东于 2010 年 3 月 23 日由刘某华变更为刘某忠，于 2010 年 4 月 28 日由刘某忠变更为刘某某；51% 股权的股东于 2010 年 11 月 25 日由江西康富公司变更为戚某某。2013 年 5 月 13 日，新余康富公司注册资本由 2,000 万元变更为 3,000 万元，戚某某的出资额由 1,020 万元变更为 1,530 万元，刘某某的出资额由 980 万元变更为 1,470 万元，戚某某、刘某某的持股比例仍分别为 51%、49%。刘某华与刘某某系父子关系，刘某华在新余康富公司担任董事兼总经理。戚某某在对外转让股权前，向刘某某发送了《股权转让征询函》，载明：本股东拟将在新余康富公司所持 51% 股权（对应注册资本 1,530 万元）转让给杨某某，转让价格为 6,000 万元；同意与否或是否行使优先购买权请在接到本通知之日起 3 日内书面答复，未答复或逾期答复的，视为同意股权转让和不行使股东的优先购买权。戚某某、刘某华、刘某某按照从

上到下的顺序在打印日期上方“股东（签名、盖章）”处签名，该函打印的股东签名日期为 2017 年 11 月 29 日。2017 年 12 月 5 日，戚某某与杨某某签订《股权转让合同》，约定：戚某某将其所持新余康富公司 51% 股权以 6,000 万元转让给杨某某。2017 年 12 月 6 日，戚某某与杨某某签订《支付协议》，约定：杨某某受让戚某某所持新余康富公司 51% 股权的同时，同时受让戚某某及朱某某等 8 人对新余康富公司所拥有的借款本息债权 4,118.95 万元，朱某某等 8 人也已委托戚某某全权处理该 8 人债权，该笔借款债权受让价为全部借款债权本金加上截至 2017 年 12 月 31 日的利息总额。2017 年 12 月 8 日，新余康富公司召开新老股东与员工见面会。戚某某在会上表示其将所持康富公司 51% 股权全部转让给了杨某某和曹某某，刘某华在讲话中对新股东表示欢迎，感谢戚某某给公司找到了两个好的合作伙伴。刘某某在会上没有发言，对新股东的到来也鼓掌欢迎。2017 年 12 月 27 日，刘某某通过公证邮寄方式向戚某某寄送主张优先购买权的回复函，没有证据证明戚某某收到该邮件。2017 年 12 月 28 日，刘某某通过手机短信、微信方式向戚某某主张优先购买权，戚某某认可其收到了文字信息，但认为刘某某已放弃优先购买权，其反悔行为无效。刘某某遂诉至法院，提起以同等条件即 6,000 万元收购戚某某所持新余康富公司 51% 股权在内的多项请求。

裁判要旨：本案争议焦点在于刘某某对戚某某所转让股权是否享有优先购买权。根据《公司法》第 71 条第 3 款的规定，戚某某将其所持康富公司 51% 股权对外转让，刘某某在同等条件下享有优先购买权。因戚某某在征求刘某某意见时，并未告知刘某某需要同时受让其亲友对新余康富公司所享有的 4,118.95 万元债权，故股权受让人需同时受让戚某某亲友对新余康富公司所享有的 4,118.95 万元债权，不构成此次股权转让中的同等条件。关于刘某某是否还可以在同等条件下行使优先购买权的问题。根据《公司法司法解释（四）》第 19 条，在公司章程没有规定股东优先购买权行使期间或者规定不明确的，而通知确定的期间短于 30 日时，主张优先购买权的股东可以在 30 日内行使权利。本案中，戚某某在通知中确定的期间虽短于 30 日，但刘某某已经在其确定的期限内放弃股东优先购买权，是其自己对期限利益的放弃。刘某某在放弃股东优先购买权后又向戚某某主张在同等条件下继续行使股东优先购买权，系反悔行为，违反了诚实信用原则，不适用《公司法司法解释（四）》第 19 条，其反悔行为无效。综上，判决驳回刘某某的诉请。刘某某上诉至最高人民法院，后达成和解并撤回上诉，一审判决生效。

延伸阅读 行使优先购买权的相关注意事项

与优先认购权类似，私募股权基金通常也会在投资法律文件中对优先购买权进行细致约定，包括行权方式和行权程序等。同时，在目标公司股权被转让时，相关股权变更登记亦需目标公司股东会决议通过，甚至还需取得私募股权基金的同意，因此实践中也较少发生私募股权基金所享优先购买权被侵害的情形。

与优先认购权不同的是：在目标公司股权被转让时，私募股权基金不仅需要基于目标公司的业绩、价值、发展前景等因素再度评估目标公司的投资价值以及是否需要通过行使优先购买权来增持目标公司股权以及与此相关的投资风险叠加问题，同时亦需考量目标公司股权转让是否存在导致公司估值下降以及与此相关的反稀释条款适用问题，而且还需要特别考量原股东实施股权转让是否存在提前套现以及是否会给目标公司未来经营发展带来不利影响，并进而需要考虑对这一套现行为是否以及如何进行相应规制。然而，根据《公司法》第 71 条第 2 款[1]的规定，在原股东向股东以外的人转让目标公司股权时，私募股权基金似乎很难加以阻止，因为“其他股东半数以上不同意转让的，不同意的股东应当购买该转让的股权；不购买的，视为同意转让”。换言之，其他股东半数以上同意转让的，目标公司原股东可向第三人转让股权；其他股东半数以上不同意转让又不同意购买的，目标公司原股东亦可向第三人转让股权，而这种规定可能无法单单通过签署股东协议的方式进行对抗。当然，这一问题在论及股权转让限制条款时也同样存在。

所幸，《公司法》第 71 条第 4 款对公司股权转让做了但书规定，“公司章程对股权转让另有规定的，从其规定”。换言之，在涉及规制优先购买权或股权转让限

1 《公司法》第 71 条第 2 款：“股东向股东以外的人转让股权，应当经其他股东过半数同意。股东应就其股权转让事项书面通知其他股东征求同意，其他股东自接到书面通知之日起满三十日未答复的，视为同意转让。其他股东半数以上不同意转让的，不同意的股东应当购买该转让的股权；不购买的，视为同意转让。”

制时，私募股权基金不应照抄照搬《公司法》第 71 条第 2 款的规定，亦不应仅将相关规制规定写入公司章程以外的其他投资法律文件中，而是应当考虑将《公司法》第 71 条第 2 款的相关规定进行调整并写入目标公司章程，从而为私募股权基金行使优先购买权以及适用股权转让限制条款提供公司法上的可以对抗善意第三人的权利基础。当然，这种约定的最终法律效果还有待司法审判实践进一步考察。

第五章

CHAPTER 05

不可抗力及情势变更

从合同生成角度讲，商事合同的生成过程其实就是通过文字对商事交易进行细化描述和再现的过程。因此，合同签署者也大都更关心合同的实体交易条款以及与此相关的违约条款，认为这更契合其实体权利、义务和责任，而通常会忽略合同名称、编号、签署地、定义、不可抗力、情势变更、争议解决、通知方式、保密、陈述与保证和承诺、合同权利义务的转让与承担、合同的签署和生效及授权、解释、可分割性、附件等诸多技术性条款，甚至认为采用模板写法或稍加调整即可。事实上，作为“当事人之间的法律”，合同强调的是当事人意思自治，是对当事人拟从事交易内容的个性化定制，没有“放之四海而皆准”的模板。从众多股权投资纠纷案例中也可以看出：这些技术性条款有时会在投资纠纷解决中起到非常重要的作用，甚至会对案件的实体审判结果产生决定性影响。其中，不可抗力或情势变更条款便是如此，可能使相关方在违约行为发生时免于承担责任，也可能使合同实体交易条款所期待的目的落空，不能不予以重视。

参考案例 5-1

翁某某与胡某男等股权转让纠纷案

终审裁判：上海市第一中级人民法院二审并于 2013 年 9 月 23 日作出（2013）沪一中民四（商）终字第 1096 号民事判决书

主要问题：是否可以 IPO 暂停为由主张延迟股权回购期限？

基本事实：2007 年 12 月 18 日，翁某某与包括胡某男、胡某女及置业策划公司在内的置业发展公司（目标公司）原股东签订《股权转让及增资协议书》，约定：（1）由翁某某向置业发展公司增资 3,000 万元，其中 42.857 万元进入注册资本，

2,957.143 万元进入资本公积金，增资完成后，翁某某持有置业发展公司 4.054% 股权。2007 年 12 月 18 日，翁某某与包括胡某男、胡某女及置业策划公司在内的置业发展公司原股东签订《股东协议》，约定：（1）发生以下情形时，新股东有权要求公司（置业发展公司）或原股东（包含胡某男、胡某女及置业策划公司在内）强制回购其所持公司股权：①公司在本次股权转让及增资全部资金到位之日起三年内没有上市；……。（2）新股东（包含翁某某在内）的回购决定须在 2010 年 12 月 31 日前以书面形式送达公司，逾期将视为新股东放弃回购权；如由于不可抗力或证监会出台有关政策等原因致 IPO 暂停的，新股东回购时间顺延与上述暂停相同的期限；公司收到回购通知后，应在本次增资资金全部到位 3 年期满之日起六个月内支付。2009 年 9 月 25 日，翁某某与胡某男、胡某女及置业策划公司签订《协议书》，约定：（1）在原股东（胡某男、胡某女及置业策划公司）于 2009 年 9 月 30 日前成功引进新投资者的条件下，股权调整及补偿方案为：置业策划公司将合计持有置业发展公司 10.469,0% 的股权补偿给新股东（包含翁某某在内）；（2）同时，置业策划公司对新股东的投资成本以现金 24,750,684.93 元进行补偿，现金补偿支付应在 2009 年 10 月 31 日前完成，其中翁某某获得现金补偿 1,277.808,219 万元。2009 年 9 月 25 日，翁某某与胡某男、胡某女及置业策划公司签订《回购协议》，对《股东协议》关于回购权的约定进行相应变更，约定：（1）如置业发展公司未能在 2010 年 8 月 31 日前成功在 A 股上市，新股东（包括翁某某在内）有权要求原股东（胡某男、胡某女及置业策划公司）强制回购新股东所持置业发展公司全部股权。（2）此项回购决定须在 2011 年 6 月 30 日前以书面形式送达原股东，逾期将视为新股东放弃回购权；如由于不可抗力或证监会出台有关政策等原因致 IPO 暂停的，新股东回购时间顺延与上述暂停相同的期限。（3）如原股东未对新股东实施现金补偿，回购金额为新股东原始投资金额的 1.5 倍或回购决定日公司每股净资产乘以新股东的持股数（如新股东在投资后发生转让行为的，按其转让后的持股比例计算），以二者中较高者为准；如原股东对新股东实施了现金补偿，则回购金额中应扣除原股东对新股东的现金补偿，同时原股东支付新股东现金补偿金额中新股东原始投资金额本金部分的利息不再计算。2009 年 11 月 26 日，置业策划公司向翁某某支付补偿款 1,277.808，219 万元，其中 1,000 万元系撤资款，277.808，219 万元为 2007 年 12 月 18 日至 2009 年 10 月 31 日的利息。后，置业发展公司经营情况不佳，翁某某要求胡某男、胡某女及置业策划公司回购其股权。未果，翁某某诉至法院，请求胡某男、胡某女及置业策划公司回购其彼时所持置业发展公司 8.952，8% 股权，并向其支付回购款合计 2,946.50 万元及相应利息。法院另查明：2010 年 4 月国务院发布坚决遏制部分城市房价过快上涨的通知，证监会随后也发布相关政策，国务院上述通知书发布后至二审时，未见房地产类企业在中国 A 股上市。

裁判要旨：对于翁某某是否已丧失回购权的争议焦点，法院认为：2007 年 12 月 18 日和 2009 年 9 月 25 日翁某某与胡某男等原股东签订的协议明确约定在证监会出台有关政策等原因导致 IPO 暂停的情形下，翁某某回购时间顺延与暂停相同的期限。事实上，国务院作为证监会的上级机关出台了有关房地产业调控的监管政策，证监会对于房地产企业 IPO 审批在客观上处于暂停状态，翁某某提出回购的时间也应顺延，故翁某某未在约定的 2011 年 6 月 30 日前主张回购权，并非放弃或丧失行使回购权，由此认定翁某某在上述时间内未明确主张回购权即为翁某某放弃行使回购权有所不当。此外，对翁某某的回购诉请是否应当支持的问题，应以翁某某与胡某男等人之间的多份协议内容作为评判标准。通过研判前述协议可见，翁某某投资 3,000 万元到置业发展公司，仅有少部分款项作为置业发展公司的注册资本，绝大部分款项作为置业发展公司的公积金，案涉协议的约定也表明，翁某某作为新股东，其上述投资目的是使置业发展公司成功上市，从而获取相应商业利润。根据《回购协议》的约定，当事人约定用近一年时间设法使置业发展公司在 A 股上市，期间因国务院出台相关政策，客观上使 IPO 暂停，置业发展公司无法按期上市，翁某某主张回购权的期限应予顺延，故翁某某目前在 IPO 审批尚处暂停阶段，不能向胡某男等人提出回购。若在 IPO 暂停结束后适当时间内，置业发展公司仍不能上市，翁某某可依法行使其股权回购权。综上，判决驳回翁某某的诉请。

参考案例 5-2

秉原中心、邢某某、姜某某、雪龙股份公司联营合同纠纷案

终审裁判：辽宁省高级人民法院一审并于 2017 年 12 月 15 日作出（2016）辽民初 68 号民事判决书

主要问题：因证监会停审上市申请导致目标公司未完成上市的对赌指标，是否构成不可抗力?

基本事实：投资方秉原中心、目标公司雪龙股份公司及其原股东邢某某、姜某某于 2010 年签订《投资合作协议》及补充协议，约定：(1) 投资方向目标公司增资 8,000 万元，除发生不可抗力外，如果 2014 年 12 月 31 日前目标公司不能在国内外上市，投资方有权要求原股东按约定价格无条件受让投资方所持目标公司全部股份，原股东应当在收到投资方要求股权转让的书面通知之日起两个月内付清全部款项；(2) 如果发生地震、火灾、洪水等自然灾害以及其他不能预见且对其发生和后果不能防止和避免的不可抗力事件（含政府行为），致使协议不能履行、不能按约定履行或使协议的目的无法实现的，则各方可以暂缓或终止履行本协议，各方相互之间不承担责任。后，目标公司未能于 2014 年 12 月 31 日前成功上市，投资方于 2015 年 3 月发函要求目标公司原股东回购所持目标公司股份。原股东认为：证监会停审是导致目标公司没有在 2014 年 12 月 31 日前完成上市的原因，属于 2010 年补充协议约定的不可抗力中的政府行为，其回购投资方所持目标公司股份的责任应予免除。

裁判要旨：虽然双方在签订的《投资合作协议》及补充协议中约定，如果发生自然灾害以及其他不能预见并且对其发生和后果不能防止和避免的不可抗力事件（含政府行为），致使协议不能履行、不能按约定履行或使协议的目的无法实现的，则本协议各方可以暂缓或终止履行本协议，各方相互之间不承担责任，但是法律规定的不可抗力是指不能预见、不能避免、并且不能克服的客观情况。本案证监会是否审批目标公司上市，本案双方当事人已经预见，并对不能上市的后果进行了约定，证监会的审查行为并不属于不可抗力。因此，原股东关于因不可抗力应免除其回购股权义务的抗辩主张不能成立，不予支持。综上，判决目标公司原股东向投资方支付股份回购款及相应利息。

参考案例 5-3

誉达企业与陈某、超硅公司股权转让纠纷案

终审裁判：上海市第一中级人民法院二审并于 2015 年 11 月 20 日作出（2015）

沪一中民四（商）终字第 1712 号民事判决书

主要问题：（1）在约定业绩指标未达标时，目标公司应否承担股权回购责任？（2）如业绩指标未达标系行业经营风险所致，是否会构成情势变更？

案件事实：2011 年 7 月 26 日，誉达企业与目标公司超硅公司及其全体原股东陈某等签订《增资协议》，约定：（1）超硅公司注册资本由 4,500 万元增至 5,500 万元；誉达企业以 2,000 万元认购其中的 200 万元，并将 200 万元计入注册资本，其余计入资本公积；增资后，誉达企业持股 3.636,4%。（2）截至本协议签署日，超硅公司和原股东在本协议中所作陈述与保证均真实、准确和完整，没有发生或可能发生对超硅公司财务状况、经营成果、资产或业务造成重大不利影响的事件且超硅公司主营业务未发生变化。（3）截至 2012 年 12 月 31 日，超硅公司 2012 年税前利润不低于 5,000 万元；如达不到此要求，则誉达企业有权要求：超硅公司及其控股股东陈某或其指定企业或自然人在投资人提出收购要求后 3 个月内收购投资人所持超硅公司股权；超硅公司及陈某应对未付承诺给予投资人每年以投资额为基数乘以年息 10% 的违约补偿款，收购价格按违约补偿款加投资资本金一次性算清；或者由超硅公司及陈某按投资人所持股份，就利润不足部分向投资人进行现金补偿。誉达企业投资后，超硅公司又进行过增资，注册资本增加至 7,150 万元，誉达企业所持股权比例由 3.636,4% 相应减少至 2.797,2%。2013 年 3 月 20 日，超硅公司审计报告显示：超硅公司 2012 年 12 月 31 日未分配利润为 –1,329,696.95 元，净利润为 1,103,094.47 元，未达《增资协议》约定的不低于 5,000 万元的目标。后，誉达企业诉至法院，请求判令超硅公司、陈某以 26,043,287 元收购誉达企业所持超硅公司股份。超硅公司及陈某辩称超硅公司未达约定利润目标系因情势变更所致。

裁判要旨：（1）《增资协议》当事人包括誉达企业与陈某，对二者具有约束力，其间约定为投资领域中估值调整机制的重要内容，具有显著经济意义，是解决投资方与被投资方信息不对称及激励机制问题的一种解决方案，估值调整机制的商业价值也在此。现超硅公司 2012 年净利润确实未达到约定目标，陈某应履行收购誉达企业所持超硅公司股权的义务。（2）《增资协议》关于超硅公司收购誉达企业股权的约定属于无效条款。首先，誉达企业增资入超硅公司，其作为股东与公司间的权利义务与公司债权人与公司间的权利义务，在法律性质上存在不同。其次，誉达企业要求超硅公司回购股权的约定，实系公司以其责任资产为一方股东对另一方股东的债务提供连带责任保证，依法须经公司股东大会决议。虽《增资协议》已取得超硅公司全体原股东及增资新股东的签章确认，但该协议会造成超硅公司责任资产的不当减少，使誉达企业可脱离超硅公司经营业绩获得固定投资收益，损害超硅公司债权人利益。再次，《公司法》对有限责任公司股东请求公司回购其股权的条件有严格规定，并未包括该约定情形。（3）情势变更是指合同成立生效后，因不可归责于双方当事人的事由发生重大变化而使合同的基础动摇或丧失，若继续维持合同显失公平，因此允许变更合同内容或解除合同，通常为与双方当事人无关的客观原因，发生了客观的社会环境的异常变动情况。情势变更的举证责任在于主张的一方，即本案中的超硅公司与陈某。虽超硅公司与陈某证明了 2012 年超硅公司主营的蓝宝石衬底行业，市场价格暴跌，竞争激烈，超硅公司业绩未达到协议约定目标，显然与此相关，但该市场价格剧烈波动的状况应属于行业经营性风险，并不符合情势变更构成要件。故对陈某关于约定业绩未达标系因情势变更的答辩意见，不予采信。

参考案例 5-4

嘉岳中心与陈某某、天和公司与公司有关的纠纷案

终审裁判：江苏省高级人民法院二审并于 2016 年 12 月 1 日作出（2016）苏民终 1023 号民事判决书

主要问题：因目标公司行业价格大幅下跌导致业绩指标未能完成，是否构成情势变更？

基本事实：2011 年 2 月 23 日，投资方嘉岳中心作为甲方与目标公司天和公司作为丙方及其原股东陈某某作为乙方签署《投资协议书》，约定：（1）甲方本次投资 4,550 万元受让乙方所持丙方 7% 股权；（2）乙方、丙方对丙方未来一定时间内经营业绩进行承诺，丙方 2010 年实现净利润不低于 2,500 万元，丙方 2011 年实现净利润不低于 6,000 万元（可以上下浮动 10%），丙方 2012 年至 2013 年每年实现的净利润不低于 7,000 万元，且 2013 年实现的净利润不得低于 2012 年。如丙方 2010 年至 2013 年任意一年未实现上述业绩承诺，则乙方或丙方向甲方支付按如下公式

计算的业绩补偿：业绩补偿 =4,550 万元 ×（1– 该年度实际实现净利润总额 ÷ 该年度承诺实现净利润）；甲方可对乙方或丙方须支付的业绩补偿以现金支付、股权支付或者现金加股权支付进行选择；乙方对甲方的业绩补偿在次年 4 月 30 日前实施完毕。2012 年 8 月 9 日，天和公司审计报告显示：天和公司 2011 年净利润为 47,768,190.03 元。2013 年 5 月 20 日，天和公司审计报告显示：天和公司 2012 年净利润为 31,964,633.97 元。投资方要求目标公司及陈某某向其进行现金补偿。陈某某认为目标公司未达约定业绩非其所能控制且与目标公司经营业务相关的铁钢、冶金行业价格大幅下跌，构成重大情势变更。

裁判要旨：投资方与目标公司对赌条款的约定使投资方对目标公司的投资可以取得相对固定收益，损害公司利益和公司债权人利益，违反《公司法》第 20 条之规定，该部分条款无效。陈某某作为目标公司控股股东兼法定代表人理应知悉目标公司的经营状况，因此其就目标公司的经营业绩向新进投资人作出的承诺应是其作为商事主体对于利益权衡的结果，且该业绩补偿承诺并不违反法律、行政法规的强制性规定，应为合法有效。陈某某认为目标公司未能达到约定业绩非其所能控制且与目标公司经营业务相关的铁钢、冶金行业价格大幅下跌，构成重大情势变更的主张不能成立。情势变更是当事人在缔约时无法预见的非市场系统固有的风险。从《投资协议书》签订后目标公司的经营业绩可见，虽然目标公司 2011 年和 2012 年经营业绩未达到承诺金额，但仍属于营利状态，故相关行业价格的波动对目标公司经营业绩的影响属正常商业风险，双方在缔约之初对于商业风险也应有合理预期。况且，回购方在投资方提起本案诉讼之前并未提出情势变更的主张，也未请求法院变更或者解除《投资协议书》，故对陈某某的该项主张不予采信。

参考案例 5-5

金牛企业与陈某某、宋某某、王某某、宝葫芦公司、邓某某、朱某某、徐某某、陆某某等增资合同纠纷案

终审裁判：江西省高级人民法院一审并于 2015 年 11 月 5 日作出（2015）赣民一初字第 3 号民事判决书

主要问题：目标公司土地被征收是否构成不可抗力，不可抗力可否免除原股东的股权回购责任和违约责任?

基本事实：2012 年 10 月 23 日，投资方金牛企业与目标公司宝葫芦公司及其原股东陈某某、宋某某、王某某签订《投资协议书》，约定：金牛企业将对宝葫芦公司投资 13,300 万元并持有宝葫芦公司 22.06% 股权，宝葫芦公司及其股东对协议履行产生的经济责任和法律责任承担连带保证责任。同日，金牛企业与宝葫芦公司原股东陈某某、宋某某、王某某签订《股权转让协议书》，约定：如金牛企业不能按每年不低于 18% 之收益获得股息分配，则金牛企业股权退出并有权要求原股东陈某某、宋某某、王某某购买其所持宝葫芦公司股权，股权购买款为：投资方的投资款金额 + 投资方的投资款金额 ×18%× 投资年限，宝葫芦公司亦在该协议上加盖公章。同日，为保证《股权转让协议》得以履行，金牛企业还要求签订了多份担保合同为股权转让款提供保证。其后，金牛企业依约向宝葫芦公司支付了投资款 13,300 万元。2012 年 11 月 16 日，市政府相关部门通知暂停办理宝葫芦公司的土地报批供应和报建手续。同年 12 月 13 日，市政府相关部门致函宝葫芦公司，明确宝葫芦公司所涉地块规划将做调整，要求配合政府尽快完成核算、清算工作及相关债权协调工作。由此，宝葫芦公司的土地报批供应和报建手续暂停，宝葫芦公司因资产征收事宜无法按约支付股息分配。2013 年 3 月 21 日，金牛企业向陈某某、宋某某、王某某发函，指出宝葫芦公司存在资产征收事宜且无法按照约定支付每年不得低于 18% 之收益的股息分配，要求宝葫芦公司原股东按协议约定回购其所持 22.06% 股权。同年，4 月 10 日，陈某某、宋某某、王某某向金牛企业复函，提出因宝葫芦公司正与市政府相关部门商谈资产征收事宜，无法按约定支付每年不得低于 18% 之收益的股息分配。后，金牛企业诉至法院，请求判令陈某某、宋某某、王某某向金牛企业偿付投资款 13,300 万元、按年利率 18% 计算的利息以及违约金 1,743.70 万元，判令陈某某、宋某某、王某某回购金牛企业所持宝葫芦公司 22.6% 股权，宝葫芦公司对上述欠款本息承担连带还款责任等。

裁判要旨：根据《合同法》第 117 条[1]的规定，不可抗力产生法定解除权及免除违约责任两个法律效力，即对不可抗力造成的履约不能可以解除合同以及对不可抗力导致的履约不能免除所产生的赔偿（违约）责任，但该法律后果均只针对本合同当事人，即不可抗力产生的后果也不能突破合同相对性。根据《合同法》第 121 条[2]的规定以及金牛企业与宝葫芦公司签订的《投资协议书》，宝葫芦公司在发生政府征收其土地的不可抗力后，导致其不能按照约定按期支付投资方每年度不得低于 18% 之收益的股息分配，产生违约，但其违约责任可因不可抗力免除。金牛企业与陈某某、宋某某、王某某等原股东签订的《股权转让协议书》系另一合同，各方当事人意思表示真实，内容不违反法律、行政法规的强制性规定，合法有效，且《股权转让协议书》系附条件协议，其中约定的投资方股权退出条件之一即为宝葫芦公司不能按约定按期支付金牛企业每年不得低于 18% 之收益的股息分配，基于金牛企业 2013 年 3 月 21 日的发函以及陈某某、宋某某、王某某 2013 年 4 月 10 日的复函，明确该回购条件已成就。综上，判决陈某某、宋某某、王某某回购金牛企业所持宝葫芦公司 22.06% 股权，支付金牛企业股权转让款 13,300 万元及相应利息，免除陈某某、宋某某、王某某的违约责任。

延伸阅读 不可抗力及情势变更涉及的主要法律问题

不可抗力和情势变更是两个既有相同之处又有本质不同的概念。根据《民法

1 《合同法》第 117 条："因不可抗力不能履行合同的，根据不可抗力的影响，部分或者全部免除责任，但法律另有规定的除外。……" 当事人迟延履行后发生不可抗力的，不能免除责任。本法所称不可抗力，是指不能预见、不能避免并不能克服的客观情况。" 上述规定经修订已被《民法典》承继并体现在其第 590 条中，即 "当事人一方因不可抗力不能履行合同的，根据不可抗力的影响，部分或者全部免除责任，但是法律另有规定的除外。因不可抗力不能履行合同的，应当及时通知对方，以减轻可能给对方造成的损失，并应当在合理期限内提供证明。当事人迟延履行后发生不可抗力的，不免除其违约责任。"

2 《合同法》第 121 条："当事人一方因第三人的原因造成违约的，应当向对方承担违约责任。当事人一方和第三人之间的纠纷，依照法律规定或者按照约定解决。" 该规定经修订已被《民法典》承继并体现在其第 593 条中，即 "当事人一方因第三人的原因造成违约的，应当依法向对方承担违约责任。当事人一方和第三人之间的纠纷，依照法律规定或者按照约定处理。"

总则》与《民法通则》的规定[1]，不可抗力是指不能预见、不能避免且不能克服的客观情况。情势变更则源于《合同法司法解释（二）》第26条的规定，即“合同成立以后客观情况发生了当事人在订立合同时无法预见的、非不可抗力造成的不属于商业风险的重大变化，继续履行合同对于一方当事人明显不公平或者不能实现合同目的，当事人请求人民法院变更或者解除合同的，人民法院应当根据公平原则，并结合案件的实际情况确定是否变更或者解除。”[2]

不可抗力和情势变更的相同之处在于：二者都具有不可预见性，且均可构成合同履行障碍并可能导致合同解除或阻止违约责任产生，因此二者通常都是违约一方借以免除违约责任的重要理由。然而，二者毕竟不同。首先，虽然二者均可构成合同履行障碍，但影响程度不同，其中不可抗力属于已构成履行不能，包括事实上的不能和法律上的不能，而情势变更则属于未达到履行不能的程度，而是仍可履行，只是履行极为困难并会导致显失公平。其次，二者表现形式不同，其中不可抗力主要表现为自然灾害（如台风、洪水、冰雹）、社会异常行为（如战争、罢工、骚乱）及政府行为（如国家征收、国家征用）等情形，而情势变更则更强调订立合同时无法预见的政府政策（一般指具体的政府行为）及经济因素等情形。再次，不可抗力属于法定免责事由，当事人只要能证明因不可抗力导致合同履行不能，即可获得免责，司法审判机关对是否免责无裁量余地，且不可抗力是当事人享有的法定合同解除权事由，而情势变更则不是法定免责事由，其本质是使当事人享有请求变更或解除合同的请求权，并同时就此授予司法审判机关公平裁量权。又次，不可抗力的效力系当然发生，情势变更的效力则非当然发生，是否构

---

1 《民法总则》第180条第2款：“不可抗力是指不能预见、不能避免且不能克服的客观情况。”《民法通则》第153条：“本法所称的‘不可抗力’，是指不能预见、不能避免并不能克服的客观情况。”该等规定已被《民法典》承继并作为第180条第2款，即“不可抗力是不能预见、不能避免且不能克服的客观情况。”

2 《合同法司法解释（二）》第26条经修订已被《民法典》承继并作为其第533条，即“合同成立后，合同的基础条件发生了当事人在订立合同时无法预见的，不属于商业风险的重大变化，继续履行合同对于当事人一方明显不公平的，受不利影响的当事人可以与对方重新协商；在合理期限内协商不成的，当事人可以请求人民法院或者仲裁机构变更或者解除合同。人民法院或者仲裁机构应当结合案件的实际情况，根据公平原则变更或者解除合同。”

成情势变更、是否变更或解除合同及是否免责，均须取决于司法审判机关的裁量。最后，不可抗力是从违约角度出发，解决是否承担责任的问题，而情势变更则是从合同效力角度出发，解决是否继续履行合同的问题，二者的出发点和解决的问题不同。需要指出的是，由于《民法典》不再将情势变更的属性限定于“非不可抗力造成的”，而是适用于所有“不属于商业风险的重大变化”，因此其与不可抗力之间的区别与竞合还需在后续司法实践中检验和明确。

对于情势变更的裁量，最高人民法院2009年7月7日发布的《关于当前形势下审理民商事合同纠纷案件若干问题的指导意见》做了进一步说明，指出：人民法院在判断某种重大客观变化是否属于情势变更时，应当注意衡量风险类型是否属于社会一般观念事先无法预见、风险程度是否远远超出正常人的合理预期、风险是否可以防范和控制、交易性质是否属于通常的“高风险高收益”范围等因素，并结合市场具体情况，在个案中识别情势变更和商业风险。实践中，在调整尺度的价值取向把握上，司法审判机关更侧重于保护守约方，通常会严格把握情势变更原则的适用条件，严格审查当事人提出的“无法预见”的主张，防止情势变更原则被滥用而影响市场正常的交易秩序。尽管如此，这也说明情势变更的实践应用会受诸多因素影响，应用结果不确定性很大，甚至可以说还不如适用不可抗力条款更有确定性。

为尽量降低情势变更的这种不确定性风险，在合同中纳入情势变更条款即显得十分重要。事实上，一般股权投资合同在实践中基本都会约定不可抗力条款和情势变更条款，而不可抗力条款又通常是一些没有实质意义的“模板”化内容，如台风、地震、自然灾害、罢工，等等。即便如此，实践中对不可抗力条款的重视程度也高于对情势变更条款的重视程度，但这种做法值得商榷。情势变更条款和不可抗力条款同等重要，通过在股权投资合同中对二者法律后果进行明确约定，不仅可使投资者在发生不可抗力或情势变更事件时据以维护自身权益，而且还可在投资纠纷发生时减轻主张免责者的举证难度，尽量避免由司法审判机关主动审查，提高案件胜诉机会。以前述“翁某某与胡某男等股权转让纠纷案”与“秉原中心、邢某某、姜某某、雪龙股份公司联营合同纠纷”为例，在是否应因证监会暂停上市审查而免除股权回购责任方面，两案之所以会有不同判决，在很大程度上是因为前一案有此方面的约定条款，而后一案则没有。

除前述外，不可抗力和情势变更还是一个与商业风险紧密关联的概念。商业风险属于从事商业活动的固有风险，诸如供求关系变化、采购或销售价格涨跌等，原则上应不属于不可抗力或情势变更的范畴，但亦不容忽视。在实践中，私募股权基金应甄别研判不可抗力、情势变更及商业风险的不同，正确应对不同的投资风险。

附录

主要案例及索引

第一章

CHAPTER 01

退出条款

第一节　回购主体

一、目标公司抑或原股东回购

序	案例名称	终审裁判	索引页码
1	海捷公司与正忠公司及其原股东与公司有关的纠纷案	最高人民法院再审并于 2018 年 5 月 25 日作出（2018）最高法民申 908 号民事裁定书	第 180 页
2	华工公司与扬锻公司及其 11 名原股东请求公司收购股份纠纷案	江苏省高级人民法院再审并于 2019 年 4 月 3 日作出（2019）苏民再 62 号民事判决书	第 191 页
3	合盈基金与瀚霖公司及其实际控制人合伙协议纠纷案	山东省高级人民法院一审并于 2014 年 7 月 25 日作出（2014）鲁商初字第 25 号民事判决书	第 205 页
4	刘某某与阮某某股权转让纠纷案	江苏省高级人民法院二审并于 2014 年 9 月 11 日作出（2014）苏商终字第 255 号民事判决书	第 206 页
5	宋某某诉大华公司股东资格确认纠纷案	陕西省高级人民法院再审并于 2015 年 3 月 25 日作出（2014）陕民二申字第 00215 号民事裁定书	第 206 页

续表

序	案例名称	终审裁判	索引页码
6	杨某某等四人与鸿源公司请求公司收购股份纠纷案	最高人民法院再审并于2015年12月11日作出（2015）民申字第2819号民事裁定书	第208页
7	福田公司与洁神公司合同纠纷案	最高人民法院再审并于2017年11月22日作出（2017）最高法民申4408号民事裁定书	第209页
8	大业基金与马梓昆公司与公司有关的纠纷案	最高人民法院再审并于2019年12月24日作出（2019）最高法民申4797号民事裁定书	第210页

二、目标公司的回购“担保”

序	案例名称	终审裁判	索引页码
9	通联公司与新方向公司、久远公司与公司有关的纠纷案	最高人民法院再审并于2017年9月29日作出（2017）最高法民再258号民事判决书	第215页
10	强某某与瀚霖公司及其原股东股权转让纠纷案	最高人民法院再审并于2018年9月7日作出（2016）最高法民再128号民事判决书	第227页
11	郭某某、邦奥公司与郑某某、潘某某股权转让纠纷案	最高人民法院再审并于2017年12月29日作出（2017）最高法民申3671号民事裁定书	第236页
12	润铭企业与鑫益能公司、伟能公司、刘某某、刘某、张某某股权转让纠纷案	杭州市中级人民法院二审并于2015年6月8日作出（2015）浙杭商终字第925号民事判决书	第237页
13	陈某官与万晨公司、胡某某、陈某花股权转让纠纷案	最高人民法院再审并于2016年12月15日日作出（2016）最高法民申2970号民事裁定书	第238页

续表

序	案例名称	终审裁判	索引页码
14	李某某、王某某、董某与勤峰公司、汪某某、应某某股权转让纠纷案	最高人民法院二审并于2012年7月19日作出（2012）民二终字第39号民事判决书	第239页
15	杨某某与陈某某、汇丰祥公司、双源公司、朱某股权转让纠纷案	最高人民法院再审并于2014年12月17日作出（2014）民申字第1141－1号民事裁定书	第241页

三、法定代表人的“回购”责任

序	案例名称	终审裁判	索引页码
16	嘉俪中心与游某及服饰公司股权转让纠纷案	北京市高级人民法院二审并于2015年6月23日作出（2015）高民（商）终字第1017号民事判决书	第246页
17	成丰公司与一秀公司、孙某某公司增资纠纷案	上海市第二中级人民法院二审并于2017年8月23日作出（2017）沪02民终6866号民事判决书	第253页

四、原股东之股东的“回购”责任

序	案例名称	终审裁判	索引页码
18	新投公司、金石公司与叶某某、海峡公司合同纠纷案	最高人民法院再审并于2019年5月27日作出（2019）最高法民申1656民事判决书	第256页
19	中厚公司与许某等股权转让纠纷	北京市高级人民法院二审并于2014年12月19日作出（2014）高民终字第1044号民事判决书／北京市第二中级人民法院于2018年11月7日作出（2018）京02执异253号执行裁定书	第269页

五、原股东配偶的"回购"责任

序	案例名称	终审裁判	索引页码
20	金某与建文基金合同纠纷案	北京市高级人民法院二审并于 2019 年 10 月 22 日作出（2018）京民终 18 号民事判决书，尚未再审终审	第 273 页
21	现代基金公司与李某某、丑某某投资合同纠纷案	吉林省高级人民法院一审并于 2019 年 2 月 12 日作出（2018）吉民初 19 号判决（上诉情况待核实）	第 287 页
22	朱某某与义腾公司合同纠纷案	最高人民法院二审并于 2018 年 11 月 29 日作出（2018）最高法民终 202 号民事判决书	第 288 页

第二节　回购成本

一、回购成本的金额

序	案例名称	终审裁判	索引页码
23	中静公司与铭源公司股权转让纠纷案	最高人民法院二审并于 2016 年 3 月 23 日作出（2015）民二终字第 204 号民事判决书	第 295 页
24	富盈中心与三洲集团公司、金丰公司等股权转让纠纷案	最高人民法院二审并于 2016 年 5 月 10 日作出（2016）最高法民终 205 号民事判决书	第 306 页
25	信达公司与太西集团请求公司收购股份纠纷案	最高人民法院二审并于 2016 年 3 月 31 日作出（2016）最高法民终 34 号民事判决书	第 315 页
26	陈某与誉达企业股权转让纠纷案	上海市高级人民法院再审并于 2016 年 12 月 27 日作出（2016）沪民申 2707 号民事裁定书	第 317 页
27	中南公司与许某某增资纠纷案	福建省高级人民法院再审并于 2017 年 3 月 26 日作出（2016）闽民申 2916 号民事裁定书	第 318 页

二、回购成本的分担

序	案例名称	终审裁判	索引页码
28	国信公司、佳恒公司与黎某和、黎某见等公司增资纠纷案	湖南省高级人民法院二审并于2017年11月16日作出（2017）湘民终502号民事判决书	第326页
29	杉融公司与严某明等8名原股东与公司有关的纠纷案	上海市第一中级人民法院二审并于2015年2月27日作出（2014）沪一中民四（商）终字第2181号民事裁定书	第333页
30	瑞丰公司与津杉公司及王某某合同纠纷案	湖北省高级人民法院二审并于2017年1月17日作出（2016）鄂民终1316号民事判决书	第336页

第三节 触发条件

一、约定的触发条件

序	案例名称	终审裁判	索引页码
31	周原中心与蓝某某、宜都公司、湖北公司其他合同纠纷案	最高人民法院再审并于2015年7月16日作出（2015）民申字第295号民事裁定书	第341页
32	星杉企业与亨达公司及其五名原股东股权转让纠纷案	上海市高级人民法院再审并于2018年9月28日作出（2018）沪民申1831号民事判决书	第354页
33	中金公司与中铁公司及渝能公司等其他合同纠纷案	最高人民法院再审并于2014年12月18日作出（2013）民申字第161号民事裁定书	第363页
34	华立公司、LKE公司股权转让纠纷案	广东省高级人民法院二审并于2016年8月5日作出（2015）粤高法民四终字第224号民事判决书	第364页

续表

序	案例名称	终审裁判	索引页码
35	盛威公司与浩波公司股权转让纠纷案	苏州市中级人民法院二审并于2015年4月16日作出（2015）苏中商终字第00200号民事判决书	第366页
36	中南企业与廖某某合同纠纷案	湖南省高级人民法院一审并于2014年12月5日作出（2014）湘高法民二初字第4号民事判决书	第367页

二、法律规定的条件

序	案例名称	终审裁判	索引页码
37	阳亨公司与盐业集团、李某股权转让纠纷案	最高人民法院再审并于2016年6月5日作出（2016）最高法民申474号民事裁定书	第370页
38	联大集团与安徽高速公司股权转让纠纷案	最高人民法院二审并于2013年11月28日作出（2013）民二终字第33号民事判决书	第386页
39	诚行企业与盐业集团股权转让纠纷案	最高人民法院再审并于2016年3月31日作出（2016）最高法民申410号民事裁定书	第388页
40	招深分行与省高速公路管理局、高速总公司合同纠纷案	最高人民法院于2018年9月29日作出（2018）最高法民申4585号民事裁定书	第390页
41	吉美公司与鹰城集团、张某某、张某股权转让纠纷案	最高人民法院二审并于2017年12月28日作出（2017）最高法民终651号民事判决书	第391页
42	仙源公司与中鑫公司、远兴公司、理财公司股权转让纠纷案	最高人民法院再审并于2009年12月30日作出（2009）民申字第1068号民事裁定书	第404页
43	国华公司与向阳公司股权转让纠纷案	江苏省高级人民法院二审并于2013年10月21日作出（2013）苏商外终字第0034号民事判决书	第406页

续表

序	案例名称	终审裁判	索引页码
44	张某某等与旺达集团、林某某涉港股权转让合同纠纷案	广东省高级人民法院二审并于2014年9月18日作出（2014）粤高法民四终字第12号判决书	第407页

第四节 合同适用

序	案例名称	终审裁判	索引页码
45	三环公司与北京侏罗纪公司等及第三人大正公司其他合同纠纷案	最高人民法院再审并于2015年9月25日作出（2015）民申字第732号民事裁定书	第414页
46	汇商公司、汇银公司与汪某某、杨某某股权转让纠纷案	最高人民法院再审并于2014年12月4日作出（2014）民申字第1934号民事裁定书	第415页

第五节 公司清算

序	案例名称	终审裁判	索引页码
47	金控公司与任某某、武某强、武某富、武某宏、魏某某增资扩股协议纠纷案	江苏省高级人民法院一审并于2015年3月4日作出（2014）苏商初字第00029号民事判决书	第419页
48	文宝公司与天马公司清算小组损害公司利益责任纠纷案	上海市第一中级人民法院与2002年8月20日二审并作出（2002）沪一中民三（商）终字第292号民事判决书	第421页

第二章

/ CHAPTER 02

补偿条款

第一节　现金补偿

序	案例名称	终审裁判	索引页码
49	世恒公司、迪亚公司与海富公司、陆某增资纠纷案	最高人民法院再审并于2012年11月7日作出（2012）民提字第11号民事判决书	第427页
50	李某、刘某某、博杰合伙企业、博萌合伙企业与赵某某合同纠纷案	最高人民法院再审并于2018年12月28日作出（2018）最高法民申5890民事裁定书	第435页
51	金某某与日月集团、丁某某等公司增资纠纷案	山东省高级人民法院二审并于2016年11月15日作出（2016）鲁民终1957号民事判决书	第446页
52	金泰企业与骆某、雷迪公司增资纠纷案	福建省厦门市中级人民法院一审并于2014年12月17日作出（2014）厦民初字第137号民事判决书	第448页
53	凯成公司与瑞赛公司、中凯公司合同纠纷案	安徽省高级人民法院二审并于2017年6月23日作出（2016）皖民终1067号民事判决书	第449页
54	天创企业与卢某某合同纠纷案	武汉市中级人民法院一审并于2014年8月19日作出（2014）鄂武汉中民商初字第00304号民事判决书	第451页

续表

序	案例名称	终审裁判	索引页码
55	黎某某与卓景公司、金茂公司增资纠纷案	最高人民法院再审并于2015年12月19日作出（2015）民申字第2593号民事裁定书	第453页
56	齐桓中心、晋文中心、楚庄中心与邓某某、马某某、南菱公司合同纠纷案	广东省高级人民法院再审并于2016年7月6日作出（2016）粤民申2202号民事裁定书	第454页
57	深投公司与华乐集团等与公司有关的纠纷上诉案	山东省高级人民法院二审并于2016年12月28日作出（2016）鲁民终1620号民事判决书	第455页
58	泰泓企业与科技公司、光电公司合同纠纷案	杭州市中级人民法院二审并于2015年3月12日作出（2014）浙杭商终字第2488号民事判决书	第457页
59	盛彦企业与宋某某公司增资纠纷案	辽宁省高级人民法院于2015年6月17日作出（2015）辽民二初字第00029号民事判决书	第459页
60	经纬公司与工程公司、董某某、陈某某及农机公司股权转让纠纷案	北京市第三中级人民法院二审并于2015年6月5日作出（2015）三中民终字第00923号民事判决书	第460页

第二节 股权补偿

序	案例名称	终审裁判	索引页码
61	山东地矿与山东华源、山东地利等股权转让纠纷案	最高人民法院再审并于2017年12月26日作出(2017)最高法民申2731号民事裁定书	第465页
62	翰林公司、杨某某与招银叁号合伙协议纠纷案	最高人民法院再审并于2018年9月26日作出(2018)最高法民申3275号民事判决书	第474页

第三节 优先分红

序	案例名称	终审裁判	索引页码
63	正银公司、中盛公司与金控财富等与公司有关的纠纷案	最高人民法院二审并于2018年10月29日作出（2018）最高法民终765号民事判决书	第479页
64	吴某甲、吴某乙公司增资纠纷案	最高人民法院再审并于2018年12月17日作出（2018）最高法民申6136号民事裁定书	第482页

第四节 反稀释

序	案例名称	终审裁判	索引页码
65	林某与北科中心股权转让纠纷案	北京市第三中级人民法院二审并于2019年6月18日作出（2019）京03民终6335号民事判决书	第486页

第三章

/ CHAPTER 03

辅助条款

第一节　经营管理参与权

序	案例名称	终审裁判	索引页码
66	瑞锋建设公司、瑞锋投资公司、门瑞建材公司与劳莱斯公司、神飞公司及艾某某公司合并纠纷案	上海市第一中级人民法院二审并于2014年6月20日作出(2014)沪一中民四(商)终字第105号民事判决书	第494页
67	王某某与生力集团、富能公司损害股东利益责任纠纷案	内蒙古自治区高级人民法院一审并于2014年4月4日作出(2013)内商初字第9号民事判决书	第495页
68	蒋某某与老友计公司、胡某及三六零公司请求变更公司登记纠纷案	上海市第二中级人民法院二审并于2014年6月10日作出(2014)沪二中民四(商)终字第330号民事判决书	第497页
69	党某与赛世房产公司及计某、史某某公司决议效力确认纠纷案	南京市中级人民法院二审并于2017年12月5日作出(2017)苏01民终8178号民事裁定书	第499页
70	张某某、周某某与华电公司公司决议撤销纠纷案	江西省高级人民法院再审并于2017年6月26日作出(2017)赣民申367号民事判决书	第500页
71	嘉豪企业与周某某、邹某某及超拓公司股权转让纠纷案	北京市第一中级人民法院二审并于2019年3月26日作出（2019）京01民终3192号民事判决书	第502页

第二节 知情权和检查权

序	案例名称	终审裁判	索引页码
72	李某某、吴某、孙某、王某某诉佳德公司股东知情权纠纷案	宿迁市中级人民法院二审并于2010年1月6日作出(2009)宿中民二终字第319号民事判决书	第505页
73	宋某某与灏漫中心合伙企业纠纷案	上海市第二中级人民法院二审并于2016年10月18日作出(2016)沪02民终7051号民事判决书	第508页
74	华玮公司、龙某某股东知情权纠纷	贵州省高级人民法院二审并于2017年2月27日作出(2016)黔民终744号民事判决书	第510页

第三节 股权转让限制

序	案例名称	终审裁判	索引页码
75	天泺公司、唐某某执行异议之诉	山东省高级人民法院再审并于2018年12月13日作出（2018）鲁民再189号民事裁定书	第513页
76	天御公司、璞信中心确认合同无效纠纷案	山东省烟台市中级人民法院二审并于2019年2月20日作出（2019）鲁06民终11号民事判决书	第515页
77	上海天添爱、九江天爱股权转让纠纷案	山东省青岛市中级人民法院二审并于2019年7月29日作出（2019）鲁02民终4542号民事裁定书	第516页

第四节 关联交易限制

序	案例名称	终审裁判	索引页码
78	通矿集团、李某与公司有关的纠纷案	最高人民法院再审并于2017年12月25日作出（2017）最高法民再8号民事裁定书	第520页
79	亿达信公司、现代钢铁公司买卖合同纠纷案	最高人民法院二审并于2017年5月15日作出（2017）最高法民终87号民事判决书	第523页

第五节 竞业限制

序	案例名称	终审裁判	索引页码
80	华富公司与刘某某、贝瑞公司与公司有关的纠纷案	江苏省高级人民法院二审并于2015年3月27日作出（2015）苏商终字第135号民事判决书	第527页
81	修某某与聂某、李某某、文某其他合同纠纷案	上海市第一中级人民法院二审并于2017年12月12日作出（2017）沪01民终12807号民事判决书	第528页
82	东方公司与李某滨、泰威公司损害公司利益责任纠纷案	山东省高级人民法院二审并于2015年12月28日作出（2015）鲁商终字第532号民事判决书	第529页

第四章

CHAPTER 04

增益条款

第一节　优先认购

序	案例名称	终审裁判	索引页码
83	八一农场、金泥公司公司决议效力确认纠纷案	最高人民法院再审并于 2019 年 5 月 31 日作出（2019）最高法民再 152 号民事裁定书	第 534 页
84	浙汇能源公司、市国资委公司增资纠纷案	安徽省高级人民法院二审并于 2019 年 6 月 24 日作出（2019）皖民终 515 号民事判决书	第 535 页

第二节　优先购买

序	案例名称	终审裁判	索引页码
85	王某、贺某股权转让纠纷案	贵州省高级人民法院二审并于 2018 年 6 月 22 日作出（2018）黔民终 415 号民事判决书	第 538 页
86	刘某某与戚某某、杨某某股权转让纠纷案	江西省高级人民法院一审并于 2018 年 6 月 8 日作出（2018）赣民初 37 号民事判决书	第 540 页

第五章

/ CHAPTER 05

不可抗力及情势变更

序	案例名称	终审裁判	索引页码
87	翁某某与胡某男等股权转让纠纷案	上海市第一中级人民法院二审并于 2013 年 9 月 23 日作出（2013）沪一中民四（商）终字第 1096 号民事判决书	第 544 页
88	秉原中心、邢某某、姜某某、雪龙股份公司联营合同纠纷案	辽宁省高级人民法院一审并于 2017 年 12 月 15 日作出（2016）辽民初 68 号民事判决书	第 546 页
89	誉达企业与陈某、超硅公司股权转让纠纷案	上海市第一中级人民法院二审并于 2015 年 11 月 20 日作出（2015）沪一中民四（商）终字第 1712 号民事判决书	第 547 页
90	嘉岳中心与陈某某、天和公司与公司有关的纠纷案	江苏省高级人民法院二审并于 2016 年 12 月 1 日作出（2016）苏民终 1023 号民事判决书	第 549 页
91	金牛企业与陈某某、宋某某、王某某、宝葫芦公司、邓某某、朱某某、徐某某、陆某某等增资合同纠纷案	江西省高级人民法院一审并于 2015 年 11 月 5 日作出（2015）赣民一初字第 3 号民事判决书	第 550 页

图书在版编目(CIP)数据

私募股权基金:投资对赌条款及司法案例考察 / 李亚编著. -- 北京:法律出版社,2020
ISBN 978-7-5197-4546-2

Ⅰ. ①私… Ⅱ. ①李… Ⅲ. ①股权-证券投资基金法-案例-中国 Ⅳ. ①D922.287.5

中国版本图书馆 CIP 数据核字(2020)第 082530 号

私募股权基金
——投资对赌条款及司法案例考察
SIMU GUQUAN JIJIN
—TOUZI DUIDU TIAOKUAN JI SIFA ANLI KAOCHA

李 亚 编著

策划编辑 薛 晗 肖 越
责任编辑 肖 越
装帧设计 马 帅

编辑统筹 法商出版分社
出版 法律出版社
开本 710 毫米×1000 毫米 1/16
总发行 中国法律图书有限公司
印张 37.75
经销 新华书店
字数 565 千
印刷 固安华明印业有限公司
版本 2020 年 7 月第 1 版
责任印制 胡晓雅
印次 2020 年 7 月第 1 次印刷

法律出版社/北京市丰台区莲花池西里 7 号(100073)
网址/www.lawpress.com.cn
投稿邮箱/info@lawpress.com.cn
举报维权邮箱/jbwq@lawpress.com.cn
销售热线/400-660-8393
咨询电话/010-63939796

中国法律图书有限公司/北京市丰台区莲花池西里 7 号(100073)
全国各地中法图分、子公司销售电话:
统一销售客服/400-660-8393/6393
第一法律书店/010-83938432/8433 西安分公司/029-85330678 重庆分公司/023-67453036
上海分公司/021-62071639/1636 深圳分公司/0755-83072995

书号:ISBN 978-7-5197-4546-2 **定价:**158.00 元
(如有缺页或倒装,中国法律图书有限公司负责退换)